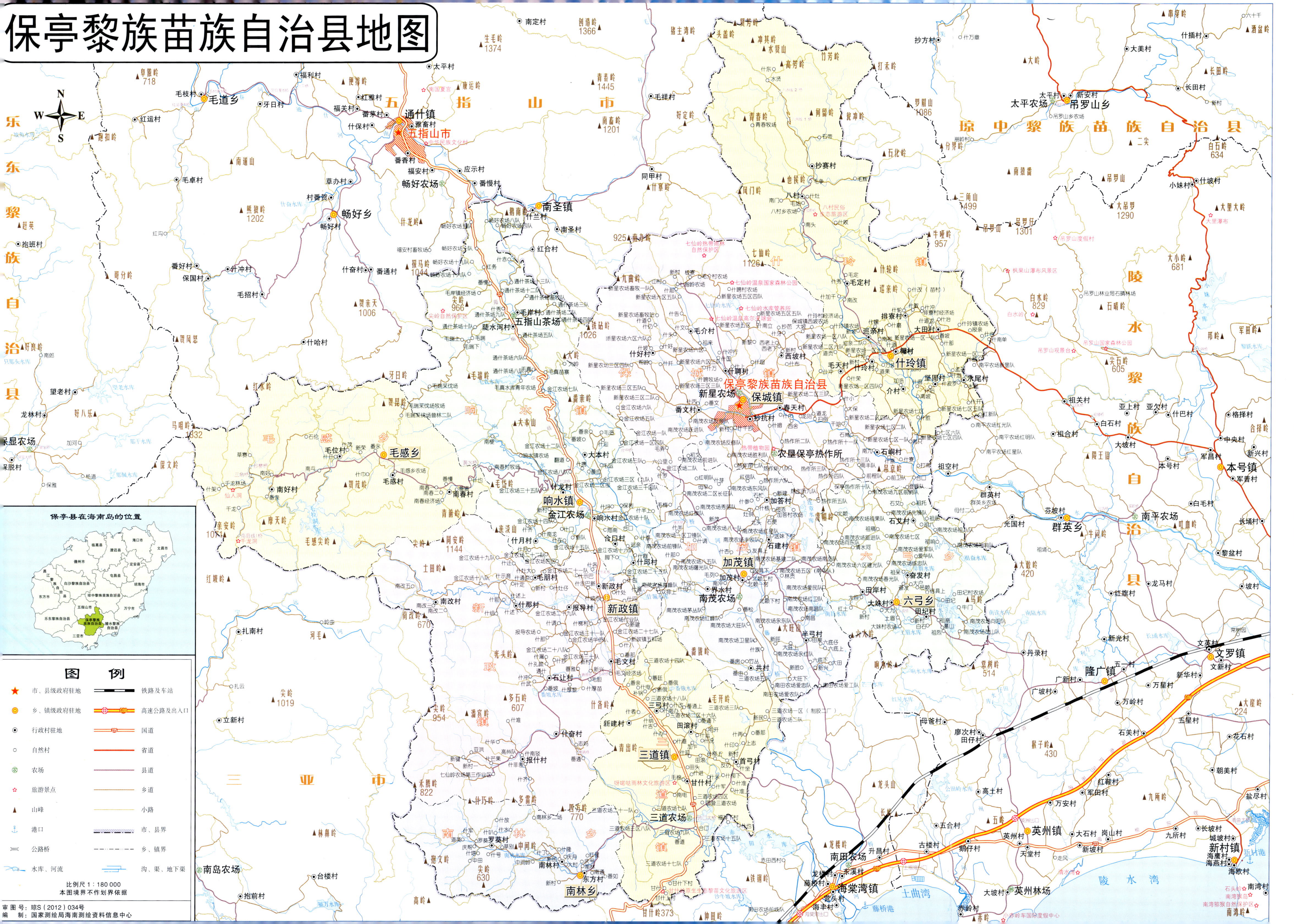

保亭黎族苗族自治县地图
五指山市
通什镇
毛道乡
畅好乡
畅好农场
南圣镇
五指山茶场
琼中黎族苗族自治县
吊罗山乡
太平农场
什玲镇
保亭黎族苗族自治县
保城镇
新星农场
农垦保亭热作所
毛感乡
响水镇
金江农场
加茂镇
南茂农场
六弓乡
新政镇
三道镇
三道农场
南林乡
南岛农场
三亚市
陵水黎族自治县
本号镇
群英乡
南平农场
隆广镇
文罗镇
英州镇
英州林场
新村镇
海棠湾镇
南田农场
乐东黎族自治县
陵水湾
土福湾
保亭县在海南岛的位置
图 例
市、县级政府驻地
乡、镇级政府驻地
行政村驻地
自然村
农场
旅游景点
山峰
港口
公路桥
水库、河流
铁路及车站
高速公路及出入口
国道
省道
县道
乡道
小路
市、县界
乡、镇界
沟、渠、地下渠
比例尺 1 : 180 000
本图境界不作划界依据
审 图 号：琼S（2012）034号
编 制：国家测绘局海南测绘资料信息中心

# 保亭黎族苗族自治县地图

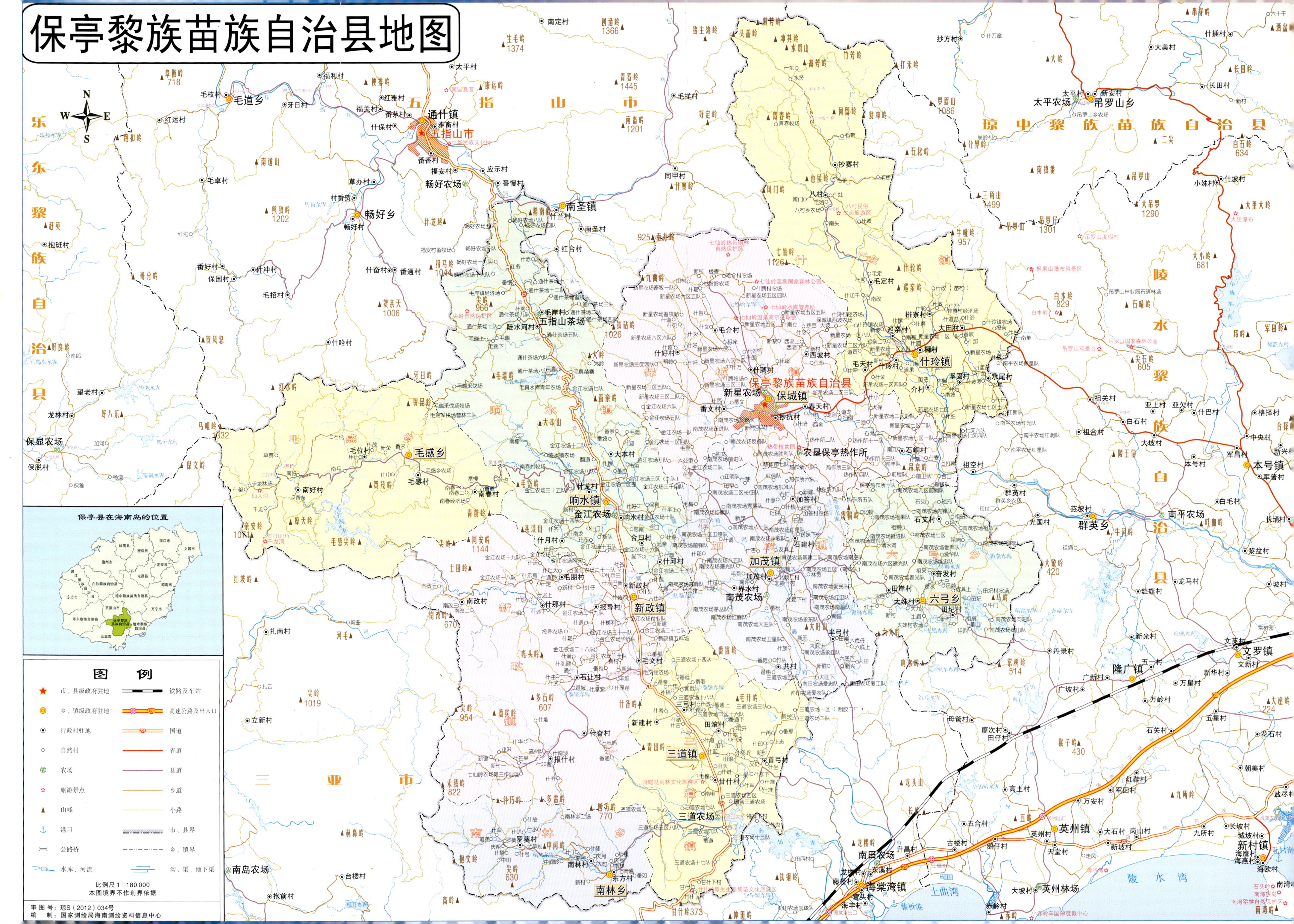

# 保亭黎族苗族自治县年鉴

BAOTING LI AND MIAO AUTONOMOUS COUNTY YEARBOOK

*2011*

保 亭 黎 族 苗 族 自 治 县 人 民 政 府 主办

中共保亭黎族苗族自治县委党史县志办公室 编

南 方 出 版 社

**图书在版编目(CIP)数据**

保亭黎族苗族自治县年鉴. 2011 / 中共保亭黎族苗族自治县委党史县志办公室编. -- 海口 : 南方出版社,2012.8
ISBN 978-7-5501-1148-6

Ⅰ. ①保… Ⅱ. ①中… Ⅲ. ①保亭黎族苗族自治县－2011－年鉴 Ⅳ. ①Z526.64

中国版本图书馆 CIP 数据核字(2012)第 204387 号

**保亭黎族苗族自治县年鉴(2011)**

**保亭黎族苗族自治县人民政府 主办 中共保亭黎族苗族自治县委党史县志办公室 编**

**责任编辑**:温 文
**出版发行**:南方出版社
**地 址**:海南省海口市和平大道 70 号
**邮 编**:570208
**电 话**:(0898)66160822 **传真**:(0898)66160830
**经 销**:各地新华书店
**印 刷**:河南蓉泰印刷有限公司
**版 次**:2012 年 12 月第 1 版 2012 年 12 月第 1 次印刷
**开 本**:880mm×1230mm 1/16
**印 张**:28
**字 数**:750 千字
**定 价**:200.00 元

# 编　辑　说　明

一、《保亭黎族苗族自治县年鉴》是县人民政府主办的地方综合性年鉴，逐年记载保亭县社会经济发展情况，收录年度性主要文献及重要资料，为党政机关、社会各界以及中外投资者认识、研究、开发、建设保亭提供较全面、系统、准确、翔实的信息，同时积累的历史资料。

二、《保亭黎族苗族自治县年鉴》(2011)为，设特载、保亭概况，政治与军事、法制、经济、社会事业、乡镇与农场、大事记、文献法规、统计资料、人物、附录等共12部分，全面、系统地反映2010年保亭县国民经济和社会发展形势以及各行各业、各乡镇及农场的情况，记述年度内重大事件，评述年度内重大发展、成就、问题等，收录当年重要文献和政策性文件，提供当年翔实的统计性资料以及其他实用性资料。

三、《保亭黎族苗族自治县年鉴》采取部类、类目、分目、条目的编辑体例，以字体、字号等版式设计区别不同层次。在编辑中尽可能将内容条目化。

四、《保亭黎族苗族自治县年鉴》稿件主要由各行各业主管部门和各乡镇及农场的特约编撰人组织、撰写，经过撰稿单位领导审核。文中的主要数据与统计部门进行了核对。由于来源、统计方法或使用角度不同，如遇同一项目或名称的数字不一致的情况，应以县统计局提供的“统计资料”数字为准。

五、为免累赘，凡直书月、日而未写年份，即为2010年；产量、产值等增长或减少多少，未注明与某一年份比较，即为《保亭黎族苗族自治县年鉴》记载当年(2010年)与上年(2009年)比较。

六、《保亭黎族苗族自治县年鉴》的编纂出版得到了县党政领导和有关部门、各乡镇政府、农场和社会各界的大力支持和协助，在此，谨表示衷心感谢。由于编辑出版时间较紧，加之我们编辑业务水平和经验有限，书中错漏在所难免，恳请批评指正。

《保亭黎族苗族自治县年鉴》编纂委员会

2011年12月

# 《保亭黎族苗族自治县年鉴》(2011)编纂委员会

王朝川（县国土局局长）

郑辉壮（县交通局局长）

朱德飞（县农业局局长）

韦岳峰（县文体局局长）

王　涛（县卫生局局长）

陈达洲（县审计局局长）

邢　散（县档案局局长）

王　辉（县国税局局长）

冉晓东（县地税局局长）

陈进华（县统计局局长）

李　学（县水务局局长）

孙敏凯（县林业局局长）

邢世荣（县人口与计划生育局局长）

董昌标（县旅游局局长）

林孟地（县城市管理局局长）

王辉武（县总工会常务副主席）

李希丙（团县委副书记）

吴晓茵（县妇联主席）

高政东（县科协主席）

王世关（县残联理事长）

# 《保亭黎族苗族自治县年鉴》（2011）编辑人员

**主　　编：**符开勇

**副 主 编：**杨清江

**编　　辑：**邢庆平　黄海翔

**特约编辑：**王法庭　吴扬才

**工作人员：**杜千红　潘海燕　黄新兴

**彩图设计：**张　祥

## 《保亭黎族苗族自治县年鉴》(2011)特约编撰人

(按姓氏笔划顺序排列)

| | | | | | | | | |
|---|---|---|---|---|---|---|---|---|
| 丁周来 | 马振斌 | 马晓林 | 孔冬冬 | 文智凤 | 王 兰 | 王 平 | 王 梅 | 王 森 |
| 王乃刚 | 王开武 | 王文博 | 王气标 | 王玉娟 | 王生华 | 王李山 | 王没璋 | 王建道 |
| 王金彪 | 王家东 | 王竟航 | 兰信云 | 史洪浪 | 甘 诚 | 龙 云 | 伦祖坚 | 刘文明 |
| 刘国峰 | 庄亚文 | 朱桐佳 | 朱海东 | 许环峰 | 邢庆平 | 何 震 | 何小曼 | 何伟东 |
| 吴 亭 | 吴 陵 | 吴良玉 | 张达吉 | 张沈华 | 张福特 | 李 威 | 李 艳 | 李 彬 |
| 李 斌 | 李开运 | 李东元 | 李庆学 | 李宏建 | 李振安 | 李维航 | 李朝攀 | 杨全能 |
| 杨昌仁 | 肖宏斌 | 邹和平 | 陈 林 | 陈 玲 | 陈义仲 | 陈少霞 | 陈晓龙 | 陈桂香 |
| 陈琼玉 | 陈德月 | 麦昌俊 | 周 杰 | 周 霖 | 周怀平 | 周朝海 | 庞学平 | 招商办 |
| 易振宇 | 林 玉 | 林 良 | 林 明 | 林 琦 | 林乃新 | 林明耀 | 林雪真 | 罗 伦 |
| 罗育文 | 范同桂 | 郑少敏 | 郑青青 | 施海波 | 冼晋兴 | 胡国平 | 胡明祥 | 赵剑华 |
| 钟恢范 | 夏冬群 | 莫华忠 | 高其昌 | 梅长海 | 梅应友 | 符 周 | 符 鹏 | 符广能 |
| 符月梅 | 符伟贵 | 符好文 | 黄 平 | 黄 汉 | 黄 奇 | 黄 超 | 黄 巍 | 黄开博 |
| 黄玉云 | 黄伟鹏 | 黄传文 | 黄进胜 | 黄思平 | 黄晋文 | 黄海翔 | 黄润平 | 黄樱思 |
| 彭志芳 | 曾庆金 | 谢达坤 | 谭丽芳 | 潘江涛 | 黎元瑜 | 黎世海 | 巍有恒 | |

## 版权声明

# 保亭黎族苗族自治县年鉴

（2011）

协办单位

保亭银地投资有限公司

# 领　导

2010年6 月12 日，省委书记卫留成到保亭县调研指导工作，县委书记郑作生县长彭家典陪同调研。(玉林摄)

2010年1月17日，省长罗保铭到保亭县调研指导工作，县委书记郑作生陪同调研。

2010年1月20日，副省长陈成到保亭县出席海南省中部市县农民增收2010年大宗农作物单产提升计划启动仪式并讲话。

2010年6月24日，副省长符跃兰到保亭县调研指导工作并听取工作汇报。

# 项  

国家飞碟训练基地落户保亭签约仪式。（玉林摄）

2010年7月28日，保亭县政府和中国银地城市投资有限公司举行签约仪式，开启保亭低碳发展实验区暨六弓社会主义新农村示范乡建设。（玉林摄）

保亭黎族苗族自治县与韩国外国语大学战略合作。

# 约 仪 式

新华分社与中共保亭自治县委战略合作。（玉林摄）

两岸首个少数民族交流基地在我县设立。（玉林摄）

# 群　众

赛龙舟（玉林摄）

2010年10月16,日保亭县举办2010年重阳节登山比赛，图为来自各地的获奖选手。（玉林摄）

与台湾少数民族同胞开展文化交流。（玉林摄）

# 活　动

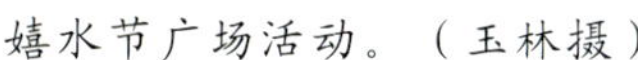

嬉水节广场活动。（玉林摄）

“三月三”活动。（玉林摄）

全民健身运动。

新农村风貌

温泉

农乐乐（王丹摄）

# 保亭

传统技艺表演——钻木取火（玉林摄）

鼻箫表演（玉林摄）

树皮被制作（玉林摄）

特色美食

黎族织锦比赛现场（玉林摄）

# 保亭县委组织部

县委组织部长　邝旭彪

中共保亭黎族苗族自治县委组织部是保亭县委主管党的组织工作、干部工作和人才工作的职能部门，主要职责是：在县委的统一领导下，坚持贯彻党的组织工作路线、方针、政策，加强党的组织建设和干部思想作风建设，培养选拔任用干部，从组织上保证党的政治路线的实现。组织部工作规程严整，保障机制完备。内设办公室、研究室、干部科、组织科、干部监督科、人才科、培训科七个行政职能科室，部机关行政编制11名，工勤编制2名。隶属单位有信息中心和党员电化教育中心两个参照公务员法管理副科级事业单位，编制各5名；县党建巡回检查办公室（参照公务员法管理正科级事业单位）挂靠县委组织部，编制5名。

近两年来，保亭县委组织部紧紧围绕全县改革发展稳定大局，以深入学习实践科学发展观、深入开展创先争优、“讲党性、重品行、作表率，树组工干部新形象”等活动为载体，强化组织部门及组工干部的服务意识、人才意识、创新意识，积极推进干部人事制度改革，大力加强领导班子和干部队伍建设、人才工作和人才队伍建设、基层组织和党员队伍建设及组织部门自身建设，扎实推动了组织工作科学化不断上新水平，为全县社会经济发展提供坚强的组织保证与人才支持。

开展“一述双评”活动

召开创先争优领导点评会

深入开展“讲党性、重品行、做表率”活动

县委组织部全体干部到毛感乡南好村委会为群众办好事实事活动。

# 保亭县委宣传部

美丽的保亭

县委宣传部组织全县63个单位在县政府5楼会议室召开迎接全国文明县城复查工作动员会。县委书记郑作生做动员讲话，县领导黄本二、彭家典、李开文、王秀美等出席会议。

迎接“全国文明县城”复查汇报会。

县委宣传部部长王秀美主持大会

宣传部组织学习培训活动

保亭县委宣传部主要负责宣传执行党的路线、方针、政策，指导全县理论学习、理论宣传，进行形势和政策教育，负责引导社会舆论和全县性对外宣传工作，指导和协调全县精神文明建设工作。

一年来县委宣传部组织理论中心组员参加“县域经济与旅游发展专题讲座”、“琼州学堂讲座”等活动。

6月28日，举办县委理论中心组（扩大）学习会，学习胡锦涛总书记视察海南时的重要讲话精神，学习胡锦涛总书记在中央政治局第“二十二”次集体学习会上的重要讲话摘要，学习中纪委、中组部及楼阳生部长在严肃换届纪律保证换届风清气正视频会议上的讲话，卫留成书记在省第五届纪委第六次全会上的重要讲话精神和罗保铭省长在保亭视察时的重要讲话精神。

8月15至22日，组织理论中心成员及各乡镇党委书记、县直机关及企事业、省属驻保亭各单位主要领导90多人，分两期赴革命圣地井冈山为期8天得以“探寻革命遗迹，重温革命历史，增强发展意识，提高执政能力，推动保亭又好又快发展”为主题的学习培训活动，并以9月9日在海口进行学习考察总结会。　这一年来保亭县委宣传部，成立县宣传团深入各乡镇开展“十一五成就”暨“十二五规划纲要”、“十七届六中全会精神”等宣讲报告活动，组织新闻媒体做好农民增收、创先争优及“治懒治散治庸”宣传报道工作以及“三月三”、“嬉水节”“九九登高节”等保亭大型民俗节庆活动，取得显著成效。并协调中央电视台、海南电视台等媒体节目组到我县拍摄热带雨林及民俗文化专题片宣传保亭民俗文化。

这一年来县委宣传部负责全国文明县城复查、保亭文明大行动、贯彻落实党的十七届六中全会精神等相关工作，完成《迎接全国文明县城复查检查工作总体方案》、《保亭文明大行动总体实施方案》、《中共保亭黎族苗族自治县委关于贯彻落实党的十七届六中全会精神总体方案》等大型重要文稿。

# 保亭银地投

项目签约仪式

保亭银地投资有限公司隶属中国银地投资集团旗下成员企业之一。中国银地集团总部位于北京，公司成立20年来，以地产和金融为主要投资方向，业务涉及一级土地运营，城市基础设施、公共服务设施、城市商业、旅游、高端休闲产业的投资、建设、运营和管理，金融机构投资及其他相关产业的战略投资。以环渤海湾、环北部湾及国内主要旅游城市为投资布局的重点区域。

2008年下半年，中国银地进入海南进行了一年多的前期考察和调研，针对海南独特的热带岛屿气候和原生态的自然资源及环境，提出了以农业产业为基础，结合休闲旅游、教育培训、保健医疗、金融服务等现代服务业的复合型产业运营模式。2010年初，公司进入保亭，成立保亭银地投资有限公司并开始前期工作。2010年7月，与保亭县政府签订了海南省保亭县低碳农艺经济发展示范区项目合作协议，对保亭县六弓乡进行包括新农村建设、产业提升、旅游开发等内容的整体改造。

在金融产业方面，中国银地自进入海南以来，与战略合作伙伴共同发起设立了文昌国民村镇银行、琼海国民村镇银行和万宁国民村镇银行，分别于2010年、2011年开业运营。

中国银地以科学和谐、可持续发展，做创造价值、承担责任的企业公民为企业愿景，多年来累计已向社会公益事业捐款数千万元人民币。自保亭银地投资有限公司成立以来，2010年上半年即向保亭县社会公共及文化事业、农村危改项目捐款758万元，2010年下半年又与县人民政府签订公益项目捐建协议，计划在三至五年内捐建总额2亿元的教育和农村危改工程。

中国银地捐建保亭县助教扶农公益项目启动仪式

新农村开工仪式

项目评审现场

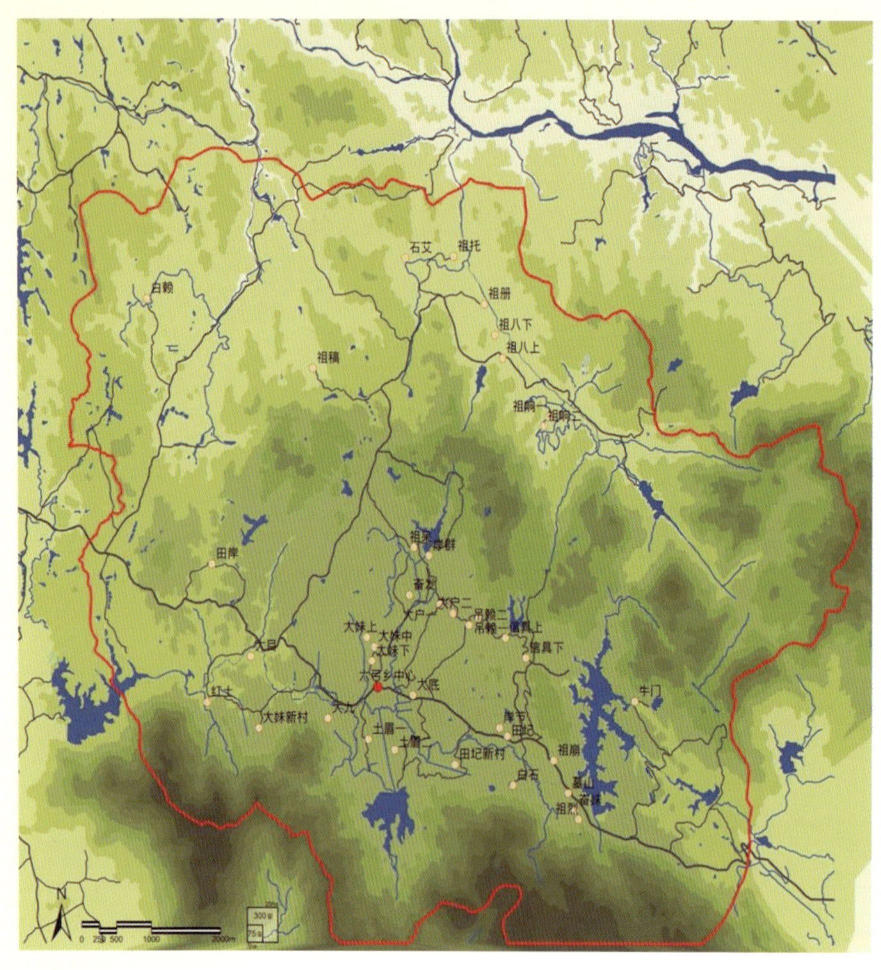

保亭低碳农艺经济示范区项目，是由保亭黎族苗族自治县人民政府与中国银地城市投资有限公司合作，遵循“农民致富、生态保护、企业获利、政府满意”的原则，以六弓乡全乡行政区域为单位进行全面投资建设和运营管理的综合性区域开发项目，也是保亭第一个由企业对低碳发展模式的新农业、新农村建设进行持续、长期地投入，彻底改变乡村落后面貌，对接国际旅游岛建设战略的创新项目。项目以建成海南省低碳发展和新农村建设的示范基地、全球“企业绿都”和国际高端养生度假区为最终发展目标。

中国银地通过在六弓乡发展以低碳农业为基础的“农艺经济”催生身心灵健康，带动全新的『生活度假旅游』（Lifestyle Travel）。六弓乡毗邻三亚、陵水，其田园静谧的农村自明性，蕴含发展乡林景致风貌的旅游潜质，洁净养生的山水田林资源，能创造高端度假旅游的环境差异体验，与三亚热带海洋资源形成高度鲜明的对比，可对接丰富的国际旅游资源，提升海南旅游层次，丰富海南岛多元度假体验风貌。六弓乡改造后的健康自然风貌，将回馈企业投资的度假旅游项目，带来效益与商机，使企业有能力长期持续投入六弓乡低碳农业事业，是农民、政府、企业三赢的发展模式。

项目通过政企合作的方式共同推动产业发展，共同促进农业振兴与市场化运作，达到互利共赢。中国银地发挥企业在专业领域和金融产业方面的优势，在全球范围推进现代低碳农业的技术学习与合作关系，有利于低碳农业建设稳定推进。同时，中国银地把投入大、回报周期长的低碳农业产业作为战略投资方向，也彰显了中国企业公民（CSR）精神。

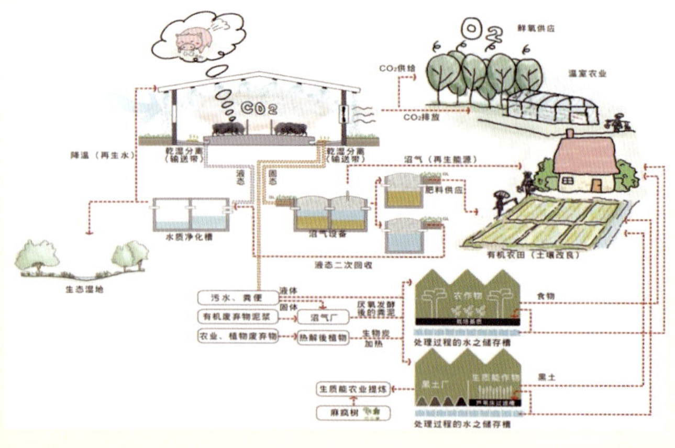

示意图

示意图

# 低碳发展实验区项目

鸟瞰图

示意效果图

示意效果图

示意效果图

示意效果图

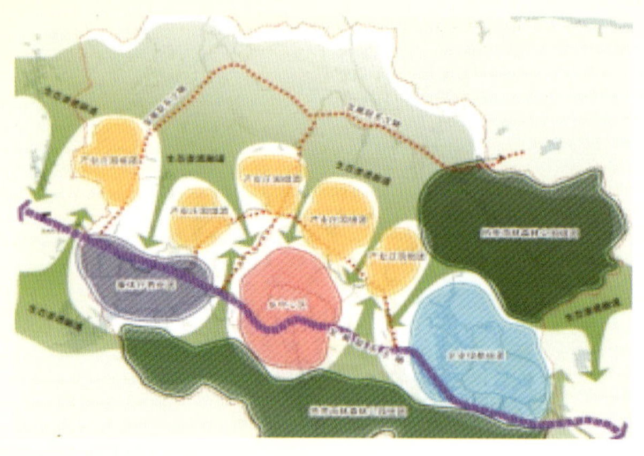

## 六弓乡总体规划

根据六弓乡总体规划，以现有六弓乡中心为项目中心区，规划建设低碳模式的有机农业、热带高效农业等为核心的农艺经济产业示范基地，建立农业技术研发、培训、推广、技术交流和农产品交易的平台；黎族传统艺术、旅游风情及文化主题产业项目；新农村建设示范区。以墓山水库等自然水体为基础，规划建设高端养生度假区和企业绿都商务度假区。依托与陵水、三亚毗邻的山地，规划建设热带雨林森林公园、户外体育运动基地和热带生物多样化研究中心和热带雨林复育研究项目。利用热作产业资源，发展小桐子、油棕等生物质能源农业产业和南药产业基地。

## 农艺经济示范

对六弓乡传统农业进行转型升级，通过建立农艺研发中心、生产基地、展示和交易平台；建立热带雨林复育、科研学习与实践示范基地；创建城乡一体化新农村低碳农艺经济新模式，建设低碳示范基地，使之成为全国首个低碳乡村、新农村发展的标兵。

# 低碳发展实验区项目

**黎族文化载体**

托黎族文化传统，对黎族居住习俗、生活模式、黎族锦绣、黎族手工艺品、特色餐饮、商业风情街、节日庆典等风俗挖掘与营造，打造真正的黎族风情文化之乡，使之成为琼台少数民族文化交流基地。

**商务活动绿都**

打造中国首个面向企业和精英群体的商务、聚会、交流的高地和平台，成为具有国际水准的企业绿都。搭建企业进修营和面向高端商务群体会议论坛的国际化商务平台。

**高端养生度假基地**

打造低碳健康、高端的休闲度假目的地。面向高端客户群体营造一种全新回归自然的生活方式；打造高端户外极限或探险运动（热带雨林探险体验）；策划面向精英和富裕家庭孩子的冬季夏令营或绿色度假学校。

局长 赵师

保亭黎族苗族自治县公安局隶属政府职能部门，共设立有：刑事侦查大队、治安管理大队、国内安全保卫大队、禁毒大队、法制室、指挥中心、政工监督室、警务保障室、交通管理大队、看守所、行政拘留所以及15个基层派出所，此外，还设有新星公安局和森林公安局。

全局共有民警126人，其中局长1人，政委1人，副局长3人。2010年，保亭县公安局由于各项工作成绩突出，被省公安厅批准荣立集体“三等功”。

党委会议

退还被盗车辆大会

退赃大会上接受锦旗

法制宣传

打击经济犯罪街道宣传活动

# 保亭县 公安局

4月27日，陈德乔副局长带队上街进行防电信诈骗宣传。

2011年7月13日公安局综合大楼正式封顶，赵师局长到建筑工地表示祝贺。

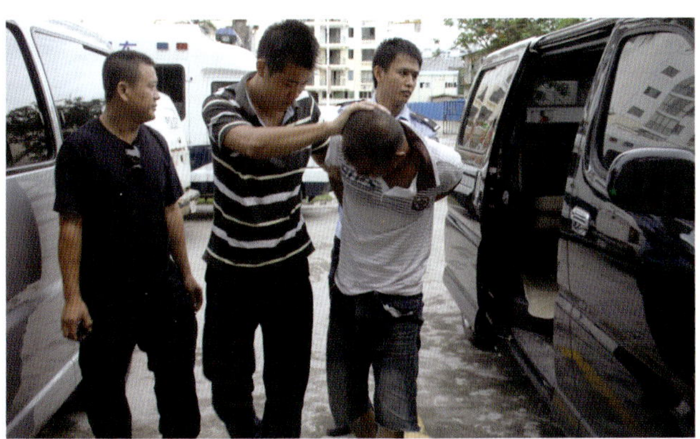

抓捕犯罪嫌疑人

公安局动员民警进行抓捕行动

检察长　李彪

保亭黎族苗族自治县人民检察院成立于1955年11月，历经几起几落，合并撤消后，于1979年1月重建。1988年4月，海南建省后，更名为保亭黎族苗族自治县人民检察院。该院重建以来历任检察长为：

张儒群检察长（1979年1月—1982年10月）黎德新检察长（1983年4月—1987年6月） 陈上荣检察长（1987年6月—1989年6月）杨文忠检察长（1989年6月—1993年5月）朱永盛检察长（1993年5月—1998年3月）黄政勋检察长（1998年3月—2003年3月）罗宗煌检察长（2003年3月—2009年3月） 现任检察长李彪（2009年3月—　）。

本院内设机构有政工科、办公室、反贪污贿赂局、反渎职侵权检察局、公诉科、侦查监督科、控告申诉检察科、监所检察科、响水检察室、纪检组。

保亭黎族苗族自治县人民检察院位于保亭县城新兴东路。2005年12月完成“两房”大楼建设，新办公大楼面积3000余平房米，内设置办案工作区、侦查指挥中心、信息机要中心机房、荣誉室、图书室、电子阅览室、多功能会议中心、一级档案室和枪弹库等技术先进、功能完备的现代化办公、办案设施。建成了检察局域网、信息发布系统、办公自动化系统、检察业务系统、全程同步录音录像系统、电子检察官查询平台、检委会会议系统、远程视频会议室、电子显示屏、监控系统等。近年来，保亭县检察院党组带领全体干警秉承保亭检察的优良传统，紧紧围绕“强化法律监督，维护公平正义”的检察工作主题和海南国际旅游岛建设中心大局，坚持“立检为公、执法为民”，推出全院一盘棋的整体办案模式、审查起诉和审查批捕预收预审机制、检察长直通车、检察官下乡接访、检察官约见等一批创新工作、特色工作机制，不断强化法律监督职能，各项检察工作取得了新进展。五年来，该院荣获省级以上表彰奖励22次、县级表彰27次，个人荣获省级以上表彰奖励29人次、县级表彰奖励8人次。

参加全省检察机关红歌大合唱文艺汇演

检察干警送法进社区

开展法制宣传日活动

李彪检察长为省院领导介绍该院响水检察室参与社会管理创新的成果

# 县人民检察院

美丽的保亭

资深检察官为乡镇干部讲解职务犯罪预防知识

走村进户为群众提供法律咨询

为群众调处纠纷化解矛盾

检察干警为群众讲解法律知识

该院响水检察室检察信息联络员聘任仪式

院长符敬强亲自到金江人民法庭接访

认真落实人民陪审员制度

邀请人大代表、政协委员检查监督“百万案件评查”工作。

# 人民法院

2010年，县人民法院以开展“争先创优”、“人民法官为人民”和“制度落实检查年”活动为契机，认真落实“四项重点工作”，围绕国际旅游岛建设目标，坚持“为大局服务，为人民司法”工作主题，按照“从严治院、公信立院、文化建院、人才兴院、科技强院”工作方针，全面加强审判执行工作，继续深化法院改革，着力抓好队伍建设，不断夯实基层基础，各项工作取得了新的进展，为建设“四佳一珠”新保亭、建设低碳旅游经济示范县提供了有力的司法保障。今年，法院再次荣获“全县社会治安综合治理先进集体”称号，杨臣兰专委则被授予“全县社会治安综合治理先进个人”称号。

妇女维权审判工作

认真开展“12.4”全国法制宣传日活动

积极开展“巡回法庭”工作，落实调解优先原则

认真开展“5.12”大接访工作

组织全院中层领导干部到白沙革命老区重温入党誓词

# 保亭县司法局

县司法局党员干部“七一”活动参观临高角红色革命教育基地。

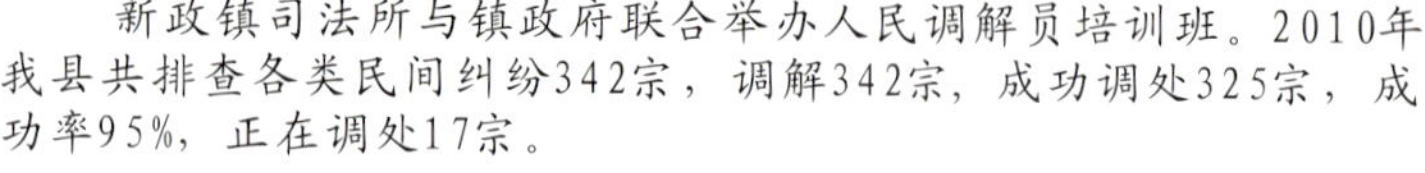

新政镇司法所与镇政府联合举办人民调解员培训班。2010年我县共排查各类民间纠纷342宗，调解342宗，成功调处325宗，成功率95%，正在调处17宗。

“12.4”全国法制宣传日活动期间，独具民族特色的民歌说法演出现场。

2010年以来，我县的司法行政工作在省司法厅和县委、县政府的关心和领导下，认真贯彻落实科学发展观和全省司法行政工作会议精神，紧紧围绕建设“法治保亭，平安保亭”的工作目标，认真落实全年工作目标任务，扎实工作，取得了显著成绩。2010年在全省的“五五”普法检查验收工作中圆满完成任务，获得省“五五”普法先进单位。同年，县司法局获得了县推进学习型党组织建设活动“先进单位”、县社会治安综合治理和平安建设工作“先进单位”、县惩治和预防腐败体系建设暨党员廉政建设“先进单位”和县综合工作“先进单位”。

# 保亭县审计局

县审计局局长及审计人员在三道镇兰花基地检查项目实施情况

2010年，保亭县审计局认真贯彻执行《审计法》、《审计法实施条例》，充分发挥审计监督职能作用，有计划、有重点地组织开展审计项目实施。已完成审计项目50个，其中审计立项22个，审计审核项目28个。查出各类违规行为金额1,761.94万元（其中核减工程造价1,158.3万元、应上缴财政金额495.8万元、应归还原资金渠道24.94万元），管理不规范金额9,606.17万元。为财政增收节支585.89万元（其中核减工程结算造价节约支出573.1万元，入库税金12.79万元）。向检察院移送案件线索1宗，经检察院审查后已立案；向政府提出修订建设项目管理规定的专题审计建议经政府常务会议审议通过；向县委组织部门提出领导干部离任办理经济事项交接的建议得到肯定，待进一步修订完善交接办法后向县委提出建议；对被审计单位提出52条规范财政财务收支管理行为的审计建议得到采纳。被海南省审计厅评为2008至2009年度审计信息宣传工作先进集体；2007至2008年度基本养老保险基金使用情况绩效审计项目在全省优秀审计项目评比中荣获市县组“一等奖”；被海南省委省政府评为2007至2010年度“文明单位”；提交审计工作报告、信息56篇，被采用53篇。

省审计厅执行审计法律法规检查组指导审计业务工作

审计人员在保障性安居工程“芙蓉小区”检查工程项目施工情况

局领导及审计人员向施工方了解七仙广场改造项目实施情况

# 工商行政

消费维权工作卓有成效

保亭黎族苗族自治县工商行政管理局内设办公室、人事教育纪检监察股、政策法规股、市场规范管理股、企业登记注册股5个股室和消费者委员会、个体私营协会，下设7个基层工商所。全局有在职干部职工81人，其中正副局长3人，主任科员1人，副主任科员1人，中层干部28人，工勤1人。2010年，该局被国家工商总局评为全国工商系统基层合同监管工作先进单位；被省工商局评为海南省旅游市场专项整治先进单位、商标工作先进单位；被县委、县政府评为全县惩治和预防腐败体系建设暨党风廉政建设先进单位，全县人口和计划生育工作先进单位，优秀基层党组织。

办公大楼

消费维权咨询活动

检查餐饮业工作

检查一次性不合格塑料购物袋

查处销售假冒伪劣农资

升旗仪式

网上办案考核

进行红色革命教育

李学局长参加全国水利工作视频会

深水务厅李天学副厅长督导保亭水利普查工作

2010年度，县水务局紧紧围绕建设“四佳一珠”新保亭的工作目标，大力实施“治水兴县”战略，始终坚持“抗旱夺丰收、防汛保平安、兴业促发展”的工作思路，以抓好水利设施项目建设和城乡供水项目建设为主线，较好地完成了省水务厅和县委、县政府下达的工作目标任务。

**[扎牢安全防线，千方百计确保社会稳定]**一是切实抓好防旱抗旱工作。今年上半年县大部分地区发生不同程度的旱情。共投入抗旱资金131万元。抗旱浇灌面积1.78公顷，解决1.07万人、0.87万头牲畜临时饮水困难，抗旱工作取得显著成效。二是组织开展汛前、讯中、汛末安全大检查。重点检查在建除险加固水库、病险水库安全度汛情况。共检查水库46座。三是抓好防汛防风责任制的落实。层层落实责任制，将防汛防风责任分解到具体人，形成了横向到边，纵向到底的责任体系。四是健全完善乡镇“三防”指挥机构。设立乡镇“三防”办公室。各乡镇党委、政府一把手对本乡镇“三防”工作负总责。五是制定水库汛期防洪运用计划和度汛措施。并投资200万元（中央资金），设立4个人工监测站，245个自动监测站，实施完成我县山洪灾害防治试点项目建设。确保水库工程安全度汛。六是继续加强防洪物资储备。 七是积极投入今年10月份强降雨期间的抢险救灾工作和防御今年第13号超强台风“鲇鱼”准备工作。

**[牢固树立“保民生，保发展，保稳定”的观念，积极推动重点工作和为民办实事项目有效开展]**一是县城防洪堤工程项目。续建保城河防洪堤工程包括石眉河段及合口河段，项目将

保城河水闸段防洪堤

于2010年12月底动工建设。二是三道镇供水工程。由三道供水厂和农村安全饮水管网工程组成。10月份项目开始动工建设。三是县城污水处理厂项目。项目于2008年12月28日举行开工仪式，2010年6月底进入整体联动试车并开始调试。四是南昌、土眉、石建、毛真水库等8宗水库除险加固项目，如今已全部实施完成并通过项目验收已发挥效益。还有4座水库除险加固工程已建设完成进度90%。五是小型农田水利重点县建设项目。实施完成什玲、加茂、六弓、新政、三道、南林等6个乡镇的小型农田水利重点县建设项目。积极实施保城、响水、毛感3个乡镇的小型农田水利重点县建设项目前期准备工作。

**[坚持以人为本，扎实做好农村饮水安全工作]**完成编制我县2010年度农村饮水安全建设项目规划，并上报省水务厅；完成加茂镇什族村、六弓乡岸节、田圮、石艾、保城镇什道、什坡、三道镇什吉7宗饮水安全工程施工任务，解决7个村1199人的饮水安全问题；完成2009年重点县小农水工程建设项目加答水利灌区、石建水利灌区的农民用水协会机构成立工作；完成新政镇供水工程概算及施工设计任务。

**[认真抓好水务统计年报和项目规划设计]**完成2010年小型农田水利重点县建设项目的规划工作；完成2010年度水利综合统计年报的上报工作；完成2010年度水利服务业统计报表的上报工作；完成2011年小型农田水利重点县建设项目规划和资料的搜集上报工作；完成2010年冬修水利规划工作；组织编制完成《保亭县水源地保护规划报告》并上报省人民政府。

**[积极实施水利基础设施建设]**完成石建渠道改造配套工程建设实施工作，完成渠道改造硬化总长2.5公里；实施我县干哈温泉供水项目工程可研、初设和概算审计等前期准备工作。

小农水项目之山塘

小农水项目之排灌渠

小农水项目之灌沟工程

什在水库除险加固工程

局长 周信伟

2011年3月15日，周信伟局长深入帮扶挂钩点响水镇什龙村委会现场办公，切实解决挂钩点实际问题，并在此次现场办公活动中答应购买近9000多元鹅苗530只帮扶致富对象34户发展养鹅业。

2011年春节期间，周信伟局长陪同黄秀香副县长深入响水镇响水村委会局南村慰问五保户和百岁老人。

2011年3月20日至26日，周信伟局长陪同黄秀香副县长深入新政、三道及响水等地区走访困难户。

保亭县民政局内设10个股（室），即办公室、财务室、优抚股、退伍办、救灾股、社会福利和社会事务股、基层政权股、民间组织管理股、区划地名股、老龄办；下辖5 个二级机构，即低保办、社会捐助站、婚姻登记中心、福彩中心、老龄办。局系统共有干部、职工14人。

2010年，民政局各项工作有序开展，成效明显。一是社会救助体系建设日趋完善，救助水平不断提高。城乡居民最低生活保障补助水平得到提高，各项补贴全部到位。特困居民医疗救助制度全面落实，有效缓解了困难群众“医疗难”问题。救灾救济工作更加规范，慈善捐助活动广泛开展。全县已初步形成了老有所养、贫有所济、残有所助、灾有所救的社会救助体系。二是双拥共建活动积极广泛开展，各项优抚政策得到全面落实。工作措施到位，拥军工作取得明显成效。建立了优抚对象抚恤补助标准自然增长机制，优抚对象抚恤金、补助

金及时足额发放。三是基层民主政治建设和社区建设水平不断提高，人民群众民主政治权利和社会权益得到了保障。建立健全村(居)民自治制度，圆满完成第六届村（居）委会换届选举工作，和谐社区建设逐步推进，农村社区建设已经启步。四是专项社会事务管理工作更加规范，服务质量进一步提升。民间组织管理进一步规范，婚姻登记服务水平不断提高，地名标志标准化设置和信息库建设逐步完善，老龄政策全部落实，殡葬改革工作深入推进。五是民政硬件设施逐步完善，为进一步提高整体服务水平提供了保障。什玲、毛感、南林、加茂等6所乡镇敬老院迁入新址，解决了多年来各乡镇存在供养难问题。烈士陵园建设项目已经启动。

由于工作成效显著，去年以来，保亭县民政局先后被国家民政部评为“全国老龄工作先进单位”，县委、县政府评为“全县综合工作先进单位”、“全县创先争优先进单位”、“全县社会治安综合治理和平安建设工作先进单位”、“全县建设社会主义新农村工作先进单位”，“全县人口和计划生育工作先进单位”。

保亭县民政局开展“治懒治散治庸”专项行动百名股（局）长公开评议会

周信伟局长向社会监督员和民政服务对象汇报了我县开展“治懒治散治庸”专项行动情况和工作情况。

百名股（局）长治评对象符广能向社会监督员和民政服务对象汇报了本职工作和为服务对象开展服务情况

社会监督员和民政服务对象对民政局开展“治懒治散治庸”专项行动情况和百名股（局）长治评对象进行评议

七仙岭

槟榔谷

呀诺达雨林文化旅游区——世外桃园

保亭黎族苗族自治县旅游局是主管全县旅游工作的县政府工作部门。行政编制10人，其中：局长1名，副局长2名。机关工勤人员财政预算管理事业编制1名。内设4个职能岗位：行政文秘管理岗，旅游开发规划和政策法规岗，旅游质量和监督管理岗，旅游市场开发岗。

近年来，县委、县政府高度重视旅游产业发展，坚定不移把旅游业作为支柱产业来打造、来推进。抢抓国际旅游岛建设重大历史机遇，依托保亭雨林、温泉、民俗资源优势，主动融入三亚南部旅游经济圈，坚持走“蓝绿互融，山海并举”的差异化特色高端发展路子，旅游业取得长足发展，以旅游为龙头的第三产业的比重由2007年的43.6%提高到2010年的50.4%，超过第一产业9.2个百分点，旅游龙头地位得到了确立。

# 旅游局

美丽的保亭

保城夜景

和坊天空

整齐的装束

据统计，2008年至2010年全县共接待游客380万人次，年均增长66.1%，旅游收入5.24 亿元，年均增长51.6%。2011年前三季度，全县接待游客168.6万人次，同比增长18.1%；实现旅游收入2.2亿元，同比增长24.9%。接待入境游客2.4万人次，同比增长43.9%。在旅游业的强势推动下，保亭对外影响力和知名度空前提升，在继续保持“三城一乡”（国家卫生县城、国家园林县城、全国文明县城、中国民间文化艺术之乡）基础上，先后荣获中国“最佳文化生态旅游目的地、最佳绿色旅游名县、最具民俗文化特色旅游目的地”三项荣誉，呀诺达景区和槟榔谷旅游区荣膺国家4A级景区称号，七仙温泉嬉水节荣获“2010年中国十大著名节庆品牌”。

# 保亭县文化

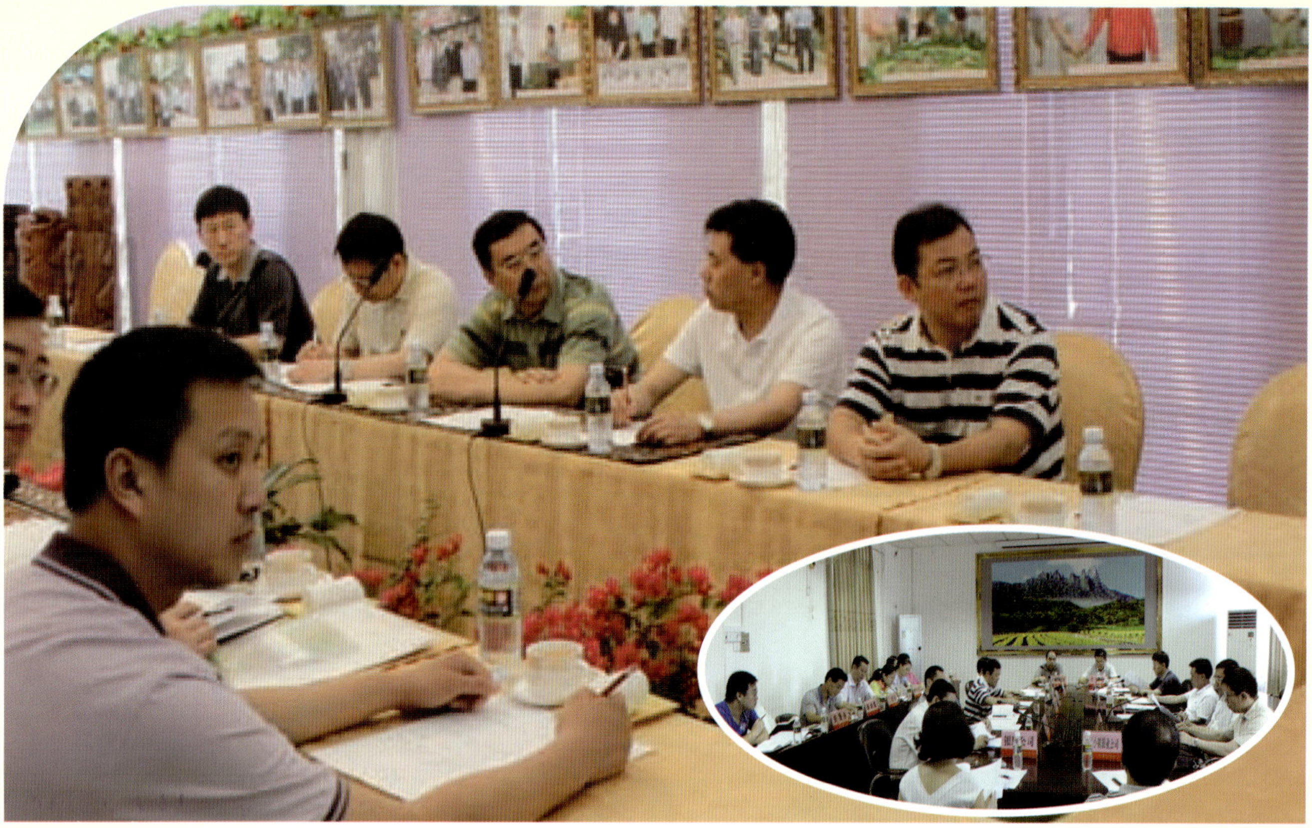

中央党校社会管理调研组保亭调研

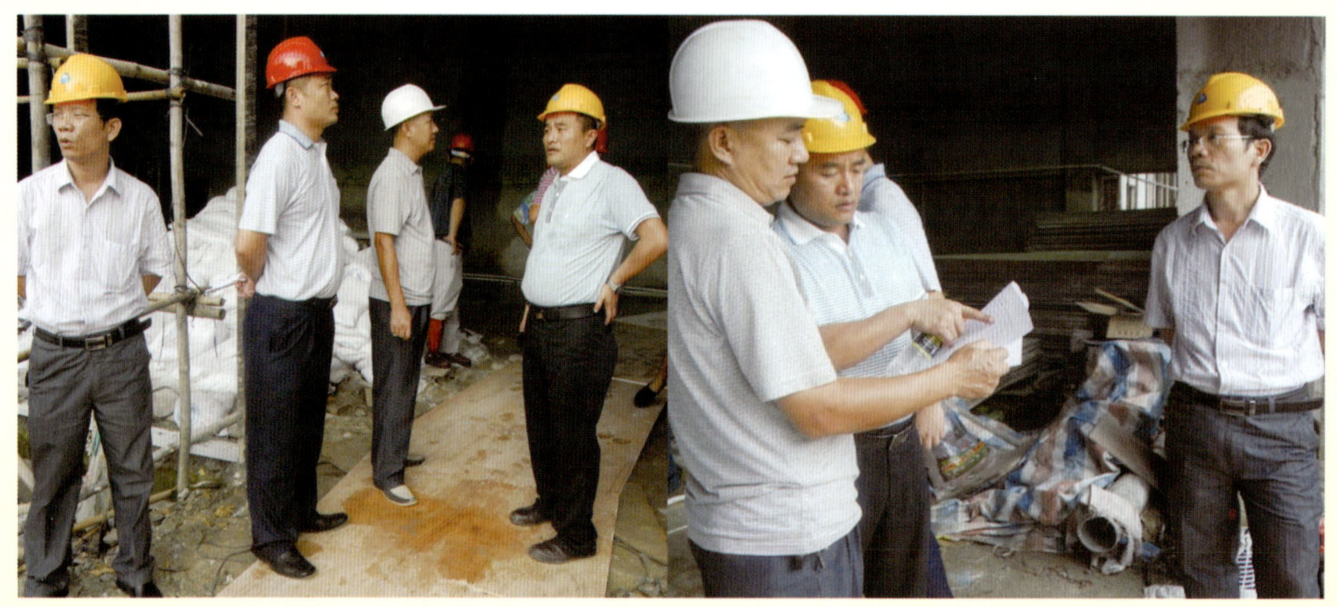

县文化馆视察

# 广电出版体育局

“三月三”活动

荣誉

七仙温泉嬉水节活动

保亭县文化广电出版体育局是保亭县的文化行政主管部门，领导班子成员一正三副。局内设有8个职能股室（行政秘书岗、文博管理岗、文化艺术管理岗、广播电视管理岗、广播电视科技管理岗、图书音像出版印刷业管理岗、体育管理岗、文化市场管理岗）；下辖7个直属事业单位（广播电视台、文化馆、图书馆、博物馆、文化市场行政执法大队、业余体校、民族歌舞团）。

党委书记、局长 苏盛葵

保亭黎族苗族自治县教育局是保亭黎族苗族自治县主管全县教育教学、扫盲工作的县政府工作部门。下设办公室、普教股、招生办、人事股、体卫股、教育督导室、纪检信访室、法规室、思政室、教育研训中心、学生资助管理中心和青少年活动中心等股室。

2010年，保亭县教育局在县委、县政府的正确领导和省教育厅的关心支持下，始终坚持以邓小平理论和“三个代表”重要思想为指导，以科学发展观统领教育工作全局，以办好让人民满意的教育为宗旨，以提高教育教学质量为重点，全面贯彻落实党和国家的教育方针政策，大力实施“科教兴县”和“人才强县”战略，加大学校布局调整力度，加快教育现代化建设步伐，不断加强师资队伍建设，稳步推进素质教育，全力维护教育系统安全稳定，切实解决教育热难点问题，使我县教育资源配置更趋合理，教育改革不断深化，学校管理水平不断提升，各类教育均衡健康发展，教育教学质量逐步提高，保亭教育实现了又好又快发展，为我县的经济社会发展提供了人才和智力支持。

2010年，保亭县教育局获得“2009年度全县政府能力效能建设年活动先进单位”、“海南省教育人才智力扶持第四期项目实施工作先进单位”、“教育部、财政部‘国培计划’，海南省农村骨干教师培训项目（2010年）优秀组织单位”、“2010年促农增收工作先进工作组”、“2010年度工会工作先进集体”、“海南省中小学教师信息技术与教育创新论文大赛优秀组织奖”、“2010年省中小学教师信息技术与教育创新论文大赛优秀组织奖”等。

县委、县政府召开教师节座谈会

全县中小学广播体操比赛

全县中小学竹竿舞比赛

# 教育局

全县教育系统“小手拉大手，文明我先行”宣誓启动仪式

县委、县政府召开庆祝第二十七个教师节暨表彰大会

保亭县教育研训中心成立

局长、经理杨泽武在阅示文件

三亚市烟草专卖局领导一行莅临进行工作指导

局长、经理杨泽武给全体营销人员讲授营销知识

局长、经理杨泽武给全体专卖人员上课

海南省保亭黎族苗族自治县烟草专卖局（原保亭黎族苗族自治县烟草公司）成立于1984年10月，位于保亭县保兴东路27号。于2003年12月取消独立法人资格，2004年1月并入三亚市烟草专卖局（公司），成为其烟草营销部之一。设有综合办公室、专卖监督管理办公室（内含内部管理监督办公室、稽查大队）、客户服务部（内含配送组1个）等机构。现有员工47人，其中，在职员工25人，内部退养员工6人，退休员工16人。

2010年以来，认真贯彻落实全省烟草工作会议、局长经理座谈会精神，紧紧围绕“卷烟上水平”这一战略任务，按照海南省烟草专卖局（公司）、三亚市烟草专卖局（公司）的工作部署，采取措施开展工作，提高服务水平，改进工作作风。全面推进“抓管理、提素质、上水平”，不断推动保亭烟草又好又实发展。在落实工作中不断提升执行力，不断提高精细化管理水平，不断提高经济运行水平，着力加强班子建设、内部专卖监督、市场监管和队伍建设，严格执法，依法执法，积极开展打假破网，卷烟销售网络建设、专销人员队伍建设等各项工作取得了明显成效。

# 烟草专卖局

副局长刘建明传达相关文件精神

“12.4”法律宣传日进行法律宣传、真假烟鉴别。

召开卷烟零售户座谈会

烟草专卖局办公楼

召开职工代表大会表决“明示与承诺”

# 食品药品监督管理局

局长　王英明

保亭县食品生产企业42家，食品流通经营户564余户，农贸市场12个，餐饮业经营178户，其中农家乐餐饮服务点8家；生猪屠宰场（点）6个；药品经营企业36家，其中零售药店35家，农村药品配送中心1家。

2002年建局、2004年承担县食品安全协调委员会办公室综合监管职责以来，县食品药品监督管理局严格致力于科学监管，不断完善食品监管长效机制，扎实推进食品安全综合监管工作，着力解决人民群众最关心的食品安全热点难点问题，有效保障广大人民群众的饮食安全，促进食品行业健康快速协调发展。2010年1月1日，保亭县政府下发《保亭黎族苗族自治县食品药品监督管理局主要职责内设机构和人员编制规定》，设置保亭黎族苗族自治县食品药品监督管理局，为主管全县食品药品工作的县政府工作部门。2010年5月6日，县食安办职能从县食品药品监管局划转至县卫生局。上半年共组织相关职能部门出动食品执法人员781人次，检查各类企业3582家次，查处违法行为385起。药品监管方面：共查处违法案件11件，结案11件，结案率100%，涉及物品总值1.6万元。

学校幼儿园食堂专项检查（右起三：王英明局长）

药品安全专项整治会议（左起三：王英明局长）

召开2011年餐饮服务业暨嬉水节食品安全工作动员大会（左起县政府办公室杨许明副主任、王理进副县长、食品药品监督管理局王英明局长）。

创先争优电视访谈录制

# 保亭县农业局

局长 朱德飞

保亭县农业局建于1962年属县政府的办事机构，系为农业生产办公室，1969年改为农林水办公室，后并入生产组，1973年6月恢复，1984年6月改为农业工作委员会，1996年改为农业局，2008年改为农科局，2010年改为农业局。全局共有编制16个，其中：行政编制14个，工勤2人，配备正职领导1名，副职3名，设综合、种植、市场营销、科技、统计、乡企、农经、农业执法、农机、畜牧水产等10个岗位，现有工作人员20名，局长1名，副局长3名，主任科员4名，副主任科员1名，科员5名，雇员4名，工勤人员2名。2010年农业局在县委、县政府的正确领导下，深入实践科学发展观，狠抓农业和农村经济建设工作，切实落实农民增收各项措施，确保实现全县2010年农民增收计划，圆满地完成了全年农业和农村工作各项任务。

创先争优活动点评会

农业局瓜菜嫁接苗圃，工人正在嫁接青瓜苗。

深入瓜菜收购点，进行瓜菜市场行情调研。

深入生产基地，了解瓜菜生产情况。

# 保亭县林业局

局长　黄启璋

县森林公安局长黄海峰同志给村民解释法制宣传书内容

县森林公安局民警与村两委会干部、群众座谈。

县林业局防火队员进行防火演练

人民群众阅览森林保护法制宣传单

县森林公安民警查处非法采伐木材现场

保亭县林业局是保亭县政府直属的正科级事业单位（全额拨款），内设机构有7个：森林防火办、绿委办、公益办、行秘股（办公室）、林政股、营林股、检疫站等单位，下属机构有4个：森林公安局、林业工作总站（下辖10个乡镇基层林业工作站）、苗圃场、森工站等，全局（含下属单位）干部职工人数92人，其中局机关人数38人。

县林业局的主要职责是：依据国家《森林法》，对县境内的森林林木、植被、林地、湿地及陆生野生动植物保护和合理开发利用；负责组织、协调全县造林绿化及林业生态保护工作。具体业务范围有：植树造林，组织全民义务植树；封山育林，实施天然林保护及退耕还林工程，组织全县森林资源调查、监测；野生动植物保护；负责全县林木种子、种苗生产及植物调运病虫害检疫及防治；预防森林火灾及组织对森林火灾协调指挥；审批林木采伐、林地征占用、野外用火、林木种苗生产经营、野生动物驯养繁育、木材加工经营、林权证发放及转让等手续，监督林木凭证采伐、运输，对违反《森林法》及实施条例行为进行行政处罚。

# 人口和计划生育局

省人口计生委主任随枝叶在县长彭家典的陪同下到我县新建计生服务站综合大楼进行指导

保亭县人口和计划生育局始建于1979年6月，当时称之为保亭县人民政府计划生育办公室，后几易其名，2003年更名为保亭县人口和计划生育局，内设：行政秘书管理、政策法规管理、宣传教育管理、发展与规划统计管理、科学技术管理、流动人口计划生育管理等6个岗位，人员编制12人，其中10个为公务员编。

30多年来，历届领导班子认真履行职责，采取有效措施，抓好全县人口和计划生育工作，出色地完成人口和计划生育各项任务，有效的控制人口增长，取得较好的成绩。1997、1998、1999年度均被省委、省政府授予“人口和计划生育目标管理达标县”称号；1999年被县委、县政府授予“人口和计划生育目标管理合格单位”称号；2000年被县委、县政府评为“民族工作先进单位”、“1998-1999年度文明单位”；2001年被县委、县政府评为“党风廉政建设工作达标单位”；2002年被省委、省政府授予“2002年度人口和计划生育目标管理合格单位”；2006年被国家人口计生委、财政部授予“全国农村部分家庭奖励扶助制度和‘少生快富’工程试点工作先进单位”；2006年被省人口和计划生育局授予“海南首届人口和计划生育乡土文化作品征集（音乐类）一等奖”；2006年被中国人口文化促进会授予“全国人口文化工作先进单位的称号”；2007年被省委、省政府授予“2003-2006年度文明单位”；2008年被国家人口计生委授予“全国计划生育优质服务先进单位”称号；2008年被省和人事劳动保障厅、省人口计生委评为“全省人口和计划生育系统先进集体”称号；2010年度被省委、省政府评为“海南省人口和计划生育目标管理先进单位”。

县委书记郑作生在局长邢世荣的陪同下到毛感乡调研

县委、县政府主要领导与各乡（镇）签订年度人口与计划生育目标管理责任书。

县人口计生局党支部在“七一”期间到挂钩单位慰问贫困老党员。

县人口计生局党支部在“开展创新争优”活动中开展慰问活动

# 科技和工业信息产业局

保亭县科技和工业信息产业局成立于2009年12月，是主管全县科技、工业、信息、地震工作的综合职能部门。内设工业和信息化管理岗、科技管理科，地震管理岗三个岗位。隶属事业单位为保亭县科技服务中心。全局现有在职人员9人。

该局主要负责组织落实国家、省、县安排的科技计划，制订本县的科技发展长远规划和年度计划与组织实施，认真做好科技成果的管理和推广转化工作；负责协调全县应对气候变化及节能工作，指导资源节约和综合利用；负责指导、促进中小企业的改革和发展；负责协调全县经济运行中的重大问题和国防动员有关工作；负责全县科技、工业、信息产业、高新技术等项目的招商引资工作，指导协调工业园区建设和发展；负责维护国家、省和县信息安全与信息安全保障体系建设，依法对信息服务市场进行监管，负责全县公共通信资源的分配与管理，指导协调全县电子政务建设；负责全县防震减灾工作，依法管理工程抗震设防要求和地震安全性评价结果审定工作；依法对全县工程建设项目的抗震设防进行执法检查，处罚未进行抗震设防或未从事地震安全性评价的建设案件。

局长　黄开连

党员教育活动

组织开展全县科技活动

防震减灾工作座谈会

# 社会保险事业局

保亭黎族苗族自治县社会保险事业局（原名为保亭县社会劳动保险公司）成立于1985年12月，是参照国家公务员管理的副科级事业单位，隶属于县人社局，现有工作人员17人，内设6个科室，既办公室、财务室、养老组、医疗组、工伤生育、档案组。负责全县养老、医疗、工伤、生育四项社会保险的经办工作。此外，还负责社会化管理服务工作。开展业务主要有：基本养老保险、城镇从业人员基本医疗保险、城镇居民基本医疗保险、工伤保险和生育保险等社会事业性工作。

医疗组工作人员为参保人办理医疗IC卡业务

养老组工作人员正为参保人办理退休工资发放业务

开展新《工伤保险条例》知识讲座

# 保亭县就业局

保亭县三道镇农村劳动力转移建筑工培训班

毛感乡农民养蜂培训班合影留念

三亚市人力资源开发局、保亭县就业局联合举办"就业援助"现场招聘会

保亭县就业局隶属县人力资源和社会保障局，具有独立的法人资格。行使劳动就业再就业等有关的行政职能。2010年，就业局根据市场需求特点，结合农村劳动力实际，有针对性地做好职业技能培训，提高农村劳动力的就业竞争力，全年共培训劳动力2786人。开展创业带动就业活动，鼓励下岗失业人员自主创业，自谋职业，为2户下岗失业人员提供小额担保贷款8万元，解决启动资金难题。加强就业服务，通过开展就业援助月、企业招聘会等专项服务活动，帮助就业困难对象、大中专毕业生和部分农村劳动力实现就业。开发公益性岗位166个，其中安置失地农民86人。以上措施使全县就业形势不断优化。全年城镇计划新增就业岗位900个，实际完成2761个，占年计划任务的306%。下岗失业人员计划实现再就业300人，实际完成266人，占年度计划的88%。农村富余劳动力计划转移2600人，实际转移6334人，占年度计划的243%。城镇登记失业人员实现再就业情况，本年计划人数300人，实际累计新增373人，已完成计划百分124.3%。下岗失业人员享受免费再就业培训情况，本年计划350人，累计完成223人。

# 政务服务中心

政务中心主任　黄诚生

政务中心办公大楼

服务窗口

认真办理

耐心解答

为了方便群众办事、为群众提供优质高效的政务服务，推进我县政务公开工作，促进依法行政，建设法制政府，2009年9月26日保亭县人民政府成立政务服务中心。县政务服务中心为正科级事业单位。事业编制4人，其中中心领导主任1名，副主任1名，其他管理人员2名。中心大厅面积1080平方米，首批进驻25个单位，设立25个办事窗口。主要工作职责：

（一）负责制定县政务服务中心有关制度和管理办法并组织实施；负责统一协调管理县政府各部门的行政审批行为，具体负责中心的运行和管理工作，协调、监管不进驻中心的部门的行政审批行为。

（二)管理中心各窗口，规范窗口业务受理、办理行为；主持召开联审会，协调重大事项的审批，并对其他集中审批的事项进行协调、指导和管理、监督；受理基层、企业、群众的来信来访和投诉。

（三）协调各窗口之间的工作关系；为各窗口及工作人员提供后勤保障；负责中心自动化办公系统的技术维护和软件升级等方面的工作，保障中心各项工作的高效、规范、有序运作。

（四）监督检查各窗口的行政审批业务办理情况，分析研究行政审批制度改革中遇到的问题，及时向县政府报告并提出解决问题的意见和建议。

（五）负责督察各进驻单位公开办事承诺的执行情况；负责行政审批（许可）事项的监督。

（六）负责窗口业务人员的思想教育、业务培训和考核工作。

（七）组织开展行政审批制度改革方面的宣传和中心业务运作、日常管理及人员培训等方面的理论研究，总结交流行政审批业务办理的工作经验。

（八)办理县政府交办的其他工作。

# 农业技术服务中心

中心陈启邦主任陪同省长罗保铭进行沼气工作调研

2010年,在县委县政府的领导下,中心全体农技人员牢固树立为“三农”服务的思想,以科学发展观为指导,认真贯彻省人民政府《关于促进中部市县农民三年增收措施的意见》精神,把促进农民增收工作列为本年度的中心工作,突出“九个围绕”,狠抓“九项工作”,即:围绕产业抓良种,围绕增产抓技术,围绕增收抓服务,围绕品质抓监管,围绕安全抓防治,围绕清洁抓能源,围绕节约抓测土配方,围绕“活动”抓政风行风建设,围绕“责任制”抓落实,有效地促进了我县农业增效、农民增收,给农民带来良好的经济效益,得到了农民群众的广泛好评。

指导瓜菜病虫害防治

农技培训班

开展农作物统防统治工作

# 目 录



## 特 载



## 保亭概况



## 政治与军事

## 法　制

## 经　济

## 社会事业

## 乡镇·农场

## 人　物



## 文献法规(选编)



## 统计资料



## 大事记

## 附　录

1

# 特　　载

1/20

# 作风大转变　用心真干事 确保实现保亭全年工作目标

## ——在县委十一届六次全体(扩大)会议上的讲话 (2010 年 9 月 29 日)

郑作生

同志们：

这次县委全委(扩大)会议，是在全县进一步贯彻党的十七届四中全会精神，抢抓国际旅游岛建设加快保亭又好又快发展的历史机遇下，召开的一次重要会议。会议的主要任务是：认真贯彻省委五届八次全委(扩大)会议精神，回顾总结全县今年以来工作，把握当前形势，部署年底工作任务，动员全县进一步解放思想，凝神聚气，真抓实干，确保实现全年工作目标。开好这次会议，对于统一思想，抢抓机遇，狠抓落实，全面完成“十一五”规划任务，推进保亭经济社会快速发展，有着十分重要的意义。

受县委常委会委托，我讲五点意见。

**一、今年以来，全县经济社会快速协调发展**

今年来，县委常委会坚决贯彻省委、省政府一系列重要决策部署，紧紧围绕“保增长、保民生、保稳定”工作任务，按照“三抓二保一加强”工作总要求，坚持走特色差异化高端发展路子，紧扣工作目标，落实落实再落实，使县域经济社会发展增速加快。

1—8 月份，全县完成生产总值 8.94 亿元，同比增长 15.1%；财政总收入(含基金)2.25 亿元，同比增长 276%。其中一般预算收入 1.09 亿元，同比增长 120%；财政总支出 6.67 亿元，同比增长 54.8%，其中一般预算支出 4.23 亿元，同比增长 16%；固定资产投资 8.53 亿元，同比增长 120%；存款余额 33.5 亿元人民币，比年初增长 52.6%；贷款余额 4.65 亿元，比年初增长 93.9%。全社会消费品零售总额 2.3 亿元，同比增长 17.9%；城镇居民人均可支配收入 8419 元，农民人均纯收入 2189 元，分别增长 20.6% 和 27.6%；城镇新增就业 1388 人，完成年度计划的 154%；农村劳动力转移 3158 人，完成年度计划的 105.2%；新增脱贫人口 1000 人；全县用电量同比增长 29.3%，经济发展取得了实实在在的新成果。民生方面不断推进了以经济保障性住房为代表的教育卫生社保住房等多项重点惠民社会工作；基础设施建设实现新突破；完成了农村“两委”换届，基层党的组织建设进一步夯实；社会和谐稳定，有力支撑了全县的经济社会发展，真正形成了人心思进的大发展的良好态势，影响力知名度继续攀升。主要有以下七个新亮点：

(一)旅游主导产业保持强劲增长势头。以旅游业为主的三产服务业占 GDP 的比重提高到 47.4%，同比提高 11.4 个百分点，对经济贡献率达到 78.1%，县域经济活力倍增。1—8 月份，全县接待旅游人数 133.5 万/人次，同比增长 59.9%，其中，接待入境游客 1.56 万/人次，同比增长 11.3%，接待过夜人数 14.24 万/人次，同比增长 12.9%。实现旅游收入 1.64 亿元，同比增长 48.4%。同时呀诺达景区和槟榔谷荣获国家四 A 级景区称号。

(二)基础设施建设明显加快。巩固国家卫生县城工作有序推进，并顺利通过省考核组的复查,污水处理厂、垃圾填埋场项目基本建成,启动县城供水管网改造、七仙文化广场提升改造、风情特色一条街、保城河三期夜景灯光、滨河西路绿化、旅游公厕等项目建设,县城进一步美化、亮化。

(三)建设保城镇等五处经济保障房。凤凰小区二、三期保障性住房工程顺利推进,桃源、芙蓉小区保障性住房开工建设。

(四)旅游文化建设又有新进展。黎族纺染织绣技艺被联合国教科文组织授予"世界非物质文化遗产";仙安石林、七仙岭、槟榔谷、呀诺达景区被评为"琼州百景"称号;七仙温泉嬉水节荣获"2010年中国十大著名节庆品牌",并成功举办十一届嬉水节。

(五)抓好典型示范工程。初步完成全县低碳发展规划编制工作,并向省政府正式申报保亭低碳生态发展示范县,启动六弓低碳开发项目,三道什进旅游加新农村改造示范建设项目已经开工。

(六)努力打造农民增收的产业平台。初步建成六弓、什玲养鸡示范园,推进了三道新政兰花基地建设,打工经济也成了农民收入的主要来源。

(七)扎实开展创建学习型党组织和"创先争优"活动。进一步完善了督查督办机制,严格落实党风廉政建设责任制,干部队伍作风建设和执行力有了新的提高。

总的来看,今年以来全县工作富有成效,特别是在投资、财政收入、基础设施、农民增收、文化建设上成果丰硕。尤为可喜的是,全县干部群众的精神状态在干事发展中得到良好展现。大家都在想事、谋事、干事,责任感和执行力得到增强,基层组织建设和干部队伍在"创先争优"活动中得到巩固提高。但是,我们也要看到工作中的不足:我们还面临不少困难,经济发展的步伐还不够快,干部作风还有不少不相适应的地方,改善民生的力度和成效与人民群众的要求还有很大的差距。

**二、当前面临的总体形势分析**

虽然我县今年各项经济社会指标都保持较快增长,但我们必须清醒地看到:当前,我县作为海南国际旅游岛建设加快发展的中部市县,面临发展经济任务很重和改善民生呼声很高的双重压力,我们在全省排名下降,我们与周边市县的发展仍有不小的差距。如果我们不能争取更好更快的发展,差距就会进一步拉大。我们是为着真干事、干成事,就不妨把形势和面临的问题说得透切些。

(一)从总体发展水平及与其它市县对比来看,我县的经济总量和人均指标在全省各市县中均处以中下水平,不少指标低于全省平均水平,经济发展主体指标整体表现欠佳,人均地区生产总值、城镇居民可支配收入、固定资产投资三项分类指标虽有提高,但人均增速和人均总量排在全省较低水平,名落前九之外。去年虽发展快,但没有改变这种状况,经济总量只占全省的0.63%,人均生产总值9000多元,是全省平均数的41%,城镇居民可支配收入和农民人均纯收入分别比全省平均水平差3270元和1653元,是全省平均水平的76.1%和65.2%,在中部六市县中我们排名在中下。我们的生活质量较低,服务功能较弱,购物、餐饮落后,娱乐低端,比省的平均水平都低,国家平均水平也没达到。

(二)从全省各项经济社会指标排位来看,今年来,我县地区生产总值全省排名倒数第三位,在中部六市县中也仅排名第四位。农民人均收入排全省16名,倒数第三。农民人均纯收入和城镇居民人均可支配收入与全省分别差距1554元和1690元。可以说经济总量偏小是我县长期积贫积弱的现实结果。从经济发展步伐来看,GDP增长速度全省排名第十三位,增速比一季度回落了3.2个百分点,全省排名回落3位次。全省大部分的市县发展步伐都是"快中加快"。以邻近的陵水县为例,上半年GDP增长21.2%,地方财政一般预算收入达到6.3亿元,同比增长2.7倍。GDP比2008年同期增长了58.7%,地方财政一般预算收入排名由2008年同期的第十一位跃居全省前三甲,取得的这样的成绩仅用两年时间。与之对比,我县GDP仅比2008年同期增长46.4%,地方财政一般预算收入依然位居全省后四位。这样"快慢不定"的发展情况,集中反映了我县经济发展的持续后劲不足的问题较突出。

我县第二季度固定资产投资增长比第一季度回落了近 200 个百分点，投资增速明显回落，整体经济加快发展受到挤压。我县目前固定资产投资建设项目大部份为续建工程，年内新增开工项目仅为 7 个，比上年度同期减少了 10 个，项目储备不足。随着续建工程的陆续完工，后续项目上马数量过少，加上投资额度较小，如不重视抓招商引资促项目落地，必将削弱我县经济快速发展的持续后劲，投资拉动将萎缩。

（三）我们与先进市县相比看，特别是在思想解放上、在发展意识上、在发展的思路和办法上、在发展的勇气和抓机遇上，在发展的责任感和紧迫感上相比差距很大。比如，在思想解放上，放着事不干热衷争论。人家是不顾一切去干成事，咱们是顾了一切才干事。我们以不平衡发展破解发展的不平衡的决断勇气不足；在发展思路上，还是沿用沿海市县的老三样（酒店、高尔夫和房地产），没有理直气壮地坚持旅业带动抓生态农村、旅游农业、文化农民的“新三农”建设。

虽然我们的劣势不少，但做好工作加快发展的优势更多。一是大环境有利保亭发展。特别是省委省政府的坚强有力的支持，如，今年支持低碳发展生态示范县的申报，农场移交市县政府试点实施，海棠湾到保亭五指山高速公路明年将动工等。二是内生力推动发展强劲。筹资能力和企业进入性转强，机遇很好，不少企业等着进入保亭。三是干部群众的发展愿望非常强烈。

为此，又好又快地发展仍然是我们这样一个欠发达县份一切工作的主题，是我们义不容辞的最大政治任务。我们只有找准定位，敢想敢干，攻坚克难，奋起直追，抓住一切可能的机遇，构建适度超前的基础设施，迅速做大经济，健全发展功能，能发展多快就发展多快，才能保住我县在中部率先发展一步的优势，才能在建设国际旅游岛加快保亭发展中有所作为。

**三、确实以取势、明道、优术的经世致用的眼光，坚定不移地推进思想再解放**

取势就是研判大势，随趋势潮流而动。明道就是知道干什么，更懂得怎么干，思路清明。优术就是掌握想做事做成事的本领，提高成事的能力和水平。

冷静分析我县发展形势，目前制约保亭发展最大的问题仍然是发展不快、发展不足的问题。表现在总量偏小、基础薄弱、环境不优、开放不够等方面，究其根本原因，我想有两个方面：一个是思想解放和敢想敢干不足的问题，一个是责任感使命感用心做事不足的问题。发展往往在抱怨中贻误，事业往往在封闭中落后，机遇往往在等靠中丧失。所以，我们讲解放思想，首先是观念的解放，思维方式的转换。我们少数党员干部在认识和行动中，还存在这样几个突出问题：一是本位利益考虑太多。少数单位和干部只计单位和个人利益，不计全县整体利益，看不到长远利益。二是畏难情绪依然较浓。突出表现在推进重点建设项目、重点工作中“不敢碰硬”，有些干部在工程启动前，只讲难度，谈困难，不去想破解困难的办法。在动工后，不深入调查研究，不敢直面矛盾，不善解决矛盾，导致小问题拖大，小事拖复杂，最终贻误了发展的时机。三是懒惰思想影响过重。少数人在面对复杂形势，处理疑难问题时，一推了之，回避责任。四是视野不宽阔。少数人做了一点事，就感觉良好，缺乏强烈的进取心，看不到与先进的差距，满足于“过得去”，“差不多”。这些问题其实是“只见树木，不见森林”的本位主义，不敢抓、不敢管的好人主义，贪求小团体、个人利益的实用主义，创新不足、容易满足的小农思想的具体表现。

我们不是没有机遇，也不是没有能力抓不住机遇，而是看到机遇不敢不善于抓机遇。我们与发达地区的差距，不仅表现在发展速度上，更显露在发展方式、发展理念上。我们落后就在于自我封闭的保守思想和但求无过的处世之道难以革除。我们当下是多么需要勇气来解放思想，太需要一大批有见识、敢担当、勇践行和开放开明的干部。解放思想的核心是干事创业，根本是用心干事，重在推进，重在落实，重在把事做成。

（一）要围绕谋发展干成事来解放思想。坚决打破凡事都看别人干没干、过去有没有的常规思维，切实克服墨守陈规、瞻前顾后的保守思想，着力消除影响和制约发展的思想障碍，打牢引领科学发展的思想基础,不断挣脱各种阻碍发展的束缚,放开手脚,大干快上。面对市场,要敢闯,不拘泥于传统观念。面对困难,要敢试,不局限于条条框框。我们不能简单满足于"过去就是这样做的,别人也是这么干的",要善于用脑、善于借鉴、善于出新,让老经验不断有新突破,老办法不断有新举措,以此来攻坚克难、推动发展。必须打造宽松包容的干事环境,鼓励干事的,褒奖干成事的,包容干错事的,鞭策不干事的。先干不争论,以时间作结论,以成事论英雄。正如广东省委副书记朱明国说的好:鼓励改革者、宽容失误者、鞭挞保守者、追究诬告者、惩治腐败者。解放思想要与事挂钩,以干事成事为标杆,需要什么条件和环境,我们就打造什么条件和环境。我们要攻坚克难,冲破虚伪浮躁的陋习,用心想、用心干事、少议论、少折腾,多支持。只要决定干的,落实的是县委县政府的工作,审报程序即使不对,也是可以变通和理解的,手续补上理顺,就允许下不为例。在面对当前重大机遇和任务,更需要我们开动脑筋、打破常规、放飞思想,以更加开放的思维谋划发展,真正变机遇为优势、变政策为项目。这就需要我们克服懒散思想,苦干不苦熬,以开阔的视野,潜心干保亭的事。

(二)要围绕真的去想事、真的去做事、真的用心去成事来解放思想。真的要像增城那样形成强烈的发展意识:不怕起步晚,就怕起点低;不怕干不好,就怕没想好;不怕发展落后,就怕观念落后。用心干事,就要抓环节、抓细节、解难题、干净干事,有点权就要抠点东西,不给就变法而刁难,暗算人家,理由也无懈可击,讲怨气话,讲泄气话,讲设套话,非要套到人家的东西,满足自己的私利心才罢休,这是沦丧了的职业道德;要用心做,评判事物的标准不是看对个人有没有好处、对部门单位的"小圈子"有没有好处,而是要看对保亭发展大局有没有好处、对人民群众的长远利益有没有好处,只要是有利于保亭发展、有利于百姓增收致富,我们都要积极鼓励、大胆支持;要用心做事,就要学会算大账,怎么用好省下放的3.5公顷的农转建土地权限来调结构促发展惠民生,怎么做资产置换改旧换新,怎么以资源换发展,怎么以资产变资本等等。发展要看主流不是滴水不漏,自己没算好不动脑,又不懂自己真正要的是什么,患得患失,生疑他人,使合作无法进行,陷入思想的堕性,怕这怕那,看到别人发展很羡慕,而轮到自己发展却不敢,坐失良机。

(三)要围绕不断提升责任感事业心去解放思想。要勇于为发展担责任,把科学发展与解放思想落实在领导班子和干部队伍身上。保亭的发展,特别需要一批"站起来当伞,为发展遮风挡雨"的"硬脊梁"。我们不怪干部有毛病,就怕干部不干事。思想与行动上的懒惰是干部最坏的品行,现在保亭发展很需要肯干事、能干事、干成事的人。我们评价一个干部,就是以想干事、用心干事、干成事来衡量,不做事的官,德性再高也不是好官。好官就是要做事,德性高就在用心做事、为民谋利上。我们这些人为什么能聚在一起?组织上为什么要配置官职给我们,难道是为了一起好玩,在一起谈天说地坐而论道吗?如果不身担发展为民之责,不想事干事,我们的官职也没有存在必要!所以,官职的责任就是要用心去干事。

(四)要围绕强化学习力去解放思想。学以明智,学以明理,不学无以断、无以立。不懂就不要乱讲、乱为。要不犯别人犯过的低级错误,不办别人办过的低能事就要学习,努力提高自身素质和能力,跟上发展要求。不学习就会自以为是,骄傲自大,讲不负责任的话。不学习就以为自己永远都是正确的,是真理的化身,总也看不到自己的毛病,而总是看到别人的毛病。学习则相反,见贤思齐,看别人毛病就少,自己则变得谦虚,并乐于向别人学习,心智培养起来,心态就好,并感到工作生活美好充实。学习就能实现"两提高",提高思维能力和操作能力,提高领导科学发展能力。领导力要到学习力里去找去要。

**四、全力抓好年底前各项工作,确保顺利实现全年各项目标任务**

今年剩下的三个月时间是攻坚克难阶段,尤其要十分重视抓紧用好。保障性住房民生第一号工程要快上,确保12亿元的投资额和财政、农民增收年度任务完成,重点项目要突破,基础设施如水、路要大步推进，乡村旅游项目要动工大干，招商引资要做最后冲刺，财政上亿元专项资金要用出去，中央内需投资项目要完工等等。当前需要花钱办事，形势逼人，唯有拼命豁出去一搏，抓紧苦干才能扭转局面。本次全委会也是誓师动员会，我们要进一步增强加快发展的责任感和紧迫感，把思想和行动放在抓发展推项目、做好事惠民生、保稳定促和谐上来，上下一心打硬仗，全面完成今年工作任务。现在就要检查各项工作的完成情况，查遗补漏，来一次工作大排查，把未完成的工作一项项倒排工期，调整人、财、物力抓落实。主要领导要一刻不耽误，果断决策，一线解决问题。不争论，埋头干，比什么都重要，比什么都管用有效。为此，着力抓好以下五个方面的工作。

（一）全力完成县“十一五”规划目标和今年的重点项目与为民办好事实事项目。我们要突出重点推进战略，集中财力办关键的事，以不平衡发展破解我县发展不平衡的实际难题，把中央和省赋予的政策用好用足。

1. 抓好五项规划设计，完善发展功能布局。一是抓紧抓好景区和创建“全国特色生态示范县城”的规划。做好独具特色的县城规划设计，重点抓好县城二环路街景设计；二是抓好县城联接七仙岭景区的漫步自行车机动车三线道规划设计；三是抓好三道地区发展总规，抠出功能建设区；四是对进入保亭的三线一通沿途特色景观改造进行规划设计，为“百村整治美化行动”做好准备；五是争取省审批七仙岭景区编修总规和毛感生态景区总规。这五项规划设计任务要分工明确到单位和责任领导，保证所需资金，确保12月底前初步完成。

2. 集中精力抓项目建设，确保完成十二亿元年度投资额。发展是硬道理，项目是硬发展，投资是硬指标，任何时候不动摇。要有不发展不行、发展慢了也不行的责任观念，知耻奋进，切实加强领导，强力推进重点建设项目和为民办实事好事工程。要围绕如何达到今年的预期目标开展工作，把精力放在重抓项目推进上，重抓投资额的增长，重抓财政专项资金的投入。从现在起每月要保证至少1亿元的资金投入，以完成全年12亿元的投资目标。

从目前看，我县项目建设进展不够理想，一些项目国家投资资金下达较晚不能按期开工，一些项目基础工作不到位进展缓慢，预计到12月底国家省又增资下拨专项建设资金达1亿元以上，现有的1.5亿元项目资金躺在财政专户里用不出去，形势十分严峻。我们要以鞭打慢牛措施，做加与减的文章，干好的加奖，不干的减罚，把米喂给会下蛋的鸡，谁能干事成事就用谁，谁干成事就重用奖励谁，人、财、物向基础设施、产业项目和民生工程倾斜。全面落实县级领导包抓重点项目制度，严格执行项目工作责任制，确认责任单位和责任领导。要千方百计落实资金，倒排工期，加快进度，重点组织实施好一批在建项目，使其按期建成投入使用。对于尚未开工的项目，要认真分析原因，落实配套资金，明确专人负责限期开工。对已签约的项目，如神农大丰种文化科研基地、煤气管道工程、土地整理和御园项目等要跟踪抓落实，促进签约项目进入实质操作程序。民生项目尤其是为民办好事实事工程，要清查盘点，能快则快，能上则上。钱要用上去，事要办下来，不允许推诿扯皮，误了百姓事。同时，要针对上半年征地工作不力、项目推进缓慢等问题，转换征地责任方式，明确责任主体，有重点制订近期征地拆迁工作方案，打好项目落地基础。重点抓好旧医院、凤凰小区临街铺面、风情一条街和金江农场267亩土地收回招拍挂工作。同时，采取有效措施限时完成13家企业增加容积率应缴补缴的费用收征任务。以鼓励在前、问责在后的领导管理方法，把问责放在考核结果好差上，把考核结果的好差放在是否按时完成目标工作任务上，奖到人，责到底。年底前要切实抓好以下三个方面的重点项目：

一是抓好旅业投资项目：加快呀诺达接待酒店、国际会议中心、金凤凰酒店推进建设步伐，扩大提升呀诺达和槟榔谷经营项目，向五A级景区迈进；拓展君澜酒店的带动效应，推进农垦五星级酒店建设；加紧推进七仙岭温泉国家森林公园停车场、游客服务中心和栈道改造建设；推进风情特色一条街建设;推进七仙岭管委会委托代建项目、六弓低碳之乡项目、神农大丰南繁育种高科技产业基地项目早日开工。全力支持新华都集团建设高端养生项目,理顺用地手续,做好规划,促其早日动工。同时,建立信息服务平台,提高旅游服务效率。

二是抓好基础设施项目:加快推进东环路和宝亭大道征地建设;加紧打通西二环路(桥)和东河两岸七仙岭景观路的征地、设计及招投标等前期工作,力争年底前开工建设;启动街景改造和县城西河步行街建设;全面完成县城供水管网改造,建成新政饮用水供应管道,选址征地为明年搬迁县城供水厂做好准备,同时推进三道供水厂工程;争取开通海口、三亚至保亭境内各大景区旅游专线,启动出租车经营工作,完善接待功能。

三是加紧储备一批新项目:要实施招商引资项目年底攻坚战,采取灵活多样的方式,抓住机遇,全力引进一批打基础利长远推动全县持续发展的大项目、好项目。重点做好甘什岭民俗文化村、黎医黎药养生保健项目、毛感南春生态休闲园及农家风情游项目等前期工作,做好产业创意园、总部经济、玉观园、瑞士村、大家村、爱地体育等项目对接工作,争取早日引进立项启动建设。

3. 科学策划编制“十二五”规划。要认真总结“十一五”规划,超前谋划、科学编制“十二五”规划,做到“四个对接”,即编制“十二五”规划要与贯彻落实海南国际旅游岛建设战略相对接,与省“十二五”总体规划相对接,与省区域发展战略相对接,与破解制约发展瓶颈问题、加快转变经济发展方式、培育特色优势产业相对接,切实编制出一个符合科学发展观要求、符合我县实际,具有较强前瞻性、指导性、针对性和可操作性的规划。同时,要抢抓这段争取项目的黄金时期,加强与国家、省有关部门的联系衔接,大力争取项目落户保亭,及早谋划论证一批能够带动全县经济社会发展的重大项目,力争进入省“十二五”规划,为今后发展积蓄后劲。

(二)实施“百村整治行动”,抓好三线二区一城整治和七仙岭酒店景区边村庄整治。综合整治保陵公路,海渝中线县城至大本、三道甘什岭至响水段,县城至七仙岭视廊范围内的自然村、镇。按旅游文化、景观文化和民族文化来改造,成为保亭农耕文化的承载线,黎苗文化的展示线,绿色生态旅游的体验线“三线”。改善居住环境,加快民生、节能排污工程,实现建筑民族化、村容整洁化、生产生态化、管理民主化、沿线景观化“五化”。同时,政府全额补助,利用生物技术单体净化污水。增加财政投入,建设公共垃圾池、排污沟等基础设施。按照沿途达到卫生要好、环境要美、秩序要优、群众要善“四要目标”要求来谋划实施。建筑民族化要投入多少,村容整治要投入多少,生产生态化要投入多少,扶持乡村旅游和种养业要投入多少,来做出预算,筹划分批整治争取三年时间完成整治目标。为此,今年要抓紧做规划出方案,速动工。要用好做大呀诺达和槟榔谷的品牌,以景区带村镇的思路,大胆改造提升附近村庄,当前任务是建设1—3个乡村旅馆村,以典型示范引路。同时确实发挥管委会的作用,进一步加强七仙岭景区管理。

(三)实施“文化铸魂工程”,做好做活特色文化。没有文化的旅游是灵魂出壳的旅游,没有旅游的文化是魂不附体的文化。做文化也要解放思想更新观念,要牢固树立“抓文化就是打基础、抓经济,就是抓生产力、就是抓发展、就是抓机遇”的理念,打消做文化就是劳民伤财形象工程的不合时宜的观念,做好做活保亭特色文化,以打造文化,撑起保亭发展之魂。

1. 以“十个一”的主题文化建设,构筑地域民族特色文化和惠普文化的有形文化,争取全国优秀旅游县城“马踏飞燕”标志落户保亭。即,一是围绕嬉水节大做节庆文化;二是围绕槟榔谷大做民族文化;三是围绕七仙岭国家森林公园和呀诺达大做热带雨林生态文化;四是围绕七仙温泉大做养生文化;五是围绕高端酒店景区大做服务文化;六是围绕百亭征集和城市雕塑,再打造《甘工鸟》等名片文化;七是围绕改造提升七仙广场大做广场文化;八是围绕国家卫生县城、园林县城、文明县城大做品牌文化;九是围绕大区小镇新村模式大做乡村旅游文化;十是围绕旅游文化大做低碳文化。同时用好名人文化,通过名人提升保亭知名度，以文引人，带动消费。共同形成和谐发展的文化氛围。

2. 按照干净舒适温馨的黎苗风情小镇目标，做精做美县城。今后，我们要做好一批大小文化休闲广场，一条风情街，一台歌舞，一部动漫宣传片，一批城雕，一批街景，一个医院，一个文化中心，一座公园山，一批农乐乐，一条人行漫步道，一栋电视演播楼，一批人行景观桥，一批民族文化元素建筑群。同时，以立法的方式禁止捕鸟吃蛙，选出县树县花。

3. 按照生态农村目标建设文化村。推进以农乐乐、乡村旅馆为代表的乡村旅游文化，建设乡村旅馆，评选打造以自然村为主的民族民俗文化村，增添旅游新产品，挖掘保护本源优秀特色文化，带动农民增收。同时，认真落实中共中央宣传部等六部委《关于县级和城乡基层宣传文化队伍建设若干意见》，采取有力措施抓紧抓好基层宣传文化队伍建设工作。

（四）走旅加农路子，确实打一场农民增收的攻坚战。农民的出路在于不当传统农民，农村的出路在于转移农民，农业的增效在于减少农民，要想方设法转移农民、减少农民、致富农民，要做到“两个转变”，即从价格农业向价值农业转变，农民增收从单一向多元转变，确实转变农民增收方式，向市场化、企业化、产业化和专业化要增收。这就要着眼调整产业结构，重点要抓好五个方面的工作：

1. 加快推动乡村风情农家旅馆及农乐乐项目的建设。制订农乐乐和农业产业化各200万元扶持金落实措施，把产业扶持金投向政府鼓励的农民增收的产业项目，确保资金投下去，让农民参与产业化经营，使农民增收向高效益的产业集合，向收入高的产业项目集中。

2. 加快推进热带花卉、扩大有机瓜菜面积和种养示范点推广工作，通过调优产业结构拉动农民增收。重点抓好什玲鸡产业、冬种瓜菜、新政新技术养猪示范基地、三道新政两个花卉示范基地，加快推动什玲农副产品冷库建设，发挥新政农副产品冷藏加工中心的拉动作用。同时抓紧编制现代农业产业园区建设可研报告，促使项目早日动工建设，并争取列入省“十二五”规划。

3. 大力推进培训打工经济，增加农民工资性收入份额。

4. 抓好实用技术培训普及，提高传统优质作物管理水平，向管理要收入。

5. 落实好良种良苗补贴、农机具购置补贴及农资综合直补工作。抓好农村小额信贷贴息工作，扩大信贷覆盖面，提高单项贷款额度，鼓励农户贷款种养置业经营，同时利用政策补贴减轻农民负担，保障农民增收。

（五）重点抓好民生建设，真正让百姓得实惠。我们安排的23项民生的好事实事工程，要从人民群众最直接、最迫切、最现实的问题抓起，把好事干好。明年要提高教育、文化、卫生、社保、就业等事业的财政预算，增加投入。今年底要抓好以下九个方面工作：

1. 全力推进保障房一号民生工程建设。重点推进凤凰小区、桃源小区、芙蓉小区及杏林小区四个保障性住房工程建设。全面完成农村全年茅草房改造和危房改造任务。

2. 加大对各项惠民政策和民生保障措施落实情况的检查力度，确保惠农政策落实。抓好新农保工作，努力提高参保覆盖面。进一步扩大基本养老保险、基本医疗保险覆盖面，扎实搞好大病救助、“五保”供养和老年人、妇女儿童、残疾人权益保障工作，妥善安排弱势群体和困难群众的基本生活。

3. 抓紧完成原县医院出让工作，筹资加快新县医院建设。

4. 出台全县中小学校布局调整方案。抓紧启动全县中学生集中县城就读一期工程。做好县职校与三亚职校联合办学对接工作。

5. 抓好人口和计划生育工作收尾工作，迎接省级考核，争取获得“省级优质服务县”称号。

6. 全面完成集体林权制度改革收尾工作。

7. 加快推进三道什进村旅游新农村示范建设步伐。

8. 完成县城饮水管网改造和新政新建设饮水管网铺设，推进三道水厂建设。

9. 结合“四联五帮”，深入开展新农村办实事好事活动,千方百计改善民生。同时,认真抓好社会治安综合治理,及时排查调处矛盾纠纷,严格落实信访工作责任制和安全生产责任制,维护社会和谐稳定。

**五、加强领导班子和干部队伍的作风建设,形成用心干事的向心力**

办好保亭的事情,做好保亭的工作,关键在于改进和加强县委的领导,关键在于加强领导班子和干部队伍建设。今后一个时期,我县党的建设的重点将放在领导班子和干部队伍的作风建设上,以抓班子带队伍强素质促发展,为此,县委起草了《关于进一步加强新形势下干部队伍作风建设的决定》,这是按照“三抓二保一加强”工作总要求,围绕“治庸治懒提升形象,问责问效促勤促廉”为主线,把保增长、促发展、惠民生作为根本目的,把改进干部队伍作风作为重中之重,把建设长效机制作为根本举措,把加快推进项目建设、提高工作效率和服务质量作为衡量标准,把企业、人民群众以及社会各界人士对干部队伍的满意度是否明显提高作为检验作风建设唯一标准,以“苦干三五年,幸福三五代”的责任精神用心干事,实现“干部作风纪律明显改进、服务水平明显提升、行政效能明显提高、发展环境明显优化”的作风建设目标。重点解决好五个方面的问题,即整治“懒”,解决积极性不高、能力素质不强、精神状态不适应的问题;整治“散”,解决责任不落实、监管不到位的问题;整治“浮”,解决宗旨观念淡薄、对群众没有感情的问题;整治“粗”,解决工作方法简单粗放、管理方式不规范的问题;整治“奢”,解决贪图享乐、奢侈浪费的问题。为此,领导干部要牢固树立“干不好工作,一点理由也没有;不熟悉业务,一点本钱也没有;不联系群众,一点基础也没有;不清正廉洁,一点威望也没有”的意识,自觉做到“大政目标从我想起,工作落实从我抓起,班子团结从我兴起,党的形象从我树起,接受监督从我做起”和“思路创新在一线,工作落实在一线,问题解决在一线,经验总结在一线,能力锻炼在一线,形象树立在一线”,以身作则、率先垂范,推动作风建设和工作落实。

*(一)落实作风建设,就要抓好领导班子建设。*这是作风建设的关键、是根本、是表率。领导班子建设要重在优化结构、提高素质、增强活力,发挥班子的整体作用,重点要放在“一把手”。通过抓好百分之二十的骨干推动百分之八十的团队建设,强化“一把手”的以身作则的责任,发挥领导班子带头作用。县、机关、乡镇领导班子要有为公为民的执政自觉、敢于担当的干事魄力、坚忍不拔的创业精神、以民生为重的亲民作风和“博学善思练就一身本领,干事创业造福一方百姓,廉洁自律确保一生平安”的理念,把实现百姓利益作为工作唯一目标,老老实实按照客观规律办事,兢兢业业干好本职工作,实实在在作出业绩。只要是一心为民、一心为公地做事,只要是对保亭发展有利,对人民有利,对得起良心的事,“一把手”就要敢于带领班子,就要去试、去闯、去干。对看准的事就要敢于拍板,该干的事就要雷厉风行,困难的事就要攻坚克难,定好的事就要敲钟问响,少说多干、埋头苦干,抓出成效。年内,要召开一次以作风纪律为内容的民主生活会,纪检监察机关、组织部门要开展一次“一把手”谈心活动,要组织开展好领导班子满意度测评工作。同时,要加强领导班子考核,以是否按时完成工作目标任务作为考核班子和“一把手”的主要指标。对差的班子要随即进行调整。为此,我们要从实绩看德才,凭德才用干部,选好用好“一把手”。对那些只顾眼前利益,急功近利,尤其是以权谋私的干部绝不予以任用;对那些听不见群众呼声,漠视群众冷暖疾苦的干部绝不予任用。给肯干事的人以机会,给能干事的人以舞台,给干成事的人以激励,努力形成“重用实干者,鼓励创新者,支持改革者,宽容失误者,惩戒滋事者”的良好氛围。要强调一点的是,领导干部要正确对待组织的安排,正确对待个人的进退流转。要解放思想,对官位也不要看得那么重,当官是干事的。我们提倡主动工作、高效工作、快乐工作,是希望大家工作上有压力、思想上无负担。

*(二)落实作风建设,就要抓好“创先争优”活动。*这是当前党员干部的一件大事,是党员干部践行入党誓言的一次考验。我们要围绕行业特点、层次特色,紧密结合发展需求工作实际来开

展"创先争优"活动,争创按时完成目标任务好班子,争当执行抓落实的优秀党员干部。鼓励先进,提高中间,鞭策后进,在全县党组织中掀起比、学、赶、帮的竞赛热潮,形成一个个个赶先进、人人争上游的氛围。真正把"创先争优"活动引领到干事创业上来,引领到完成全年工作目标任务上来,促进生态保护、经济发展、民生建设,在"创先争优"活动中立新功做贡献。

(三)落实作风建设,就要抓好发展服务环境。这是我县作风建设的重要目标。要建立健全岗位目标管理责任制、重要工作项目专责制、重大项目与重要工作"限时办结制"、严格的责任倒逼机制、服务承诺制、行政不作为和过错追究制等制度,着力提高抓落实的执行力,尤其要注重批交办文件的办理工作,加强跟踪管理,件件有人抓落实,反馈上报及时。要把打造投资环境作为作风建设的主攻方向,切实以孝道之心善对投资企业,善待投资者,把投资商看做我们的衣食父母,千方百计为投资者排忧解难。要到项目建设工地去,现场解决推进问题。办事要雷厉风行,不拖、不压,以感恩之心做好服务,多干群众急需的受益的事,多干企业暖人心的事,多干打基础的事,多干管长远的事。全县党组织和党员要真正认识到不服务发展不行、不大干不行、干不好不行、不干更不行。

(四)落实作风建设,就要遵守《廉政准则》,廉洁自律。这是抓好作风建设的底线。《中国共产党党员领导干部廉洁从政若干准则》是规范党员领导干部从政行为的重要基础性党内法规,对于保证党员领导干部廉洁从政具有重要的促进作用。《廉政准则》有许多规范党员领导干部的行为准则,是作风建设的风向标杆,党员领导干部带头遵守,就是作风建设的表率。落实《廉政准则》,基础在于学习认知,关键在于对照践行,目的在于收到成效。党员领导干部要时刻对照《廉政准则》中"八禁止 52 不准",调理自己的言行,模范遵守,以自己的表率去确保"清清白白做人、堂堂正正做官、踏踏实实做事",来净化发展做事的环境。同时,要更加重视加强农村基层党风廉政建设,促进农村基层党员干部廉洁自律,干净干事,赢得群众。

(五)落实作风建设,就要检查监督、奖罚问责。这是作风建设的纪律保证。要进一步完善问责机制,建立健全干部队伍作风建设例会和督导制度,整合督导专人队伍,设立纪检监察、组织人事联合作风建设督导组,给予处罚权,通过问责、监督、惩戒等约束手段,督促干部认真执行、严谨执行、用心执行。加大干部考核奖罚问责力度,明确责任主体,奖罚具体到人,以是否按时完成目标任务为考核依据来启动问责,问有主体,责有依据。重点加强对县直机关、乡镇领导班子的问责力度,直接跟踪督查重点工作、重点项目、重大问题,坚决查处领导干部不履职、不尽责,甚至失职失责的情况,不搞下不为例。纪检监察机关、组织部门要加强指导和协调,定期听取工作汇报,适时提出工作要求。要通过明查暗访、专题督查、舆论监督、社会评议和建立党员义务监督员队伍相结合的办法,加强对作风建设的经常性督促检查,及时发现问题,限期督促整改,确保作风建设取得明显成效,保证政令畅通,落实有力。

同志们,机遇就是希望,奋斗成就梦想。希望全县党员确实增强忧患感、紧迫感、责任感,思想再解放,责任再增强,观念再转变,把心思和精力用在发展上、用在建设项目上、用在惠民实事好事上,真正用心做事,以好业绩好形象让保亭人民满意。

(县委办 供稿)

# 政府工作报告

## ——2011年1月20日在保亭黎族苗族自治县第十三届人民代表大会第六次会议上

保亭黎族苗族自治县县长　彭家典

各位代表：

现在，我代表县人民政府，向大会作政府工作报告，请予审议，并请县政协各位委员和其他列席人员提出意见。

**一、“十一五”主要成绩和2010年工作回顾**

过去的五年，在县委的正确领导下，在县人大、县政协的全面监督和大力支持下，县政府团结带领全县各族人民，深入贯彻落实科学发展观，抢抓机遇，开拓创新，扎实苦干，圆满完成了“十一五”各项工作目标任务。

（一）紧扣发展第一要务，经济综合实力大幅提升。坚持“构筑生态文明健康县，打造黎苗文化品质城”发展方向和“三抓二保一加强”重点工作要求，一心一意抓经济、谋发展。2010年全县生产总值13.63亿元，同比增长13.9%，是2005年5.93亿元的2.3倍，年均增长18.1%。全社会固定资产投资完成14.6亿元，同比增长48.5%；五年累计达33.1亿元，比“十一五”预期目标13亿元翻了一番多，年均增长55%。地方财政一般预算收入首破亿元，完成1.56亿元，同比增长93%，增速全省排名第4，是2005年2089万元的7.48倍，年均增长49.6%。全社会消费品零售总额3.93亿元，同比增长18.6%，是2005年1.67亿元的2.4倍，年均增长17.9%。2009年海南省市县经济社会综合指标考核，我县获得全省市县第2名，比2008年的第12名晋升了10位，夺得二等奖。

（二）坚定不移走特色差异化高端发展路子，以旅游为龙头的第三产业发展势头强劲。紧紧抓住海南建设国际旅游岛的重大历史机遇，坚持“打造海南低碳生态发展示范县，争创国际雨林温泉旅游区”定位，以主动姿态融入三亚，参与南部产业分工，走差异特色化高端发展路子，第三产业的比重由2005年的42.8%提高到2010年的48.6%，首次超越第一产业9.4个百分点，旅游龙头地位确立。建成了呀诺达景区一期并开业迎宾；全面改建提升甘什岭民俗文化生态旅游景区，游客大幅增加；建成七仙岭两个康体休闲项目；按五星级标准建成了君澜酒店、南美温泉山庄、七仙湖温泉度假酒店、荔苑泉庄及保亭迎宾馆等一批星级酒店；投入400万元扶持建设12家符合标准的农乐乐并开业迎宾；投资新建3座星级旅游公厕及成立县旅游咨询服务中心；七仙瑶池酒店、七仙岭温泉度假酒店、国际会议中心酒店、金凤凰酒店、呀诺达接待酒店等加紧建设；三道湾大区小镇新村什进村、七仙岭温泉国家森林公园旋回栈道及游客中心停车场、呀诺达景区野营娱乐项目、民族风情特色一条街等顺利开工建设。在继续保持“三城一乡”称号的基础上，先后荣获中国“最佳文化生态旅游目的地、最佳绿色旅游名县、最具民俗文化特色旅游目的地”三项荣誉，呀诺达景区和甘什岭民俗文化生态旅游区荣膺国家4A级景区称号。2010年，全县接待旅游人数200万人次，旅游综合收入2.3亿元，分别是2005年31万人次和0.32亿元的6.5倍和7.2倍。

（三）大力调整农业产业结构，新农村建设扎实推进。坚持热带高效特色农业富民不动摇，全面落实各项农业补贴政策，培育壮大龙头企业，同时按照“旅游＋新农村”理念走“新三农”建设路子，农业产业化进程明显加快。引进扶持了中海高科有限公司、永基公司、皓然公司、泓缘集团、正大集团等涉农龙头企业，建立了中海高科什玲有机瓜菜基地、永基什玲鸡养殖基地、万头供港生猪生产基地等种养产业标准化示范点13个，培育养鸡专业户1050个，成立养鸡农民专业合作社125个，累计新增种植各类经济作物1.12万亩，冬季瓜菜发展稳定在3.85万亩，出口优质农产品600吨、创汇209万美元，禽出栏近200万只，生猪外销12.5万头。投入4680万元基本建成新政农副产品冷藏加工储运中心。投入3722.1万元除险加固水库10宗。投入2950多万元完成水利渠道硬化节水工程92条、108.2公里。完成重点田洋整治19个3.33万亩。完成农村安全饮水工程41宗、惠及2.79万人。投入1亿多元新建农村通畅公路55条、242.94公里，行政村全部实现通水泥公路。累计冬修农村公路360条450公里。投入3533万元新建文明生态村102个。新建农村户用沼气池5000个。五年累计完成造林面积3.2万亩、退耕还林1.8万亩，森林覆盖率继续保持全省前列。调用新增财力55％达3000多万元，妥善解决毛感库区移民历史遗留问题。投入840多万元，对41个村委会办公场所实施新建、改扩建。圆满完成62个村（居）委会第五、六届的换届选举工作。

（四）加大政府投资力度，基础设施建设步伐加快。完成了县域旅游发展总体规划和全县土地利用编修规划，县城面积从2.5平方公里拓展至9平方公里。投资7500多万元建成了日供水2万吨的县城供水项目和投入4230多万元改造扩建县城供水管网，解决了县城及景区周边近4万人的饮水不安全问题。投资4391万元建成日处理5000吨的污水处理厂。投资2400万元建成库容14万立方米的生活垃圾填埋厂。投资800多万元完成保城东西河防洪堤续建工程。投资2800多万元完成了县城夜景灯光等亮化工程。投资1237万元完成了保城河护栏及广场舞台改造等工程。完成旺蛙、和坊、七仙门、黎苗文化浮雕及音乐喷泉加水幕电影等一批精品文化工程。投资2500多万元完成了新民路、新兴路、七仙文化广场道路等市政道路改造。县城西环路、七仙大道及六弓至英州公路建成通车。启动宝亭大道、东环路、南环路建设及县城临街立面改造工程。投入900多万元新建保城镇等8个乡镇的办公楼。建成了庄园豪都、广东街和三道天康3个商住房地产小区，共3522套，总面积29.7万平方米。南美假日、上观园、泰鑫花园、万平嘉园等商住小区加紧建设。

（五）坚持以人为本，人民生活水平不断提高。城镇从业人员基本养老、医疗、失业保险和城镇最低生活保障制度不断完善，城镇居民基本医疗保险参保率达99.6％。新农保试点工作扎实推进，农民参保率达92.7％，基础养老金发放率达100％。累计开发公益性岗位640个，安置失地农民250人；新增城镇就业岗位3750个，下岗失业人员实现再就业1667人；农村劳动力转移7500人。累计清欠农民工工资1500多万元。城镇和农村低保标准分别提高到220元/月和160元/月，五年累计发放城乡低保金6451万元。县直机关各单位累计投入400多万元为农村办好事实事607件。2010年农民人均纯收入3453元，同比增长20.2％，是2005年1783元的近2倍，年均增长14.1％；城镇居民可支配收入12977元，同比增长24.5％，是2005年5690元的2.3倍，年均增长17.9％；农村贫困人口由2006年初的31070人减少到2010年末的21760人。

（六）深化重点领域改革，县域经济发展动力和活力明显增强。坚持用改革的办法解决发展中遇到的困难和问题，增强了经济发展的后劲。全面开展了县七仙岭温泉度假村、县农电公司和县橡胶厂、酒厂等11家国有企业的改制工作，共盘活存量资产2.38亿元，累计投入3784万元安置职工1031人，解决经济适用房406套。省政府下放150项行政管理事项规范履行，政府行政效能不断提高。农垦体制改革、农村集体林权制度改革、农村综合改革等工作取得阶段性成果。深入推行农村信用社改革,累计发放小额贷款1.25亿元、惠及农户4000多户。深入开展“能力效能建设年”和“优质投资环境服务年”活动,全县行政许可事项和规定得到有效清理,发展环境进一步优化。成立了县政府专家顾问咨询委员会,制定了《保亭黎族苗族自治县人民政府重大行政决策规则》等制度,政府决策民主化、科学化水平明显提高。改革了对基层工作的考核办法,加大了农民增收、重点项目和社会稳定等考核分值,有力促进了重点项目和重点工作的开展。

(七)高度关注民生,基本公共服务均等化进一步落实。教育方面,“两基”成果稳步提高,全县适龄儿童入学率99.9%,初中阶段毛入学率98.2%,高中阶段毛入学率71.5%;“两免一补”政策全面落实,累计减免义务教育阶段学生学杂费5336万元;投资3200多万元完成了思源实验学校建设,累计完成教育移民2988人;投入1亿多元改善了一批中小学校的基础设施建设,教学环境明显改善;职业教育成绩突出,2008年被评为“全国职业教育先进县”。计划生育和医疗卫生方面,全县人口出生率控制在15.2‰以下,符合法定生育率控制在92%以上,出生人口性别比控制在114以下,2008年被授予“全国计划生育优质服务县”。投资5614万元新建县人民医院;投入464万元新建改造村级卫生室58间,村级卫生室覆盖率达100%;全力推行新型农村合作医疗制度改革,农民参合率达98.3%。广电文化体育方面,基本完成文化体制改革试点工作,全县广播电视综合覆盖率达到98%;投资3821万元新建县城文化中心;引资启动县七仙文化广场改造提升工程;成功举办“七仙温泉嬉水节”等大型节庆活动,七仙温泉嬉水节荣获“2010年中国十大著名节庆品牌”,2009年我县被国家文化部授予“中国民间文化艺术之乡”。住房保障方面,开工建设凤凰等五个保障性住房小区共4720套,目前已建成732套、5.5万平方米,其中廉租房232套、1.05万平方米,经济适用房500套、4.15万平方米;全面完成农村茅草房改造工作任务,五年累计完成农村茅草房改造2210户、危房改造769户,受益农民14272人。提高公职人员及村干部收入水平方面,连续五年提高干部职工工资水平,人年均增资近5800元;村两委干部正、副职及委员的补贴标准由2005年的每人每月260元、210元、180元分别提高到2010年的每人每月750元、550元和400元;村小组干部补贴标准由2005年的每人每年200元提高到840元。生态环境保护方面,深入开展城乡环境卫生综合整治活动,“国家卫生县城”顺利通过全国爱卫办复审并成功保牌;先后关闭、取缔18家重污染企业,并完成了县水泥厂的关停转产工作,环境质量明显改观。深入开展土地市场治理整顿,规范土地市场秩序,开发整理储备土地累计达5172.82亩,为县域经济发展提供了土地保障。

(八)坚持依法行政,精神文明和民主法制建设得到巩固。广泛开展“五五”普法活动,公民的法律意识和文明素质显著提高。深入开展“平安保亭”创建活动,积极开展“侦破命案”、“打黑除恶”等专项行动,投入1000多万元建立覆盖城乡的监控网络体系,五年累计立刑事案件1317起,侦破863起,社会治安形势总体稳定。建立健全县、乡、村三级安全生产责任体系和安全生产事故应急救援体系,安全生产总体形势持续平稳,2009年被省政府评为“全省安全生产工作先进市县”。自觉接受人大和政协的监督,重视支持人大代表和政协委员参政议政,五年来共办理人大代表建议726件、政协委员提案153件,办复率达95%以上。全面落实党风廉政建设责任制,查处了一批违法违纪案件,部门和行业不正之风得到有效遏制。加强审计监督力度,严肃财经纪律,规范事权和财权的监督管理,预防和惩治腐败的监督合力明显增强。深入开展食品、药品、消防等专项整治,确保人民群众生命财产安全。高度重视群众来信来访,认真解决了一批群众反映的热点、难点问题。国防动员、民兵预备役及“双拥”工作不断加强,军政军民更加团结。统计、民族宗教、史志、妇联、共青团等工作也都取得了新的成绩。

此外,省属驻保亭各单位认真履行职责,主动服务县域经济社会发展;农垦各单位大力支持地方建设,实现了场乡经济双赢、双促进。

各位代表！“十一五”时期，是保亭经济社会发展史上速度最快、质量最好，人民群众得实惠最多，改革发展成果最丰硕，保亭知名度和对外影响力快速提升的五年。五年的巨变，凝聚了全县各族人民辛勤创业的心血和汗水，饱含着投资企业和社会各界的辛勤耕耘和付出。在此，我谨代表县人民政府，向给予政府工作大力支持的人大代表、政协委员、民主党派、工商联和社会各界人士，向为保亭的改革发展作出积极贡献的广大人民群众、部队武警消防官兵、公安司法干警，向省属驻保亭各单位、国营农场，向所有参与保亭建设的广大投资企业和建设者们，表示衷心的感谢，并致以崇高的敬意！

在肯定成绩的同时，我们也清醒地看到，我县经济社会发展中还存在不少困难和问题，主要表现在：经济总量小，我县属于国家贫困县这一基本县情没有从根本上改变；思想解放的魄力和信心不足，干部作风还有不少与发展不相适应的地方；支柱产业支撑作用不明显，优化产业结构，转变经济增长方式的任务还很重；改革改制工作有待进一步深化，发展速度需进一步加快；农民增收工作任务艰巨，城乡低收入居民的生活还比较困难；改善民生的力度和成效与人民群众的愿望还有很大差距。这些问题，我们必须在今后的工作中，采取有效措施，认真加以解决。

**二、“十二五”发展的指导思想和主要奋斗目标**

“十二五”时期，我县经济社会发展的指导思想和总体思路是：以邓小平理论、“三个代表”重要思想为指导，深入贯彻落实科学发展观，适应建设海南国际旅游岛的新形势，顺应全县各族人民过上更好生活的期待，围绕省委、省政府和县委“十二五”期间的工作部署，继续坚持“构筑生态文明健康县，打造黎苗文化品质城”的发展方向和“三抓二保一加强”的工作总要求，以“四佳一珠”新保亭为目标，以调整优化产业结构为主线，以加快发展特色产业和项目建设为关键抓手，以完善基础设施建设、实现农民持续增收为突破口，以深化改革为不竭动力，壮大县域经济，强化政府管理创新，优化投资发展环境，加快社会事业发展，着力解决民生问题，努力构建具有保亭特色的经济结构和更具活力的体制机制，确保“十二五”规划顺利实施，全面完成县委提出的五年经济社会发展目标和任务。

今后五年，我县经济社会发展的主要奋斗目标为：

——经济总量快速扩大。到2015年，全县生产总值达到28.1亿元，年均增长16.6%。地方财政一般预算收入4.8亿元，年均增长25%，全社会固定资产投资100亿元，年均增长50%。

——经济结构明显优化。雨林温泉旅游区建设迈出新步伐，以旅游为龙头的第三产业加速发展，成为经济增长新亮点。低碳资源型工业在县域经济发展中的份额明显增加，农业产业化水平显著提高，热带特色现代农业快速发展。三次产业结构调整为28.6:15:56.4。

——人民生活水平进一步提高。到2015年，城镇居民人均可支配收入达到24200元，年均增长13.3%；农民人均纯收入7000元，年均增长15.2%。完成105个村小组的安全饮水工程，解决3500户1.78万人饮水不安全问题。全面完成全县农村危房改造工作任务。新建150个文明生态村，新增脱贫人口10880人。

——和谐社会进一步发展。优先发展教育事业，全面完成全县中小学校布局调整工作。到2015年，小学适龄儿童入学率和初中阶段毛入学率达99.9%以上，高中阶段毛入学率达80%左右。公共卫生服务能力和水平进一步增强，新型农村合作医疗全面普及。社会保障体系更加健全，新增城镇就业1.1万人，转移农村劳动力1.8万人，城镇登记失业率控制在4%以下。文化体育基础设施建设不断加强，逐步形成结构合理、发展平衡、网络健全、运营高效、服务优质的覆盖全县的公共文化服务体系。安全生产和社会治安状况明显好转。民主法制建设和精神文明建设取得新进展。

——可持续发展能力进一步提高。到“十二五”末，全县人口出生率控制在15.8‰以内。万元地区生产总值能耗下降2个百分点。城镇污水集中处理率达到80%，城镇垃圾无害化处理率达到100%，森林覆盖率达到83%。

《保亭县国民经济和社会发展第十二个五年规划纲要(草案)》及说明已印发各位代表,请予审议。

**三、当前经济形势和今年工作总体要求**

综观当前形势,全县经济社会发展虽然面临很多新的严峻的挑战,但有利因素也较突出:一是随着海南国际旅游岛建设各项政策效应的凸显,特别是随着三亚至五指山(保亭段)高速公路的开建和国家飞碟训练基地等一批重大项目落户保亭,保亭的知名度和吸引力空前提升,大批战略投资者纷至沓来,全县人民谋发展、促改革的热情高涨,保亭进入了一个新的重大发展机遇期。二是随着中央和省对我省中部欠发达地区和农村发展的投入力度的不断加大,尤其对以改善民生为重点的社会事业的高度重视,为我县进一步扩投资、上项目、调结构、惠民生提供了极为有利的条件。三是我县经过多年的快速发展,经济基础不断夯实,产业支撑力不断增强,环境、资源、区位和体制优势不断彰显,发展的潜力与活力不断释放。四是县委十一届七次全会根据新的形势和新的发展要求,及时调整优化发展思路,激发了广大干部群众解放思想、改革创新的热情,全县上下思想更加统一,士气更加高昂,干事创业的良好氛围更加浓厚,为保亭加快发展注入了强大精神动力。为此,我们只要正确认识并把握当前经济社会发展形势,用好这些利好大势,坚定必胜信心,就一定能够战胜困难和挑战,就一定能够在新的起点上推动保亭再上一个新的台阶。

今年,县政府工作的总体思路是:按照县委的工作部署,以邓小平理论、“三个代表”重要思想和科学发展观为指导,全面贯彻落实党的十七届四中全会、省委五届八次、九次全会和县委十一届六次、七次全会精神,围绕“打造海南低碳生态发展示范县,争创国际雨林温泉旅游区”定位,坚持县委“三抓二保一加强”的总体要求,以构建旅游业为主导的农业与旅业相融带动县域经济发展的特色产业结构为主攻方向,以发展产业为先导,继续走差异特色化高端发展路子,扩大投资上项目,优化结构上水平,深化改革增活力,改善民生促和谐,同时加快社会建设、生态文明建设,全面实现“十二五”良好开局。

2011年,我县经济社会发展的主要预期目标是:全县生产总值16亿元以上,增长18%;全社会固定资产投资25亿元以上,增长71%;地方财政一般预算收入1.91亿元,增长22%;城镇居民可支配收入15300元,增长17.9%,农民人均纯收入4108元,增长19%。

**四、2011年主要工作任务**

2011年是“十二五”规划开局之年,也是我县向新的目标迈进的重要一年。为确保实现全年奋斗目标,要重点抓好以下十个方面的工作:

(一)坚持科学发展,认真制定各项规划。一是用好省政府近日批准的保亭低碳试点城镇和呀诺达雨林文化旅游区低碳试点景区这一政策优势,加紧编制完善“省低碳生态发展示范县”规划和呀诺达景区低碳发展规划,努力打造国家级和省级低碳发展示范城镇。二是跟踪争取省政府审批七仙岭景区修编总规和毛感生态景区总规。三是切实做好县城区域规划设计和各乡镇风情小镇总体规划设计,重点抓好三道、毛感两个乡镇的总体规划。四是编制出台六弓低碳之乡详规、现代农业产业化园区规划。五是抓好创建“全国特色生态示范县城”规划的编制工作。六是加紧编制全县9个乡镇的土地利用编修规划,出台土地招商规划、措施及办法。

(二)持续走差异特色化高端发展路子,加速发展旅游为龙头的支柱产业。重点抓好四个方面的工作。一是高水平开发建设一批重点旅游景区景点。重点抓好国家飞碟训练基地建设和七仙岭温泉国家森林公园、呀诺达雨林文化旅游区、甘什岭民俗文化生态旅游区等景区的配套设施提升工作,着手准备七仙岭国家温泉森林公园申报国家4A级景区和呀诺达景区申报国家5A级景区的提升工作。加快推进三道湾大区小镇新村什进村、番道村、首创集团甘什岭文化村项目和海航宁远康体休闲项目、大家村等一批高端旅游项目建设,全力支持新华都集团和荣京集团建设高端养生休闲项目,积极推动旅游业转型升级。二是加快建设一批高端旅游度假酒店。以五星级以上标准新建、续建10家旅游度假酒店。即全力支持七星世界级华尔道夫酒店设计动工；新建颐温泉超五星级酒店；加快建设呀诺达接待酒店、海航什玲酒店、金橡树酒店、保亭迎宾馆二期项目；续建国际会议中心酒店、金凤凰酒店、七仙岭温泉度假酒店、七仙神仙湾大酒店，进一步提升旅游接待能力。三是加快发展旅游服务业。着眼岛外境外高端游客对医疗康复、休闲养生的新需求，依托独一无二的雨林温泉资源优势组合，构建以“游”、“医”、“养”等为核心理念的旅游产品体系，建设国际休闲养生康复基地。加快完善旅游景区景点的住宿餐饮、批发零售、交通运输、文化娱乐等配套设施，继续投入600万元抓好星级旅游公厕建设，引入新国线集团筹建县城公交车运营，形成配套齐全、功能完整的旅游服务体系。四是加快发展商贸服务业。立足资源、区位和产业基础等优势，培育做大现代物流业、商务中介、娱乐会展、文化创意等现代服务业，促进旅游环境、功能效益提档升级。力争2011年接待旅游人数250万人次，实现旅游综合收入3亿元。

（三）凝心聚力，扎实抓好重点项目建设。今年全县计划安排39个重点项目，年度计划投资20亿元以上，我们要把精力放在重抓项目推进、重抓投资额增长和重抓财政专项资金的投入上，确保全年投资目标的完成。农业重点项目方面：加快推进神农大丰南繁育种基地、毛感农业观光休闲园区项目建设；启动药用植物园艺建设与中医药养生文化旅游项目及农业科技示范休闲园建设。旅业投资方面：拓展君澜酒店的带动效应，推进农垦七仙伴月天上人间综合项目建设；加紧改造七仙温泉度假村；加快推进文化娱乐一条街项目建设；启动总部经济、玉观园及三道旅游养生休闲项目建设。基础设施建设方面：续建宝亭大道、东环路、南环路；新建西南环路、东河东岸景观路、西沿河北路、迎宾桥至七仙岭公路、毛感至仙龙洞公路；改造保兴路；建设什么东桥；新建保城车站至春天小学防洪堤、保城合口桥至什么东村防洪堤；建设县城至七仙岭供水工程；启动保亭海航凤凰机场候机楼建设。房地产方面：续建南美假日、上观园等商住小区项目；启动阳光雨林小区项目、天惠·仙岭郡项目建设。同时，加紧储备一批新项目。重点做好黎医黎药养生保健项目、毛感南春生态休闲园、甜高粱生态资源种植加工项目等前期工作，做好产业创意园、影视基地、红色旅游景区等项目对接工作，争取早日引进立项启动建设。把洽谈的项目促签约，把签约的项目促动工，把动工的项目促竣工投产，真正发挥项目推动县域经济发展的推动作用。

（四）坚持走旅加农路子，力促农民快速增收。按照县委“抓生态农村、旅游农业、文化农民”的“新三农”建设目标和“三个转变”的要求，着力调整产业结构。重点抓好以下五个方面的工作。一是加快推动乡村风情农家旅馆及农乐乐项目建设。制定好财政扶持资金的落实措施，选好点，高水平规划建设，确保产业扶持资金真正落到政府鼓励的农民增收项目上，力争到今年底全县累计建成符合标准农乐乐20家，拉动就业600人。二是加快推进种养优质产业发展。财政预算安排1500万元用于扶持农业产业化，加快推进农业示范基地建设。种植业方面，今年要在确保建成三道新政花卉种植示范基地的基础上，加快发展优质高效特色农业，力争全年推广有机瓜菜1000亩以上，新增瓜菜种植3000亩，发展林下种植南药3000亩。同时，继续抓好橡胶、槟榔等传统优势产业，全年新增橡胶开割面积2638亩，新增槟榔收获面积5670亩。养殖业方面，以什玲、新政等什玲鸡示范基地和加茂万头供港生猪生产基地为牵引，推广带动永基公司、泓缘集团等龙头企业进入每个乡镇扶持带动“什玲鸡”、“有机猪”等优质品牌竞相发展，力争全年发展养殖专业示范户1600户，标准养殖小区4个，新增生猪出栏2万头，禽出栏100万只，淡水养殖产量3959吨。三是大力推进实用技术培训和打工经济。加大对农民的就业培训投入，全年预算安排500万元加大对农民的实用技术和转移就业培训，力争全年培训农民3875人，转移农村劳动力2600人。四是做好扶贫开发工作。健全完善扶贫开发机制，继续深入抓好“整村推进”扶贫开发工作，切实解决农村群众生产生活困难，全年新增脱贫人口2176人。五是全面落实强农惠农政策。完善农业投入保障机制,在足额落实良种补贴、农机具购置补贴、农资综合直补和家电下乡补贴等惠农政策基础上,预算安排200万元作为农村小额信贷贴息资金,鼓励农户贷款置业经营,力争全年落实农机、良种、农资综合直补和家电下乡等各项惠农补贴1293.7万元,发放小额信贷3000万元以上。

(五)大力发展低碳生态型工业,壮大工业经济实力。按照"低碳生态"发展的原则,继续实施"大企业进入、大项目带动"发展战略,高水平规划发展新型工业,努力提升工业对经济发展、财政增收的贡献率。一是加快推进农副产品加工业建设。充分发挥新政农副产品冷藏加工储运中心作用,筹建南部农副产品集散中心并投入运营,招商新建什玲农产品冷藏储运中心,拉长农业产业链,增加农产品附加值。二是规划三道、新政和加茂新型工业产业化园区,争取项目早日立项建设。三是规范矿产资源的开采和建材市场秩序。出台相关政策措施,重拳出击,加大整治力度,进一步规范全县范围内的砂场、石场、石灰厂等的开采,加大对建材市场的整治力度,有效遏制建材市场恶意竞争,确保在有效保护生态环境的基础上,保障全县重点项目建设材料的供给。

(六)继续推进生态县建设,争创全国特色生态示范县城。重点抓好以下工作,一是启动水源生态保护行动。用好省财政厅划拨至我县的5058万元生态补偿金,加强河流、水库等重点区域的污染防治,严厉打击毁林采砂不法行为,严格新项目的环评审批和环境准入,对重点林区、景区开展打击非法侵占林地的护绿行动,全面加强生态保护。二是实施城乡清洁行动。深入开展"环境卫生示范村"建设行动,重点整治"乱堆乱放、乱搭乱建、乱倒乱流、乱放乱养"现象。组建农村保洁员队伍,每个自然村设一名保洁员,每人每年1200元补贴,负责村庄的环境卫生管护工作,不断提高农村环境卫生整治水平。三是继续狠抓环境卫生综合整治。预算安排2500万元实施"百村整治行动",改造整治保陵公路、海榆中线保亭段以及县城至七仙岭视廊范围内的自然村和镇。同时,动员全县力量继续深入开展爱国卫生运动,制定完善规划、属地管理、长效监管,进一步巩固国家卫生县城创建成果。加大重点领域整治,重点整治城乡违章建筑等,着力打造整洁、文明、和谐的社会环境。

(七)深化各项改革,创造发展活力。今年重点抓好六项改革:一是全力抓好省下放新星农场属地化试点工作,承接农场全面融入地方管理工作,抓紧制定完善交接工作的具体实施方案,妥善协调各方利益关系,做好机构、人员、资产的全面移交和接收工作,平稳移交,确保社会稳定。二是继续安排840万元推进县文化体制改革工作,全面完成试点扫尾工作。三是探索建立县文化资产经营管理中心,统筹运营全县国有文化资产,走文化产业社会化和市场化的路子,重点采取政府购买公益文化服务方式实现百姓消费的公共诉求。四是继续深化农村集体林权制度改革,用好用活林改工作成果,启动建立森林资源资产评估交易平台,盘活国有林业资源的开发与利用,保障林农收益。五是全面实施医药卫生体制改革,重点实施基层医药卫生体制改革试点工作,不断提高基层医疗服务水平。六是加快乡镇管理体制改革,着手起草权力下放文件,简化放权,激发乡镇经济和管理效能。

(八)全力改善重点民生,加快发展社会各项事业。一是改善群众住房条件。继续把保障性住房建设作为县委、县政府的"一号民生"工程,力争全年新增竣工保障性住房3988套,基本实现城镇中低收入住房困难家庭有一套保障性住房,提前一年完成保障性住房建设目标任务。新增安排1690万元将在职人员住房公积金提取标准由原来的8%提高至12%。二是坚持优先发展教育。全年预算2.06亿元用于教育支出。与中国银地公司联手,投资1亿元启动助教整合,县财政出资配套3000万元,对全县中学校布局进行调整改造,力争在2012年春季把全县中学生集中县城就读。完成乡镇中心幼儿园标准化建设。扩大普通教育的学杂费减免范围,分别预算安排117万元和269万元,用于减免学龄前1年幼儿教育和高中教育学生的学杂费。将教育移民学生的补贴标准由原来的每人每年820元提高到1000元。将教师培训经费从原来的150万元增至300万元。给骨干教师发放特殊津贴，省级骨干教师每人每年1800元，县级骨干教师每人每年1200元。对职业中专学生在三亚技校就读期间的学费、住宿费给予两年的补助，每人每年补助1400元。三是健全就业社保体系。多渠道新增城镇就业750人。预算安排500万元用于解决被征地农民养老保险。全面完成新型农村社会养老保险试点工作，实现60岁以上农民养老保险全覆盖。全年统筹安排328万元为全县城乡低保户发放低保补贴。预算安排105万元将五保户供养标准由原来的每人每年1920元提高到2640元。四是提高医疗卫生水平。策划引进一家中医院，不断提高医疗服务水平。加强城乡基层卫生服务体系建设，预算安排300万元改造乡镇卫生院业务房及职工危房。五是加强人口和计划生育工作。继续投资590万元推进和完善县卫生服务大楼设施建设；加强基层计生队伍建设，全面推进诚信和服务型计生建设。六是加快文化体育事业发展。预算支出2937万元用于发展文化体育事业，重点投入文化产业扶持、文化基础设施建设及设备投入。编制《保亭"十二五"时期文化产业发展规划》，加快文化产业新发展。继续投入500多万元完成县城文化中心配套设施建设。继续实施"十个一"主题文化建设，推进蛙凤丹鼎和影剧院项目建设。选址新建县体校。投入1000多万元高水平办好2011年"三月三"、"七仙温泉嬉水节"和"九九重阳节"等大型节庆活动。七是稳步提高公职人员收入水平。新增安排1726万元用于提高干部收入水平，其中，公务员人年均增资3600元，教师人年均增资3360元，其他事业人员人年均增资3190元。村两委及村小组组长补贴标准也相应提高，村主任、副主任和委员的补贴标准由原来的的每人每月750元、550元和400元分别提高到800元、600元和450元；村小组长补贴标准由原来每人每年840元提高到1200元。八是全力维护社会稳定。抓好矛盾纠纷排查和重信重访专项治理，有效防范和妥善处置各类群体性事件。加大禁毒工作力度，依法防范和打击各种违法犯罪活动，着力构建"平安保亭"。强力推进公安信息化建设，继续加强安全生产工作，深入开展道路交通、建设领域施工、消防等安全方面的专项整治，坚决遏制重特大事故发生。加强应急机制建设，提高政府应对突发事件的能力。全力支持纪检监察和审计部门依法履行职责，全面加大对重点项目、重点领域和重点环节的监督和审计，为县域经济健康运行提供强有力的保障。

（九）加快职能转变，提高政府能力效能。完成今年的目标，各级政府、公职人员面临着繁重而艰巨的任务，肩负着光荣而重大的使命。必须坚持为民施政的理念，创新管理方式，促进政府职能转变，努力为广大投资主体创造公平发展环境，为群众提供良好的公共服务。一是建设实干政府。在全体机关干部中大力弘扬实干精神，倡导"少说多干、干实事、求实效"的作风；倡导"雷厉风行、说干就干、干就干好"的作风；倡导"深入基层、深入群众、深入实际，深入项目一线"的作风；倡导"关心群众、爱护群众、尊重群众、为群众办实事好事"的作风。二是建设效能政府。进一步巩固"能力效能建设"和"优质投资环境服务建设"活动成果，增强效率和效益观念，优化行政流程，降低行政成本。进一步强化亲商、扶商、安商、富商理念，深入重点建设项目一线现场办公、解难题，真心实意为投资企业提供优质服务，全力加强软环境建设。认真解决"越位"、"错位"和"缺位"问题，促进管制型政府向服务型政府转变。三是建设法治政府。认真贯彻落实依法行政实施纲要，严格按照法定权限和程序行使职权。加快建立公众参与、专家论证和集体决策"三结合"的公共决策机制，建立健全权责明确、行为规范、监督有效、保障有力的行政执法体制。加快建立纪律严明、业务精通、作风过硬的行政执法队伍，全面提高依法行政水平。四是建设学习型政府。进一步深化创建学习型党组织和"创先争优"活动，强化公务员业务培训，提高专业知识水平和执行政策的能力。坚决克服浮躁心理，沉下心来，脚踏实地，深入基层，掌握第一手材料，想方设法妥善解决群众、基层突出的困难和问题。五是建设廉洁政府。坚持勤俭办事,科学合理安排财政预算,严格控制一般性支出,确保重点民生项目的支出需要。加强监察和审计,做到行政权力运行到哪里,监督就落实到哪里。推进惩治和预防腐败体系建设,加大违法违纪案件查处力度,努力建设一个高效清廉、依法行政、人民满意的政府。

(十)坚持以民为本,为民办好21件实事。1. 投资6400万元新建、改建县城“两桥四路”(东河三桥、玉仙桥、桃源路、文明南路、团结南路、沿河北路步行街);2. 续建七仙文化广场改造提升项目;3. 投资500万元新建设三个(三道、新政、响水)垃圾中转站;4. 投资5000万元续建新县医院二期工程;5. 投资4亿元续建县城保障性住房项目(桃源小区、芙蓉小区、杏林小区);6. 引资续建民族风情特色一条街;7. 投资114万元建设农村沼气项目;8. 投资1亿元启动县中学布局调整工程(即保亭中学高中、思源学校、保亭新星中学、保亭实验学校);9. 搬迁县幼儿园;10. 投资800万元续建广播电视综合楼;11. 投资1450万元建设文明生态镇和文明生态村;12. 投资4500万元改造农村危房400户;13. 投资200万元建设农乐乐;14. 投资1000万元建设七仙岭下排寮三个村等一批乡村风情农家旅馆;15. 投资300万元建设县总工会活动培训中心;16. 投资2122万元建设六弓、加茂养鸡基地;17. 投资建设什玲万头生猪生产基地和新政新技术养猪场;18. 投资300万元启动县城旧供水厂搬迁;19. 投资3800万元建设什玲、三道和加茂供水管网项目;20. 投资171万元建设完成66宗农村安全饮水工程;21. 投资500万元建设县城公墓。

各位代表,回顾过去,豪情满怀;展望未来,任重道远。16万保亭各族人民脱贫致富奔小康的期盼,不容我们有任何懈怠和退却。让我们在省委、省政府和县委的正确领导下,在县人大、县政协的监督支持下,坚定信心,知难而进,奋发有为,扎实工作,为全面完成今年各项目标任务,实现经济社会又快又好发展而努力奋斗!

(县政府办 供稿)

# 2

# 保亭概况

21/28

# 保亭概况

## 地　　理

**【位置与面积】** 保亭县位于海南省南部内陆，五指山南麓，北纬 18°23′—18°53′，东经 109°21′—109°48′，东接陵水，南邻三亚，西联三亚、乐东，北依五指山、琼中。县城由保亭至陵水公路与海榆东线高速公路通达海口市，公路里程约 245 公里；由保亭至大本公路与海榆中线公路通达三亚市，公路里程约 76 公里。县境东西宽 49 公里，南北长 54 公里，总面积 1160.7 平方公里，占海南省陆地总面积的 3.42%。

**【地形与地貌】** 保亭县域的地理位置处于五指山脉南延部分，地势总体上北高南低。东北隅和西北隅山脉连绵，峰峦叠嶂，大部分区域由中山构成。东南隅和西南隅主要为低山、高丘、低丘、台地和河谷阶地构成。县域内中山面积 471.6 平方公里，低山面积 166 平方公里，高丘面积 59 平方公里，低丘面积 94 平方公里，河谷阶地面积 116 平方公里。著名的七仙岭坐落在保亭县城的北面约八公里处，构成县城的一道亮丽背影。

**【山脉】** (一)头烈岭。又称马咀岭，位于保亭县西北部，海拔 1317.1 米，是保亭县的最高峰。由石灰岩作基底，表层土壤为赤红壤和山地黄壤。植被以茅草、大芒、芒箕、桃金娘为主。山岭上分布着天然原始林，有母生、杉木、苦梓、青皮、绿楠、红罗等热带珍贵树种，以及猕猴、穿山甲、黄猄、蟒蛇等野生动物。(二)同安岭。又称亲吴岭，位于保亭县西部，海拔 1147.4 米，是新政、毛感两乡镇的分界岭。由英安岩作基底，表层土壤为赤红壤和山地黄壤。植被以茅草、大芒、芒箕、桃金娘为主。山上有原始森林，盛产红白藤。是南改河和脚下河的发源地。(三)四方岭。位于保亭县南部，海拔 780.5 米，是新政、南林、三道三个乡镇的分界岭。由花岗岩作基底，表层土壤为砖红壤和赤红壤。植被以飞机草、茅草、大芒为主。岭上有原始森林和天然次生林，是藤桥西河一支流的发源地。原始林中有母生、子京、红罗、苦梓、红椆等珍贵木材和猕猴、黄猄等野生保护动物。(四)七仙岭。又称七指岭，在 2003 年被命名为七仙岭温泉国家森林公园。位于保亭县北部，距县城仅约 8 公里，由于造型秀美，成为县城的亮丽背景。海拔 1126 米，面积 2200 平方公顷。七座陡峭的山峰由变质石英砂岩组成，西部的大部分山地由花岗岩作基底。表层土壤为山地黄壤、山地赤红壤和砖红壤。植被为热带雨林，具有多层、常绿、多树种的特点。原始林中有母生、青皮、加朴、青冈栎、黄椎、粗榧、香椿、陆均松、红椆等珍贵木材和猕猴、海南大灵猫、水獭、巨松鼠、穿山甲等野生动物。

(县国土环境资源局 供稿)

**【河流水系】** 境内较大的河流有什玲河、藤轿东河(俗称加茂河)、志妈溪和南改河。什玲河发源于境内，与石硐会合后流出境外称陵水河，干流长 39 公里，集雨面积 433 平方公里。藤桥东河发源于境内，干流长 28 公里，集雨面积 366 平方公里。志妈溪发源于境内的尖岭，流长 25 公里，集雨面积为 207 平方公里。南改河发源于境内，流出境外进入三亚市后称宁远河，干流长 19 公里，集雨面积 129 平方公里。

(县水务局 供稿)

## 气　候

**【气候概况】** 保亭县属于热带季风气候区，具有热量丰富、雨量丰沛、蒸发量大、季风变化明显的特点。年平均气温21.6－24.5度，1月份平均气温19.1度，极端最低气温为0.8度，7月份平均气温为37.2度，极端最高气温为39.7度。年平均降雨量1900毫米，最大年雨量为1964年的2482毫米，最小年降雨量为1013.5毫米。年平均雨日为140天以上，但全年雨量不平衡，4－10月为雨季，雨量占全年雨量的87%。10月至翌年4月为旱季。保亭属于热带季风性气候区，但因地形的影响，全年多吹东北至东南风，风力较小，常年风速平均小于2米/秒，阵风大于8级以上的大风年平均4－5次，多发生于台风之时。冬季常有山风，最大风力6－7级。台风经过保亭县年均3.9次。

**【2010年重大气候事件】** 2010年1－4月，全县平均累计降雨量仅45.7毫米，比上年同期减少52%，导致大部分地区发生不同程度的旱情。10月1－18日，连续经历近50年一遇的两场强降雨，降雨量超过1000毫米，最大降雨量超过1200毫米，全县出现不同程度的灾情险情，造成较大的经济损失。

（县气象局 供稿）

## 资　源

**【土地资源】** 全县现有耕地面积8.31万亩(不含国营农场)，其中：水田5.39万亩，旱田1.72万亩，坡地1.2万亩。有宜林地17.2万亩，草地9.2万亩。

（县国土环境资源局 供稿）

**【热作资源】** 全县现有热作面积19.9万亩，其中：橡胶面积13万亩，槟榔面积1.4万亩，椰子面积9010亩，芒果面积9004亩，龙眼面积6651亩，荔枝面积2250亩，苦丁茶1050亩，橄榄面积2418亩，红毛丹面积16128亩，其他作物面积1.9万亩。

（县农业局 供稿）

**【植物资源】** 保亭县植物资源比较丰富，拥有1400多种热带雨林常绿乔木，全省430多种珍稀植物种类在保亭县几乎都有分布，其中不乏海南特有珍稀植物树种，如海南子京、红花天料木(母生)、白木香(沉香)、降香黄檀(花梨)、青皮、坡垒、海南粗榧(红壳松)、见血封喉等。

（县林业局 供稿）

**【动物资源】** 保亭县野生动物种类繁多，陆生野生动物有300多种和10个亚种，据统计，被列入国家一级重点保护的野生动物有7种，二级重点保护的陆生野生动物有17种，省级保护的野生动物有11种。

（县林业局 供稿）

**【南药资源】** 保亭县南药资源丰富，药用价值很高，有各类南药2万亩，包括槟榔、砂仁、益智、巴戟、五指山参等五大南药148个品种。

（县林业局 供稿）

**【水产资源】** 保亭县山塘、水库、池塘众多，分布在各个地区，水产养殖业具有得天独厚的资源优势。可利用水面积1.08万亩，目前已利用水库水面积达到5000多亩，池塘水面积达到4000多亩，其中10亩以上的有96户，4亩以上养殖大户286户。若进一步开发利用，可扩大水面积2000多亩。创建了以南昌水库、土眉水库、石建水库、信具水库等为重点的大规模罗非鱼养殖示范基地，有力推动全县大规模罗非鱼养殖业的发展。同时，县一些边远河域如八村河、毛感河等盛产石鲮鱼，一些山塘、水库自然生长花鳗鳗，许多清澈河流盛产河螺、河蚌，经过实施科学捕捞、放养、资源保护等手段，使资源得到有效利用，并形成保亭县一道独具特色的菜谱。

（县渔业局 供稿）

**【矿产资源】** 保亭在大地构造位置上，大部分区域处在吊罗至尖峰深大断裂与陵水至九所深大断裂之间，因而具有良好的成矿条件。特别是在岩浆岩构成的同安岭岩被上，已发现大面积的贵金属、有色金属异常，目前已探明的矿产有：钼、铁、铜、金、铅、锌、硫铁矿、石灰岩、水晶、大理岩、饰面花岗岩等。其中位于毛感乡的石灰岩储量大（已探明4757万吨、远景储量达8000万吨以上）、质量好，可以多用途开发利用。这些矿产主要分布在保亭西部的毛感乡境内，具有良好的开发利用条件。

*金属矿产* （一）钼矿。分布在南林乡罗葵一带。经海榆中线公路至罗葵公路约15公里到达矿区，约有3公里尚不通公路。金属储量25.4万吨，主要矿石矿物为辉钼矿。目前尚未开发。（二）铁矿。分布在毛感一带。现具有开采价值的铁矿为五〇八铁矿，位于保亭西部的毛感乡境内，经保亭至大本公路与响水至南好公路往南约5公里到达矿区，约有3公里尚不通公路。矿石储量20.69万吨，品位：TFe33.35%—44.29%，主要矿石矿物为磁铁矿、磁赤铁矿和褐铁矿。目前尚未开发。（三）铜矿。分布在毛感一带。现具有开采价值的是振海山—摩天岭铜矿，位于保亭西部的毛感乡境内，经保亭至大本公路与响水至南好公路往南约4.5公里到达矿区。储量：金属铜2539吨，品位：Cu0.15%—2.68%。1975年至1978年国家冶金部曾在此组织开采，1991年至1996年曾由私营企业在此组织开采。目前保有储量约2339吨金属铜。（四）铅锌矿。分布在毛感一带。现具有开采价值的有锌山铅锌矿，位于保亭西部的毛感乡境内，经保亭至大本公路与响水至南好公路往南约4.7公里到达矿区。储量：铅1055金属吨，锌5917金属吨。品位：铅0.63%—1.7%，锌1.32%—9.41%。1991年和1995年曾有两家私营企业在此开采。目前保有储量约为锌5800金属吨。（五）金矿。分布在新政、毛感、什玲一带。较为有名的有南改金矿，位于保亭西南部的新政镇境内（与三亚市交界处），在新政至毛拉洞水库公路向东约4公里处。1992年至1993年曾有私营企业在此开采，据了解，共采出黄金约100公斤。该矿属矿囊型（俗称金包）金矿，矿囊中矿石品位极高，每吨含Au上万克者常见。目前地质矿产部门正在此进行地质勘查。

*非金属矿产* （一）石灰岩。保亭县志轮岭石灰岩矿区：位于保亭西部的毛感乡境内，经保亭至大本公路与响水至南好公路两条等级公路北上约4公里到达矿区（4公里为简易公路），距海榆中线公路响水处约34公里。该矿是1995至1996年进行勘查的，求获矿石储量4757.22万吨（B＋C＋D级）。品位：CaO含量48.60%—55.47%，平均54.07%；MgO含量0.22%—2.79%，平均0.76%，按工业指标圈定为特级品和Ⅰ级品的，占全矿区的88%。可进行多用途的开发利用，目前尚未开发。保亭县南好石灰岩矿区：位于保亭西部的毛感乡境内，经保亭至大本公路与响水至南好公路北上约0.2公里到达矿区。矿石储量为524.88万吨，品位：CaO平均52.89%；MgO平均1.10%，矿石以Ⅰ级品为主。开采条件良好。该矿山在1970年后有少量开采，1997年后形成一定规模的开采，年开采量达6万吨以上。目前的保有储量约427万吨。（二）硫铁矿。振海山—摩天岭硫铁矿：与铜矿共生，矿石中含S11.20%—36.23%。求获硫铁矿C＋D级矿石量19.9万吨。情安岭硫铁矿：与磁铁矿共生（磁铁矿已开采完毕），矿石中含S13.66%—27.27%。求获硫铁矿C级矿石量33万吨。（三）饰面花岗岩。大本芝麻黑（饰面花岗岩，岩石名称：黑云石英闪长岩）：位于响水镇大本村委会毛造村与金江农场六队辖区内。储量：估计大于50万立方米，属中低档饰面石材。什玲玫瑰红（饰面花岗岩，岩石名称：二长花岗岩）：位于什玲镇南部的新星农场一分场四队。储量：估计大于20万立方米，属中低档饰面石材。保城玫瑰红（饰面花岗岩，岩石名称：粗粒二长花岗岩）：位于

保城镇东部的南丰农场。储量:估计大于10万立方米,属中低档饰面石材。

(县国土环境资源局 供稿)

**【水能资源】** 全县境内大小河流密布,落差高,水能理论蕴藏量9.03万千瓦,可开发量3.5万千瓦,目前已开发利用1.37万千瓦;全县现有小水电站16宗,年发电量2200万千瓦。

(县水务局 供稿)

**【旅游资源】** 距县城东北部8公里的七仙岭是全省著名的旅游胜地,岭下有自喷泉眼7口,日出水量3030立方米,最高温度93℃,含有多种微量元素,具有较高的医疗保健价值。七仙岭温泉旅游区集奇峰、温泉、田园风光、民族风情为一体。距县城48公里的毛感乡境内有目前发现全省最大仙龙洞溶洞和面积达300多亩的仙安石林等天然旅游景区。此外,还有热带风情浓郁的三道湾,有漂流探险的八村河,有尽展黎苗风情的甘什岭槟榔园。每年农历七月初七,还有黎风苗韵浓郁的传统民间盛会——中国海南保亭七仙温泉嬉水节。

*旅游资源分类分析* 根据中华人民共和国国家质量监督检验检疫总局发布的《旅游资源分类、调查与评价》(GB/T 18972－2003)标准,保亭县拥有7个主类,21个亚类,57个基本类型,分别占国家标准相应类型的88%、68%和37%,共计118个旅游资源单体。其中以地文景观、水域风光、生物景观、天象与气候景观为主的自然类旅游资源,保亭有11个亚类、26个基本类型、51个资源单体;而人文类旅游资源保亭有10个亚类、31个基本类型、67个资源单体。

**保亭县旅游资源类型统计表(1)**

| 资源系列 | 国家标准数量(个) | 保亭数量(个) | 占国家标准比例(%) |
|---|---|---|---|
| 主类 | 8 | 7 | 88% |
| 亚类 | 31 | 21 | 68% |
| 基本类型 | 155 | 57 | 37% |

**保亭县旅游资源类型统计表(2)**

| 旅游资源主类 | 国家标准 | | 保亭资源状况 | | |
|---|---|---|---|---|---|
| | 亚类 | 基本类型 | 亚类 | 基本类型 | 单体数量 |
| A 地文景观 | 5 | 37 | 3 | 10 | 17 |
| B 水域风光 | 6 | 15 | 4 | 7 | 15 |
| C 生物景观 | 4 | 11 | 3 | 5 | 13 |
| D 天象与气候景观 | 2 | 8 | 1 | 4 | 6 |
| F 建筑与设施 | 7 | 49 | 6 | 17 | 26 |
| G 旅游商品 | 1 | 7 | 1 | 5 | 18 |
| H 人文活动 | 4 | 16 | 3 | 9 | 23 |

*旅游资源等级评价* 根据GB/T18972—2003国家标准,定量评价采用"因子综合评价系统分赋"。

**保亭县旅游资源单体评价表**

| 资源类别 | 数量 | 占资源总数 | 单体名称 |
|---|---|---|---|
| 五级旅游资源 | 4 | 3.4% | 七仙岭温泉、七仙温泉嬉水节、呀诺达雨林文化旅游区、仙安石林 |
| 四级旅游资源 | 14 | 11.9% | 保亭田园槟榔谷、千龙洞、八村河河谷、黎族服饰、黎族织锦、毛感热带雨林、黎族竹木器乐、南药养生药膳、黎苗三月三传统节日、保亭河、祖先歌、藤桥东河、苗族养生医药、七仙岭君澜度假酒店 |
| 三级旅游资源 | 13 | 11.1% | 万亩红毛丹、番俄水库、甘工鸟的传说、槟榔河、甘什岭自然保护区、七仙广场、树皮衣、钻木取火、红宝石罗非鱼、荔枝、槟榔、热作植物研究所、七仙岭温泉高尔夫 |

保亭县五级旅游资源有4项,分别是七仙岭温泉、七仙温泉嬉水节、呀诺达雨林文化旅游区和仙安石林,三级及三级以上的"优良级旅游资

源"共有 31 项，占保亭旅游资源总数的 1/4，为保亭县旅游资源开发，推动旅游经济发展提供了坚实的基础保障。

（县旅游局 供稿）

## 人口·民族·方言

**【人口】** 2010 年，全县人口 170398 人（含农垦），其中黎族占总人口的 59.13%，汉族占总人口的 38%；苗族占总人口的 3.89%，其他民族占总人口的 2%。全年人口出生率为 14.5‰，人口死亡率为 5.05‰，人口自然增长 9.45‰。出生人口性别比为 111.4。

（县统计局 供稿）

**【民族】** 保亭黎族苗族自治县有 33 个民族，主要为黎族、苗族、壮族、瑶族、回族、满族、畲族、傣族、土家族、侗族、高山族、朝鲜族、布依族、汉族等。据统计，总人口 17.04 万人，其中黎族人口占总人口的 59.13%，分布在全县各乡镇；苗族人口占全县总人口的 3.89%，主要分布在什玲、保城、新政、毛岸、毛感、响水、三道、南林等乡镇；壮族占 1.62%，其它民族占 0.21%，主要分布在各国营农场。

（黄晋文、刘国峰 供稿）

**【方言】** 保亭汉语方言主要有海南话（属汉语闽南方言）、疍家话（粤语）、客家话（艾语）。少数民族语言主要有黎语和苗语。海南话、疍家话和艾语是 3 种截然不同的语言。海南话是保亭县境内的主要语言。汉族人讲海南话，而境内的黎、苗族人也能用海南话与汉民交流。讲海南话的地区有保城、什玲、新政、三道、加茂、响水、六弓、南林、毛感等乡镇。粤语属汉语方言之一，称为"疍家话"；艾语（客家话）称为"艾话"，也属汉语方言之一。该地区的黎语在语言学谱系分类上属汉藏语系壮侗语族黎语支，但不同居住区存在方言的差别。保亭黎语有杞、赛（加茂）和侾（哈）等 3 种方言。黎族仅有语言，没有自己的文字。经过多年的文化教育，并且长期以来同汉族接触，大多数黎族人兼通汉语、汉文、普通话和海南话。在保亭县操杞方言的最多，杞方言分通什、堑对和保城 3 种土语，保亭县主要有通什和保城两种土语，其分布地区包括什玲、保城、八村、响水、新政、三道、南林、毛岸、毛感等乡镇。侾（哈）方言是整个黎语支系中操之人数最多的一支方言，所操人口约占黎族人口的 58%。保亭县的侾（哈）方言主要分布地区有响水镇的响水、大本、什龙、合口、什月，新政镇的新政、毛朋，南林乡的罗葵、南林，三道镇的合口。"赛"是自称，"加茂"为地名，说这种方言的人口仅占黎族总人口的 7%。在保亭县主要分布在加茂镇、六弓乡及什玲的介村、什胜等地。保亭苗族和全省其他各地的苗族一样，有本民族的语言，但没有本民族的文字，语言属汉藏语系苗瑶语族，与广西壮族自治区自称金门瑶的语言基本相同。全县的苗族说同一种语言，口音基本相同，音位的差异微小。仅有个别地方、个别语音在发音部位和发音方法上有微小的差别。由于苗族同胞与当地黎族、汉族人民长期往来，苗族男女一般都会讲本地黎语和汉语（海南话）。苗语主要分布在毛岸、毛感、新政、保城和什玲。

（邢庆平 供稿）

## 行政区划

保亭设有保城镇、新政镇、什玲镇、三道镇、加茂镇、响水镇、六弓乡、南林乡、毛感乡 9 个乡镇和七仙岭农场。此外还管辖三道、新星、金江国营农场和海南省农垦科学院保亭试验站。2010 年，全县有 60 个建制村和 2 个社区，451 个自然村，461 个村民小组，99 个居民小组。

**保亭黎族苗族自治县行政区划表**

| 乡镇名称 | 行政村(社区) | 备　注 |
|---|---|---|
| 保城镇 | 番文村、抄抗村、春天村、石硐村、什好村、毛介村、什聘村、西坡村,城南社区、城北社区 | 辖8个村委会,2个居委会,56个自然村,57个村民小组,88个居民小组。 |
| 什玲镇 | 大田村、毛定村、排寮村、介村、坚固村、什玲村、巡亲村、水尾村、椰村、毛天村、抄寨村、八村村 | 辖12个村委会,71个自然村,81个村民小组。 |
| 新政镇 | 石让村、毛文村、新政村、报导村、南改村、毛朋村、什那村、什奋村、报什村、新建村 | 辖10个村委会,68个自然村,68个村民小组。 |
| 三道镇 | 三弓村、田滚村、首弓村、甘什村 | 辖4个村委会,49个自然村,49个村民小组。 |
| 加茂镇 | 加答村、石建村、共村村、界水村、加茂村、半弓村 | 辖6个村委会,56个自然村,56个村民小组。 |
| 响水镇 | 什龙村、响水村、合口村、什邱村、什月村、陡水河村、毛岸村、大本村 | 辖8个村委会,58个自然村,61个村民小组。 |
| 六弓乡 | 大妹村、田岸村、石艾村、田圮村、奋发村 | 辖5个村委会,38个自然村,38个村民小组。 |
| 南林乡 | 东方村、南林、罗葵村 | 辖3个村委会,24个自然村,24村民小组。 |
| 毛感乡 | 毛感村、南春村、毛位村、南好村 | 辖4个村委会,30个自然村,30村民小组。 |

(符广能 供稿)

# 3

# 政治与军事

29/94

# 保亭黎族苗族自治县领导机关

## 中共保亭黎族苗族自治县委

**【简述】** 2010年，全县生产总值13.02亿元，同比增长16%，是2005年5.93亿元的2.2倍，年均增长17%；"十一五"时期全县生产总值净增7.09亿元，是"十五"时期的3.75倍。全社会固定资产投资完成13.5亿元，同比增长61%；五年累计达到30.5亿元，比"十一五"计划目标13亿元翻了一番多，2010年一年投资额就等于五年计划投资总额，年均增长52.6%。县城面积从2.5平方公里拓展至9平方公里。地方财政一般预算收入首破亿元，完成1.56亿元，同比增长93%，增速全省排名第4，是2005年2089万元的7.48倍，年均增长49.5%。社会消费品零售总额3.78亿元，同比增长18%，是2005年1.67亿元的2.3倍，年均增长17.7%。预计截至2010年底，城镇居民人均可支配收入11986元，同比增长14%，是2005年5690元的2.1倍，年均增长16.1%；农民人均纯收入3372元，同比增长17%，约是2005年1783元的2倍，实现年均增长13.6%；用电量增长22%；农村劳动力转移就业5980人；全年新增脱贫人口2380人。在2009年海南省市县经济社会综合指标考核中，保亭获得全省市县第2名，比2008年的第12名晋升10位，夺得二等奖。

**【县委十一届六次全体(扩大)会议】** 2010年9月29日上午，中共保亭黎族苗族自治县第十一届委员会第六次全体(扩大)会议在县会议礼堂隆重召开，县委副书记、县长彭家典主持会议。受县委常委会委托，县委书记郑作生在会上作了题为《作风大转变，用心真干事，确保实现保亭全年工作目标》的工作报告。县委副书记、县长彭家典在会上传达了中共海南省委2010年理论研讨会暨省委五届八次全会精神并代表县委常委会作《中共保亭黎族苗族自治县委关于进一步加强新形势下干部队伍作风建设的决定》的起草说明。县委常委、组织部长邝旭彪代表县委常委会作《中共保亭黎族苗族自治县委员会全体会议任用干部投票表决办法(试行)》起草说明。县委常委、常务副县长李开文，县委常委、县宣传部部长王秀美，县委常委、县武装部政委刘文明，县委常委赵咏望，县委常委、县纪委书记张隆挺出席了会议。十一届县委委员、候补委员，及其他现职县级党员领导干部，县纪委委员，各乡镇党委书记、乡镇长，县七仙岭农场党委书记、场长，农垦驻保亭办事处负责人，各国营农场党委书记、场长，农垦科学院保亭试验站、海胶集团金江分公司主要负责人，县直机关有关部门主要负责人，省属驻保亭有关单位党组(党委)主要负责人，县属部分企业党组织主要负责人，以及部分党员老干部代表参加了本次大会。现职县级非党员领导干部及部分投资企业代表应邀列席了会议。

**【发展思路】** 通过县委十一届五次、六次全体(扩大)会议，明确了新形势下2010年及今后一个时期全县经济社会发展的总体思路、发展目标和主要任务，进一步理清了发展思路，那就是总体上做到"五坚持三加快二迈进一目标"。"五个坚持"：坚持"生态立县、产业富县、文化优县、人才强县、特色兴县"的发展战略；坚持"构筑生态文明健康县，打造黎苗文化品质城"的发展方向；坚持"打造海南低碳发展示范县，争创国际雨林温泉旅游区"的发展定位；坚持"三抓两保一加强"的工作总要求；坚持"融入三亚，参与南部产业分工，构建旅游业为主导的农业与旅业相融带动县域经济发展"的保亭特色产业结构，抓住产业拉动这条主线,以发展产业为先导,带动高端房地产和传统农业,走特色差异化高端发展路子。“三个加快”:加快投融资步伐,加快基础设施建设,加快旅游产业项目推进。“两个迈进”:农村,加大投入,向“富裕、文明、整洁、礼让、有序”新农村迈进;县城,增补功能,向“干净、舒适、温馨”黎苗风情小镇迈进。“一个目标”:实现“四佳一珠”新保亭,即:中国最佳的温泉养生雨林度假基地、中国最佳的生态人居之地、中国最佳的绿色旅游县城、中国最佳的民俗文化旅游县城,最终把保亭建成“丽江”保亭、低碳保亭、温馨保亭,成为海南中部一颗璀璨明珠。同时,就如何做产业上项目、搞好房地产开发和以农民增收为主题的三农工作等方面也提出了切合实际的工作思路。

**【县委领导决策】** 通过县委常委会、全委会和县人大代表大会,有效实现了县委的发展意图和工作部署。年初主动指导县政府制定2010年的工作任务和措施,及时提出经济产业、基础设施、民生工程等重点建设项目,写入县政府工作报告。对重大的经济民生问题,由县常委会审定,审定了县政府的工作报告,审定了重点建设项目和为民办好事实事项目,出台了包括《采取强有力措施促进农民增收的决定》等一系列的指导文件。并组织审定了年度财政预算,做到事权与财权相匹配,为县政府有效开展工作提供了有力的支撑,明确了前进方向。

**【“新三农”】** 按旅游要素来做“新三农”,重点抓住农民增收主题,出台了《保亭县2010年推进农业产业化经营工作实施方案》和《关于采取强力措施促进农民增收的决定》,制定了一系列促农增收措施,召开促农增收会,想方设法致富农民,切实转变农民增收方式,向市场化、企业化、产业化和专业化要增收。主抓龙头企业带动产业化发展,引导调整农业产业结构,狠抓瓜果菜的种植,推进打工经济和林下经济,努力增加农民收入。引进海南永基文昌鸡、海南蓝岛畜牧、中海高科、皓然生态农业等龙头企业,采取“公司+村委会”、“公司+农户”的合作模式,带动发展了县特色种养殖业,建起省级重点龙头企业11家,发展农业产业化组织300多个,出台农业直补措施,安排财政预算产业扶持金和农乐乐扶持金各200万元用于鼓励发展农旅结合产业。

**【旅游支柱产业】** 为适应国际旅游岛建设的需要,制定了《中共保亭黎族苗族自治县委关于进一步加快发展以旅游业为龙头的现代服务业的意见》,努力把以旅游业为龙头的现代服务业,培育成促进保亭百姓增收过上好日子的支柱产业。一是完成了县域旅游发展总体规划和全县土地利用编修规划,推进“大区小镇”规划,奠定旅游业发展基础;二是抓好高端景区酒店房地产建设;三是打造投资服务环境,抓好旅游环境整治,重点抓好违章建筑、乱搭乱建、社会治安等整治,解决旅游业推进难题;四是采取“政府+企业+农民”的三位一体的方式,以政府为引导、企业为主导、农户为先导的“三导”模式,建设乡村风情旅馆和“农乐乐”,推进三产服务业。预计2010年,全县共接待游客200万人次,同比增长38%,是2005年12.8万人次的15倍;旅游综合收入2.4亿元,同比增长28%,是2005年0.34亿元的7倍。在旅游业的拉动下,2010年全县第三产业完成增加值6.56亿元,同比增长21.3%。

**【民生事业】** 县委继续贯彻落实《中共海南省委关于大力改善民生推进基本公共服务均等化的意见》精神,一以贯之地将本级财政新增财力55%用于民生建设项目,办成一批事关民生的好事实事。(一)指导建设廉租住房、经济适用房和农村民房改造,以解决城乡居民住房难问题,重点推进凤凰小区、桃源小区、芙蓉小区及杏林小区四个保障性住房工程建设。(二)坚持把教育放在优先发展的战略地位,扎实推进教育改革,与中国银地公司联手实施“助教扶农”项目,大力调整全县中小学校办学布局,启动了全县中学生集中县城就读一期工程,把职校培训融入三亚职教,建设县实验学校、慈航小学教学楼等,教育基础设施建设日趋改善。巩固提高“两基”成果,做好“两免一补”和助学贷款工作,强化师资队伍素质，提高教育教学水平。（三）改善城乡医疗卫生条件，提高人口健康素质，推进了新县人民医院建设，完善新型农村合作医疗制度，加强公共卫生服务体系建设，着力增强疾病控制中心应急反应能力，城乡社会保障体系建设不断加强。（四）大力发展文化事业，丰富群众的精神生活，注重农村精神文明建设，继续坚持开展科技、文化、卫生、法律“四下乡”活动，推进县文化活动中心建设，建设村委会和村小组各种设施50个，完成第二批广播电视“村村通”工程，成功举办“三月三”、“嬉水节”、“九九重阳节”等群众性文体活动，嬉水节被评为“中国十大著名节庆品牌”，并荣获“2010年度中国节庆产业金手指奖——十大景观生态类节庆”称号，同时，七仙温泉形象小姐选拔赛也首次走出海南，面向全国，走进宝岛台湾。（五）抓好什进村“村企联建、互利共赢，打造国际旅游岛第一村”重点项目建设。（六）认真落实就业再就业政策，广辟就业渠道，加大就业扶持、援助和技能培训力度，确保“零就业家庭”、“失地农户”和贫困户至少有一名适龄劳动力就业。提高了城乡贫困人口的困难补贴，提高了中小学困难学生生活补贴。同时，开展机关为农村办实事好事活动，全县各机关单位下村解难，为农民办好事实事达234件。

**【生态保护】** （一）加强生态环境保护和建设。继续巩固划界定桩保生态的成果，完成集体林权制度改革收尾工作，决策开展重点区域的清理侵占国有林地破坏生态的行动，召开生态保护现场推进会，完善林业生态保障机制，关闭小水泥厂，保持良好生态。改善文明生态村的创建机制，推进毛感乡片区文明生态乡镇活动。（二）加强卫生环境综合整治工作。顺利通过国家卫生县城省复核组的复查。开拓性地抓县城基础设施建设，做精做美县城。（三）决定实施“百村整治行动”，抓好“三线二区一城”整治和七仙岭酒店景区边村庄整治。综合整治保陵公路、海渝中线保亭段，县城至七仙岭视廊范围内的自然村、镇。

**【重点项目建设措施】** （一）围绕国际旅游岛建设加快保亭发展目标，突出抓好旅游重点项目、基础设施建设和民生建设三大方面重点项目建设，着力抓好对保亭发展有长远意义的34项重点项目。（二）研究制定有针对性的六点项目推进措施，从制度上保证重点项目的积极引入、顺利建设和如期完成。一是成立项目推进领导小组，就具体的重点项目成立专门的服务小组跟踪解决项目推进中的问题；二是建立定期汇报检查制度，现场办公解决项目推进中遇到的困难问题；三是建立项目推进分段式流程作业方法，抓住关键环节、关键的时间节点推进项目；四是推行投资风险承诺和服务承诺管理制度，抓投资和服务两个重点；五是建立考核评价项目推进机制，实行年中年终考核评定；六是实行项目推进奖罚制度和问责制，以是否按时完成工作目标任务作为考核班子和“一把手”的主要标杆，保障项目有序推进。

**【创先争优活动】** 坚持“与其跟在先进后面学经验，不如自己争先进”的工作思路，在全县开展了以“创低碳示范县，建四佳一珠城”为主题的创先争优活动，重点组织实施了三方面工作。（一）利用旅游业发展新优势，实施了三农与旅游业相融带动农民增收的“大区小镇新村”试点项目，带动生态农村、旅游农业、文化农民的“新三农”建设来实现农村向经营型、农业向现代服务型、农民向技能型的“三个转变”，避免农村空心化、农业边缘化、农民老龄化。此外，以创新农村之先、争农民增收之优，在全县乡镇开展了新型种养产业等形式多样的农民增收工作。（二）实施了助教富农、安居工程、百村整治、基础设施等一批群众满意工程，普遍开展了“千名党员联村、百名干部驻村、十家企业帮村，携手共建新农村”的“千百十”活动，使创先争优活动真正成为一项惠民工程。（三）着眼于不同层次、不同领域中党组织的地位作用、目标任务等，实施了“强村党支部领导核心、强党员‘双带’作用、强乡镇党委‘龙头’作用”的“三强”核心工程，统筹部署，系统推进，建立健全服务科学发展的基层党建。在活动中，始终坚持把转变干部作风，强化服务职能，推进中心工作作为学习创建工作的着力点和落脚点,用新的理念引领发展,用新的境界谋划工作,用新的作为推进跨越,在发展中创新,在创新中超越,全县各项工作高潮迭起,强势推进。由于活动的成效显著,先后得到了前来保亭视察的中央和省委领导的好评和肯定。

**【完善干部选拔任用机制】** 2010年,常委会任用干部全部采取票决制,累计票决4次、对83名拟任(免)人选进行了无记名投票表决,其中差额票决累计3次20人次,提拔36人,平级调整40人次;调整不胜任或不适宜担任现职领导干部11名,其中降职使用2名(保留正科待遇),平级交流3名,免职2名,改任非领导职务2名,待岗2名。落实干部培养制度。继续加大有针对性地干部教育培训,不断提高干部干好本职工作、解决实际问题的能力和水平。坚持把选拔培养优秀年轻干部作为一项系统性、长期性的基础工程来抓,按照"规范吸收储备一批、定期调整充实一批、重点培养锻炼一批、及时提拔使用一批"的工作思路,不断构建选人、育人、管人、用人"四位一体"的优秀年轻干部选拔培养机制。

**【自身建设】** 2010年,制定和完善了《党委中心组学习制度》、《党委中心组法制学习制度》,丰富学习内容,增加学习时间,注重对理论性、政策性、法律性知识的深钻细研,提高班子成员统揽全局,在更高起点上科学谋划、科学决策和依法行政的能力。对机关党组织,以"改进工作作风,提高执行能力"作为活动主题,开设保亭讲坛,每月邀请专家学者到保亭授课,同时要求各党组织开设"党员课堂"每月定期组织党员集中学习。对农村基层党组织,以"当好带头人,建设新农村"作为活动主题,落实《三会一课制度》、《远程教育收看制度》,注重对农业实用技术、村级民主决策、土地流转承包及信访稳定相关知识的学习。

**【基层党组织建设】** (一)完善村级组织活动场所建设。安排430万元资金建设完成13个村级组织活动场所(活动室、卫生室、村警务室"三室合一"),建成农村党建现代远程教育站点74个。(二)继续开展以"五好"为主要内容的"三级联创"活动,加强以村党组织为核心的村级组织建设,大力培养带头致富和带领群众致富的党员和政治素质强、发展能力强的干部。(三)完善选拔培养机制。制定出台《保亭县农村两委干部管理规定(试行)》,明确在严格按照"两推一选"制度选任村支书的基础上,采取从退伍军人、大中专毕业生、外出务工回乡青年和致富能手中选人,注意把那些真正拥护党的基本路线,热心为群众办事,公道正派,有奉献精神,群众公认的优秀青年充实到村级后备干部队伍中。(四)完成村级组织换届工作。把村两委换届工作摆上重要议程,先后两次召开常委会,专题研究换届工作。县、乡镇、村三级分别成立了村级组织换届选举工作领导小组和指导小组,签订目标管理责任书,明确职责。并从县直机关选派36名干部,成立了9个协调指导组,负责对全县各乡镇换届工作的协调指导。截至2010年8月3日,全县60个村选举产生新一届两委班子成员共315人,村书记、主任60名,"一肩挑"率100%。

**【党风廉政建设】** (一)以严格落实党风廉政建设责任制为龙头,研究制定了《保亭黎族苗族自治县2010年党风廉政建设和反腐败工作实施意见》和《2010年保亭县党风廉政建设责任制工作目标考核标准》,明确了2010年全县反腐倡廉的工作目标、任务和责任,分别与各单位签订《党风廉政建设工作目标责任书》94份,落实"一岗双责"制。同时,注重抓好检查督促、责任考核、责任追究三个环节,切实担负起反腐倡廉建设的政治责任。(二)认真抓好领导干部廉洁自律工作,抓好干部队伍作风建设。坚持领导干部个人重大事项报告制度,研究制定了《关于切实加强重点工程项目领域廉政建设的意见》。认真开展了"小汽车"清理整治、"小金库"清理整治、商业贿赂治理、禁止利用职务上的便利谋取不正当利益等专项治理工作。(三)出台了《中共保亭黎族苗族自治县委关于进一步加强新形势下干部队伍作风建设的决定》，开展新形势下干部队伍作风大整顿活动。组成联合检查组，携带摄像机，采取明察暗访等形式，先后三次对县直机关单位的领导、干部到岗情况、工作纪律进行了突击检查。对违反工作纪律的森林公安分局2位领导干部分别给予了党内严重警告、警告处分，对林业局、财政局、商务局、教育局和县政务中心等5个单位工作纪律要求不严等现象进行通报批评，从而严肃了办公纪律，提高了工作意识，净化了办公风气。抓好述职述廉、诫勉谈话、函询和领导干部个人重大事项报告等制度的贯彻落实，加强对领导机关和领导干部特别是各级领导班子主要负责人的监督。组织开展各单位主要负责人廉政座谈会和“树廉政家风”廉内助座谈会，收到了良好的效果。2010年，县纪委主要领导同新任领导干部任前廉政谈话10人次、诫勉谈话4人次，县纪委负责人同下级党政主要负责人及乡镇纪委书记谈话56人，干部任前征求纪委意见有65名，各单位各部门表彰先进征求县纪委意见共105人，其它事项征求意见人数31人。2010年全年共立案3起，办结2起，其中1人被开除党籍并被行政开除，1人给予党内严重警告处分。(三)开展专项治理，落实廉洁自律规定。开展反腐倡廉“制度执行巩固年”活动；开展违规违纪收送款物问题的专项治理工作；开展农村干部拖欠农信社贷款清收工作，共清收农村干部不良贷款81笔，本息合计51万元，按时完成了清收农村干部不良贷款任务，完成率达100%；对保亭中学、新星中学、南茂中学、南茂镇中学共4所学校进行了专项检查，清理出乱收费金额5.67万元，并全部退还学生；落实厉行节约八项要求，对公款出国(境)支出按近三年平均数的20%压缩，车辆购置及运行费按近三年平均数的15%压缩，公务接待费及办公费、差旅费、会议费等综合办公费按2008年实际支出数的10%压缩，用水、用电、用油按2008年实际支出数的5%压缩。(四)认真抓好经济发展软环境工作。继续在机关单位开展“投资环境优质服务年”和“能力效能建设年”活动，参与的机关单位43个。同时开展亲商助商的拓展活动。推行工作项目流程安排制度，完善投资服务环境责任制和重大项目全程代办制。努力实现服务态度明显改进、办事效率明显提高、法制观念明显增强、纪律作风明显转变，为全县经济社会平稳较快发展提供了有力保证。

**【社会安定】** 深入开展社会主义法制宣传教育，提高全民法制意识。继续实施“法律六进”工程，重点推进“法律进单位”活动，主要宣传《国际旅游岛行业文明规范行为准则》，加强职业道德教育和诚信教育。认真落实社会治安综合治理措施。巩固“无毒县”创建成果，积极组织开展以“依法禁毒，构建和谐”为主题的各项禁毒法制宣传活动。落实安全生产目标责任状，维护群众的生命财产安全，安全生产形势持续保持总体稳定。四是严密防范、依法打击非法宗教、邪教和敌对势力的渗透、策反、颠覆等破坏活动。

(县委办 供稿)

## 保亭黎族苗族自治县人大常委会

**【概况】** 保亭黎族苗族自治县第十三届人民代表大会代表名额158名，2010年保亭黎族苗族自治县十三届人大五次会议实有代表157名。保亭黎族苗族自治县十三届人大常委会组成人员21人，其中主任1人，副主任4人，委员16人。常委会下设办公室、财政经济工作委员会、华侨外事与教科文卫工作委员会、法制工作委员会4个机构，实有人员17人。保亭黎族苗族自治县人大常委会围绕全县改革发展的主要任务，切实履行宪法和法律赋予的职责，加强法律监督和工作监督。

**【保亭黎族苗族自治县第十三届人大常委会组成人员】** 保亭黎族苗族自治县第十三届人大常委会产生于2007年1月24日。主任：黄本二，副主任：陈木荣、董新富、张业伟、盆星光，委员：王新平、许书礼、吴晓茵(女)、吴淑标、陈仁京、林大成、高俏萍(女)、高政贤、黄朝彤、程天富、谭定华、谭飞、周信伟(2007年5月因工作变动辞职)、黄一恒(2008年12月因工作变动辞职)、母连云(2009年12月调离保亭县)、董昌林(2009年3月因工作变动辞职)、张勇贤(2009年1月补选)、罗桦(女,2009年1月补选,2009年11月调离保亭县)。

**【保亭黎族苗族自治县第十三届人民代表大会第五次会议】** 2010年1月14—16日召开保亭黎族苗族自治县第十三届人民代表大会第五次会议。会议听取和审议保亭黎族苗族自治县人民政府工作报告,作出并通过关于保亭黎族苗族自治县人民政府工作报告的决议;审议保亭黎族苗族自治县2009年国民经济和社会发展计划执行情况与2010年国民经济和社会发展计划草案报告,审查、批准保亭黎族苗族自治县2009年国民经济和社会发展计划执行情况与2010年国民经济和社会发展计划;审议保亭黎族苗族自治县2009年财政预算执行情况和2010年财政预算草案报告,审查、批准保亭黎族苗族自治县2009年财政预算执行情况和2010年财政预算;听取和审议保亭黎族苗族自治县人大常委会工作报告,作出并通过关于保亭黎族苗族自治县人大常委会工作报告的决议;听取和审议保亭黎族苗族自治县人民法院工作报告,作出并通过关于保亭黎族苗族自治县人民法院工作报告的决议;听取和审议保亭黎族苗族自治县人民检察院工作报告,作出并通过关于保亭黎族苗族自治县人民检察院工作报告的决议;会议补选李彪为保亭黎族苗族自治县人民检察院检察长。

**【保亭黎族苗族自治县第十三届人大常委会会议】**

第十六次会议 2010年5月17日召开。听取和审议县人民政府《关于提请审议县迎宾大道和东环路两旁土地整理储备项目建设资金有关问题的议案》;听取和审议县人大常委会2010年工作要点(草案);听取和审议县人大教科文卫工委关于视察县医院管理情况的报告;任命朱连昌为保亭黎族苗族自治县人民政府办公室主任,陈峰为保亭黎族苗族自治县人民检察院副检察长,黄明裕为保亭黎族苗族自治县人民检察院副检察长、检察委员会委员。

第十七次会议 2010年7月16日召开。听取和审议县人大财经工委关于组织部分省、县人大代表视察县重点项目建设情况的报告;任命吴卫红为保亭黎族苗族自治县人民政府副县长,谢振桐为保亭黎族苗族自治县旅游局局长。

第十八次会议 2010年11月18日召开。听取和审议县人民政府关于调整2010年财政一般预算支出指标的议案;听取和审议县人大财经工委关于县生态环境保护工作情况的调研报告;任命黄一桓为保亭黎族苗族自治县人力资源和社会保障局局长,李高岛为保亭黎族苗族自治县发展和改革局局长,陈广彬为保亭黎族苗族自治县住房和城乡建设局局长,郑辉壮为保亭黎族苗族自治县交通运输局局长。

第十九次会议 2010年12月29日召开。听取和审议县人民政府关于县十三届人大五次会议代表建议办理情况的报告;听取和审议县审计局关于2009年度县本级预算执行和其他财政收支的审计工作报告;听取和审议县人大常委会代表资格审查委员会关于县第十三届人民代表大会代表出缺及补选代表的代表资格审查情况的报告;听取和审议县人大法工委关于检查《中华人民共和国道路交通安全法》贯彻实施情况的报告;审议县人大常委会工作报告(稿);审议县十三届人大六次会议有关事项;任命刘家诚为保亭黎族苗族自治县人民法院民事审判庭庭长,符祥毛为保亭黎族苗族自治县人民法院刑事审判庭庭长,黄大璘为保亭黎族苗族自治县人民法院立案庭庭长,蓝进海为保亭黎族苗族自治县人民法院审判委员会委员、副科级审判员,王开武为保亭黎族苗族自治县人民法院审判委员会委员、金江人民法庭庭长、副科级审判员,王儒昌为保亭黎族苗族自治县人民法院金江人民法庭副庭长,林师为保亭黎族苗族自治县人民法院执行庭副庭长,黄盛全为保亭黎族苗族自治县人民法院副科级审判员。

**【法律监督】** 2010年,保亭黎族苗族自治县人大常委会高度重视法律法规的贯彻实施情况,通过省、县、乡(镇)三级人大联合检查等多种形式,加强对法律法规实施情况的监督,取得较好的效果。省人大常委会副主任康耀红率领《食品安全法》执法检查组到保亭县就贯彻实施《食品安全法》的情况进行检查,常委会积极配合执法检查组开展工作,采取全面自查与重点检查相结合、推荐检查和随机抽查相结合,深入一线查看,评估执行情况,支持和督促政府落实整改措施,推动了该法的贯彻实施。此外,年内还对《测绘法》、《农业技术推广法》、《种子法》和《道路交通安全法》等法律法规的贯彻执行和"五五"普法规划实施情况进行了检查。通过检查,针对执法、普法中存在的问题,形成审议意见反馈政府,督促政府及有关部门整改落实,推动了相关工作的顺利开展。

**【工作监督】** (一)预算监督。听取和审议了县审计局关于2009年度县本级预算执行和其他财政收支的审计工作报告,并提出审议意见。认真分析了经济社会发展计划和财政预算执行中存在的困难和问题,就切实提高经济运行质量、加强审计监督、严格预算管理等方面提出了意见建议,推动了计划和财政工作的顺利开展。(二)重大建设项目监督。对县城供水工程建设(含供水管网改造工程)、西环路工程建设、县城排污治理工程建设、垃圾场工程建设、凤凰小区工程建设、县医院扩建工程建设、毛拉洞水库水源头区域生态保护情况等进行视察,使项目的质量和效益得到提高。(三)生态环境保护监督。对县生态环境保护工作进行调研,针对变相砍山、采砂场管理混乱、石场开采破坏生态环境、陵水部分村民越界开垦六弓乡国有林地等突出问题,向县政府提出了整改意见,进一步加强对全县生态环境的保护。(四)农村社会管理监督。为准确把握全县农村社会管理体制机制和组织机构建设的基本情况和存在的突出问题,深入到各乡镇、村委会、村小组进行广泛调查了解,为县委对农村社会管理工作的决策提供了科学的依据。(五)法院执行工作监督。对法院执行工作进行了专项调研,并重点对法院开展清理执行积案中涉及政府及村(居)委会为被执行人的案件进行逐案分析、研究,寻求解决问题的途径,提出指导性的意见和建议,推动法院的执行工作,维护了受害人的权益,促进了和谐法制建设。(六)医院管理工作监督。对县人民医院工作进行了实地视察,针对存在问题提出了建设性的意见和建议,得到县委的高度重视,并督促县纪委、县委组织部、县人社局抽调人员深入到县医院召开座谈会,研究解决存在问题,有力推动了全县医疗卫生和医德医风建设。(七)扶贫工作监督。深入到9个乡镇和村委会对全县扶贫工作情况进行调研,客观反映当前县扶贫工作存在的突出问题。对存在的问题,常委会建议县政府要进一步拓宽扶贫渠道,创新扶贫模式,推动全县扶贫工作协调发展。

**【干部任免】** 坚持党管干部与依法任免相结合,充分发扬民主,严格依法办事,规范任免程序,认真行使好人事任免权,保证人事任免质量。坚持任前法律知识考试制度,2010年对人大及其常委会选举和任命的干部集中进行了法律测试,对不及格的两名干部进行了补考,进一步增强了被任命人员的法律意识和法制观念,促进了依法行政和公正司法。年内,常委会共决定任命国家机关工作人员17人次,免职12人次,未通过任命1人,从组织上保证了"一府两院"工作的顺利开展。

**【代表工作】** 代表工作是人大工作的基础。在自觉接受人大代表监督的基础上,认真抓好代表所提批评、意见、建议的办理和督办工作,进一步规范和完善办理工作制度,努力提高办理质量,确保件件有交待、事事有落实。加强闭会期间对代表小组活动的指导,增强代表参政议政意识,提高代表小组活动的质量。坚持常委会组成人员联系代表制度,指导代表联系选民工作,畅通反映民情民意的渠道,发挥好人大代表在闭会期间的作用。针对人民群众关心的热点、难点问题,组织代表开展视察活动。继续加强对乡镇人大工作的指导,抓好乡(镇)人大干部的培训工作,促进乡镇人大工作的制度化、规范化,发挥乡镇人大在基层政权组织建设中的作用。

**【信访工作】** 人大常委会把加强信访工作作为转变机关作风、树立和维护好权力机关形象的一项重要内容。全年共受理群众来信来访215件(次),做到热情、耐心、细致,加强跟踪督办,保证来信来访件件有着落、事事有回音,维护当事人的合法权益,增强人民群众对人民权力机关的信赖。

**【自身建设】** 按照省委和县委的统一部署,紧密联系人大工作实际,严格措施、真创实抓,全面启动学习型党组织暨创先争优活动,制定了活动方案,组织进行了活动动员,明确以"建设学习型机关、服务型队伍、效能型部门"为主题,以"积极创先争优,推动人大工作"为载体,迅速在全体干部职工中掀起了学先进、赶先进的浓厚氛围。加强调查研究,加强同人大代表和人民群众的联系,做到权为民所用、情为民所系、利为民所谋。不断探索工作路子,创新工作方法,研究和解决新时期人大工作的新情况、新问题,充分发挥好地方国家权力机关的作用。

(县人大办 供稿)

## 保亭黎族苗族自治县人民政府

**【概况】** 2010年,保亭全年实现地区生产总值13.63亿元,同比增长13.9%。全社会固定资产投资完成14.6亿元,同比增长48.5%。地方财政一般预算收入首破亿元,完成1.56亿元,同比增长93%,增速全省排名第4。全社会消费品零售总额3.93亿元,同比增长18.6%。2009年海南省市县经济社会综合指标考核,保亭获得全省市县第2名,比2008年的第12名晋升了10位,夺得二等奖。全年接待旅游人数200万人次,旅游综合收入2.3亿元。2010年农民人均纯收入3453元,同比增长20.2%。城镇居民可支配收入1.3万元,同比增长24.5%。农村贫困人口由2006年初的3.11万人减少到2010年末的2.18万人。

**【县政府常务会议】** 2010年,县政府召开常务会议13次,主要审议政府工作报告、保障性住房建设计划、污水处理厂项目建设等重要工作。

1月7日,彭家典县长主持召开十三届县政府第四十五次会议,研究政府工作报告、保亭黎族苗族自治县土地利用总体规划(2006—2020)文本、垃圾处理费与水费合并收取、成立七仙岭八村景区和毛感景区规划工作领导小组等有关问题。

1月22日,彭家典县长主持召开十三届县政府第四十六次会议,研究保亭2009年和2010年廉租住房工程建设、宝亭大道和东环路工程建设项目招标、市政路灯节电商务方案、建设加茂镇等道路路灯工程等有关问题。

2月3日,彭家典县长主持召开十三届县政府第四十七次会议,研究保障性住房建设计划、2010年土地储备计划、2010—2013年农村饮水安全工程规划人口调查复核报告、设立保亭村镇银行、加强建设工程项目发包招投标管理等有关问题。

3月29日,彭家典县长主持召开十三届县政府第四十八次会议,研究经济适用住房销售对象条件、成立土地测绘交易中心、三道供水工程项目用地、教育教学奖励机制暂行办法实施方案、拆除违章建筑、2010年度人口和计划生育工作主要项目落实方案、民族特色村庄建设经费等有关问题。

5月7日,受彭家典县长委托,李开文常务副县长主持召开十三届县政府第四十九次会议,研究民族风情一条街建设、加快旅游业发展实施意见、公务员医疗补助实施办法(修订)、2010年农村沼气建设工作方案、财政惠民补贴资金一卡通改革实施方案、使用房地产建筑安装待业闭环实时开票管理系统等有关问题。

5月15日,受彭家典县长委托,李开文常务副县长主持召开十三届县政府第五十次会议,研究保亭黎族苗族自治县土地执法共同责任制度、滨河西路道路景观绿化建设、保亭思源学校初中部教工宿舍配套资金等有关问题。

6月30日，受彭家典县长委托，符国新副县长主持召开十三届县政府第五十一次会议，研究晋升机关事业单位工资档次、新政镇饮水安全工程建设、保亭黎苗村庄房屋设计方案、2010－2012年农村危房改造规划方案、编制保亭社会主义新农村建设总体规划、红毛丹东路改造工程建设、重新修订保亭黎族苗族自治县城乡医疗救助实施办法、保亭县城镇低收入家庭认定实施办法、县级农田水利规划、农村劳动力转移就业培训费等有关问题。

7月8日，彭家典县长主持召开十三届县政府第五十二次会议，研究单采血浆站项目选址用地、建筑领域农民工工资支付管理暂行办法、保亭黎族苗族自治县农村最低生活保障制度和扶贫开发政策有效衔接试点工作实施方案、全国第六次人口普查保亭县户口整顿工作经费、农村居民地震安全工程建设配套资金等有关问题。

8月4日，受彭家典县长委托，李开文常务副县长主持召开十三届县政府第五十三次会议，研究保亭黎族苗族自治县低碳发展战略规划纲要、2010年度各排污单位主要污染物排放总量控制计划指标、建设七仙大道绿地廊亭、农村公路危桥治理资金、2010年易地扶贫搬迁试点工程配套资金等有关问题。

8月24日，彭家典县长主持召开十三届县政府第五十四次会议，研究环境监测站标准化建设配套资金、农村义务教育阶段中小学生免费作业本补助资金、调整廉租住房租赁补贴标准等有关问题。

10月26日，彭家典县长主持召开十三届县政府第五十五次会议，研究2010年保亭县经济适用住房分配方案、水灾受损市政设施维修经费、海南省第八届环卫工人节活动经费、建设什玲新政响水加茂六弓南林等乡镇调干楼、重新调整城镇从业人员基本医疗保险统筹基金年度最高支付限额、设立保亭县人才专项资金、农业产业化扶持资金发放工作实施方案等有关问题。

11月9日，彭家典县长主持召开十三届县政府第五十六次会议，研究推进污水处理厂项目建设等有关问题。

12月14日，彭家典县长主持召开十三届县政府第五十七次会议，研究国庆期间暴雨受灾农户损失赔偿事宜、成立城乡公交车经营公司、规范机关工勤人员津贴补贴有关问题、公共卫生与基层医疗卫生事业单位实施绩效工资工作方案、事业单位实施绩效工资工作方案、地方税收收入激励办法、2011年人口和计划生育工作、响水镇番道、什巴村拆迁新建安置饮水安全工程项目资金、保亭县政府2010年度工作总结等有关问题。

**【旅游业保持较快增长势头】** 坚持“打造海南低碳生态发展示范县，争创国际雨林温泉旅游区”目标，以主动姿态融入三亚，参与南部产业分工，走差异特色化高端发展路子，第三产业的比重由2005年的42.8％提高到2010年的48.6％，对经济贡献率达到了78.1％，县域经济活力倍增。2010年呀诺达雨林文化旅游区和甘什岭槟榔谷原生态黎苗文化游览区荣获“国家4A级景区”称号。全年接待旅游人数200万人次，增长43％，旅游综合收入2.3亿元，增长28％。

**【重点项目建设成效突出】** 实施的33个重点项目扎实推进，完成投资10亿元左右。其中，呀诺达热带雨林文化旅游区、君澜酒店改造、荔苑酒店改造、七仙瑶池等一批续建项目稳步推进；南美假日地产、上观园、万平家园等一批旅游房地产项目加紧实施；保障性住房、七仙大道二期、县城西南环路等一批民生项目进展顺利。

**【基础设施建设明显加快】** 巩固国家卫生县城工作有序推进，并顺利通过省考核组的复查；深入开展城镇环境综合治理，大力整治“脏、乱、差”，县城建设稳步向“干净、舒适、温馨的黎苗风情小镇”目标迈进；加大投入，夯实城市设施，投资4391万元建成日处理5000吨的污水处理厂。投资2400万元建成库容14万立方米的生活垃圾填埋厂；启动县城供水管网改造、七仙文化广场改造、风情小镇特色一条街、保城河三期夜景灯光、滨河西路绿化、星级旅游公厕等项目建设，县城进一步美化、亮化。

**【农民增收产业平台】** 初步建成六弓、什玲养鸡示范园,推进了三道新政兰花基地建设,打工经济也成了农民收入的主要来源。

**【社会事业建设】**

教育方面 抓好"保学控辍"工作,巩固提高"两基"成果,小学、中学、高中入学率均达97%;加大教育投入,改善办学条件,全年投入近1588.61万元完成保亭中学塑胶跑道运动场及乡镇中小学校园改造等工程。

旅游文化建设方面 七仙温泉嬉水节荣获"2010中国十大节庆品牌";黎族纺染织绣技艺入选联合国教科文组织"世界非物质文化遗产名录";仙安石林、七仙岭、槟榔谷、呀诺达景区被评为"琼州百景"。完成旺蛙、和坊、七仙门、黎苗文化浮雕及音乐喷泉加水幕电影等一批精品文化工程。

计生和卫生方面 加大人口和计划生育巩固提升类工作力度,人口出生率为14.5‰,符合法定生育率为94.8%,人口性别比为111.3;医药卫生体制改革扎实推进,不断加强对新农合基金和定点医疗机构的监管,合作医疗运行平稳,资金使用安全,全年共补偿参合农民5.33万人次,发放补贴医疗费用732.39万元。

就业及社会保障方面 开发公益性岗位160个,安置失地农民40人,新增城镇就业岗位2700个,完成年度计划的90%;转移农村劳动力6400人,完成年度计划的106%;新农保试点工作有序推进,全县参保农民3.96万人,占符合参保总人口的75%;认真落实城乡低保政策,为城市低保对象4820人、农村低保对象7080人累计分别发放低保金1284.2万元和863万元。

住房保障方面 文体局、保城镇经济适用房及酒厂、纺织厂、橡胶厂等廉租住房顺利交付使用;凤凰小区二、三期保障性住房工程顺利推进,桃源、芙蓉小区保障性住房开工建设。

强农惠农方面 全年全县农林水事务支出完成13600万元,同比增长38.2%,其中支农惠农各项资金累计支出2918万元;完成农村饮水安全工程1宗,解决农村2万人饮水不安全问题;完成农村户用沼气池1000户;完成文明生态村建设7个。

(县政府办 供稿)

## 政协保亭黎族苗族自治县委员会

**【县政协八届委员会常委委员会】**

第十八次会议 3月2日在保亭举行。会议应出席21人,实际出席11人,符合法定人数。会议讨论通过政协保亭县委员会2010年度工作计划;由政协副主席王青云作主席建议案说明;通过主席建议案。

第十九次会议 5月19日在保亭举行。会议应出席21人,实际出席14人,符合法定人数。会议讨论通过关于保亭县人民医院医疗队伍建设情况民主监督报告;讨论通过关于县新农保试点工作情况的调研报告;讨论通过关于县农村宅基地确权登记发证工作情况的调研报告。

第二十次会议 7月16日在保亭举行。会议应出席21人,实际出席14人,符合法定人数。会议听取了县政府上半年工作情况通报,对县政府上半年工作进行协商并提出建议;讨论通过关于县"农乐乐"建设情况的视察报告;讨论通过关于县乡村公共体育设施建设情况的视察通过报告;讨论通过纪念保亭政协成立三十周年活动方案;由郑金莲主席传达省政协五届十二次常委会精神。

第二十一次常委会议 11月2日在保亭举行。会议应出席21人,实际出席16人,符合法定人数。会议讨论通过纪念保亭成立三十周年活动方案;讨论通过《保亭县政协历届常委名录》;讨论通过纪念保亭成立三十周年活动主席讲话稿;讨论通过关于撤销县场乡医疗卫生资源的调研报告;由郑金莲主席传达省政协五届十三次常委会精神。

**【政协调研和建言献策】** 2010年,县政协围绕县委、县政府的中心工作，组织委员对县医疗队伍情况、新农保试点工作、农村宅基地确权登记发证工作、乡村公共体育建设情况等进行调研。并对县农乐乐建设情况等专题调研进行视察。撰写报告5篇，提出了许多富有建设性的意见和建议，调研视察报告得到了县委书记、县长的批示，并要求有关部门抓紧落实。采取大范围协商讨论和小范围协商会议座谈相结合的形式开展政治协商。八届四次会议期间，委员们围绕县政府工作报告和保亭县2010年国民经济和社会发展计划执行情况等报告进行协商讨论，提出合理开发城镇资源，推进城镇化建设等多条富有前瞻性和建设性的意见和建议。委员们还就县绿色旅游发展、农业产业化促农征收等问题进行大会发言。

**【政协提案与信息工作】** 2010年共收到提案45件，经提案审查委员会审查，立案34件，转为其他方式处理9件，不予立案2件。所立案的除撤案2件外，经由22个承办单位办理并全部办复。其中，提案意见建议被采纳，问题已经解决和在解决的11件，列入计划正在逐步解决落实的17件；因政策、条件所限，暂时不能解决的并由提案承办单位工作说明的4件，在办理情况意见反馈中，表示满意16份，基本满意2份，不太满意2份，不满意2份。县政协坚持“每完成一件工作或开展一次活动都上报一条信息”的制度，全年刊发《政协商报》5期，《政协信息》5期。

**【政协重要活动】**

*深入开展创先争优活动* 按照县委的统一安排，县政协党组和政协机关党支部开展创先争优活动。组织机关全体党员干部学习中央领导和省、县领导在动员会上的重要讲话。目标要求是在推进保亭低碳旅游经济示范县建设中创先争优；在服务群众中创先争优；在建设学习型党组织中创先争优；在构建城乡统筹基层党建工作新格局中创先争优。

*开展学习培训活动* 2010年初，举办一期委员培训班，邀请省政协有关人员进行专题辅导讲座，参加培训的委员100多人，经过学习培训，增强了参政议政的责任意识。以学习活动中政协党组的县委在党员干部中深入开展创先争优活动为契机，号召全体政协委员在实际工作中创先争优，认真履行好自己的职责。

*开展民主监督活动* 2010年初，县房地产市场情况建设进度为县城公务员房、廉租房的建设保质保量完成任务，经报县委同意，组织部份常委、委员组成监督组，先后对县城4个公务员房、廉租房场地建设情况进行民主监督。针对存在的问题，整理归纳出条例意见和建设。形成保亭政协信息并报送县委、县政府领导以及有关部门。其中“应增加县城廉租建设”的建议得到县委、县政府的重视并采纳。年内，对保亭县人民医院医疗队的建设情况进行民主监督，取得实效。

*加强与各民主党派合作* 县政协发挥委员的积极性：深入基层，贴近群众，反映社情民意，为群众排忧解难。2010年，政协常委注重加强与社会各界人士的团结合作，先后召开各民主党派、工商联、无党派人士以及老干部迎新春座谈会、度中秋茶话会，为各民主党派、工商联、无党派人士以及老干部沟通感情、增进友谊，为建言献策搭建平台。在国庆、中秋座谈会上，民主党派、工商联、无党派人士以及老干部代表结合学习胡锦涛总书记在2009年庆祝人民政协成立60周年大会上的讲话精神畅谈感想，并围绕全县中心工作向县委、县政府领导直接建言献策。常委会支持、鼓励民主党派、工商联、无党派人士以及各界人士在政协会议上发表意见并提出提案。在县政协八届四次会议期间收到各民主党派、工商联的提案21件、内容涉及全县旅游产业开发、农民增收、文化、教育、社会保障等方面、这些提案及时如实地反映各个方面的情况和不同群众的利益、愿望诉求，为推动全县事关群众切身利益问题的解决，协助党委、政府做好协调关系、化解矛盾、维护团结和稳定社会工作做出贡献。

*开展为民办实事好事活动* 县政协主要采取领导带头抓、干部蹲点抓落实的方法，投资2万元资助六弓乡敬老院建设、帮助村委会培训妇女

干部。投入资金1万元,帮助保城镇村委会妇女干部进行培训。共出资5600元对联系挂钩点农户进行关于农民增收、新型农民养老保险工作等培训。顺利完成了响水镇番道村6户农户的沼气池改造。共投资6.7万元帮助保城镇春天村委会什巾村进行村道续建。县政协牵头带领五个单位顺利完成了宝亭大道22户征地搬迁任务。受到群众好评。

开展交流联谊会　县政协通过各种形式和渠道开展联谊活动,做好接待工作。2010年,组织政协委员96人次到省内外考察学习,并主动邀请省内外政协到保亭进行联谊交流活动。据不完全统计,全年接待全国各省市政协700多人次,通过互动交流使政协委员在思想认识上得到启发和提高,也让外界更加了解保亭,认识保亭,提高保亭的知名度。县政协还先后主动配合省政协在保亭开展非物质文化遗产和提升海南国际旅游岛内涵课题的调研以及"政协工作琼州行"活动,受到省政协领导好评。

(县政协办 供稿)

# 纪检·监察

## 中共保亭黎族苗族自治县纪委

**【领导干部廉洁自律工作】** 积极开展专项治理，认真落实领导干部廉洁自律各项规定。(一)在全县开展反腐倡廉“制度执行巩固年”活动，巩固和深化反腐倡廉制度执行系列年活动成果。(二)开展对全县“小金库”专项治理工作，把治理范围扩大到社会团体、国有企业等。(三)开展违规违纪收送款物问题的专项治理工作，召开全县副科级以上干部会议进行动员，全年未收到上缴的违规违纪收送的款物。(四)开展农村干部拖欠农信社贷款清收工作，分四个阶段进行实施，全县共清收农村干部不良贷款81笔，本息合计51万元，按时超额完成了清收农村干部不良贷款任务。严格落实厉行节约八项要求，做好县公务用车和公务接待的管理。公款出国(境)支出按近三年平均数的20%压缩，车辆购置及运行费按近三年平均数的15%压缩，公务接待费及办公费、差旅费、会议费等综合办公费按2008年实际支出数的10%压缩，用水、用电、用油按2008年实际支出数的5%压缩。各单位坚决执行“一把手”负总责，厉行节约从班子成员做起，严格做到落实各项经费支出压缩、降低、削减的具体指标。贯彻全国第二次制止因公出国(境)旅游专项工作电视电话会议精神，并会同财政部门对各单位的执行情况进行监督检查，全年全县党政干部申请因公出国(境)的单位9个，人数13人(次)，但实际被省外事办批准成行的只有7人(其中县领导3人)，这7人是随省相关单位组团出国培训，经费经县政府审批后，从财政预算中支出30万元。

**【党风廉政建设责任制】** 年初，县委召开县惩防体系和党风廉政建设领导小组会议，专题研究、分析全县2010年党风廉政和反腐败工作，并专门召开常委会针对2009年落实党风廉政责任制过程存在问题进行分析，提出整改意见，限期整改。县政府贯彻落实国务院、省政府廉政工作会议精神，及时召开全县廉政工作会议进行部署政府系统廉政工作。县委、县政府分别与全县94个责任单位签订《党风廉政建设工作目标责任书》，印发了《保亭县2010年党风廉政建设和反腐败工作实施意见的通知》，明确责任目标抓落实，较好地促进了全县党风廉政和反腐败工作顺利开展。县纪委监察局充分发挥组织协调作用，2月组织召开十一届四次全会对全县党风廉政和反腐败工作进行具体的部署，并加强对全县开展党风廉政建设进行监督检查，按照党风廉政建设责任制工作目标考核标准，上半年和年终组织人员对全县94个责任单位的工作落实情况进行检查，注重抓好检查督促、责任考核、责任追究三个环节，促使各级党委(党组织)政府切实担负起反腐倡廉建设的政治责任，同时跟踪落实相关单位2009年党风廉政建设责任制考核存在问题的整改，形成全县反腐倡廉工作齐抓共管的良好局面。

**【农村基层党风廉政建设】** 开展基层党风廉政建设示范点和“三资”委托代理服务工作，切实加强农村基层党风廉政建设。县纪委在三道镇和什玲镇选择了2个示范点，积极配合县委县政府“联村进企”项目的实施，指导农村基层进行社会主义新农村建设，县纪委全年对这两个示范点投入资金6万多元，三道镇示范点全村48户，已全部与公司签定《农户分房及合作意向》。并在全县范围全面推行农村集体“三资”委托代理服务工作，共核实清查资源302639.22万元、资产

10220.86万元、资金1261.03万元，印发各项规定和知识解答1360多本(册)，村委会全部移交给乡镇农村集体“三资”委托代理服务站进行规范管理。

**【反腐倡廉宣传教育】** (一)注重效果，贯彻学习《廉政准则》。县委将《廉政准则》列入县委、县纪委理论中心组进行集中学习，作为县委县政府班子成员民主生活会开展批评和自我批评的重要内容。转发中央纪委副书记干以胜关于《廉政准则》学习辅导报告材料，将省纪委书记王为璐在全省副厅级以上领导干部会议上作的专题辅导报告刻制成光盘发至全县各单位，并邀请省纪委宣教室主任傅占文进行讲座辅导，辅助大家学习加深理解。组织全县党员领导干部进行《廉政准则》知识考试，30名处级(含处级)以上和705名科级(含科级)以下干部参加了测试，获得80分以上者占90%，取得较好推动效果。县纪委印发通知要求各单位通过积极开展“五个一”活动提高学习效果，并加强监督检查通报，制作《廉政准则》宣传页10多幅进行展示，促进全县的进一步学习贯彻。(二)结合工作实际开展专项活动。结合自身工作实际，在全县开展以“讲党性、重品行、作表率”为主题的反腐倡廉宣传教育月活动。活动中，全县各单位认真学习反腐倡廉相关政策，组织观看了《廉政中国》系列专题片，单位负责人给干部职工上了廉政党课或作了反腐倡廉形势分析，县委书记郑作生还亲自给全体干部上了一堂《加强学习、改进作风，牢固树立良好的领导形象》的廉政党课，增强了党员干部使命感，提高责任意识。结合县委开展的学习型党组织活动，在纪检监察系统开展“多读书、读好书”活动。活动以个人为主，要求每名纪检监察干部都要结合实际，重点选择政治、经济、业务、历史和文学等方面的书籍开展读书学习活动，并充分利用与方正出版社共建的“县纪检监察图书室”资源，鼓励大家广泛开展学习充实自己，并积极撰写读书体会，县纪委18名干部每人撰写1篇。结合县委开展的创先争优活动，组织全县各单位开展学习纪检监察系统云日虹“在平凡的岗位上做出不平凡的成绩”的先进事迹，观看反映王瑛精神的电影《远山的红叶》，通过学习典型，增强广大党员干部党性修养，提高廉洁从政意识，营造风清气正的社会风气。(三)开展廉政文化“六进”示范点创建活动。协调县机关工委等牵头部门进行组织，坚持“成熟一个，评定一个”的原则，经过对申报单位的量化考核，并进行认真评审，最终命名了县检察院等7个单位为县廉政文化“六进”示范点，并从中挑选了5个单位进行视频拍摄后向省纪委申报，促进全县廉政文化的建设。(四)开展“勤政廉政先进典型”推选活动。经过宣传发动、推选上报、审核评定等环节，共评出10名作为县的勤政廉政先进典型，县委常委会经过民主评选出2名上报省纪委，其中县评选出来的思源学校常务副校长李新薇被评为全省的勤政廉政典型。在学习阶段，组织了含县四套班子成员在内的50名干部参加了三亚的勤政廉政巡回报告会，召集了部门人员座谈进行畅谈体会，并印发通知要求全县进行学习勤政廉政先进典型，切身接受廉政教育，营造浓厚的学习氛围。(五)注重宣传实效进行动态报道。围绕工作任务开展宣传教育，并注重平面媒体和网络的宣传，形成上下联动的局面，推进宣教工作进一步提升。组织纪检监察系统信息员撰写信息，做好报送工作，《海南廉政网》采用20多条，扩大宣传的覆盖面。积极开展反腐倡廉网上宣传活动，关注网上舆情动态和反腐倡廉热点问题，积极撰写反腐倡廉网评文章，主动引导网上舆论，全年刊发《模范的最佳效用》等网评文章10多篇，及时有效地进行正面网络宣传。把县纪检监察信息作为宣教的主阵地，开通报送渠道，将委局及其他单位开展反腐倡廉建设情况进行动态报道，全年共编印纪检监察信息6期，《廉政准则》学习专刊2期，有效地促进单位间的交流，也受到县领导的好评。认真总结三道镇和什玲镇开展的农村基层党风廉政建设示范点工作，编印《保亭县创建农村基层党风廉政建设示范点读本》和《保亭县农村党风廉政建设制度汇编》810册，全面总结了全县开展的农村集体“三资”委托代理工作，印发《保亭黎族苗族自治县农村集体“三资”委托代理服务各项规定》和

《保亭黎族苗族自治县农村集体“三资”委托代理服务知识解答》1360多本(册),形成用制度管理的模式。(六)利用现有资源进行警示教育。不定期组织干部进行实地廉政教育,充分发挥保亭革命英烈陈列室廉政教育基地教育职能,组织党员领导干部观看《廉政中国》系列专题片,收看“扬正气、促和谐”廉政公益广告,据统计,接受各类廉政教育5000多人次,各单位还因地制宜开辟专题廉政教育宣传栏,悬挂活动宣传横幅,营造良好氛围,取得很好的宣传教育效果。将县纪委2007年来查办的案件拍摄制作成警示教育片《警钟长鸣,常抓不懈》,整个片子对案件发生的特点、产生的原因进行了深入的剖析,并提出具体的防范措施,利用身边的人和身边的事进行反腐倡廉宣传教育,震慑力强,1000多名党员干部接受了警示教育。开展能力效能建设年活动,强调抓好干部学习和作风建设。县纪委联合县委组织部采取明察暗访的方式对上班纪律进行检查,对少数党政机关干部到宾馆开房打麻将,上班玩电脑游戏等问题实施责任追究,处分了5名相关责任人,并将通报在县电视台进行为期一周的滚动播出,起到了良好宣传教育效果。

**【惩治和预防腐败制度建设】** 认真落实廉洁自律各项规定,抓住重点部门和重点环节,严格执行“三谈两述”和函询、民主集中制等党内监督制度。会同组织部门抓好述职述廉、诫勉谈话、函询和领导干部个人重大事项报告等制度的贯彻落实,加强对领导机关和领导干部特别是各级领导班子主要负责人的监督。县委、县政府始终坚持“民主集中制”原则,在选拔任用和培养干部工作中,严格遵守《党政领导干部选拔任用工作条例》,实行干部任前公示制,同时对新发展的党员也实行公示制,接受广大干部群众监督,收到了良好的效果。县纪委主要领导全年同新任领导干部任前廉政谈话10人次、诫勉谈话4人次,县纪委负责人同下级党政主要负责人及乡镇纪委书记谈话56人,干部任前征求纪委意见有65名,各单位各部门表彰先进征求县纪委意见共105人、其它事项征求意见人数31人。2010年春节前,县纪委监察局召开全县各单位主要负责人廉政座谈会和“树廉洁家风”领导干部家属参加的廉内助座谈会,开展“廉洁家庭”倡议书签名活动。

**【自身建设】** 按照县委的统一部署,结合纪检监察机关工作实际,深入开展学习型党组织和创先争优活动,加强学习各种知识,促进纪检监察机关各项工作的开展,不断地提高纪检监察机关干部整体素质和能力。紧紧围绕学习活动主题,紧密联系工作实际,重点学习科学发展观、国际旅游岛建设、当代政治经济原理、科普文化知识、纪检监察业务知识、法律及相关规定、经济社会发展形势的相关知识,建立学习型的组织理念,组织党员干部参加县委开设的“保亭讲坛”专题讲座,组织“六个一”活动。积极进行创先争优活动,结合纪检监察机关开展的“做党的忠诚卫士,当群众的贴心人”主题实践活动,开展“千百十”创建活动,并组织党员到革命圣地进行“七一”党史教育。注重在活动中实践调研,提高纪检监察干部的业务能力。一方面坚持利用周三理论学习时间和深入贯彻实践科学发展观活动组织党员干部学习理论知识,平时组织党员干部利用报刊、电视、互联网等现代传媒进行学习,并结合自己的工作实际进行理性思考,端正大家学习态度;另一方面重点加强县级纪检监察机关建设,争取县委、县政府支持,协调相关部门共同努力,促使贯彻落实中纪发[2009]9号和10号文件精神,配齐缺编人员,建立准入制度,让纪检监察机关党员干部在学习建设中成长,全年共组织13批19人(次)参加了中央纪委、省纪委及县组织举办的各类培训班,在活动开展中提高,做到思路上有新进展、认识上有新提高、观念上有新转变、实践上有新创造。

## 行政监察

**【案件查处及信访举报工作】** 开展制度廉洁性审查工作,重点审查县人大及其常委会、县政府及县政府各部门制定实施的规范性文件76件,规范了权力相对集中、腐败现象易发多发的重点领域、关键环节和人财物使用等方面文件,促进反腐倡廉制度建设。加强案件安全管理和对办案工作的领导,建设谈话室,进行硬件建设,组织办案人员学习中南地区纪检监察机关办案工作座谈会精神,提高思想认识,牢固树立依纪依法办案意识,确保办案安全。全年共立案5起,办结4起,其中1人被开除党籍并被行政开除,4人给予党内严重警告处分,2人给予党内警告处分。充分发挥纪检监察信访功能,加强信访案件办理,完善信访制度。年内全县各级纪检监察机关受理群众来信、来访和电话举报共135件(次),办结109件(次),占总量的80.70%。

**【纠风专项治理】** (一)开展对户籍管理、教育收费、药品集中采购、旅游投诉方面等涉及群众利益专项治理。在全县开展户口清理工作,将2008年6月30日以来,从外省迁入、出生登记、补登的户口进行逐一清查,截至目前未发现有违规办理现象,规范了县户籍管理工作。深入治理教育乱收费,纠正两所学校违规收取高中信息技术费5.67万元,纠正三所学校擅立项目违规收费1.74万元,违规收费已全部退还学生,进一步规范学校的收费行为。推行药品集中采购,进行药品安全专项整治,全年集中采购药品品种共计465种,金额889万元,其中98.5%为网上招标采购,查处药品安全违法案件10起,涉及物品总值1.6万元。及时处理7起游客投诉案件,治理和规范旅游市场秩序。(二)开展惠农补贴专项检查和进行民主评议试点工作,狠抓工作落实,切实维护各族群众利益。对县2008－2010年上半年,中央、省级安排及县配套退耕还林、能繁母猪、农资综合直补、粮食直补等26个惠农补贴项目补贴资金共计13716.8万元的管理使用情况进行检查,共发现4个问题,责令有关部门进行整改。开展民主评议县政府工作部门和基层站所工作,共发放调查问卷3178份,收回调查问卷2977份,召开座谈会244次,收集建议共419条,整改完善规章制度181条,群众投诉反映问题44件,纠正和处理存在问题4件,涉及金额1.74万元。

**【行政执法监察】** (一)县纪委监察局会同有关部门,加强对救灾资金物资、征地拆迁资金、房地产市场、保障性住房进行监督检查,确保政策措施的落实。监督检查省财政厅和县财政局共拨应急救灾款350万元发放情况,其中第一批193.2万元应急救灾款用于采购棉被1000床、毛毯1000床、衣服1500套、毛毡纸700捆、大米20万斤,救灾物资已全部发放到位,剩下的156.8万元将用于第二批救灾物资的采购和危房的重建工作。通过监督检查,未发现截留、私分救灾物资款项的情况,对物资发放登记管理不规范、部分救灾物资未实行公示制度、救灾物资发放不合理等问题进行整改。联合相关部门对县城西环路、南环路二期扩征及县七个重点项目等的征地补偿款的发放情况进行检查,检查征地拆迁资金16819.6万元,走访农户600多户,抽查率达30%,未发现挪用征地拆迁资金的行为。共检查房地产项目6宗,监督分配经济适用房706套,发放租房补贴371户,受理信访件22件并全部办结。(二)深入治理工程建设领域的突出问题,加强对重点部位和关键环节的排查,严肃查处工程建设领域违纪违规问题。县治工办充分发挥牵头协调作用,组织县发改局、县建设局、县审计局、县安监局等部门对自查自纠阶段已排查的62个项目进行抽查。共抽查了20个500万元以上项目,发现存在的问题45个,下发责令整改通知书4份。县治工办共受理举报件2件,其中1件未经审批私自扩大建设面积的建设项目的举报件已督促县国土部门办结,另1件未经审批私自加高建筑楼层的房地产建设项目已进行调查处理,要求项目业主限期整改,并对业主处于1.28万元的行政处罚。(三)开展能力效能建设年活动。结合县委开展学习型党组织创建活动,强调抓好学习和作风建设,对少数党政机关干部到宾馆开房打麻将,上班玩电脑游戏等问题实施责任追究,处分了5名相关责任人,通报了责任单位。各单位结合自身实际,认真查摆工作中存在的思想问题、作风问题、效能问题,并制定整改措施,及时纠正不足,使这次活动达到了较好的效果。“政风行风热线”直播节目正式开播后,完成“热线”直播节目35期,30多位各级领导干部走进直播间,解决群众咨询问题10件,搭建了一个了解民情、化解民怨的重要平台,改进了机关作风,优化了投资发展环境。

(许环峰 供稿)

# 组织·人事

## 组织工作

**【简况】** 保亭黎族苗族自治县共有党的基层组织304个,党员7156名,其中农村(社区)党支部62个,党员4814名。

**【党组织创先争优活动】** 以“创低碳示范县,建四佳一珠城”为主题,围绕实现党组织“五个好”的目标要求,精心制订方案、丰富创先争优活动内容。通过开展“千百十”活动,安排千名以上县直机关党员干部与1000家农村困难户结成帮扶对子,帮助群众解决生产生活中的实际困难,全县有33个单位党组织公开承诺的447件实事和381名党员公开承诺的410件好事得到落实。派出216名机关干部进驻农村,帮助9个乡镇60个村委会和464个村小组分别制定三年农民增收工作方案和流程。发动10家以上非公有制企业党组织与农村基层党组织村企共建,互利双赢,探索以旅游业带动生态农村、旅游农村、文化农民的“新三农”建设思路,促成了14对村企共建。

**【村级组织换届选举】** 围绕县委、县政府提出的“选好配强班子、推进基层民主和营造风清气正”的目标,科学谋划、精心组织,创新工作方法,研究制定《保亭县2010年村级组织换届选举工作方案》,成立换届选举工作机构,加强对村级组织换届选举工作的监督指导。印发《保亭县关于进一步严肃村级组织换届选举纪律的通知》,明确“七必须、七严禁”的纪律要求。严格按照《选举办法》有关规定,进一步规范操作,严格程序,保证了村民参与权,确保换届选举工作公开、公平、公正地进行。率先全省完成村级组织换届工作任务。全县9个乡镇62个村顺利选举产生新一届两委班子成员329人。其中村党支部成员317名,村委会成员308名;村书记、主任62名,“一肩挑”率100%;两委成员交叉任职296名,交叉任职率96%。

**【实施“强核心工程”】** 落实《保亭县农村两委干部管理规定(试行)》要求,按村干部岗位1:1的比例优选村级后备干部,建档培养,为村支书选拔培养储备人才,安排4名大学生“村官”到村委会任职。选送69名优秀的村两委干部、后备干部及优秀青年参加海南电视大专学历培训。组织县民政局等12个职能部门对797名村两委干部、民村组长进行岗前培训。提高村两委干部补贴,全年共发放村两委干部补贴199万元,发放离任村干部补贴61万元。出台了《加强农村基层党建工作十条意见》和成立农村基层组织巡回检查组,制定了目标管理、月工作例会、乡镇党委书记述职制度、党建调研制度、督促和责任追究制度等农村基层党建工作若干制度。监督农村两委干部管理规定(试行)和补贴发放、绩效考核、轮流值班、目标管理、月工作例会等农村基层党建工作制度。

**【统筹城乡基层党建】** 继续深化开展村民事物代理服务、“四联五帮”、联村进企、促农民增收工作,抽调204名机关干部组成60个队,216名机关干部进驻农村,通过帮扶、联动的方式,为社会主义新农村办好事实事,努力构建城乡统筹基层党建工作新格局。选派4名副科级以上干部到三道镇四个村任第一书记,提高村两委干部的执政水平。安排4名选聘生到村一级任职。继续选拔优秀村干部到机关、事业等单位任职。探索建立城乡流动党员管理协调机构,形成统一城乡联动,统一有序的流动党员教育管理服务体系。落实“三有一化”机制,对全县62个村级组织活动场所所需设备和文化室受损情况进行调查统计,对统计结果进行细化和量化,从村级活动场所建设专项资金中划拨70万元,购置51个DVD、258套办公桌、830个活动椅子等及修缮受损设备等。完善农村党员干部现代远程教育站点建设,建成了74个站点,完成远程教育信号接入的站点达74个(其中,电信宽带站点57个,卫星站点17个),完成率达100%。

**【规范党员日常管理事务】** 按照“坚持标准、保证质量、改善结构、慎重发展”的方针,着重从思想进步的经商者、生产一线的积极分子中发展党员,不断为党组织输入新鲜血液。全年发展农村党员204名,比2009年增加41名。严格执行财务制度,绝大部分基层组织的党费有专人管理,大多数党员都按规定比例缴纳党费,收缴党费工作按时,没有出现随便使用、占用、挪用和贪污党费现象。制定出台《保亭县农村推行“四议两公开”工作法实施方案》,探索推进基层党务公开听证会、党员议事等做法,进一步规范村级组织事务民主管理。

**【干部调整和提拔】** 2010年,县委共调整干部4批,调整科级干部83人次,其中提拔36人,平级调整40人次,转任实职3人,转任非领导职务2人,行政免职2人,并按规定对46人进行了任前公示。在提拔的干部中,正科级11人,副科级25人;35岁以下的19人,35—45岁12人,45—50岁3人,50岁以上2人;女干部3人,占提拔干部总数的7.7%;少数民族干部16人,占提拔干部总数的41%,非中共党员干部3人,占提拔干部总数的7.7%。总的来看,全县干部队伍的素质有提高,结构有改善,初步形成了一个以群众公认为基础,以德才表现为尺度,以工作实绩定升迁,以干事创业为导向的干部选任机制。

进一步更新用人观念,真正把那些想干事、会干事、能干成事的优秀人才放到合适的领导岗位上。重用实干者,鼓励创新者,支持改革者,宽容失误者,惩戒滋事者。制定了《保亭县领导干部交流工作实施办法》和《关于加强保亭县县管后备干部培养锻炼工作的实施意见》。分别采取挂职锻炼、跟班学习等方式,先后选派3名优秀年轻干部到县信访部门进行挂职锻炼,从县直单位中选派2名年轻的中层干部,到省里挂职锻炼。选派2名年轻干部到村、企任第一书记。从乡镇中选派了6名干部到县直机关单位学习锻炼。

**【干部选任的规范化和民主化】** 严格遵守《干部选拔任用条例》及有关规定,严把程序关,从思想上、政治上、组织上确保干部选拔任用工作的正确方向。在干部选任中坚决做到“五个严格”,即严格履行民主推荐程序;严格履行组织考察程序;严格履行酝酿协商程序;严格履行集体讨论决定程序;严格履行征求意见程序。以“两轮权重,两次交集”选拔科级领导干部。2010年先后两次采用“两轮权重,两次交集”方式对21名科级领导干部进行提名试点,增强了民主推荐的科学性,有效解决了“少数人在少数人中选人和不简单以票取人的问题”;在民主推荐提名中进行两次交集,有利于引导干部转变工作作风,增强服务意识,在工作中既要对组织负责,也要对领导负责,更要对群众负责,有效解决了少数干部“只唯上,不唯下”的问题,取得了良好的社会效果。制定出台了《县委常委会票决办法》、《县委全委会票决办法》和《县委组织部部务会票决办法》。全年县委常委会无记名票决4次,任(免)干部79人,其中差额票决3次20人。

**【干部人事制度改革】** (一)竞争性公开选拔领导干部,提高选人用人公信度。为了确保选人用人的公信度,竞争性选拔以全程阳光、全程差额选拔方式进行,从宣传发动、推荐报名、资格审查、笔试、面试、组织考察、讨论决定到公布结果,均邀请了县纪检监察部门的同志全程参与,并采取干部选拔任用工作全程记实办法的有关要求,把监督贯彻于干部选拔工作的各个环节,保证阳光操作。共组织实施竞争性选拔党政领导干部2次14人,符合省委组织关于竞争性选拔干部要占提拔干部总数的四分之一的要求。(二)试行“任期+竞岗”制,激发干部队伍活力。2010年7月,对县人民法院5个内设科级领导岗位尝试了“竞岗+任期”试点工作。即对法院中层以上任职时间满五年以上的领导干部尝试“全体起立”,所有职位“推倒重来”。这个方式一方面探索治懒治庸、选贤任能、能上能下的干部任用机制,以此来强化科级领导干部的危机意识和责任意识,预防和杜绝熬年头、等位子的现象;另一方面实现了干部合理交流,对2名未竞上的干部给予非领导职务待遇。通过把综合考察和“一述一评”引入竞争性选拔工作中,坚持把干部日常表现和工作实绩作为重要依据,更加科学评判干部,有效防止了简单以考试成绩取人,高分低能、票高低能选拔干部的情况出现,努力使干得好、考得好、能力强的选得上,作风实的出得来。

**【干部监督工作】** 2010年,县委认真把好干部的管理、监督、教育三个环节,以“四个结合”落实“三个从严”的要求,建立健全考察在平时、监督在平时、教育在平时的干部监督管理机制,不断加大治懒治庸力度,实现干部日常监督管理和平时考核工作的常态化、规范化,有效解决干部工作中重“选拔”轻“管理”的问题,进一步激发干部队伍的生机和活力。建立干部日常信息报送制度,出台《党政领导干部日常管理信息报送办法(试行)》,采取月工作情况记实、月工作实绩报告、季工作情况公示等方式,将干部日常信息管理与工作业绩动态考核有机结合起来,建立健全上级监督、自我监督、群众监督和组织监督的立体监督管理网络。

制定绩效考核办法　为推进科学发展,改进工作作风,提高管理绩效,激发干部队伍活力,出台了以促进农民增收为重点的《乡镇干部绩效考核办法(试行)》和以落实县委县政府重点工作任务为目的的《机关干部绩效考核办法(试行)》,规范考核程序,量化考核指标,通过“两述三评”的方式,实行“三挂钩”奖励制。

建立干部监督联席会议制度　出台《保亭县干部监督联席会议制度实施意见》和《保亭县干部监督信息沟通办法》,纪检、组织、检察、审计、政法、公安、计生等部门为干部监督联席会议单位,每年定期召开联席会议,认真分析领导干部和干部选拔任用工作中出现的苗头性、倾向性、普遍性的问题,研究加强防范的措施,加强干部监督信息沟通。加强与各成员单位的日常工作联系,防止干部“带病提拔”、“带病上岗”。

制定经济责任审计结果运用办法　为了进一步促进和规范经济责任审计结果运用,充分发挥审计成果的作用,出台了《经济责任审计结果运用办法(试行)》,将领导干部任期经济管理、经济决策、执行政策法规和廉政纪律等责任事项的审计情况和所在单位经审计违反国家规定的财政财务收支问题作为审计结果的主要内容,明确领导干部对违纪问题应当承担的直接责任、主要责任、领导责任。在干部监督管理、选拔任用、表彰奖励、目标考核等工作中将审计结果作为主要依据。对违纪资金严重或屡查屡犯的单位,从严控制预算安排,并对主要领导进行诫免谈话或进行警示教育或廉政谈话。

加强自我监督和群众监督　出台了《保亭黎族苗族自治县党员领导干部报告个人有关事项实施办法(试行)》,将报告人范围扩大到副科以上党员领导干部,要求报告个人婚姻变化情况、持有因私出国(境)证件、配偶子女被司法机关追究刑事责任等情况。同时,将本人家庭成员情况列入报告内容,加强对党员领导干部的动态信息管理,增强党员领导干部自觉接受监督意识。通过建立信访举报回访制度,对实名举报的,向举报人反馈核实情况,对匿名举报的,将调查核实的案件在一定范围内通报,以正视听。全年共接到信访举报23件,办结22件,办结率95.7%,查处4人,暂缓提拔1人。

营造风清气正用人环境和规范选人用人程序　开展干部选拔任用工作政策法规宣传。认真开展干部选拔任用工作政策法规学习宣传,利用“保亭讲坛”,组织副科级以上干部,对四项监督制度等干部政策法规进行专题讲解。在保亭政府信息网上开辟“干部选拔任用工作四项监督制度学习专栏”,营造良好的学习氛围。将《党政领导干部选拔任用工作条例》和干部选拔任用工作"四项监督制度"编印350册,使副科级以上领导干部人手一册。开展干部选拔任用工作政策法规基本知识问答和自我测试,增强对四项监督制度的理解和认识。

建立干部选拔任用监督机制　为进一步建立完善科学规范的干部选拔任用工作机制,切实提高选人用人公信度,经过认真研究和分析,在总结成功经验和做法的基础上,研究制定了《全委员任用干部投票表决办法》(试行)》、《常委会任用干部投票表决办法(试行)》、《干部选拔任用调整动议暂行规定》、《干部选拔任用工作全程记实办法(试行)》、《科级领导干部破格提拔暂行办法》、《干部选拔任用工作"不简单以票取人"操作办法(试行)》等,逐步扩大干部选拔任用信息公开,不断增加干部工作透明度,让选人用人权在阳光下运行。

【人才工作】　2010年,认真贯彻落实中央、省委人才工作会议精神,牢固确立人才资源是"第一资源"意识,坚持把人才工作作为经济社会发展的重要抓手,大力实施人才强县战略,积极完善人才工作机制,不断整合人才工作资源,突出抓好人才引进、培养、使用、管理和服务等环节的工作,全县人才总量、人才布局和人才结构等都发生较大的变化,有力地促进了全县经济社会的又好又快发展。采取多种方式积极吸纳人才。引进电视节目主持人1人,电子编辑2人和新闻记者4人,充实县广播电视人才队伍,有力地促进了县广播电视事业快速健康发展。引进教育卫生专业技术人才8人,接收大学生志愿者21人。进一步拓宽选人用人途径,积极推行竞争上岗、职位竞聘、交流轮岗,扩大竞争上岗任用领导干部的比重。编制出台了《保亭黎族苗族自治县关于提高人才待遇暂行规定》,提高各类人才待遇。实行县领导联系高层次人才制度,对高层人才、紧缺人才等进行"一对一"跟踪服务,经常深入到用人单位了解他们的生活和工作情况,积极帮助他们解决实际困难。落实"一把手"抓"第一资源"的目标责任制,把人才工作纳入各级党政领导班子和各单位工作目标责任,定期进行考核。县委、县政府每年对人才工作进行总结和通报有关情况,为人才工作营造良好的社会氛围。将民营企业中的人才工作纳入政府服务范畴,充分发挥政府的宏观调控职能,为民营企业提供全方位的人才服务。组织相关人员定期深入到各民营企业,及时了解企业人才工作情况。

【干部培训工作】　2010年,县干部教育培训工作以学习贯彻中国特色社会主义理论体系和党章为重点,紧密结合县经济社会发展大局和广大党员的思想实际,按照"统一规划、整合资源、分类实施、整体推进"的总体要求,不断丰富教育培训内容,改进教育培训方式方法,增强教育培训针对性和实效性。全年共举办各类培训班34期,培训干部7485人次。其中,实施"学历教育"工程,选送具有初高中学历、45周岁以下的村"两委"成员、后备干部和农村优秀青年等70人参加村干部学历培训;实施"能力素质"工程,举办保亭干部职工能力素质提升知识讲座9期,培训干部职工4500人次,举办中国人民大学—保亭县党政干部能力素质提升培训班1期,培训干部35人;举办海南大学——保亭县党政干部能力素质提升培训班1期,培训优秀年轻干部50人;实施"党员教育"工程,举办入党积极分子培训班1期,培训入党积极分子110人,组织80名村两委干部重走省委领导"两广、浙江"考察之路,举办新任村两委干部巡回培训班9期次,培训村两委干部794人;实施"团队建设"工程,组织县委理论中心组赴新疆考察学习班1期,培训各级干部54人。另外,组织选派县级领导30人次,科级干部45人次,参加省委组织部的调训,圆满完成了上级调训任务。

(县委组织部 供稿)

## 老干部工作

【政治理论学习】　坚持组织老干部集中学习,全年共组织老干部政治理论学习和研讨4次,参加人数达100余人次。4月7日上午组织离退休干部40人与保亭中学800名师生一道，在县委礼堂聆听省关工委常务副主任何如伟《二十三年红旗不倒的革命精神永放光芒》的讲座；4月15—16日组织离退休干部一行20人到临高角爱国主义教育基地参观学习；9月7日，组织18名老干部对《保亭县2010年县级领导班子成员及处级干部征求意见》进行学习，并广泛征求意见；11月29日，组织6个离退党支部书记、支委15人参加为期半天的学习培训，深入学习中共中央《关于在离休干部党组织和党员中深入开展创先争优活动的指导意见》；12月13—15日选送县教育局退休支部副书记陈家月到海南党校参加培训。还为老干部订阅了《人民日报》、《光明日报》、《海南日报》、《参考消息》等多种党报党刊、生活杂志供老干部平时学习。通过政治理论的学习和讨论，广大老干部进一步做到政治坚定、思想常新、理想永存、永葆先进。

**【发挥老干部作用】** 县委、县政府多次召开的学习会、工作会、情况通报会、研讨会、动员会、表彰会等，都邀请老干部参加，让他们全面了解保亭的新发展，并充分听取、征求他们对保亭城乡建设的意见和建议。4月17日，组织8位离休干部和5位“候鸟型”专家学者接受保亭电视台专题采访，发挥老干部辅政作用。年内召开的县委全委扩大会、人代会、政协会、县政府工作会议等都给离退休老干部安排一定的名额，发挥老干部议政作用，使老干部们进一步了解国家大事、地方要事，统一了老干部思想认识。2月20日上午，吴俊秀、于静、贲丽文、关曼声等四位“候鸟型”医务老专家为全县50位离退休干部做全面的体格检查，开展义诊活动，发挥老干部专业特长作用。

**【慰问活动】** (一)节假日期间走访慰问老干部已成为一项工作制度。在重大节假日，县委、县政府领导及老干局领导都对离休和县级退休干部进行走访慰问，把党的关怀和温暖送到离退休干部的心坎上。2月2日，县委书记郑作生，县人大主任黄本二，县委常务、组织部长邝旭彪等主要领导，在老干部局局长卓贤山的陪同下，亲自到人民医院对黄兴义等6位住院的离休干部进行慰问；县委副书记县长彭家典、政协主席郑金莲、县委副书记黎宏标、副县长王文平等领导在干部局副局长谢娟的陪同下，对居住本县城7位处级退休干部进行慰问。2月8日上午，由县委常委、组织部长邝旭彪主持的“2010年老干部迎春座谈会”在迎宾馆隆重召开。县委书记郑作生、县长彭家典、县人大主任黄本二、县政协主席郑金莲等四套领导班子成员出席座谈会。县离退休干部41名，外省居住保亭的“候鸟型”老专家、老学者、老干部25名，共66名老干部参加这次座谈会。县委副书记、县长彭家典通报2009年保亭县经济社会发展情况。县委书记郑作生致新春贺词。在座谈会上，老干部们踊跃发言，为保亭今后的发展提出了许多好的意见和建议。1月18日—2月5日，老干局成立慰问工作组对66名离休干部和15名县处级退休干部进行走访慰问，把党的温暖送到每个离休干部的心上。9月24日，10月3—5日，分别到文昌、东方等市县慰问抗日战争时期参加革命工作的离休干部11人。10月16日，到万宁大茂镇慰问受灾的离休干部郭国清。发放慰问金及慰问品金额近9万元。(二)坚持“住院必探、养病多看”。9月12日，上门慰问养病在家的云维春，到县人民医院慰问黎琼柏等5位老干部。此外，对因病住院的多名离休干部都做到住院必探，及时送去党和政府的温暖和关怀。(三)坚持去世送葬。制定了临终送行制度，对老干部做到“终时必送”。年内病故10名离休干部，老干局主要领导都亲自带队及时上家慰问家属，并协助家属处理好老干部去世后的丧葬费、抚恤金等善后事宜，善始善终做好老干部工作。

**【党支部建设】** (一)开展调研活动。始终把离退休干部党支部建设作为新时期加强基层组织建设、推进党的建设新的伟大工程的基础工作来抓。组织人员深入全县8个离退休党支部开展了调研活动，认真总结县离退休干部党支部建设中的经验和不足，并探讨今后离退休党支部建设的措施。(二)加强离退休党支部书记、委员的管理与培训。11月29日,组织6个离退支部书记、副书记和支委15人进行为期半天的培训,深入学习中共中央《关于在离休干部党组织和党员中深入开展创先争优活动的指导意见》;12月13—15日,选送教育局退休支部副书记陈家月到省委党校参加培训学习。积极配合县机关工委每年最少组织支部书记、委员集中学习1次,使他们适时了解新时期离退休党支部建设的工作要求、方法,充分调动离退休党务工作者的积极性。

**【落实老干部待遇】** (一)保证各项政策全面落实。执行民政部、人事部、财政部《关于国家机关工作人员及离退人员死亡一次性抚恤发放办法的通知》(民发[2007]64号)精神,做到10名离休干部的一次性抚恤费按规定的20个月基本离休费标准及时发放到位;执行海南省组织部、省财政厅、省人劳厅《关于调整因病瘫痪等原因生活长期完全不能自理的离休干部护理费标准的通知》(琼组通[2008]28号)精神,为4名瘫痪离休干部申请高级护理费,使他们每月的护理费调整到1000元/月的标准,并按月起发放到位。(二)完善"三个机制",确保"两费"及时解决。县离休干部"两费已得到落实","三个保障机制"已经建立健全并不断完善,目前正发挥着积极作用,离休干部的"两费"没有发生拖欠。根据省委老干部局琼老通[2008]13号文《关于对离休干部离休费、医药费落实情况进行自查的通知》精神,县主要领导高度重视,组织老干局、财政、人劳、社保等部门召开会议部署,按省的要求开展自查,全面摸清"两费"落实情况及"三个保障机制"运转情况。与此同时,及时协调人劳、财政、社保等部门,按省规定,调整离休干部的公务员生活补贴。对照省人劳厅、财政厅琼人劳保[2006]348号文《关于机关事业单位工资收入分配制度改革若干问题的补充通知》精神,按照要求落实离休干部的相应补贴。

**【解决老干部生活困难】** (一)看望慰问困难老干部。局领导深入调研,了解到居住乡镇的离休老干部陈光明、李国芳等生活困难,多次到其家中慰问看望,送去慰问品和慰问金;10月16日,了解到万宁大茂镇的离休干部郭国清因受水灾,居住在危房中,局领导亲自到家慰问灾情,给予特殊慰问金3000元用于生产自救,鼓励其重建美好家园。(二)对老干部生活中的困难,积极协调解决,特事特办。6月18日上午,离休干部黄关形的妻子张秀英来局反映,其丈夫这两天病重,没人送去医院。局长卓贤山知道后,当天下午立即组织人员到黄关形家协调解决并送去慰问金。居住在新政镇的离休干部陈文成生活较困难,又因病入院治疗和行动不便,生活不能自理,需要专人照顾,局经常到现场慰问,并送去慰问金和慰问品。

**【逐步提高老干部生活待遇】** 提高慰问标准。在春节慰问活动中,离休干部和老干部遗属的慰问金标准,从500元提高到1000元。把老干部体检费纳入地财预算,保证经费的落实。组织老干部到县人民医院开展健康体检。开通检查绿色通道,方便老干部检查,并相对增加检查项目,提高体检质量。4月13日上午,局组织县红十字会聘请三亚红十字会专家,给50多位老干部讲健康安全知识讲座,让老干部了解和掌握突发安全事件的急救知识和方法。9月份,组织需要体检并能够体检的离休干部和县级退休干部进行全面检查,共有46人参加体检,体检费2.07万元。

**【丰富老干部精神文化生活】** 坚持"抓活动、保健康、促和谐"的指导思想,不断改善物质条件,优化管理服务,开展形式多样的活动,崇尚科学、保障健康、陶冶情操,提升老干部的晚年精神文化生活水平。以老干部活动中心为依托,采取灵活多样的形式,开展适合老年人特点、丰富多彩、健康向上的文体活动。6月6—9日,县成功举办2010年"海南省'七仙杯'老年人地掷球比赛",参赛司队员、教练员达317人;10月13—15日,又成功举办"保亭县'九九重阳杯'老年人门球邀请赛",邀请三亚市等5个县市参加,参赛人数80人;11月20—30日,举办门球培训班,参训人数

30人。每天在活动中心练拳(剑)、跳操(舞)、玩球(牌)日均人次180人。

**【信访稳定工作】** 县老干局十分重视信访稳定工作,明确专人负责管理,采取排查问题、化解矛盾、认真接访等形式,促进了信访稳定工作的开展。2010年,离休干部王文华因病转院到海南省农垦医院,住院治疗费昂贵,垫付十分困难,局及时与县社保局协商,分期(半个月、1个月)及时给予报销医疗费用;对异地居住的离休干部黎玉兰、陈英等反映医疗门诊费不能及时报销,局派员了解,并与县社保局协商,在最短的时间内给予解决。全年共接受来信、来电16件,来访20人次,件件有落实、事事有回音,来信来访数量明显减少,无一重复上访。

**【扶贫帮困工作】** 按照县委、县政府的统一安排,老干局帮扶联系点在三道镇田滚村委会。为了做好扶贫挂钩点农民们的增产增收工作,局派出党支部书记、主任科员吴亭到什反定村长期蹲点。帮助村委会做好村级换届选举工作。投入1000元支持加强村委会班子建设,为扶贫挂钩点增收保收、生态文明建设项目夯实基础。慰问4名生活困难的党员,送上慰问金800元,鼓励他们勤生产、快致富。扶持4户村民建造沼气池,扶持金4000元,促进农村生态环境建设。

(县老干局 供稿)

## 机构编制工作

**【规范机构设置】** (一)抓好县测绘机构的设立。根据海南省机构编制委员会办公室、海南省国土环境资源厅、海南测绘局《关于进一步加强市县测绘工作的通知》(琼测人[2010]15号)精神,制定了县测绘局"三定"规定,在县国土环境资源局加挂"测绘局"牌子,内设测绘岗,负责测绘工作。(二)单独设置食品药品监督管理局。2009年市县政府机构改革时,因受政府机构个数所限,县食品药品监督管理局未能单独设置。现根据海南省机构编制委员会《关于市县食品药品监管机构设置有关问题的通知》(琼编[2010]5号)精神,单独设置食品药品监督管理局,并做好"三定"工作。(三)规范文化市场行政执法机构名称。根据中共海南省宣传部、海南省机构编制委员会、海南省文化广电出版体育厅《关于贯彻中宣部等五个部门〈关于加强推进文化市场综合执法改革工作的意见〉的实施意见》(琼宣联[2010]2号)精神,将原县文化市场稽查大队更名为县文化市场行政执法大队,并明确单位职责范围。(四)抓好清理地方专门公安机构工作。根据《海南省机构编制委员会办公室海南省公安厅转发中央编办公安部关于清理地方专门公安机构的通知》(琼[2010]31号)精神,对无论是在公安机关内部设立的,还是公安机关与其他部门合署或派驻在其他部门的,进行认真自查清理工作。经自查清理,全县没有设置地方专门公安机构。(五)成立县农业综合执法大队。为促进县农业和农村经济健康发展,结合农业发展的实际情况,依法开展农业综合执法工作,2010年5月5日,经县编委会会议研究并报县委常委会批准,设立县农业综合执法大队,为副科级事业单位,隶属县农业局,受农业局委托行使执法权,人员编制从农业局下属各中心带编调剂7名。(六)成立县城镇排水管理所。为了加强县城镇排水工作的管理,2010年5月5日经县编委会会议研究并报县委常委会批准,成立县城镇排水管理所,与"保亭黎族苗族自治县保城河防洪堤及拦水闸枢纽工程管理所"合署办公,一套人员,两块牌子,为股级事业单位。(七)县土地交易所更名为"县土地测绘交易中心"。根据海南省人民政府《关于印发海南省国土环境资源管理体制改革实施意见的通知》(琼府[2005]6号)精神,经县政府常务会议讨论并报县委常委会批准,在原县土地交易所增加测绘工作职能,将原县土地交易所更名为"保亭黎族苗族自治县土地测绘交易中心",为自筹事业单位。(八)县妇幼保健所更名为"县妇幼保健院"。根据海南省机构编制委员会《关于印发海南省市县医疗卫生单位机构编制标准的通知》(琼编[2010]69号)精神,经2010年8月31日县编委会会议研究并报县委常委会批准，将“保亭黎族苗族自治县妇幼保健所”更名为“保亭黎族苗族自治县妇幼保健院”。(九)将海南保亭思源实验学校升格为副科级事业单位。根据2009年12月1日印发的省人民政府专题会议纪要《研究思源实验学校运行有关问题》([2009]212号)要求，经2010年8月31日县编委会会议研究并报县委常委会批准，同意将海南保亭思源实验学校升格为副科级事业单位。(十)成立“党建工作巡回检查办公室”、“党员电化教育中心”、“干部信息管理办公室”三个机构。根据《中共海南省委关于实施新时期农村党的建设“强核心工程”的意见》(琼发[2009]17号)和中共海南省委组织部、海南省机构编制委员会办公室《关于进一步加强和规范市县党委党建工作机构及组织部机构设置的意见》(琼组通[2010]180号)精神，县分别成立了“党建工作巡回检查办公室”、“党员电化教育中心”、“干部信息管理办公室”三个机构，其中党建工作巡回检查办公室为正科级行政机构，党员电化教育中心及干部信息管理办公室为副科级事业单位。

**【社保费征管及地税农税体制调整】** 2010年7月9日全省社保费征管及地税农税体制调整改革动员大会后，为按时、按质、按量做好县三项体制调整改革工作，建立统一、高效的社保费征管和地税农税体制，更好地服务县经济社会发展，根据会议要求，及时制定了县社保费征管及地税农税机构编制调整改革方案，对社保费征管系统、地税农税系统体制、机构、职责进行调整。(一)制定县社会保险费征管系统机构编制调整方案。县社会保险费征管系统实行省地方税务部门垂直管理，经费实行省级财政预算管理。县社会保险费征管局为隶属县地税局的参照公务员法管理的正科级事业单位。将县人力资源社会保障系统承担的社会保险费征缴任务、征缴信息系统建设、相关信息披露职能相应划转县社会保险费征管局，制定了县社会保险费征管局主要职责。县社会保险费征管局财政预算管理事业编制16名，领导职数按1正2副配备。(二)制定县地税农税机构编制调整改革方案。县地方税务局人、财、物和业务工作由省地税局统一管理，经费实行省级财政预算管理。撤销县农税机构，设立县地税局直属分局，为隶属县地税局参照公务员法管理的正科级事业单位。将县承担的耕地占用税与契税征管职能相应从财政部门划转给地方税务部门；将原农税部门承担的新农村合作医疗基金征收职能划转给财政部门。制定了县地税局直属分局的主要职责。县地税局直属分局财政预算管理事业编制8名，领导职数按1正2副配备。(三)重新制定乡镇财政所机构编制方案。规范各乡镇财政所名称，明确了隶属关系和职责范围，相应设置内设岗位，将原乡镇农税所38名财政预算管理事业编制划转相应乡镇财政。乡镇财政所人员编制56名。同时配合有关部门对县社会保险费征稽局、农税局(含机关、所)和乡镇财政所现有人员的清理。经清理后，对现有的人员在编制内进行划转。划转仍超编的，通过增加过渡编制妥善安置。(四)测算县医疗卫生单位编制。根据海南省机构编制委员会办公室、海南省卫生厅《关于做好各市县医疗卫生单位编制核定工作的通知》(琼编办[2010]108号)精神，县编委办和县卫生局组织人员深入对县医疗卫生单位原核定编制数、现有在职人数、服务人口、床位数等情况进行汇总和认真核实。同时，按照琼编办[2010]69号、70号文规定的编制测算标准，对全县医疗卫生单位的编制数进行测算核编，确保编制核定工作的顺利完成。经核定，3个县直医疗卫生单位，测算编制数共349名，比原编制数增加185名；12所(含撤并乡镇三所)乡镇卫生院测算编制数共211名(含机动编制12名)，比原编制数增加113名(含机动编制12名)。

**【事业单位登记管理】** (一)抓好《事业单位法人证书》的年审。根据《事业单位登记管理暂行条例》和《海南省事业单位登记管理暂行条例实施细则》的有关规定，为加强对事业单位监督管理，从1月1日起至3月31日止，县编委办对已办理登记的事业单位报送上年度执行条例和细则情况进行一一审查，检查事业单位是否遵守有关法律、法规和政策；是否按照核准登记的宗旨和业务范围开展业务活动；是否继续具备承担与宗旨和业务范围相适应的民事责任能力；是否继续具备相关登记事项所要求的资质；是否自核准登记后无正当理由超过一年未开展业务活动或者自行停止业务活动一年以上；是否在出现依法应当申请变更登记的情况后按时申请变更登记；有无涂改、出租、出借《事业单位法人证书》或出租、出借单位印章的行为等。全年应年审的事业单位68个，已年审的事业单位68个，完成任务100%。(二)抓好事业单位法人的变更登记。根据中央编办《关于批转〈事业单位登记管理暂行条例实施细则〉的通知》要求，事业单位的登记事项需要变更的，应当向登记管理机关申请变更登记。从1月起，县编委办对县已办理《事业单位法人证书》的事业单位进行认真摸底。通过调查摸底，县有些事业单位出现依法应当申请变更登记的情况。为抓好这项工作，县编委办发出《通知》，要求各有关单位要提交事业单位法定代表人登记申请表、现任法定代表人免职文件、拟任法定代表人任职文件和居民身份证复印件及其他身份证明文件，并及时派人来县编委办办理变更登记手续。2010年全县应变更登记的事业单位16个，已办理变更登记的事业单位16个，完成任务100%。

**【完善规章制度】** 为规范内部管理、完善议事规则、优化工作流程、增加责任意识、提高工作效率，根据单位的实际，县编委办继续建立和完善《工作规则》、《会议制度》、《廉政制度》、《纪律作风》、《机要保密管理制度》、《财务管理暂行规定》等，严格以制度管人、按制度办事，人人遵守，使单位内部管理规范化，保证了单位的有效运行。

（王森仕 供稿）

## 人事工作

**【简况】** 保亭县人力资源和社会保障局是隶属于县政府的正科级机构，主要负责机构和人事制度改革、公务员管理及军转干部安置、专业技术人员管理、劳动保障监察、机关事业单位人员工资福利、就业促进、社会保障及社会事务管理等项工作。内设劳动保障监察大队和农村社会养老保险局。直属单位有县社会保险事业局和县就业局。2010年，全面完成了各项工作任务，取得了较好成效。

**【机构和人事制度改革】** 稳妥开展社保费征管及地税农税体制调整改革人员划转工作，根据《海南省社保费征管及地税农税体制改革总体方案》和《海南省社保费征管及地税农税体制改革实施方案》要求，积极落实"方案"有关规定和要求，对涉改单位社保费征稽局、农税局、乡镇财政所、农税所共76名人员基本情况进行清查(其中公务员及参照公务员28人，工人48人)，并做好材料公示、空编考录、人员划转安置等方面工作。将县社保费征稽局、农税局23人划归地税部门管理，乡镇农税所40人划归乡镇财政所。稳步推进事业单位人事制度改革。按照省厅的文件精神，根据《保亭黎族苗族自治县事业单位岗位设置总体方案》，开展事业单位岗位设置工作，确定全县岗位设置，设事业单位116个，已完成岗位设置初审工作110个，完成94.83%。

**【人才队伍建设】** 加强公务员队伍建设。按照《公务员法》的要求，抓好2009年度招录的22名公务员的初任培训工作。安排县4名公务员参加省厅组织的为期一个月的全省公务员培训。配合省厅做好2010年县公务员招录工作，县全年招录公务员、参照公务员管理事业单位人员共53名。其中，乡镇所有空编均已招满。抓好职业技能培训。全年为农村富余劳动力举办6期职业技能培训班，参训者595人。

**【走访慰问离休与军转干部】** 国庆前夕，组织工作人员奔赴外省和省内各市县走访慰问了10名建国前参加工作的老工人与5名县企业军转干部，肯定了他们对县经济社会发展作出的贡献，给他们带去了县委县政府的关怀和节日问候，并每人发放慰问金500元,共计7500元。

**【自身能力建设】** (一)思想作风和业务能力进一步加强。从3月份开始,围绕目标,突出重点,注意方法,彰显特色,讲求实效,扎扎实实开展“能力效能建设年”、“投资环境优质服务年”、“学习型党组织建设”、“创先争优”等各项学习活动。在各项学习活动中,积极行动,突出主题,结合实际,务求实效,确保学习实践科学发展观活动扎实深入开展。通过开展学习实践活动,解放了思想、更新了观念、找准了问题、看到了差距、理清了思路、明确了目标、振奋了精神、激发了干劲,促进了全局各项工作的开展,学习实践活动取得了明显的成效。(二)民主集中制度原则得到了很好的贯彻。局领导班子成员自觉加强党性修养,讲党性、讲原则、讲大局,带头遵守各项规章制度,做到大事会议讨论,小事相互沟通,明确分工,团结合作,齐心协力,形成一个心情舒畅、坚强有力、奋发向上的领导集体。

**【党风廉政建设】** 认真落实党风廉政建设责任制,与下属单位签订责任状。通过学习廉政建设有关规定,使全局干部职工不断树立正确的人生观、世界观、地位观、利益观、权利观,不断加强道德建设和廉政修养。严格执行民主生活会制度,广泛听取各方面意见,确保全局干部职工时刻不忘廉洁自律。同时进一步完善了各项制度,建立起“以制度管人,依制度办事”的约束机制,不断推进全局各项工作的制度化、规范化、程序化。

(县人力资源和社会保障局 供稿)

# 宣传·统战

## 宣传思想工作

**【简况】** 2010年,宣传思想文化工作围绕县委十一届五次全会精神和政府中心工作大局,坚持贴近实际、贴近生活、贴近群众,牢牢把握团结鼓劲、奋发有为、昂扬向上的基调,加强宣传思想文化工作,为全县经济社会平稳快速发展提供强大的精神动力、思想保证和舆论支持。

**【县委中心组学习】** (一)围绕党的十七届四、五中全会,中央经济工作会议,十七届中央纪委第五次全会,中央农村工作会议,省、县"两会"和海南国际旅游岛建设有关文件精神等,按时报送选题、准备学习资料、组织专题讲座,充分发挥中心组学理论、议大事、转观念、出思路、建班子、促发展的作用。全年县委理论中心组共组织集中学习9次,邀请专家学者举办专题讲座8场次。(二)创新学习形式,组织外出考察学习。9月中旬,组织19名县委理论中心组成员、13名县直部分部门主要领导、9名乡镇党委书记以及4名基层村委会书记、9名企业界代表共54人,赴新疆学习考察低碳经济发展及民俗文化旅游开发等。考察组通过实地参观、现场观摩、家访农户、召开座谈会等形式,对新疆低碳经济发展潜力、民俗文化旅游开发等有了更深入的认识,也从中受到了启迪,受益匪浅。

**【学习型党组织建设】** 采取专家授课、观看影像资料、巡回宣讲、理论考试、演讲比赛、论文评比交流、讨论座谈、送学上门等灵活方式,突出针对性,不断创新学习形式,丰富学习内容,确保学习效果,切实把学习与工作作风转变结合起来、与推进工作结合起来、与为民办实事好事结合起来。在学习创建活动中,注意挖掘亮点,树立典型,在县电视台开辟"学习使人进步"栏目,对学习创建活动中涌现出来的先进典型、先进事迹进行宣传报道,用典型带动整个学习创建活动。如县检察院开展"内强素质、外树形象,全方位打造学习型检察院"活动,被县委评为综合工作优秀单位,县委为此还专门下发通知,将其作为典型宣传载体,号召全县各单位向县检察院学习。在县检察院的典型带动下,县法院在干警中开展读书活动、县公安局提倡"有效学习"、县政法委提出"木桶理论"和"莲花精神"理念、县财政局提出"以学习促理财"系列学习活动等,在各党组织中形成你追我赶互相竞赛的浓厚学习氛围。同时,在县电视台策划推出"创先争优访谈"节目,邀请各单位主要领导就落实为民办实事好事情况接受电视采访。学习活动开展以来,编印了1套《学习型党组织建设学习读本》发放给各单位及副科级以上干部学习,并组织全县1400多名党员干部考试。先后聘请专家学者举办9场"保亭讲坛"专题讲座,举办演讲比赛2次,组织理论考试1次,组织理论宣讲团到各乡镇巡回宣讲10场次,推出电视访谈节目9期。通过这些灵活多样的方式,使党的各项方针政策深入人心,党员干部的思想觉悟、为民意识、发展意识得到了明显增强。

**【理论调研】** (一)根据全县实际和当前工作形势提出调研课题,确定课题带头人,组织相关部门配合中心组成员开展调研活动,做到一个调研课题形成一个发展思路,带动一个发展项目,产生一个社会效益。(二)按照郑作生书记提出的"为什么全县经济呈现虚快实慢"等6个大问题,要求各单位结合本单位本部门实际,深入开展调查研究活动,并要求参加新疆考察的有关单位领导在充分调研的基础上做好发言。(三)拟定“国际旅游岛建设乡镇如何定位”、“基层党员干部队伍建设现状”和“农民思想引导与农民增收关系”等3个课题,组织“讲师团”成员深入各乡镇开展调研,根据调研掌握的第一手资料,撰写有针对性的下乡宣讲讲稿。县文明办还结合县文明生态村建设情况,深入全县68个村小组开展调查,形成了“保亭县文明生态村建设的状况调查与对策研究”报告,并上报省文明办。

**【国际旅游岛宣传】** 在交通要道、十字路口、政府广场、七仙广场等路段和人群聚集的场所,挂刀旗广告387个、横幅52条,制作宣传橱窗1栏、立柱广告8个,通过多种户外宣传形式,广泛开展海南国际旅游岛以及博鳌国际旅游论坛的户外宣传。同时,加大对建设国际雨林温泉旅游县的宣传,为争创“全国优秀旅游县”、建设国际雨林温泉旅游县大造声势。

**【省低碳发展实验区宣传】** 通过户外广告、媒体影视、手册入户等形式,全方位宣传保亭“打造全省低碳发展实验区,争创国际雨林温泉旅游县”发展战略,并邀请新华都集团副总裁詹清荣和海南大学名教授傅国华作“低碳经济知识”专题讲座。围绕“保护生态环境、保护绿色保亭”这一主题,广泛宣传县保护生态环境一系列方针政策,使广大干部、职工、群众深刻认识到保护生态的重要性,明确县委、县政府做好生态保护的态度和决心,提高了群众、干部职工的法律意识。同时,联合团县委、科工信局举办“树立低碳理念,创造绿色生活”移动杯演讲比赛,通过80位选手的演讲诠释节能减排的生动内涵。

**【惠农政策宣传】** 协同有关部门深入乡镇分发惠农政策宣传资料,并做好跟踪督查确保宣传资料发到农户手中。在县广播电台推出“惠农政策,促农增收”专栏,对全县的惠农政策宣传月活动进行跟踪报道和进行政策解读,同时报道致富典型事例。结合全县实际印制《保亭县各项惠农政策》和《保亭县各项惠农政策申办程序》等惠农宣传传单,既方便群众了解党和政府的各项惠农政策,也为群众申办各项惠农项目提供便利。在惠农宣传月期间,共发放《惠农政策60问》900本,十大惠农政策宣传挂历1.3万份,十大惠农政策宣传折叠宣传画1万份,《保亭县各项惠农政策申办程序》3万份,制作宣传橱窗1栏。

**【纪念海南解放60周年宣传】** 大力弘扬“二十三年红旗不倒精神”,为海南国际旅游岛建设凝聚力量。在县广播电视台宣传全国战斗英雄陈理文的事迹,邀请老战士在保亭电视台“纪念海南解放60周年”栏目作专访;广泛宣传不可移动文物点,特别是对农民协会旧址、抗战旧址和解放战争旧址等近代重要史迹进行宣传,提高广大人民群众保护文物意识,促进广大人民群众保护文物的自觉行动;邀请解放海南老战士或原琼崖纵队代表到中小学校讲解放海南故事;组织六弓乡中心学校师生向解放海南斗争中牺牲的童光富烈士墓敬献花圈;举办纪念海南解放60周年电影周活动,播放一批反映海南解放题材的电影。

**【重要节庆宣传】** 邀请中央、省级等26家媒体的150多名记者参与嬉水节活动报道。各媒体从嬉水节场外的七仙形象小姐大赛到嬉水节开幕式、大型民族歌舞晚会等,都进行多层次、全方位的报道。海南广播电视总台、人民网、新华网、中新网、南海网、人民日报网络中心等6家网络媒体同步直播开幕式盛况和大型民族歌舞晚会,第一时间、第一现场向全省、全国乃至全世界观众传递嬉水节盛况。新华网推出嬉水节新华访谈,就民生和旅游话题采访了彭家典县长和王文平副县长;《人民日报》刊登2篇报道《海南嬉水节为何10年不衰,形成全国的参与链条》,对嬉水节引起关注;《海南日报》开辟“关注2010年中国海南七仙温泉嬉水节”和“相约七月七,激情嬉水节”两个栏目,从8月3日起对嬉水节系列活动展开报道,期间共刊登稿件37篇;《南国都市报》、《法制时报》、《南岛晚报》等省内报刊刊发稿件10篇。海南广播电视总台《海南新闻》、《直播海南》等栏目对活动的筹备情况及重点活动进行深度报道;

县广播电视台节前播发38次预告性新闻,制作播放5集《旺蛙》专题片,《保亭新闻》还开辟"喜迎嬉水节"、"欢度嬉水节"等栏目,全面宣传报道节日活动的筹备工作情况以及民众对嬉水节的期盼,营造了声势,作了广泛的宣传动员。

**【重点项目和民生项目宣传】** 关注县重点项目和民生项目建设情况,及时反映工程建设新进展,县电台推出报道80余篇。特别是对在推进项目建设过程中引发的社会矛盾和问题,加强政策和法律法规宣传,滚动播放《国土法律法规和政策知识问答》。同时积极回应社会关切,有效引导社会热点问题,滚动播放《七仙广场升级改造告示》、《保城河两岸建筑立面改造公告》等,向群众说明工程建设的目的、功用等,让群众支持项目建设和改造。

**【对外宣传】** 积极协调争取上级报刊、广播、电视、网站等强势媒体的支持,加大对保亭的宣传推介。中央电视台《新闻联播》播出保亭新闻3条,其中头条1条;《人民日报》刊登2篇嬉水节相关稿件和1篇创先争优稿件;中新社采写播发50多篇反映保亭经济社会发展取得成就和变化的重点稿件,被海外部分华文媒体美国《侨报》、法国《欧洲时报》、澳门《星报》、泰国《中华日报》以及国内知名网站转载,取得对外宣传、推介保亭的积极效果;《海南日报》刊发保亭县新闻118条,其中头版头条刊登1篇纪实报告;中央电视台第七套"乡土"栏目播出3个民俗文化专题片;《中国民族报》刊发1篇调研文章;省广播电视总台共播出县新闻98条,并与《海南新闻》栏目一起策划文化建设书记访谈,邀请郑作生书记接受采访;省广播电视总台生活综艺频道《快乐出发》栏目播出12期农乐乐专题节目;争取到《江山多娇》摄制组来县槟榔谷、呀诺达、七仙岭景点和七仙岭高尔夫球场拍摄45秒钟宣传片,宣传片在国庆节当日起历时半年在天安门广场两侧LED屏滚动播放;争取到上海世博会海南馆数字影像摄制组来县选景,宣传保亭旅游资源;争取人民网大力支持,七仙温泉嬉水节获评"2010年中国十大著名节庆品牌",保亭获评"最具民俗文化特色旅游目的地";争取南海网的支持,县七仙岭、仙安石林、槟榔谷和呀诺达四个景区进入"琼州百景"行列。同时,积极主动跟新华社海南分社的领导进行沟通,利用新华社内参和谐处理了五指山划界卖地问题,挽回了部分土地款。此外,还协调中央电视台气象频道拍摄专题片《海南黎族风情》;配合国务院新闻办直属外宣机构"五州传播中心"拍摄专题片《海南民歌》;邀请媒体拍摄以保亭风光为主的保亭中学校歌DV宣传片;《南岛晚报》推出特别报道《保亭大力推进文化建设纪实》,《海南特区报》发表《保亭要走高端路线对接三亚》。

**【精神文明创建活动】** (一)实施公民素质提升工程,营造良好社会环境。开展第八个公民道德宣传日暨文明交通主题宣传活动,协同县交通管理大队、县教育局、团县委组织中小学生到交通枢纽发放《公民行为道德准则》和《致驾驶人的一封信》彩色传单1.5万份,组织两场"文明安全出行"签名活动,聘请中小学生当交通协管员,督促行人遵守"红灯停,绿灯过"的交通法则。继续开展文明单位、诚信企业评选活动,通过树立典型促进行风转变。授予19个单位为"文明单位"称号,3个单位为"文明诚信企业"称号,2个单位为"文明风景旅游服务单位"称号,17位同志为"精神文明建设先进工作者"称号,12位同志为第二届"全县道德模范"称号,6个村为"文明生态村规范管理先进村小组"称号,3个乡镇为"创建文明生态村先进单位"称号。(二)实施文明生态村、镇创建工程,扩大文明生态村(镇)覆盖面。以"创建文明生态村"为载体,广泛开展农村、城镇精神文明创建活动。投入600万元完成了毛感文明生态乡和其周边3个文明生态村联片创建,以及其他乡镇18个文明生态村的建设;投入75万元修建三道镇什纳文明生态村,配套完善各项基础设施。截至年底,全县共创建文明生态村145个,2个文明生态乡(镇)。配套完善乡镇宣传文化中心和文明生态村设备。争取省委宣传部、文明办的25万元资金支持,配置乡镇文化站、文明生态村电视机23部、功放机23台、喇叭46个、会议麦

23个、DVD23台、长排椅276条、书柜46架。(三)实施城乡环境整治工程,逐步使城乡精神文明创建工作常态化、制度化。根据琼府办[2009]209号文件精神,把环境整治工作纳入各乡镇、各部门年度工作目标考核之中,并与行政过错责任追究挂钩,对环境整治工作不重视、不作为、环境问题长期得不到解决的,对单位负责人实行问责。联合城管、工商等部门重点整治各乡镇、各国营农场和重要旅游线路沿线饮食摊点、集贸市场、街巷环境卫生,实现无乱吐乱扔、无乱贴乱画、无乱排乱倒、无乱搭乱建现象,主要街道和进出口处无暴露垃圾。同时,配合城管部门继续倡导向环卫工人学习,激发广大干部群众参加爱国卫生运动热情,加大环境整治力度,巩固创卫成果。(四)组织选送反映县新农村面貌的优秀作品参加全国评选,《七仙岭的传说》、《诗魂三道》分别获得全国第二届新农村电视艺术节"新农村新农民才艺风采奖"和"新农村十佳魅力乡镇形象风采奖"。

**【未成年人思想道德建设】** (一)继续深入开展净化社会文化环境行动。抓好专项整治活动,净化未成年人成长环境。重点整治网吧和网络违法违规行为,对违规接纳未成年人的网吧加大打击和处罚力度。对文化经营场所进行30次检查,查处违规网吧2家、黑网吧3家、黑游戏机室2家;查处违法经营的游戏机经营场所3家、违法经营歌舞娱乐场所1家;取缔游商3个,联合工商部门取缔非法音像制品销售点1个。加强校园周边的环境治理,对校园周边的流动商贩、非法书刊音像经营摊点等违法违规经营行为进行严厉打击,共收缴非法出版物1120余件,其中有害卡通画册28册,口袋本图书35本,非法图书64本,查缴非法音像制品1730多张(盒)。加强网吧监控。投入32.37万元安装县城网吧监控系统,在县城7家网吧安装了远程监控系统,每年投入10万元运行费,对县城网吧进行24小时全面监管。(二)结合"公民道德宣传日"活动,对中小学生广泛开展理想新念和形势政策教育,开展普法、禁毒、节能、安全生产、防震减灾、国防建设等宣传教育活动。认真实施公民道德建设工程,加强和改进未成年人思想道德建设,培育文明风尚。邀请国防专家举办国防教育讲座;组织实施绿色电脑进学校工作,将中宣部捐赠的90部电脑全部发放到部分中小学校;组织相关部门坚决打击、制止中、小学生进入营业性歌舞厅、录像厅和电子游戏厅以及网吧的行为。(三)做好"海南省助学工程"实施工作。协同教育等部门从全县困难家庭的初中毕业生中,择优报送省文明办申请资助。2010年,全县受椰树创业者扶困助学资助的学生为11人,每人受资助5000元。

**【文化体制改革】** 完成了"提前退休"人员和分流人员工资核准、社会养老保险统计和一次性经济补偿及相关补贴测算工作;完成了县电影公司清产核资工作和债权债务审计工作,同时完成县电影公司土地拍卖工作;完成县广播电视台的提前退休人员申办工作和引进急需人才工作,有9位符合提前退休条件办理了退休手续,同时引进了2名特殊急需人才;完成了县电视台招聘工作,并在总编制不变的情况下,经省人事劳动部门公开招考,招录了7名编辑、记者人员;公开招录3名文化市场稽查大队稽查队员;完成了县图书馆、文化馆、博物馆5名提前退休人员的申报工作;完成了县城宣传文化中心建设,该中心集歌舞演出厅、电影院、图书馆、博物馆等多种功能,建筑楼层为三层,占地总面积5000平方米,建筑总面积1.25万平方米。

**【非物质文化遗产申报】** 积极做好呀诺达旅游景区、槟榔谷旅游景区非物质文化遗产申报工作,以促进文化产业项目更快、更好地发展。2010年,槟榔谷黎族陶艺传习馆已列入省非物质文化遗产。

**【为民办实事好事】** 2010年,县委宣传部按照"外树形象,内强素质"的要求,工作上真抓实干,大力为民办实事好事。全年完成了22个拆迁征地任务,组织迁移54个坟墓,实现了"零事故、零遗留、零上访";投入资金9万多元为驻点帮扶村架设低压线路800米,重新改造安装抽水机1台,解决了加茂石弄村小组和什杏村小组120多亩农田灌溉问题;筹措资金8万元帮助加茂村委会及2户农户建猪栏养猪;安装网络可视视频,试点在什玲、响水、加茂等3个乡镇建立可视平台,为外出打工人员与家人保持联系,同时也为当地群众提供就业信息,拓宽就业渠道。

(县委宣传部 供稿)

## 统战工作

**【指导民主党派作社会调研】** 2010年,三次组织各民主党派认真学习中共中央、国务院的相关文件,充分发挥民主党派的积极性,深入社区、企业、农村一线调研,积极撰写提案议案,为县委县政府建言献策。如县农工党支部主委陈文治针对全县狂犬病伤死无辜群众十多人的情况,带其成员深入农村社区进行调查,发现主要问题是防控措施不到位,群众安全意识不强、思想麻痹,对被狗咬后的情况存在侥幸心理。该支部马上向县委、县政府递交了书面报告,引起县委书记、县长重视,并颁发《保亭黎族苗族自治县人民政府关于加强狂犬病防控工作的紧急通知》,要求各单位贯彻执行,为全县人民群众办了一件大好事。

**【县四届归侨侨眷代表大会】** 指导召开第四届全县归侨侨眷代表大会,调动广大归侨侨眷的积极性,为保亭社会做贡献。根据《中华人民共和国归国华侨联合会章程》第五章第三十一条"地方各级侨联委员会每届任期五年"的规定、《保亭黎族苗族自治县归国华侨联合会关于召开保亭黎族苗族自治县第四次归侨侨眷代表大会的方案》,经县委常委会议讨论、同意召开全县归国华侨联合会第四届代表大会后,县统战部根据侨联工作需要,经部长会议以及侨联部分领导讨论,考察推荐第四届侨联领导班子成员名单并上报县委讨论同意后,即时召开了代表大会,选举产生了新一届侨联领导班子11人,设立主席1名,副主席4名,同时争取侨联工作人员编制3名,为侨联工作正常开展提供了组织保证。

**【搭建融资平台】** 2010年,通过工商联开展工作,海口担保公司为保亭新意橡胶公司贷款600万元,海南信联盛投资担保有限公司为海南顺达生物工程有限公司贷款650万元。全年通过县工商联牵线搭桥为企业融资已达4000多万元,为县民营企业在经济发展中提供了切实的便利,为促进县非公有制经济快速发展做出了积极贡献。

**【非公经济党组织建设】** 全县非公经济党组织共有3个,分别是甘什岭槟榔谷党支部、七仙岭农场党支部、保亭县城民营企业党支部,均在文化保护和奉献社会等方面为保亭的建设做出了一定的成绩。其中槟榔谷党支部的表现尤为突出。该支部成立于2007年,现有党员15名,在2010年的创先争优活动中,因为工作开展出色,被中央创先争优活动组当作典型进行宣传,事迹被刊载在《中央深入开展创先争优活动简报432期》上,影响广泛。

**【统战系统扶贫公益工作】** 2010年,全县非公有制企业主动排查化解与周边村庄发展存在的矛盾纠纷,加强"村企共建",解决周边村庄就业难、增收难、行路难、饮水难、上学难等问题。目前,共安置当地少数民族同胞、下岗分流人员和待业青年800余人;投资42万元建起购物一条街,供村民销售土特产品,增加经济收入;投资200万元为甘什上村打井,安装自来水,修建水泥道路。槟榔谷还倡导"青春与激情共舞,奉献与爱心同步"的管理文化,积极参与社会公益事业,结对帮助困难职工群众,已先后资助23名贫困家庭子女上学。此外,县非公有制经济人士还为玉树、舟曲等灾区捐款14.55万元。

(县委统战部 供稿)

## 对台事务

**【简况】** 全县现有台胞10户,台属213名。2010

年，县台办认真贯彻“和平统一、一国两制”方针，扎实开展对台交流交往，为推动两岸关系和平发展、围绕保亭发展战略和目标做出了积极贡献。

**【赴台文化交流】** 为加强台海两岸文化交流，开展民间音乐、舞蹈技艺与经济合作，提高保亭在台湾地区的知名度，县台办受县委2010年温泉嬉水节组委会黎宏标总指挥(县委副书记)的委托，负责联系七仙小姐台湾赛区选拔赛的相关工作，包括选定台湾赛区运作公司、办理保亭县23人赴台交流出境证件、申请省台办文件资料等工作；在台期间，通过相互交流，县赴台人员认真参加两地联合会议、表演文艺节目、派发保亭风光影碟等活动，并首次在台湾成功举行“七仙小姐”选美比赛(胜出者来海南海口参加了总决赛)，为保亭的文化宣传做出了贡献。

**【接待来保亭台湾同胞】** 嬉水节期间，台湾少数民族参访团150余人来保亭参观学习，县台办配合县委、县政府和县委统战部负责接待，安排食宿、出游，组织参访团参加嬉水节开幕式、民俗风情嬉水狂欢大巡游、民族传统体育比赛等嬉水节活动，参加琼台少数民族交流基地揭牌仪式、琼台少数民族经济文化发展研讨会，进一步开展台海两地文化、经济、教育等方面的合作，提高两地人民交流往来的融洽度。

**【协助召开琼台研讨会】** 协助县委县政府召开首届琼台少数民族经济文化发展研讨会，并在会上达成《保亭县保城镇与台湾屏东县雾台乡少数民族交流合作意向书》的签署。该项工作有效推动了保亭与台湾少数民族同胞建立更紧密的关系，抓住两岸签署ECFA(海峡两岸经济合作框架协议)和海南国际旅游岛建设的机遇，建立长期、稳定、共赢的合作关系，促进两地交流与合作，双方就进一步加强两地少数民族交流合作进行了热烈座谈。

**【慰问关怀台属台胞】** 坚持在节假日期间对县内台属台胞进行慰问，平时也非常关心他们的生活，积极进行沟通了解，及时掌握他们的情况，尽心尽力服务。2010年，走访慰问台胞6户、台属6户，筹集资金3000元慰问困难台属台胞。接待来访多次，帮助协调解决纠纷2宗。

**【对台宣传】** 围绕县对台工作重点、重点项目、重要活动，积极配合全县的发展战略和县委、县政府“十一五”的建设，大力宣传保亭的比较优势、投资环境、优惠政策等。当前，台湾局势发生了重大变化，两岸“三通”基本实现，两岸的各项交流将进一步扩大。在进一步深化交流品牌的基础上，抓好重大交流活动。

**【涉台事务性工作】** (一)做好涉台信访工作。认真履行好“组织、指导、管理、协调”作用，努力维护好台胞、台属的合法权益，切实为台胞、台属服务，坚持定期走访制度，热情为他们办实事、做好事、解难事。针对信访中反映出的热点、难点问题，积极配合有关部门给予解决。(二)及时做好赴台报批工作。2010年共计报批赴台团组(成行)1批，23人次。(三)参与配合县台联工作。2010年，县台办始终坚持参加台联的各项活动，听取他们提出的各项意见和建议。同时，积极支持、配合台联开展各项有益活动。

(县台办 供稿)

# 接待·信访

## 接 待

【简况】 2010年,保亭县接待办把服从、服务于全县发展作为接待工作的根本出发点和立足点,按照高起点、高标准、高效率的要求,克服人手少、时间紧、任务重、多变化等困难,认真做好每一次接待工作。全年共接待来宾913批次5623人次。其中接待党和国家领导人9批次;国家、省部级领导人97批次。

【各级政务接待】 2010年,县接待办先后接待国家副主席习近平、国务院副总理王岐山、中央政治局常委贺国强、中央书记处书记刘云山、中组部部长李源潮等国家领导人。先后接待总书记处书记喻洪秋、全国妇联主席陈至立、中央机关工委副书记俞贵麟、黑龙江省省长张左已、广东省省长黄华华、宁夏回族自治区委书记张毅、海南省委书记卫留成、省长罗保铭等国家、省部级领导,以及黑龙江省、广东省、浙江省、青海省、宁夏回族自治区、新疆维吾尔族自治区、北京市、上海市、惠州市、广西梧州市等15个省和23个市县地区考察团。除了负责上级部门以及新闻媒体、高等院校、专家学者、投资商等的接待外,还注重做好省内各市县的政务接待工作,全年共接待三亚、屯昌、陵水、东方、澄迈、乐东等各市县四套班子考察团领导和宾客近500多人。

【规范接待管理】 2010年,不断规范接待审批流程、公务接待流程,完善“礼品采购管理制度”、“接待经费结算制度”、使接待工作的各项内容和环节规范管理,人、财、物之间的衔接更趋合理,工作运行高效顺畅,确保了各项接待任务万无一失。

【业务培训】 采取“走出去、请进来”的学习方式加强队伍业务培训。10月,安排人员参加了省接待办的公务接待培训学习。平时,采取灵活多样的学习方式,如集中学习研讨、制定接待工作制度汇编、参加省接待办业务知识测试等形式,切实提高全体人员学习的积极性、主动性和实效性。结合工作实际,不断创新工作形式。设计更新接待服务指南、席卡、桌签、问候卡的样式,并以之为平台向客人宣传保亭县的自然资源、人文地理景观、优越的投资环境等,宣传县近年来改革开放和经济建设所取得的成就及带来的发展机遇。这些新举措既提升接待水平,营造了温馨和谐接待氛围,同时又较好地树立了保亭的良好形象。

【党风廉政建设】 认真落实党风廉政责任制。重点加强对公务接待的管理,严格履行接待程序,控制接待范围和标准,严格经费结算,厉行勤俭节约。严格执行中央“五不许”等各项规定,完善相关制度,严禁利用职权谋取非法利益。加强对全体工作人员的教育和管理。着力抓好领导干部个人重大事项报告、民主生活会、述职述廉、民主评议等制度建设。进一步推进惩治和预防腐败体系建设。强化教育监督切实解决领导干部廉洁从政方面存在的问题。抓好领导干部廉洁自律工作,实行领导干部出国(境)、购置住房、婚丧嫁娶等重大事项报告制度,加强对节假日期间干部廉洁自律的监管。扎实开展党风廉政警示教育活动,推动接待办廉政勤政意识进一步增强。

(县接待办 供稿)

# 信 访

**【简况】** 保亭县信访局有干部职工4名(其中行政编制3名,工勤1名),核定科级领导职位数1正1副,退休干部2人。信访局获“2010年度全省信访工作先进集体”,胡亚宏为“先进个人”;还获“2010年度全县社会治安综合治理工作先进集体”。

**【处理群众来信来访】** 2010年,保亭县信访局处理群众来信来访288件(次),其中来信124件,来访164批(次)、862人;重信12件,占来信总量的9.6%;重访14批(次),占来访总量的8.5%;集体上访43批,823人。

**【大接访活动】** 根据省委、省政府大接访活动工作方案,从5月4日开始,保亭开展书记大接访活动,县委书记和县四套班子成员带头,政法各单位主要领导、县直有关部门主要领导和各乡镇党委、政府主要负责人共同参与,直接面对群众“开门”大接访,切实解决群众实际困难。如:5月11日上午,县委书记郑作生到响水镇大本村委会包案下访,现场解决5项信访问题:大本村委会番亲村王少育要求修建一条引水渠道,确保农田灌溉问题;解决响水镇什念水利渠道硬化问题;解决什龙村路面硬化问题;解决番坡村土地纠纷问题;解决大本村扶贫村资格问题等。大接访活动以来,县领导共接待群众来访169批(次)607人,集体来访23批268人。

**【信访信息工作】** 信访局以《信访情况摘报》、《信访简报》、《目标管理督查通报》等形式向县委、县政府和上级信访部门报送信访信息。2010年,通过采取一系列行之有效的措施,全县圆满实现了进京非正常上访为零,为保亭经济发展创造了稳定和谐的社会环境。

(县信访局 供稿)

# 民族宗教事务

## 民 族 工 作

**【概况】** 保亭是民族大县,是全省民族工作重点地区之一。据统计,现有汉族、黎族、苗族、壮族、瑶族、回族、满族、畲族、傣族、土家族、侗族、高山族、朝鲜族、布依族、京族等33个民族,总人口16.5万人,其中黎族人口9.48万人,占总人口的59.13%,分布在保亭各乡镇;苗族人口6238人,占全县总人口的3.89%,主要分布在什玲、保城、新政、毛岸、毛感、响水、三道、南林等乡镇;壮族2415人,占1.62%,其它少数民族320人,占0.21%,主要分布在各国营农场。保亭地理位置优越,战略位置重要,是海南中部的一颗璀璨明珠,全县民族地区矿产、森林、旅游等资源相当丰富,特别是以旅游业为龙头的第三产业正在崛起,有七仙岭国家森林公园、七仙岭温泉度假区、呀诺达、槟榔谷热带雨林景区,仙安石林等一大批旅游景点,是理想的养生度假休闲基地。保亭是全国、全省民族团结进步的主要发展城市,县委、县政府及社会各界历来高度重视和支持民族工作。到目前为止,在全国民族团结进步表彰大会上,有陈雪花(女,黎族)、卢亚良(男,苗族)等人荣获全国民族团结进步模范个人。

**【少数民族地区民房改造】** 2010年,省财政继续拨款238.91万元,县政府配套资金496.8万元,作为全县少数民族地区茅草房改造补贴资金。县委、县政府进一步加强领导,实行"一把手"负责制,强化检查、监督和考核职能,完善工作机制,积极稳定的推进全县少数民族地区茅草房改造工作。年内,省民宗委多次来县少数民族地区开展茅草房改造工作和指导,检查监督茅草房改造补贴资金的管理使用情况,确保资金到位,确保茅草房改造资金专款专用。至年底,全县少数民族地区茅草房改造工作再创佳绩。2010年,省下达县茅草房改造任务为199户,截至10月30日,改造任务全面完成,全县共改造完成219户,占省下达总任务的110%,总的建筑面积1.03万平方米,受益人数1100多人,累计投入735.71万元,彻底结束了全县少数民族地区贫困群众居住"船型屋"的时代,切实改善了全县少数民族地区困难群众的居住环境和生产生活条件。

**【抓好扶贫挂钩点工作】** 认真贯彻执行县委、县政府有关要求,在做好本职工作的同时,派员下到挂钩点抓具体工作,深入挂钩点帮扶共12次,切实帮助解决存在的实际问题。2010年,向挂钩点共计投入1.5万多元,其中,为加茂镇政府建设养猪场投入1.2万元;扶持挂钩点8户农户建房物资;投入挂钩点加茂界水村委会维修水利1800元,并确定建设项目2个。

**【少数民族发展资金使用管理】** 严格执行《海南省财政扶贫专项资金管理实施细则》、《海南省财政支农及扶贫资金报帐制管理办法》的相关规定,坚持"科学选项,择优扶持"的原则,建立"少数民族发展资金"项目库,对有利于改善少数民族和民族地区生产生活条件,有利于发展民族地区教育事业,有利于民族地区人民群众脱贫致富,具有良好经济效益和社会效益的项目,优先给予扶持。全年安排项目4个,省审批通过4个,其中饮水工程项目2个,什玲鸡种苗培育推广基地1个,少数民族农民培训项目1个,共投入资金107.6万元整,受益人口1500余人。

**【少数民族和贫困地区智力扶持】** 为了贯彻执

行省民宗委、省科协、省扶贫办联合发出的《关于在中部贫困地区和少数民族地区开展农村青年先进适用科技培训工作的通知》精神，结合全县实际，年内会同县科协、县扶贫办、县农业局等相关单位共同研究，制定出了详细举办培训班的工作方案和工作流程，做好培训班的经费预算，并报县政府批准。2010 年 12 月，根据制定出的培训班工作方案和工作流程，在县城举办了一期有 80 多人参加的农村青年先进适用技术培训班，使他们掌握 1—2 门先进科学技术，为农村的经济社会发展做出贡献。培训班的成功举办，为开辟农村地区科学发展生产的新途径提供了智力支持。

**【少数民族成分证明工作】** 认真做好民族成分登记、更改的审核工作，指定专门办证人员，安排一名副局长兼管，对符合条件，材料齐全的给予办理；对符合条件要求，但材料不完整的，要求补齐再办；对不符合条件的一律不予办理。特别是对更改民族成分的，一定要筹集材料完整，并经过深入调查，局务会议集体讨论确认。坚持按政策办事，保证少数民族自身尊严不受侵权。在专管人员的艰苦工作下，为少数民族考生开具民族成分证明共 617 人，更改民族成分 15 人。

**【“三月三”系列庆祝活动】** （一）经省政府批准，2010 年海南省黎族苗族传统节日“三月三”在乐东黎族自治县设立主会场，并于 2010 年 4 月 16—18 日举行庆祝活动。为弘扬黎苗传统文化，传承先进文明，展现民族精神面貌，根据相关文件精神，保亭组织运动员参加了珍珠球、板鞋、射弩、陀螺、苗绣、黎族传统对歌和服饰设计表演、民族文艺表演等项目的比赛，迎难而上，克服重重困难，经过一番努力，精心组织，积极发挥，比赛“赛出了成绩，赛出了水平，赛出了风格”，受到县委县政府以及省民宗委的一致好评。这次组队参赛，保亭县代表队取得了良好的成绩，民歌演唱比赛中获得了一等奖，黎苗族服饰设计大赛分别获得一等奖和三等奖，女子 60 米板鞋竞速比赛获得全省第二名及团体第四名，珍珠球获得第五名，其它比赛项目也获得了不同的名次，进一步展示了保亭的民族风俗文化风采，更加坚定了大力弘扬少数民族先进文化的信心和决心。（二）积极组队参加海南省第四届少数民族传统体育运动会。根据活动相关要求，积极组队参加了由海南省人民政府主办，海南省民族宗教事务委员会、海南省文化广播电视出版体育厅承办，三亚市人民政府协办的第四届少数民族运动会，该运动会举办了珍珠球、陀螺、射弩、板鞋竞速、押加、武术、龙舟等七个项目的比赛，保亭取得团体总分第八名的好成绩。

## 宗教事务

**【概况】** 保亭境内，当前主要宗教信仰是基督教。据统计，全县现有私设基督教活动点 16 个，其中家庭式 6 个，信教群众 339 人，约占全县总人口的 0.21%。其主要分布在各乡镇及各国营农(茶)场。在宗教工作方面，全面贯彻党的宗教政策，依照《海南省宗教事务管理条例》，依法管理宗教事务，积极引导宗教与社会主义社会相适应，保障公民宗教信仰自由，保障信教群众的合法权益，坚决抵制境外敌对势力的宗教渗透，确保社会稳定。

**【强化培训，提高行政能力】** 举办全县宗教协管员、信息员宗教理论培训班。2010 年 8 月 25 日和 9 月 21 日，分别对宗教协管员和信息员进行培训，进一步明确了他们的工作职责和目标任务，加深了其对《宗教事务条例》的理解和认识，深刻体会、理解和掌握了党的宗教政策和有关法律法规，为以后更好的开展宗教管理工作奠定了基础。主要领导也积极参加国家宗教局举办的宗教理论培训班，大大提高了依法管理宗教事务的工作水平和决策能力。

**【完善“三级网络”管理体制】** （一）为了全方面、多方位的掌握全县的宗教活动情况，县民宗局从 2008—2010 年连续三年向县委县政府提出申请，增加宗教管理工作协管员，县委、县政府非常重视与支持。到目前为止,已配备协管员9人,经学习培训后,已安排到各乡镇宗教活动点开展工作。(二)明确分工,落实责任。在加强干部队伍建设的基础上,经局务会议讨论,把全县宗教活动点分成两个片区,即什玲、保城、加茂、六弓及新星农场、热作所为第一片区,由一名副局长具体带队负责;毛感、响水、新政、三道、南林及金江农场、三道农场为第二片区,由另一名副局长带队负责。局长负责全面监督。并在此基础上由各乡镇分管宗教工作的领导负责本辖区宗教事务。(三)吸收了各乡镇的宗教信息联络员18名,负责掌握18个活动点的信息情况联络工作。确保宗教协管员和各乡镇联络员之间"一对一"的密切联系,制订了《保亭县宗教信息登记表》,以便及时上报各传教点活动情况,及早发现问题,及早解决问题,把矛盾化解在基层。

**【抓规范管理,制止非法活动】** (一)开展宗教合法传教点的申报审批工作。全县18个宗教活动点均为私设宗教活动点,其中包括家庭式6个,在一定程度上加大了宗教管理工作的难度。为推进宗教管理工作走向规范化、合法化轨道,2010年,结合全县宗教工作实际,积极向省民宗委申请建设合法传教点5个,目前,条件较为完善的三道农场、加茂镇、毛感乡3个合法传教点的筹备申报工作正在进行。(二)坚持实行目标管理责任机制。2009年下半年,县委常委会议通过实施了《保亭黎族苗族自治县2009年规范宗教管理工作方案》,此外,结合全县维稳工作会议精神和全县宗教工作实际,还制订了《保亭黎族苗族自治县基层宗教事务委托管理实施意见(试行)》,并根据全县宗教工作实际,较好地规范了全县各传教点的活动。

**【抓法制宣传,维护社会稳定】** 做好《宗教事务条例》学习宣传工作,翻印并督促在各乡镇、村(居)委会张贴《宗教事务条例》宣传标语。加强对违法违规活动点进行教育引导取缔工作。主要针对活动点主持人和全体信徒进行教育,既对他们讲解宗教法律,又对他们讲解党的宗教政策,同时对照法律法规有关条款,明确指出私设活动点的违法性质以及他们在进行宗教活动中存在的与法律法规相抵触的问题,严厉要求改正。在国庆节、春节、五一节等重大节日及重要会议期间,专门召开维稳宗教工作会议,安排部署国庆节等期间宗教领域的维稳工作,并建立值班制度,要求对排查出来的问题和隐患,做到专人负责、包案处理,妥善化解,确保全县国庆节等期间宗教领域的稳定。

(黄晋文、刘国峰 供稿)

# 党的建设·党校教育

## 机关党务

【简况】 中共保亭黎族苗族自治县直属单位工作委员会(以下简称直工委)是负责县机关与企事业单位党的工作的县委工作部门,与县委组织部合署办公。内设综合室、组织室和宣传室。核定行政编制4人:副书记1人,综合室1人,组织室1人,宣传室1人。(书记1人由组织部副部长兼,定编在组织部)。

【主要职能】

1. 认真贯彻党和国家有关机关、企事业工作的方针、政策,按照《党章》的有关规定,结合县委关于机关企事业党的建设工作任务和要求,制定完善机关与企事业党组织建设工作规划,并认真抓落实。

2. 负责审批县直属机关、企事业党支部领导班子成员,审批县直属机关、企事业党支部发展党员和预备党员转正事项以及按管理权限对违纪党员的党纪处分。

3. 负责抓好各级基层党组织的组织建设,拟定党的建设目标和任务,加强对党员的教育、管理、监督,指导基层党组织搞好思想建设、作风建设、廉政建设。

4. 抓好建党对象和党务工作者培训学习工作。

5. 协助各部门指导抓好工、青、妇等工作。

6. 承办县委交办的其他工作。

【机关党建工作】 对县直属各系统机关党委、党总支、党支部贯彻组织学习制度、坚持学习的情况、发展新党员的情况、党费收缴上交的情况、支部按时换届选举的情况,以及召开民主生活会的情况进行经常性的检查和指导。通过检查指导,对没有很好坚持学习制度的党组织、对不按照发展党员程序发展党员的党组织、对没有按照规定及时进行换届选举和召开民主生活会的党组织进行及时的批评教育,指导督促其及时进行整改。2010年,在直工委的指导下,成功组建了县地税局党总支、县呀诺达党支部、县三道湾大区小镇党支部、县科工信局党支部;成功指导县国土局支部、县城管局支部、县地税局支部、县委政法委支部、县政府办支部、县工商局机关党委等党组织及时进行了换届选举。

【发展党员工作】 2010年,直工委严格按照“坚持标准,保证质量,改善结构,慎重发展”的新时期发展党员“十六字”方针,严格按照《中国共产党章程》和《中国共产党发展党员工作细则(试行)》的要求,扎扎实实地做好发展党员工作。(一)严格把好质量关。保证质量是发展党员工作最重要的环节之一,做到成熟一个发展一个,不搞突击入党,主动把群众中最优秀的分子吸收到党员队伍中来。(二)在自学的基础上加强入党积极分子进行党的基本理论知识的学习培训。在直工委精心筹备下,成功举办了两期新党员和入党积极分子培训班,此次培训班共培训了新党员37名,入党积极分子83名,是近几年来参加培训人数最多的一年。(三)进一步规范发展党员的各项文字档案资料的收集整理和归档工作。为了进一步规范发展党员工作,做到应该履行的程序一道不少,坚持原则,保证质量。

【规范支部印章刻制和使用】 针对目前各党支部中仍有多数党支部没有专门的支部印章,党内行文仍用单位公章代替的现象,直工委用整整一个月的时间,对各党支部支部印章的刻制和使用情况进行了一次全面的调查摸底。在调查摸底工作顺利完成的基础上,对已经刻制支部印章的党支部,进一步规范党支部印章的使用;对仍未刻制支部印章的党支部进行汇总统计,并按照党章规定,由直工委给仍未刻制支部印章的党支部统一刻制、下发支部印章。此次共计为88个党支部统一刻制印章88枚。通过此次全面调查摸底、统一刻制支部印章,切实加强了对各党支部印章的使用和管理。

**【庆“七一”系列活动】** 2010年“七一”期间,直工委积极筹备组织县直属机关党委、县教育局党委、县农科局党委、县卫生局党委、县工商局党委等5个机关党委,开展系列庆祝“七一”的活动。(一)认真组织筹备召开保亭纪念中国共产党成立89周年大会。纪念大会由直工委负责组织协调,包括下发召开纪念大会的通知、领导讲话稿的准备、与有关部门之间的协调等前期筹备工作。(二)组织优秀共产党员和优秀党务工作者赴省内红色爱国教育基地参观学习。在认真做好下发通知,号召广大优秀党员和优秀党务工作者积极报名参与,积极筹备资金、联系车辆、住宿等前期准备工作的基础上,6月24—26日,直工委成功组织县直属机关及企事业单位36名优秀党员和优秀党务工作者赴临高登陆角、冯白驹将军故居、云龙改编旧址、琼海红色娘子军爱国教育基地等红色爱国教育基地进行参观学习。通过重温革命历史,感受爱国情怀,进一步激发了党员的奋斗意志。(三)认真做好困难党员的调查和走访慰问工作。“七一”期间,直工委在积极开展调查摸底工作,对老党员和困难党员的困难情况进行分类和登记造册的同时,积极争取县委县政府及县委组织部的支持,落实好慰问经费,并认真做好走访慰问工作,共走访慰问了30名老党员和困难党员,及时地把党的温暖送到了需要帮助的困难党员手中。

**【民主集中制建设】** 党的民主集中制建设是党的根本性建设,坚持和健全民主集中制是提高党的执政水平、加强党组织民主和完成好各项工作的需要。为此,直工委7月23日专门向县直机关及企事业单位各级党组织下发了《关于认真开好2010年上半年县直机关基层党组织班子民主生活会的通知》(保直党工字[2010]8号),并明确要求各级党组织的民主生活会要坚持以“创建先进基层党组织、争做优秀共产党员”和努力达到“三优四满意(即作风优良,服务优质、环境优美;基层满意、企业满意、群众满意、领导满意)”单位为主题,进一步巩固和扩大先进性教育成果,保持和发展党的先进性;要紧密围绕2010年县委县政府中心工作,紧密结合本部门、本单位实际,认真查找党组织领导班子和班子成员在宗旨观念、理想信念、服务意识及党风党性方面存在的突出问题,深入开展批评与自我批评,明确今后努力方向等。同时,直工委还根据工作实际,统筹安排,派员专门参加了县国税局、县建设局、县国土局、县城管局、县卫生局等12个党组织的民主生活会。

**【县直机关党员统计工作】** 11月8日,直工委向县直属机关及企事业单位各级党组织及时下发了《关于认真做好2010年度县直机关及企事业单位中共党员统计工作的通知》(保直党工字[2010]11号),就如何做好2010年度县直属机关及企事业单位中共党员的统计工作,及时向各级党组织做了指导,并提出了相关要求,确保2010年度县直属机关及企事业单位各级党组织党员的统计工作顺利完成。

**【党费收缴和管理工作】** 2010年,直工委以2008年4月1日通过的《海南省党费收缴、使用和管理的实施细则》为依据,一方面认真核对各支部党费收缴单据,摸清党费收缴情况;另一方面组织深入各基层党组织检查党费的收缴情况,对党费收缴工作中存在问题的党支部及党员及时给予批评纠正。通过认真督查、严格把关党费收缴标准等工作,有效确保了各级党组织党员都能够按时上交党费。

**【学习型党组织建设】** 自4月起,直工委以县委“推进学习型党组织建设”活动为契机,加强各级党组织的政治理论知识和业务能力知识学习。(一)明确要求各级党组织要按照“武装头脑、指导实践、解决问题、促进工作”的要求,把理论武装同学习党的十七届四中全会和县委十一届五次全会精神结合起来,同学习贯彻党的路线、方针、政策精神结合起来,同贯彻落实县委、县政府的重大决策和工作部署结合起来,同本部门本单位的工作实际及党员、干部、职工思想现状结合起来,积极探索新时期机关思想政治工作的规律和方法,坚持教育与管理、解决思想问题与解决实际问题相结合,增强思想政治工作的针对性和实效性。(二)加强指导督促工作。努力抓好日常检查督导工作,指导督促各级党组织坚持“三会一课”制度,保证要做到“每周一学”,努力形成机关良好的学习风气。(三)明确要求各级党组织在坚持学习党的知识、路线、方针、政策的同时,要结合自身实际,制定出计划,开展适合不同岗位和业务特点的学习教育,努力提高机关单位整体素质和党员个人的综合素养,扎实推进学习型党组织建设。

**【“投资环境优质服务年”活动】** 为了继续加强机关作风建设,着力提高服务质量与工作效率,努力营造良好的投资和发展环境,县委、县政府决定2010年在县委工作部门、县政府工作部门、县法院、县检察院和省属驻保亭有关单位中继续开展“投资环境优质服务年”作风建设活动,作风建设活动领导小组办公室就设在直工委。为了确实抓好2010年投资环境优质服务年作风建设活动,直工委认真研究制定活动实施总方案,进一步明确开展活动的指导思想、目标任务、活动重点单位和活动具体实施步骤等,对活动的开展做了总体部署、提出了具体要求。自活动开展以来,直工委多次受到县委有关主要领导的表扬和鼓励,并多次在简报、文件上作出重要批示。在县委有关主要领导的直接关心和领导下,县2010年投资环境优质服务年作风建设活动顺利推进,各个环节的活动顺利开展,目前作风建设活动已经顺利进入了全面检查考评阶段。通过抓好机关作风建设,进一步改进了县机关作风、优化了办事环境、提高了服务质量和效率。

**【创先争优活动】** 在全县创先争优活动中,直工委主要负责协助县委创先争优活动领导小组办公室抓好县直属机关党委等5个党委、共计136个党支部开展好创先争优活动。为了切实抓好此项工作,直工委主要负责人高度重视,及时组织召开领导班子会议,学习传达县委有关会议精神,并紧密结合工作实际,进一步明确工作责任分工,主要通过加强三个“注重”来切实抓好县直机关及企事业单位党组织开展创先争优活动。(一)注重分类指导。根据各系统党组织不同特点,对各级党组织创先争优活动进行分类指导。要求县直属机关单位各级党组织重点要在“推动科学发展,促进机关工作;丰富活动内容,加强队伍建设;增强宗旨意识,服务基层群众;加强组织建设,激发创争活力”四个方面取得实效;县直属企事业单位各级党组织重点要在“推动科学发展、促进单位和谐、服务职工群众、提高组织战斗力”等方面取得实效;县非公经济党组织重点要在“推动科学发展、促进依法经营、团结凝聚职工、做强企业、加强党组织建设”等方面取得实效。(二)注重争创载体方式创新。为确保各级党组织活动的开展有方向、有抓手,直工委还深入研究,精心设计活动载体,创新活动开展方式,推进各级党组织活动深入开展。(三)注重加强检查指导。为了促使各级党组织创先争优活动平衡推进,直工委按照县委创先争优活动领导小组办公室的要求和部署,多次联合有关部门通过走访、实地查看和查阅资料等形式,及时了解活动的进展情况,还适时地进行点评,实事求是地肯定取得的成绩,并指出存在的问题和努力方向,对思想不重视、工作不得力的党组织,及时进行批评指正,责成其限期整改、跟进。

(县直属单位工作委员会 供稿)

## 党校教育

**【概况】** 中共保亭县委党校主要负责全县副科

级以下领导干部,农村“两委”,青年干部(民族后备干部)、妇女干部和入党积极分子的培训、轮训工作。2010年,党校坚持以邓小平理论和“三个代表”重要思想为指导,以党校培训中心建设为重心,深入开展“创先争优”、“党风廉政建设”等活动,圆满完成了各项工作任务。

**【党校建设项目】** 县委党校建设项目是保亭县2010年新建项目,选址位于七仙岭脚下,占地面积17亩。规划总用地:9923.45平方米(约14.89亩),总建筑面积:7264.79平方米(其中地下:1054.56平方米),其中:多功能主体楼建筑面积4388.67平方米,客房楼建筑面积2388平方米,别墅建筑面积488.12平方米。党校建设项目凭借保亭区位优势和资源优势,学习和借鉴了中共三亚市委党校的建设发展模式,秉承“以商养校”、“以商养学”、“把党校建设成为海南中部地区最好的党校”的思路,在县委、县政府的大力支持和相关职能部门的积极配合下,于2010年4月举行奠基仪式,并于同年11月8日正式进场施工,预计2012年正式开始投入使用。

**【创先争优活动】** 党校根据县委的部署,开展创先争优活动,以创建先进党支部、争当优秀共产党员、争当优秀党务工作者为主要内容。(一)创建先进党支部,努力做到“五个好”。一是领导班子好。领导班子能深入学习实践科学发展观,坚决贯彻执行党的路线方针政策,团结协作、求真务实、勤政廉洁,有较强的凝聚力和战斗力,能够围绕加快保亭发展与和谐稳定的中心工作任务创造性地开展活动,得到党员群众的支持和拥护。二是党员队伍好。党员素质优良,有较强的党员意识、大局意识、责任意识、忧患意识,严格遵纪守法,能够充分发挥先锋模范作用。三是工作机制好。规章制度完善,管理措施到位,工作运行顺畅有序,支部党内民主稳步推进,政务财务公开透明。四是工作业绩好。紧紧围绕党员教育培训工作,服务保亭发展大局,维护社会和谐稳定,积极带领党员干部为保亭的改革和发展、社会的和谐稳定做出积极贡献。五是群众反映好。多深入乡镇、农村帮群众办实事好事;多帮助农民寻找致富路子,增加农民收入。校党支部与村委会党支部结成帮扶对子,帮他们做好村级发展规划,从而树立党组织在群众中有良好形象,更加密切党群干群关系。(二)争当优秀共产党员,努力做到“五带头”。一是带头学习提高。认真学习实践科学发展观,自觉坚定理想信念,模范履行党章规定的义务;认真学习科学文化知识,成为本职工作的行家里手;认真学习上级相关文件精神,将思想认识统一到县委政府决策部署上来。二是带头争创佳绩。具有强烈的事业心和责任感,埋头苦干、开拓创新、无私奉献,有较强的执行力和实践力,敢于承担责任,在本职岗位上做出显著成绩,有效促进保亭党员干部教育培训发展和维护社会和谐稳定。三是带头服务群众。宗旨意识强,密切联系群众,全心全意为人民服务,积极帮助群众解决实际困难。四是带头遵纪守法。有较强的党员意识和党性观念,组织纪律观念强,自觉遵守党的纪律和廉洁自律各项规定,模范遵守国家法律法规。五是带头弘扬正气。正义感强,自觉树立社会主义荣辱观,发扬社会主义新风尚,敢于同不良风气、违法违纪行为作斗争。(三)争当优秀党务工作者,努力做到“五个强”。一是党性观念强。认真学习科学发展观,善于用马克思主义立场、观点、方法去分析问题、解决问题,经得起各种风险考验。二是能力素质强。热爱和熟悉党务工作,模范执行党的路线方针政策,有较强的宣传教育、组织协调、群众工作能力。三是创新意识强。解放思想、开拓创新,积极探索新形势下党务工作的方法和途径,创造性地开展工作。四是工作作风强。求真务实、脚踏实地、埋头苦干,真心实意为党员群众服务,在党员和群众中有较高威信。五是自律意识强。依法办事、清正廉洁、为人正派,自觉接受党和人民的监督,不滥用职权,不谋取私利。(四)通过各种载体开展创先争优活动。创先争优活动是深入学习实践科学发展观活动的继续延伸,校党支部要通过开展各项载体活动,充分调动广大党员干部的积极性,确保活动载体的稳定性、连续性,确保活动载体内容与时俱进、不断创新,防止空泛化。要做“爱岗敬业,无私奉献”的楷模;以提高培训质量和水平为目的,开展“争创党员干部满意的党校”活动。确保载体活动取得实效,圆满完成创先争优活动。

**【调研工作】** 2010年,由于新党校处于建设阶段,而原党校综合楼因被鉴定为D级危楼被拆除,故干部培训教育工作暂时无法正常开展。但常务副校长王律仍然带领班子成员一起下乡搞调研,了解乡镇基层组织状况,思考农村基层组织建设新途径。此外,为了贯彻落实县委《关于采取强力政策措施促进农民增收的决定》,进一步促进农民增收工作深入开展,加快农民增收步伐,实现2012年全县农民人均纯收入达到5000元的目标,县委党校、县民族干校和县促进农民增收工作领导小组办公室于2010年11—12月联合组织人员深入全县各乡镇、村委会、部分村庄、农户及有关企业采取召开汇报会、座谈会、实地查看、个别走访等方式进行了一次针对促进农民增收工作情况的专题调研。在全面了解和掌握全县促进农民增收工作开展情况,找准和分析存在问题及其原因的基础上进行一些对策性的思考,完成了《保亭县农民增收情况调研报告》,受到县委的充分肯定。

**【党风廉政建设】** 2010年,党校根据县委、县纪委关于加强和改进党风建设的规定,以创先争优和推进学习型党组织活动为契机切实加强对党风廉政建设的领导,并与县委、县政府和县纪委签订了党风廉政建设工作目标责任书,根据本单位实际,把责任书内容量化分解。由领导小组对落实党风廉政建设责任制情况进行监督、执行,实现“一把手”负总责,副手具体抓,形成一级抓一级,层层抓落实的党风廉政建设机制,促进了党风廉政建设的深入开展,争取做到“四严格”、“两认真”。“四严格”是:严格执行县纪委监察局《关于共产党员、国家机关工作人员婚丧喜等重大事项报告制度的暂行规定》(保纪发[2001]21号)精神;严格执行财务报销、审核制度,严禁主要领导自批自报行为,每报一张票据都有经办人,证明人、审批人,做到每季度对财务报销检查一次,并及时公开接受监督;严格执行不准用公款在经营性饭店违反规定大吃喝的规定;严格规定接待标准(实行定点用餐制),同时按省纪委和县纪委会议文件精神,杜绝在经营性饭店签名赊账用餐,凡是没有单位“一把手”允许接待的,私自到经营性饭店用餐的当作私人用餐处理,单位概不负责,并追究有关人员责任;严格执行《保亭县行政事业单位公费配备移动电话和安装住宅电话的暂行规定》和《廉政准则》;严格执行《廉政准则》,实行“一支笔”审批制度,加强财务管理。“两认真”是:认真执行民主生活会议制度,落实民主集中制,凡重大事项、重大财务开支都经集体讨论决定,不搞“一言堂”;认真加强完善反腐倡廉制度建设,贯彻落实《中共海南省委关于贯彻落实〈建立健全惩治和预防腐败体系2008—2010年工作规划〉的实施方法的工作方案》,建立健全党校内部的各项规章制度,加强监督、严格执行。根据单位工作情况,利用每周三组织党员、干部学习邓小平关于党风廉政建设的理论,特别是重点学习胡锦涛总书记在中纪委第五次全会上的讲话精神以及省纪委第五次全会精神,学习《中国共产党党员领导干部廉洁从政若干准则》等党纪、政纪、法律法规和省委、省政府关于党风廉政建设的精神及县委县政府、县纪委关于党风廉政建设工作部署和要求,加强了党员干部政治理论学习,不断提高党员干部的思想政治素质,增强遵纪守法意识。同时,加强社会主义荣辱观教育,做到明荣知耻。其次,积极征订《党风与党纪》、《纪检监察报》、《中国监察》等各类党风廉政建设刊物,供干部阅读,从理论上受教育,把理想信念教育作为核心内容,运用勤政廉政先进典型和反面典型案件,开展形象生动、具体深入的防腐拒变教育。

**【挂钩点帮扶工作】** 保城镇毛介村是党校的挂钩扶贫帮扶对象,学校人员积极下到村委会和村干部一起,走家进户,了解毛介村委会的具体情况和存在的问题,定时向镇委镇政府报告相关调研情况。对群众关心的热点、难点问题,和镇委镇政府共同帮助解决。如积极与县农技中心配合,投入7300元,为毛介村村民建设5个沼气池、4间卫生间、4个猪栏;增长农民的种养技术;购买鹅苗40只送给毛介村困难户陈海龙饲养。同时,举办一期解读惠民政策和种养技术的培训班,参加培训班的村委干部、农户共65人次,增进了他们对党在农村中惠民政策的理解,提高了科学种养水平,增加了群众收入。

(高路 供稿)

# 民主党派

## 民革保亭县支部

**【简况】** 民革保亭支部现有党员16名，其中男11名、女5名，党员分布于行政管理、文化教育、医疗卫生、金融、个体企业。民革保亭支部立足于社会主义市场经济大舞台，紧扣参政为公、议政为民这个主旋律，努力在保亭的政治生活中，塑造了民革的良好形象。

**【参政议政】** 民革保亭支部中有4名政协委员、1名人大代表，他们积极履行职责，不辱使命，积极参政议政。支部围绕县委、县政府的中心工作，结合人民群众所反映的热点、难点问题，深入基层调研，掌握实际情况，给县委、县政府建言献策，如：《我县医疗卫生改革及建议》、《关于合理规划解决县城停车难的建议》、《建议财务人员定期岗位交换的建议》等等，都得到县政府有关部门的办理或有回音。

**【社会服务】** 教育党员立足岗位，干好自己的本职工作，做一个好党员、好公民。很多党员以自己的实际行动为社会的文明进步做出了积极的贡献。支部党员程天富、潘海涛依法经营、依法纳税，在企业发展的同时，也为社会和家庭排忧解难，解决了周边村庄农民和城镇下岗职工、待业人员1000多人的就业问题。支部党员积极参与社会慈善活动，积极响应政府号召，在各自的岗位伸出温暖之手，向灾区汶川、玉树人民共捐款2.5万元。2010年海南发生特大水灾，党员潘海涛主动与重灾区陶坡江村的村干部联系，了解到详细灾情，购买了200个枕头，价值4000元，亲自开车送到灾区村民手中。捐资助学是支部一贯的优良传统，党员程天富、潘海涛慷慨解囊，资助一位孤儿，一位特困家庭小孩从初一到大学的部分学费和生活费。党员潘海涛响应政府帮助贫困家庭小孩上大学的号召，向政府助学机构捐出6000元。致富不忘回报社会，党员程天富长期以来在坚持不懈挖掘黎苗文化的同时，还热衷于社会公益事业，帮助三道镇附近村庄解决饮水、道路、文化室、灯光球场等实际问题，为村民做了许多实事好事，得到村民的拥护和爱戴。

**【内部关爱】** 已退休的老党员，由于年老多病，有些会议难于参加，上传下达有一定困难。为了更好地跟他们沟通感情，发挥他们的作用，支部组织党员主动邀请他们喝茶、座谈，了解他们的生活情况和身体状况，向他们征求工作意见。逢年过节，支部组织党员看望、慰问他们及其家人，并给他们送去过年过节的红包、物品。有党员因病住院，支部及时带领党员到医院看望，给他们送去组织对他们的关心和温暖，让他们有组织如家的感觉。支部还通过各种渠道组织党员到香港、深圳及槟榔谷实地考察学习，增强参政议政的信心，提高参政议政水平，从而增强支部的凝聚力和战斗力。

（县民革 供稿）

## 民进保亭县总支

**【参政议政】** （一）履行参政议政职能，参加视察工作。8月31日，参加省政协组织的对保亭的视察，了解经济社会发展有关情况，就经济转型和结构调整、接续产业发展提出了建设性的意见和建议；参加县政协组织的对全县的视察，了解农村文化体育设施建设情况；参加县政协组织的社情民意座谈会，提建议；在县政协大会期间，积极撰写和提交提案。较好地履行了参政议政的职能。(二)深入基层了解生活,反映群众呼声。2010年,总支会员通过短信、座谈会、直接与有关领导交谈等形式,就教育方面如教学质量、校园安全、师生健康等问题表达自己的看法及建议,得到县政府分管领导及教育主管部门的认可。

**【社会服务】** (一)立足本职,在各自工作岗位上建功立业。总支副主委张勇在经过8年艰苦创业打造出“呀诺达”这一绿色旅游品牌的基础上,又组建公司参与保亭大区小镇的开发与建设大潮中,由于其突出的贡献,2010年1月,被保亭县委、县人民政府授予“荣誉市民”称号;总支主委黄进辉在担任县教师进修学校校长一职期间,由于较好地组织实施海南省2006—2010年度“周末流动师资培训学院”项目,得到省级培训机构的认可。2010年12月4日,其所在单位被海南省委组织部、省教育厅、财政厅、扶贫办联合授予“先进单位”称号。(二)为灾区受灾群众、患病学生献爱心。5月12日正值纪念四川汶川地震两周年之际,在总支的倡议下,全体会员积极为玉树地震灾区捐款,共捐款1570元,表达了对灾区人民的一份爱心。此外,保亭中学支部的会员积极响应学校号召,年内先后两次为身患白血病学生捐款,体现了师爱无疆的境界。

**【自身建设】** (一)认真开展学习和实践社会主义核心价值体系活动。9月18日,总支就如何开展社会主义核心价值体系活动组织会员开展讨论学习。会后组织会员积极参与民进中央开展的《六个“为什么”》有奖征答活动,达到学习和认识提高的目的。(二)积极参加省、县组织开展的各种培训学习活动,不断提高自身素质。2010年,总支先后有三批4人次参加中共海南省委及省委组织的理论培训学习,六批7人次参加县委及统战部组织开展的专题报告会、理论研讨会及省外考察学习。通过学习,使参训会员进一步明确在新的发展时期,作为参政党如何不辱使命,更好地履行职责。

(民进保亭县总支 供稿)

## 民盟保亭县支部

**【概况】** 2010年,全县有盟员17人,平均年龄为44.5岁。其中女盟员6人,中、高级职称11人,占64.5%;大专以上学历16人,占94.1%;教育、文化界别12人,占70.5%;政府等界别3人,占17.5%;医药界别2人,占12%。支部按照民盟中央关于“人才兴盟,人才强盟”的方针和盟省委“组织发展规划”要求扎实推进组织建设工作。在组织发展工作中注重发展对象的层次和质量,注重在适当的比例内发展文化、教育以外的非重点界制的人士。年内有计划地发展2名新盟员,为盟组织注入新鲜的血液,增强了组织的生机与活力。2010年,民盟保亭支部在民盟海南省委和中共保亭县委的领导下,坚持中国共产党领导的多党合作与政治协商制度,坚持人民政协制度。深入学习贯彻落实科学发展观,学习贯彻中共十七届五中全会精神和民盟中央十届五中全会精神以及民盟海南省五届全会精神,不断提高参政能力。坚持把促进保亭县社会经济发展、社会安定、社会和谐作为支部参政议政的第一要务,按照保亭县委、政府的“三抓两保一加强”工作的总要求,围绕全县“十二五”规划目标,建言献策,作出了新的贡献。

**【基本任务和奋斗目标】** 中国民主同盟是以中上层知识分子为主的具有政治联盟特点的致力于社会主义事业的政党,它的基本任务和奋斗目标是:在社会主义、爱国主义旗帜下,团结广大知识分子,继承、发扬民主、科学传统,以社会主义初级阶段基本路线为指南,参加国家政治生活;推进民主政治建设,参与国家政权和国家事务管理,通过政治协商,民主监督,国事咨询,业务实践,发展社会主义商品经济,促进社会生产力发展,建设社会主义精神文明,提高全民族思想道德和科学文化素质,把我国建设成为富强、民主、文明的社会主义现代化国家。

**【加强思想理论建设】** 认真学习中共十七届五

中全会精神，深入理解社会主义核心价值体系是兴国之魂，是社会主义先进精髓的重要论述。学习中共海南省委和盟省委一系列重要会议文件精神，学习了中共保亭县委第十次全会精神，广大盟员认清了全县的大政方针、目标、任务，进一步提高盟员的政治理论水平。

**【参政议政】** 按照保亭县委“三抓两保一加强”工作的总要求，实施全县发展战略，围绕“构建生态文明健康县，打造黎族苗族文化品质城”的目标工作，全面关注社会热点、难点问题，深入开展调研。重点开展对民生及农民增加收入问题调研，如:《维护群众利益，力促和谐征地的建议》、《关于重视城市老人养老问题的建议》、《加强对我县城区内KTV包厢及慢摇吧等娱乐场所噪音忧民的整治》等建议，得到有关部门的采纳与落实。盟组织及盟员关注民生，关注社会热点，难点问题，积极建言献策，受到了社会各界的充分肯定。

（民盟保亭县支部 供稿）

## 中国农工民主党保亭县支部

**【参政议政】** （一）建言献策。支部班子成员和党员委员，积极参加县委举办的各层次的座谈会、协商会、情况通报会、政情交流会、考察评议、参观视察等活动，就科技强县、城镇规划、创建生态文明县、省低碳示范县和社会事业发展等问题建言献策，提出了一些有前瞻性的意见和建议。（二）发挥支部优势，紧紧围绕县卫生事业发展开展调研活动，先后撰写了党派建议案2篇。其中《关于加强我县犬（猫）等动物管理的建议》得到县委、县政府的高度重视，并组织相关部门进行研究，及时下发了《保亭黎族苗族自治县人民政府关于加强狂犬病防御工作的紧急通知》和《保亭县黎族苗族自治县人民政府关于做好狂犬病防控工作的通告》，使狂犬病疫情得到有效遏制，县畜牧局也制定了《保亭县养犬管理办法》，进一步建立健全了县动物管理的长效机制，切实加强了县狂犬病防控工作。《关于重视我县中医药事业发展的建议》同样获得县委县政府的高度重视和采纳，已列入县“十二五”规划重点建议项目之中。（三）发挥舞台作用。人民政协是多党合作，政治协商的重要机构，是民主党派参政议政的重要舞台。2010年，支部成员先后有5名成为县政协委员（其中副主席1名，委员4名），他们积极参加县政协组织的民主监督和调研活动，先后参加了对县“低保人群低保金发放情况”、“中小学寄宿生生活补助发放情况”以及对保亭县人民医院医疗队伍建设情况进行民主监督，促进和推动了政府部门工作的改进和医院医疗队伍建设的健康发展。先后参加了县农村沼气池建设、使用和管理维护情况、县学前教育现况、海南农垦系统全面改革、县农场医院和城镇卫生院医疗资源利用状况的调研，这些调研均形成报告，其中《关于整合我县场乡医疗卫生资源的调研报告》受到县委、县政府的高度重视，将结合县场乡医疗卫生资源工作列入今后2年政府的重点工作事项。每年的政协全会前，支部的政协委员会围绕县委、县政协的中心工作，积极开展调研，发挥优势，建言立论，提交个人提案1件，其中《关于在县城建设一个公益性的体育活动中心的建议》和《关于开通陵水高铁站到保亭车站客运专线的建议》受到县委县政府的重视和采纳，前者已列入县“十二五”规划建设项目之一，后者已在办理之中。

**【社会服务】** 支部医药卫生界成员，坚持以认真负责的态度，为人民群众提供优质的医疗服务，在各医疗卫生单位发挥好骨干作用，无论是在医德医风，还是医疗技术上始终保持领先地位，自觉做到德艺双馨。组织成员开展下乡义诊咨询活动或会同海口农垦和省中医院等农工总支组织的医疗专家来县开展义诊咨询活动。共组织下乡义诊咨询活动4次，受益群众近数百人。同时，还扶贫帮困献爱心，支部成员年内先后捐款3000余元，并鼓励党员义务献血2000毫升。

（农工党保亭县支部 供稿）

# 人民团体

## 县总工会

**【简况】** 2010年,县总工会从“大社会”着眼,“小社会”入手,以协调劳动关系和服务职工群众为切入点,做到协调劳动关系和协调社会利益关系相结合,服务职工和服务社会相结合,不断开辟新途径,扩大新载体,建立新机制,起到了团结动员的作用,得到了社会公众的普遍认同。贯彻“组织起来,切实维权”的工作方针,树立和落实中国特色社会主义工会维权观,以解决职工群众最关心、最直接、最现实的利益问题为着力点,紧紧围绕党政工作中心,服务大局,推进工会工作创新发展,以开拓创新精神,真抓实干行动,为全县经济平稳较快发展与社会和谐稳定做出了积极贡献。

**【工会组织建设】** 坚持“党工共建,工建服务党建”的原则,采取企业式、行业式、乡镇(街道、社区)联合式三种建会模式,按照“十有”标准规范工会组织建设,重点抓好100名工会干部培训和职工之家建设。现已完成省总工会下达给县总工会2010年组建15家的任务,组建率100%,目前,全县共有基层工会组织(含非公有制)216家,会员8502人(农民工1879人),女工组织95家,女会员3903人,建立经审组织46个。全县基层工会组建率85.5%,职工入会率92%。目前已办理基层工会组织法人资格证登记56个,划拨3000元给县教育局工会用于召开换届选举工作会议。

**【维护职工权益】** 把握工会开展维稳工作的切入点和着力点,注重维权和维稳相结合,注重建立组织网络和健全工作制度相结合,注重外部组织联动与内部工作互动相结合,注重加强工作指导和发挥基层工会活力相结合,注重教育引导和有序协商相结合,注重应急处置与长效机制建设相结合,主动介入、积极协调,勇于实践,化解群体性纠纷,构建和谐劳动关系、促进经济平稳较快发展,维护职工合法权益和社会稳定中发挥了应有的作用。2010年,帮扶中心接待农民工、困难职工信访120人次。反映的主要是资方拖欠工资、劳动关系争议及与用人单位签订劳动合同等问题,对此,做到认真记录,耐心协调、积极反映到劳动主管部门,共同解决。在维权工作中,帮助困难职工和农民工提供法律咨询,参与劳动争议仲裁处理案件3宗,资助困难职工和农民工子女10人次,发放资助金6400余元。

**【女职工权益保护】** 积极开展女职工工作情况和女职工退休年龄问题的调研,全县已建立女职工委员会的基层工会有74家,女职工10人以上的123家,基层工会都已配备女职工委员会主任。开展女职工权益保护专项集体合同签订,年内签订女职工特殊保护集体合同的企业有6家,女职工人数399人,占基层职工总数10%,完成省总工会下达给县任务的98.5%;共有11家单位参加“女职工安康互助保障活动”,参与人数266人,参保金额1.33万元,有效地保护了女职工享受特殊劳动保护,维护了女职工享有健康保障的权利。

**【工会经费收缴与管理】** 根据有关精神,2010年初成立地税代收工会经费核算小组,并到基层调查核实,报地税局备案。4月联合县地税局研究部署地税代收工会经费工作,加大了非公有制企业地税代收征收工作力度,地税代收工会经费工作已经基本覆盖全县各基层工会。现已核定30多家单位,前8个月地税代收工会经费收入26.9万元,比上年同期增长241%,按38%比率上解省总工会10.2万元;财政划拨工会经费120万元,按38%比率上解省总工会45.6万元。工会经费坚持"来源于职工,用之于职工"。明确工会经费是广大会员的经费,自觉接受审计部门、职工和社会各界的监督,实行民主管理、阳光操作,让大家知道收了多少、往哪里开支、办了什么事情,确保了工会经费的使用高效、透明。

**【基层工会经费监审】** 县总工会积极开展对基层工会经费的监督与审查。协调县工商局、县统计局查阅相关数据,已全面掌握4000多家小企业基本情况,调查26家单位,共追缴工会经费10万元,建立经审组织35家。认真填好每一份统计报表,做到不漏报和瞒报,按时按质完成报表的统计工作,被评为"工会统计调查工作竞赛先进集体"。

**【慰问与资助活动】** 2010年元旦、春节期间慰问困难职工407人次,发放慰问金4.4万元;"六一"儿童节期间慰问困难职工儿童39人,发放慰问金7800元;开展"金秋助学"活动,发放资助金11.3万元,共资助36人,其中应届生32人,回访生4人;慰问劳模4人次,发放慰问金3.74万元。

**【阳光就业行动】** 深入实施"2010年困难职工家庭高校毕业生阳光就业行动",经调查摸底,全县困难职工家庭高校毕业生67人,其中应届毕业生30人,占45%;县总工会为困难职工家庭高校毕业生提供实习机会15人次,实现就业10人次,运用社会爱心企业及政府公益岗位等资源,提高就业岗位3个,占毕业人数的45%,提供就业技能培训3人次,联合县就业局举办就业招聘会1场,提供就业岗位50个,其中专门为高校毕业生提供的岗位13个。目前,往届未就业的困难职工家庭高校毕业生尚有10人。

**【劳模管理】** 通过民主推荐选举,南林乡南林村党支部书记、村民委员会主任吉友发被评选为县"2010年全国劳模"。同时,深入省部级和全国劳模家中,仔细了解他们的工作、生活情况,并按照省总工会要求,组织劳模到医院进行体检,将了解情况及时反馈给省总工会经济部,为劳模"三金"发放做好准备。

**【厂务公开】** 全县48家国有和集体企业均实行了厂务公开制度,108家事业单位(含学校91家)均实行了事务(校务)公开制度。其中开展较好的有县七仙岭农场、县邮政局、县电信局、县中学、县汽车总站等。5月24日,由辽宁省厂务公开协调小组、新疆维吾尔自治区厂务公开协调小组和海南省厂务公开协调小组有关领导组成的第六互检组一行到保亭县供电公司对保亭县厂务公开工作开展情况进行调研检查,互检组认为保亭县厂务公开工作领导重视、认识深刻、思路清晰、成效显著。

**【职工群众文化生活】** 为丰富广大职工群众的文化生活,元旦、春节、"三八"妇女节、"六一"儿童节期间在露天剧场协助有关部门举办各种文艺活动。4月下旬,县总工会积极为建设海南国际旅游岛造势,筹备举办了2010年全县职工庆"五一"职工运动会及文艺晚会。9月下旬与县农电公司举办了庆"十一"职工文体活动。10月组成"保亭县职工体育代表团"参加了省首届职工运动会,并取得优异成绩。为了充分利用职工乒乓球馆这一活动阵地,开展职工业余体育活动,投入6.8万元,扩大完善了乒乓球的各项设施。

**【干部职工培训】** 努力提高工会干部职工队伍的业务水平,重点抓好干部职工的业务学习和工作锻炼,分层次、分类别、多渠道、全方位地开展培训,并按照先易后难、突出重点的原则进行分类推进。依托各高校和党校,开办领导干部高级研修班、一般干部专业培训班、年轻干部上岗培训班。加速提升年轻工会干部履职能力,选派干部职工12人次参加省总工会、县委、县政府举办的业务学习和技能培训,采取给任务、挑担子的办法,加强干部职工的业务锻炼,使干部职工在锻炼中提高自己,增长才干。

**【为民办实事好事】** 以求真务实的工作作风,深入到乡镇、非公有制企业基层工会进行调研,掌握第一手情况;深入到困难职工家中了解他们的工作生活情况,为职工群众排忧解难。根据实际,加强工会社区管理,建墙围、设大门、立灯光,还为特殊的困难职工解决帮扶资金近20万元。积极为农村工作驻点六弓乡奋发村委会7个自然村的建设发展出力,为社会主义新农村建设办实事好事。全年为奋发村委会投入4.2万元,用于建硬化水泥路70米及村委会换届会议。投入1.5万元为什玲村委会道果维修涵洞。10月全县遭遇强降雨,县总工会组织精干力量,配合县委县政府做好抗洪救灾工作,并积极向省总工会申请救灾资金3万元,用于帮助受灾职工安置。

(县总工会 供稿)

## 共青团保亭县委

**【简况】** 2010年,全县团员总人数4860人,基层团委13个,其中乡镇团委9个,学校团委3个,直属机关团委1个;团总支10个,团支部208个,其中农村124个,学校84个。团的组织机构设置基本上按照行政隶属关系,以单位独立建设为主,部分学校团总支因地区政策合并,也有少部分非公经济组织由于团员人数较少或其他原因,采取联合建团或挂靠建团,存在以行业系统建立团组织形式。

**【团组织建设】** (一)组织开展基层团委换届选举工作。县委组织部和团县委联合下发了《保亭县共青团系统2010年基层团委换届选举工作实施方案》(保组字[2010]23号),要求各乡镇党委政府推荐28岁左右的乡镇党政班子成员作为新一届乡镇团委书记人选。通过组织推荐和群众推荐等方式,推荐工作能力强,思想素质、业务水平高的青年干部作为乡镇团委书记的后备人选,为增强基层团组织的力量提供人才保证。(二)借助村级"两委"班子换届有利契机,大力推进村级团组织建设工作。团县委按照县委、县政府的工作安排,联合县委组织部,将农村(社区)团组织换届选举工作纳入村"两委"换届选举工作总体部署,明确村级团组织班子结构要求、村级团组织班子成员候选人基本条件,按照年纪轻、素质好、能力强、威信高的要求,鼓励青年致富能手、回乡大中专毕业生、大学生村官、农村"两委"后备干部大专学历班学员、中西部志愿者、年轻退伍军人、外出务工经商返乡青年和年轻的农村产业协会、经济合作组织负责人积极参与"两委"成员的竞争,并且争取成为村级团组织书记候选人。县财政按每个村(社区)500元的换届工作经费下拨,从而保障了全县村(社区)一级的团组织换届顺利完成。选举产生团支部书记62人,副书记25人,委员131人。新当选的团支部书记中,年龄最大的43岁,最小的23岁,平均年龄为33.4岁,大专以上学历11人,45人为村两委班子成员。

**【青年创业就业】** 2010年,团县委采取多种形式服务青年创业就业,营造鼓励青年干事业、支持青年干成事业的良好氛围,引导青年树立自主择业、自强创业的观念,整合社会资源对有创业就业需求的青年开展多层次、多形式的职业培训,拓展就业渠道,创造就业岗位,努力使青年获得充分的创业就业机会。(一)创建青年就业创业见习基地。团县委把青年就业创业见习基地建设做为整个促进青年就业的基础性工作来认真抓落实。与呀诺达雨林文化游览区、中国联通保亭分公司、海南君澜热带雨林温泉酒店、保亭岭南水果开发公司、保亭建来超市和保亭安踏专卖店等企业签下见习基地协议,为全县青年提供了300个见习岗位。(二)青年职业技能和创业培训。根据团省委2010年"促进农村青年就业创业——上海种都项目"实施方案的要求,组织一批学员参加上海蔬菜科技培训中心第16期培训,参训人员2名。7月,团县委联合就业局组织农家乐业主培训班1期,培训业主15人;组织农家乐服务员培训班2期，培训服务员213人次。8月，团县委联合县科协分别在加茂镇半弓村委会和响水镇大本村委会开展了3期农村青年适用技术培训班，培训青年农民757人。(三)青年创业贷款项目。通过印发服务卡片，发放宣传单等形式，追踪服务贷款创业青年，截至11月，全县共发放青年就业创业小额贷款服务卡片300张，发放宣传单650份，举办青年就业创业小额贷款人员培训班2期，培训人员189人，共向全县农村青年发放就业创业小额低息贷款224万元，受益青年224人。

**【少工委工作】** (一)加强“全团带队”工作。2010年团县委明确少先队工作在共青团事业中的基础地位，把少先队工作纳入团组织年度工作计划和工作考核体系，促进少先队工作的规范化、系统化。继续抓好少先队辅导员和少先队干部队伍建设，开展多形式、多层次、多方位的培训工作，形成合力，提高能力，创出工作特色，不断提高少先队干部队伍的工作水平和综合素质。(二)少先队辅导队伍建设。根据共青团保亭县委、保亭县教育局联合下发《关于聘任保亭县少先队总队、大队辅导员的通知》要求，在全县中小学聘任年轻优秀教师为少先队辅导员，并开展少先队辅导员岗前培训和在岗辅导员培训。(三)少先队工作社会化。积极承担党委、政府交办的青少年事务，把少先队工作与经济社会发展紧紧联系起来，在管理和利用好现有活动阵地的基础上，运用政府的、社会的手段，大力建设少年儿童课外活动的设施和阵地。

**【思想教育活动】** 团县委根据全县各中小学形势发展，不断丰富教育形式和内容，提高教育工作的针对性和实效性，并以主体团队日活动为依托，通过举办主题队会、报告会、演讲会等活动形式，进一步深入贯彻落实《中共中央国务院关于进一步加强和改进未成年人思想道德建设的若干意见》，结合新时期青少年发展特性和本地区实际，开展了多项内容丰富的和谐教育，使少先队员在生动活泼的活动中潜移默化地受到教育，切实提高了青少年的思想道德素质。(一)开展“我是国际旅游岛小主人”主题教育实践活动。团县委根据主题教育实践活动通知要求，在全县少先队中，以“我是国际旅游岛小主人”为主题举办了征文、绘画比赛，共征集到作品563篇(幅)，在思源小学部、保亭二小等7所小学举办演讲比赛。组织思源小学部的少先队150人走进街道、社区开展“讲文明，除陋习”宣传活动。向全县少先队辅导员发放《青少年旅游外语100句》，利用队日活动组织英语口语秀活动，以实际行动为国际旅游岛建设贡献自己力量。(二)开展“我向旱区捐瓶水”献爱心活动。根据琼团联字[2010]8号《关于组织动员广大共青团员和少先队员积极投身抗旱救灾斗争的通知》要求，团县委在全县中小学开展“我向旱区捐瓶水”献爱心活动，共收到3.2万元捐款。

**【志愿服务】** (一)配合国家卫生县城复检工作，开展文明劝导行动。为迎接国家卫生县城复检工作，进一步引导广大青少年积极投身于国际旅游岛建设中来，深入推进青年人的精神文明建设，展现青年人讲文明重美德的一面，团县委于3月28日开展了主题为“告别陋习、提升文明”青年志愿者文明劝导行动。在县交警大队的配合支持下，由12名志愿者担任的交通协管员来到各交通灯处，协助交警劝导非机动车和行人遵守交通秩序，倡导文明安全出行的好习惯。同时，来自县职业技术学校的108名青年志愿者在城管局的执法大队的配合下，走上街头劝导摊位乱摆乱放行为。(二)开展“6·26”国际禁毒日志愿服务活动。5月24日，团县委组织百名团干和禁毒志愿者组成宣传队进入城南、城北居委会，开展“禁毒宣传进社区”宣传活动。在活动中，团干和禁毒志愿者在社区张贴禁毒海报，对社区群众和外出务工人员、农民工宣传《禁毒条例》，向社区群众发放致“城市小区居民一封信”，向外出务工人员和农民工发放致“农村外出务工人员、外来人员一封信”及《禁毒条例》小册子。开展此次活动，旨在通过大力宣传《禁毒条例》内容、新型毒品知识及危害，使全县人民受到深刻的毒品预防教育，切实提高市民识毒、防毒、拒毒能力和禁毒意识,充分调动广大人民群众积极主动参与禁毒斗争。(三)举办2010年西部计划志愿者中秋座谈会。9月20日下午,团县委在保亭县红毛丹宾馆四楼会议室组织召开了西部计划大学生志愿者中秋座谈会,全县在岗服务的志愿者、团县委全体干部职工共47人参加了座谈会。新老志愿者作了工作心得体会交流。团县委向志愿者表达了节日的问候,对志愿者的工作进行了肯定和称赞,同时向志愿者们提出了希望。

**【青年文明号创建】** 开展"千号共建、争创双百"青年文明号服务国际旅游岛行动,以旅游业及相关现代服务业为重点领域,加大青年文明号创建力度。开展青年文明号微笑行动,评选"青年文明号微笑窗口"和"微笑使者"引导青年养成爱岗敬业、诚实守信的职业道德,立足本职岗位创造一流业绩。开展"百个微笑窗口"、"百名微笑使者"活动,按照团省委相关要求,及时制定方案,积极创建国际旅游岛旅游服务线。团县委牵头联合12家青年文明号单位,春节期间到什玲镇、保城镇组织开展"真情助困进万家 青春暖流共迎春"慰问活动。慰问当地特困户、孤寡老人、留守儿童、圆梦行动资助的贫困大学生、困难家庭优秀学生等困难群众群体,送祝福,帮助克服眼前困难,勉励贫困学生努力读书,并给每位慰问户送去了大米、食用油、春联及慰问金。活动期间共慰问困难家庭20户,送去慰问物资和慰问金合计8000元。

**【青年"建功成才"活动】** (一)启动青春建功国际旅游岛行动。1月19日,团县委组织500多名青年志愿者围绕国际旅游岛宣传、环境大整治、消防知识进千家万户等内容开展了统一行动日主题志愿服务活动。活动当天在县城主要路段悬挂青春建功国际旅游岛行动宣传横幅共30条、发放宣传单2000张。并在各学校、机关、青年文明号单位设立海南旅游岛志愿者注册点进行招募。(二)积极开展学雷锋便民活动。3月5日,团县委组织各单位团支部150多名团员青年,在县城举行学雷锋志愿服务活动,各单位团支部参加活动的青年团员上街为群众开展了医疗、维权、家电维修、农业技术等志愿服务,深受群众的欢迎,以实际行动大力弘扬和培育新时代雷锋精神,进一步推动学雷锋活动深入开展。(三)举办演讲赛活动。为贯彻落实《保亭黎族苗族自治县第六届科技活动月实施方案》文件精神,进一步普及科学知识、传播科学精神,提高全民科学素质,倡导低碳经济,推进国际旅游岛建设,营造全民参与的良好氛围,团县委联合县委宣传部等部门举办保亭县"树立低碳理念 创造绿色生活"中国移动杯演讲比赛。参加此次演讲比赛的分学生组和成人组选手共80人。通过预赛,最终成人组10位来自县各机关、企事业单位的工作人员和学生组11位来自县各个中学的学生进入决赛。选手们围绕"树立低碳理念创造绿色生活"的主题展开演讲,分别结合自身平时工作中的真人真事,诠释着节能减排的生动内涵。(四)组织抗旱救灾、抗震救灾、抗洪救灾活动。开展"我为灾区捐瓶水"活动,组织全县团员青年捐款3.2万元。配合县委、县政府组织开展抗震救灾活动。积极开展抗洪救灾和恢复生产工作。10月1—3日,保亭出现连续强降雨过程,10月2日,居住低洼地的保城镇城北居委会居民大队二队,由于排水沟堵塞,雨水引发的山洪不断冲进居住区,至晚上积水越积越深,浅的有80厘米,深的有1.5米左右,居住区变成了泽国。面对突如其来的灾情,团县委根据县委、县政府的指示精神,连夜组织25名青年志愿者积极参与抢险救灾工作。当晚安全转移被水淹的8户居民30多人,并妥善安置。

**【"希望工程"圆梦行动】** 2010年,利用各种载体开展活动,广泛动员社会各界为贫困大学新生奉献爱心。8月16日,县在移动公司保亭分公司篮球场举行了"2010年中国海南温泉嬉水节'浪漫七仙之约'爱心助学募捐仪式",组织从全国招募参加县嬉水节的77对情侣为县贫困大学生捐款,现场募捐资金7345元。8月25日,在槟榔谷风景区举行捐款仪式,现场募捐资金2.33万元。8

月29日在君澜酒店举行募捐仪式，现场募捐资金1.1万元。整个圆梦行动活动中，团县委共自行募集爱心助学资金14.26万元，资助贫困大学新生36人。

**【预防青少年违法犯罪工作】** 2010年，团县委联合执法部门，集中清理整顿互联网经营场所，严厉打击容纳未成年人进入或无证照经营的“黑网吧”，在全县未成年人中组织开展了“未成人拒绝网吧”行动，网吧专项整治行动开展以来，一批违法违规网吧受到处理，基本禁绝未成年人上网和无照经营现象，为未成年人上网创造了安全文明的网络环境。县预防青少年违法犯罪领导小组积极通过专题讲座、科普宣传等方式，对中小学生开展了远离不良文化教育活动，在全社会倡导健康文明的生活方式，联合县公安局成功举办了禁毒宣传日活动，在全社会招募了200名禁毒志愿者，在全县掀起禁毒宣传热潮，向全社会及广大青少年发出“拒绝毒品、远离毒品”的呼吁，发放宣传单5000余份，开展法律咨询、警示教育，在社会上引起强烈反响。6月，团县委、县政法委、县法院、县司法局等部门通过举办法制讲座和法制知识竞赛等活动，经常性地在中小学生中开展纪律法制教育，大力宣传《未成年人保护法》、《预防未成年人犯罪法》等与青少年成长成才相关的法律知识，建立社区青少年法律学校，不断优化少年儿童成长的社会环境，努力提高学生守法、护法、用法的意识和自觉性。

（团县委 供稿）

## 县 妇 联

**【概述】** 2010年，保亭县妇联围绕县委、县政府的中心工作以及省妇联下达的目标任务，发挥党开展群众工作的坚强阵地及深受广大妇女信赖和热爱的温暖之家作用，秉持党建带妇建，妇建服务党建的原则，坚持一手抓维权、一手抓发展，团结带领全县各族妇女，为建设和谐保亭、实现保亭经济社会又好又快发展，创造了新业绩，做出了新贡献。

**【妇女参政议政】** 抓住村“两委”换届选举的契机，实现了妇女100%进“两委”的目标。同时顺利完成县、乡（镇）、村三级妇联组织换届选举工作，特别是在全省率先完成村委会妇女组织换届选举工作，第一次采用选举方式产生258名妇代会干部。落实了乡镇妇联主席享受乡镇党政副职的生活待遇，将乡镇妇联工作经费列入了乡镇财政预算，将机关妇委会工作经费列入财政预算。

**【妇联干部能力建设】** 为了提高妇女干部的整体素质，县妇联着重加强妇联系统干部素质培训工作：一是加强学习交流，坚持理论联系实际的基本原则，6月3－7日组织县基层妇委会主任、乡镇妇联主席共计81名妇女干部赴广州、珠海、深圳学习考察；二是11月23－24日分别在什玲镇、新政镇举办两期2010年保亭县农村（社区）妇代会干部业务知识培训班；三是组织机关妇委会的主任、副主任共计14人于11月25日到三亚老马驿站开展拓展训练活动。

**【农村妇女“双学双比”竞赛活动】** 在“思想培训变观念、技能培训增本领”的主导思想指导下，继续组织好妇女科技月活动，通过举办各类培训班，不断提高农村妇女增收致富的能力。2010年共举办农用技术培训班5期，参加培训的农村妇女有356人次。全县共成立巾帼科技示范基地2个，农村妇女经济合作组织11家，涌现出一批懂技术、会经营、能致富的新型农村妇女，以典型示范带动妇女发展。如：保亭县保城镇黄春梅荣获“2010年海南省三八红旗手”；三道镇甘什村委会的女能手朱兰英荣获“全国城乡建功先进个人”。

**【城镇妇女“巾帼建功”活动】** 深化“巾帼文明岗”创建活动，促进广大女性立足岗位树立良好形象，在各行各业发挥了领头雁、排头兵的作用。如：县人民法院的杨臣兰荣获“全国维护妇女儿童合法权益先进个人”；县中国移动公司陈春怡荣获"2010年海南省三八红旗手标兵"称号;县教育局宁小庆、县妇联林露虹荣获"2010年海南省三八红旗手";县城管局环卫站荣获"2010年海南省三八红旗集体"称号。

**【文明家庭创建活动】** 突出以"孝"为核心的家庭美德建设工程,全面推进"五好"文明家庭、廉洁家庭、平安家庭等创建活动。联合县纪委于1月31日召开"树廉洁家风"领导干部贤内助座谈会,倡导领导干部家属以清廉的家风推动廉政文化建设。如:2010年保城镇城北社区荣获"全国创建学习型家庭示范社区称号";三道镇的黄玉强家庭荣获"全国五好文明家庭"称号。

**【维护妇女儿童权益】** 加强"12338"妇女热线服务平台建设,为妇女群众提供便捷的维权咨询服务。在全县挂牌成立17个家暴投诉站,开通家暴投诉热线。2010年,全县各级妇联共受理维权案件45宗,接待来访95人次,案件处理率达到95%。在禁毒宣传期间,组织妇女宣传队进入100个家庭,开展"不让毒品进我家"、"平安家庭"、"对家暴说不"等宣传活动。联合综治、公安、司法和民政等9个部门于12月3日在"巾帼文明示范村"新政镇毛政村,举办保亭全国"12·4"法制宣传日(游园)活动,深化"平安家庭"创建等法制宣传教育活动。

**【家庭教育】** 2010年,县妇联以未成年人思想道德教育为核心,切实履行指导和推进未成年人家庭教育工作的职责,开展"祖国伴我成长"主题教育系列活动。组织青少年到县青少年活动中心参观"保亭县革命英烈陈烈士"展览;举办以"祖国伴我成长"为主题的朗诵比赛,营造了有利于儿童思想道德建设的舆论环境,收到了良好的教育效果。

**【关爱困境妇女儿童】** 坚持开展关爱行动,帮扶困境妇女儿童。针对农村妇女创业、健康等需求,联合有关部门深入农村,抓好小额信贷财政贴息工作,此项工作在全省妇联系统评比中荣获二等奖。扎实推进妇女免费妇科病普查工作,在省妇联的关心支持下,省母婴健康快车走进保亭,为228名妇女做了免费常规妇科检查,其中有150名妇女自费进行"两癌"筛查。6月1日,联合县残联、团县委到保亭思源实验学校走访慰问13名留守贫困儿童、残疾贫困儿童。在省文明办、省妇联的支持下,在三道镇中心小学设立"农村留守儿童书屋"。

**【妇儿工委办公室工作】** 围绕妇女儿童发展纲要规划全面达标的目标,协助县妇儿工委进一步督导各成员单位未达标项目的实施工作,着力推动解决实施妇女儿童发展纲要规划中重点难点问题,建立完善保亭妇女儿童发展纲要规划监测数据库,逐步完善十年文字档案资料的收集整理。截至2010年12月底,县总体达标率为91.5%,比2009年6月督导时的66.1%,提高了25.4个百分点。

**附　2010年度保亭县先进单位和个人**

县人民法院的杨臣兰荣获"全国维护妇女儿童合法权益先进个人";三道镇甘什村委会的女能手朱兰英荣获"全国城乡建功先进个人";三道镇的黄玉强家庭荣获"全国五好文明家庭"称号;保城镇城北社区荣获"全国创建学习型家庭示范社区称号";保城镇黄春梅荣获"2010年海南省三八红旗手";县中国移动公司陈春怡荣获"2010年海南省三八红旗手标兵"称号;县教育局宁小庆荣获"2010年海南省三八红旗手";县妇联林露虹荣获"2010年海南省三八红旗手";县城管局环卫站荣获"2010年海南省三八红旗集体"称号。

(县妇联 供稿)

## 县工商联(总商会)

**【简况】** 保亭已注册的非公有制企业343家,从业人员3093人;个体工商户3754户,从业人员7118人。现有会员186人,其中企业会员39家,个体工商户会员146人,团体会员1个;非公有制经济组织中已建立党支部的5个，其中2个为联合党支部，中共党员107名，其中个体户5名，私营企业中102名。县第四届工商联(总商会)换届选举产生主席1人，副主席10人，秘书长1人，常委15人，执委32人。目前任县人大代表5人，县政协委员12人。工商联(总商会)机关编制(行政编)3人，其中副主任科员1人，科员2人，办公室1间(12平方米)，电脑3部，电话1部，2010年财政拨款工作经费1.5万元。

**【参政议政】** 积极组织工作人员深入企业调查研究，召开会员中的人大代表、政协委员座谈会，听取他们的意见和建议，并协助他们写好提案。会员围绕非公经济发展的热点难点问题撰写了《关于建立保亭县果蔬批发交易市场的建议》、《我县中小企业融资难问题和对策》等，共25件，大部分得到县委、县政府的重视和采纳。

**【搭建融资平台】** (一)积极向县委、县政府领导反映全县中小企业经济发展中的融资难问题，得到领导高度重视。县委、县政府专门召开全县企业代表座谈会听取意见和建议，出台《保亭县关于加快民营个体经济发展的若干措施和决定》，在县委第十一届委员会第三次全体(扩大)会议上通过。文件中提到：县政府每年在财政预算中安排100万元，用于扶持民营个体经济发展，解决融资难问题。(二)积极配合省工商联开展的“海南省民营100成长之路——市县行融资会”活动，组织一批诚实守信、依法经营、纳税良好的企业家，通过召开座谈会，与银行交流，为企业传递信息。在对接签约会上，新意橡胶公司、海南顺达生物工程有限公司等20多家民营企业与海南信联盛投资担保有限公司、金融部门签约贷款4600万元。海口担保公司为保亭新意橡胶公司贷款600万元，海南信联盛投资担保有限公司为海南顺达生物工程有限公司贷款650万元。目前融资达4000多万元，为县民营企业提供了帮助。

**【自身建设】** 县工商联(总商会)把加强自身建设当作一项重要工作来抓。为了提高商会班子和机关干部的综合素质，组织企业家参加省举办的各种培训班学习，不断提高商会班子的理论水平和工作能力。发挥班子作用，解放思想，与时俱进，开拓创新，求真务实，积极探索商会工作的新思路，努力开创工商联(总商会)工作的新局面。

**【回报社会】** 积极引导和鼓励民营企业树立“致富思源、富而思进”的思想，在发展中回报社会，树立良好的社会形象。全县非公经济人士在兴学助教、扶危济困、修桥补路等方面做出了重要贡献，得到社会各界的高度评价。据不完全统计，非公有制经济人士为玉树、舟曲等灾区捐款、捐物59万元。在县“嬉水节”活动中，非公有制经济人士捐款达200万元。此外，非公有制经济人士积极参加新农村建设，为周边农村修桥补路、打井、安装自来水、扶持种苗、建设文明生态村、解决就业等方面都做出了很大贡献。

(县工商联 供稿)

## 县科协

**【简况】** 2010年，保亭县科协以科学发展观为指导，以建设海南国际岛为契机，紧紧围绕县委县政府的中心工作，以“打造全省低碳发展实验区，争创国际雨林温泉旅游县”的发展理念和“打造保亭四佳一珠”的基本思路，认真贯彻实施《全民科学素质行动计划纲要》，积极开展科技培训工作，广泛开展科普宣传活动，深入推进科技示范推广工程和学术学会工作，成效显著。

**【组织机构建设】** (一)建立宣传队伍。在全县9个乡镇及城南、城北2个社区设置科普活动室，配置科普宣传员，负责各乡镇及社区的科普信息传达工作。还与团县委联合，在医院、青少年辅导员、农业科技等工作岗位筛选40名科普志愿者，在科技活动月、科技下乡、科普日等科普活动中，带领科普志愿者参加科技咨询、科普讲座、现场辅导等科普宣传活动达14次。(二)加强思想教育宣传工作。积极在干部职工中开展党课教育,党风廉政教育以及干部选拔任用工作条例等学习活动,积极培养干部职工的职业理想和职业道德,增强工作紧迫感和责任心。(三)以“学习型党组织建设”活动、“创先争优”、“投资环境优质服务年”作风建设等活动为契机,广泛征求意见,开展专题大讨论,查找思想作风、工作作风等方面存在的突出问题,结合实际开展深化主题见行动活动,积极组织干部职工深入基层调查研究,了解农民急需解决的热点难点问题,帮助群众解决生产生活中的困难。

**【实施《全民科学素质行动计划纲要》】** 县科协高度重视全民科学素质纲要工作,有效形成了“主管领导亲自抓”、“分管领导具体抓”、“责任部门具体抓”的良好工作局面,建立健全实施《纲要》工作机制,制定实施方案和工作计划,围绕深入贯彻落实科学发展观,开展“节约能源资源、保护生态环境、保障安全健康”主题活动;深入全县9个乡镇进行公民素质调研,填写公民素质调查问卷500份;为迎接省来县实施全民科学素质行动计划纲要工作进行检查,县科协按照省有关文件精神,要求各成员单位上交年度素质纲要总结,并做好自查工作,5月向省上交了自查报告。

**【青少年科普工作】** 积极协同县教育局,在全县各中小学校开展一系列的青少年科普活动。(一)抓好县青少年科普工作领导组织建设和完善科技辅导员队伍建设。(二)组织各中小学校开展《节能减排》、《了解太阳》、《了解科普知识,养成文明习惯》等科普图片展19场,观看者达5000多人次;面向青少年开展系列科普活动,开展科普讲座4场,参加讲座人数2200多人。(三)开展“七巧科技”系列活动。首先是给中小学校赠送智力七巧板科普教材833套;其次是聘请专家培训科技辅导员,并针对不同年龄段的学生进行“七巧科技”培训。(四)认真组织开展青少年参加省组织的各种科技活动。在年内举行的第22届海南省青少年科技创新大赛中,保亭学生在优秀少儿科幻绘画方面获得全国三等奖的1名,全省一等奖的2名,二等奖的2名,三等奖的3名;参加“科普小先生”演讲比赛的就有3名获得省优秀奖,参加威盛中国芯计算机比赛,有1名学生获得全国三等奖,7名获得优秀奖。

**【科技培训】** (一)设立服务电话,开展科技“110”服务工作。为了方便群众,县科协在办公室开设科技咨询、指导服务电话(83669534),全年共接到荔枝、龙眼、芒果、红毛丹、水稻等咨询电话15个,其中请求到实地指导的8个。接到每个咨询电话后都及时派出有关技术人员到位指导解答。积极组织科技人员深入乡村、田间地头、山坡园地进行技术指导,为农民、专业户解决科技难题。(二)认真抓好“四送一训”科普惠农活动。配合省科协与相关单位,率先在全县9个乡镇实施“四送一训”科普惠农活动,整个活动有组织、有领导、有方案、有措施、有重点,并突出在落实上下功夫,从而整个活动收到了预期的效果。在“四送一训”科普惠农活动中,科普工作队共进入36个行政村265个村民点,开展培训水稻、龙眼、瓜菜等农作物的栽培技术及病虫害防治技术、测土配方等实用技术为主要内容的集中培训18场次,培训农民5421人。此次活动从4月20日开始至4月28日结束,历时9天,全县免费赠送肥料271户,发放叶面肥600瓶,发放科技资料6180份,发放科技光盘3007张。(三)结合春、冬季下乡送科技活动,联合县有关职能部门针对不同的农业季节、不同的专业户进行技术培训。联合农业、科工信、农技、热作、畜牧局等部门,举办瓜菜,橡胶、养殖等各类技术培训班19期,受训农民1688人次;举办县16－20岁农村青年实用技术培训10期,受训农民约850多人次;组织技术人员深入乡村举办技术培训班6期,培训农民400多人次;开展科技咨询6场,前来咨询的农民达500多人次。(四)组织开展第六届科技月活动。在第六届科技活动月期间,围绕“服务国际旅游岛,携手共建创新型国家”为主题,在县城街道及9个乡镇开展了科普宣传活动。活动期间设有科普图片展与果树栽培图片展等,还给群众发放科普小册子与图书资料,宣传各类科普与科技活动的相关知识，群众参与热情度高，活动现场热闹非常。至活动结束，参加活动的群众达5000多人次，共发放有关书册和资料4000多份。（五）做好灾后的生产自救和科技培训活动。针对10月持续强降水给全县多个乡镇造成的水灾和地质灾害，制定切实可行的灾后生产自救科技培训计划，并于7月8日带领技术专家在大本村委会举办了水稻灾后田间施肥管理培训班。授训人数65人。由于专家讲得好、讲得细，农民听得懂、用得上，收效良好，深受欢迎和好评。

**【科普示范】** 实施“科普惠农兴村计划”，以创建科普示范村、农村科普示范基地、优秀农村专业技术协会为载体，以带动农民科技致富为目标，开展科普示范创建活动。目前，全县已建设农村专业技术协会12个，已向省科协推荐申报先进农村专业技术协会、农村科普示范基地4个，推广新技术、新品种18个，培育科技示范户740户。响水镇大本标准化高效农业示范基地还获得省科协与省财政局联合表彰的2010年海南省“科普惠农兴村计划”农村科普示范基地称号，科普示范成效显著。同时，协会还做好“四送一训”科普惠农活动示范户的回访工作，使农民群众真正掌握“四送一训”的栽培技术及有机肥的使用技术并加以推广，真正起到辐射带动作用。

**【科普宣传】** 会同职能部门深入乡村、农场巡回宣传《中华人民共和国科学普及法》、宣传党的科技方针政策、文明大行动活动和科普知识，向农民和社区居民举办大型科普图片展6场，科普宣传挂图165幅，前来观展的农民、学生、市民达8000多人次。协同农技、畜牧、热作等职能部门编写荔枝、龙眼、红毛丹、养猪、养鱼、养鸡等各类种养技术资料8种5000多册(份)发放给农民，同时发放宣传资料6000多份，发放其他科技书籍2000多册。针对部分“法轮功”等邪教组织利用自然灾害制造散布谣言，蛊惑人心的情况，配合相关单位，在县政府广场、新星农场广场等场所有针对性地开展反邪教宣传教育活动，进一步弘扬科学精神和社会正义。与县广播电视台共同开办“科普大篷车”电视栏，至今已播出190期。为加大宣传力度，又与县电影公司合作，精心打造以科普为内容的电影版《科普大篷车》下乡电影放映宣传，普及版每月9场，每场20分钟，全年108场。通过对农民进行农业实用技术的教育和推广，全县大众传媒科技传播能力进一步增强。

**【驻点帮扶】** 县科协驻点加茂半弓村委会，进行具体帮扶工作。组织驻村干部深入调查村民沼气池建设情况，帮助符合建设沼气池的农户列入扶持建池对象，帮助农户建立沼气池8户，基本完成沼气池帮扶任务；出资6000元帮助村委会修建铁门，完善其基础设施建设；出资1000元帮助村委会开展“两委”选举工作，使村级换届选举工作已圆满完成；出资1万元购买化肥82包赠送半弓村委会及响水大本高效农业示范基地；帮助半弓村委会修建村路。将半弓村委会作为芒果示范基地，帮助别的镇、村委会建立芒果行业协会。同时，协助半弓村委会扎实开展农民增收、计划生育、建设扶贫和抗灾等中心工作，完成了各项任务，受到领导和群众的好评。

（县科协 供稿）

# 军　事

## 保亭黎族苗族自治县人民武装部

**【简况】** 2010 年,保亭黎族苗族自治县人民武装部党委坚持把思想政治建设摆在首位,深入开展创先争优活动,紧紧围绕培育当代革命军人核心价值观和建设学习型党组织、效率型武装部机关的要求,大力加强党性教育、反腐倡廉教育、干部作风纪律教育和反对“四个不正当”教育,突出提升干部队伍能力素质;结合新形势新任务,积极推进国防动员和后备力量建设创新发展,通过组建普通民兵连探索民兵队伍“八个能力”建设路子,创新社会管理新模式,不断增强民兵预备役战斗力和遂行多样化非战争军事任务的能力,武装部干部职工和 920 多名民兵预备役人员积极参加抗洪抢险,始终战斗在抗洪抢险和灾后重建第一线,有效地发挥了桥梁纽带和“生力军”、“突击队”作用,展示了广大民兵“召之即来、来之能战、战之能胜”的良好形象;坚持公开、公正、公平的廉洁征兵和依法从严治军,突出人员、车辆、武器弹药和以保密为主要内容的“六脱两管”工作,较好地完成了年度各项工作任务。武装部被县委县政府评为“文明单位”,政委刘文明被海南省军区评为“抗洪抢险先进个人”、被海南省委省政府评为“抗洪抢险救灾先进个人”,后勤科长郭树议荣立三等功。

**【党管武装工作】** 12 月 24 日,县委书记、县武装部党委第一书记郑作生参加海南省党管武装工作述职暨“党管武装好书记”表彰会议并在会上作党管武装工作述职发言。12 月 30 日,县委和县武装部组织召开全县基层党管武装工作述职大会。各乡镇、农场、试验站 14 名党委书记(副书记)在会上作党管武装工作述职。县委、县政府、县委组织部、县委宣传部、县委政法委、教育局、民政局、国土局、公安局、检察院、法院、县国防动员委员会成员单位、驻县军警部队领导和专武干部,共 58 人参加了党管武装工作述职大会。12 月 31 日,县委常委召开“议军会”,研究县武装部党委提出的“议军会”议题并形成决议:(一)县财政拨付 10 万元用于辖区内国防工程和军事设施维修保护,并列入年度经费预算;(二)县武装部要进一步加大基层专武干部培训教育力度,提高专武干部思想和业务素质;(三)县财政预算 560 万元启动资金用于县武装部办公新区建设;(四)县委县政府领导特别是党政主要领导要进一步关心武装工作,挂钩联系乡镇工作的领导,要检查指导武装工作,尽力解决基层武装工作中的问题和实际困难。

**【理论学习】** 县武装部党委坚持把胡锦涛主席关于新形势下国防和军队建设重要论述作为学习内容,突出抓好党委中心组理论学习和干部自学,分段集中 24 天时间,完成了六个专题的理论学习。通过参加理论读书班培训、录像辅导和读原著,进一步加深了党员干部对军队建设贯彻落实科学发展观、建设学习型政党和学习型党组织、推进马克思主义中国化时代化大众化、提高军队党的建设科学化水平、党的十七届五中全会精神的认识和理解,进一步坚定了党员干部高举旗帜、听党指挥的理想信念。

**【民兵整组】** 3 月中旬,县政府和县武装部召开民兵整组工作会议,围绕省军区赋予的民兵整组任务,按照利于组织、利于机动、利于应急、科学合理的工作思路进行整组任务部署。5 月中旬,海南省军区工作组对保亭县民兵整组、军事训练和民兵应急分队建设进行检查考评，综合考评得90分。

**【专武干部业务培训】** 5月14日，县武装部在保城镇组织召开从非军事部门直接招收士官工作和民兵分队点验现场观摩会，通过以会代训的形式对18名专武干部进行业务培训。9月底，根据省军区指示要求，组织10名专武干部进行动员业务理论、常用文书拟制、“四会”教学和手枪实弹射击考核，成绩良好。

**【民兵预备役建设】** 7月2日，县武装部组织新星农场、金江农场、三道农场、保亭热作试验站、海南橡胶集团金江分公司和农垦公安局保亭分局12名主要领导和专武干部，召开农垦改革改制形势下加强和提高民兵预备役质量建设问题进行研讨，探索方法路子。

**【普通民兵连建设】** 7月，县武装部根据海南省军区赋予保亭组建普通民兵连抓民兵队伍“八个能力”建设先行试点任务，在保城镇毛介村组建了80人的普通民兵连，在海南省军区首长机关的指导下，县武装部和保城镇党委政府扎实抓好经常性教育训练，民兵思想觉悟和能力素质得到了较大提升，初步形成了遂行完成任务的能力，8月份，保城镇毛介村普通民兵连派出260人次参加“中国海南七仙温泉嬉水节”安全保卫和维护秩序工作，完成任务出色，受到嬉水节活动组委会和群众好评。

**【学生军训】** 8月下旬和9月初，县武装部组织18名退伍军人和专武干部，为保亭中学18个班900多名学生和保亭思源中学28个班1500多名学生，进行为期一周的军训。

**【抗洪抢险】** 10月1—8日，保亭和全省大部分地区普降暴雨，形成严重洪涝灾害，县武装部迅速启动抢险救灾应急预案，及时组织干部职工和广大民兵预备役人员投入抗洪抢险，出动现役干部7人、民兵920人，参与了加茂镇共村水库抢险，开挖泄洪渠1条，加固水库大坝3座，疏通小堰塞湖1个、溢洪道3条，清理公路山体滑坡10处、泥土350多方，排除果园积水300多亩，直接减少经济损失400多万元。县武装部政委刘文明被海南省军区评为“抗洪抢险先进个人”，同时，和加茂镇武装部部长王云被海南省委省政府评为“抗洪抢险救灾先进个人”。

**【征兵工作】** 10月15日，县政府和县武装部组织召开全县冬季征兵工作会议，县政府领导、县征兵领导小组成员和各乡(镇)长、农场负责武装工作的领导、派出所所长及专武干部共70人参加了会议。会议调整了县征兵工作领导小组成员、部署了冬季征兵工作任务，县征兵工作领导小组组长、县长彭家典与各有关单位签订了征兵工作责任书。经过两个月的宣传发动、报名、体检和政审，43名双合格青年(含3名女青年)被批准参军入伍。

**【革命传统教育】** 5月14日，结合纪念海南解放60周年，县委宣传部和县武装部联合举办全县青少年革命传统教育报告大会，邀请琼崖纵队老战士、原海南军区政治部顾问符树森作革命传统报告，800多名中学师生和专武干部参加了报告会。7月1日，全国战斗英雄陈理文铜像安放和陈列馆开馆仪式在县青少年文化宫举行。海南省人大常委会副主任符桂花、陈理文的亲属和300多名干部群众、青少年学生参加了开馆仪式，标志着保亭又一个爱国主义教育基地落成。

**【拥军工作】** 春节和“八一”前夕，县委、县政府组成由县委书记郑作生、县长彭家典为正副团长的拥军慰问团，先后慰问驻三亚市、五指山市和本县军警部队共8个单位，与官兵召开座谈会并赠送慰问金和慰问品。9月份，县长彭家典带领拥军慰问团慰问在保亭驻训的某炮兵团和某预备役高炮团官兵，给官兵赠送慰问金和生猪、食用油、水果等慰问品，并观摩了官兵军事科目表演。

**【惠民工作】** (一)向灾区献爱心。4月份，县武装部两次动员15名干部职工向青海省玉树地震灾区献爱心活动,共捐款5310元,通过红十字会转交玉树灾区。(二)支援新农村建设。4月24日,县武装部出资1万多元为南林乡罗葵村委会购买了电脑、打印机、复印机和桌椅等办公用品,方便了村委会办公。(三)资助贫困大学生。8月30日,保亭8名贫困大学生受到海南省军区每人5000元的资助,海南省军区还组织贫困大学生到部队参观学习、接受国防教育。

**附:军事大事记**

△4月22日,县武装部召开干部任职交班会,海南省军区副参谋长陈海深宣读广州军区干部任职命令,县武装部部长李松佳退出现役转业地方工作,海南某陆军预备役步兵师司令部通信科科长王光鑫任保亭黎族苗族自治县武装部部长。

△7月27日,中央军委委员、总参谋长陈炳德上将,在广州军区司令员徐粉林中将、政委张阳上将和海南省军区司令员黎仕林少将、政委刘鼎新少将陪同下,来保亭县视察。

△8月17日,海南省委常委、海南省军区政委刘鼎新少将到来保亭县保城镇毛介村检查指导普通民兵连"八个能力"建设。

(刘文明 供稿)

## 武警保亭县中队

**【支部建设】** (一)支部始终把班子建设摆在突出位置来抓,不断提高班子带部队能力,始终把抓好理论学习作为头等大事,采取支委中心组带动战士学习等形式,严密组织理论学习和课题攻关,确保学习教育"四落实"。注重加强民主集中制经常性建设,不断提高班子议事决策水平,支部班子凝聚力和战斗力进一步增强。(二)落实组织生活制度。坚持每月第一周上理论课、第二周上党课、第三周对党内出现的一些问题进行研究、第四周召开会议对重要情况进行讨论分析决定。坚持周五党团活动、每月讲评党员制度、每两月思想汇报、每半年开一次民主生活会。通过一系列党内组织生活制度,提高党员觉悟、培养党员的严谨作风,强化党员表率作用,提高党员威信。

**【思想政治工作】** 中队把思想政治建设摆在各项工作的首位,加强思想政治建设。(一)吸取青海总队"2·23"案件教训,扎实开展"治三松、严纪律、保安全"教育整顿、"5·7"警示教育活动和新条令学习活动,以"学条令、查隐患、保安全"为主题,以直属单位和干部士官为重点,大力整治条令意识淡化、内部关系不和谐、违规使用手机、工作不尽心、作风不严谨等突出问题。深入开展"五个过一遍"活动,突出人车枪弹酒、水火电毒密、小散远直差等重点部位隐患排查治理,加强特殊时期部队管理。(二)着眼"三个确保"时代课题,按照"三个紧贴"要求,认真学习贯彻新颁发的《政工条例》、《思想政治教育大纲》和《经常性思想工作实施意见》。深化巩固第三批学习实践科学发展观活动成果,推动学习实践活动向深度延伸、向广度拓展。精心筹划组织,坚持领导集中上大课,指导战士上好小课等形式抓好核心价值观教育。积极发挥板报、橱窗、小广播等载体作用,营造浓厚氛围,开展参观红色基地、瞻仰烈士陵园、唱红色歌曲、看红色影视,读红色书籍、写励志格言、组织仪式庆典、官兵畅谈核心价值观等配合活动,增强吸引力和感染力。(三)涉及重大敏感问题和官兵切身利益问题,坚持实行名额、条件、程序、标准和结果"五公开",不搞"暗箱操作",以公开求公正、以公正求公平、以公平赢得兵心,努力营造舒心顺气环境和氛围。努力改进支委作风,支委成员带头落实日常制度,注重点滴养成,自觉实行"五同",给战士做出榜样。(四)开展周末文化活动,丰富官兵业余文化生活。加强硬件建设,协调地方政府和支队宣传股,为中队配发台球桌、乒乓球桌、篮球、足球等文体器材,另添加十台电脑,满足电脑兴趣小组的学习欲望。中队成立了"篮球"、"街舞"、"棋牌"、"计算机"4个兴趣小组。

【完成中心任务】 中队加强对勤务的训练，进一步正规勤务秩序，确保目标安全。(一)加大勤务教育，提高官兵忧患意识。认真吸取“2·23”案件的惨痛教训，加强警惕性教育，针对春节、五一，官兵思想容易出现松懈、犯情动态复杂等特点大力开展忧患意识教育，有效解决了“站和平哨”的思想，官兵警惕性有了较大的提高。(二)严格落实“三员一兵一组”值班执勤暂行办法。根据总队、支队关于落实“三员一兵一组”值班执勤暂行办法有关通知精神，中队投入2万余元，在备勤室设置了职责牌、执勤方案图、报警系统、应急灯、监控等器材设备，不定时对备勤小组进行紧急拉动，有效促进了备勤工作落实。(三)加强训练，中队根据新大纲训练力度主要对情况处置、哨兵反袭击进行训练，提高哨兵的处置能力，打牢执勤能力基础。认真搞好新兵岗前培训，组织新兵熟悉目标单位组织机构、任务性质，熟悉目标结构、内外地形地物情况，熟悉周围敌社情和社会治安情况，熟悉目标执勤和“处突”方案，了解与联防单位的联络方法。(四)严密组织，临时勤务完成出色。目前，中队已圆满完成各项临时勤务17起，动用兵力89人次。博鳌年会勤务、东方驻训维稳任务、保亭地区的警卫勤务、“三月三”大型歌舞晚会和“五四”晚会、高考试卷保密、海南嬉水节、国庆安保等勤务的圆满完成，受到上级领导赞誉。

【部队正规化管理】 中队抓住从严治警不放松，坚持依照条令条例，严格内部管理，中队正规化建设水平明显提高。(一)认真贯彻中央军委关于“从严治军”和信息安全保密等一系列指示精神，进一步规范手机使用管理，减少官兵不必要的对外交往，防止军事秘密泄露，以确保部队内部安全稳定。依据条令条例和总队、支队关于手机使用管理规定，结合中队实际，制定相关措施。(二)结合学习贯彻新修订的正规化管理规定，加大正规化建设力度，对中队生活制度、人员管理、内务设置、库室门牌图表等进行全面规范统一，部队正规化管理水平有提高。(三)以上级关于学习贯彻新条令指示精神和总体部署为依据，坚持以学条令、知条令、考条令、用条令为重点，通过制定战士应知应会常识理论手册，营造氛围、逐条学习、对照整改、检查考核、通报讲评等方式，进一步提高广大官兵条令意识，增强纪律观念，有效规范部队秩序和提高战斗力，确保部队高度集中统一和安全稳定。(四)开展士官量化管理，制定相关制度：述职制度，每半年一次；评议制度，每季度一次；整顿制度，每半年一次；讲评制度，每季度一次；考核制度，每月一次(中队普考)；奖惩制度，综合考评优秀的优先给予立功受奖，优先选取高一期士官，对不称职的，留用查看，推迟一年提高工资档次，并视情况给予纪律处分，或其它处理。

【后勤规范化管理】 牢固树立后勤就是服务的思想，兵马未动粮草先行，进一步强化后勤工作的重要性，坚持以人为本，面向部队长远建设和任务需要，抓好基层“四项设施”配套，突出质量，强化管理，加强应急保障训练，搞好经常性保障工作，提高后勤综合保障能力，努力实现“后勤保中心有力，服务官兵高效”，圆满完成各项任务。发挥现有后勤装备的使用效能。中队把提高现有设备的效能放在优先位置，改变过去重建设轻管理、重使用轻保养的现象。对营具实行营产营具包干责任制，谁使用、谁管理、谁维护。成立维修小组，定期对各种营产营具进行检修，发挥现有装备的最大效能。

(武警保亭县中队 供稿)

## 保亭县公安消防大队

【简况】 保亭县公安消防大队现有官兵28人，其中干部9人，战士19人；有执勤车辆7辆，行政车3部。2010年，大队以努力创建一支“忠诚可靠，服务人民，竭诚奉献”消防队伍为工作目标，狠抓党建工作和干部队伍素质能力建设，圆满地完成以防火、灭火和抢险救援为中心的各项工作任务，为构建和谐、平安保亭创造了良好的消防安全环境，受到各级领导的好评。

**【灭火救援】** 全年共接警105起,其中扑救火灾33起,抢险救援和社会救助72起,出动车辆177辆次,出动官兵780人次,抢救被困人员25人,疏散人员128人,抢救财产价值1501.2万元,圆满完成了博鳌亚洲论坛年会、"0132"、"0145"、"0135"、"0155"号领导视察、中国海南七仙温泉嬉水节、海南岛国际公路自行车赛保亭赛段等消防安全保卫工作,受到了县委、县政府、县公安局的充分肯定及广大人民群众的好评。大队被中国海南七仙温泉嬉水节组委会评为"嬉水节安保先进单位",一人被评为先进个人。

**【消防监督执法】** 2010年,大队以构筑社会"防火墙"为主线,以全面消除火灾隐患为目的,进一步加大执法力度。全年共检查单位(场所)480家次,指导派出所消防工作22次,发现火灾隐患82处,消除火灾隐患82处,下发《责令改正通知书》38份,临时查封1宗,立案处罚13家,下发行政处罚决定书13份,罚款10.63万元,目前所罚款项全部到位,罚款数额为历年最高,有效地消除了一大批火灾隐患和消防违法活动,确保保亭火灾形势持续稳定。把开展火灾隐患排查行动作为构筑"防火墙"工程的一个重要方面来抓,先后提请政府组织开展"人员密集场所、高层建筑专项整治"、"建筑消防设施专项治理"、"学校、幼儿园及周边消防安全专项治理"、"油气化工企业专项整治"、"火灾隐患排查专项整治"、"中秋国庆消防安全大检查"、"冬季火灾防控检查"等专项行动,共检查单位(场所)256家次,下发《责令改正通知书》28份,消除火灾隐患60余处,罚款5.49万元。根据省公安厅的统一部署,从11月5日上午9时至11日上午9时,开展了代号为"利剑行动"的专项整治行动。期间,全县共出动警力266人次,共检查单位189家,临时查封1家,罚款1.1万元,有效地改善了全县消防安全环境,达到了开展"利剑行动"的预期效果。开展消防产品专项治理,净化产品市场。大队从年初就将开展消防产品监督管理工作纳入监督执法工作的一项内容,以开展建筑消防设施专项整治和在建工程专项整治为契机,加大对使用消防产品的监督管理。全年共查处不合格消防产品行为5宗,罚款5500元。

**【技战术训练】** 大队根据现有人员,重新调整各岗位分工,确定班长、战斗员、供水员、驾驶员、通讯员分工,充分发挥各人特长,因材定岗;要求各岗位人员熟悉岗位职责,按照多能一专的原则,在掌握基本消防技能的基础上,熟练掌握本岗位相关的器材装备,做到"知性能、懂操作、会保养、能维修",充分发挥装备器材的作用。结合辖区特点和大队情况,深入开展技战术训练。在战术训练中,把训练和实战需要紧密结合起来,运用想定作业等方法,锻炼官兵对技战术的灵活应用能力,有效地促进了部队战斗力的生成。

**【攻坚队伍建设】** 大队成立了业务过硬、作风顽强的攻坚队伍,积极拓宽思路,多方筹措资金落实器材装备,并制定详细周密的训练计划,定期组织考核评比。在全省铁军比武竞赛中,能够积极向先进中队学习,勇于拼搏,有些脚扭了、腰伤了,仍然坚持训练,没有一人打退堂鼓。

**【实战演练】** 在广泛开展"六熟悉"的基础上,大队结合拟定的重点单位作战预案,先后组织官兵对保亭中石化液化气站、保亭农贸市场、保亭中学、万家惠超市等重点单位进行实兵、实装、实地灭火演练。通过开展重点单位演练战术大讨论,要求每名干部、班长都要有自己的作战方案,有自己的战术指导思想,然后会上讨论、挑毛病、提意见、总结归纳,得出最实用、有效的作战方案;在演练中进行随机变换班组任务、减少班组人员、增加班组任务难度、变换指挥员等方法,以达到指战员、车辆、器材的最优化组合,提高各班组独自作战能力和协同作战能力,提高部队在夜间及复杂条件下的灭火实战能力,确保灭火救援做到"迅速、及时、高效",使部队灭火救援能力得到实战检验。

**【消防宣传】** 新一届党委班子高度重视宣传工

作，先后斥资2万元用于购置和更换宣传器材装备，并多次组织大队宣传人员到电视台进行学习培训。2010年，大队在宣传报道方面，亮点纷呈，共刊发各类稿件518篇，排在全省各市县大队前茅。其中公安部消防局信息网10篇，总队信息网487篇，县电视台14篇，《法制时报》7篇，其中题为《七仙岭下，消防铁军展雄风》(2010年8月19日第16版)以整版面刊发。大队还充分利用政府、学校的LED显示屏滚动播放消防宣传公益广告。结合博鳌国际旅游论坛、博鳌亚洲论坛、上海世博会、广州亚运会、残奥会、环岛自行车赛、世界小姐总决赛等各项保卫任务和构筑社会消防安全"防火墙"工程、建筑消防设施专项整治、集中开展火灾隐患排查整治专项行动、"利剑行动"等专项整治及"119消防宣传日"等重大专项活动，在全县主要街道和重点单位门前统一要求悬挂消防横幅250多条。在新闻媒体曝光各类火灾隐患单位6家次。组织宾馆酒店、景区景点、设置建筑消防设施单位和易燃易爆单位等员工培训4期，培训人员350多人。

**【部队建设】** 2010年，大队党委抢抓机遇，克难而进，负重向上，努力拓宽经费来源渠道，加大了消防经费投入，着力解决过去消防发展滞后的不利局面，实现了历史性的突破和发展，部队营房建设、消防装备、官兵待遇、后勤保障等方面不断改善，火灾预防和灭火救援工作得到了有力的后勤物质保障，消防部队的综合战斗力得到了进一步提升。(一)创新聚财思路，夯实经费基础。大队深入贯彻落实财政部300号文件及《武警海南省消防部队消防业务费管理实施办法》，多次向县委、县政府汇报，积极推动财政部门制定消防业务经费保障标准，逐步建立起适应消防工作发展的经费保障机制。2010年财政预算为347.5万元(消防业务经费147.5万元；营区一体化建设200万元)，消防官兵高危行业补贴、意外伤亡保险、后勤保障社会化均已列入财政预算，财政预算指标达到总队综合标准的223%。年内，财政已拨业务经费491.38万元，下拨经费达141%。其中，消防业务经费66.5万元，专项经费76.6万元；城市设施配套经费50.98万元；罚没返还6.3万元；一体化建设经费291万元。业务经费的增长为部队进一步加强灭火救援工作，切实改进部队后勤保障打下了坚实的基础。(二)消防装备建设水平实现飞跃。2010年，大队预算严格按照总队"消防装备建设经费占消防事业费比例不低于40%的要求"，全年投入59.11万元用于购置消防器材装备。其中细水雾消防车配套经费10万元，个人防护装备3万元，上半年器材装备购置费24.62万元，集中采购器材装备8.65万元，下半年器材装备购置12.84万元。12月14日，县政府五十七次常务会议研究通过追加大队44.91万元油气化工器材装备购置经费。海南闽庄园房地产开发公司决定为大队购置举高消防车，目前已签订合同，12月底将到位。(三)营区"一体化建设"取得新进展。今年来，大队紧紧围绕大、中队一体化建设的总目标，争取财政预算经费200万元，完成地质勘探、图纸设计、项目预算、土方平整、报建报审、招标投标等工作，并于9月7日与江西省第一房屋建筑公司签订建筑工程施工合同，9月8日开工建设。在新的大队班子成立以后，又争取到91万元追加款，为一体化建设提供了有力的资金保障，主体工程预计2011年1月15日竣工。(四)城市消防基础设施建设得到完善。2010年，大队争取财政城市消防栓建设经费10万元，社会主义新农村建设8万元。投入9.8万元新建市政消火栓25个，新建道路市政消火栓占应建数的100%。按照《保亭县农村消防建设标准(试行)》的要求，投入7.59万元进行社会主义新农村建设，县2个社区消防服务站和80%的行政村消防建设要达到建设标准的要求。(五)和谐警营建设取得新成效。大队努力加强部队基层基础设施建设，把经费倾向基层，把官兵的利益放在第一位。共投入1.8万元为中队官兵安装太阳能热水器；1万元用于官兵体检开支；1.6万元分别为官兵购买球衣、球鞋；2万元购买大、中队家具；6.5万元购置电脑。目前，基层"五个一"工程建设全部完成，电视、空调、计算机配备到班，为官兵发放高危行业补贴、办理官兵意外伤亡保险，部队的凝聚力和战斗力明显提高，和谐警民建设效果明显。(六)后勤保障有力。大队高度重视消防业务基础工作,建立后勤保障机制,确保经费足够,并落实到位,思路上有所创新,方法上敢于改进,推动了消防工作和部队建设跨越式发展,部队面貌发生了可喜的变化:官兵综合素质明显提高;队伍整体战斗力明显提高;部队正规化管理水平明显提高;消防执法水平明显提高;重特大火灾事故得到有效遏制。

**附　2010年度保亭县公安消防大队所获表彰及先进个人:**

2010年度消防事业费增长先进单位(授奖单位:海南省公安消防总队);2010年度装备建设先进单位(授奖单位:海南省公安消防总队);2010年度安全工作先进中队(授奖单位:海南省公安消防总队);2010年度"五无"创建活动先进单位(授奖单位:海南省公安消防总队);2010年度消防产品监督管理工作先进单位(授奖单位:海南省公安消防总队);2010年度工作先进单位(授奖单位:海南省公安消防总队);2010年度安全工作先进个人:余创杰(授奖单位:海南省公安消防总队);2010消防产品监督管理工作先进个人:杜绍魁(授奖单位:海南省公安消防总队);2010年度记功嘉奖:庞学平(三等功)(授奖单位:海南省公安消防总队);2010年度"十佳"优秀地方大学生干部:庞学平(授奖单位:海南省公安消防总队);2010年度优秀警官:陈克钧(授奖单位:海南省公安消防总队);2010年度红旗车驾驶员:李亚亮(授奖单位:海南省公安消防总队);2010年度优秀士兵:尹邦腾、李锐、黄新朝、宋凯旋、杨晶(授奖单位:海南省公安消防总队);2010年度优秀团员:姚家望(授奖单位:海南省公安消防总队)。

(县公安消防大队 供稿)

4

# 法 制

95/114

# 法　　制

## 政府法制

**【职责范围】** 负责县政府各部门报送的规范性文件的审查、法核备案工作；承办由县政府负责的应用性解释工作；负责全县行政执法监督工作；负责组织、推动、监督和协调政府系统实施行政执法责任制工作；负责制发和管理行政执法证件；组织指导全县行政执法队伍培训和管理；承担政府法律法规信息库的建设、信息管理和应用；负责办理县政府受理的行政复议，承办县政府行政复议、行政赔偿案件的审理；协调解决行政复议管辖争议；处理或转送行政相对人对规范性文件提出审查申请；承担县政府的应诉工作；指导全县行政机关的行政复议工作；负责全县重大复议案件决定的备案工作；承办全县行政复议统计工作；承办县政府和上级部门交办的其他工作。

**【新录用公务员上岗前法律知识培训】** 2010 年 3 月，县法制办联合县人力资源和社会保障局对新招录的公务员在上岗前进行法律知识培训。法律知识培训课程安排 2 天的时间，邀请县法院的法官主讲，内容包括《宪法》、《行政许可法》、《行政处罚法》、《行政诉讼法》、《行政复议法》等，并进行了考试。

**【行政执法人员知识培训】** 12 月 12－14 日，举办县行政执法人员知识培训班，参加此次培训班的人员共 146 人。培训后，行政执法人员参加了海南省执法证考试。最终，有 133 人取得海南省执法证。

**【依法行政考核工作】** 为做好迎接省 2009 年市县政府依法行政考核工作复审小组的考核准备工作，4 月，县法制办开展对全县 2009 年度依法行政考核工作，并从县部分单位中抽调 12 名工作人员组成依法行政复核小组对各行政执法单位进行考核。5 月初，省 2009 年市县政府依法行政考核工作复审小组来县进行考核。此次主要从县行政机关工作人员依法行政的意识和能力、完善行政决策机制、建立健全规范性文件监督管理制度、严格行政执法、强化对行政行为的监督与加强对依法行政的领导等六方面进行考核。全县 2009 年的依法行政工作得到了省复审小组的肯定，名次从上年的全省第 13 名跃进到全省第 7 名。

**【规范性文件清理】** 清理范围为县制定的现行有效的全部规范性文件。此次全县重新进行清理的文件共 120 份，按照“谁制定、谁清理”的原则，将清理工作的任务分解到各单位。经过各单位两周时间的积极配合，此次规范性文件清理工作已经完成，经统计，保留规范性文件 76 份，废止 37 份，修改 7 份。

**【规范性文件备案】** 共审查发布《保亭黎族苗族自治县人民政府关于印发保亭黎族苗族自治县国家公务员医疗补助实施办法(修订)的通知》等规范性文件 5 件，并报省法制办进行备案，备案率 100％。

**【办理政府涉法事务】** 发挥法制机构在政府决策中的参谋助手作用，2010 年，县法制办人员列席 8 次县政府常务会议；对县政府 24 份涉法文件进行了合法性审查。

（黄樱思 供稿）

## 公　安

**【简况】** 2010年,保亭县公安机关在维护全县社会政治稳定、打击刑事犯罪、强化治安管理和队伍建设等方面做了大量工作,圆满完成了各项工作任务,年度综合工作经省厅考核被评为优秀单位,被省厅批准荣立集体三等功一次。

**【队伍建设】** (一)抓好宣传工作,提升队伍整体形象。在县电视台开辟“金色盾牌”栏目,加大对公安工作的宣传报道。积极协调海南电视台、《法制时报》等媒体记者,充分利用报刊、网络、电视台等各类媒体,提升宣传的范围和层次。扎实开展“大讨论”、“推进学习型党组织建设”、“创先争优”等活动。根据省厅和县委、县政府的统一部署和安排,组织各部门掀起“大学习、大讨论”的热潮。在大讨论过程中,采取召开座谈会、发放调查问卷等形式,广泛征求意见,并从中归纳整理了8个方面的意见和建议,针对这些意见和建议进行认真分析研究,加以整改。2010年,共有2篇稿件被国家级报刊采用,有17篇稿件被省(部)级采用,省电视台专题报导保亭公安工作2次,县电视台专题报导78次。(二)狠抓“强警”工程,努力提升队伍综合素质。2010年,认真贯彻落实公安部、省公安厅开展为期三年的“素质强警东西合作行动”部署要求,积极主动协调合作单位江苏省金坛市公安局,进一步开展警务交流协作,提升队伍综合素质。共组织2批34人赴金坛学习培训。同时,把教育训练作为提高民警职业素质和实战本领的重要途径,积极构建“大教育大培训”工作体系。年内共组织“推进三项建设专题培训”的基层所队长13人、司晋督培训7人、民警初任培训5人,举办各类培训班7期,培训民警300余人次,举办心理健康知识讲座1期。(三)落实从优待警,努力营造和谐的警营环境。2010年,保亭县公安局积极争取党委政府的支持,保障民警在生活上、工作环境上、福利待遇上从优,多办利警之事。严格落实民警年休假和年体检制度,抓好民警因公负伤抚恤救助制度的落实,让民警感受到组织的关心。实行民警婚丧喜庆慰问探访制度,做好退休民警职工经常性的沟通联系和走访慰问工作。对民警生活中遇到的诸如子女入学、家庭问题及特殊困难等,尽力帮助解决,解除其后顾之忧,确保民警安心工作。全年共慰问老民警及退休民警21人,慰问因公负伤民警、因病住院民警9人,发放慰问金3万余元,为2名困难党员发放慰问金2000元,为5名民警的子女共5人考上大学给予奖励共7000元。积极协调解决民警在节假日加班补助、警衔工资补发等待遇中的问题。解决民警住房难问题。第一期88套民警经济适用房已经验收交付使用,城镇派出所也已经竣工年前投入使用。

**【打击违法犯罪】** 根据省厅的统一部署,全县公安机关认真组织开展打击“两抢一盗”的“铁拳行动”等专项斗争,始终保持严打高压态势,加大对命案的攻坚力度,打击各类犯罪行为创历年新高。2010年,共立案491起,破249起。与2009年同期(立499起,破201起)相比立案少8起,下降2%;多破48起,上升24%。命案立2起,破2起,实现现行命案发案数下降、命案破案率同比上升的目标,超额完成省厅下达的破案任务和人均破案数指标。共打掉犯罪团伙14个,抓获成员26人,追缴被盗车辆45辆,其中小轿车4辆、摩托车41辆,挽回经济损失100多万元。共刑事拘留198人,批捕143人,移送起诉123人,抓获上网在逃人员82人,协助外省、市县抓获在逃人员9人(其中命案逃犯1人)。

**【治安环境整治】** 通过对社会治安突出问题的研判,及时主动开展区域性打击整治行动。2010年,围绕对人(重点人员和暂住人员)、屋(出租屋)、车(农村无牌无证摩托车)、场(治安重点场所)、网(网吧)、园(校园及周边)等治安重点开展管理整治,查处了一些涉赌、毒、色的违法行为,整治了一批治安隐患的场所,处理了一大批违法行为人,切实增强人民群众安全感。共受理治安案件670起,查处578起,查处率86%。共查处

676 人,其中拘留 219 人,移交处理 10 人,劳教 4 人,罚款 49 人,警告 2 人,其他处理 392 人。

**【查禁毒品】** 2010 年,共破获贩毒案件 5 起 5 人,缴获毒品海洛因 7.33 克,查获吸毒人员 43 人,行政拘留 28 人,强制隔离吸毒人员 15 人,社区康复 10 人,“无毒社区”巩固率 100%,“无毒县”成果得以有效巩固。

**【交通消防管理】** 2010 年,全县公安机关组织集中开展道路交通安全暨预防重特大交通事故、农村摩托车无牌无证问题、机动车涉牌涉证违法行为等专项整治行动,通过全警协作,密切合作,确保全县道路交通安全畅通。消防部门继续深入开展火灾隐患排查整治,强力推进消防安全防火墙工程建设,实现了社会火灾“零死亡”、部队内部“零事故”的目标,确保火灾形势稳定。查扣无牌无证摩托车 5049 辆次,办牌 1.7 万辆次,办证 1.64 万辆次,机动车涉牌涉证违法行为 45 起。共发生上报事故 29 起,死亡 8 人,受伤 50 人,经济损失 9.07 万元,与 2009 年同比分别上升 16%、下降 2%、上升 16%、上升 22%。

**【构建山区型治安动态防控体系】** 结合省公安厅提出构建海岛型治安防控体系的要求,积极打造以“五张防控网”为核心的山区型治安防控体系,进一步完善治安巡逻防控机制。在已经完成的第一、二、三期道路监控点建设的基础上,不断拓宽区域,将监控视频建设从县城延伸到乡镇及重点项目。同时,把安装在各企事单位、安全文明小区、宾馆、网吧、金融网点监控视频纳入管理范围,形成一道视频监控网点。2010 年,全县已建成监控点 1285 个,岗亭、警务室 48 个,治安卡口 3 个。

**【“大情报”系统建设】** 从 2010 年 1 月开始,全县公安机关接处警、刑事案件、治安案件的办理实现网上登记,全面实现全警采集信息规范化运行,并在全省率先开通民警网上工作日记,规范民警执法行为。全年共录入信息 3.81 万条,录入案件信息 2.1 万条(含历史案件信息),其他综合信 1.71 万条。通过“大情报”信息系统抓获各类违法犯罪人员 23 人。

**【案例举要】**

侦破“2009.3.18”抢劫致死案　2009 年 3 月 18 日 11 时 20 许,赖权华乘其丈夫摩托车从市场返回连队行至保亭县海榆中线 243+800 米处时,被两名青年乘摩托车尾随其后抢夺赖权华脖子上的金项链致其摔倒,头部着地,造成颅脑损伤当场死亡。案发后,保亭县公安局高度重视,及时组织力量开展侦破工作,于 2010 年 4 月 8 日成功抓获犯罪嫌疑人吕仕忠、肖伟锋。经讯问,犯罪嫌疑人供述同案犯董世民、胡史辉。办案民警经调查走访发现董世民、胡史辉均在居住地,经与家属联系,加强政策感召,规劝引导自首。2010 年 5 月 11 日,董世民、胡史辉投案自首,四名案犯全部归案,此案成功告破。

侦破“2010.3.18”伤害致死案　2010 年 3 月 18 日 16 点 51 分,保亭县公安局指挥中心接到报案称:保亭县保城镇打南村村民郑文军被他人砍死。接报后,县长助理、公安局长赵师,副局长陈德乔立即带领民警赶赴现场开展侦查工作。在人民群众的大力支持下,及时将犯罪嫌疑人郑文春抓获。经侦查:3 月 18 日 16 点 40 分左右,郑文军与其兄郑文春在家中喝酒,醉酒后发生争执斗殴,郑文军拿出一把长柄砍刀,做势要砍郑文春,郑文春见状抢走砍刀,并将郑文军砍死。

打掉广西籍诈骗团伙　2010 年 7 月 19 日,保亭县公安局深入开展严打整治行动,快速反应,打掉了一个跨省流窜诈骗犯罪团伙,抓获犯罪嫌疑人 3 名,破获系列诈骗案件 16 起,涉案价值 12 余万元。2010 年 5 月 30 日上午 8 时许,三名中年男子以问路为由将受害人蒋明江诱骗至保亭县响水镇大本养鸽场路口后,以买卖透明麻将牌好赚钱为幌子,骗走蒋明江人民币 1.3 万元。保亭县公安局立即集中警力开展侦查工作。经慎密侦查,锁定犯罪嫌疑人去向及活动规律,于 7 月 19 日,在省公安厅业务部门及儋州市公安机关的配合下,在儋州市万利园宾馆抓获犯罪嫌疑人丘小彪(男,汉族,44岁,家住广西壮族自治区陆川县滩面乡覃村秧地坡队14号)、李礼(男,汉族,55岁,家住广西壮族自治区陆川县大桥镇三善村羊头山队56号)、颜成果(男,汉族,47岁,家住广西壮族自治区陆川县良田镇三联村二十五队12号)。

侦破电信诈骗案　2010年10月9日12时许,保亭县公安局接到衡兴明报案称其被人以购买彩票内部信息为由诈骗7次,诈骗金额共计13.97万元。接报后,办案民警立即开展侦查工作。专案组经慎密调查,认真梳理案件相关信息,分析犯罪嫌疑人特征、作案特点等情况,很快锁定犯罪嫌疑人叶建治、吴榕花、吴巧花。经组织追捕,在省公安厅技侦总队和湖北省武汉市江夏区公安分局的大力协助下,于2010年10月29日,将涉案犯罪嫌疑人叶建治、吴榕花抓获。于2010年11月19日,抓获犯罪嫌疑人吴巧花,成功破获衡兴明被诈骗案,追回涉案赃款10万元人民币,为被害人衡兴明挽回了经济损失。

(县公安局 供稿)

## 检　　察

**【简况】** 2010年,县检察院深入贯彻落实科学发展观,紧紧围绕国际旅游岛建设大局和"三项重点工作"要求,不断加强和改进法律监督工作,持续推进"五三三"工作目标,各项检察工作取得了明显成效。

**【打击刑事犯罪】** 坚持"稳定压倒一切"的方针,充分发挥批捕起诉职能,依法打击各种刑事犯罪,全力维护社会稳定。共批准逮捕各类刑事犯罪嫌疑人143人,提起公诉86人。依法从重从快打击杀人、抢劫、强奸等严重暴力犯罪,起诉犯罪嫌疑人19人;依法严厉打击故意伤害、涉枪犯罪、寻衅滋事、聚众斗殴等严重危害社会治安的刑事犯罪,起诉犯罪嫌疑人43人;依法打击盗窃、诈骗、职务侵占、挪用资金、敲诈勒索、故意毁坏财物等侵财性犯罪,起诉犯罪嫌疑人29人。

**【贯彻宽严相济刑事司法政策】** 坚持推行刑事和解办案机制,切实把宽严相济刑事司法政策落到实处,做到该严则严、当宽则宽、区别对待、注重效果,促进社会和谐稳定。对涉嫌犯罪但无逮捕必要的,依法不批准逮捕犯罪嫌疑人6人;对犯罪情节轻微,依照刑法规定不需要判处刑罚或者免除刑罚的,依法不批准逮捕犯罪嫌疑人7人。对轻微刑事案件快速办理,建议人民法院适用简易程序审理案件26件32人,建议人民法院对28件53人的庭审案件简化审理程序。对未成年人犯罪案件,贯彻"教育、感化、挽救"的方针,采取适合未成年人身心特点的办案方式,依法保障未成年人权益。

**【社会治安综合治理】** 严厉打击扰乱社会治安的刑事犯罪,畅通群众申诉渠道,做好息诉罢访工作。积极开展对治安问题突出地区的集中整治,先后派出5批共13人次干警独立或配合有关部门开展治安问题集中整治,确保影响社会治安的源头性、根本性问题得到有效解决。积极探索社会治安综合治理工作新机制,组织干警对社会治安状况开展深入调研,撰写出《关于保护环境资源专项监督检查调研报告》、《浅析保亭农村家庭暴力产生的原因及对策》和《浅析如何优化乡镇检察室化解矛盾纠纷的功能》等3篇调研材料,为县委决策提供参考。

**【查办和预防职务犯罪】** (一)加大职务犯罪查办力度,净化经济社会发展环境。共受理职务犯罪线索14件,经初查后立案4件5人,涉案金额229.6万余元。突出查办经济建设领域商业贿赂犯罪,深化治理商业贿赂工作,促进经济发展呈良性循环;重点查办涉农职务犯罪,保障社会主义新农村建设,促进农村改革发展;突出查办危害能源资源和生态环境渎职犯罪,开展危害能源资源和生态环境渎职犯罪专项整治,促进生态文明建设。加大追逃力度,成功抓捕1名潜逃两年多的犯罪嫌疑人。犯罪嫌疑人王某,因涉嫌行贿罪于2008年3月28日被立案侦查,一直潜逃在外。2010年8月20日,成功将其抓捕归案。

(二)坚持依法、文明办案,提高办案质量和维护犯罪嫌疑人合法权益。加强办理职务犯罪案件内部监督,严格执行立案报上一级检察院备案、逮捕职务犯罪嫌疑人报上一级检察院批准制度。加强对检察人员办案活动监督,推行讯(询)问笔录电子化,严格执行讯问职务犯罪嫌疑人全程同步录音录像制度,全程动态监督办案活动,共进行办案全程同步录音录像17次。(三)坚持惩防并举、注重预防,不断深化预防职务犯罪工作。运行"四个平台",从源头上下功夫,全力遏制职务犯罪发生:运行检察建议平台,发出检察建议书7份,督促被建议单位全面整改,完善制度,规范行为;运行联合预防平台,调整联合预防职务犯罪机构27个,制定联合预防方案36份,建立预防信息库62个;运行法制讲座平台,在县供电公司、保城镇、新政镇等举办预防职务犯罪法制讲座6场,发放法律宣传资料1380余份;运行行贿查询平台,在工程建设、土地招投标等领域建立行贿犯罪档案查询系统,向社会提供查询47次,涉及企业295家,有效遏制了行贿犯罪的发生。

**【诉讼法律监督】** (一)加强刑事诉讼法律监督,重点解决有罪不究、违法办案等问题。开展"百万案件评查"活动,成立由检察长任组长的活动领导小组,动员部署扎实开展案件评查活动。完善重大案件提前介入制度,提前介入侦查案件10件,引导侦查机关搜集和固定证据,提高移送起诉质量。向侦查机关发出《快速移送审查起诉建议书》7份,监督侦查机关严格执行办案期限和办案程序规定。对应当立案而不立案的刑事案件,向侦查机关发出《要求说明不立案理由通知书》25份,督促侦查机关立案25件。对应当逮捕而未提请逮捕的,决定追加逮捕犯罪嫌疑人11人。对不符合法定逮捕、起诉条件的,依法不批准逮捕22人、不起诉3人。(二)加强刑罚执行和监管活动法律监督,重点解决超期羁押、安全隐患等问题。推行与监管场所监控信息共享机制,依法及时监督纠正不当减刑、假释和暂予监外执行。严格执行责任制度、登记制度、预警制度和联席制度四项制度,有效防止超期羁押案件的发生。严厉打击牢头狱霸,加强巡查监仓,重点突出,出现一个,打击一个,教育一仓。积极开展对被判处管制、剥夺政治权利、缓刑、假释和暂予监外执行"五种人"的回访考察,走访考察对象39人次,建立单位、社区、家庭监管和帮教机制。

**【民事督促起诉】** 按照《关于检察机关积极开展民事督促起诉保护国有、集体、社会公共资产的意见》和《海南省检察机关民事督促起诉案件办案规则(试行)》规定,扎实开展民事督促起诉工作。共受理民事督促起诉案件线索7件,发出民事督促起诉书3份,为国家挽回经济损失93.4万元。

**【维护人民群众合法权益】** (一)关注和保障民生,严厉打击侵害群众利益的犯罪。依法打击盗窃耕牛、毁坏农作物、销售假种子假化肥等坑农害农刑事犯罪,批准逮捕犯罪嫌疑人5人,提起公诉5人。当得知省部分豇豆在武汉销售被检出含有违禁农药时,立即从侦查监督科和响水检察室抽调人员组成工作小组,深入各乡镇了解情况。加茂镇一商店主存放大量"甲胺磷"和"甲基对硫磷"等违禁农药,立即督促公安机关对此案进行立案侦查,有力打击了违禁农药犯罪。积极查办涉农职务犯罪,在征地拆迁、农民低保等领域开展职务犯罪案件线索摸排工作,初查案件线索4件8人,立案2件3人。(二)畅通群众诉求渠道,努力解决关乎群众利益的问题。坚持推行"检察长直通车"机制,在检察长与老百姓之间架设桥梁,开展便民诉求服务。检察长受理群众来信10件,见面接访36人次,接听群众申诉电话13次,批示本院办理21件,转外单位办理1件。坚持推行"检察官下乡接访"机制,组织检察干警在全县8个乡镇接访点定期开展接访,共接访1527人次,解决申诉问题73个。6月21—25日,组织干警在县城、响水镇、金江农场、三道农场等地开展举报宣传活动,接受群众咨询183人次,发放法律宣传资料1200余份。

**【为民办实事好事】** "七一"前夕,李彪检察长带领干警深入扶贫点——新政镇毛朋村委会,看望慰问老党员。安排经费,扶持毛朋村委会开展基层党建工作和农民文化建设。在海南遭受强降雨期间,积极组织干警深入毛朋村,指导防汛抢险工作,转移受灾村民5人,运送价值9000元的大米、食用油、毛毯、饼干等救灾物资,及时发到村民手中。筹措6000元资金购买水泥和沙石,修复被冲毁道路。

**【乡镇检察工作】**

响水检察室办公楼建设　响水检察室办公楼于2009年10月动工,历经7个月的紧张建设,于2010年4月底竣工,7月1日正式落成搬迁。该楼占地面积1430平方米,建设面积536.69平方米。响水检察室办公楼的落成,为开展乡镇检察工作提供了有力的基础保障。

职务犯罪线索摸排　主动介入广大农村的民生领域,摸排职务犯罪线索,保障各项利民惠民政策落到实处。对全县2006年以来的粮农补贴、退耕还林补贴、能繁母猪补贴、农民低保、扶贫开发等支农惠农资金进行核查,了解惠民资金的发放和使用情况,从中摸排职务犯罪线索2件,移送反贪部门立案2件,涉案金额11万余元。

执法监督工作　依法监督公安机关立案1件,加茂镇一商店主存放违禁农药被监督立案查办。依法监督基层司法所调解民事纠纷13件,发生在新政镇的一起因非法采砂引起的群众纠纷被监督调解,双方当事人化干戈为玉帛。开展能源资源和生态环境保护专项检察活动,走访了解辖区内的采石厂、采砂厂等,监督打击非法采砂采矿,巩固和扩展保亭得天独厚的自然环境优势。在金江农场、新星农场和三道地区,摸排民事督促起诉线索2件,均移交民行部门立案办理,为国家挽回经济损失70余万元。

下乡接访工作　深入到村委会、村小组、村民当中,开展息诉罢访工作,把矛盾化解在基层、化解在萌芽状态,维护农村稳定。走访响水镇、新政镇、三道镇、金江农场等周边地区125户农民,受理申诉31个,解决合理诉求18个,发放检察工作宣传手册1500余份。

**【检察队伍建设】**　坚持把队伍建设作为战略任务常抓不懈,以公正廉洁执法为核心、以提高法律监督能力为目标,努力建设一支政治坚定、业务精通、作风优良、执法公正的检察队伍。

思想政治建设　开展创先争优活动、"恪守检察职业道德,促进公正廉洁执法"活动、"反特权思想、反霸道作风"活动和"建设学习型党组织、创建学习型检察院"活动,把思想认识统一到党的政策方针和高检院、省院的总体部署上来,进一步增强党性认识,牢记为民宗旨。

领导班子建设　坚持抓班子带队伍,始终把领导班子建设摆在重要位置,建设一支有凝聚力、有战斗力、有创新力的坚强领导集体。组织党组理论中心组学习7次,用科学发展观改造主观世界;加强调查研究,提高班子决策的科学性、合理性和实践性;坚决推行领导干部述职述廉和个人有关事项报告制度,自觉接受党内监督、民主监督和社会监督,形成勤政廉政的优良作风。

纪律作风建设　强化内部监督,推动干警自我约束、自我提高,从细微处规范干警的执法行为,促进廉洁从检。开展业务工作交叉检查活动,进一步夯实办案规范化的基础。开展检务督察工作,对各部门的案件办理进行全方位、全时限、全过程监督。加强正反两面教育,宣传党员干警先进事迹,开展党员违法违纪警示教育,树立公正、清廉、文明的执法观。队伍无违法违纪事件发生。

专业化建设　构建学历教育平台、岗位培训平台、课题调研平台,实施学习运行机制、学习激励机制、学习保障机制,45岁以下检察干警全部达到法学本科学历水平;举办业务能力强化培训2次,派出干警参加省院举办的岗位技能培训38人次、参加县里举办的培训7人次,进一步提高检察队伍的业务水平,增强法律监督工作的自信心。

检察文化建设　树立"自强、创新、超越"的核心理念和争创全国先进基层检察院的愿景目标,架构精神文化、制度文化、行为文化和物质文化"四位一体"的检察文化,实施"以诚待人、以情感人、以理晓人"的人性化管理机制,培育"忠诚公正、团结和谐、开拓奋进”的保亭检察精神。将国际旅游岛建设要求、省院工作部署、县委战略要求、名言警句、机关工作效能、部门工作理念、干警座右铭上墙，同时编印检察文化小册人手一本，时刻提醒着干警，激发干警的责任心和使命感，增强广大干警的凝聚力和向心力。

检务保障建设　新增办案用车6辆、台式电脑8台、手提电脑2台、打印机3台等办公办案设备，夯实检务保障基础。强化档案室软硬件设施建设，规范档案归档工作，提高档案目标管理水平。建设响水检察室办公楼并搬迁使用。

信息化建设　建设响水检察室机房，实现乡镇检察室与检察内网的链接。根据省院要求，全面运行网上案管中心模块，指定专人集中受理案件，督促加快办案进度。在网上办理各类案件216件，无超期案件发生，办案准确率为100 %。深入推进“信息发布系统”应用工作，在内网网站登载检察工作情况，及时更新网站内容。

（县检察院 供稿）

## 审　判

**【简况】** 2010年，保亭县人民法院按照“从严治院、公信立院、文化建院、人才兴院、科技强院”工作方针，全面加强审判执行工作，继续深化法院改革，着力抓好队伍建设，不断夯实基层基础，各项工作取得新的进展。全年受理各类案件595件（含旧存10件），结案584件，结案率为98.15%，收案数同比上升26.38%，结案率同比上升1.17%。其中受理诉讼案件535件，审结529件，结案率为98.88%；受理各类执行案件60件（含旧存3件），执结55件，执结率为91.66%，结案率同比下降3.34%；收案数同比持平。上诉案案件32件，上诉率5.98%。其中刑事案件11件，民商事案件19件，行政案件2件，二审审结27件，二审维持23件，发回重审3件，发回指定受理1件，二审未结5件，发改率1.06%，同比下降0.16%，无超审限案件。2010年，县人民法院再次荣获“全县社会治安综合治理先进集体”称号，杨臣兰专委被授予“全县社会治安综合治理先进个人”称号。

**【刑事审判】** 2010年，共受理刑事案件70件108人，已全部审结，结案率100%。受理的各类刑事案件中，故意伤害罪27件36人，盗窃罪14件23人，抢劫罪6件11人，抢夺罪2件3人，敲诈勒索罪2件2人，强奸罪2件2人，故意毁坏财物罪2件2人，交通肇事罪2件2人，非法持有枪支罪4件4人，寻衅滋事罪2件3人，聚众斗殴罪1件6人，诈骗罪1件1人，受贿罪1件1人，职务侵占罪、非国家工作人员受贿罪1件5人，行贿罪1件1人，失火罪1件1人，破坏公用电力设施罪1件1人，掩饰、隐瞒犯罪所得罪4人。未成年人犯罪案件8件12人。判处10年以上有期徒刑5人，判处5年以上10年以下有期徒刑13人，判处5年以下有期徒刑71人，判处拘役8人，判处有期徒刑、拘役缓刑11人。受理刑事附带民事案件21件，全部审结，其中判决结案的12件，调解结案9件，调解结案率42.85%。

**【民商事审判】** 充分发挥民商事审判职能，保增长、保民生、维秩序、护公平，法治作用得到加强。全年共受理民商事案件330件（含旧存6件），支付令128件，诉前财产保全3件，结案共计455件，结案率为98.69%，结案率同比上升0.28%，收案数同比上升14.17%。其中，调解、撤诉结案169件，去除特别程序案件后调解率为52.16%，同比上升了3.41%。立案受理信用社不良贷款类案件共217件（民事诉讼类97件，支付令120件），已全部结案，其中5件判决，92件调解，实际收回金额437.2万元。审结婚姻家庭案件69件，各类合同纠纷案件209件，权属、侵权及其他民事案件52件。已审结的民商事案件中，平均每件案件的审限43天，比去年的49天缩短了6天。

**【行政审判】** 2010年，受理4件行政诉讼案件（含旧存1件），收案数同比持平，已全部审结。办案中，在加大对行政案件的合法性审查力度的同时，坚持监督、维护、协调相统一的原则，更加注重运用和解的方式处理矛盾纠纷,积极实施行政案件与行政机关协调的制度,积极引导群众通过理性、合法的方式表达诉求,及时化解官民矛盾。此外,在行政审判中,进一步加强对行政非诉案件的审查,加强对行政执法机关的法律指导,协助行政机关依法执法。如6月份,通过对在七仙岭温泉旅游区内违章建房的当事人李某多次说法,成功协助了县建设局对该违章建筑拆除,实现法律效果与社会效果的统一。

**【执行工作】** 继续加大执行力度,保证执行案件的质量和效率。(一)严格执行案件流程管理规定,将每件执行案件的各环节的期限予以限定,促进了工作效率。(二)进一步完善执行实施权和裁决权分离制度,增强了执行工作透明度。(三)坚持公开听证制度,及时向当事人作好法律释明工作,尽可能地化解矛盾,促使当事人达成执行和解。(四)进一步强化内部监督和外部监督的执行工作管理机制。年内所执结的案件中,共有33件以执行和解和敦促自动履行方式结案,和解率60%。如什玲信用社与司某某借款合同纠纷一案,被执行人在审判阶段已经表现得万般抵赖,执行阶段刚开始时亦同样对执行法官的劝告熟视无睹,办案人员在坚持十余次做当事人思想工作,阐明法律利害关系的同时,又多次找来当事人亲属和所在地乡镇领导协助执行法官做工作,最终感化了被申请执行人,一次性履行拖欠多年的款项共计18.05万元,达到了社会效果与法律效果的统一。

**【清理执行积案】** 继续加大力度做好集中清理执行积案工作,把工作重点放在解决执行效率不高、执行不公的问题上。(一)积极配合省委常委、政法委书记肖若海、省高院党组书记、院长董治良带案下访工作,从解决遗留问题、"老大难"问题入手,采取积极有效的措施,加大对"骨头"案件的执行力度。(二)认真配合县人大对执行工作的调研,并针对县人大对执行工作提出的意见和建议,及时对存在的突出问题加以整改,进一步规范了执行行为。(三)积极邀请县人大法工委参与执行工作,加强县人大对执行工作的了解和监督。依法实施执行举报奖励、限制出境、通过媒介公布不履行义务信息等措施,强化了执行威慑机制建设。增强案件执行透明度,对执行中的重大事项,一律实行公开听证,加强执行中的法律释明工作,并注重执行和解工作,执行工作取得成效,在案件验收和评查工作中得到了上级法院的充分肯定,取得了人民群众的一致赞许。

**【立案和信访申诉工作】** 充分发挥"公正文明窗口"服务功能,转变工作方式,努力适应立案工作的新发展,真正做到"司法为民"。首先,完善立案工作机制,加强文明窗口建设,结合法院办公楼的实际情况,充分考虑布局合理、庄重大方、宽敞明亮的标准,在原有立案大厅的基础上进行扩建改造,并且添置了诉讼引导一体式电子触摸屏,使"立案信访窗口"基本实现"制度健全、功能完善、设施齐备、服务到位"的总体目标。其次,创新工作方法,积极探索立案业务、申诉审查与信访分离的做法。实行申诉案件由立案庭负责审查,充实立案庭法官力量,使申请再审渠道畅通。再次,进一步加强诉讼指导和诉讼风险告知等便民服务,进一步强化服务意识,提高立案的工作效率。还高度重视《民事诉讼法》修订后,审判监督工作面临的新情况、新问题,把握好各项新的规定,正确处理生效裁判的权威性和依法再审的关系,做到依法纠错与维护司法既判力相结合,进一步规范审判监督案件的立审程序,依法解决当事人申请再审难的问题,强化申诉、申请再审复查案件的和解工作,尽最大努力化解矛盾,实现案结事了。全年共计审查各类纷争384件,办理诉前保全案件3件、办理支付令128件(从属于其他民事纠纷),无申诉复查和申请判后释明案件,实现零申诉。认真执行信访领导责任制、信访形势分析、信访流程管理和院长接待日等信访工作制度。全年共接待人民群众来访(含院长接待日)212人次,向群众解答有关法律咨询245人次。继续加大立案阶段的调解工作力度,全年立案阶段共计调解9件权利义务关系简单明确的案件，收到良好的社会效果。

**【基层法庭工作】** 院属金江人民法庭积极探索适应服务“三农”的审判经验，主动落实司法为民措施，认真审理好每一宗案件。全年共受理各类案件62件，结案61件，结案率98.08%。其中，受理诉讼案件58件，审结57件。其中调解（含撤诉）结案案件29件，调撤率50.88%，其中具有可履行内容7件调解（含撤诉）案件中，全部自动履行，自动履行率100%。受理支付令案件4件，受理诉前保全案件1件，均已全部结案；受理执行案件4件，也已全部执结。金江人民法庭根据院党组提出的工作要求，结合法庭的工作特点，采取送法下乡、上门立案、巡回办案等便民措施，在化解大量易于激化的纠纷的同时，以传帮带的方式定期指导人民调解组织的民调工作，为辖区的经济发展提供了优质的法律服务。

**【反腐倡廉建设】** （一）开展以领导干部为重点对象的党性党风党纪集中教育活动。认真学习省高院印发的《集中开展党性党风党纪教育活动实施方案》，把教育活动与贯彻《中国共产党党员领导干部廉洁从政若干准则》和《关于实行党政领导干部问责的暂行规定》结合起来，促使广大党员干部加强党性修养，坚定理想信念，牢记宗旨意识。（二）组织全院干警开展以学习贯彻“五个严禁”规定和《人民法院工作人员处分条例》为主要内容的职业纪律教育。按照政治纪律、办案纪律、廉政纪律、组织人事纪律、财经纪律、失职行为、违反管理秩序和社会道德行为等七个方面，对全院干警的职务行为和日常生活行为进行全面规范。同时进一步规范法官与案件当事人、诉讼代理人和中介机构人员的往来关系，细化回避制度，防止人情关系对办案活动的干扰。（三）开展好“百万案件评查”活动。强化对执行制度的监督和检查，明确责任和人员，明确时限和标准，切实提高审判质量和裁判文书质量，最大限度提升各项制度的执行力；同时把党风廉政建设工作纳入本院绩效考核范围，将考核结果作为干部任免和奖惩的重要依据。（四）落实司法为民30条措施。从5月份起在立案环节、审判环节和执行环节试行廉政监督卡制度，先给当事人告知监督权利，接受投诉，警醒司法各个环节行为符合司法规范和司法礼仪，拓宽对审判权、执行权的直接、实时监督渠道，切实完成一系列便民利民措施建设。同时，加大明查暗访的工作力度，重点抓好法院的形象建设。

**【监督工作】** 建立和完善案件质量评查监督制度和各项审判业务规章等内部监督制度。邀请人大代表、政协委员参与案件评查工作，主动接受社会各界的监督。高度重视人民陪审员的选任工作。组织干警认真学习县“两会”期间人大代表、政协委员对法院工作所提的意见和建议，对照存在的缺点和不足，认真反思和抓好整改。认真办理领导、上级部门、人大代表和政协委员督办的案件，认真及时办理完毕并答复或反馈。根据上级法院通知要求，研究制定《关于开展“邀请人大代表、政协委员走进法院”专项活动实施方案》，并坚决形成长期坚持的规章制度，自觉接受社会各界的广泛监督。全年共邀请县人大代表和政协委员十六人次旁听两件民事案件的庭审，八人次参与一起执行案件的执行听证和强制执行，包括“百万案件评查活动”开展情况通报座谈会在内共计邀请人大代表和政协委员召开工作座谈会4次，充分取得了社会各界对法院工作的支持和信任。

**【干警教育培训】** 2010年，先后选派5名法官和3名预备法官到国家法官学院学习，组织符合晋高条件的法官参加国家法官学院网络晋高培训班的学习，组织15名符合条件的干警参加全省法院系统执行公务证考试，组织3名符合条件的干警参加省一中院与海南大学联合举办的在职法律硕士班考试。组织3名书记员参加全省法院系统速录比赛，获得个人二等奖。同时组织法官及其他工作人员参加或通过远程视频系统参加上级法院举办的各类培训班学习207人次，使广大法官的法学理论功底、业务素质、职业道德都有了较大的提高。此外，还组织各业务庭到兄弟法院观摩庭审 11 次,提高庭审驾驭能力。

**【完善规章制度】** 全年共修订和完善 29 项规章制度。其中重点抓好三个系列制度的建设和落实:第一,抓好省高院出台的《服务海南经济社会科学发展大局工作意见》、《服务海南国际旅游岛建设工作意见》以及《司法为民三十条措施》的落实。第二,抓好本院《审判流程管理制度》、《审委会工作规则》、《立案信访窗口工作制度》、《审限管理办法》的建立完善和落实。第三,抓好惩防体系制度建设,落实好本院《案件质量评查制度》、《法官审判业绩考核制度》、《违法审判责任追究制度》、《廉政监察员制度》、《纪检监察工作制度》、《党风廉政建设责任制实施细则》,从审判纪律作风建设入手,加大对违反最高法院"五个严禁"的查处力度。

**【落实司法为民措施】** 围绕便民、利民、护民,在立案、审判、执行等诉讼环节上进一步拓宽司法为民的渠道。巡回办案 32 次,有 19 件案件就地开庭审理并全部调解结案。对本院司法为民措施进行不断修改和完善,并在实践中认真抓好落实。投入大量资金制作诉讼指南、诉讼风险须知小册子免费发送,引导群众诉讼。从立案流程管理上不断完善便民、利民、廉洁、高效的立案新机制,采取上门立案、电话立案、预约节假日立案等措施,方便当事人诉讼。选派业务骨干分片联系指导,发放工作联系卡,建立与基层人民调解组织和人民调解员联络制度,形成片区调解会与法院的纵向联系、各村调解会之间横向联系相结合的网络体系。重视和加强调解工作,强调将调解贯穿到各个审判环节,大力加强民商事案件、刑事附带民事案件、执行案件等各类案件的调解、和解及协调工作。全面实施调解建议书制度,在立案时给当事人发出《调解建议书》,结合口头释明,让当事人充分理解调解的优势,引导当事人理性诉讼,并收到较好的效果。尤其关心困难群众的司法需求,在严格执行新的《诉讼费用缴纳办法》的过程中,依法实行缓、减、免诉讼费,为一宗当事人办理免缴诉讼费 5595 元使困难当事人及时得到司法救助。

**【行政管理和后勤保障】** 严格执行有关法律法规,加强对经费、诉讼费、物质装备和司法技术辅助工作的管理。认真做好财务管理,确保审判经费和其它经费的合理使用。加强车辆管理,年内车辆行驶里程近 10 万公里安全无事故。加强对办公用房设备、生活设施的维护,对办公楼及其固定设施进行了修缮。认真做好省内外来宾的接待工作。更新一批电脑实现人手一台,改造了内部局域网。投入经费 5 万元对法官和书记员进行网络办案系统培训,认真做好"法院网络办案系统"的录入工作,严格按照规定将 2007 年至今每一案件(包括信访申诉案件)从立案到执行阶段的所有案件信息统一录入系统,从而使全院的案件审判执行工作基本实现网络办案化,为新形势下提高审判工作的效率和质量提供了必备的物质条件。

**【警务保障】** 按照"抓教育、强素质、勤服务、保安全"的要求,认真开展司法警察警示教育活动,进一步加强法警专业素质训练,提高法警的服务意识和安全保障能力,实现了警队工作安全无事故目标。全年共值庭 122 次(其中民事值庭 42 次),押解、看管人犯 113 人次,送达法律文书 96 次、1014 份(其中委托送达 61 份),参与民事案件执行 4 次,完成总队调警 9 次,支队调警 11 次,申请调警 7 次 36 人,完成院机关大楼安保及来访群众接待,无冲击法庭、扰乱法庭秩序、围攻办案人员等突发事件发生,无集体上访事件。同时,还认真做好机关大楼、家属院的安全保卫和办案法官的人身安全保障工作,为干警营造了一个安全的工作和生活环境。

**【精神文明创建活动】** 首先是着力加强法院行为文化建设。投入一定资金,改造多功能会议室和审委会会议室。其次是多次组织全院干警向困难学生、群众捐款献爱心活动,全院干警纷纷伸出援助之手。开展"参观爱国主义教育基地,接受革命传统再教育"活动,组织干警到临高角和红色娘子军纪念馆参观，接受了革命传统再教育，在纪念碑前重温入党誓词。同时，组织全院干警掀起向全国模范法官陈燕萍学习的热潮。激发全院干警“学典型、找差距、争第一”的工作热情，开展“五比五增”活动，即：比业绩，增强爱岗敬业精神；比奉献，增强司法为民精神；比廉洁，增强司法公正意识；比干劲，增强拼搏向上精神；比思路，增强改革创新精神。把向陈燕萍学习活动与践行“为大局服务、为人民司法”工作主题紧密结合起来，切实增强全体干警的责任心和荣誉感。

**【法制宣传教育】** 采取“流动法庭”、“模拟法庭”等形式，开展法律进机关、进乡村、进社区、进学校、进企业、进单位活动，到学校乡村、农场进行“以案示法”公开开庭或调解案件，把普法教育落到实处。先后在保城镇、什玲镇、加茂镇、镇政府进行授课7场，在大本村委会、新政村委会、三道镇三弓村委会、毛感乡南春村委会授课4场，有4名资深法官兼职学校法制副校长并在保亭小学、响水镇毛岸中学、毛感中学、三道中心小学、海垦三道中学、新星中学授课6场，开展妇女维权活动，举办《妇女权益保障法》宣讲和“送法三进”活动等。现场听课人数共计3000多人次，同时开展法律咨询10场，参加咨询群众1000多人次，现场发放法律宣传资料2万多份，新闻媒体报导3次。同时法官进乡村活动由宣传调研阶段逐步延伸至指导调解等实质性阶段，69次深入乡村巡回办案，绝大部分以调解方式结案，为全县经济社会的和谐发展营造了良好的法治环境。

**【帮扶工作】** 成立帮扶什玲镇椰村村委会工作队，先后出资8000元帮助什玲镇椰村村委会改造村田洋灌溉水坝，捐助2000元帮助村民抗旱，出资1万余元帮助修整村路，赞助村委会选举工作经费2000元，捐赠一批办公桌椅和铁皮档案柜给村委会，组织干警帮助清理整顿了村容村貌，同时重点向村民解释相关土地承包、婚姻家庭、侵权责任等与农民群众日常生产生活最为密切也是农民最关注的法律法规，全力做好教育农民群众遵纪守法，以法律武器维护自身权益的工作。

（县人民法院 供稿）

## 司法行政

**【简况】** 2010年，保亭县司法局认真落实全年工作目标任务，扎实工作，取得了显著成绩。在全省的“五五”普法检查验收工作中圆满完成任务，获得省“五五”普法先进单位。同年，被评为县推进学习型党组织建设活动“先进单位”、县社会治安综合治理和平安建设工作“先进单位”、县惩治和预防腐败体系建设暨党员廉政建设“先进单位”和县综合工作“先进单位”。

**【普法宣传教育】** （一）积极开展“法律进单位”活动。以建设国际旅游岛为契机，通过举办法制讲座、专题辅导、交流会等形式，为单位经营管理人员和广大职工学法提供广泛的学习途径。以“共铸诚信，微笑海南”为主题，组织学习《国际旅游岛行业文明规范行为准则》，加强职业道德教育和诚信守信教育；开展“法治示范单位”、“文明单位”创建活动，为广大人民群众提供优质服务。针对本地区民族特点以民歌、民舞等喜闻乐见的方式把法律法规通俗化、简易化。同时利用手机短信的广泛性、快捷性、方便性大力宣传法律知识。为促增长、保民生、保稳定，服务经济社会发展，推进依法治县进程，建设国际旅游岛营造良好的法治环境。（二）积极参与“四下乡”活动。在开展“法律进乡村”活动的同时，积极参与“四下乡”活动。深入各乡镇，通过法律咨询、发放普法资料、向困难群众提供法律援助等形式，广泛开展法制宣传教育活动，有针对性地开展与征地拆迁、社会治安密切相关的法制宣传教育工作，重点宣传《刑法》、《治安管理处罚法》、《土地管理法》等法律法规，以提高广大群众的法律意识和法治观念。联合县交警大队深入各中小学、各个交通事故高发区，开展《道路交通安全法》教育活动，受到群众的普遍欢迎。（三）开展主题法制宣传活动。6月24日上午8点半，在县七仙广场举行

2010年“6·26”国际禁毒日禁毒宣传“五进”活动启动仪式,活动以“依法禁毒、构建和谐”为主题。县直机关、企事业各单位的领导干部、职工及广大人民群众约3000多人参加了启动仪式。据统计,“6·26”期间,全县约发放《禁毒法》5000册,《海南经济特区禁毒条例》8000册,《禁毒条例》6000份,张贴禁毒宣传标语1000多张,悬挂禁毒宣传横额60条,发放禁毒宣传光碟40张,受教育群众约5万余人。“12·4”全国法制宣传日期间,在县城新民路开展了以“弘扬法治精神,促进社会和谐”为主题的法制宣传活动。通过发放普法资料,开展法律咨询、图片展等形式,大力宣传以宪法为核心,与经济社会发展、民生相关的法律法规,让广大公民了解宪法和国家基本法律精神,自觉在宪法和法律范围内活动,维护宪法和法律权威。全年共出动宣传车67辆次,发放普法资料2.8万多份。举办法制讲座104场次,提供法律咨询30场次,普法教育图片巡展104场次,播放影视资料2000场,观看人数4.68万人次。(四)扎实做好“五五”普法总结验收工作。2010年是“五五”普法工作的检查验收年。为全面检查验收各乡镇、各单位“五五”普法实施以来的工作情况,确保县“五五”普法规划的全面落实,成立了县“五五”普法检查验收领导小组,制定了《保亭黎族苗族自治县“五五”普法检查验收实施方案》,并按照方案的验收内容、标准、步骤对全县各乡镇、单位进行了全面检查验收。根据检查中发现的问题,对照标准,认真研究措施,安排专门力量,全面做好查漏补缺,推动县“五五”普法规划的全面落实,在全省“五五”普法检查验收中获得了检查验收组的好评。

**【人民调解工作】** 抓好群防群治组织建设,健全三级调解组织网络和矛盾纠纷排查组织网络,完善矛盾纠纷调处和群体性突发事件处置机制,有效地化解社会矛盾纠纷,维护农村社会的稳定。积极抓好矛盾纠纷排查调处工作,围绕五一、国庆、中秋及嬉水节等重大节庆活动,采取积极措施,加强农村矛盾纠纷排查和调处,坚持抓早、抓小、抓苗头,做好对矛盾纠纷源头的预防工作,力争把矛盾化解在萌芽状态中,有效稳定社会治安秩序。全年共排查各类民间纠纷342宗,调解342宗,成功调处325宗,成功率95%,正在调处17宗。

**【法律援助和法律服务】** 贯彻《法律援助条例》,积极组织开展法律援助工作,大力弘扬中华民族扶贫济困的传统美德,充分调动一切社会力量支持法律援助事业。以多办案、办好案,服务民生,改善民生为基本价值目标和衡量标准,继续降低援助条件和门坎,扩大受援面,认真做好群众的来电、来访工作,切实保障弱势群体和农民工的合法权益。全年共办理法律援助案件78宗,其中刑事案件2宗,民事案件52宗,非诉讼案件24宗,提供法律咨询1412宗。进一步开展公证业务工作,为群众提供方便快捷的法律服务。全年共办理公证业务150宗,其中办理委托书33宗、土地承包33宗、借款18宗、声明书8宗、赠与8宗、继承17宗、其他33宗。结合实际,为民办实事、办好事。投入1.3万元购买鹅苗和鸭苗扶持毛感村委会农户发展养殖业;投入4万多元为全县60个村委会、2个社区订阅了《法制时报》和《人民调解》等法律报刊;投入7万多元在全县部分村委会制作法制宣传栏。

**【社区矫正工作】** 进一步规范社区矫正工作制度、运行机制和工作流程,建立起职责明确、相互配合、密切协作的工作机制。按照“积极稳妥、依法规范、协调配合、质量为本”的原则,努力探索个案矫正、分类矫正、心理矫正等措施。建立健全社区矫正领导小组、乡镇(街道)社区矫正办公室,切实做好社区矫正的各项工作任务。全年共接受登记社区矫正人员15人。

**【刑释解教人员安置帮教】** 建立健全安置帮教工作制度和运行机制,抓好刑释解教人员的分类管理、分层帮教,对重点人员进行重点走访帮教和监管,把刑释解教人员的重新犯罪率降到最低限度。全年共接收“刑释解教”人员40人。其中,刑释人员36人,解教人员4人。

【司法所规范化建设】 坚持“抓基层、打基础、促发展”的工作思路，不断提高全县基层司法行政工作整体水平。投入18万元改善各司法所的办公条件。按照《省司法所规范化建设标准》，加强对全县各司法所的软硬件建设。全县9个司法所除保城所因建设用地尚未解决外，8个所已建有独立的办公用房。

【司法队伍建设】 按照党的十七大提出的“加强政法队伍建设，确保严格公正文明执法”要求，建设一支政治坚定、业务精通、作风优良、司法公正的司法行政队伍。（一）坚持不懈地开展反腐倡廉工作。以贯彻落实《廉政准则》为重点，认真落实党风廉政建设责任制，加强责任考核，积极贯彻“从严治党、从严治警”方针，把反腐倡廉建设作为一项重要内容，抓紧抓实抓出实效。局领导分别与各股、所、室负责人签订了《党风廉政建设责任书》，做到一级抓一级，层层抓落实。（二）积极组织党员干部、职工深入学习党的十七大会议精神和县委、县政府印发的学习资料，不断把“创先争优”和推进建设学习型党组织活动引向深入，使全局干部队伍作风进一步改进，综合能力进一步加强，依法办事、依法行政能力进一步提高，爱岗敬业、勤政务实的服务意识进一步增强，宗旨观念得到强化。（三）坚持“以人为本”，不断增强局党组织的凝聚力。局党组高度重视解决干部、职工生活工作的实际困难和问题，只要是干部职工生病住院，局党组都会组织代表前去看望，带去单位的问候和祝福；逢年过节，局领导带头走访慰问老同志、离退休干部职工和毛感村委会联系点的党员干部，给他们送去慰问品和慰问金。同时通过开展来信来访、收集思想信息反馈等途径，了解和掌握干部职工及家属的热点、难点问题，广泛听取干部职工群众的意见和建议，切实帮助干部职工及家属解决实际困难和问题。加强基层司法行政工作人员和人民调解员的培训。3月，投入近2万元委托省政法学院在海口开设了首期人民调解员培训班，全县9个乡镇的司法助理员和村级人民调解员30余人参加了培训，培训的内容不仅涉及《人民调解工作规程》、调解书的制作、《法律援助条例》等内容，在课程安排上，还针对当前“三农”社会土地纠纷、山林纠纷日益突出的现状，有针对性和指导性地讲述了涉及土地、山林纠纷的调处方法及相关的法律法规。另外，还经常采取以会代训的形式对各级调解员进行培训。通过培训，使广大人民调解员的能力素质得到提升。

（黄凯波 供稿）

## 社会治安综合治理

【简况】 2010年，县政法委以“围绕发展抓稳定，抓好稳定促发展”为主导，以创建“平安和谐保亭”为载体，全力加强社会治安综合治理，积极推进海南国际旅游岛建设，使全县政治稳定、社会安定、经济快速发展、人民安居乐业，为保亭又好又快发展打造了良好的治安环境。

【落实领导责任制】 2010年，县委、县政府以高度的政治责任感和政治敏锐性，认真审视治安形势，全面把握工作大局，正确处理改革、发展、稳定三者的关系，把综治、平安创建工作摆上重要议事日程，纳入全县经济社会发展总体规划。建立健全了由县委书记任县综治委主任，县四套班子相关成员为副主任，县直有关单位主要领导为成员的综治委领导机构，各乡镇、农场、县直各单位也分别成立了综治工作领导机构，并健全各项相关制度。县四套班子成员、政法各部门主要领导继续实行分片包干、蹲点指导各乡镇、农场综治和平安创建工作，落实了主要领导亲自抓、分管领导具体抓、其他领导协助抓、具体工作专人抓的领导责任制，使综治、平安创建工作成为名符其实的“一把手”工程。2月8日，县委县政府召开全县维稳工作会议，听取各单位、各部门对当前社会稳定和矛盾隐患情况的汇报，分析研判各种不安定因素。对存在的不稳定因素，要求各职能部门和相关单位要积极采取行之有效的措施，全力消除不稳定因素，维护社会稳定。郑作生书记在会上指出：“综治维稳工作要着眼大局，围绕解放思想,加快发展,构建平安和谐保亭为主题,来统一政法综治工作的思想和行动;要突出重点,围绕投资创业,安居稳定,改善民生为主线,来推进政法综治工作,确保全县社会长期稳定。"县长彭家典全力支持全县的政法综治工作,定期听取工作汇报并提出工作指导意见和要求,足额安排工作经费,确保政法综治各项工作顺利开展。县委副书记、县委政法委书记黎宏标把政法、综治、平安创建等各项工作提上重要议事日程,坚决抓落实。经常下基层调研指导,定期组织召开政法综治工作会议,分析治安形势,部署工作,解决社会治安综合治理工作中的具体困难和问题。

**【建立目标管理长效机制】** 为强化责任落实,鼓励和表彰先进、推动工作,2010 年春节前夕,县委、县政府对落实上年度《综治目标管理责任书》和平安创建先进单位进行表彰,会上还与各乡镇、农场和县直机关及企事业单位签订了《保亭县 2010 年社会治安综合治理目标管理责任书》。会后,各乡镇与村委会,农场与作业区,村委会与村民小组,作业区与生产队,县直机关、企事业局级单位与下属单位都签订了《综治目标管理责任书》,全县上下形成一级抓一级,层层抓落实的工作局面。县、乡镇(农场)领导班子、县综治委成员单位领导继续实行挂钩督导联系点开展平安创建的工作制度,将创建目标及考核标准层层分解落实到具体负责人。同时,建立责任追究制和党政一把手综治实绩档案,把抓综治和平安建设的实绩纳入任期目标考评和干部考核的重要内容。强化综治工作领导责任制,切实抓好全年社会治安综合治理工作。

**【抓好政法队伍建设】** 全县现有乡镇 9 个,国营农场 4 个,县农场 1 个,全部配备专抓综治工作副职领导,配齐配强了县、乡镇两级综治办专职副主任队伍。落实《干部培训纲要》,加大培训经费投入,分期分批安排政法干警赴江苏、西安等先进地区考察学习和培训,委托海南省政法职业学院开设了县首期人民调解员培训班,选派 30 余名村级人民调解员进行业务知识培训。全面提高政法综治干部队伍的综合素质,逐步推行乡镇、村(居)委会"两委坐班制度",使乡镇两个综治中心、村(居)委会两个综治工作站、基层派出所、司法所、乡镇检察室等基层政法综治职能得到有效发挥。

**【加大综治经费投入】** 2010 年,全县共投入综治工作经费和平安建设经费 446.8 万元(含农场),其中,安排县综治办专项工作经费 41.3 万元,超过省综治委规定的不低于全县人口人均 1 元的标准。基层派出所、司法所、人民法庭、国土资源所、基层治保会、调解会和治安联防队做到"组织、人员、制度、工作、经费、报酬"六落实。增加人民调解委员会、人民调解员和综治维稳信息员的补贴经费预算,落实人民调解员和综治维稳信息员每月 50 元补贴。实行年度工作奖励制度,促进矛盾纠纷排查调处工作有效开展。

**【完善制度建设】** 完善县、乡镇平安建设重大问题领导责任查究、重特大案件"一案一追究"和一票否决权制实施细则、社会治安综合治理领导责任制实施细则、县综治委五部门联席会议制度及平安建设述职评议考核机制,落实综治干部定期培训制度,确保综治平安建设工作各项措施落到实处。

**【加强信息收集】** 为确保全县社会稳定,县委县政府针对排查到的影响社会稳定 17 项隐患问题,落实属地专人包案责任制进行督办,做好维稳信息研判工作。先后妥善处置金江农场登峰队难侨与村民土地纠纷、三道农场十九队难侨串联滋事、农垦系统退休职工、退役军人和县原石油公司协解人员上访等问题,及时消除社会稳定隐患。

**【落实稳控措施】** 2010 年来,县委、县政府切实采取有效措施,使博鳌亚洲论坛年会、七仙温泉嬉水节、中秋、国庆、环岛自行车赛等重大节假日、重要敏感期、重大活动期间,不发生一起有影响的重大政治事件、重大治安事件和集体进省上京上访事件，实现“三零指标”。(一)继续加强对全县宗教活动的规范管理，强化对涉“法轮功”人员及其他邪教人员进行有效监管，打击顽固不化分子，刑事拘留“法轮功”反水人员卢某并立案侦查。(二)对长期缠访、闹访的老上访户进行跟踪稳控，掌握其思想动态，在敏感时期和各种重大活动期间组织力量跟踪谈话，引导他们依法申诉。(三)加强国家安全人民防线建设，完善信息收集网络，及时掌握信息和社会动态，强化对社会面的控制。

**【化解矛盾纠纷】** (一)坚持“调研先行”原则，妥善解决群众的合理诉求。在重大政策措施和重点建设项目实施前，进行社会稳定风险评估，对涉及的群众诉求、矛盾纠纷和事关民生的各类现实问题深入调研，对可能出现的不稳定因素，群体性事件认真研判和预测，制定预防和应急措施等维稳工作制度。开展了三道南桥石场项目开发、七仙广场改造工程、芙蓉小区和宝亭大道工程项目的社会稳定风险评估，将社会矛盾化解在源头。(二)整合调解工作资源，加强排查调处网络建设，构建人民调解、行政调解和司法调解有机结合的大调解格局。充分调动乡镇(农场)一级综治工作中心、矛盾纠纷排查调处中心，村委会(作业区)两个工作站(点)的职能作用，协调和调动工会、共青团、妇联、统战和工商联等各方面力量，形成党委和政府统一领导、政法综治部门牵头协调、职能部门共同参与、社会各方整体联动的三级调解组织网络，并发挥重要作用。1—10月，全县共排查各类民间纠纷554宗，调解554宗，成功调处530宗，成功率95.7%。(三)结合开展社会治安重点地区排查整治活动，落实矛盾纠纷排查调处工作。坚持定期排查制度、领导干部带案下访制度和包案处理制度，积极排查调处矛盾纠纷，预防和有效处置群体性事件，稳定县域社会秩序。6月8日，保城镇石筒村委会合口村小组与金江农场南茂片登峰侨民队发生土地纠纷，引起难侨串联上访，双方险些激化械斗，后经综治部门及时组织调解处置，问题得以解决。(四)加强信访工作，切实为群众解决实际问题。制定县委书记、县长、县委政法委书记定期接访和县四套班子其他领导轮流接访制度。5月份，县委书记郑作生到响水镇大本村委会包案下访，解决农田灌溉、村路硬化、土地纠纷、扶贫项目等5项信访问题。彭家典县长接访日，共接待上访群众5批(次)30人，责成相关部门解决涉农和享受住房政策、建筑工地污染、拆迁安置、场乡土地纠纷等上访问题。认真受理群众来信来访。1—10月，共受理群众来信来访253件(次)，比上年同期的307件(次)减少54件(次)，减少21%，信访案件的办结率达96%。发挥政法信访工作职能作用，推行首长接访日制度，认真处理涉法涉诉上访案件。5月18日，政法部门联合大接访活动共接访10件14人次。县政法委全年共接待群众来访4人次，处理群众来信8件；县法院共接待群众来访410人次，处理群众来信356件；县检察院接受群众咨询272人次，受理来信来访64件；县公安局接待处理群众来信来访130件；司法局接待群众来电来访并解答法律咨询1412人次，办理法律援助案件78宗，切实保障弱势群体的合法权益。

**【严打违法犯罪分子】** 2010年，制定出台了《保亭黎族苗族自治县推进国际旅游岛建设治安环境综合整治方案》和《保亭黎族苗族自治县治安环境综合整治实施细则》，组织综治、公安、旅游、交通、工商、卫生等职能部门，深入各乡镇、农场等基层单位，进行了横到边、纵到底的拉网式排查和整治，先后破获一批故意伤害、“两抢一盗”严重扰乱公共秩序和聚众斗殴等刑事案件和治安案件，有效地打击了违法犯罪分子的嚣张气焰，实现了社会治安现状的好转，人民群众的安全感和满意率不断提高。1—10月，全县共开展排查1085次，宣传发动355次，发动干部群众2.01万人次，排查发现治安重点地区5个，治安问题60个，社会突出矛盾纠纷11个，全部进行整治和调处；立查刑事案件400起，破196起，破案率48%。其中，积压命案破1起，破案率20%；“两抢一盗”案件破98起，破案率41%；打掉盗窃摩托车犯罪团伙8个，追缴被盗摩托车45辆，抓获各类犯罪嫌疑人179人；入室盗窃团伙2个，诈骗团伙2个，网络诈骗团伙2个，抓获团伙成员20人，破获系列案件72起，挽回经济损失60多万元。共发生治安案件530起，查处438起，查处率83%；检察机关立案侦查反贪案件2件2人，受理批捕案100件176人，起诉70件110人；审判机关受理刑事案件58件92人，审结54件86人，结案率93.1%。

**【专项整治工作】** （一）开展“扫黄打非”专项行动，查处传播淫秽、色情、暴力、封建迷信和伪科学出版物，查缴非法音像制品1730多张（盒），取缔非法音像制品销售点1个。加强查处非法接收和传送境外卫星电视节目行为。（二）打击扰乱社会经济秩序的违法违规行为。出动执法人员576人次，打击制售假冒伪劣食品违法行为，严查销售不合格食品，切实保障食品市场安全，共受理消费投诉83起，调解83起，调解成功81起。受理旅游消费投诉6起，调处6起。（三）清理公共娱乐复杂场所42处，查扣销毁赌博机53部，检查网吧62家次，取缔黑网吧1家，行政处罚4家。（四）建立健全护林保胶工作长效机制，严厉查处毁林偷胶违法行为。（五）加大交通管理力度，开展农村摩托车无牌无证问题专项整治，规范机动车辆运行秩序，全县全年共出动警力4720人次，警车2890台次，共处理交通违法行为2010次，查扣无牌无证、报废车5049辆，治安拘留无证驾车人员52人、酒后驾驶6人，教育放行1310人次。

**【校园及周边治安综合治理】** （一）全面部署校园安全隐患排查工作，做好学校及周边治安状况的情况信息研判，关注校园治安动态，及时掌握不稳定信息，做好防控工作。派出专门警力加强学校在上下学时段组织巡逻和检查，防范可疑人员进入学校。（二）加强各类矛盾纠纷的排查工作，采取有效措施预防和化解各类矛盾纠纷。（三）发挥法制副校长的职能作用，组织开展学生安全意识教育。加强校园警务工作，建立完善校园“三防”建设和各种管理制度，认真处理各种涉校案件。（四）做好肇事肇祸精神病人的排查和管理工作，落实管理措施，清除安全隐患。（五）加快教学保障机制建设，开展校园及周边治安综合整治，投入143万元新建一批校园保安室、门岗等值班保卫基础设施和校舍加固改造，规划建设110报警联动系统及视频监控设施。（六）加强检查督导，严格落实工作责任追究制，坚持安全隐患不查清不放过，整改措施不落实不放过，矛盾纠纷不化解不放过的原则，建立工作长效机制。5月份以来，全县共投入警力2500人次进行校园安全检查，共消除治安隐患8处。

**【深入开展禁毒斗争】** 重拳打击毒品犯罪，严防毒品流入境内，对吸毒人员落实“四位一体”帮教措施，加大宣传力度开展形式多样的禁毒宣传活动，巩固教育转化成果。全年共破获毒品案件3宗，抓获涉毒犯罪嫌疑人12人，收缴毒品0.43克，冰毒1.15克，麻古6粒。强制隔离戒毒10人，行政拘留2人。开展禁毒宣传活动35场次，发放《禁毒法》宣传手册4500多份。

**【案件评查活动】** 为了进一步促进政法机关公正廉洁执法，提高办案质量和执法的公信力，县政法委组织协调政法各部门，深入开展集中清理涉法涉诉信访积案和案件评查活动。2010年，县法院确定的评查案件为50件。通过评查，合格案件为37件，占评查案件总数的74%，一般瑕疵案件13件，占总评查案件总数的26%。法院通过评查和总结，认真评查找原因，进行限期整改，提高办案质量。县检察院确定评查案件为30件，通过评查并报省院审核，没有发现不合格案件。

**【流动人口治安管理】** （一）学习借鉴海口、琼海等地的工作经验，加强暂住人口登记及暂住证、婚育证明的办理和查验等各项基础工作，准确掌握出租房屋和居住人员的底数和有关情况，将流动人口纳入常住人口管理轨道，及时发现各类可疑人员，落实管理措施，努力消除治安隐患。（二）坚持“谁用工谁负责”、“谁出租谁负责”的原则，实行治安管理责任制，督促用工单位、出租房主和社区居委会配合公安机关做好日常管理工作。(三)加强对出租房屋、酒店、建筑工地、集贸市场、废品收购站、娱乐场所等场所的经常性治安检查,预防和打击外来人员违法犯罪。共清查公共娱乐复杂场所6次,旅馆43家,废旧物品收购点7家,建筑工地24家,清查暂住人口536人。

**【消防安全工作】** 开展易燃易爆物品专项排查整治和形式多样的消防知识宣传,不断提高全民的消防意识。指导、帮助建设单位、施工企业健全和完善安全工作机制,进一步做好施工现场、仓库等重点部位的安全管理工作。全县共排查采石场2家,液化石油汽经销店2家,加油站(点)5家,烟花爆竹经营店58家,民用爆炸物品单位2家。检查发现不安全隐患15处,责令整改15处。

**【交通和生产安全监管】** 加强客运行业的综合治理,开展"百日治超"行动和交通宣传教育活动,营造了良好的交通环境和市场秩序。深化安全生产管理,加大对重点时段、重点行业、重点领域、重点单位和重大危险源的监控力度,消除各类安全隐患,有效遏制事故发生。1—10月,共发生各类安全事故27起,死亡8人,事故死亡人数占年控制指标(13人)的61.5%,受伤44人,直接经济损失8.9万元。做好食品安全工作,加强食品检测,共查处食品案件126宗,罚款1.75万元,对食品抽样45批次,发布消费警示21期。

**【预防青少年违法犯罪】** 大力开展青少年思想道德和法制教育,增强青少年的法制观念,举办《未成年人保护法》和《预防未成年人犯罪法》辅导员培训班12次,开展青少年警示教育活动4次,举办青少年法制教育专题讲座23场,受教育学生2.5万人。加强青少年禁毒宣传教育,招募禁毒志愿者200余人,发放青少年禁毒呼吁书5000余份。加强网络监管工作,开展网吧专项整治,优化青少年健康成长的社会大环境。全年共出警力326人次,检查网吧63家次,取缔黑网吧1家,处罚4家,查处接纳未成年人进入网吧7家,查处未落实实名登记制度网吧4家。

**【刑释解教人员帮教工作】** 加强与监狱、劳教所、公安看守所的工作衔接,落实安置帮教措施。全年共接收刑释解教人员36人,帮教率达100%,落实农村责任田100%。登记矫正对象15人,落实监管教育转化工作。

**【农村综治防控体系建设】** 建立以村治保会主任、调解会主任和综治维稳信息员于一体的农村治安维稳联动机制,调动基层组织在社会治安综合治理工作中的积极作用,构建以村干部、基层党员和农村群众为体系的护村联防队和治安信息网,延伸治安防范工作触角。开展场乡联防共建,沟通信息,强化联防,妥善处理场乡各种矛盾纠纷隐患,齐抓域区社会治安和护林保胶工作,促进场乡经济社会共同发展。

**【电子监控网络建设】** 加强技术防控能力建设,完善电子监控覆盖网络,发挥110指挥中心职能作用,协调公安各警种快速反应能力,确保处置治安应急情况的需要。全县重点路段、重点部位共建立电子监控网点58个,实现人防、物防、技防并重。

**【社会参与平安创建】** 全县共建立了48个村队社区警务室。各机关、学校、企业等单位,在平安创建活动中都结合自身实际增加了保卫力量,建立门卫室,组织常年巡逻守护工作,实现单位内部治安防范工作的落实。扩大平安创建的覆盖面,提高群众的知晓率、参与率。各综治成员单位把部门业务工作与"平安保亭"创建工作有机结合起来,形成了"党政领导重视、部门齐抓共管、群众共同参与"的平安创建工作格局。结合文明生态村建设,把平安建设纳入文明生态村建设整体规划,推动平安建设向农村基层拓展,建成了一批文明生态平安村庄。各单位、各部门结合行业实际,开展平安创建活动,有力地维护了全县社会治安的稳定。

**【普法宣传教育】** 落实“五五”普法规划，不断创新普法工作，使《国际旅游岛行业文明规范行为准则》在全体公民中得到广泛宣传。开展法律“四下乡”活动，有针对性地开展与征地拆迁、就业安置和“三农”问题密切相关的法制宣传和教育，提高了广大群众的法律意识和法治观念。2010年，保亭顺利通过“五五”普法规划检查验收，取得了优异的成绩。年内全县共出动法制宣传车56辆次，提供法律咨询28场次，发放宣传资料2.3万多份，发放普法资料3500多册，举办法制讲座89场，开展普法教育图片巡展98场，播放影视资料200场，观看人数4.68万人次，开展禁毒宣传活动35场次，发放《禁毒法》宣传手册4500多份，发放《道路交通安全法》手册6500多份。

(周霖、谭丽芳 供稿)

5

# 经 济

115/196

# 农　业

## 综　述

**【概况】** 2010年，保亭农业生产以党的十七届四、五中全会和中央农村工作会议精神为指导，认真贯彻省委六次党代会、县工作报告和农村工作会议精神，全面落实科学发展观，围绕“保稳定、保民生”和促进农民增收，理清思路，创新观念，完善机制，制订措施，大力发展热带绿色特色农业，使全县农业和农村经济发展取得新成效、上新台阶，实现了当年农民增收计划目标，圆满地完成了全年农业和农村工作各项任务，受到省委、省政府的表彰。全年农业总产值48643万元，增长9.5%，全年冬季瓜菜种植面积4万亩，总产量7.126万吨，增长2%，其中瓜菜出岛量7.02万吨，产值11750万元，同比增长2.5%；热作面积20.16万亩，比2009年增加0.36万亩，收获面积13.58万亩，比2009年增加0.81万亩，产量2.65万吨，比2009年减少0.03万吨，总产值18112万元，比2009年增加3351万元；优质畜禽产品取得重大突破，全年畜禽肉类总产量0.77万吨，增长27.5%，畜牧业产值15697万元，增长33.5%，其中生猪出岛3.52万头；全年放养水面积0.98万亩，水产品总产量0.347万吨，增长15%，产值1998万元，增长20%。

**【农民增收计划】** 加强农民增收工作力度，制订农民增收计划和农民增收工作方案，从县机关和企事业单位抽调199名干部组成促进农民增收工作队，驻村入户，深入开展促进农民增收工作，在深入调查研究的基础上，帮助全县60个村委会和476个村小组分别制定了2010年农民增收工作方案和工作流程、2010年至2012年农民增收工作计划及工程流程，帮助农户制定2010年至2012年家庭增收计划，并按照工作方案逐项抓落实各项农民增收措施，使2010年全县农民人均纯收入达3453元，同比增收581元，增长20.2%，实现了2010年农民增收目标。

**【科技兴农】** 完善农业科学技术推广体系，创新推广机制，支持乡镇基层农技站加盟农业科技服务“110”，搭建农技推广平台。加大农技培训力度，全年共举办各种农民技术培训班205期，培训农民2.06万人次。大力示范推广良种良法，重点推广测土配方施肥、节水灌溉、动物疫病和植物病虫防控、瓜菜嫁接苗技术等，推广水稻优良品种8.32万亩，建立优质畜禽养殖基地12个，使种植和畜禽良种覆盖率达89%和93%；推广测土配方施肥2.21万亩，使测土配方施肥从水稻拓展到瓜菜、水果、橡胶、槟榔等多种经济作物。推广水稻抛秧栽培2.3万亩，施用植物生长调节剂5.4万亩，化除6.5万亩，加强农村沼气服务体系建设，抓好建池质量和建后服务工作，实施沼气建设“回头看”工作制度，使农村沼气池的使用率从60%提高到65%。由于在农业生产上大力推广良种良法，全县科技进步贡献率达39%。

**【农产品质量安全】** 加强农产品检验检测体系建设，完善农产品质量监管制度，建设完善9个乡镇级流动检测服务站，提升农产品质量安全监管能力。加强农产品质量安全专项整治力度，深入开展产地环境、农业投入品、主要菜篮子产品三个大领域和瓜果菜、畜禽产品、产地环境、农药、兽药、饲料、肥料、种子等8项专项整治行动，印发各种宣传资料0.8万份，出动执法人员320人次，检查生产经营单位72家，农药标签770个，兽药标签207个，查处兽药经营违法案件19件，立案查处21件，查处21件，结案21宗，罚款1.02万元，没收兽药16种，货值550元，无害处理病害肉

320公斤。全县抽检瓜果菜产品2900多样次,合格率97%。实行农产品例行检测公布制度,固定检测和流动检测相结合,及时通报检查结果。建立农产品的追溯制度,制定动物标识及病可追溯体系项目建设实施方案。大力推行标准化生产,加强农产品基地认证和产品认证,累计认定无公害生产基地15个,面积3.8万亩。

**【农业市场化建设】** 加强农产品市场营销促销工作,支持壮大本地农产品运销,着力构建农产品运销长效机制,组织企业参加2010年"冬交会",扶持农产品物体系建设,建设贯穿全县的东西两个现代农产品物流中心,完善农产品产销对接,运销对接;提高农业产业化水平和农民组织化程度,加强对龙头企业的动态管理,2010年发展各类农业产业组织70个,省级龙头企业7家,登记注册农民专业合作社153家,成员1110个,带动农民7910户。

**【落实惠农政策】** 按照"统一规划、明确分工、统筹安排"的要求,全面整合各项惠农资金,设立专项"产业扶持鼓励金"200万元,用于扶持发展特色优势产业;安排263.7万元,用于农村新型养老保险补助;发放小额支农贷款1807万元,扶持农户发展生产;准确、足额、及时发放落实国家给予农民的退耕还林、天保工程、农资综合、种粮、农作物良种、橡胶良种、农机(具)购置、能繁母猪、沼气、阳光工程等惠农政策资金4577.4万元。

**【依法治农】** 加强农业执法工作,成立县农业综合执法大队,加大违法案件查处力度,彻底查处了当年影响全省瓜菜生产的"毒豇豆"事件;设立投诉和举报电话,制定完善农业执法制度,规范许可管理;开展农村土地承包地块四至界址、土地承包纠纷仲裁及农民负担综合治理工作,加强农村集体资产和财务管理,制止发生新的乡村债务;推行基层农技推广体系、种子管理和畜牧兽医体制三项改革。

(县农业局 供稿)

## 热带作物

**【简况】** 保亭县热带作物发展服务中心是保亭热带经济作物种植和管理的技术推广服务指导部门。中心现有职工13名,其中专业技术人员8名,主要从事保亭县域的热带经济作物的种植规划技术指导、服务、培训工作,热带作物的科技研究、科研成果引进和实用技术推广,包括良种繁育、施用肥料,病虫害的监测、预报、防治和处置,栽培管理等多项性技术工作。保亭发展种植的热带作物主要有:橡胶、槟榔、椰子、荔枝、龙眼、红毛丹、芒果、香蕉、益智等经济作物,其经济发展潜力巨大。2010年,全县热带作物种植总面积20万亩,收获面积13.5万亩,产量3万吨,产值1.8万元,农业人口人均热作总收入2117元。

**【橡胶生产】** 2010年,保亭民营橡胶种植总面积10万亩,其中收获面积7.7万亩,产量5494吨,产值7944万元,农业人口人均橡胶收入934元。橡胶种植分布各乡镇,最大的种植企业是七仙岭农场,种植面积达1.3万亩,年产量519吨,产值767万元。

**【香蕉生产】** 2010年,保亭种植芭蕉(粉蕉)、香蕉总面积3200亩。芭蕉主要以山地种植为主,分散种植于村边或山脚边,香蕉在全县各乡镇都有种植。目前,县内大面积种植香蕉的企业为海南顺达生物工程有限公司,面积2720亩。

**【芒果生产】** 保亭芒果品种以台农为主,主要种植在县境南部地区。2010年,芒果种植面积4900亩,收获面积3223亩,产量2741吨,产值822万元。

**【椰子生产】** 保亭的椰子种植,主要以零星散种为主,农民种植方式以屋前屋后,村边的空闲土地等。由于椰子便于粗种粗管,对土壤要求不高,农民一般种植后,很少进行常规的管理,使椰子在保亭发展缓慢。2010 年，椰子种植总面积 1.3 万亩，收获面积 1 万亩，产量 552 万个，产值 552 万元。

**【荔枝龙眼生产】** 保亭荔枝品种主要有“妃子笑”、“三月红”等，“三月红”以早熟成为县优先发展的特色荔枝；龙眼品种主要为“储良”和“石硖”。2010 年，荔枝总面积 5575 亩，收获面积 3000 亩，产量 470 吨，产值 470 万元；龙眼总面积 6600 亩，收获面积 3027 亩，产量 1602 吨，产值 1922 万元。

**【红毛丹生产】** 红毛丹是典型的热带珍稀水果之一，一般 7 月后收获，是继荔枝、龙眼后可上市的水果，具有很好发展前途。2010 年，保亭种植红毛丹面积 4100 亩，收获 3400 亩，产量 608 吨，产值 425 万元。

**【南药生产】** 槟榔和益智系保亭的两大“南药”，是当地农民喜好种植的传统作物。槟榔由于种植管理技术要求不高，加上近年槟榔经济效益增涨，农民加大了种植面积，发展速度较快，已从传统零星种植向成片规模种植发展，2010 年槟榔面积达到 5.3 万亩，收获面积 2.6 万亩，产量达 1.3 万吨，产值 5200 万元。益智种植分布于乡镇各村庄，目前没有企业大面积开发种植。2010 年，种植面积 5200 亩，收获 3975 亩，产量 1900 吨，年产值 398 万元。

（胡亚宏 供稿）

## 林　业

**【简况】** 保亭县林业局是县政府的直属工作部门，局直机关现有干部职工 43 人，内设行政办、营林股、绿委办、林政股、森林公园管理办、检疫站、生态公益林办、林业工作总站、种苗站等九个股级单位，下辖森林公安局和县森林防火指挥部办公室两个副科级单位。

**【造林绿化】** 县委、县政府高度重视林业生态建设，通过实施造林灭荒、封山育林、天然林保护、退耕还林、生态公益林等建设工程，建立起“绿化宝岛大行动”、“森林生态效益补偿”等长效机制，使造林绿化取得显著成效。至 2010 年止，全县实施退耕还林工程面积 8.9 万亩，其中退耕地还林 2.54 万亩，荒山地造林 1.86 万亩，封山育林 4.5 万亩。全县人工总造林面积累计达到了 26.09 万亩。城市绿化尤为突出。保亭县城充分利用自然优美风光和山环水绕这一环境优势，重点突出民族、人文和园林等三大特色，已初步打造为“城在水中、城在绿中、城在花中、城在景中”的靓丽文明县城。

**【林权改革】** 2008 年 5 月，一场以确立农民经营主体地位，实现“山定权、树定根、人定心”的农村集体林权制度主体改革工作在全县展开，历时两年半的时间，全县完成了 28.87 万亩集体林地的改革工作。

**【林业产业】** 县对林业产业结构进行了适时调整，围绕“生态示范县建设和实现农民增收”目标，利用天然次生林资源大力发展林下经济，林下种植棕榈藤面积达 5.37 万亩。2008 年开始引入高效花卉产业，热带兰花和红掌切花大棚种植面积达 450 亩。以丰富的森林生态景观资源为依托，大力开发森林生态旅游业和发展具有林业特色的“农家乐”。森林生态旅游如雨后春笋，目前全县有国家级森林公园 1 个，经营面积 22 平方公里。涉及森林生态旅游的景区 3 个，年接待游客达 178 万人次，同比增长 26.95%；有林业观光游“农家乐 20 家，年接待人数达 20 万人次。受益农村人口达 6 万多人，森林生态旅游业呈现出良好的发展前景，据测算，全年森林生态旅游业经营收入达 2.34 亿元，同比增长 29.58%。

**【森林资源调查】** 据 2010 年第二次森林资源二类调查统计，全县林业用地面积 152.7 万亩，森林面积 149.1 万亩，有林地面积达 148.5 万亩，森林活立木总蓄积量达 643.7 万立方米。森林覆盖率达85.2%,与1993年第一次森林资源二类调查统计数据64.8%相比,森林覆盖率年平均增长1.13%,位居全省第三。2010年,全县林业产业总值达15634万元,同比增长15%。

**【生态公益林管护】** 县委、县政府坚持以生态示范县建设为主的可持续发展道路,强化森林生态保护意识,努力实现经济社会的可持续发展。全县重点生态公益林面积有69.1万亩,其中国家重点公益林面积共有44.7万亩,省级重点生态公益林24.4万亩。充分利用重点公益林管护资金,建立起一支有227名人员组成的公益林管护队伍,和一支有18名人员组成的公益林防火扑救专业队伍。充分利用重点公益林管护资金,完成10处护林站、3处瞭望台、近150公里巡山便道、2处公益林管护视频监控等公益林管护的基础设施建设。利用地方财政转移支付资金建立森林生态效益补偿基金,对生活在重点公益林区周边的近2万户农民实施森林生态效益补偿机制,2010年度发放森林生态效益补偿基金1600万元。全县基本形成以水源涵养林、水土保持林、森林公园和城市林业为主体的生态公益林骨干体系,宁远、藤桥东、藤桥西和什玲(陵水河支流)四条河流域的防护林体系成为全县重要的生态屏障,境内224国道、省道及乡镇公路沿线绿树成荫。

**【退耕还林】** 按照《退耕还林条例》的有关规定,派出工作组对全县2.54万亩退耕地还林情况进行全面的自查验收,验收结果表明全县退耕还林地林木长势较好。

**【森林资源管理】** (一)严格执行森林采伐限额。核发林木采伐许可证36张,采伐面积(人工林)736.62亩,蓄积量3278.49方方米,出材量2078.59立方米,核发木材运输证250张,放行运输木材3079立方米,采伐消耗量控制在省局下达给县的木材生产计划之内,森林覆盖率保持稳定。(二)加大封山育林力度,全面巩固实施划线封山保护工程的成果,对25度坡度以上的林木、林地及野生动物资源进行严格的保护和管理,加大全县95万亩封山护林面积的巡护力度。(三)严厉打击破坏森林资源违法犯罪活动。年内,共受理各类林事案件23起,其中:受理林业刑事案件4起,查处1起;受理林业行政案件19起,查处19起(其中受理野生动物行政案件1起,查处1起)。逮捕2人,移送起诉案件2人。林业行政处罚21人,没收无证木材43立方米,没收风景树2株,林政处罚7.58万元,扣留作案车辆12辆,征收育林基金8万元。(四)多次对全县各酒店和收购点进行突击检查,查获违法经营野生动物酒店21家,扣留野生动物活体、死体13只,并依照《野生动物保护法》对1家业主进行处罚。

**【森林防火】** (一)森林火灾。截至2010年12月8日,全县发生森林火灾4起,森林火灾总面积6.39公顷,受害森林面积5.68公顷。其中一般森林火灾2起,火场面积1.71公顷,受害森林面积1公顷,较大森林火灾2起,火场面积4.68公顷,受害森林面积4.68公顷。森林火灾受害率为0.06‰,低于省下达的森林火灾受害率0.3‰水平,火灾次数和受害率都控制在省下达的指标范围内,无重、特大森林火灾和人员伤亡事故。(二)森林防火宣传。采用流动宣传车、横幅、警示碑、广播等多种方式宣传森林防火有关法律法规,另外还印制《森林防火知识》1万份、印发2011年森林防火挂历1.6万份及制作森林防火围裙8000条分发全县各乡镇和国营农(茶)场等,使广大民众防火意识不断加强。(三)森林防火基础设施建设。省防火办和县政府加大了对森林防火基础设施建设的投入,到目前为止,全县共配置金鹿牌拖拉机改装的森林防火消防车2部,摩托车3部,对讲机15部,电台5部,风力灭火机5部,2号扑火工具900把,砍刀20把,油锯1部,防火服30套,防火头盔30顶,灭火水枪20支,进一步提高了森林火灾的预防和扑救能力。

**【森林病虫害防治】** 以野外释放寄生蜂为主、其他防治方法为辅进行综合防治。到12月8日止,全年累计野外释放寄生蜂202.94万头,其中姬小蜂189.82万头,啮小蜂13.13万头,放蜂点23

个，巩固放蜂点23个，各个放蜂区域的虫口密度普遍降低，椰心叶甲的自然扩散速度逐步控制降低，受害植物长势良好。调运检疫木材3102立方米，调运检疫红藤29吨，菠萝苗木3000株，发财树苗木200株。

**【队伍建设】** 2010年，举办两期国家重点公益林护林员培训暨林业执法人员法律培训班，参加培训人数达108人次，聘请省局领导和林科所的专家讲课，提高他们依法行政、秉公执法、文明执法的水平。同时，为提高执法和业务能力，派出干部80人次到省林业局学习培训。树立爱岗敬业和执政为民的理念，不断改变工作作风，提高工作效率。

**附：全县各乡镇第二次森林资源二类调查情况**

保城镇土地总面积10.63万亩，林业用地面积851.39万亩，森林面积8.25万亩，有林地面积达8.25万亩，森林活立木总蓄积量达61.05万立方米。森林覆盖率达77.7%

什玲镇土地总面积8.83万亩，林业用地面积6.36万亩，森林面积5.82万亩，有林地面积达5.82万亩，森林活立木总蓄积量达15.57万立方米。森林覆盖率达65.9%。

加茂镇土地总面积6.66万亩，林业用地面积4.52万亩，森林面积4.37万亩，有林地面积达4.37万亩，森林活立木总蓄积量达23.59万立方米。森林覆盖率达65.7%。

新政镇土地总面积22.04万亩，林业用地面积19.64万亩，森林面积19.57万亩，有林地面积达19.57万亩，森林活立木总蓄积量达17.17万立方米。森林覆盖率达88.8%。

响水镇土地总面积10.89万亩，林业用地面积8.9万亩，森林面积8.79万亩，有林地面积达8.72万亩，森林活立木总蓄积量达69.87万立方米。森林覆盖率达80.7%。

三道镇土地总面积8.2万亩，林业用地面积6.43万亩，森林面积6.32万亩，有林地面积达6.32万亩，森林活立木总蓄积量达25.71万立方米。森林覆盖率达77%。

南林乡土地总面积8.94万亩，林业用地面积7.9万亩，森林面积7.78万亩，有林地面积达7.78万亩，森林活立木总蓄积量达50.96万立方米。森林覆盖率达87%。

毛感乡土地总面积16.84万亩，林业用地面积15.52万亩，森林面积15.43万亩，有林地面积达15.39万亩，森林活立木总蓄积量达79.06万立方米。森林覆盖率达91.6%。

六弓乡土地总面积6.43万亩，林业用地面积5.27万亩，森林面积5.05万亩，有林地面积达5.05万亩，森林活立木总蓄积量达9.67万立方米。森林覆盖率达78.5%。

（县林业局 供稿）

## 畜 牧 业

**【简况】** 依托“无疫区”品牌效应，县畜牧业得到快速发展，在兽医管理体制改革方面，形成动物卫生监督、动物疫病防控、畜牧技术支撑三大体系。经统计，2010年生猪存栏10.5万头，增长28%；生猪出栏量18万头，增长48%，牛存栏1.5万头，增长2%；牛出栏量0.35万头，增长2%。羊存栏1.2万只，增长2%，出栏量1.44万只，增长1%。家禽存栏62万只，增长106%；家禽出栏82万只，增长127%；畜禽肉类总产量1.21万吨，增长80%；产值26591万元，增长92%。畜牧业总纯收入5900万元，农民人均收入694元。

**【畜牧业发展主要特点】** （一）产业结构科学。县畜牧业以养猪、养鸡为主导产业，以养牛、养羊、养鸭为附带产业，以发展“什玲鸡”、“六弓鹅”、“五指山猪”为特色产业，大力推进规模养殖场、养殖小区建设，着力发展养殖专业户，走产业化发展之路。（二）养殖规模化。目前全县万头以上的规模化养猪场达到4家，年饲养量500－5000头的生猪养殖小区（户）16家，年出栏50头以上的养猪专业户达660户。年存栏6万只的蛋鸡场1个，6万套种鸡场1个，年出栏5万只肉鸡场2个，养鸡1000只以上的专业户116户，养鸭5000

只以上的养殖户26户。(三)生猪以外销为主。逐步向外拓展市场,增强市场竞争力,在满足自给自足的基础上,进行向外销售,局统计,生猪销售形成三大主线,即内销占40%,主要为农村散养户群;外销周边市县占25%,主要为养猪大户;生猪出岛占25%,主要为一些养猪场。(四)什玲鸡产业化。2009年,县委、县政府作出了关于大力推进什玲鸡产业化的重大决策,引进龙头企业,并与海南永基文昌鸡有限公司签订了什玲鸡产业项目框架协议书,该项目得到上级资金的支持,2010年建成6万套种鸡场1个,动工建设规模养鸡场3个,成立什玲鸡养殖专业合作社128个,培育养鸡专业户1050户,扶持发放鸡苗186万只。(五)养殖行业化逐步形成。目前,全县已成立186家养殖专业合作社。养鸭业产、供、销一条龙服务的模式已初步形成气候。永基文昌鸡有限公司、正大集团等大企业的介入,采取“公司+基地+农户”的生产管理模式,正有力带动农户向规模化、专业化养殖方式转变。

**【发展畜牧业主要措施】** (一)引导农民进行科学管理、健康养殖,促进外销。紧紧抓住种苗、防疫、质量三个关键环节,切实加强种苗繁育、疫病防控、质量安全三大体系建设,通过政府引导、企业带动、政策扶持,进一步完善产、供、销体系建设,扩大生产规模、提高综合生产能力,确保畜产品有效供给和质量安全。(二)走“无疫区”品牌发展战略,以无规定动物疫病区示范区建设为契机,大力发展养殖业,做好动物防疫、检疫、监测、流行病学调查等工作,保障全县畜牧业稳定健康发展。(三)落实好惠农补贴政策。如能繁母猪补贴、生猪良种补贴、救灾资金购苗补贴、生猪养殖小区建设项目补助、什玲鸡项目扶持发放鸡苗、鸡舍建设补贴等。(四)推广地方特色产业。如“什玲鸡”、“六弓鹅”、“五指山猪”等本土品种,具有一定的资源优势和市场发展潜力。进行什玲鸡、六弓鹅扶持发放种苗,五指山猪联户保种工作。(五)职能部门做好技术推广、生产指导、市场引导、市场信息等服务。采取集中培训和日常技术指导相结合,县畜牧局、扶贫办和永基公司通过相互协作、整合资源,在9个乡镇共举办培训班70期,参加人员达6860人次,收集农户资料6800户。培训内容有:养猪、养鸡、养鹅技术;五指山猪养殖技术;兽医诊疗技术;动物疫病防控技术。并邀请了省畜牧技术推广站、牧泰公司、勃林格公司、保亭县养猪协会的有关专家进行授课讲解和技术指导。局还组织“阳光工程”畜牧兽医员培训80人。

**【保障畜产品质量安全】** (一)加强屠宰检疫。按照检疫操作规程,检疫猪6.22万头、牛0.39万头,羊1.02万只、禽类25万只。检疫出证率达100%,上市肉品合格率达100%。(二)严把产地检疫关。共检疫生猪9.97万头(其中出县境1万头、出岛4.5万头)、牛0.28万头、羊1.12万只、禽类38.5万只。检疫率达85%。(三)加大监督执法力度,严厉查处违法经营。为了做到以检促防,坚决杜绝无耳标、无免疫卡、无检疫合格证的畜禽及其产品进入流通市场,主要从检疫环节、运输环节以及防疫条件等入手,共出动各种监督检查294人次。其中食品安全检查5次35人次;农资打假5次25人次;畜产品质量安全7次34人次,兽药饲料专项整治5次23人次;规模养殖场专项整治6次29人次;省级检查3次21人次,县级综合执法2次6人次,监测3次15人次;其它14次106人次。查处违法案件43件,其中责令整改5件;简易案件27件;立案查处16件。共罚款6510元,没收兽药10种,货值327元,无害化处理病害肉580公斤。

**【重大动物疫病防控】** 为巩固县无规定动物疫病区示范区项目建设成果,根据省农业厅关于加强动物疫病防控工作的指示精神,县畜牧局单位制定了《保亭县2010年重大动物疫病防控工作实施方案》,并按方案要求开展春、秋季集中强制免疫和日常补免以及监测、流行病学调查等工作。在免疫工作中,地毯式免疫村委会62个,村庄464个,农户1.38万多户,规模养殖场34个。免疫禽类89.8万只,免疫率为99%,应免率和建档率均达到100%;免疫生猪9.6万头,免疫率

85%；免疫牛 1.07 万头，免疫率 86%；免疫羊 0.76 万只，免疫率 85%。牲畜的应免率、挂标率、免疫卡的发放率以及建档率均达到 100%。犬类狂犬病免疫 1.2 万只，免疫率达 80%，应免率 100%。确保了全县无重大动物疫情的发生。同时，开展免疫抗体监测，监测 128 个村 15 个规模养殖场，抗体合格率达 80%。

**【本土特色畜禽品种】** 目前，县着力推广的本土特色畜禽品种有五指山猪、什玲鸡、六弓鹅，并进行产业化发展，其肉质鲜美、抗病力强、耐粗食、易饲养，比较适合农家放养。销售价格较高，市场供不应求，具有很大的发展潜力。(一)五指山猪。五指山猪是我国著名地方猪种，原产海南省五指山区(含保亭、乐东、五指山、琼中)，因其体小、灵活、头尖长、体型似鼠，俗称"老鼠猪"；它嘴巴长，看起来像是长出来的第五只脚，也叫"五脚猪"。经省农科院畜牧兽医研究所、中国农科院畜牧研究所等科研单位研究认证，五指山猪具有体型小、肉质美、耐粗饲、抗病力强、性早熟、耐近交、放牧性好等特点，是中国猪种遗传多样性中一个重要组成部分，具有极大的开发利用价值和潜力。(二)什玲鸡。该品种鸡具有体型较小(成鸡体重 1—1.25 公斤)、头小、体小、脚小、爪小之特征。由于长期放养，多食野草、野果、昆虫，其肉质香嫩鲜美。尤其以保亭县什玲镇所产最为正宗。其肤色米黄、肌纤维细小、肉质细嫩、皮香、骨脆、肉滑、肉质香甜味道浓郁著称，深受广大消费者的青睐。(三)六弓鹅。主产于六弓乡，体型中等，因长期放养，食青草、稻谷、玉米等杂食，肉实而香甜，深受广大消费者的青睐。

(李维航 供稿)

## 乡镇企业

**【简况】** 2010 年，保亭县乡镇企业取得了持续快速的发展，成为县经济增长、财政增收、吸纳就业和农村稳定的重要力量。从总体上看，经济总量稳步增长，企业规模不断扩大，产业结构和产品结构逐步优化，形成了农业、旅游、休闲农业为主导的产业格局。全县现有乡镇企业 528 个，职工 3332 人，同比增长 17.7%；增加值 3387 万元，同比增长 14.4%；总产值 9077 万元，同比增长 24.2%；营业收入 10140 万元，同比增长 32.1%；上交税金 371 万元，同比增长 18.9%；利润 703 万元，同比增长 13.9%；劳动者报酬 1773 万元，同比增长 21.6%。营业收入 500 万元以上的规模企业 2 个。企业投资总额是历来最好的一年，共投入资金 13585 万元。

**【乡镇企业发展主要特点】** (一)经济总量稳步增长。经济运行继续保持平稳较快发展的态势，经济效益较快增长，运行质量继续提高。2010 年增加值 3387 万元，同比增长 14.4%；总产值 9077 万元，同比增长 24.2%；税金 371 万元，同比增长 18.9%；利润 703 万元，同比增长 13.9%。(二)农业增产增收。国家各项惠农政策调动了企业职工的生产积极性，各项措施促进了农业生产的健康发展，大多数农产品产量稳定增长。受农产品总体价格走高的带动，企业增收幅度加大。(三)项目建设稳步推进。围绕"大建设、大发展"要求，加大招商引资力度，努力发展优势产业，强力推进项目工作，经济发展后劲明显增强。完成资产投资 13585 万元，其中：工业投资完成 9000 万元。2010 年引进有条件、有实力、有长远目标的投资人来县谋求新的发展机遇，如引进保亭为海混凝土配送有限公司和保亭雨田商品混凝土有限公司项目投资 9000 万元，已基本建成，预计 2011 年竣工投产。(四)休闲旅游业发展较快。各种农业观光园、农家乐、采摘园等乡村旅游形式大量涌现，发展态势良好，已成为农村经济发展的一个新亮点。

**【发展乡镇企业主要措施】** 乡镇企业的最终目标是要成为"产权清晰、权责明确、政企分开、管理科学"的现代企业。加快乡镇企业发展，关键是要把促进乡镇企业发展的各项政策措施落到实处，扎扎实实解决好乡镇企业发展中存在的问题。2010 年做了以下几个方面的工作：(一)创造宽松环境,为乡镇企业搭建发展平台。加大宣传力度,营造加快乡镇企业发展的浓厚舆论环境,采取灵活多样的形式,树立典型示范;加强新闻监督力度和对乡镇企业发展设置障碍、制造摩擦和以权谋私的违法行为的打击力度,弘扬正气,打击歪风。积极为企业排忧解难、保驾护航;抓好政策落实,营造加快乡镇企业发展的宽松政策环境。(二)抓好国家农业部乡镇企业负担检测联系点工作。进一步抓好企业减负工作,深入基层企业调研,把中央、省最新公布的收费项目、标准等及时落实到企业,为减轻企业负担创造条件。加强对甘什岭槟榔谷原生态黎苗文化旅游区、三道泡沫厂和南春经济场等国家农业部乡镇企业负担监测点的监测和宣传力度,帮助企业建立健全企业负担监督制度,提高企业的自我保护意识。(三)抓好安全生产监督工作。开展安全生产监督检查。2010 年,乡镇企业主管部门定期不定期开展了安全生产专项大检查和整治工作,以查安全生产意识,查制度建设,查事故隐患为主,对查出的事故隐患、责任相关企业限期整改,通过狠抓落实,把安全隐患消除在萌芽状态之中。(四)结合海南国际旅游岛建设抓好休闲农业、农家乐的管理和全国休闲农业示范县、示范点的申报工作。鼓励引导好农家乐发展,做到“合理布局、就地取材、凸显特色、差异发展”。农家乐存在“吃有余、乐不足”的问题,必须不断提升农家乐档次水平,突出“乡、野、土”的农家风味。加强管理,促进规范,引导农家乐持续健康发展。(五)稳步推进瓜果菜田头预冷库项目建设。果蔬田头预冷处理系统建设,是海南省重点民生工程之一,也是国家冬季瓜菜基地建设的重要组成部分。抓好新政农产品南部现代物流园冷库在建以及配套项目建设,组织专门力量督促该项目的建设进度,使冷库逐步成为一个集预冷保鲜加工、物流配送、市场信息、质量检测于一体的上规模预冷保鲜加工企业。截至 2010 年底,该项目完成投资 4380 万元,完成土建工程面积 2.25 万平米,9600 平方米冷库安装及制冷设备和保湿设备的安装,7600 平方米的交易市场钢结构的安装配套。保亭的田头预冷产业已向规模化、产业化、标准化和系统化服务、动态化管理方向发展。(六)狠抓乡镇企业产品质量关,以质量求效益。质量是企业的生命,没有质量就没有效益。坚定不移地走质量效益型发展路子,在产品质量上精益求精、在产品包装上提升档次,狠抓乡镇企业产品质量关,以质量求效益。积极与质量监督等相关部门配合,组成产品质量检查组,采取定期和不定时对乡镇企业产品进行全面的质量安全大检查,加强生产过程的现场检查。协助企业建立监管档案,增强企业人员素质和制定完善的科学管理制度,提高产品质量。企业以质量求效益求发展就必须做到质量、市场、效益和发展相统一。

**【乡镇企业投资情况】** 2010 年,全县乡镇企业共投入资金 13585 万元,其中:国家及有关部门扶持资金 675 万元,金融机构贷款 600 万元,引进资金 9000 万元,自有资金 3295 万元,其他 15 万元。保亭经济基础薄弱,招商引资是加快经济发展、壮大经济实力的有效途径。2010 年引进保亭为海混凝土配送有限公司和保亭雨田商品混凝土有限公司项目投资 9000 万元,已基本建成,预计 2011 年竣工投产。

(县乡镇企业服务中心 供稿)

## 农业机械化

**【简况】** 保亭黎族苗族自治县农业机械化管理服务中心的前身是保亭黎族苗族自治县农机局。1995 年 11 月,成立保亭黎族苗族自治县农业机械化管理服务中心,为副科级事业单位,隶属保亭黎族苗族自治县农业局,2001 年 11 月,升格为正科级事业单位。

**【农用生产机械】** 2010 年,全县主要农用生产机械是:大中型拖拉机、小型拖拉机、联合收割机、耕整机、插秧机、播种机、农用运输机械、排灌机械、植保机械。全县农业机械总动力为 7.9 万千瓦。

【农机作业市场化】 2010年,全县有机耕机收农机作业专业合作社3个,主要分布在三道镇、加茂镇和响水镇三个乡镇;农机(整机及零配件)销售点9个;农机维修点9个。

【农机财政补贴】 2010年,全县共投入农机补贴资金250万元(其中:中央财政补贴资金230万元;省财政补贴资金20万元),对购置农机的农民进行专项补贴。在惠农补贴资金的带动下,农民自筹购置资金351万元,补贴机具4510台(部),受惠农民4505户,其中:大中型拖拉机3部,小型拖拉机35部,补贴收割机3台,割灌机45台,小型耕整机583台,装载机1台,旋耕机7台,柴油机113台,喷雾机3132台,稻麦脱粒机587台,偏置重耙1台,完成率100%。

【农机培训】 2010年,认真做好拖拉机、联合收割机的培训工作,全县农机培训319人/次,严格按照农业机械教学大纲的要求进行培训。经过严格的理论学习和实际操作培训学习,其中:考核合格185人,不合格30人,合格率达到86%。送教下乡培训200人/次;农机管理人员培训14人/次。发放拖拉机、联合收割机维修书及教材319本,发放宣传资料600份。

【农机安全监督】 2010年,为落实完成农机安全监督管理工作,有效确保农机生产安全效率,根据《中华人民共和国道路交通安全法》和《中华人民共和国农业机械化促进法》、《农业机械安全监督管理条例》和《农机产品质量安全生产整治》等有关农机安全生产精神,认真落实拖拉机、联合收割机办牌办证工作,加大开展拖拉机道路交通安全生产大检查力度,严厉打击、查处和纠正违法违规行为。重点查处拖拉机、联合收割机的无牌无证行驶、无证驾驶、违法载客、酒后驾驶、超载超速,改装加胎等直接危及安全生产的行为,从"安全第一、预防为主"的工作目标出发,确保农机安全生产防范措施得到落实,预防和减少农机事故的发生,从而达到确保农民群众生命和财产安全的目标要求,维护农机作业秩序。

【农机区域交流】 2010年,全县农机区域交流32人次,在省内的海口市、五指山、陵水县和省外的江苏省等地考察、学习机械播种和机械插秧技术,组织农机安全监理人员参加省农机安全监理所业务培训学习。

【农业机械管理】 (一)农机维修市场的管理。组织农机维修人员进行维修技能培训和维修点审批。对达到技术维修资格的人员和维修点,发放维修技能资格和维修点许可证。(二)农机产品的监督管理。发现不合格的三无产品及时上报,并向社会公布农机产品质量投诉电话0898—83669340。

(县农机管理服务中心 供稿)

## 农业科技推广与农业技术培训

【简况】 2010年,县农技中心按全县农业结构调整和现代农业发展要求,组织全体干部职工深入生产一线,对乡(镇)、村委会干部及农民进行培训和指导,同时积极开展新品种、新技术的试验示范,切实做好各种农作物病虫测报,重大病虫的监测与统防统治,新农药、新药械的推广以及农产品质量安全监管工作,确保了全县农业生产安全和农业生产持续健康发展。

【良种推广】 结合当地实际,大力引进推广竞争力强、销路好、种植效益好的水稻和瓜菜新品种,采取中心办示范片,乡镇农技站办示范点,技术员找示范户的推广方式,带动全县的良种推广工作。2010年,中心在水稻方面引进、推广博Ⅱ优、万金优、特优、金博优等四杂交水稻系列,面积8.33万亩,占水稻种植面积(9.35万亩)的89.1%。在瓜菜方面,苦瓜重点推广福油选、琼1号、正奇470、严选槟城、长身油瓜5个品种,青瓜推广津春4号、津研4号、津优40、41共4个品种,茄子推广枫木长茄、金阳王10号、长丰2号、长丰红茄等7个品种。全县推广瓜菜良种面积2.45万亩,占已种植瓜菜面积(2.65万亩)的

92.3%，让全县的农作物良种覆盖率不断提高，给农民带来良好的经济效益，为发展特色高效农业和农民增收夯实基础。

**【农业技术培训】** 中心在实施良种良苗战略的过程中，围绕全年主推的农作物滴灌节水技术、测土配方施肥技术、沼气综合利用技术等多项先进技术，大力举办实用农业技术培训班，现已举办技术骨干培训班9期，培训技术骨干560人；沼气综合利用技术培训班2期，培训沼气用户153人。并针对年内的“毒豇豆”事件，对农民进行瓜菜病虫害防治技术、无公害瓜菜生产技术、农药安全使用常识等方面举办巡回培训班22场次，受训农民达1460人，共发放技术资料1460套。同时与农综办、妇联、残联、扶贫办等单位联合办各种培训班36场次，培训农民7600人次。新一轮的冬种瓜菜安全高产栽培技术培训工作已拉开序幕，通过不断反复的培训，提高了农民技术水平，让实用新技术在提高产量、节约成本、增加收入、减劳动强度等方面发挥出积极作用。

**【农产品质量监管】** 为了确保农产品质量安全，中心下大力加强监管工作。(一)在各乡镇的瓜菜收购点、公共场所等地方张贴国家禁止使用的高剧毒农药公告200份，并印刷科学使用农药规程5000份、推广使用低毒农药目录宣传单5000份，分发给瓜菜种植农户，引导农民安全合理使用低毒农药；在县城和各镇悬挂宣传横幅、张贴标语，发放技术指导资料5000份，扩大宣传力度；通过各乡镇农技员和村级农技员亲自进村入户，组织宣传瓜菜质量安全的重要性，提高群众思想认识。(二)在三道镇三弓村委会前进洋建设农作物病虫害统防统治示范点，引导农民走无公害生产之路。(三)开展对北调瓜菜和重大节日农产品质量检测，抽检瓜果菜产品7000多样次，瓜果菜产品样合格率为95.48%，总体情况良好。(四)配合农业局进行农资执法，查处高剧毒和伪劣农资，维护农资市场秩序，防止高剧毒、假冒伪劣农资产品流入市场，杜绝高毒、高残留农药进入果蔬生产基地，推进了“无公害”农业生产。

**【病虫害测报和防治】** 中心高度重视对重大病虫害的监测和预报工作，成立了测报小组，固定人员、固定时间、固定测报区域、地点和方法，坚持系统观测，加强下乡调查，提高预报的准确率。全年发布病虫害情报12期360份，提出相应的对策共计360份，病虫害的测报准确率达95%以上。同时密切注意新出现的水稻病毒病的发展势态，测报小组准确预报了这些病中短期发生趋势，并成立以测报小组为中心的病虫害防治小组，分赴各乡镇发动群众做好防治工作。同时按省植保站要求，对柑桔小实蝇、香蕉枯萎病、黄瓜斑驳病等检疫性病害进行普查，普查面积达6.8万亩，现已发现柑桔小实蝇、香蕉萎病在县内有不同程度发生，并将测报报告及时发到乡镇和技术员，指导农民及时做好防治工作。

**【农村沼气建设】** 以“节能减支、促进农民增收”为目标，切实把发展农村沼气作为建设社会主义新农村的突破口来抓。截至12月12日，完成农村沼气建设用户“一池三改”1000户、农村沼气服务网点22、联户沼气2个、秀丽大中型沼气工程一个。同时做好三项工作：一是抓好废弃池、停用池的恢复使用工作，组织修复旧池230个；二是大力推广作物秸秆发酵产生沼气技术，解决沼气原料不足的难题；三是组织完成县2011年农村沼气建设国债项目的申报工作，并做好迎接2009年新增农村沼气建设国债项目的验收准备工作。另外，在三道镇三弓村委会推广太阳能热水器30部，达到减少用柴减少污染，保护生态环境的目的。

**【测土配方施肥】** 2010年，加快实施测土配方施肥工作步伐，现已完成全县九个乡镇的土壤取样工作。新政镇新村水稻测土配方“3414”田间试验工作已完成。加茂镇槟榔测土配方“3414”田间试验，什玲镇瓜菜测土配方“3414”田间试验工作正在进行。为了有效推广应用良种良法，下大力气建设一批新技术推广示范典型。在什玲镇大田村委会瓜菜测土配施肥技术示范工作已完成，示范面积550亩，带动了大田村委会农民应用测土配方施肥技术。在新兴村办70亩水稻测土配方施肥技术示范点，指导农民进行配方施肥，并组织农民参观，提高农民对良种、新技术的认识。同时槟榔测土配方施肥工作已开始，正在加茂镇毛丛队实施槟榔土配方施肥技术示范点建设，示范槟榔土配方施肥技术。并建立了测土配方流动服务站，直接向农民提供测土配方服务，降低了生产成本，增加农民收入。

（县农技中心 供稿）

**【农业科技110】** 全县现有13家农业科技110服务站。各服务站都配备了站长、技术员、联系专家、电脑、户外屏、摩托车、照相机、110视频，个别服务站还配备了测土配方仪设备。农业科技110服务站以市场为导向、技术为先导，建立科技示范基地，通过示范作用让农民看得见、摸得着，从而带动农民发展高效农业、推广应用先进实用技术新品种。2010年，全县科技示范基地已达到1978亩，其中1200多亩无公害瓜菜示范基地，主要用于推广抗椒和美人椒新品；700多亩反季节龙眼、槟榔和香蕉示范基地，主要用于推广龙眼的反季节种植技术和槟榔、香蕉的“束顶病”、“黄化病”的防治技术，得到了广大农户的普遍认可，也极大的带动了农民种植的积极性。为了配合做好基地建设，同时成立了9个农民合作社，保证农民生产出来的产品保价保销，让农民种得放心。各服务站始终坚持“服务第一、群众第一”的工作理念，以“有求必应、快捷服务”为宗旨，按照“整合资源、技物结合、快速服务、科学实用”的工作特点，开展好农业科技服务活动。同时，县农业科技110已成为实用技术培训和科技推广的服务平台。各服务站都能围绕当地支柱产业和农业生产的不同季节，有针对性地举办各类种养殖技术培训班，使农民素质得到整体提高，创业能力、农业科技生产水平明显提升，充分发挥了农业科技服务110的重要作用，取得了可喜成效，被广大农民群众称赞为“农民致富的好帮手”。

**【科技富民强县项目】** 保亭2009年申报了“科技富民强县专项行动计划”，以“保亭红毛丹标准化高产栽培技术示范推广”为申报项目，于当年底获得省级配套资金扶持，2010年获得中央配套资金扶持，并开始实施项目。根据财政部联合下发的《科技富民强县专项行动计划实施方案（试行）》的要求，县以科学发展观为指导，以重点科技项目为支撑，以培育具有较强区域带动能力的特色支柱产业为重点，精心组织，狠抓落实，全面推进了科技富民强县专项行动计划各项工作的开展。在新政镇、南茂农场等重点行政村分别建立了3个“优质红毛丹标准化示范基地”共计656亩，通过换冠芽接、发放化肥、开展病虫害防治培训及高产栽培管理技术培训等方式，大力推广红毛丹7号果的种植及标准化管理。

**【科技活动月】** 在科技活动月中，着重开展农业科技进村入户活动，为群众提供技术咨询、技术讲座、技术培训和技术推广服务，创建科技示范村和科技示范户；挑选适合农村的电影故事片、科教片在农村免费巡回放映；组织科普人员深入乡镇、社区、村委会，科普知识讲座、科普挂图展览；组织专家科普报告团深入中小学校，举办科普报告会，指导中小学生开展研究性学习和发明创造活动，宣传科普知识。据统计，在2010年科技活动月期间，共接待科技咨询服务群众5600人次，免费发放各类科技图书1.5万本（册）；举办各类科技培训班或科技讲座12期，参加学员达560人次；举办大型科技下乡活动4场，参加人数达1500人次；举办科技科普图片展4次；举办“树立低碳理念 创造绿色生活”演讲比赛1次，参加人数达1000余人。2010年，保亭县获“海南省第六届科技活动月优秀组织三等奖”。

（县科技局 供稿）

## 农业综合开发

**【简况】** 保亭县农业综合开发办公室隶属县财政局管理为正科级事业单位，编制5人。主任1名，副主任1名，综合管理1名（兼管办公室），项目管理2名。2010年县农综办获海南省农业综合开发农田整治一等奖。这是是上级政府对县农业综合开发工作的高度肯定,是县历年来农业综合开发工作的最大突破,也是开展创先争优活动的最大成果。

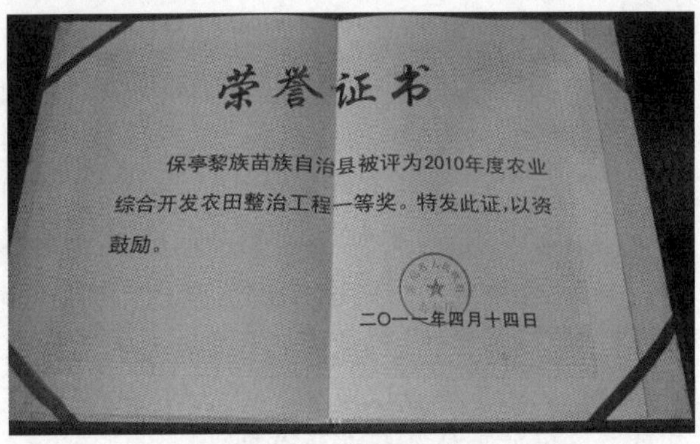


2010年保亭县农综办获海南省农业综合开发农田整治一等奖

**【单位职能职责】** 贯彻执行国家及省农业综合开发工作的方针政策和要求,制订本县农业综合开发总体规划、计划、方案措施并组织实施落实。按照农业综合开发的选项原则,制定本县的项目计划,组织筛选当年的项目区;负责当年项目立项、信息收集、汇总和上报。负责组织实施项目建设的前期工作,组织编制项目建设建议书,审核项目建设可行性研究报告。执行上级管理部门制定的计划,组织实施上级农业综合开发部门下达的项目建设任务。组织项目实施,监督项目实施的进度、质量以及项目资金的使用管理,解决项目实施过程中存在的问题。负责组织项目实施后的验收、总结、统计汇总,制定项目竣工后的管理措施。跟踪检查监督,及时反馈项目实施后的管理情况,保证项目实施使用管理的连续性,确保项目实施后的生产效益。负责组织全县农业综合开发的调查研究,组织工作人员参观学习及业务培训。承办县委、县政府和上级部门交办的各项工作。

**【土地治理增量项目区】** 保亭2010年农业综合开发规划把加茂镇石建村委会列为土地治理增量项目区。项目区共涉及1个行政村,8个自然村,人口0.18万人,土地面积1.2万亩。本项目计划内容是改造中低产田0.24万亩,其中:重点整治石建、送妹上、送妹下和林贡田洋0.13万亩,针对项目区贫瘠土地和种植低产水稻面积大,粮食单产低,计划购置水稻良种扶持推广种植0.2万亩,同时,针对项目区主要瓜菜种植品种的土传病害较严重,计划组织瓜菜嫁接技术和瓜菜嫁接苗种植管理技术培训班10期,培训600人次,种植示范70亩,推广0.07万亩,植造农田防护林0.05万亩,为当地农业经济发展夯实基础。具体措施有:(一)水利措施。整治石建、送妹上、送妹下和林贡田洋,面积0.13万亩,预计需要开挖疏浚水利渠道和田间排灌渠道36条,长10.4公里,砌衬32条,长9.5公里,建设拦水坝3座,配套建筑物320座,其中:闸斗门18座,毛门129座,渠下涵13座,机耕桥42座,人行桥102座,其他建筑物16座,工程土方量1.64万立方米,砼0.09万立方米,钅仝0.02万立方米,石方0.05万立方米,种植护坡草皮2.5万平方米。(二)农业措施。结合农田整治,组织有关技术部门深入田坑取土测试,推广测土配方施肥0.2万亩,购置水稻良种0.4万公斤扶持农民种植0.2万亩,铺设田间路网13条,长5.0公里,完成土方0.86万立方米。(三)科技措施。举办瓜菜嫁接技术和瓜菜嫁接苗种植技术等农村实用生产技术培训班10期。培训农民600人次,种植示范瓜菜嫁接苗70亩,推广0.07万亩。用推广瓜菜嫁接苗种植减轻病害对项目区瓜菜生产的影响。(四)林业措施。在项目区主要田洋(石建洋、送妹上洋、送妹下洋和林贡洋)营造农田防护林网0.05万亩。

(县农综办 供稿)

## 农村合作经济管理与服务

**【简况】** 保亭县农村合作经济管理服务中心是1995年机构改革从县农业委员会分离出来的,属县政府正科级事业单位,现有在编人员8名,其中正职一名,副职一名,单位主体职能是负责贯彻落实党在农村的方针政策,依法承担农村集体土地承包管理、农村土地承包纠纷调解仲裁、农民负担执法检查、农村集体资产财务管理、农民专业合作社管理等社会公共管理职能公益性工作。内设“农民负担监督管理办公室”和“农村土地承包仲裁委员会”。

**【农村土地承包仲裁】** 2010年，以解决土地纠纷，化解基层矛盾，保持农村稳定为目标，积极采取措施，切实维护农民合法权益。（一）继续加大法律法规的宣传贯彻力度。针对全县农村出现的土地承包纠纷问题以及一些基层干部、群众对法律政策理解的偏差，利用多种形式对有关法律政策进行宣传，并对群众反映的具体问题进行解答，使广大基层干部和农民群众做到了知法、懂法，取得了较好的效果。（二）认真热情接待群众的来访来电，妥善处理信访案件，认真做好解答和调处工作。（三）认真搞好仲裁人员的培训，切实开展农村土地承包仲裁工作。年内派员到省外、省内参加培训5人。通过培训学习，使每个仲裁员掌握了仲裁理论知识和仲裁程序，为今后开展仲裁工作奠定了基础。全年共处理土地承包纠纷案件18宗，稳定了农村生产秩序，促进了农村经济发展。

**【规范农村土地流转】** 围绕“农业增效、农民增收”这一主题，按照“依法、自愿、有偿”的原则，积极引导村级、农户开展土地承包经营权的有序流转。在土地流转工作中，规范合同管理，明确村集体，农户的承包权和义务，签订有序的土地流转，切实保障土地流转各方的权益；完善档案资料，并进行归档管理；做好服务，提供农业产业政策导向；全年共补充完善对外流转合同25宗，面积350亩，处置流转合同存在“三过”问题及违法发包和越权发包问题有68宗，维护了土地流转双方的利益。

**【农民专业合作社建设】** 积极推进农民专业合作社建设，到目前为止，全县经工商部门登记注册的农民专业合作社153家，成员总数1110人，其中，“公司＋农户”型9家，农民自己组织型144家，注册资本3849万元，其中，公司1302万元，农户2547万元，带动农户7910户，覆盖种植、养殖、农产品流通、农产品加工、农业机械等领域。其中种植业21家，养殖业123家，农产品流通5家，农业机械化3家，农产品加工1家，成员数和带动农户数占总占数的59％。

**【农村土地承包档案信息化】** 保亭是农业厅确定为开展农村土地承包信息网络系统建设的试点单位。县领导对此项工作较为重视，认真组织实施。将此项工作经费纳入财政预算，确保资金到位。聘请8名熟悉电脑操作的大中专生将承包合同的信息录入电脑。单位的工作人员通力合作，对录入过程中出现的问题进行指导核实。这项工作只用了3个多月的时间，共完成家庭承包及专业承包19.89万地块的电脑录入，完善了农村土地承包管理信息网络平台，使全县农村土地承包管理逐步走向信息化、规范化轨道。

**【减轻农民负担】** 根据农业部、国务院纠风办、财政部、国家发展改革委、国务院法制办、教育部、新闻出版总署《关于做好2010年减轻农民负担工作的意见》要求，认真执行县减轻农民负担“四项制度”：（一）涉农税收、价格和收费“公示制”。为做好涉农税收、价格和收费工作，全县9个乡（镇）、62个村（居）民委员会已实行了“公示栏”的上墙悬挂，亮证收费制度，公示率达到100％。（二）农村中小学义务教育收费实行“两免一补”制，严格执行省农村义务教育阶段中小学收费规定的收费标准，坚决杜绝乱收费现象。（三）乡（镇）、村级组织和农村中小学订阅报刊费用“限额制”。全县9个乡（镇）、62个村（居）民委员会、468个村小组都实行了限额制，严格执行限额制有关规定，每个村委会控制在600元以下，村小组控制在400元左右。（四）认真执行涉及农民负担案件（事）件的责任追究制。根据中共中央办公厅《关于印发〈关于对涉及农民负担案（事）件实行责任追究的暂行办法〉的通知》精神，各有关部门都明确责任，认真履行职责，扎实抓好农民减负工作。2010年，全县没有发现因涉及农民负担引发的重大案（事）件和群体性事件。

**【村级财务清理整顿】** 为了加强农村集体财务管理工作,管好用好集体资金,推进农村财务管理制度化,规范化建设,维护农村集体经济组织和农民利益,结合村级换届选举工作,对村级财务进行清理整顿,重点对农村征地补偿费,财政转移支付资金到位及使用等事项进行专项审计,加强对农村财务的审计监督,全县开展审计的村共60个,涉及金额560万元。

**【"三资"委托代理工作】** 做好农村集体资金、资产、资源的核实登记,并向群众公开,接受群众监督。认真做好宣传工作,在此基础上,组织召开村民会议或村民代表会议,在获得三分之二以上村民代表或村民同意后,签订《农村会计委托代理协议书》,明确村级民主理财,乡镇审核的申账,县级审计监督,现已全面完成村账委托管理工作。

**【农民收入调查】** 为了做好农民收入和农村经济报表统计工作,为各级政府制定政策提供依据,选定保城镇、响水镇、三道镇共90户农民作为调查对象,充分掌握源头数据,根据各类报表的统计指标,认真填报,做到全面、真实、准确。2010年,全县第一季度人均纯收入为1145元,第二季度为1136元,第三季度为1246元,并按要求及时上报省农业厅。

**【省级农业龙头企业运行监测】** 根据《海南省农业龙头企业认定和运行监测管理暂行办法》的有关规定,指定专人对县内6家龙头企业的运行进行监测。首先深入企业对申报监测企业所报送材料的真实性进行审查,并做出审查意见;其次是严格申报监测程序,对申报监测企业在县注册的公司,专业市场,按有关规定要求进行审查,并做好监测审查结论,报送省农业厅。

**【"一事一议"筹资筹劳和村务公开监督和指导】** 为防止有事不议,无事乱议等现象发生,全县9个乡镇、62个村(居)委会、468个村小组,都实行"一事一议"筹资筹劳工作管理制度。同时加强对农村集体经济组织财务公开和民主管理工作的指导和监督,全县村集体经济组织财务公开率达100%,提高了农村财务管理工作的透明度。

**【宝亭大道征地工作】** 为了做好宝亭大道的征地工作,根据县征地拆迁办的工作安排,县农经中心具体负责5户农户的征地工作。中心领导较为重视,多次开会研究布置,并组织人员深入农户做细致的思想工作,现已全面完成征地拆迁任务。

**【农村挂钩点工作】** 根据县委的要求,农经中心把农村挂钩点工作作为一项重要的工作来抓。中心领导多次带队到挂钩点什玲镇介村村委会进行调研,组织村委会,村组长镇驻点工作队员,就新农村建设和文明生态村进行座谈,制定介村村委会经济发展计划。同时抓好农村基层党组织建设,组织党员干部学习党的十七届和省、县有关文件精神,并组织开好民主生活会。还就介村农民增收工作对组织村组干部培训,促进介村经济发展。

(县农经中心 供稿)

## 水 利

**【简况】** 县水务局(含三防办)为县政府下属事业单位(参照公务员管理),人员编制28名,目前共有干部职工31人,其中,17人为参照公务员管理人员,工人6人(含司机3人),聘用自筹人员8人。中级职称3人,专业技术人员10人。2010年,县水务局把农田水利作为农村基础设施建设的重点任务,齐心协力抓好水库除险加固、渠道防渗配套、农田综合整治、城乡饮水安全、山洪灾害治理和防风防汛防旱和涉水项目建设等工作,为全县经济社会又好又快发展提供了有力支撑和保障。

**【防汛防风防旱】** 扎实做好防汛防风防旱各项准备工作。5月初,召开全县"三防"工作会议并与各乡镇政府代表签订了防汛防风责任书。按照分级管理,分级负责的原则,在县政府宣传栏上公布全县46宗小(2)型以上水库工程防汛责任制,做到责任明确,确保责任、措施、物资、队伍、保障五落实。狠抓汛前、汛中、汛末安全检查。对检查中发现的问题,及时采取措施消除隐患。抓好各级三防组织机构体系建设。全县9个乡镇全部建立三防组织机构体系,乡镇分别由乡镇党委书记或乡镇长任指挥,分管水利的副乡镇长任办公室主任,各行政村分别由村委会书记担任本村三防组织机构负责人。认真执行值班制度。如有风情汛情,全县各级三防组织机构坚持领导带班24小时值班巡查,及时观察雨情、水情、灾情,督促做好防汛抢险物资储备工作,做到防汛值班正常化、规范化。修编三防应急预案。对《保亭黎族苗族自治县防汛防风应急预案》、《保亭黎族苗族自治县保城河(东西河)防洪预案》、《保亭黎族苗族自治县抗旱应急预案》以及毛拉洞水库等46宗小(2)型以上水库防洪预案进行修编,并报县政府审批公布实施。加大防汛物资储备投入。全年完成储备防汛砂料1685立方米、石料855立方米。完善三防测报网络体系建设。已建设完成4宗水库的水雨情自动测报系统、三防办公室内部网络及防汛电台中心站、县三防指挥中心大屏幕视频会商系统和山洪灾害试点项目的建设。

**【病险水库除险加固】** 全县共有小(2)型以上水库46座,总库容9603万立方米,大多数水库始建于上世纪六、七十年代,由于建设年代较早、年久失修,加上管理和养护不到位等原因,普遍存在险工隐患,严重影响了水库运行的安全。县委、县政府十分重视病险水库加固工作,截至2010年12月,计划下达的8座除险加固任务实施完成。此外,还完成了21座小(2)型水库的安全鉴定工作并按程序上报省厅审核通过。

**【农村安全饮水】** 编制完成《保亭县农村饮水安全应急预案》、《保亭县2010—2013年农村饮水安全工程规划》和人口调查复核工作及报告并上报省水务局审批获得通过。已实施完成农村安全饮水工程61宗,项目总投资1310.9万元,涉及到91个村庄,惠及人口2.4万人,基本解决全县农村不安全饮水问题。

**【城镇供水】** (一)县城管网改造与扩建工程。由于县城原管网已不能满足城市规划建设需要,2010年,县政府决定实施县城管网改造与扩建,工程总投资3385万元,改造与扩建管总长2.36万米。目前已完成县城中心区的改造并实现通水,外环路管网在施工中,完成工程量90%。(二)三道水厂及管网工程。三道镇是全县饮用水较为缺乏的乡镇,为解决镇区与周边地区、呀诺达景区和三道农场以及全镇30多个自然村的饮水困难问题,县委、县政府实施了三道供水厂项目,总投资2300万元(其中县政府配套投资1800万元、省级资金500万元),新建一座4000T/天规模(远期7000T/天)的小型水厂作为三道镇周边和农村安全饮用水水源。2010年9月,完成了水源(水厂)的项目选址、环评、科研、地形测量与地钻探、水资源论证、初步设计与审批、施工图与预算、招投标和征地补工作,10月项目正式动工,计划于2011年12月底前建成并功能性通水投入使用。项目建成后将解决三道地区1万多人的安全饮水问题和满足该区项目建设需要。

**【农田水利建设】** 2010年,实施三道、南林和新政3个乡镇小农水项目,总投资1500万元,完成小山塘加固3宗、水陂6宗、渠道防渗15条总长63公里,有效灌溉面积提高到6.59万亩。

**【水资源管理】** 加大水法规的宣传力度。以世界水日、中国水周、城市节约用水宣传周为契机,采有多种形式宣传贯彻《水法》、《防洪法》、《水土保持法》、《河道管理条例》,进一步增强市民的水法制观念。(一)做好水源保护工作。2010年,县完成了七仙岭、响水镇藤桥东河和新政脚下河三个水源保护区的规划编制和划界定桩等工作,饮用水水源将得到进一步提高。(二)高度重视水库周边生态保护。2010年12月,县四套班子领导和相关部门对水库周边生态环境保护工作现场办公,针对水库保护围垦清理提出具体要求。目前水库库区范围标志警示牌正在施工中,县水务局已下发关于做好水库保护范围生态环境整治工作的紧急通知,《保亭县水库库区生态环境保护实施方案》初稿已经通过政府常务会讨论同意,修改完善后下发实施。

**【污水处理厂项目】** 保亭保城镇污水处理厂设计规模为5000吨/日处理规模,项目概算投资约3674.41万元,占地面积约28亩,项目始于2008年12月,2010年8月管网及厂区设备安装完成开始调试,同年12月工程竣工投入使用。

**【县城防洪堤项目】** (一)县城合口桥至什么东防洪堤项目。项目总投资1375万元,总长2.2公里。2010年12月招标完成,已拨预付款361万元。(二)保亭车站至春天小学防洪堤项目。新建防洪堤总长4.2公里(两岸),概算投资4000万元,建设内容有两岸防洪堤并配套桥、橡胶坝和排水涵等建筑物。已到位上级资金466万元,拟县筹措或贷款资金3000万元。已完成项目的环评、可行、勘察、初设、施工图与预算、财政预算审核等工作,计划近期招标动工。

(县水务局 供稿)

## 渔　业

**【水产养殖业】** 保亭县水产养殖业以罗非鱼养殖为主,附带混养一些鳙鱼、草鱼、鲮鱼、鲳鱼、田螺等,基本以散养为主,连片的较少,由于基础相对薄弱,总体产量还较低,但也有一部分通过鱼塘改造和推广罗非鱼养殖技术,产量和规格都得到明显的提高,亩产量达到1吨以上,对县渔业的发展起到了积极的促进作用。2010年放养水面积9800亩,进行旧池鱼塘开发和改造500亩,新增放养水面积270亩。水产品总产量3470吨,比2009年同期增长15%,产值1998万元,比2009年同期增长20%。水产纯收入555万元,农民人均收入63元。养殖大户基本形成以外销为主线的销售方式,主要销到三亚远跳、东吉水产品加工厂,2010年达到1500吨,占总产量的50%。但总体的运销环节还比较薄弱,运销队伍的建设相对滞后,产业链运行机制不完善,许多养殖户在销售过程中易被压价,减少养殖利润。

**【渔业基础设施建设】** 2010年实施滩涂水域的规划工作,依靠建设养殖示范基地,提高养殖技术水平,积极带动周边养殖业的发展,主要进行旧池鱼塘的改造,建立罗非鱼养殖示范基地,2010年完成鱼塘改造500亩,建成罗非鱼养殖示范基地5个,放养水面积800亩。

**【水产苗种生产】** 为确保县水产良种良苗的供应,经过严格审批,共有水产苗种供应点7个,并建设一个淡水养殖苗种场,作为水产苗种的重点供应基地,该项目经省海洋与渔业厅专家多次考察及论证,定点在保亭县金江农场十六队黎氏养殖场内,共占地面积130亩。目前已建成,并开始投入使用,正常投产后,基本能满足全县良种良苗的供应。

**【确保水产品质量安全】** (一)加强监管。围绕渔业"生态安全、生产安全、质量安全"三大任务,坚持依法行政,维护辖区渔业生产秩序,保护和改善渔业生态资源环境,对水生野生保护动物、水产品质量安全、渔药经营市场、水产苗种生产经营活动进行监管。(二)对水产苗种生产实行行政许可审批管理。凡属无证生产、经营的一律严厉查处,给予取缔。目前,经许可的种苗生产单位有7家,并到实地进行质量检测,同时了解供应渠道,并到养殖户中了解成活率、生长速度、总体规格等生产性能情况,确保良种良苗的供应。(三)配合省水产技术推广站做好水产品质量安全检测工作,及时完成检测任务,并将检测结果及时反馈给养殖业主。年内没有发生药物残留超标、环境污染等质量安全问题。(四)做好水生野生保护动物监督检查。在每年的每个季度都安排一次大检查活动，重点对餐馆、酒店、农贸市场、收购商(点)以及河域保护区违规捕捞、电鱼、炸鱼、毒鱼等违法行为进行突击检查，严厉查处，并对野生鱼类一律放生。(五)加强渔药、饲料经营市场监督管理。对渔药、鱼饲料店进行备案管理，并要求店主做好购销记录，主要对假、劣、违禁药品进行检查，经查出的坚决给予没收，对没有购销台账的给予整顿，同时，深入养殖场进行对违规添加有关药品进行监督检查，确保水产品质量安全，使各个质量安全监管环节都能够得到有效的监督。

**【渔业适用技术培训】** 2010年共举办培训班10期，参加培训人员达560人次，发放养殖技术材料及光碟1000多份，邀请省渔业厅养殖处、省水产技术推广站的专家进行授课，并组织养殖大户36人到屯昌进行参观、学习，不断提高养殖技术水平。

**【扶持渔业产业发展】** 2010年省级扶持建设罗非鱼水库精养示范项目40万元，罗非鱼健康养殖项目50万元，渔业产业化资金9万元，技术培训5万元，疫病防控5万元。

**【筹备休闲渔业项目】** 保亭具有丰富的山塘、水库，休闲渔业项目的实施，符合县水产资源综合利用和旅游发展规划，经过深入调研，并请省海洋与渔业厅组织专家进行考察认证，认为保亭在这方面具备基础条件，适合搞休闲渔业项目，经过努力筹备，目前在毛真水库(缘真水上乐园)、万绿生态休闲渔业已初具规模，集旅游观光、垂钓、游艇、餐饮、住宿为一体的休闲场所，成为县旅游的新兴产业。

**【未来渔业发展之路】** 推广健康生态养殖模式，保护和改善养殖水域生态环境，是合理调整和规划养殖生产布局，促进水产养殖业健康发展的重要途径。通过《规划》的实施，对不符合区域规划及养殖密度过大的养殖场所进行调整，促进养殖品种结构趋于合理，水域滩涂环境得到保护和改善，水产养殖病害得有效预防和控制。同时，以建设国际旅游岛为契机，发展休闲渔业和生态渔业保护工作。促进渔业、渔区经济发展和渔民增收。

**附:2010年度受县级以上表彰的先进单位和个人**

| 受表彰单位和个人 | 荣誉称号 | 表彰部门(单位) |
|---|---|---|
| 保亭县畜牧兽医与渔业局 | 2010年度农产品质量安全整治年活动先进单位 | 省农业厅 |
| 林凯文 | 2010年度农产品质量安全整治年活动先进单位 | 省农业厅 |
| 卓开平 | 海南省第一次全国污染源普查先进个人 | 海南省第一次全国污染源普查领导小组办公室 |

(李维航 供稿)

# 工 业

## 综 述

**【概况】** 保亭地方工业目前主要以农畜副产品加工、建材、小型水电等行业为主。到2010年底，全县工业总产值1.19亿元，增加值4726万元。其中，规模以上企业(产值在2000万元以上)2家，总产值7604万元，实现工业增加值3238万元，增长3%；规模以下工业增加值1488万元，增长15.4%。工业增加值占全县GDP的3.47%。年内，全县完成建设工业类项目2个，在建工业项目完成投资2610万元，占年计划投资3780万元的69%。年投资千万元以上项目有2个，涉及农村电网改造和农产品加工冷藏项目。

**【工业发展特点】** (一)工业化水平低、规模小。2010年，全县工业完成增加值4726万元，比上年增长6.6%。工业增加值只占全县GDP的3.5%，比2005年提高了0.2个百分点，但比全省平均水平低了近15个百分点。工业化程度尚处于初级阶段。(二)缺乏支柱产业的支撑，工业产品少。工业主要产品有水泥、发电量和自来水，年度产量分别为：3.14万吨、5919万千瓦时、204.2万吨。传统工业不论从产品数量到产量，都无优势可言。(三)规模以上工业呈现缓慢增长态势。全年规模以上工业增加值3238万元，同比3%。(四)企业产能有升有降。全年发电量为5919万千瓦时，同比下降4.2%；供电量实现7915万千瓦小时，同比增长22.5%。(五)工业产品产销衔接。2010年，全县规模以上工业销售产值为1410.2万元，产销率为98.0%。

**【能源消耗情况】** 2010年，全县能源消费总量为4.71万吨标准煤，比2009年增长10.86%。其中：第一产业能源消费7916吨标准煤，同比增长8.53%，占县总能耗的16.80%；第二产业能源消费1.41万吨标准煤，同比下降15.73%，占县总能耗的30.01%；第三产业能源消费1.24万吨标准煤，同比增长36.3%，占县总能耗的26.35%；工业能源消耗1.29万吨标准煤，同比下降18.13%；建筑业能源消耗1260吨标准煤，同比增长20.51%；交通运输业能源消耗4057吨标准煤，同比增长34.12%；居民生活用能1.26万吨标准煤，同比增长35.69%。单位GDP能耗为0.41万吨标准煤，比上年下降1.85%；万元工业增加值能耗1.58万吨标准煤，比上年下降51.19%；万元生产总值电耗694.54千瓦时，比上年增长6.46%；规模以上工业万元增加值能耗2.77万吨标准煤；规模以下工业万元增加值能耗2.83万吨标准煤；截至8月，全县“十一五”期间节能目标完成率达102.5%，成为海南省超额完成“十一五”节能目标的3个市县之一，获2010年度全省“节能攻坚优秀奖”。

**【淘汰落后产能】** 根据省工信厅《关于下达我省2010年第一批淘汰落后产能计划的通知》(琼工信政[2010]225号)和《关于下达我省2010年第三批淘汰落后产能计划的通知》(琼工信政[2010]261号)，海南华盛天涯水泥有限公司保亭水泥厂和三道镇兴平砖厂列入县2010年淘汰落后产能计划任务。(一)关闭三道镇兴平砖厂16门有顶轮窑，淘汰实心粘土砖产能250万块/每年。2010年4月，经县政府第十三届48次常务会议同意关闭三道镇兴平砖厂。10月初，县科技和工业信息产业局、县国土局、县公安局、县工商局、县安监局等部门组成联合工作组，对三道兴平砖厂进行拆除及场地清理，确保了落后产能不再死灰复燃。(二)关闭海南华盛天涯水泥有限公司保亭水泥厂机立窑生产线1条,淘汰水泥落后产能共10万吨。7月27日,由县政府彭家典县长召集有关部门主要负责人举行专题会议,研究关闭海南华盛天涯水泥有限公司保亭水泥厂有关事宜。海南华盛天涯水泥有限公司保亭水泥厂按规定在7月31日按时关停,并于10月拆除完毕,取得省工业信息化厅颁发的淘汰落后生产能力确认书。

**【节能灯推广】** 2010年,认真研究部署节能灯推广工作,并配套推广经费7万元,用于购买节能灯转换配件等。并采取多种渠道、多种形式开展推广工作,包括在电视台播放推广公告,下村入户为群众宣传节能知识,让群众试用节能产品、集中更换改造公共机构节能灯具等。由于组织有力,全县推广节能灯任务数量达2.22万只,超额完成省下达的节能灯推广任务指标。

**【新型墙体材料专项基金征收】** 按照《海南省新型墙体材料专项基金征收和使用管理办法》委托要求,工程建筑面积以每平方米10元的标准,缴交新墙体材料专项基金。征收新型墙体材料专项基金,使用省、自治区、直辖市财政部门统一印制的财政票据。征收的新型墙体材料专项基金,全额缴入地方国库,纳入地方财政预算管理。全年共缴交新型墙体材料专项基金238.96万万元,退还专项基金121.06万元。

**【建筑节能】** 加强太阳能热水系统建筑应用的监督管理,建立协调机制,采取有力措施,从规划报建到竣工验收,层层把关,落实太阳能热水系统建筑应用相关措施,开展凤凰小区保障性住房工程、新星农场花园小区职工住宅楼工程太阳能与建筑一体化项目等示范工程的建设,并已申报为省级示范项目,注重发挥示范工程的引导带动作用,不断总结经验,推进全县建筑节能工作深入开展。

**【公共机构节能改造】** 县利用推广节能灯工作时机,由县政府拨付专款用于公共机构的节能灯改造。2010年,完成县政府大院内22家机关单位的节能灯改造和更换。同时加快城镇公共照明的节能改造应用,对城区主要道路进行节能改造,改造道路共计12条,道路总长度1.84万米,改造路灯955盏。主要采用高压钠灯更换灯具、单臂开、减小功率等手段。其中,建设滨河西路重要景观灯段安装86杆(单臂)风光互补绿色新能源路灯。

**【节能宣传活动】** 结合低碳经济试验区的建设,通过多种方式大力宣传节能减排知识。2010年4月,在县政府门口组织举办宣传《节约能源法》暨“节约能源,从我做起”签名活动,发放《节约能源法》和《全民节能减排宣传手册》等宣传资料3500余份;制作36集节能减排宣传动画片在县广播电视台播放。6月,举办“2010年节能宣传周活动”,由县委宣传部、县科技和工业信息产业局、团县委、县国土环境资源局等多个部门联合开展主题为《节能减排 低碳新生活》的大型演讲比赛。通过一系列活动的开展,增强了群众节能减排意识。

**【信息化建设】** (一)电子政务外网建设情况。2010年,县已完成电子政务外网与省数据中心的连接。县数据交换中心设在县网络信息中心,由县政府办公室负责领导。从2009年开始,县网络信息中心陆续购置2套大型机柜,满足电子政务外网服务器安装。通过电子政务外网连接到省厅(局)的应用系统主要有远程教育系统(组织部)、计生系统(计生局)、审计系统(审计局),还有将要建设连接的地震应急指挥系统(地震局)。(二)县乡(镇)使用密码保障电子公文办公网络建设情况。2010年,由县机要局负责组建县电子公文交换网络。通过外网实现党政机关文件的传输流转处理。该系统第一期共覆盖43家机关(乡镇)。该系统由密钥管理中心,国密安全电子公文系统中心、客户端几个组建组成。设立身份验证、公文起草、公文校核、公文中转、签发管理、发文办理等模块。(三)党政OA办公平台建设情况。县协同办公自动化系统(OA)第一期工程于2008年6月开始建设,2008年9月基本建设完成,系统使用单位包括县政府大院内22家单位,使用人数近400人。该系统是基于电子政务网络平台基础上的为全县各部门开发的办公自动化软件系统,通过有效的资源共享和信息交流、发布,达到优化管理流程、提高工作效率、降低劳动强度、减少重复劳动的目的。具体实现公文流转、邮件管理、日程管理、行政事务、信息动态发布等内部办公自动化功能。系统中心服务器放置在县信息网络中心,第二层节点有三个分支,分别设在政府大院内3座办公楼内,通过光纤与中心服务器连接。第三层采用超五类网线连接到电脑桌面。县政府办在系统建成后及时组织有关干部职工进行操作培训。参加培训人员有县四套班子领导和22家使用该系统单位的全体干部。目前,系统访问超过1000人次。(四)远程视频应用平台建设情况。2009年2月,县委托海南百成信息系统有限公司承建县远程视频会议系统,该系统包括县政府主会场和各乡镇、七仙岭农场分会场。县政府主会场和电信公网采用10M光纤连接,电信公网和各分会场采用2M专线连接。主要提供县政府和各乡镇的视频会议服务。

(县工信局 供稿)

## 电力工业

**【简况】** 2010年,保亭供电局认真做好安全生产、经营管理、电网建设、电力供应、优质服务、党建和精神文明等工作,取得了明显成效。先后荣获全国“安康杯”竞赛优胜企业,“全国模范职工之家”,“全国三八红旗集体”,海南省“模范职工之家”,中国南方电网公司“工人先锋号”,海南电网公司“模范职工小家”、第四届精神文明成果展二等奖,中国海南七仙温泉嬉水节先进单位以及保亭县“安全生产先进单位”、“社会治安综合治理先进单位”等荣誉称号。

**【电力生产】** 全年完成售电量6663.19万千瓦时,同比增长23.86%;售电收入4953.84万元,供电量完成7399.5万千瓦时,同比增长19.04%;电费上缴率完成100%;综合线损率9.95%,比年度指标低0.95个百分点;城镇供电可靠率为99.87%,同比上升0.03个百分点;农村供电可靠率为99.7%,同比上升0.03个百分点;小水电上网最高负荷为18.92兆瓦,比2009年同期增长了1.5%。

**【安全生产】** 安全生产形势继续保持平稳,未发生电力生产人身死亡事故、重大电网事故和人员责任的重大设备事故,连续安全生产无事故记录2301天。

**【优质服务】** 供电服务品质进一步提升。制定增供扩销方案,对全县现有用电负荷及新增负荷进行全面调查,开展用电负荷组织工作;抓住国家扩内需、改善民生等重点领域和产业开拓潜在市场,优先安排有利于增供扩销的建设项目,努力增加电量销售。落实县政府32个重点项目跟进责任人,主动和政府部门招商办、发改局沟通,随时跟踪了解重点项目进展情况和用电需求,为重点项目开辟用电报装绿色通道。拓宽缴费渠道,采取邮政代扣、银行代扣、网上缴费和自助缴费等多种方式缴费渠道。进一步搞好服务窗口建设,加强营业厅规范管理,排号机、服务自助终端系统已投入使用。与此同时,发挥“移动营业厅”的作用,采用流动营业的方式,主动上门,服务偏远农户,这既是落实优质服务承诺的一项重要举措,也是创新服务手段、方便农户缴费、实施便民服务的有效手段。移动营业厅截至11月1日,共出车108车次,收取电费15231笔,回收电费63.02万元,现场解答客户咨询528人次。为拓宽服务范围,丰富服务形式,还利用移动营业厅开展电力宣传110余次,派发安全用电手册780册。贴心服务深受欢迎,在客户服务调查中,客户对移动营业厅的服务满意率达100%。

**【电力基本建设】** 抓好基建工程管理,电网建设稳步推进。累计完成投资约 2850.21 万元,为电网实现可持续发展夯实基础。

**【党风廉政建设】** 按照建设国际先进水平电力公司的基本思路,创新党建工作,加强党员教育和管理,深入开展争创"四强"党组织争做"四优"共产党员活动先锋工程,推进"标准化党支部"建设,提高党员党性观念,增强党员先进意识,发挥党支部的政治核心作用、战斗堡垒作用和党员先锋模范作用,扎实开展艰苦奋斗作风教育月大讨论活动和"纪律教育月"活动,加强廉洁文化建设和党风廉政建设,提高党员干部特别是党员领导班子成员的党性观念和廉洁意识,弘扬党的优良传统,发扬党的优良作风,提升企业依法经营、廉洁从业、优质服务水平,推动企业科学发展。

(马晓林 供稿)

# 旅 游 业

## 综 述

【简况】 2010年,保亭紧紧抓住海南建设国际旅游岛的重大历史机遇,坚持"打造海南低碳生态发展示范县,争创国际雨林温泉旅游区"定位,以主动融入三亚,参与南部产业分工,走差异特色化高端发展路子,第三产业的比重由2005年的42.8%提高到2010年的50.4%,首次超越第一产业13.1个百分点,旅游龙头地位确立。建成了呀诺达景区一期并开业迎宾;全面改造提升甘什岭原生态黎苗文化旅游区,游客大幅增加;七仙岭仙境雨林温泉度假酒店、御新荔苑温泉度假山庄扩建(荔苑温泉山庄扩建后更名)、保亭迎宾馆竣工投入运营。投入400万元扶持建设12家符合标准的农乐乐并开业迎宾。年内,全县建成并营业的宾馆、酒店共17家,客房900多间,床位1600张,年接待能力近50万人。投资建设县城3座星级旅游公厕及成立保亭第一个旅游咨询服务中心;继续加快七仙瑶池雨林别墅产权酒店、七仙岭温泉度假村改造、七仙岭金凤凰豪生温泉酒店、呀诺达雨林一号酒店建设。三道湾大区小镇新村、七仙岭温泉国家森林公园栈道及游客中心停车场、那香山酒店、民族风情特色一条街等顺利开工建设。仙安石林、七仙岭、甘什岭槟榔谷原生态黎苗文化旅游区、呀诺达雨林文化旅游区被评为"琼州百景"称号,在继续保持"三城一乡"称号的基础上,先后荣获"中国最佳文化生态旅游目的地"、"中国最佳绿色旅游名县"、"中国最具民俗文化特色旅游目的地"三项荣誉,呀诺达雨林文化旅游区和甘什岭槟榔谷原生态黎苗文化旅游区荣膺国家AAAA级旅游景区。2010年全县旅游接待178.1万人次,同比增长26.9%;旅游收入2.34亿元,同比增长29.5%。

【旅游重大决策】 (一)2010年是海南国际旅游岛建设开局之年,为营造旅游发展环境,全省深入开展国际旅游岛建设环境综合整治工作。按照省委、省政府要求,保亭成立国际旅游岛建设环境综合整治工作领导小组及国际旅游岛建设旅游环境专项整治工作领导小组,积极深入开展旅游市场专项整治工作。(二)为贯彻落实省委、省政府关于"大力发展以旅游业为龙头的现代服务业"的要求,进一步推进保亭"旅游强县"产业发展战略,培育和壮大以旅游为龙头的现代服务业,优化经济结构,带动行业发展,增强发展活力,促进保亭经济社会又好又快发展,县委十一届五次全体(扩大)会议通过了《关于进一步加快发展以旅游业为龙头的现代服务业的意见》。县委十一届五次全体(扩大)会议还提出了"旅游+新农村"的理念及"坚定不移地推进生态农村、旅游农业、文化农民"的"新三农"建设。

(县旅游局 供稿)

## 旅游接待与收入

【简况】 2010年,坚持走"蓝绿互融,山海并举"的差异化特色高端发展路子,旅游业取得长足发展。全县接待游客178.1万人次,同比增长26.9%;旅游收入2.34亿元,同比增长29.5%;其中过夜游客33.9万人次,同比增长26.2%;接待入境游客2.2万人次,同比增长9.8%。七仙岭温泉国家森林公园接待过夜游客16万人次,基本持平;槟榔谷接待游客约50.9万人次,同比增长19.1%;呀诺达雨林文化旅游区接待游客约90.5万人次,同比增长35.8%。

**【假日旅游】** 春节黄金周共接待游客8.8万人次，与2009年春节黄金周相比，旅游人次增长14.2%，旅游收入1344.9万元，同比增长45.4%。呀诺达雨林文化旅游区接待游客4.5万人次，同比增长46.6%。七仙岭温泉国家森林公园接待过夜游客4200人次，同比下降25.2%，平均住房率81%，实现旅游收入620.2万元，同比增长67.5%。春节黄金周期间岛内自驾游依然是县旅游市场的亮点，这些游客主要来自本岛家庭自家车出游及毗连海南岛的两广地区的自驾车游客。据统计，在过夜游客构成中，以散客、自驾车游为主的游客占78%，以团队方式出游的游客仅占22%；一日游观光游客主要在槟榔谷海南原居民文化游览区及呀诺达雨林文化旅游区，观光游客构成中，自驾游客占56.6%，团队游客占43.4%。

**【洪灾对旅游业的影响】** 2010年国庆期间，海南遭50年一遇的暴雨袭击，全省涉水、登山、攀岩、漂流、缆车等活动项目全部关闭。保亭县七仙岭景区于4日至7日全天关闭，停止营业；呀诺达雨林文化旅游区也于5日关闭一天，停止营业。这次大暴雨对全县的国庆假日旅游接待影响较大，致使全年旅游接待人次及旅游收入都有不同幅度的下降。据统计，2010年全县接待游客3.2万人次，同比下降40.6%，旅游收入677.9万元，同比下降9.6%。七仙岭温泉国家森林公园接待过夜游客4638人次，同比下降3.3%，其中接待国外游客27人次，同比下降10%。呀诺达雨林文化旅游区接待观光游客1.59万人次，同比下降36.3%；甘什岭槟榔谷海南原住民文化游览区接待观光游客9200人次，同比下降51.5%。七仙岭景区接待登山游客250人次，同比下降86.1%。

（县旅游局 供稿）

## 旅游规划及管理

**【旅游规划】** 以《保亭黎族苗族黎族自治县旅游发展总体规划（2008－2020）》为指导，2010年由保亭海航旅业开发有限公司委托中国建筑设计研究院编制《毛感乡生态旅游景区总体规划》；委托中国城市规划设计研究院编制《七仙岭八村旅游景区规划》；委托首创集团编制《甘什岭民俗文化村规划》；委托三道湾大区小镇旅业有限公司编制《三道镇风情小镇总体规划》及《三道湾“大区小镇”发展规划》。这些区域性规划编制完成，对旅游发展具有较好的指导作用，为全县旅游科学、健康、协调发展提供了政策依据。

**【旅游项目招商引资】** 继续加大旅游项目招商引资的力度，引进一批大企业进驻保亭，建设一批旅游服务接待设施。2010年动工建设的项目主要有七仙岭国际会议中心、七仙瑶池雨林别墅产权酒店、远奇七仙岭温泉度假村、三道湾“大区小镇”什进新村、呀诺达雨林度假酒店、海垦七仙岭高尔夫球会、七仙岭雨林仙境酒店等旅游项目建设。引进新华都七星世界级华尔道夫酒店项目、中国银地集团社会主义新农村暨低碳示范区等项目签约落地或奠基动工，进一步推动了全县旅游产业多元发展的格局，丰富了旅游产品体系。

**【旅游市场专项整治】** （一）按照海南国际旅游建设环境综合整治工作部署，成立了县推进海南国际旅游岛建设环境综治整治领导小组，制定整治工作方案，分别成立了社会治安综合整治小组、旅游市场环境综合整治小组、环境建设综合整治小组。积极深入开展全县国际旅游岛建设环境综合整治工作，旅游发展环境进一步净化和改善。（二）由县旅游局牵头，组织工商、消防、质监、食监、卫生等职能部门在“三月三”、博鳌亚洲论坛年会、五一、七仙温泉嬉水节、中秋、国庆、元旦及春节节假日期间，开展旅游市场安全大检查，对呀诺达雨林文化旅游区、甘什岭槟榔谷原生态黎苗文化旅游区、七仙岭温泉国家森林公园及全县各宾馆、酒店等重要场所进行安全生产检查，确保旅游企业按有关要求，切实把安全生产工作落到实处，为游客营造一个更加安全和谐的旅游环境。（三）加大旅游投诉案件处理力度，妥善处理各类旅游投诉案件。2010 年共接到游客电话投诉 8 起，通过现场或电话协调处理，8 起案件得到妥善解决。

**【旅游从业人员培训及管理】** 2010 年，充分利用“阳光工程”等培训资金，整合培训资源，举办了 5 期农乐乐服务员、农乐乐业主及餐饮业服务人员培训班，共培训农乐乐从业人员 150 多人。同时，根据省旅游委的要求，积极推进旅游从业人员英语学习工作的推广。组织呀诺达雨林文化旅游区、甘什岭槟榔谷原生态黎苗文化旅游区开展旅游英语 100 句的培训及考核工作，共计 530 多人参加培训。经过测评，呀诺达选出 70 名参加省旅游委测评考核，最终 67 名员工顺利通过考核，其中 3 人拿到中级证书。

**【景点景区品牌建设】** 2010 年，呀诺达雨林文化旅游区、甘什岭槟榔谷原生态黎苗文化旅游区正式启动争创国家 AAAA 级旅游景区，投入大量资金，对基础设施进行全面改造升级。通过改造后，向省旅游委申报国家 AAAA 级旅游景区，8 月通过国家旅游局的评定，10 月荣膺国家 AAAA 级旅游景区。11 月 12 日举行隆重的挂牌仪式，省长助理、省旅游发展委员会主任陆志远、县委书记郑作生为两个景区挂牌。为打造旅游集散地的对外“窗口”形象，2010 年，县筹备建设旅游咨询服务中心，11 月 12 日保亭旅游咨询服务中心揭牌成立，这是海南省首个旅游咨询服务中心，省长助理、省旅游发展委员会主任陆志远，县委书记郑作生，县人大常委会主任黄本二，县政协主席郑金莲，常务副县长李开文等主要领导及县直相关部门主要负责人出席了揭牌仪式。

（县旅游局 供稿）

# 交通运输·邮电通信

## 交通运输

**【简况】** 2010年,县交通局以交通运输管理和农村公路建设为中心,较好地完成了全年各项交通工作任务,被县委县政府评为"保亭黎族苗族自治县文明单位"、"全县惩治和预防腐败体系建设暨党风廉政建设先进单位"、"全县安全生产工作先进单位"、"全县人口和计划生育工作先进单位"。

**【交通基础设施建设】** 积极推进重点项目前期工作,包括六弓至英州公路等;加快农村公路建设,完善农村公路路网,全年完成农村公路硬化建设247.03公里;抓好公路养护,保持良好路况,全年养护里程232.18公里;组织冬修212公里。

**【交通运输管理】** 抓好营运车辆年审工作,确保交通运输安全。2010年,县交通局组织对道路运输业276户进行年审,完成594辆营运车辆年审换证工作。加强运输市场管理,规范运输经营行为。2010年,县交通局与运输企业签订责任状4份。严格执法,加大专项治理工作力度。2010年,派出稽查人员600多人次,开展道路运输市场整顿2次,查处逾期年审车辆等9辆。查处2辆非法客运七座小客车,对非法超载车辆实行强制卸载。查处12辆违法经营车辆,查处无从业资格从事营运驾驶司机3人。抓好驾校培训和车辆维修管理工作,2010年共培训驾驶员1315人。

**【"创先争优"活动】** 坚持"以抓党建工作为中心,以队伍建设为根本,以构建人民群众满意机关为目标"的工作思路,积极参加到"创先争优"活动中。突出一个"明"字解决党员的言行举止不规范的问题;突出一个"紧"字,解决好中心工作与活动开展矛盾的问题;突出一个"宣"字,解决活动氛围不深厚的问题;突出一个"改"字,解决好作风转变的问题。通过加入"以民为本"理念、减掉"蜻蜓点水"作风和除去"千篇一律"模式三点做法确保创先争优活动落到实处。

(县交通局 供稿)

## 公路交通

**【公路状况】** 全县现有12个养护道班(职工220人),管养线路9条,养护总里程179.6公里,其中:国道45公里,省道28公里,县道106.6公里。

**【公路基础设施建设】** 2010年实际完成养护项目投资970.69万元。其中:完成毛烈桥工程投资200.87万元;报什危桥改造工程投资353.4万元;毛烈桥桥头引道路面工程20.5万元;完成水毁工程投资71.32万元;完成国道海榆中线K268自然灾害处治工程投资299.6万元;完成毛岸道班房改造工程投资25万元。

**【公路养护管理】** (一)指标完成情况。全年养护质量指标实际完成国省道MQI92.31,其中:国道95.43,省道88.97,县道86.65,国省道92.95。(二)路面养护。全年完成国省道水泥路面跳车地段铺补调平927平方米,灌缝1816米;完成县道沥青路面病害挖补1.8万平方米,沥青表处1.06万平方米,沥青拌合料铺补7214平方米。(三)生态景观公路建设。全年投入生态景观公路建设资金27万元,完成文明样板路建设73公里。累计种植三角梅56公里共2562株,大红花43.64万株,黄心梅8.35万袋,红草3.25万株,满天星6342株。(四)水毁抢修。"十一"黄金周期间,受连续强降雨的影响,分局管养的各条线路遭受了严重的水毁灾情,多条线路出现了交通中断。面对灾情,迅速启动公路防汛抢险应急预案,组织抢修队伍和各种工程机械第一时间赶赴各个灾情发生现场,夜以继日地开展积极有效的抢修工作,累计投入抢修人员250人次,各种工程机械85台次,共清理边坡塌方2.57万立方米/37处,抢修便道30米,炸搬巨石148立方米,在较短的时间内全线恢复了交通。(五)路政管理。全年共出动上路巡查车辆149台次,出动人员720人次,处理各类路政案件36宗,受理路政许可7宗,查处超限运输车辆121台次。全年累计收取公路赔(补)偿款86.84万元。同时加大执法力度,8月下旬在县有关部门的配合下,组成强制拆迁队伍,对公路控制区内的违法建筑物进行强制拆除,共拆除违章简易房屋11间约640平方米。

(县公路分局 供稿)

## 交通规费征稽

**【简况】** 2010年,紧紧围绕规费征收中心,以抓管理为着力点,有效地促进规费征收。截至10月31日,县交通规费征稽所已征收车辆通行附加费1113万元,完成年度计划任务的106%,预计将完成年度计划任务的119%,超收200万元。

**【费源管理】** (一)建立车辆台账。年初,组织人员到辖区车属单位、各乡镇、厂矿企业等,摸清车辆分布情况,做好登记,分册、分类建立车辆台账。同时,将联系点和联系责任人挂钩,保证了征收稽查工作的顺利开展。(二)主动同交通、交警部门联系,了解新增车辆情况,及时催促车主办理入户缴费手续。(三)加强清欠追缴工作。文明利用计算机清理不按时缴费造成欠费的车辆,采取电话催缴、书面催缴和上门催缴的办法,催促欠费车主缴费,确保规费应征不漏。据统计,全年共清欠17.8万元。(四)坚持量油制度,采取不定时,不定日地对加油站进行严格监控,发现问题,及时纠正,及时处理,不断规范其经营行为。同时,加大巡查力度,严厉打击违法买卖汽油的行为。年内共端掉8个以瓶装汽油经营的“黑油点”,使汽油销售量稳步上升。

**【稽查管理】** 认真贯彻落实省局的工作部署,开展查处柴油车辆逃漏通行附加费专项整治活动。为使活动取得实效,强化稽查力度。(一)更新稽查方法方式,采取定点稽查与流动稽查相结合,联合稽查与分散稽查相结合,重点稽查与全面拉网稽查相结合的方法,使路面得到有效监控。(二)共享信息资源。主动同交通、交警部门和兄弟所联系沟通,及时了解车辆动态,及时打击违规行为。(三)积极配合省局安排的专项整治活动,共查处违章车辆20台,计44吨位,缴纳通行附加费9.6万元,罚款4.2万元,滞纳金5.2万元。此次整治活动,既打击了一片,又带动了一些车主主动上门缴费,共补缴通行附加费1.9万元,滞纳金0.5万元,进一步净化缴费环境。

**【征稽宣传】** 把宣传教育工作摆在重要位置,大张旗鼓地宣传《海南经济特区机动车辆通行附加费征收管理条例》,全年共出动宣传车3次,悬挂横幅4条,张贴标语80多张,发放资料100多张,同100多位车主座谈沟通,使车主对征收车辆通行附加费更进一步地理解和支持,都主动上门缴费。同时,处处考虑车主的切身利益,经常查看电脑,了解车辆缴费情况,温馨提醒车主缴费,使车主避免不必要的损失,加深同车主的感情,彼此和谐相处,征缴关系进一步改善。共发短信催缴150多条,打电话催缴300多次,上门上户催缴60多次。通过开展宣传工作和提供优质的服务,大多数车主都主动上门办理缴费,有效地推进了征收工作。

(县交通规费征稽所 供稿)

## 海南海汽运输集团有限公司保亭分公司

**【简况】** 海南海汽运输集团有限公司保亭分公司(以下简称“海汽集团保亭分公司”)坚持主副业并举,走多元化的发展道路,已拥有固定资产

2000多万元。现有职员143人,其中离退休30人。下设综合部、站务部、计财部、车队、维修厂、治安办、经营发展部等7个职能部门。海汽集团保亭分公司有一个具有浓郁民族特色的国家二级客运站,站内服务设施齐全,有售票窗口、候车大厅、行李托运、货物快递、治安保卫、站务部、检票通道、卫生间以及10个发车库,日均始发班车次106次,日均运送旅客2500人,车场可同时停放45部大客车,跨市县客运班线有9条,分别是海口、三亚、文昌、琼海、陵水、万宁、五指山、屯昌、那大,省际客运班线2条,分别是广西容县、信宜,拥有营运车辆62台。其中:海汽商务车1台,海汽快车21台,责任经营车6台,区间2台,海汽出租车30台。拥有国家二级维修厂1个,维修车库7个(有相应的维修设备),承担全县250辆客货车、二保车辆的检修业务。

**【品牌建设】** 海汽集团保亭分公司以"抓质量、树形象、创品牌"的经营战略方针和"安全、舒适、快捷"的服务工作新理念,号召全体员工团结奋进,秉承一个宗旨"让世界更亲近",举办形象塑造培训班,加快推进海汽的体制改革,转换经营管理机制,增强企业的发展后劲和市场竞争力。现已拥有"海汽快车"、"海汽商务车"、"海汽快递"等知名品牌。

**【业务扩展与管理】** 海汽保亭分公司对外扩展了诸多优惠、便利的业务,如会员办理业务、网上售票业务、包车业务、省际、省内加班业务,对学生实行优惠等。为了提高公司服务质量,制定站场、公厕、营运车辆的卫生标准和监督检查制度;开展"百日整治"活动,提升安全文明卫生工作水平,制定海汽快车和海汽商务车的服务标准;开展海汽快车专项检查治理工作;加强旅客投诉意见的处理,投诉受理率达100%,投诉处理满意率达90%;开展文明服务承诺。

**【安全责任】** 为了做好安全工作,海汽人坚持雷打不动的"周三"安全例会,强调安全工作,落实安全责任,分解安全生产目标,加强安全宣传和培训工作,提高全员安全防范意识和工作水平,抓好安全隐患排查及治理工作,及时消除安全隐患,利用GPS和站场监控录象等系统,加大重点时段、重点车辆的监控力度,完善了站场设施,坚决做到了"三不进站、五不出站"的原则,年内没有发生任何责任交通事故。

**【职工福利】** 推进保障性住房建设,解决职工住房问题,让职工安居乐业,提升员工新酬待遇,完善职工工资合理增长机制,调整员工新酬结构,维护员工切身利益,推行岗位价值评估工作,科学设置员工晋升渠道,加强员工培训,提升综合素质,促进员工成长。在分公司效益增长的基础上,竭力提高员工的新酬待遇,让员工分享企业发展成果。倡导和谐幸福文化,坚持以人为本,营造"关爱员工、快乐工作"的良好氛围,增强员工的归属感和幸福感,关注员工身心健康,因地制宜开展各种文体活动,发挥党群组织作用,倾听员工心声,促进交流沟通,化解矛盾纠纷,全心全意帮扶困难职工。

**【企业荣誉】** 2010年,海汽集团保亭分公司被保亭县委、县政府评为"社会综合治理"先进单位;被团保亭县委评为"五四红旗"团支部;被保亭县委、县政府评为"人口与计划生育"先进单位。

(海汽集团保亭分公司 供稿)

## 邮　　政

**【概况】** 2010年,全局共有从业人员72人,其中在岗职工20人,聘用工9人,劳务工43人;离退休退养人员48人。具有大专以上学历21人,其中本科4人;共设一部一室,3个中心,8个自办支局所,3个代办点。全年固定资产总值为3298万元。

**【经济效益】** 全年邮政业务完成1067万元(不含邮储银行收入),完成年计划的113.54%,同比增长15.10%;收支差完成113万元,完成省公司计划的104.63%;全员劳动生产率达14.8万元/人,同比增长16.53%。企业经济效益保持良好的增长势头。

**【代理中间业务】** 组织开展了跨年度代理金融类业务服务活动、“乘势而上 再创佳绩”的第二季度金融类服务活动、“百日竞赛活动”、代理保险竞赛活动和阶段性的理财类业务竞赛等一系列的活动,做到网点有计划,员工有目标,全员行动,全力发展业务。做好代理保险业务,在全局开展代理保险冲刺活动,对定期大户与个体户老板,做好业务宣传和促销,培育用户的保险意识,全年销售保险504万元,同比增长296.9%。抓好理财、基金代办业务,全年完成理财业务108万元,销售基金69.27万元。

**【银行类业务】** 在银行类业务发展方面,邮银双方充分利用相互客户资源共同发展小额信贷、公司业务等,成功开发一笔500万的公司业务,实现了零的突破。

**【函件业务】** 抓好2010年贺卡营销,共制作定制型贺卡6.68万枚,实现收入30.27万元。加大日常型邮资封片的开发,继续与君澜酒店合作,以“服务+广告”,帮商家拓展客源市场为出发点做大明信片开发量,全年共开发君澜酒店明信片1.45万枚,收入1.74万元。做好“节日”文章,抓好日常型节日贺卡的开发,共成功开发护士节慰问卡200枚、建党生日贺卡2000枚、嬉水节纪念贺卡1000枚,企业生日贺卡1000枚,教师节慰问卡2000枚,共创收2.4万元。全年函件业务收入完成39.4万元,同比增长35.54%,完成省公司下达计划。

**【报刊发行业务】** 紧紧依靠当地党委的大力支持,重点抓好2010年报刊征订工作,同时做好阶段性报刊续订补订工作,在征订期间一次性订销报刊流转额完成184.22万元,完成计划的101.22%。全年报刊流转额完成240万元,完成计划93%,同比增长8.26%;全年报刊收入完成60.5万元,完成计划的110.04%。

**【集邮市场业务】** 坚持以市场为中心,挖掘集邮市场潜力。组织做好常规年册和系列邮品的促销和企业形象年册的开发,共制作企业形象年册50本,收入1.15万元;抓好2010年集邮票品的征订和利用上海世博会的时机抓好票品的销售工作,全年集邮收入完成13万元,完成进度92.85%。

**【电子商务业务】** (一)突出抓好邮政短信业务,制定有效的激励机制,调动营业员发展业务的积极性;平时加强业务指导,利用本局QQ群定期通报各网点业务发展情况,每月做好业务经营情况分析。全年共发展储蓄短信用户7691户,在网用户数达2.1万户,占活期用户比为12.83%,其中发展包年用户7067户,占发展户数的91.88%,较好地拉动收入的增长。全年短信收入完成48.9万元,完成省公司年计划104%。(二)大力发展航空客票业务,制定阶段性竞赛营销方案和奖励办法,加大机票业务宣传力度,制作车体广告和墙体广告,提高邮局销售机票业务的社会知名度;自航信自动系统上线后,加强对网点的培训力度,让每个网点都熟练掌握出票操作流程,做到网点出票率达到100%;同时抓好大客户营销,不断做大机票业务规模;全年共销售机票2111张,同比增长299%;其中大客户出票700张,占机票销售的33.15%;全年收入完成8.35万元,同比增长245.83%,完成计划278.41%。

**【速递业务】** 积极做好用户邮寄小型包裹的转换工作,引导用户使用高资费;重点发展旅游区的速递代办业务,开设君澜度假村、呀诺达旅游景点代办点。抓好特快代收贷款工作,全年累计特快专递业务累计完成2.2万件,同比增长110%;代收货款邮件妥投累计达2800件,代收金额累计达155万元。全年特快业务收入累计完成15.8万元,完成计划143.6%。

**【物流业务】** (一)积极抓好“思乡月”活动,弥补速递业务收入缺口。整个“思乡月”活动共销售月饼26.9万元,完成计划117%,月饼差价收入3.9万元,月饼寄递收入0.8万元。(二)抓好酒水分销工作。重点做好部分单位的团购用酒,并充分利用农村举办酒席的时机做好酒水销售。全年共销售酒水分销业务累计完成670件,销售额9.5万元。(三)利用二级干线上行邮车的多余空间,做好移动礼品配送、新华书店的书籍托运、毛岸地区的花卉配送工作,促进中邮快货业务稳定发展,全年共创收3万元。(四)以服务“三农”为契机,抓好化肥的销售工作,全年共分销化肥业务累计销售200包,销售额为2.2万元,业务收入为0.3万元。全年物流业务收入累计完成23万元,完成省公司计划的191%。

**【经营管理】** (一)建立健全管理制度。完善了《绩效奖金考核管理办法》、《网点现金区、库房及中心金库准入资格派单》、《押运钞管理规定》、《金库枪支管理制度》、《摩托车管理规定》等制度,加大执行力度,严格考核,做到奖罚分明,促进企业各项工作的有序开展。(二)加强财务与人力资源管理。抓好增收节支,加强成本控制,严格控制人工成本增幅。加强对业务和管理成本的控制与管理,规范成本支出,规范和健全财务制度,依法经营,严肃财经纪律,杜绝虚假财务、统计信息,确保企业真实经营成果。认真抓好“双定”工作,合理配置人员,提高工作效率。同时严格考核纪律,做到考核到位。认真落实好职工年休制度,节约人工成本。加强员工的培训学习,提高职工综合素质。(三)加强安全管理。加强资金安全管理,组织开展储蓄“内控评价”活动和加强对储蓄现金安全检查,同时抓好储蓄系统安全运行活动,防止资金案件发生;认真做好邮件收寄验视工作,严禁违寄物品通过邮政寄递;加强设备维护管理,保证设备的正常运行,完善安全防控工作,确保了全年安全生产。

**【改善服务】** 规范服务,提高工作质量。加强规范服务工作检查,坚持高标准,对用户反映较为强烈的问题,及时抓好整改。(一)加强营业网点管理,重点抓好网点的基础管理和规范化服务工作,每季度对网点检查考评不少于一次,并针对存在的问题提出整改意见,不断提高网点的对外服务水平。(二)深入推进“双创”活动,进一步增强邮政营业窗口服务意识,提高服务效率,提升服务水平。继续抓好“双创”网点建设达标工作,树典型,发挥服务标杆的作用。加强邮政质量专项整治检查,规范服务管理,不断提高管理水平,树立企业良好的服务形象。(三)抓好投递网建设,推行服务规范化,促进投递服务质量得到提升。组织投递人员坚持落实学习制度,通过开展业务培训和技能练功等方式提高操作技能和服务水平,树立良好的企业形象。

**【企业文化】** (一)提高职工队伍素质。加强党员的政治学习。组织领导班子成员和党员深入开展学习推进学习型党组织建设和创先争优活动,增强党性理念,树立正确的权力观、地位观和利益观。加强职工的业务学习。组织职工参加省公司的各类业务培训38人次,组织各类业务自培63人次,以及职工自身积极的参与网络学习,使企业员工的素质不断提高,团队水平也随之“水涨船高”。(二)开展各类文化体育活动。多次组织职工与移动、电信、武警中队、信用社、电业公司等单位进行篮球友谊赛;“五一”组织职工参加县举办的“全民健身”长跑活动;“六一”组织开展儿童娱乐活动,“七一”组织党员参观陈理文将军故居纪念馆,接受爱国主义教育;组织职工参加七仙嬉水节活动;组织干部参加县政府举办的企事业单位篮球比赛。(三)抓好“职工小家”的建设,为基层单身职工配置生活用品,改善了农村支局所单身职工的生活条件,让基层一线单身职工有一个温馨舒适的生活环境。

**【工会工作】** 召开第三届职代会第六次会议,组织职工代表进行评家和干部民主评议工作;配合行政,抓好精神文明建设,扎实开展劳动竞赛活动;深入实施“送温暖”工程,全年共探望、慰问生病职工17人次,送去慰问金6500元,慰问离退休退养职工48人,慰问金2.88万元,还组织帮助因病或因意外灾害至困职工 6 人,发放特困慰问金 3600 元。

**【企业荣誉】** 2010 年荣获海南邮政速递业务发展三等奖、海南邮政网络生产现场管理三等奖、海南邮政车辆管理三等奖;在党报党刊发行工作中荣获优秀奖;被保亭县委、县政府评为“精神文明建设先进单位”,县“综合工作先进单位”。

(许贤铭 供稿)

## 中国电信股份有限公司保亭分公司

**【简况】** 中国电信股份有限公司保亭分公司(以下简称“分公司”)是中国电信股份有限公司海南分公司的下辖市(县)分公司。现有在职员工 27 人,设 3 个部室和 5 个生产单位,服务网点遍及保亭县内各乡镇农场。分公司已建成高速率、大容量、多路由和具有多重保护功能的现代通信网络。分公司坚持“用户至上,用心服务”的理念,致力于服务保亭经济发展和社会进步,推进企业战略转型,实施精确管理,规范内控流程,加快通信发展,综合通信能力进一步增强,网络规模不断扩大。2010 年,分公司提供固定电话、移动通信及宽带接入的通信网络已遍及全县所有乡镇及绝大部分行政村,并在全县范围内实现了 3G 信号覆盖,初步实现了“无线数字保亭”的目标。

**【经营服务】** 2010 年,聚焦客户信息化应用和全业务发展策略,努力创新发展模式,企业经营服务取得了不俗的成绩。(一)品牌经营。持续推进品牌经营,大力推广“天翼”、“商务领航”和“我的 e 家”三大客户品牌。围绕乡情网、天翼惠农、宽带提速、小灵通迁移等惠及用户的主题活动,加大宣传,积极开展现场活动,甚至逐个外呼告知,深受客户欢迎。在企业内部同时辅以“天翼腾飞”、“双节促销”等劳动竞赛活动,在春节、五一节、嬉水节、国庆中秋等重要节日开展大规模的客户回馈活动,让客户真切体会电信的优质服务,各客户品牌效应大大提高。(二)客户关怀。长期开展预存有礼、积分兑换、E 家有约、存费送礼、宽带提速和节假日客户关怀等多种形式的回报客户活动,每个活动常常现场火爆,客户感知良好。(三)行业信息化服务。积极推进行业信息化建设,充份发挥 3G 网络优势和宽带网络优势,承接“荔苑酒店综合布线项目、客控项目、弱电系统集成项目”和“保亭林业视频监控”等多个信息化项目建设,成功为林业局、法院等提供手机对讲、定位业务,总体上较好地满足了保亭各有关单位及酒店宾馆的信息化需求。

**【电信市场监管】** 2010 年,认真执行国家有关资费政策、互联互通政策,接受海南省通信管理局、工商部门的监督检查,配合对市场竞争、业务经营、业务资费等进行治理整顿,有力打击了违法经营行为,为净化通信市场提供了强有力的保障。加大对外执法检查力度的同时,加强内部处理环节的检查,杜绝违规竞争行为,发现有违规现象及时进行整改,接受客户监督,大大提高服务效率和电信消费透明度。加强普法宣传教育工作,针对服务短板通过责任问责、改善环境、充实力量、强化支撑以及加强监督考核,从严要求礼仪规范和服务态度,借助第三方暗访、省公司服务质量监控通报等,加强电信视察和服务监督,做好服务质量明查暗访和社会评价工作,各营业窗口的服务质量明显好转,促进服务用户满意度大幅提高。

**【通信保障】** 全县 7 个乡镇、4 个国营农场、61 个行政村均开通电话,通达光缆的乡镇、农场达到 100%。全县建成了以光缆通信为主,数字微波和卫星通信为辅的大容量、高速率的通信传输网,大部分站点均有传输自逾环保护,可为用户提供高可靠性的有线和无线通信服务。

**【网络能力建设】** 2010 年,分公司投资 600 多万元。从地区看主要用于保城设备改造和环城光缆、七仙岭旅游开发区等接入;从专业看主要用于移动通信、宽带接入、光进铜退和传输网络优化,不但较好地满足了全县人民和各地区的通信需求，而且网络的稳定性能大大提高。县城和各开发区的很多突发性通信需求均能按时保质提供。移动通信服务方面，“天翼”品牌的移动C网基站建设大大加快，全县C网信号覆盖率达98%以上，各主要网络运行质量指标均完成目标值。年底，分公司正式启动了集团公司制定的“宽带中国、光网城市”战略，在各重要开发区、高端住宅小区提供光纤到家(FTTH)服务，正式开始助力保亭“信息化城市”建设，并为进一步打造保亭的城市光网提供了基础平台。

**【精神文明建设】** 分公司以培养“四有”职工队伍为目标，创建一流企业为宗旨，致力诚信服务和职业道德建设，全面提升员工的整体素质，保持经济效益和社会效益稳步提高，三个文明建设取得一定成效。自7月开始，深入开展创先争优活动。紧紧围绕“创先推动转型上水平，争优实现发展新突破”活动主题，认真研究、紧密安排，结合企业经营实际扎实推进。通过活动的开展，公司党组织和党员的堡垒作用、先锋模范作用得以有效发挥，影响和带动了全体员工团结奋进，拼搏进取，为企业生产经营的良性运行做出了积极的贡献。其次，秉承“用户至上、用心服务”的理念，强化文明营业窗口建设，严格履行首问负责制，优化咨询、投诉处理流程和管理办法，形成服务的闭环管理。积极开展全员素质提高教育培训，使员工在熟练掌握各项电信业务的同时，具有良好的服务礼仪和营销技巧。同时狠抓服务短板整改，重点加强主营业厅基础服务能力建设，严格考核，狠抓落实。还积极推进“电信e家俱乐部”建设及会员积分应用的实施，不断提升客户的感知和满意度。此外，积极开展丰富多彩、健康有益的各种社会公益活动和文体活动，培养员工的道德情操，活跃职工的文化生活。4月底，分公司组织全体员工开展“为玉树地震灾区电信员工献爱心”捐款活动，全体员工发扬“一方有难，八方支援”的优良传统，为灾区电信员工共计捐款3100元，此外还组织员工参加县“植树节”活动、五一期间开展员工篮球、羽毛球比赛等活动，不但提高了员工的社会责任感和热爱生活、关爱生命、无私奉献的情怀，还增进了员工的身心健康。在日常工作中不断结合企业实际营造团结互助、以人为本、平等相待、稳定和谐等环境，把企业文化的概念深深植入员工的心中。

（王乃刚 供稿）

## 中国移动海南公司保亭分公司

**【简况】** 中国移动海南公司保亭分公司现有员工39人(含A、B类员工)，其中党员11人，预备党员1人，团员11人，平均年龄26岁，是一支年轻的队伍，也是一支充满活力、富有战斗力的队伍。这支队伍在激烈的市场竞争中，发扬“改革创新、只争朝夕、艰苦奋斗、团结合作”的企业精神，在压力和挑战面前，全体员工坚定信心、团结奋进，在省公司的正确决策和指导下，分公司秉承“正德厚生、臻于至善”的核心价值观，勇于承担社会责任，抓住机遇，坚持“沟通从心开始”的服务理念，引导员工认识社会、认识企业、增强责任、提升素质，满足员工政治需求。坚决贯彻集团公司的“服务与业务领先”、“占据市场核心”等战略思想，跑市场，抓服务，建设渠道，发展新业务，为分公司各项运营指标的顺利完成做出了卓越的贡献。保亭移动分公司主要经营移动话音、数据、IP电话和多媒体业务，并能够提供传真、互联网、短信息、彩信、彩铃、WAP、GPRS、WLAN、语音杂志等多种增值业务和数据业务。目前拥有自办营业厅1个，指定专营店13个，5家手机卖场及多家签约社会代办点、邮政储蓄代收费点等，为用户提供了完善便利的服务。2010年，荣获“文明诚信企业”、“保亭县廉政文化进企业示范单位”、县工会“先进集体”等荣誉称号。

**【服务原则】** 深化“客户至上”的服务理念，加强内部人员素质能力培训、工作方法梳理，提升工作效率，强化执行力；前台服务客户，后台服务前台，人人都是客户经理，全员树立服务营销意识；以服务一线的意识抓管理，以服务市场的意识制定流程；加大对服务工作的监督检查力度，实现服务监督的闭环管理;提升基层管理人员的各项管理能力以及自身素质要求。

**【内部管理】** (一)加强基础管理,注重方法创新。通过企业文化建设、制度建设、员工的基础管理、绩效管理等,使公司成为学习型企业,促进分公司人、财、物资源的高度共享,各个部门的高效运作,实现企业资源和人员资源价值最大化,体现“正德厚生,臻于至善”的核心价值观。(二)加强党风廉政建设,提供有力的组织保证。分公司领导人员对廉洁文化建设高度重视,带头学习廉洁文化,宣讲廉洁文化,参加廉洁文化活动,为员工做出表率。同时以教育、制度、监督并重为主线,保证廉洁文化建设扎实推进;以企业廉洁文化促进公司惩防体系建设。(三)坚持以人为本,关心关爱员工。分公司在工作之余积极组织员工开展喜闻乐见的文体活动,满足员工精神文化需求;通过培育员工企业自豪感以及评选优秀服务营业员,不断增强员工的社会责任感和公司的凝聚力、向心力,扩大了分公司社会影响力。(四)加强培训管理,全面提升全员素质。建立分公司内部培训积分机制和建立部门培训体系,充实培训管理,并加大人才的培养力度,采取外部、内部培训等手段加强分公司人才的培养和整体素质的提高。2010 年共培训 131 次(内部培训 127 次,外部培训 4 次),还外聘老师授课 2 次。

**【精神文明建设】** 分公司以培养一支思想过硬、作风优良、业务精湛、团结和谐、服务一流的员工队伍为目标,全面开展扎实有效的精神文明建设活动,有效的提升了员工队伍的文明素质和企业的文明形象,促进了分公司各项工作目标任务的顺利完成。保亭分公司还成立了精神文明单位创建活动领导小组,使分公司每名同志都参与到创建活动中去,从而调动了大家的积极性和创造性。同时,为保证争创活动顺利进行,根据文明单位创建活动的意见精神,确立了创建活动计划、目标和措施,使整个活动有计划、有步骤地进行。同时以“科学发展观”的重要思想为指导,以客户为中心,坚持“沟通从心开始”的服务理念,强化“客户领先”、“服务领先”服务意识,打造现代化的企业管理模式,推进公司精神文明建设。

**【回馈社会】** 多次响应保亭县委、县政府的号召,支持文化教育、扶贫救灾、建设精神文明村等公益事业,如建立大田村委会公告栏、参加抗旱救灾、地震等捐款;多次资助县中小学贫困学子完成学业,通过多种形式,积极捐助贫困村建设,每年送上慰问金和慰问品,并帮助村民解决实际困难;由分公司领导带领分公司员工参与团县委开展的以“服务社区,服务社会”为主题的系列服务活动,如为毕业生提供高考知识讲座服务;开展送电影下乡、送科技下乡、绿箱子、搭建农信通信息化平台等帮农扶贫的工作,塑造了良好的社会形象;分公司员工多次积极主动参加无偿义务献血活动;分公司在各节日开展回馈新老客户的营销活动。

(县移动公司 供稿)

## 中国联合通信有限公司<br>保亭县分公司

**【简况】** 2010 年,中国联通保亭县分公司整体业务指标呈良性增长,同时加强企业内部文化建设,提高核心竞争力,在用户发展及收入方面有了较快的增长。发展移动用户 6582 户;固网发展 825 户;全年实现通信服务收入 550 万元。

**【业务开拓】** 县分公司严格执行省公司下达的各项促销活动政策,积极开展乡音畅聊业务、3G 套餐 A、B 套餐、无线固话、家庭无线固话、宽带提速、3G 手机终端合约计划的推广,突出产品亮点。积极开展现场促销活动,协助渠道做好店面宣传,引导渠道深入至连队和农村发展用户。认真组织做好“存费送费”客户维系活动,做好客户的发展与维系工作。利用新基站开通的良好市场契机,加大周边地区的宣传促销,增强客户对分公司信号覆盖的口碑。积极开展节日现场促销活动。策划和组织多次现场促销活动,如:“三月三”、“五一”、“七月七嬉水节”、“十一”等大型现场宣传促销活动。积极开展话务量营销活动。充分利用区域性套餐的差异性，有计划、有考核、有步骤地组织实施低市场占有率、低话务量区域营销活动，有效地提升基站资源占用率。集团是县分公司工作的重中之重，实行以总经理为首席客户经理的模式进行全业务营销。2010 年成功发展保亭县七仙河畔集团、保亭县南美假日集团和保亭县财源酒店集团。在全业务运营下，紧紧抓住发展移动网这条主线，兼顾固网业务的发展。

中国联通保亭分公司开展槟榔谷集团维系工作

【渠道建设】 优化渠道结构，提高资源利用率。县分公司根据市场需求，合理规划、布局，提升渠道的销售力。定时对所辖渠道进行走访，了解渠道销售中存在问题，及时帮助渠道解决。加强渠道支撑工作，执行渠道经理的考核激励机制，提高其为做好渠道支撑的积极性，充分发挥其潜力。加强社会渠道的发展和维系。加强渠道业务及营销技巧的培训，提高渠道的业务水平，使渠道能够较为熟练地推介产品。及时收集竞争对手信息，帮助渠道分析当地市场形势。加强农村缴费网点的建设。组织有实力渠道采购 2G、3G 品牌终端，弥补终端问题，通过“公司＋渠道＋手机商”的合作模式，有效开展机卡捆绑送礼品的活动，拉动销量。

【网络建设】 县分公司根据市场需求的指导思想，租赁移动网基站站址，协助省公司和三亚市分公司做好移动网络能力建设。2010 年，开通移动网 2G 基站 10 个，2G 基站到达数 46 个；开通移动网 3G 基站 15 个，3G 基站到达数 29 个。固网资源已基本实现县城全覆盖，为进一步发展固网业务打下了坚实的基础。

【客户服务】 自有营业厅是公司对外服务的重要窗口，县分公司围绕“服务客户为中心，用服务促发展”的理念，推动服务质量不断提升。随着分公司各项业务的不断发展，以及市场竞争日趋激烈，服务水平已经成为争夺客户一个重要条件，因此分公司一直把提高服务水平摆在一个重要地位。加强客户回访维系工作，对重点客户做到每周回访，钻石卡以上客户每月回访 1－3 次，其余每月保持电话回访，有必要再上门回访。根据实际情况，在某些特殊节日还为金卡以上用户发放小礼品。通过回访工作增强了与客户的感情联络，及时宣传联通公司的各项新政策，了解客户的新需求，从而不断改进服务工作。在平时的工作中耐心受理客户的查询与投诉，赢得客户的好评。在不断的改善服务中，树立联通公司的新形象。做好离网用户挽留与维系：一是由前台营业人员对来办理退网业务的用户进行挽留；二是对准离网用户进行及时的电话回访，根据实际情况对用户进行有针对性地挽留；三是对不能挽留的用户经用户同意，并出具证明后，对其卡号进行二次销售，降低离网率。自有营业厅还承担一定的销售任务，根据省公司市场部下达的考核方案，及时将任务指标分解到营业员，并每月进行考核，营业厅销售有了明显的提升。

【内部管理与团队建设】 (一)加强基础管理，逐步提升管理水平。以精细化管理为抓手，认真落实员工绩效考核、员工和培训管理、会议制度管理、财务和预算管理、渠道管理、业务管理、建设和运维管理、物资管理、文档管理、车辆管理、考勤管理、安全管理等。按省公司指导工作要求，逐项落实检查整改；完善制度，形成规范，培训学习，强化执行。(二)制定员工绩效考核方案。考核重点是任务发展量、收入贡献等指标，根据工作业绩拉开收入档次,做到奖勤惩懒,目标明确,职责明确。(三)建设学习型营销团队。定期开展专项业务培训交流会,提升员工各项业务能力水平,全面提高员工素质。引导员工互相学习,互相协助,向学习型营销团队观念转变,同时又发挥个人主观能动性,为集体多做贡献。团队协作明显提升了分公司的工作效率。

**【安全生产】** 县分公司坚持"安全生产无小事"的基本原则,始终把安全生产工作放在重要的位置,认真落实安全生产属地化管理。

(县联通公司 供稿)

# 建　　设

## 城镇建设

**【市政基础设施建设】** (一)宝亭大道。全长5.3公里,道路红线宽44米,工程投资价1.9亿元,截至2010年底完成总工程量20%,完成投资3820万元。(二)东环路工程。全长6.65公里,道路红线宽20米。工程造价1.2亿元。目前,路基清表完成3300米,完成投资40万元。截至2010年完成总工程量20%,完成投资2441万元。(三)西环路工程。2009年4月10日开始征地及开工建设,全长3.1公里,红线宽度20米。工程基本建成,累计完成投资为5661.94万元。已投入使用。2010年完成投资2785万元。(四)南环路工程。2009年6月开始征地及开工建设,全长3.01公里,红线宽度20米。截至2010年底完成总工程量80%,完成累计投资4059万元。(五)七仙大道二期。现已基本完工,完成总工程量100%,完成投资1200万元。(六)旧城道路改造。文明北路改造项目总投资200万元,路长300米,已竣工。(七)红毛丹路改造。总投资140万元,路长139米,已竣工。

**【房地产投资项目】** (一)泰鑫花园。占地面积17.9亩,总建筑面积3.59万平方米,总投资3570万元。截至2010年底完成总工程量80%,完成累计投资2856万元。(二)保亭庄园豪都。庄园豪都二期项目用地位于保兴东路南侧。总用地面积为7.61万平方米,总建筑面积1.67万平方米(其中地下面积3495平方米),容积率为2.0,建筑密度21.9%,绿地率40%,机动车位324个,总户数2247户。计划总投资10867.45万元。截至2010年底完成总工程量90%,完成累计投资9780万元。(三)广东街项目。广东街房地产开发项目二期工程,总建筑面积4.22万平方米,其中住宅3.03万平方米,商用9550平方米,其他2318平方米。总投资1.2亿元。截至2010年底完成工程量100%,累计完成投资12000万元。(四)万平嘉园房地产。万平家园总用地面积约为15亩,总建筑面积3.88万平方米(其中地下面积8800平方米),容积率为2.5,建筑密度35%,绿地率41%,机动车位105个,总户数233户。一期计划总投资1430万元。截至2010年底完成总工程量100%,完成累计投资1430万元。(五)假日房地产。总建筑面积9.31万平方米,其中商用3850平方米,住宅8.78万平方米,其他1608平方米,总投资1.1亿元。现1—13幢楼已进入装修阶段,总形象进度为92%,完成投资12534万元。截至2010年底完成工程量100%,累计完成投资11229万元。(六)聚仙阁房地产。聚仙阁小区项目总用地面积为1.46万平方米,总建筑面积4万平方米(其中地下室面积1058.08平方米),容积率为2.67,建筑密度19.82%,绿地率35%,机动车位120个,总户数450户。计划总投资7000万元。截至2010年底完成总工程量45%,2010年完成投资3150万元。

**【城镇保障性住房建设】** 2010年省下达县廉租房、经济适用住房(含棚户区改造)建设计划2300套、16.3万平方米,县保障性住房实际共建设2420套,项目总占地面积247.5亩,总建筑面积26.48万平方米(含商铺及其他配套设施建筑面积2.48万平方米)。其中廉租住房596套,建筑面积3.05万平方米;经济适用住房1524套,建筑面积18.04万平方米;城市棚户区改造安置住房300套,建筑面积2.92万平方米。计划总投资55837万元。(一)凤凰小区三期。三期分三个标段建设，总造价1961万元。截至到2010年底完成工程量80%，累计完成投资9698万元。(二)桃源小区。位于县城至热作所路和南环路交汇处，建设用地119亩，计划建设1008套，其中廉租房240套，13万平方米，总投资2.8亿元。截至2010年底完成总工程量50%，完成投资8671万元。(三)芙蓉小区。位于泰鑫花园后面，即保亭大道与东环路交汇处，建设用地80亩，计划建设810套，其中廉租房302套，9.33万平方米，总投资1.5亿元。截至2010年底完成工程量50%，完成投资10522万元。

**【农村房屋改造】** (一)农村危房改造。2010年省住建厅下达县危房改造任务为150户，下达改造面积约9000平方米，投资约743.1万元，其中，中央下达资金102.5万元，省配套资金15万元，县配套资金225.6万元，其他资金400万元。截至2010年底，全县实际完成农村危房改造214户。另外灾后全县计划重建民房214间，加固162户。(二)农村茅草房改造。省民宗委下达县茅草房改造任务为199户，下达改造面积约9950平方米。截至2010年底，县已超额完成茅草房改造219户，完成改造面积约1.1万平方米，完成投资735.71万元。其中省下达198.91万元，县配套496.8万元，其他40万元。

**【行政审批及工程交易】** (一)“一书两证”发放工作。依法核发项目建设规划“一书两证”。2010年，发放选址意见书21宗，面积333.68万平方米；工程规划许可证47宗，建筑面积63.29万平方米；用地规划许可证13宗，面积35.17万平方米。(二)施工许可核发工作。2010年，发放施工许可75个，总造价为76116万元，建筑面积25.75万平方米，其中建筑工程55个，总造价34840万元；市政工程20个，总造价41275万元。(三)工程发包招标投标管理。2010年，全县新发包工程项目75项，总投资76116万元，总建筑面积21万平方米，其中，招标发包工程48项；直接发包工程27项。

**【工程质量安全监督】** 认真组织好“安全生产月”活动，深入推进建筑安全生产“三项行动”、“三项建设”工作，下发《关于开展2010年住房城乡建设系统“安全产生月活动”的通知》、《关于开展建筑安全生产“三项行动”的通知》等有关文件、资料。明确工作目标、工作内容、工作方式、工作步骤、工作要求，层层落实工作责任制；在全县范围内开展拉网式的大检查，特别是对在建工程脚手架搭设、深基坑、模板支撑、塔机、吊蓝等重点抽查，营造关爱生命的氛围。2010年，对全县在建工程项目进行了7次工程质量和安全检查，对全县34个工程项目进行了检查，发出整改通知书95份，塔吊停止使用通知书14份，停工通知书5份。同时，抓好燃气安全管理工作，加强对燃气点的检查和监督，确保燃气安全使用。

(黄兴慧 供稿)

## 保障性住房建设

**【城镇居民住房和收入调查】** 2010年，县房管局分别于3月15日—4月16日，4月19日—5月20日对县财政供养人员和城镇居民住房情况进行调查摸底。12月，由县保障性住房工作领导小组牵头，对全县城镇居民住房和收入情况进行全面摸底调查，涉及全县(含乡镇)所有非农业户口约7000多个家庭近3万人。调查表明，全县现有城镇家庭6636户，已有政策性住房3551套(含省属单位、国有企业)，其中集资房926套，房改房1521套，经济适用房1104套(含未竣工已分配676套)。(一)财政供养部分：全县财政供养人员已购国家政策性住房的家庭共1548户(未包含农垦划归地方管理的财政供养人员)，其中房改房557套、集资房537套、经济适用住房454套(含未竣工已分配的383套)，无房户1567户。(二)非财政供养部分：国有企业职工2685人，目前已解决酒厂、预制厂、农机厂、纺织厂、橡胶厂、畜科所、百货公司、糖烟酒公司、种子公司等9个国有企业下岗职工的安置问题，共安置396户784人，还有粮食系统、商贸公司等1901人没有安置。

(三)城南、城北社区城镇住房困难居民共727户,其中已购买房改房5户、经济适用住房3户、商品房10房。预计全县需房户5500户,其中财政供养人员需房户2024户,非财政供养城镇居民需房户709户。(四)低保家庭1815户,具有县城城镇户籍1198户,申请并符合条件的371人,其中已申请领取廉租住房租赁补贴的367户,实物配租69户。低保户需建廉租房1129户。

**【廉租住房保障资金的使用】** (一)按照廉租住房保障管理的规定及审核程序认真审查,公示并与申请家庭签订租赁合同。对原有材料不齐全、经办人员未签名等情况进行全面整改,并建立城镇廉租房档案,严格实施年度复核制度。(二)提高廉租住房补贴发放标准。自2010年下半年起,廉租住房补贴标准由原来每月5元/平方米提高到每月12元/平方米。2010年上半年共补贴367户,补贴资金41.73万元。下半年补贴429户,补贴资金114.1万元。(三)启动低收入群体补贴与物价上涨联运机制,于11月间按20元户/向补助对象一次性补发前5个月的补贴,共发放3.67万元。(四)将结余资金2016.17万元购买商品房作为储备房源。

**【改善保障性住房小区环境】** 房管局在完善小区配套设施的基础上,将全县保障性住房小区作为一个大的物业小区实行全面托管。经与多家物业公司商洽,于9月份与海南心怡物业管理有限公司签订协议,对已具备条件的保城镇、橡胶厂小区进行专业化物业管理,为住户营造了一个安全、卫生、舒适的居住环境。

(县住房保障与房产管理局 供稿)

## 房地产市场管理

**【商品房销售】** 进行宜居保亭品牌推广工作,大力吸引省外旅游者、投资者到保亭安居置业。全年共销售商品房1532套,同比增长43.85%;销售面积11.09万平方米,同比增长25.56%;销售金额48892.8万元,同比增长131.59%。

**【房地产开发综合检查】** 根据《海南省人民政府贯彻落实国务院关于坚决遏制部分城市房价过快上涨的意见》,按省住建厅的有关工作部署,县房管局联合县建设局、县国土局、县工商局、县国税局、县地税局等部门对全县10家房地产开发企业进行综合检查,纠正和制止了某些房地产开发企业的经营违规行为。

**【完善商品房预售管理】** 按照《城市商品房预售管理办法》的规定,严格审查商品房预售许可申请,对符合预售条件的7个项目发放了商品房预售许可证,批准预售面积20.65万平方米;预售的商品房全部实行合同登记,有效避免了一房二售、悟盘惜售等问题的发生。全年共办理商品房预售合同备案登记1588宗,面积13.43万平方米,合同价值83786.4万元。

**【严格收费标准】** 为了规范管理,2010年上半年,县房管局向县物价局申请对现有的收费项目进行认真清理审核,严格按照国家规定和县物价局核定的收费标准收费,保障性住房办证减半收取。经清理,全年共计减少收费24.85万元。

**【完善房屋产权产籍管理】** 实行房产交易与房屋权属登记一个窗口收件、一条龙服务、一次性收费,方便居民办理房产交易、房屋权属登记手续。全年共办理房屋确权登记340宗,面积7.2万平米;办理房屋预告登记700宗;办理预告抵押登记684宗。

(县住房保障与房产管理局 供稿)

# 商业贸易

## 商业

【简况】 2010年,坚持科学发展,按照县委、县政府的工作部署,以健全、规范县内贸市场及外贸市场体系建设为重点,以建设学习型党组织为载体积极开展各项工作,取得较好成绩。

【生猪屠宰管理】 按时完成屠宰场的换牌换证工作;协调市场实行母种猪肉亮牌经营;撰写县牲畜屠宰行业"十二五"规划并报县政府审批;5次组织工商、质监、公安、卫生、药监、动检等单位加大对私屠滥宰和加工制售病死猪肉等不法行为的打击力度,共没收病猪三头,重223公斤,从屠宰环节确保广大消费者买得安全,吃得放心。至11月底,全县生猪屠宰量为3.22万头,预计全年屠宰量达3.5万头,同比增长3.39%。

【酒类流通管理】 为了贯彻落实国家商务部《酒类流通管理办法》的精神,进一步加大县酒类市场的监管,让消费者喝上"放心酒",从1月中旬开始,每月组织执法人员开展一次酒类流通执法检查,并联合县工商局、质监等单位会同省酒行协会,深入各个商场、批发店、零售店及酒店、歌舞厅等进行酒类流通执法检查,净化酒类市场。全年共出动执法人员36人次,检查企业213家,发出整改通知书64份,立案7宗,结案7宗。扣押假洋酒4瓶,国产酒16瓶,货值6000元,罚款2400元。同时,为让酒类经营户规范经营,掌握酒类管理随附单的填写,还派工作人员深入到各酒类经营企业具体指导。通过检查指导,所有酒类经营者都建立台帐制度、流通环节规范填写酒类流通随附单,从而较好地规范了酒类市场。目前,全县酒类备案登记达319家。

【食品安全管理】 根据国务院《流通领域食品安全管理办法》的要求,组织执法人员对全县规模以上的商店、超市及各农贸市场进行检查。通过认真检查,各大超市、农贸市场均建立了协议准入制度、经销商管理制度、索证索票制度、不合格食品退市制度和台账,确保了销售食品的安全。

【成品油市场管理】 联合县质监局、安监局、消防大队、工商局等单位共出动执法人员37人对全县的成品油市场进行监督检查,并按要求于4月底完成《国Ⅲ标准汽油油品置换及统一标识》的置换工作,有效地规范了县成品油市场的流通秩序,保障市场的有效供给。现正着手编制加油站"十二五"规划,预计11月底完成。

【商业网点监测】 为切实加强县市场运行监测工作,指定专人每月促督13家企业按时、按要求上报监测数字及分析市场运行情况,在重大节日及10月份遭遇涝洪期间启动了生活必需品日报制度,让县政府通过市场监测数据了解全国、全省及全县市场运行情况、市场运行质量、消费结构、重要商品供求及价格等方面的指标,为政府决策提供科学依据,为社会提供权威信息。由于工作到位,荣获省商务系统市场监测工作三等奖。

【整顿和规范市场经济秩序】 为了保护消费者的合法权益,保障人民群众的生命财产安全,在元旦、春节、元宵、五一节、嬉水节、中秋及国庆节期间开展整顿和规范市场经济秩序工作,共投入经费10万元,出动执法人员516人次,车辆73辆(次),共检查农贸市场86家(次),各类商户2242

家(次),查处违法案件233宗,涉及各类食品、药品、农资等72品种,货值3.7万元,立案35宗,结案28宗,转工商局办理2宗,转烟草部门办理2宗,转其它相关部门办理3宗,罚款2.7万元。通过加大专项整治工作和日常巡查的力度,有效地规范了全县市场经济秩序,为广大城乡居民提供了放心消费市场。

**【消防工作】** 根据《保亭黎族苗族自治县冬季防火工作实施方案》要求,制定了《商贸系统冬季防火工作方案》下发各企业,联合消防大队等部门对全县各农贸市场、7家屠宰场及25家商场超市、7家加油站等进行消防安全专项检查,并将检查的情况向县政府和省商务厅做了书面汇报。年初与各商场、超市、加油站、屠宰场等20个企业签订安全生产责任书,要求建立有专人负责的工作领导小组,定时对本单位的安全隐患进行自查,做到提前知道,提前做好防范工作。由于检查督促工作到位,全县的农贸市场、各大商场超市、加油站和定点屠宰场年内没有发生安全事故。

**【家电下乡】** 充分利用广播、电视、横幅、宣传片,开展家电下乡的政策宣传。认真做好家电下乡网点监管,对网点的相关工作进行检查,看是否具备开设网店的资格,操作人员是否进行培训,是否具备开具发票的能力。检查销售家电下乡产品的补贴到位工作。严励打击网点补贴过程骗补行为。引导各家电下乡网点在节假日期间开展下乡产品促销现场活动,成功举办2次家电下乡惠民工程大型促销活动。至年底,各类家电下乡产品销售量为8946件,销售总额3238.18万元,兑付补贴375.23万元。

**【促进出口】** 根据省商务厅《关于印发〈海南省中西部地区外经贸发展促进资金管理暂行办法〉的通知》[琼商务计[2004]378号]的要求,为6家企业争取到扶持资金300万元,有效地夯实了县出口基地建设工作。加大服务企业工作力度,为企业出口创汇提供便利条件。为4家企业争取到300万元的出口基地扶持资金,为5家企业争取到中小企业国际市场开拓资金244.38万元。加大农超对接工作的力度,争取到农超对接资金200万元。为重点旅游企业争取到340万元的扶持资金。

**【国企改革】** 严格执行国企改革政策,坚持以人为本原则,2010年完成了纺织厂、种子公司的职工安置工作和纺织厂、畜科所、预制厂、百货公司、糖烟酒公司等5家企业148户职工的青苗补偿和房屋拆迁工作,使投资企业顺利投资开发,全年共为370名职工补缴5项社保费。并将土产公司、果品公司、副食公司、生产资料公司职工安置方案报县政府审批。

**【业务培训】** 在认真抓好各项工作的同时,积极抓好干部职工业务培训工作和学习型党组织建设活动。全年共选派8批22人次到省里和县里参加各种业务培训学习。在建设学习型党组织活动中,采取集中学习和分散学习的形式推进学习型党组织建设活动,并认真学习党史党刊、各项法律法规、岗位需要的专业知识和《中国共产党领导干部廉洁从政若干准则》,有效地提高了干部职工的理论水平和综合素质。

**【惠民工作】** 深入联系点新政镇报导村委调研,帮助群众解决困难,为群众致富出谋献策,完成该村年度人均年增收600元计划。投入1.8万元扶持报导村委会什梯利村1360只鹅苗,目前该项目发展态势良好,深受群众好评,投入2460元购买办公用品,投入3000元帮助报导村委会解决办公经费问题。“三月三”期间,认真组织县黎苗民族风味美食到乐东参与展销活动,深受观众好评。协助宣传部配合海南省电视台以保亭农乐乐、旅游景点、黎苗风情为素材成功拍摄了3期快乐出发节目,加大了对保亭的宣传力度,提高了保亭的知名度。嬉水节期间,成功举办了七仙温泉嬉水节美食大比拼活动和做好民族特色菜肴认定工作,有效提高了县餐饮文化水平。为挖掘和弘扬黎苗特色饮食文化,从7月开始共举办五届农乐乐菜肴比赛,有效提高了县农乐乐的餐饮水平。完成什底村4户征地青苗清表工作。根据县政协委员的提案,协调市场中心与毛感乡政府筹备在县城设立毛感乡农特产品专柜,为宣传毛感,解决毛感农特产品销路问题打下扎实基础。

(县商务局 供稿)

## 粮食商业

**【储备粮管理】** 认真履行储备粮行政管理职责,切实做好省、县两级储备粮库存监督检查,指导承储企业抓好仓储管理、轮换管理和安全生产工作。对储备粮库点进行认真的全面检查,从而促进了仓储管理和轮换管理工作,确保实现省、县两级储备粮数量真实、质量良好、储存安全、轮换正常,年末库存为当年粮和上半年粮,当年粮超过50%的管理目标。还抓好粮食企业安全生产工作,加强安全生产监督检查,提高广大职工的生产安全防范意识,确保粮食储备安全管理。此外,指导企业抓好粮食收购入库工作,保证了省、县级储备粮按质、按量入库。提高县政府对区域内的粮食消费市场的调控能力,确保市场稳定。

**【粮食供需平衡调查】** 年初在全县范围内用一个月时间及时、准确、全面掌握本年度全县粮食消费、生产、流通、余缺情况和农户存粮等基本粮情,做好粮食统计工作,及时收集、整理粮油市场价格和粮油市场动态,继续完善各项粮情数据,建立报告制度,定期向县政府及省局报送粮情报告,为县委、县政府实施粮食调控提出建议和提供决策依据。

**【粮食应急储备】** 落实粮食市场应急预案措施,核实和确定粮食应急加工企业2个,粮食应急销售网点9个,健全粮食应急加工、销售网络,指导国有粮食企业与粮食应急加工、销售点签订粮食应急协议。根据《海南省粮食应急预案》和《保亭县粮食应急预案》的规定,加强对粮食应急加工、销售网点的跟踪了解,定期或不定期检查粮食应急加工设施运行情况和销售网点经营情况,保证成品粮的加工需要及必要时承担粮食应急供应任务。

**【粮食购销和市场供应调查】** 根据《海南省粮食局关于做好当前粮油购销和市场供应工作的通知》要求,认真组织调查组到全县各乡镇的粮食销售点进行调查。协调个体粮食销售店做好粮源的购进工作,搞好粮食市场调节,稳定市场粮价。协同统计局、工商局、农业局等有关单位,对全县各乡镇农户的粮食、食用油供需平衡情况进行调查,并根据调查发现的问题,有针对性地进行分析,形成报告,及时向省粮食局和县政府提出建议。

**【粮食库存检查】** 根据《海南省关于印发开展2010年全省粮食库存检查工作方案的通知》精神,按照“有仓必到,有粮必查,有账必核,查必彻底”的原则,对全县粮食企业进行了检查。3月末全县粮食库存总量为720吨(原粮),会计账、统计账、保管账账面数量完全一致,差率为零,粮食库存质量达到国家质量标准,实现了安全储粮。

**【粮食市场执法检查】** 为了提高粮食销售市场的监管力度,进一步加强和规范粮食市场经济秩序,确保粮油食用安全,从4月30日开始,由县粮食局牵头组织了县工商局、商务局、卫生局、质量技术监督局等执法单位,对全县粮食市场进行了联合执法检查,重点检查全县51家粮油经营门店大米、食用油供应库存情况,是否有伪劣、过期的产品,是否有囤积居奇、哄抬粮价、超范围经营的违法行为。这次联合执法检查发现全县粮食市场存在的问题有:(一)粮油经营者对《食品法》认识不足,贯彻不得力;(二)个别经营者在销售粮油食品的同时,也销售洗衣粉、清洁剂、肥皂、鸡鸭饲料等污染物质,严重影响消费者的身体健康;(三)有些粮店的粮食、食用油未能做到明码标价;(四)粮食堆放混乱,不规范,存在脏、乱、差现象。检查组在检查过程中,对发现的问题及时做出处理,令其限期整改。通过这次开展整顿和规范全县粮食市场经济秩序检查活动，增强了消费者自我保护意识和粮油经营者的守法经营意识，维护了全县粮食市场流通秩序。

**【粮油市场供应和价格稳定工作】** 坚决贯彻落实海南省人民政府办公厅《关于进一步做好我省粮油市场供应和价格稳定工作的意见》(琼府办[2010]70号)，成立以县政府副县长黄秀香为组长的粮油市场保供稳价工作小组，并结合实际，制定工作方案，明确各职能部门职责，细化保供稳价措施。(一)深入开展调研，摸清本县粮食供求平衡等基本粮情。(二)对本辖区内的粮油加工、批发、零售企业进行排查、登记，编制粮油重点企业监管目录，明确了15家粮油、零售企业和粮油加工企业为粮油重点企业，粮油重点企业的年经营量和加工量分别约占本县经营量和加工量的80%以上；与粮油重点企业签订粮油市场保供稳价责任书，明确粮油重点企业保供稳价的责任和承担的义务，加强对粮油重点企业的监管。(三)加强粮情监测，掌握粮油购销存和价格情况，做好粮油购销存统计和价格周报表报送工作。(四)夯实粮食基础设施建设，落实45万元对新政粮食购销储备公司8号仓库进行全面维修改造，以确保日后储粮安全。

**【军粮供应】** 坚持“拥军为重”的服务宗旨，认真贯彻落实国家的军粮供应政策，认真执行《海南省军粮质量监管办法》，以军粮质量为信誉，加强各项基础工作，实行军粮刷卡供应，军供工作持续呈现供应稳定，质量保证，服务优良，军队满意的良好局面，保证了全县军粮的安全供应。

(县粮食局 供稿)

## 供销社商业

**【简况】** 2010年，保亭县供销联社认真贯彻落实国务院[2009]40号文件和省供销合作社工作会议精神，抓好各项工作，促进农村经济发展。全年商品总购进6200万元，比上年增长8%；商品总销售5170万元，其中：日用消费品销售3153万元，农业生产资料销售2017万元，切实为农服务做出了贡献。

**【农业生产资料供应】** 立足农村、面向农业、服务农民，充分发挥供销社在农村前沿的主渠道作用，主动拓宽经营网点，强化为“三农”服务功能，以优质服务做好农业生产资料的供应工作，年内全系统农业生产资料销售1017万元，其中化肥销售3158吨，农药2520公斤。

**【烟花爆竹经营管理】** 本着“安全自查、隐患自整、责任自负、接受监督”的原则，在各大节日(元旦、春节、元宵、五一节、十一节)期间，认真组织人员深入基层、公司开展系统内安全生产检查，重点对门市部、烟花爆竹零售网点、仓库、出租房、职工宿舍、供销旅馆等进行安全生产检查，及时排查各类事故隐患。年初县联社与下属公司、基层社的负责人签订了安全生产责任书，保证了全年安全生产。

**【瓜菜运销】** 积极配合县政府组织参加一年一度的(海口)全国农副产品交易会，紧抓订单农业，按照订单指导农民种植冬季瓜菜。县供销社在2009年“海交会”上同客商签订了瓜菜运销合同4宗，数量4万吨。为落实合同的兑现工作，县供销社把瓜菜运销作为助农增收入一项主要核心工作来抓，共筹措资金50万元，认真组织冬季瓜菜运销，采取股份合作制方式，在县城、新政、三道、南林、什岭设立瓜菜收购点，全年为农民组织瓜菜运销3.8万吨，助农增收约5700万元。

**【农产品质量安全】** 县供销社积极配合县农业局，深入各乡镇向收购商和种植户宣传农产品质量安全的有关知识，要求种植户禁止使用高毒农药，使用符合规定的低毒农药，并与全县运销商签订瓜果菜收购农产品质量安全责任书，共25份，保证了农产品质量安全。

**【业务培训】** 根据省社琼供[2010]99号、琼供

[2010]105号和琼供[2010]79号文件精神，县供销社推荐年轻人员到省供销学校进行学习培训，参加学习人员共8名，并考试合格，将获得中华供销总社和国家劳动部颁发的资格证书。

**【救灾化肥发放】** 为了认真做好“康森”台风救灾化肥发放工作，确保救灾化肥及时发放到农户手中，9月17—29日，县供销社积极配合农业局深入各乡镇做好救灾化肥的发放工作。为了杜绝假冒伪劣商品，县供销社统一从厂方购进、统一存放、统一发放，共购进化肥222.98吨，总额50万元，要求专人负责，按各乡镇政府提供的农户名单发放，得到当地政府和农户的好评。

**【流通网络建设】** 县供销联社以县生产资料公司为龙头，申报了《保亭县农业生产资料公司农资配送中心网络建设项目》，获得项目扶持资金50万元，从而加快了农资配送中心及网点的建设改造。(一)县社投入资金20万元，在六弓乡供销社整合改造门市部400平方米，建立小型农村日用消费品超市1个。(二)县社与加茂供销社共同出资5万元，在加茂供销社建立一个占地0.6亩再生资源回收网点一个。(三)领的成立农民专业合作社10家，如养殖什玲鸡专业合作社、养殖黑山羊专业合作社等。至2010年底，县供销社领办的农民专业合作已达25个，平均每个乡镇有2个以上。

(县供销社 供稿)

## 烟草专卖

**【简况】** 保亭黎族苗族自治县烟草专卖局(原保亭黎族苗族自治县烟草公司)成立于1984年10月。2003年12月取消独立法人资格，2004年1月并入三亚市烟草专卖局(公司)，成为其烟草营销部之一。设有综合办公室、专卖监督管理办公室(内含内部管理监督办公室、稽查大队)、客户服务部(内含配送组1个)等机构。现有员工47人，其中，在职员工25人，内部退养员工6人，退休员工16人。2010年，紧紧围绕“卷烟上水平”这一战略任务，着力加强班子建设、内部专卖监督、市场监管和队伍建设，依法严格执法，积极开展打假破网，各项工作取得了明显成效。

**【卷烟销售网络建设】** 根据2010年全省卷烟销售网络建设工作会议精神，按照三亚市烟草专卖局(公司)网建工作部署开展网建工作。至年底，有持证卷烟零售户528户，配送组1个、配送线路5条。2010年全省烟草行业尝试实行网上订货，局辖区客户于4月8日率先在全省烟草行业系统内实现100%网上订货。在网建运行指标方面，持证零售户入网率100%，电话订货成功率98%，电子结算率96%，送货率、入网销售率100%。年内，为提高办证率，扩大访销配送面，加强农村偏远地区专卖管理，提高农村市场的持证率，局组织专项办证小组，按合理布局的原则办证，及时送货上门，提高管理和服务水平。在创新农网运行模式方面，为整体推进、全面提升卷烟销售网络建设水平，拓展农村卷烟销售网络，根据实际情况，对偏远农村采取两种运行模式。(一)“直访代送”模式。针对保亭县南林乡大村、罗葵两个村委会路途远(距保亭县56公里)、路况差(主要为山路)、零售户少、销售量低、配送成本高等情况，对南林乡大村、罗葵两个村委会的卷烟零售户采取“直访代送”模式，委托一经营化肥的客户代送。(二)“直访自提”模式。针对什玲镇八村村委会、保城附近农村、农场等偏僻地方经营户，虽然路途不算远，但路况较差(主要为山路、交通不便)、零售户少，销售量少、进货不定时等情况，采取了“直访自提”的模式对其供货。

**【行业内部管理监督】** 2010年，加强内部专卖管理监督自查工作，根据海南省烟草专卖局(公司)、三亚市烟草专卖局(公司)内管工作要求，对全年经营卷烟的到货、配送、资金、回笼等方面进行逐笔自查核对，并按要求填报了自查的各类表格、撰写月自查小结、季度总结、年度总结。在自查中坚持边查边改，坚决防止查而不纠，杜绝边纠边犯的情况。进一步完善各项规章制度，严格落实内管各项工作措施，完善内管工作流程，加强网上监控和实地检查，强化同级监管和日常监管，使专卖内管工作制度化、规范化、日常化。通过内管自查，至今未出现违规经营行为。

**【市场监管】** 加强市场监管，广泛收集线索，全力开展卷烟打假打私工作。深入贯彻落实2010年全省烟草工作会议、全省烟草专卖管理工作会议精神，始终把“端窝点、断源头、破网络、抓主犯”作为卷烟打假工作的重点，明确“四特三拼”打假思路，认真分析全县卷烟市场，通过加强对重点地区、重点地段、重点部位、重点户及物流环节中的场、站、点进行严密监控，加强市场监管。加大与工商、公安、交通等执法部门联合执法力度，发挥联合执法整体优势，加大打假投入，营造打假声势，保持高压打假态势，取得了一定成绩。全年共出动打假430人次，共查处违法案件32宗，查获各类违法卷烟35.23万支，涉及金额13.36万元，其中查获假冒卷烟32.62万支。12月份，破获1起价值5万元以上假烟案件。不断开展打假工作，有效遏制了制假售假的泛滥，为卷烟销售工作创造了良好的市场环境。

**【队伍建设】** 县烟草专卖局始终以教育培训的方式提升行政执法能力、服务客户水平和个人业务水平，认真制定年度培训计划，针对人员分批次、分阶段开展培训；根据海南省烟草专卖局(公司)、三亚市烟草专卖局(公司)关于开展职业技能鉴定的相关要求，以业务知识技能为重点，每月至少4次组织专销人员学习政治理论、营销和专卖文明执法、办案技能等知识。通过专题讲座、统一培训等多种方式方法，加强岗位培训，努力培养一支思想作风好、工作热情高、专业技能精、技术能力强的管理队伍。至2010年底，中级专卖管理员职业鉴定，有8人通过，占专卖管理人员的80%；高级专卖管理员职业鉴定，有1人通过(综合办管理员吴良王)；客服部全体人员8人中，有2人获得中级卷烟营销员资格证书、4人获得初级卷烟营销员资格证书，持证率75%。

(吴良王 供稿)

# 招商引资

**【简况】** 2010年,有98家投资商到保亭考察,考察投资的领域面很宽,涉及农业、旅游、工业、房产业、服务业等,有意向投资的企业33家,意向投资280亿元,特别是一些大企业有意投资,如产业创意园、总部经济、玉观园、瑞士村、大家村、爱地体育项目等。全年完成投资21.6亿元,比上年同期增长94.6%。其中呀诺达雨林文化旅游区投入2亿元;呀诺达雨林度假酒店投入1.5亿元;南美假日小区投入2.9亿元;保亭海航旅游开发有限公司七个旅游项目投入1.9亿元;海南保亭庄园豪都投入1.2亿元;瑶池仙庄投入8000万元;保亭新星休闲体育中心投入1.4亿元;泰鑫花园投入5000万元;七仙岭仙境雨林温泉度假酒店投入6000万元;海南金凤凰豪生温泉大酒店投入4396万元;七仙岭温泉度假村改造项目投入3616万元;神仙湾温泉度假山庄投入2000万元户;七仙伴月投入2.7亿;大区小镇新农村投入8000万元;七仙岭国际会议中心投入1800万元;缘真农乐乐投入1800万元;桃园居投入1亿元;保亭上观园投入1亿元;万平家园投入2500万元;聚仙阁投入5000万元;七仙河郓投入2000万元;保亭热带农副产品加工冷藏物流中心投入110万元;蔬菜基地和农业观光园投入100万元;养猪基地投入700万元;什玲鸡产业园投入3500万元;千卉园投入1400万元;兰花基地投入1000万元;有机蔬菜基地投入400万元。

**【抓好重大招商项目建设】** 引进一些大企业、大项目,抓好项目落地,拉动一些产业的发展。如万科集团、黑龙江海外集团、福建新华都实业集团股份有限公司、北京市华夏中医药发展基金会、豫商集团、"大家村"项目等,这些大企业的进入提升了保亭县投资知名度。加强与投资商联系,积极创造条件,加快项目推进。如七仙岭国际会议中心、神仙湾温泉度假山庄等项目取得实质性进展。继续瞄准大企业,引进到保亭开发投资农产品加工,如保亭岭南优质水果开发有限公司。

**【加强薄弱产业领域的招商】** 2010年,选择农业产业化、高科技产业等领域开展重点招商,努力对这个领域有所突破。保亭是个农业县,农业产业方面主要集中在优质水产、畜牧、良种繁育,大型三禽加工冷冻基地,芒果、龙眼、红毛丹等热带水果农产品加工,集散贸易基地等环节,积极引进岛内外农业龙头企业提高县农产品集约化经营水平,延伸农产品加工深度。高技术产业方面主要引进生物技术产业品开发,新药物研究等企业和机构,促进县南药资源的开发。

**【改善投资环境】** 努力改善投资环境,设立外商投诉服务电话。积极协调,跟踪服务,及时处理和及时报告有关部门,切实为投资者解决困难和问题,为企业提供优质服务,让投资者安心在保亭创业发展,如南繁高科、天惠集团,帮助与农民协调租地拉电。

(县招商办 供稿)

**【争取中央投资】** 根据中央扩大内需政策的要求,在吃透国家产业政策的基础上,加强与省发改委的沟通联系,努力争取更多的中央投资。2010年6月底前省下达保亭新增中央投资的项目涉及五个领域共10个项目,项目总投资9545万元,下达2010年投资计划7465万元,其中新增中央投资3538万元,要求地方配套3898万元,自筹资金29万元。目前,自筹资金基本落实,地方政府配套资金落实到位1500万元,已有3个项目开工。

**【争取以工代赈资金】** 2010 年，组织人员多次深入基层调研，做好通村公路、基本农田、小型水利、生态移民、以工代赈项目示范村建设等项目储备工作，进一步加强与上级部门的沟通联系，及时掌握信息动态，多次到省以工代赈办衔接汇报，得到省办的肯定，给保亭下达了以工代赈项目资金 1433 万元。项目实施坚持“3＋1”模式（即“路、水、土”＋“产业化”），切实解决好贫困群众的“行路难”、“饮水难”和“增收难”问题。对公路、提灌站等技术性强的重点项目，坚持公开比选，并由专业部门设计、业务部门指导的原则，做到项目有合同、施工有监理、检查有进度、验收有效果。

（县发改局 供稿）

# 金融·保险

## 中国银行业监督管理委员会海南监管局保亭办事处

【简况】 中国银行业监督管理委员会海南监管局保亭办事处(简称:海南银监局保亭办事处)是2004年1月根据国务院金融监管体制改革的要求成立的专业从事银行业金融机构监管职能的事业单位,是中国银行业监督管理委员会海南监管局的派出机构,属科局级单位,现有职员4人(其中1名主任,3名科员)。其职能是在中国银行业监督管理委员会海南监管局的领导下,依据《中华人民共和国银行业监督管理法》以及相关法律、行政法规、命令和规章,遵循"依法、公开、公正、效率"的原则,以"加强对银行业的监督管理,规范监督管理行为,防范和化解银行业风险,保护存款人和其他客户的合法权益,促进银行业健康发展"为目的,以"促进银行业的合法、稳健运行,维护公众对银行业的信心"为目标,在上级授权范围内,对辖内银行业金融机构的各项业务活动,机构的市场准入、退出,高级管理人员的资格审查与管理实施有效监督管理。

【职责范围】 (一)现场检查。根据上级机构统一安排对辖内银行业金融机构进行现场检查;对辖内银行业金融机构经营管理中存在的问题、不正当竞争以及群众来信来访反映的问题开展调查和取证,如有必要,报上级机构同意后开展现场检查。(二)非现场监管。在上级机构指导下开展对银行业金融机构的非现场监管工作。重点对辖内农村信用社和邮政储蓄机构实施非现场监管。收集、汇总、分析上报辖内农村信用社及其联社非现场监管信息和监管报告。(三)市场准入监管。负责对辖内县以下银行业金融机构的增设、撤销进行初审;审批辖内县以下(不含县级)银行业金融机构的变更事项。负责对农村信用社申请开办新业务进行初审。负责对辖内政策性银行、国有商业银行、股份制商业银行、城市商业银行县级支行行长任职资格的初审、考核,提出处理建议;负责对上述机构副行长任职资格的审核、考核,提出处理建议。负责对辖内农村信用社联社高级管理人员的任职资格的初审、考核,提出处理建议;负责对辖内农村信用社高级管理人员任职资格的审批、考核,提出处理建议。

【落实监管人员行为准则】 (一)领导重视,率先垂范。办事处领导一贯重视贯彻落实总会制定的监管人员行为准则、"约法三章"等相关规章制度。几年来都能率先垂范,按照上级的要求认真贯彻党风廉政建设制度、遵守监管人员行为准则、树立领导干部廉洁自律形象。在日常监管工作中,能带头廉洁自律,严格按照行为准则的各项标准要求自己,自觉抵制不正之风,并能努力做到以坚定的党性、良好的作风、较强的制度执行力、严明的纪律管好队伍。(二)警钟长鸣,不断学习提高。组织员工反复学习和重温总会及省局下发的一系列有关银行监管人员行为规范的文件和规章制度,如《银监会领导干部和工作人员"约法三章"》、《银监会工作人员守则》、《银监会系统监管人员现场检查若干纪律规定》、《银监会工作人员违反廉洁从业规定处理和处分暂行办法》、《海南银监局党风廉政建设责任制实施细则》、《海南银监局干部廉政谈话制度》、《海南银监局工作人员履职问责实施细则》等等。通过不断重温这些规章制度,使全体员工提高了遵纪守法、廉洁自律的意识和水平。(三)树立监管威信。

由于对行为准则贯彻执行有力，到目前为止，没有发生违反“约法三章”的情况；没有发生无“现场检查通知书”和有效证件进入被检查单位实施现场检查的情况；没有发生由被检查单位安排食宿、宴请、旅游、高消费娱乐（健身）等活动的情况；没有发生无偿使用被检查单位的交通工具、接受其赠送的任何物品的情况；没有发生向无关人员泄露现场检查相关资料的情况；没有发生向被检查单位提出与现场检查无关的要求的情况。总之，办事处在当地被监管单位中已经树立了较好的监管威信。

**【执行履职回避制度】** 办事处按照海南银监局纪委的要求，于2010年8月实行工作人员执行履职回避制度。（一）召集全体员工会议，传达海南银监局纪委《转发银监会纪委关于工作人员开展执行履职回避制度回顾自查的通知》（琼银监纪发[2010]12号）文件内容，领会精神提高认识。使大家都认识到：实行履职回避是防治银监会工作人员与银行业金融机构发生利益冲突、促进银监会廉政建设的重要措施，它能够保证监管工作的公平公正性，防止监管者与被监管者之间的利益冲突，树立银监会良好的社会形象。（二）组织员工进一步学习银监会《关于严格执行“约法三章”的实施意见》、《关于进一步加强银监会工作人员履职回避工作的意见》和《银监会机关工作人员履职回避实施细则》，深刻认识防范银监会工作人员与被监管单位发生利益冲突的必要性，进一步提高对执行履职回避制度重要意义的认识。（三）组织员工就其配偶、子女2005年以来从业情况进行一次登记，如实填报《银监会工作人员配偶、子女从业情况报告表》。经对照自查，办事处员工目前不存在按履职回避制度需要回避的情况。办事处充分认识到此项工作是重要的、长期的，将坚持把履职回避作为经常性、长期性的廉政措施抓好落实，不断促进办事处的廉政建设。

**【创先争优】** 2010年6月至年底，办事处党支部积极贯彻落实海南银监局党委关于“创先争优”活动要求，结合本办事处工作实际，制订了落实方案和具体措施。党支部采取自学与集体学习相结合、讲党课与座谈会相结合，并通过学习讨论、开展调研、参观革命传统教育基地主题党日活动等方式，扎实推进活动的深入开展。为确保活动效果，提出了五点要求。（一）要求每个党员高度重视，提高思想认识，把握活动要求与实质内涵，按照支部的整体工作安排和部署，有效开展各项活动。（二）要求党员领导干部以身作则率先垂范，以强烈的政治责任感和饱满的精神状态投入到活动中去。（三）坚持理论联系实际，用科学理论指导实践，推动工作，活动的开展要紧密结合工作实际，着力在推动和促进辖区内银行业稳步健康发展上下功夫、求实效。（四）要突出实践特色，积极查找和解决问题，在全面提高能力素质、解决突出问题、推动工作创新发展中树立新形象。（五）坚持继承创新结合，注重增强活动效果，丰富活动内容，创新活动载体，把活动中形成的好经验、好做法用制度的形式固定下来、坚持下去，形成长效机制。同时为了配合全局的“创先争优”活动，每月都撰写一、二篇有关活动的稿件在省局内网上刊出。

**【努力完成非现场监管工作】** （一）搞好2009年度农村信用社监管评级工作。2010年2月，办事处监管评级小组在2009年对保亭县农村信用社联合社监管评级的基础上，再次重温《农村信用社监管评级内部指引（试行）》和相关文件，进一步熟悉和掌握所有评价标准及操作规程，通过认真收集保亭县农村信用社2009年的基本信息，包括非现场监管信息、现场检查报告、年度经营计划、经营状况报告、内外部审计报告、向公众披露的信息、年度总结等，并对这些信息进行认真的整理和综合分析，最后确定该社的风险状况。办事处监管评级小组主监管员严格按照《海南省农村信用社监管评级实施细则（试行）》确定的评级方法和评级标准，对所有评级信息进行动态和静态相结合的综合分析，按照细化了的评级标准，逐项逐条进行评判，得出2010年保亭县农村信用社联合社的五大要素监管评级结果。（二）完成

2009年度农村合作金融机构监管报告。2010年3月,办事处监管人员根据《农村合作金融机构监管流程体系指导意见》及《中国银行业监督管理委员会非现场监管指引(试行)》有关要求,开展并完成了2009年保亭县农村信用社监管报告撰写工作。该年度监管报告为综合性监管报告,同时包括非现场、现场、准入、风险等全面监管内容。监管报告共分六部分,即经营情况的变化、重大事项、风险状况评价、存在的主要问题、监管措施和要求、监管部门所做的工作等。在撰写监管报告过程中,重点对第四部分"存在的主要问题"、第五部分"监管措施和要求"进行关注和把关,力求使报告能客观准确地揭示存在的主要问题如重大风险薄弱点、主要风险问题、内控薄弱环节和案件等,以及对应上述问题,提出具有可操作性的监管措施,更有利于日后持续有效的监管工作。(三)完成编制2009年农村信用社《机构概览》。根据《海南银监局关于编制农村信用社〈机构概览〉的通知》的要求,办事处于2010年4月开展了编制保亭县农村信用社《机构概览》工作。《机构概览》是农村信用社业务情况和风险状况的集中展现,是监管机构对其进行风险判断的重要基础。办事处高度重视此项重要工作,指定了专人负责。在编制《机构概览》的全过程中,尤其重视其中风险评估结论、监管评级结论、监管措施和意见等内容的组织撰写,力求评价实事求是,风险提示准确无误,监管措施和意见有针对性和实用性,以便监管部门今后进行持续有效的监管,达到逐年提升农村信用社的经营管理水平,逐年化解其金融风险之目的,使其逐步走向健康发展的轨道。(四)做好《中国银行农村金融服务分布图集》保亭辖区2009年数据填报工作。(五)认真学习《银行业金融机构安全评估办法》及《海南省银行业金融机构安全评估工作实施方案》,配合上级检查组搞好本辖区银行业金融机构各网点的安全检查。(六)配合参加三亚银监分局对农业银行保亭支行高管人员任职资格审查工作。

(罗伦 供稿)

## 中国人民银行保亭县支行

**【简况】** 2010年,人民银行保亭县支行认真贯彻人民银行总行、广州分行和海口中心工作会议精神,强化货币政策贯彻传导效应,加强金融调研与分析,维护金融稳定,改善金融服务,大力开展党风廉政建设,严抓内部管理,充分发挥基层央行的职能,促进了辖内经济金融持续快速健康协调发展,圆满完成了各项工作任务。

**【强化货币政策传导】** (一)按季召开经济金融联席会议,总结、分析和评价辖区经济金融的运行特点,引导金融机构优化信贷结构,加大对重点行业、重点企业和中小企业的支持力度。截至2010年底,全县金融机构各项存款36.84亿元,比年初增加15.07亿元,增长69.6%;金融机构各项贷款4.65亿元,比年初增加2.26亿元,增长94.1%。(二)继续完善经济金融监测体系,加强对经济金融运行的监测、分析和调查。通过建立辖区房地产金融数据库,加强对房地产市场的监测。同时,重点关注农业生产与农民增收等难点和热点问题,并围绕建设社会主义新农村、农村金融可持续发展等课题进行专题调研。支行先后组织开展对保亭县房地产市场运行情况、金融支持大学生"村官"调查、县辖民间借贷情况等12项调查。全年累计编发金融调研6期、金融信息17期,被上级行和地方转发3期,为上级行地方政府的决策提供了参考依据。(三)及时掌握各类货币政策工具的实施效果。组织有关部门定期检查金融机构存款准备金的缴存情况,重点对辖内农村信用联社存款准备金的日常管理工作进行了现场检查,并对2010年6次上调存款准备金率的情况进行了前期预测和实施后的快速反映。按季对金融机构特别是农村信用社的利率政策执行情况进行了监测和反馈。

**【维护金融稳定】** (一)建立金融稳定协调机制,完善金融机构突发事件应急预案。进一步搭建信息交流与沟通平台，建立风险处置、资产处置、金融稳定再贷款及重大事项报告工作制度，明确工作职责，制订操作程序和操作步骤，完善应急保障措施，为有效防范和化解系统性金融风险提供制度保障。(二)进一步加强对辖区金融风险的监测和预警分析。认真落实数据采集、加工分析工作，撰写金融稳定报告，对辖区经济运行、金融市场、金融业、金融基础设施等情况进行总体评估，密切关注金融市场、各类金融机构和各种金融产品的主要风险点和风险源，并及时进行风险提示。(三)密切关注农村信用社体制改革动向。认真组织按季考核工作，督促农村信用社增加股本金，降低不良资产比率，并及时上报有关农村信用社改革进展情况。目前，农村信用社在管理体制、法人治理结构和经营管理等方面取得了重大进展。(四)继续加大反洗钱宣传和检查力度，进一步完善反洗钱监督和协调机制。年内，支行先后2次对金融机构进行反洗钱现场检查，共检查金融机构营业网点2个。同时，通过发放宣传单、现场答疑等形式，大力开展反洗钱知识宣传工作，并组织反洗钱工作人员对《反洗钱法》、《金融机构反洗钱规定》和《金融机构大额交易和可疑交易报告管理办法》进行学习。

**【金融服务】** (一)加强现代化支付结算体系的建设，强化支付结算管理。截至12月末，通过支付系统共发送往账业务296笔，累计金额6亿元；接收来账业务390笔，累计金额10亿元。组织辖区各金融机构开展“安全使用银行卡，打击银行卡犯罪”宣传活动。深化人民币银行结算账户清理工作。全年清理核准各类账户377户。(二)强化国库基础工作，不断提升金融服务质量和效率。准确、及时地办理各项预算收入的收纳、划分、报解及库款支拨退付。截至12月末，收纳报解各级预算收入8.1亿元；支拨各类预算拨款12.5亿元。切实配合财政部门做好公务卡改革推广工作，认真做好国债兑付管理工作，积极开展《国家金库条例》宣传活动。(三)扎实开展人民币流通管理，辖区流通中人民币整洁度明显提高。加大人民币管理检查力度，建立流通人民币整洁度监测网点，督促金融机构有针对性地做好人民币管理工作。扎实做好人民币反假宣传和培训工作。全年举办各类反假培训班4次，培训110人次；收缴假币269张(枚)，面额2.7万元。完成了反假货币信息系统成功上线运行工作。(四)全面推进中小企业信用体系建设，促进中小企业融资难问题有效缓解。加大非银行信息采集工作力度，组织做好贷款卡的发放、年审与资料清理与归档工作。开展形式多样的征信宣传工作，推动全省信用建设深入开展。

**【完善内控机制】** (一)建立和完善各项内控制度。全年搜集整理各类全行性规章制度8个，并编订成册，同时先后建立健全内部控制指引实施细则、加强干部监督工作实施意见、要害岗位人员强制休假制度及各类应急预案等6个。(二)严密内审工作程序，有效发挥内审再监督作用。每季度通过采取统一部署、分工协作、同步实施的审计方式，突出监督重点，加大审计力度，进一步规范业务操作程序和操作行为。年内共完成季度内控评估审计项目4个，开展中层干部履职审计项目1个，全部审计项目共发现问题12个，提出整改措施和建议8条，有效发挥了内审的再监督作用。(三)严格财务约束机制，加强管理和监督。严格控制财务费用支出，保证支行正常的经费需求，进一步完善集中采购制度，建立健全监督机制，规范大额采购行为。加强固定资产管理，制定固定资产清查实施方案，完善固定资产领用手续，确保固定资产的完整、不流失。

**【加强绩效考核】** 按照海口中心支行关于辖区县支行内设部门和岗位优化整合的有关精神，在辖区先行开展了岗位整合工作。通过广泛征集意见、召开干部职工座谈会等形式，研究制定岗位整合方案，讨论修订业绩考核办法和内容，进一步规范各项工作程序和操作规程，完善各岗位工作职责，明确目标，责任到人，充分调动干部职工的工作积极性和主动性。

**【加强科技管理】** 充分发挥科技支撑和服务作

用,积极开展重大业务系统的推广、应用和运行,完成业务网和办公网的拆分,为确保资金安全提供可靠的技术保障。加强计算机网络安全管理和病毒的防治工作,按季开展计算机安全管理检查工作,杜绝内部网络非法外联事件的发生,保证各项业务系统的顺利上线和平稳运行。

**【安全生产】** 认真落实了安全责任制,开展行院、车辆、消防等方面的隐患排查工作,落实支行安全生产管理责任制,确保实现支行全年无事故、无案件的目标。继续完善应急预案体系,对已发布的总预案、专项预案和部门预案进行了再次梳理、修订。同时结合支行业务工作实际,积极组织开展应急预案的培训和演练工作,先后组织开展火灾消防、水灾和计算机应用系统 3 项应急预案演练,演练率达到 25%。继续加强社会治安综合治理,认真做好调处矛盾排查工作。

**【干部职工教育培训】** 组织开展主题读书和中华经典诵读活动,引导干部职工树立终身学习的观念,激发干部职工的学习热情,在全行内掀起读书学习的热潮。同时,支行结合干部年度培训计划及各项业务工作的需要,先后举办法律知识、公文写作、中央银行概论、党员干部廉洁自律专题、海南国际旅游岛知识辅导讲座 18 次,259 人次。

**【党风廉政建设】** (一)认真开展以“六个一”为内容的廉政文化建设,拓宽廉政文化渠道,多层次地开展廉政文化建设活动,增强干部职工廉政自觉性,把廉政文化融入群众性精神文明创建活动之中。(二)贴近业务,强化同级监督的现场检查,如通过开展日常检查、风险点排查、案件专项治理,季度风险评估、执法监察等措施,加强对要害部门和要害岗位的不定期检查,排查风险点,有效推动各股室落实党风廉政建设责任制。年内,开展货币信贷与统计股股长履职专项审计检查 1 次,开展年度风险点防范检查 3 次,开展股室内控评估 4 次。开展执法监察 1 次,开展对支行工程建设领域突出问题排查 1 次。(三)在领导干部中深入开展“廉文荐读”活动,班子成员特别是“一把手”带头读文章、写心得、谈体会。制订构建反腐倡廉“大宣教”工作格局的措施,落实反腐倡廉宣传教育联席会制度、责任分工制度、效果评价制度和情况通报制度,增强领导干部廉洁从政意识、自律意识和责任意识。同时,加大对治理商业贿赂专项工作力度,建立防治商业贿赂的长效机制。

**【工会组织建设】** (一)按照海口中心支行的工作要求,以“业务竞赛”为突破口,通过“会议发动、宣传鼓动、学习互动、典型触动”等形式,迅速推动“创新金融服务　支持经济发展”业务竞赛活动在支行中深入开展,形成热烈浓厚、蓬勃向上的竞赛活动氛围。(二)继续开展“送温暖、献爱心”活动。先后发动全行干部职工参加“捐款献爱心”活动 4 次,共捐款 6790 元,组织慰问生病困难职工 5 人次。(三)积极组织全行干部、职工广泛开展文明健康的文体活动,不断丰富职工文化娱乐生活。进一步加强和完善职工文体活动基础设施建设。

(黄超 供稿)

## 中国农业银行保亭县支行

**【简况】** 2010 年,中国农业银行保亭县支行(县农行)设立营业网点 3 个,其中:县城网点 1 个、乡镇分理处 2 个,机关内设部室 2 个。在继续突出存款、信贷业务、中间业务的基础上,积极推广“农行+多户联保+政府担保贴息+农户”模式,对符合条件的农户进行意向授信,优先发放农户联保贷款,做好“三农”服务工作,以金融优惠政策,助农增收。

**【金融业务】** 2010 年,县农行各项存款创历年最好水平。到 12 月末,本币各项存款余额 135621 万元,比年初增加 67596 万元。其中:储蓄存款余额 48372 万元,比年初增加 15412 万元。对公存款余额 85391 万元,比年初增加 51779 万元。贷款业务。人民币各项贷款余额7262万元,比年初增加4075万元。此外,新增惠农卡1625张,新增授信203户,新增农户小额贷款708万元。

**【金融改革与管理】** 2010年,县农行认真贯彻国家关于农行股份制改造的战略部署,扎实推进内部改革,按时完成行内机构落实工作。在推进内部机构改革的同时,不断强化内部管理机制,优化网点服务环境,改进柜面业务流程,创新金融服务方式,并在全辖营业网点全面推进文明优质服务。在服务"三农"工作上,县农行承担着面向三农的历史责任和加快发展农村经济的责任。县农行以物理网点为平台,以电子网络为延伸,以扩大服务半径为导向,加大支持"三农"力度,为农民增收创造了良好条件。

(县农行 供稿)

## 中国建设银行保亭支行

**【简况】** 2010年,中国建设银行保亭支行各项存款余额45763.68万元,比年初增加5903.7万元。其中,企业存款余额29120.95万元,增加700.11万元;储蓄存款余额16642.73万元,增加5209.59万元。各项贷款余额9625.06万元,比年初新增7247.52万元,不良贷款率为零。主营业务收入1460.45万元,税后利润749.25万元。

**【营销公关 增加存款】** 坚持存款立行的工作思路,年初,支行成立了由行长担任组长的存款营销攻关小组,加强与县内有关单位的沟通联系,精心制定对企业优质客户的营销策略,注重细节上的合作,不断吸纳和稳固优质客户的存款。在个人存款方面,支行及时捕抓市场信息,把营销的重点集中在种养殖大户、个体工商户、企事业高管和政府公务员等客户群体。营业部和客户部的员工深入政府各部门积极营销公务卡,在销售中不断提升自身的服务,稳步增加个人存款。同时支行在柜面工作中通过征询客户意见、岗位交流、检查整改等形式做好优质服务工作,全心全意为广大客户提供温馨贴心的服务,使对外营销和窗口服务形成合力,较好地巩固和扩大了回头客。

**【深化网点转型工作】** 抓好营业大厅的特色建设,充分发挥大堂经理的服务导引角色,保证在岗率达到100%,适时向客户推介建行金融产品,虚心听取客户意见,帮助解决客户难题,提高客户的满意度。增设窗口,提升个人业务顾问区的服务质量,及时分流客户,减少客户排队时间。大力提升电子银行的服务功能和自助设备的使用效率,千方百计为到保亭来投资建设、旅游休闲的客户提供实质性帮助和温馨服务。2010年在总行"神秘人"检查工作中,保亭支行的优质服务和大堂经理服务工作评价得分100,排名全省建行第三。

**【搭建安居工程融资平台】** 抓住保亭旅游经济和房地产业迅速发展的机遇,积极营销庄园豪都、南美假日等优质楼盘项目,稳妥发展贷款业务。在县政府的支持下,支行加强了与省公积金管理中心保亭管理所、县住房保障与房产管理局的沟通合作,为保亭地区中低收入家庭购买保障和经济适用房提供住房公积金贷款,努力为保亭的安居工程增砖添瓦。2010年支行发放公积金贷款379笔,金额4281.6万元。全年新增贷款7247.52万元。强化贷后管理,对一些到期未能及时还款的贷款户,晓之以理,动之以情,加大人性化的催缴工作。

**【大力拓展中间业务】** 全力做好七仙温泉旅游区五星级酒店和呀诺达热带雨林4A级风景区以及县城特约商户收单业务。到2010年底,支行在温泉旅游区、呀诺达景区和县城商业街等区域安装了5台ATM,签约特约商户48家,安装POS机62台。以客户为中心,做好柜台代收代付业务,加大代理保险和基金销售业务的营销力度,优化自助设备的服务功能,不断拓展网上银行业务,稳步增加中间业务收入。

**【强化基础管理】** 组织员工学习《员工从业禁止若干规定》、《员工职业操守》、《工作人员违规失职行为处理办法》,增强法制观念和防控意识,筑牢思想道德防线。及时掌握员工思想、工作和生活中的异常情况,通过排查,对倾向性、苗头性问题及时处理,把事故、案件隐患消灭在萌芽状态。强化日常检查监督,重点做好薄弱环节的防范。坚持晨会学习制度,及时发现和纠正差错,减少操作失误。对审计和业务检查中发现的问题,力抓整改落实到位。2010年支行实现全年安全运营无事故,保持了立行以来连续30年无事故、无案件的优良记录。

(张胜 供稿)

## 中国工商银行股份有限公司保亭支行

**【简况】** 2010年,中国工商银行股份有限公司保亭支行(以下简称支行)以“同业争先,市场领航”的管理理念统领全行工作,积极拓展业务,不断提高支行的市场竞争能力和防范风险能力,有效推动了支行各项业务的健康发展。截至12月末,支行各项存款余额70758万元,比年初增加22448万元。其中,储蓄存款余额30700万元,比年初增加9010万元,完成计划128.5%;对公存款余额40058万元,比年初增加13447万元,完成计划68.6%;新增牡丹灵通卡4785张,完成计划75%。新增牡丹信用卡937张,完成计划208%;新增个人网上银行1740户,完成计划189%;新增理财金账户106户,完成计划51%;新增企业网上银行(证书)15户,完成计划100%。新增个人网上银行(证书)346户,完成计划149%。新增手机银行1684户,完成计划222%。基金定投新开户132户,完成计划89%。代理发行保险新增305万元,完成计划117%。个人人民币理财产品新增7506万元,完成计划48%。新增结算套餐37个,完成计划82%。新增账户工银信使46户,完成计划268%。新增结算账户76户,完成计划161%。

**【加大对公存款营销】** 保持与财政局、招商办、拆迁办等单位沟通、联系,获取资金信息,开展有针对性的营销活动。如保亭黎苗族自治县征地拆迁办公室在农行有拆迁款4000万元,支行在第一时间得知此信息后,摸清该单位的服务需求开展上门营销,得到客户的认可,同意全部转入;在建行开户的保亭创基房地产开发有限公司、保亭宝泉房地产开发有限公司,近期将另开发项目,得知此信息后,支行行长亲自上门展开“猛烈”的营销攻势,与该公司商谈,成功将该公司存在建行的2000万存款转入支行。在第一时间获得保亭森田房地产开发有限公司将开发上观园项目后,利用支行资产业务带动负债业务,将其在建行、农行的账户存款全部放在支行。

**【拓展个人金融业务】** 支行个人客户资源丰富,除了代发全县财政工资外,还有不少的个体经商户。支行的储蓄存款来源主要来自个人客户。因此,做好个人金融业务这篇文章,就是抓住了业务发展的关键。一方面,支行把发展业务与开展“优质服务年”活动相结合,抓好员工服务行为规范,提高柜面服务水平,充分发挥大堂经理的引导作用,大力发展离柜业务,着力解决排队问题,缓解一线员工的工作压力,促进各项业务的顺利开展;另一方面,要求员工灵活运用“1+N”营销、捆绑营销、联动营销等营销方法,积极营销个人金融产品,包括结算、汇款、银行卡、网银、个人理财、代售保险、基金等。年内,全行员工以高度的热情努力挖掘身边的客户资源积极营销,取得较好的营销业绩,个人网上银行、企业网上银行、个人电话银行、企业电话银行、信用卡、灵通卡、基金定投、代理保险、代理基金等业务遍地开花。企业网上银行证书、个人电话银行等个金业务计划指标都超额完成全年考核任务。

**【加强内控管理】** 为进一步防范业务操作风险,夯实管理基础,支行针对核算差错率略高的状况,制定有关压减风险暴露水平高的措施,全面提升支行的核算质量和管理水平。(一)加强员工业务培训,提高员工业务技能。支行定期或不定期组织员工进行业务培训，现场管理员利用班后组织员工学习，重点学习新业务、新规章，提高员工的业务技能，加强员工责任意识、风险意识教育，规范业务操作，加强现场事中控制，减少业务差错，切实提高会计核算质量。(二)加大现场管理员的管理力度，确保现场管理员切实履职，增强现场管理员工作责任心，以身作则，做好本职工作，切实起到营业网点操作风险防范“第一关”的作用。(三)建立班后复核检查制度。为有效降低业务差错率，支行要求要坚持实行班后复核检查制度。每日营业终了，柜员要对所有业务凭证进行一次“回头看”，现场管理员每天要对各项临柜业务进行再复核，及时发现和纠正差错，减少操作失误。

（县工行 供稿）

## 中国邮政储蓄银行保亭县支行

**【简况】** 中国邮政储蓄银行保亭县支行现有5支行，10个营业网点，员工33人。现已形成以本外币储蓄存款为主体的负债业务；以国内、国际汇兑、转账业务、银行卡业务、代理保险及基金业务、代收代付等多种形式的中间业务以及小额贷款、个人商务贷款为主渠道的资产业务。多元化的金融产品，为促进全县经济社会发展及满足百姓金融需求做出了积极的贡献。

**【经营情况】** 2010年，全县个人邮政储蓄余额62136.76万元，储蓄存款余额全年净增16634.76万元。全行公司存款达到7587.90万元，同比增长280.37%，日均余额4149.62万元，同比增长415.80%。贷款结余92笔，结余金额2128.46万元；其中小额贷款结余523万元，个人商务贷款结余1548万元。全县邮政金融收入完成1368.08万元，同比增长33.83%。其中，银行自营收入完成548.65万元，完成省分行下达计划的117.8%，同比增长55.99%。

**【金融支持“三农”】** 支行着眼新时期“三农”和县域经济发展要求，充分依托和发挥网络优势，主动融入地方，面向广大农村地区居民提供支农涉农款项代发等基础金融服务，着力增强农村金融服务能力，谋求在为政府排忧、为农民服务的持续作为发挥作用。抓住农户备耕时期，组织信贷人员深入果园、村庄，开展认真调查，将款及时发放至农户手中，支持农业生产。同时加大业务宣传力度，重点对养殖户、优质种地大户服务，全年共计新发放贷款1785.8万元，其中农户贷款664.8万元。在服务“三农”中积极参与“新农保”服务，全面代发“新农保”新型养老保险金。目前，保亭县政府将新农保的收入户、支出户对公账户全部在支行开立，近9000户的养老金在邮储代发，参保人员中缴费户为4万户在邮储缴纳养老保险金。通过送国债、基金、保险等理财产品下乡的形式，为广大农村居民提供便利的金融服务，为他们提供多元化的金融服务和产品，以满足其对金融服务日益增长的需求。

（县邮政储蓄银行 供稿）

## 保亭黎族苗族自治县农村信用合作联社

**【简况】** 保亭黎族苗族自治县农村信用合作联社(以下简称“保亭联社”)于2010年8月登记设立，由原县联合社与辖内所有二级信用合作社合并组建成立，经过改制保亭联社实行县一级统一法人治理，建立社员代表大会、理事会、监事会和经营管理层“三会一层”组织管理机构，进一步明晰产权、完善法人治理结构，自身业务也得到了长足发展。截至2011年9月底，保亭联社辖内共有机构网点9个，在岗职工80人。总资产为8.9亿元，较省联社成立时增加6.5亿元，翻了一番；各项贷款余额3.6亿元，占全县金融机构各项贷款64%，较省联社成立时增加2.9亿元，贷款规模不断扩大；不良贷款占比4.1%，较省联社成立是大幅下降，资产质量进一步提高；各项存款余额7.5亿元，较省联社成立时增加5.9亿元，翻了一番。各项业务增长较快，金融风险控制较好，实现存贷款双增和不良贷款比例、余额双降，资产质量明显好转，盈利能力得到增强，经营效益逐步改善，整体呈现良性发展态势。

**【业务拓展】** 保亭联社各项业务不断发展创新，推出一系列惠农贷款品牌，并配备11名小额信贷技术专员，走村串户为农户解决资金短缺困难，做到给农民贷款、教农民技术、帮农民经营、促农民增收、保农民还款，尤其小额贴息贷款业务深受农民喜欢，累计投放小额支农贷款4059万元，惠及农民3196户，促农民增收1000万元，切切实实把国家惠农政策温暖送达农户家中。

**【信息化建设】** 为方便农民办理金融业务，保亭联社增设ATM自助取款机3台、开通了网上银行等业务，7×24小时提供取现、转账、查询等金融服务，在乡镇金融空白网点和全县各村委会布放了110台E－pos机，农民在家门口就可以办理小额存取款、转账、查询等业务，做到了“贷款不出镇，存款不出村”，大大提高了农村金融普惠率，实现金融服务乡镇全覆盖，大大提升农村金融服务水平。农村信用社－农民致富的“贴心人”、农业增产的“及时雨”。

**【业务范围】** 存款业务；贷款业务；中间业务；结算业务；票据业务；银行卡业务。

**【特色品牌】** 一抵通；一本通；一小通；一网通；财政惠农一卡通。

**【小额信贷特色】** “一小通”小额信贷；林权抵押小额贷款；工资担保小额贷款；大海卡授信贷款；小额就业担保贷款；商户联保小额信贷；党员“双带致富”小额贷款；农村诚信青年创业小额贷款。

(县信用联社 供稿)

## 中国人寿保险有限公司保亭分公司

**【简况】** 人保财险保亭支公司是在保亭合法经营并将税收全部纳入当地财政的唯一一家国有保险机构。2010年，公司保费收入725万元，其中车险保费550万元，年纳税额超100万元，倾力服务于保亭县的发展与繁荣。

**【公司优势】** (一)品牌优势。公司有深厚的历史底蕴和业内第一品牌的影响力，为其他保险主体无法比拟。从国际上看，中国人保也是中国保险业品牌形象的杰出代表。(二)市场优势。在全国财产保险市场上，人保财险的市场份额占60%以上，在大型商业风险、政府采购、行业统保等集中型业务以及车辆保险、家财险、建设施工人员意外险等分散型业务领域，处于绝对领先地位。(三)技术优势。人保财险在承保、理赔、风险评估等方面，具有领先的技术优势，是国内航空航天保险的首席承保人，在航空航天、核电站、能源、远洋运输、大型工商企业、政府采购等重要保险业务领域具有国内领先地位。(四)网络优势。人保财险有5000多个分支机构，网点遍及全国和全省各市县，形成强有力的销售网络和服务网络，足以支撑全国范围的“通保通赔”与“异地出险、就地理赔”等保险增值服务。(五)资源优势。人保财险拥有国内非寿险业规模最大且系统、完整、连续的业务数据库，为公司开发产品、厘定费率、开展个性化的客户服务奠定了坚实基础。

**【农业保险】** 海南是农业大省，又是台风走廊，广大农民对农业保险的需求非常强列。由于农业保险风险极高，公司长期处于亏损经营之中，截至目前，除人保财险外，其他保险公司均不涉足农业保险。人保财险保亭支公司经营农业保险，主要是基于国有保险公司应尽的社会责任。公司积极探索适合地方经济的农业保险发展途径，先后开发了橡胶、水稻、能繁母猪、香蕉等保险业务，积累了一定的经验，但经营状况不甚理想，遇台风的年份，当年综合赔付率高达200%。

(王兰 供稿)

# 财政·税务

## 财　　政

**【财政收入】** 2010年,保亭黎族苗族自治县财政一般预算总收入11.76亿元,比上年增长36.1%。其中:地方财政一般预算收入完成1.56亿元,为年度预算的159.5%,增收7537万元,比上年增长93.1%;上级补助收入8.15亿元,比上年增长22%;上年结余结转2.04亿元。地方政府性基金预算收入完成5.33亿元,为年度预算的133.3%,比上年增收3.8亿元,增长248.6%。

**【财政支出】** 2010年,保亭黎族苗族自治县财政一般预算支出9.31亿元,为年度预算的87.6%,比上年增支2.63亿元,增长39.4%。当年结余结转2.4亿元。政府性基金预算支出4.46亿元,为年度预算的100.6%,比上年增支2.77亿元,增长163.6%。

**【财政支持新农村建设】** 加大农村基础设施投入,支持新农村建设,改善农村生产生活条件,落实各项惠农补贴政策,促进农民增收。全年农林水事务支出完成22240万元,增长91.5%。拨付农业综合开发建设资金817万元,完成0.65万亩土地治理;拨付农村饮水安全工程建设资金479万元,完成农村饮水安全工程建设5宗,解决了1.16万农村人口的饮水问题;拨付水库除险加固建设资金757万元,完成8宗水库除险加固工程;拨付农村道路通畅工程建设资金725万元,完成农村道路建设里程67.2公里;拨付农村规划、文明生态村和农村危房、茅草房改造建设资金1917万元,完成50个村庄规划、18个文明生态村建设和287户农村危房、茅草房改造;拨付各类产业扶持奖励资金2325万元,支持兰花种植基地、什玲鸡饲养示范基地等农业产业化建设;全年共拨付粮食综合直补、良种良苗补贴等各类补贴资金973万元;拨付各类农业科学技术推广与技能培训经费454万元;全年共兑付“家电下乡”、“汽车下乡”财政补贴资金375万元,带动汽车、摩托车和家电消费3238万元。

**【财政教育投入】** 加大教育支出投入,支持教育优先发展,改善办学条件整合,优化教育资源配置,促进教育事业健康有序发展。全年教育支出1.74亿元,增支5700万元,增长47.5%。全年拨付“两免一补”、寄宿学生和困难学生生活补助等各类补助资金872.9万元;拨付资金1240万元,支持教育布局调整和中小学校基础设施建设,整合优化教育资源,加快教育事业发展;拨付150万元,作为教师轮岗培训经费等。

**【财政支持社会保障建设】** 支持社会保障和再就业工作,促进社会和谐稳定,完善社会保障体制建设。全年社会保障和就业支出1.1亿元,增支1205万元,增长28.5%。全年拨付城乡低保、军转干部优抚安置和“五保”户供养资金2556万元;投入下岗失业人员小额贷款贴息资金30万元,为493人提供小额贴息贷款;拨付“新农合”保险资金450万元,参合人数7.62万人,参合率达98%;拨付城镇医疗保险资金270万元,参保人数2.71万人;拨付农村养老保险金860万元;拨付城镇职工养老保险、机关事业退休人员特区津贴1274万元;拨付城乡医疗救助资金630万元;拨付再就业资金639万元,为423名下岗失业人员提供公益性岗位及社会保险补贴,为848位农民工提供再就业技能培训;拨付1212万元作为纺织厂、百货公司等企业改制职工社保费和补偿安置费，解决下岗职工的切身利益问题；拨付救灾救济资金共1535万元，帮助因特大暴雨受灾的群众解决水利设施、道路、房屋修复和基本生活问题；拨付廉租房和经济适用房建设资金3500万元，规划建设500套廉租房、1824套经济适用房和棚户区住房等。

**【财政农村医疗卫生投入】** 深化医药卫生体制改革，提高医疗卫生服务水平，支持城乡医疗卫生服务体系建设，保障城乡居民基本医疗服务供给。全年医疗卫生支出6603万元，增支1430万元，增长26.5%。重点支持县医院增容扩建、乡镇卫生院改造、城乡医疗救助、重大疾病防控和城乡卫生服务体系建设，提高公共卫生服务水平和质量。拨付县医院增容扩建及乡镇卫生院建设资金528万元；拨付县医院医疗器械设备购置费410万元；拨付突发公共卫生事件应急处理经费27万元；拨付妇幼保健专项经费120万元；拨付药品零差价补贴资金50万元等。

**【财政支持经济建设】** 积极筹措资金，支持重点项目建设，支持城市公共服务基本功能和基础设施建设，加快推进黎苗风情小镇建设，优化旅游投资环境，着力打造特色差异化旅游品牌，夯实发展基础。全年共拨付各类项目建设资金35000多万元。其中拨付13000万元，支持西环路、南环路、污水处理厂、垃圾处理厂、县城供水管网改造、旧城道路改造、县城夜景灯光与园林绿化等；拨付11138万元作为项目开发土地补偿、地上附着物补偿以及企业职工安置补助等。

**【财政改革】** 2010年，按照财政管理科学化精细化要求，进一步深化财政改革，规范财政管理，财政管理水平明显提高。深化国库集中支付改革，加强用款计划审批，简化审批程序，不断扩大财政直接支付范围，实现财政部门和国库、代理银行、预算单位数字信息共享，不断规范单位支出行为。推行惠农补贴资金“一卡通”改革，规范惠农补贴资金管理和发放，全年发放“一卡通”存折9055张，发放各类补贴资金134万元。推行公务卡改革，规范公务人员的公务消费行为，共有33个预算单位办理了公务卡267张。全面推行农村“三资”委托代理服务改革，完成62个村委会和390个村小组的资产移交工作，分别完成100%和84%。继续深化部门预算，提高预算的科学性和准确性。扩大工资统发范围，建立卫生系统差额人员工资信息。深化农村综合改革，清理偿还2005年12月31日前农村义务教育债务241万元，补缴乡镇农口事业人员历年拖欠养老保险93万元，制定并实施乡镇机构及农口事业单位改革方案，稳步推进农村综合改革。

**【财政监督管理】** 加强财政监督，严肃财经纪律，构筑对财政权力运行的制约监督防线，深入开展财政监督管理工作，确保财政资金运行的规范性、安全性、有效性，树立收支并举、内外并重、查管结合和对事前、事中、事后全过程监督的新观念。加强多项目资金的跟踪检查监督，对项目资金下达、项目推进和资金支出情况进行监督，对项目推进和资金支出进度实行每月通报制度，督促项目部门加紧项目实施、加快项目推进和资金支出进度，尽快发挥资金使用效益。配合省检查组开展各类专项检查。组织开展对中央各项补贴资金和项目的专项检查，确保资金安全规范使用。联合纪检、审计等部门继续深入开展“小金库”专项治理工作，制定工作方案，认真开展单位自查自纠和重点检查，探索构建“小金库”专项治理防控的长效机制。稳步推进财政支出绩效评价工作，规范财政支出绩效评价行为，建立科学、合理的绩效评价管理体系，提高财政资金使用效益。财政投资评审工作扎实有效，完成20个财政投资项目的评审，评审核减不合理的项目金额1133万元，核减率达9%。加强政府采购监管，完善采购机制，规范采购行为，扩大采购规模，全年实现政府集中采购5300多万元。

**【财政服务】** 2010年，财政局以开展“投资环境优质服务年”为契机，结合“创先争优”活动中提出的“五个好”、“五带头”的要求，进一步规范服务行为，努力在优化服务环境等方面实现新突破。

始终把加强思想作风建设摆在重要位置，通过狠抓全局人员的思想教育，切实增强大局意识、服务意识、争先意识，把以服务为本的理念根植到每个财政人心中。现在，“财政部门就是服务部门、财政部门的每个岗位都是服务岗位、财政局每个工作人员都是服务员”、“服务好了是本分、服务不好要问责”，已成为财政局所有干部职工的共识。落实了内部岗位责任制、首问负责制、限时办结制、一次投诉查实待岗制、党风廉政建设责任制等制度，并建立了严明的争先创优考核奖惩机制。通过强有力的推动和严格的考评监督机制，将全心全意为人民服务的理念化作了干部职工的自觉行动，“一张笑脸相迎、一把椅子让座、一杯茶水暖心、一颗公心办事”，财政人热情、诚挚的服务态度和公平、公正、快捷的服务质量得到群众的一致好评。充分发挥职能作用，积极帮助企业申报争取产业政策鼓励的项目，对带动作用强、促进农民增收的项目申报给予重点支持。

（黄奇 供稿）

## 国家税收

【简况】 保亭县国家税务局现有内设机构 6 个，分别是办公室、政策法规科、收入核算科、纳税服务中心、人事教育科、监察室。派出机构 4 个，分别是第一税务分局、第二税务分局、第三税务分局、第四税务分局。现有干部职工 44 人，其中副处级干部 1 人，副科级干部 7 人，股级干部 16 人；在职干部职工中，大学本科 21 人，大学专科 22 人，高中 1 人；中共党员 29 人，占总人数的 67%。2010 年，县国税局采取了一系列加强征管、促进征收的有力措施，使得税收收入实现了高速增长，首次突破 3000 万元大关，达到 3236 万元，同比增长 33.7%，增收 816 万元，完成年度税收任务的 146.8%。中央级收入累计完成 2251 万元，同比增长 34.1%，增收 572 万元；省级收入累计完成 252 万元，同比增长 24.2%，增收 49 万元；县级收入累计完成 733 万元，同比增长 36.3%，增收 195 万元。其中，全年增值税收入累计完成 1587 万元，同比增长 22.3%，增收 290 万元；企业所得税收入累计完成 1451 万元，同比增长 47.3%，增收 466 万元；利息税收入累计完成 20 万元，同比下降 66.7%，减收 40 万元；车购税收入累计完成 178 万元，同比增长 128.2%，增收 100 万元。

【税收收入特点】 （一）税收收入大幅度增长，总量创历史新高。全县国税累计完成税收收入 3236 万元，税收增长幅度达 33.7%，并首次突破 3000 万元大关。各级次预算收入均呈两位数增长，其中，县级预算收入达 733 万元，同比增长 36.3%，增收额达 195 万元。（二）分税种看，除利息个人所得税下降外，其他税种均有较大的增幅。增值税、企业所得税、利息个人所得税、车购税分别入库 1587 万元、1451 万元、20 万元和 178 万元，增值税、企业所得税、车购税较上年同期增长 22.3%、47.3%、128.2%，利息个人所得税较上年同期下降 66.7%，占税收收入总额的比重分别为 49.0%、44.8%、0.01%、6.19%。（三）分产业看，第三产业占税收主要地位。2009 年第二产业入库税收 760 万元，同比增长 3.5%，增收 26 万元，占税收收入比重为 23.5%。第三产业入库税收 2476 万元，同比增长 48.6%，增收 790 万元，占税收收入比重为 76.5%。（四）从行业看，房地产行业、旅游业、胶合板制造行业税收增幅较大。县房地产行业发展迅速，新成立企业逐年增加，投资额逐年增长，2010 年已经预售的项目有闽庄园、广东街、三道天康、七仙瑶池、原生态、七仙河畔、万平家园等。年内入库企业所得税 1451 万元，其中，缴纳所得税前三名的房地产企业是：三道天康入库所得税 556 万元，占所得税总额的 38.3%；闽庄园房地产公司入库所得税 253 万元，占所得税总额的 17.4%；创基房地产公司入库所得税 137 万元，占所得税总额的 9.4%。县旅游业蓬勃发展，接待游客和营业收入逐年递增，尤其以三道圆融公司为代表，2010 年将实现旅游收入 9000 万元以上，同比增长超过 50%，成为县旅游业龙头企业，将进一步带动相关产业的发展。县南茂胶合板厂进行企业重组以来,改制成上市公司旗下的分公司,各项生产逐步走上正轨,企业生产原料实行集团公司统筹安排,避免了过去原料供应的大起大落,企业产品生产有了较大的增幅。此外,2009年底积压了大量成品待售,此部分均在2010年上半年实现销售,促使2010年纳税额大增,全年累计入库增值税159万元,同比增长117.2%,增收86万元。(五)从企业类型看,股份企业和国有企业仍占主体地位。股份企业和国有企业共入库税收2660万元,同比增长35.4%,增收696万元,占税收总额的比重为83.4%,比上年提高了近一个百分点,税收主体地位更加突出。

**【税源分析】** 2010年,县国税收入首次迈上三千万元大关,又创历史新高,其主要原因是县近年经济快速发展,培育和扩大了税源基础,为税款增收提供了可靠保障。尤其是房地产业和旅游业的快速发展,更进一步带动了税收的有力增长。(一)税收收入来源呈现多样化,房地产行业贡献居首位。2010年,县房地产业、旅游业、胶合板制造行业均呈现全面增长态势,纳税额实现大幅增长,促进了税款增收,据统计,这三大产业2009年实现税收1517万元,占总收入的约48.5%。尤其是房地产行业,企业所得税收入成倍增长,商品房销售收入明显放大,全年入库税收335万元,同比246.3%,增收825万元。(二)重点企业支撑作用更加突出。2010年,纳税额在50万元以上的企业共计13户,比2009年新增5户,全年累计入库税收2424万元,纳税户数和纳税额呈现双增长。(三)强化征管措施,大力加强以票控税,努力实现应收尽收。2010年,由于对车购税实行委托代征,从源头上堵塞了税收漏洞;推行网上以票控税的征管措施,超额开票一律全额补缴税款等,以上各项税收征管措施累计查补入库税款达66万元,比2009年查补收入增长一倍以上。

**【税收征管】** 认真抓好各种税种管理,不断完善增值税纳税申报"一窗式"管理,强化增值税专用发票、普通发票和"四小票"管理,提高了增值税管理水平。强化征管质量考核,建立征管质量月度通报制度,同时与工商部门建立常态化的信息交换机制,着力提高准期税务登记率,准期税务登记率由2010年初的不足50%,提高到70%以上。完成个体工商户网上定税管理系统推行的前期准备工作,统一划定了各乡镇的路段等级,全面核实了全县个体工商户的经营规模、行业细目等征管信息,完成了第一手资料的采集录入工作。规范普通发票验旧和比对管理,加大了普通发票验旧的抽查比对工作力度,抽查比对面达到100%。

**【税收执法】** 认真落实"依法征税,应收尽收,坚决不收过头税,坚决防止和制止越权减免税"的组织收入原则,确保了税收应收尽收。按规模加强税源分类管理,全面强化了税源特别是重点税源的监控。加强税收风险分析,查找行业企业税收风险因素,增强组织收入工作的预见性、针对性和有效性。开展打击整治发票犯罪专项活动,集中开展发票专项检查,检查企业40多户次,发现问题企业8户次,责令其限期整改,并按照规定进行补税和罚款处理。全力做好新版普通发票换版工作,截至2010年底,已完成换版的户数为624户,占全部领购发票户数的89.5%。切实做好一般纳税人的认定管理和企业所得税汇算清缴检查工作,全年新认定一般纳税人4户,汇算清缴企业所得税800万元。

**【纳税服务】** 组织开展全国第十九个税收宣传月活动,大力普及纳税知识,通过形式多样的税收宣传活动,努力使100%的纳税人基本了解自己应尽的纳税义务和应享有的权益。召开纳税服务专题研讨会,分析和查找纳税服务工作中存在的问题与不足,研究优化纳税服务、提高纳税人满意度的对策措施。规范办税服务厅设置,完善办税服务厅硬软件设施,丰富办税公开的形式和内容,制作了《保亭国税为您服务》"纳税人权利与义务专刊"、"新机构设置专刊"、"发票管理知识专刊"、"常用单表证填写示范专刊"等系列宣传资料。大力推广网上办税，深入推广应用网上办税系统、税务审批系统、让纳税人分享税务信息化带来的经济、方便、快捷的实惠。采取上门宣传、入户辅导、增设临时服务窗口、设立局领导值班柜台、延时服务、双休日办税等多种服务形式，方便纳税人办理新版普通发票换版业务。

**【体制机制建设】** 进一步完善了岗责体系，按照海南省国家税务局工作部署和机构改革方案批复的要求，顺利完成了机构改革，优化了组织结构，理顺了职能分工，基本实现机构设置扁平化、部门职能综合化、税收管理专业化的目标要求。开展岗位调整问卷调查，根据干部意向实施人员轮岗，轮岗面达到44%，进一步激发了队伍活力。积极推行能级管理，认真开展能级培训。制定和落实《保亭县国家税务局2009—2010年网上课堂学习计划》，着力提高队伍的业务水平和岗位技能。完善了按规模划分的税源分类监控管理体制，设立大企业管理机构，全面强化了重点税源管理。建立了税收风险分析机制，引入风险管理概念，把规划核算、税种管理等部门的工作重点转移到税收风险分析上来，为强化税收管理提供了科学依据。

**【党风廉政建设】** 认真贯彻"一岗双责"制度，切实落实党风廉政责任制，组织开展"五个一"活动(组织一次专题学习、召开一次专题民主生活会、讲授一次廉政党课、印发一期学习专刊、撰写一篇心得体会)，采取多种形式学习贯彻《廉政准则》。加强税收廉政文化建设，认真开展廉政文化进机关活动，设立廉政文化室，开辟廉政动态专栏，大力宣传党风廉政规章制度、调研文章、典型案例等；制作"廉政文化墙"，展挂了20多幅廉政宣传画牌；开展廉政短信征集活动，并精选优秀短信按日编发给干部职工共勉。切实推进政风行风建设，努力解决纳税人反映强烈的问题，坚决纠正损害纳税人利益的不正之风，充分发挥特邀监察员的作用，自觉接受社会监督，确保全系统不发生大案要案。

(付鹏 供稿)

## 地方税收

**【简况】** 保亭县地方税务局内设办公室、财务装备室、组织人事室、监察内审室、征收管理室、税政法规室6个职能部门和电子税务管理中心、纳税服务管理局2个直属机构。派出机构有：社保费征管局、直属分局、纳税评估管理局、第一分局、第二分局、第三分局和第四分局。负责保亭县城和9个乡镇的工商税收征管工作。2010年，保亭县地方税务局充分发挥税收职能作用，坚持依法治税，创新体制机制，改进纳税服务，实施信息管税，探索专业管税，着力推进队伍建设和党风廉政建设，各项工作取得了新进展。

**【地税收入】** (一)地方工商税收收入累计完成17280万元，比上年同期增收109.71%，增收9040万元，占年度计划的143.95%。其中：中央级收入1438万元，比上年同期增长39.75%，增收409万元，占年度计划的138.27%；省级收入3731万元，比上年同期增长132.32%，增收2125万元，占年度计划的105.75%；县级收入12111万元，比上年同期增长116.07%，增收6506万元，占年度计划的183.50%。(二)五项社保费共收12851万元，比上年同期增长19.00%，增收2011万元。其中征收养老保险8568万元(完成省下达任务指标的113.0%)；失业保险560万元；医疗保险3394万元；工伤保险102万元；生育保险88万元。(三)耕契"两税"收入1111万元，完成省下达计划任务836万元的132.89%，比上年同期增长37.84%，增收305万元。其中：耕地占用税收入55万元，比上年同期下降21.42%，减收15万元；契税收入1056万元，比上年同期增长43.48%，增收320万元。(四)代收工会经费43万元，比上年同期增长43.33%。

**【地税征管】** 县地税局在促进税收增长方面，贯彻"科技兴税"的理念，不断加强税源的科学化、精细化管理，努力提高税收管理水平。坚持以调整产业结构为主线，以抓项目、保增长为重点，积极推进重点项目管理责任制，为税收的增长奠定了基础。对重点税源、重点企业和重点行业的税源征收实行项目跟踪监控管理，做到依法征税，应收尽收，确保税收稳定增长。(一)落实征管制度，夯实征管基础。从规范税收征管档案管理抓起，执行《税收征管档案管理办法》，做好征管档案数据、资料的补充与更新。(二)开展打击假发票专项整治工作。成立打击假发票领导小组，制定工作方案，与国税、公安联合开展打假行动。(三)推行"双定户"公开评税。探索"双定户"公开定税机制，接受纳税人和社会各界监督，促进定税工作的合理性和公开性。(四)建立税收征管巡查制度。每季度组织对基层征管工作进行巡查，开展征管质量、征管水平检查评比活动，促进基层征管工作。(五)推行房地产企业使用闭环实时税控开票系统。根据税收征收管理的需要，为了把房地产营业税的征管纳入规范化、制度化管理，维护正常的税收秩序，堵塞发票管理漏洞，提高征管质量，按照"积极、稳妥、审慎"和"先易后难、先重点行业，后以点带面"的原则，对县城已开发经营的6家房地产企业，先试行安装使用闭环税控开票系统。

**【三项体制改革】** 根据《海南省社保费征管及地税农税体制调整改革总体方案》(琼府[2010]47号)和《海南省社保费征管及地税农税体制调整改革实施方案》(琼府办[2010]74号)的有关精神，县地税局于2010年7月21日制定了具体实施方案，成立了社保费征管及地税农税体制调整改革领导小组。三项体制调整改革领导小组分设协调督导组、人员清理组、资产清理组、信息化建设组和效能监督组5个实施工作小组组成。对存在问题的人员及时做好思想工作，稳定队伍，积极与有关部门沟通协调，确保改革的顺利进行。2010年10月28日，县地税局举行社保征稽和农税人员划转挂牌仪式。为做好划转后的安稳工作，召开了三次座谈会，听取了社保费征管局、直属分局的工作汇报及存在的问题。特别是省局11月28日召开的巩固社保费征管局及地税农税体制调整改革成果视频会议后，广泛开展"讲大局、讲团结、讲实干、讲贡献、讲稳定"的教育活动，明确职责，理顺关系，增强了班子和队伍的凝聚力和战斗力。

**【地税队伍建设】** (一)在全局开展"旬讲评"工作和"六好"岗位评比活动。通过"旬讲评"工作和"六好"岗位评比活动，营造比业务、赛干劲、争先创优的工作局面，充分调动广大干部职工的工作积极性，逐步建立良好的自我管理机制，提高税务队伍的能力素质，做到依法征税、文明服务、廉洁从政，切实提升保亭地税的办税水平，为优化投资环境，促进社会经济又好又快发展做出积极的贡献。(二)积极组织筹建中共保亭地方税务局党总支，机关部门和基层税务所，符合条件的成立党支部，建立健全税务基层党组织，加强党对税收工作的领导。(三)实施中层干部交流工作，选拔补充基层正、副所长。按照干部交流制度，组织开展基层所长的交流工作。根据《党政领导干部选拔任用条例》，选拔补充基层正、副所长。(四)实行副科级领导干部竞争上岗制度。根据《海南省地税系统领导干部竞争上岗实施办法》，成立了由局领导、组织人事部门、纪检监察部门，以及相关工作部门负责人组成的领导小组，通过笔试、面试及人事考核，使一批优秀人才脱颖而出，充实到领导岗位上来，造就一支高素质、高效率，充满生机、活力和团结的地税干部队伍。

**【干部培训】** (一)以提高中层干部领导能力和管理能力，积极组织参加省局举办的培训班，先后派出人教室、办公室和监察室的负责人，参加在长春税务学院举办的组织人事干部提升能力培训班、北戴河培训中心的全国税务系统后勤培训班和扬州税务学院的纪检监察干部培训班，以及选派2名基层副所长参加海南大学的财税知识培训班，使中层干部的领导能力和管理能力有所提高。(二)认真组织基层正、副所长的业务培训。为更好地服务海南国际旅游岛建设，提升一线人员的业务水平和计算机操作能力，先后举办了一期基层正、副所长为主的业务培训班和博思系统操作培训班。（三）开展全员计算机培训工作。根据省局计算机应用技术培训考试工作方案通知的要求，把计算机应用操作培训列入2010年教育培训工作的重点，制定了2010年计算机应用技术培训实施方案，细化培训内容和时间，明确责任。以集中轮训、分散练习、阶段考试、后续补训等方式进行培训。同时，要求参加考试的人员要合理安排好集中培训、日常练习与日常工作的关系，做到两不误。经过全体人员的共同努力，大部分人员都通过了计算机考试。做好数据大集中上线前的培训计划，为了实现全省2011年1月1日能够上线运行，按照省局的工作部署，先后举办了四期培训班，如：数据清理培训班、数据补录培训班、数据校正培训班以及大集中系统培训班，保证数据录入的准确性。（四）加强青年干部的培训力度，特别是年轻干部的培养。4月份，在局团委组建了第一期“青年干部成长班”，开展以大学生干部和信息员为主要对象的年轻干部的培养工作，组织年轻干部开展学习交流活动，促进年轻干部的成长。

**【党风廉政建设】** 坚持“标本兼治、综合治理，惩防并举，注重预防”的反腐倡廉工作方针，在更加注重预防、更加注重制度建设、更加注重源头的治理上下功夫，切实抓好廉政建设，为税收工作提供政治和纪律保证。（一）认真落实全省地税系统廉政工作会议精神，结合本局实际制定下发保亭地税局2010年廉政建设意见，签订廉政责任书。加强廉政教育。有重点、分步骤、分层次地开展中国特色社会主义理论体系和党性党风党纪教育。开展经常性的法纪教育，增强依法治税、规范执法意识。（二）加强制度建设。进一步完善党风廉政建设责任制，制定相应的考核办法、责任追究办法，明确各级领导干部责任，加强事前、事中和事后监督，强化责任追究，以制度管权、管人和管事。继续深入开展公职人员岗位廉政教育试点工作，落实已制定的各项防范措施，跟踪完善有关制度，建立长效机制。加强检查督促工作。进一步改进党内监督，严格执行有关制度，提高制度执行力。（三）加强对民主集中制执行情况的监督，包括对坚持集体领导和分工负责制、党组会议、局务会议和局长办公会议议事规则和决策程序执行情况的检查监督。（四）做好信访工作。严格贯彻执行《信访条例》等有关信访举报工作法规，加强信访举报工作。（五）开展警示教育。9月16日下午，局召开了警示教育大会，认真组织广大干部职工观看了由中共海南省纪律检查委员会、中共海口市纪律检查委员会和海口市人民检察院联合摄制的廉政教育警示片《警钟Ⅱ—地税之殇》。看完警示片后，局领导干部积极带头参加讨论，广大党员干部联系自身工作实际进行了热烈的讨论，广大党员干部从影片的典型案例中，受到了一次党纪党风的深刻教育。

（县地税局 供稿）

## 社保费征稽

**【简况】** 2010年，县社保费征稽局共征收五项社会保险费13022万元（含城镇居民医疗保险）。比2009年同期的10840万元增收2182万元，同比增长20%。各险种征收数额分别为：养老保险8693万元（其中：地方5930万元，占省下达任务指标的118%；农垦2763万元，占省下达任务指标的109%）；失业保险566万元（其中：地方329万元，农垦237万元）；医疗保险3431万元（其中：地方2302万元，农垦1129万元）；工伤保险104万元（其中：地方68万元，农垦36万元）；生育保险89万元（其中：地方53万元，农垦36万元）；城镇居民基本医疗保险137万元；其他社会保险基金收入2万元。

**【清欠和扩面工作】** 2010年，共清理企业欠费补缴（含以个人身份参保补缴）共计1944万元（其中：养老1813万元、医疗131万元）。此外，还积极做好社会保险的扩面工作，2010年1—12月社会保险扩面人数为：养老保险增加910人；失业保险增加207人；基本医疗保险增加444人；工伤保险增加228人；生育保险增加224人。

**【联网工作】** 根据省人社厅信息中心的安排,5月28—31日保亭社保局与地税征稽局顺利完成联网工作,实现了社保经办机构社保登记信息与地税征稽局征收数据的实时传输和共享。

**【地税社保费体制改革】** 按照省政府《关于印发海南省社保费征管及地税农税体制调整改革总体方案的通知》(琼府[2010]47号)要求,认真做好三项体制改革工作:班子成员包干负责做好涉改人员的思想工作,稳定人心;认真做好本单位所有资产和债权债务资产清查工作,并将资产清查报表报送县财政局审核;按时组织本单位参加全省地税三项体制改革空编考录人员赴海口参加考试;做好人员的划转工作。

**【为民办实事好事】** 2010年春节前夕,社保费征管局投入2800元开展送温暖活动,由局领导带队到新政镇南改村委会赠送慰问金及慰问品,慰问6户困难家庭及2名村委会干部。7月与县质量技术监督局一起,共同出资8000元(社保费征管局出资4000元)帮助解决南改三饮水管道的改造,以及南改二、南改三村道排水管建设和农田灌溉管购置安装。中秋节前夕,局领导还组织本单位党员,带上慰问品(价值1200元),深入新政镇南改村委会慰问四联五帮联系户、党员一对一帮扶对象及村委会干部。

(县地税局社保费征管局 供稿)

## 会计事务

**【简况】** 2010年,保亭县会计管理中心认真以《会计法》和财政法规为基准,继续探索和深化会计委派模式,努力推进国库支付制度改革试点工作,加强财政资金管理,提计人员业务水平并取得显著成绩。

**【会计委派改革】** 截至2009年,全县的会计委派管理模式与2003年时的模式并没有太大的区别,使用GFMIS系统进行核算的同时,单人会计模式也在兼容运行。2010年,县决定试行会计专业化模式,为了工作的顺利开展,对第五核算站所辖管单位进行了整合,作为试点单位,提出了具体要求,制定了可行方案。

**【财政国库集中支付改革】** 2010年,除了乡镇一级和中小学校外,全县所有的预算单位已纳入国库集中支付管理。对有条件的22家单位连接了报账网线,设立了报账大厅,没有条件的单位可以到报账大厅办理业务,大厅内有专人进行业务指导。财政国库集中支付已走入规范轨道。

**【预算单位财务管理规范化】** 大力推进单位财务管理规范化进程,提高会计信息质量,加强支出管理,提高资金使用效率,强化财政支出监督,提高理财水平。2010年,共查处不合理原始凭证69张,违规金额345.67万元,改变资金用途7起,共计8.83万元。此外,还阻止了预算单位超范围、超标准、变相搞福利等违纪、违规支出12笔,共计5.63万元。

**【国有资产管理】** 根据县财政局的统一部署,从2010年8月起,积极配合财政对全县118家行政事业单位的资产进行清查。从国有资产的清查、核算到核实,有条不紊、按质按时完成了各项核对工作,受到了县财政局的好评,并为资产倒库工作扫除了障碍。

**【改善办公设备】** 2010年,共投入近20万元,购置了一批办公设备,其中:台式电脑9台,手提电脑3台,复印机1台,打印机4台。通过对办公设备的更新,大大改善了办公条件。

**【吸收专业人才】** 在县编委的大力帮助下,县人事劳动保障局面向全省公开招聘专业人才,在激烈的竞争中择优录用了5名会计人员,为中心注入新鲜血液,使原本人员比较缺少的被动局面得以缓解。

**【做好村"三资"代理工作】** 积极配合纪检部门

做好村财代理工作，包括前期人员培训、“三资”摸底调查、财务清查、资产造册等。

**【业务培训】** 2010年，省支付局监督处派专业骨干来县进行直接培训，共培训报账会计134人、委派会计41人。中心派出98人参加了省外业务经验考察学习、省内109人次外出交流、县内276人次经验交流。通过参加培训，使单位会计人员在个人素质、会计业务处理、GFMIS应用与维护、国库集中支付系统等方面都有了不同程度的提高，提升了单位整体素质。

**【职业道德教育】** 按“科学、严格、规范、透明、效益”的原则，加强单位员工的职业道德教育，调动广大员工的工作积极性和责任感，时刻进行各项规章制度和国家政策法规的学习。2010年共举办各类职业道德培训班25起，为提高财务工作的质量和效率打下了坚实的基础。

（县会计管理中心 供稿）

# 经济管理与监督

## 审　　计

**【简况】** 2010年,保亭县审计机关认真贯彻执行《审计法》、《审计法实施条例》,充分发挥审计监督职能作用,有计划、有重点地组织开展审计项目实施。已完成审计项目50个,其中审计立项22个,审计审核项目28个。查处各类违规行为为金额1761.94万元(其中核减工程造价1158.3万元、应上缴财政金额495.8万元、应归还原资金渠道24.94万元),管理不规范金额9606.17万元,为财政增收节支585.89万元(其中核减工程结算造价节约支出573.1万元,入库税金12.79万元)。向检察院移送案件线索1宗,经检察院审查后已立案;向政府提出修订建设项目管理规定的专题审计建议经政府常务会议审议通过;向县委组织部门提出领导干部离任办理经济事项交接的建议得到肯定,待进一步修订完善交接办法后向县委提出建议;对被审计单位提出52条规范财政财务收支管理行为的审计建议得到采纳。被海南省委省政府评为2010年度"文明单位";提交审计工作报告、信息56篇,被采用53篇。

**【财政审计】** 2010年,财政审计取得新进展。(一)继续抓好对同级财政部门具体组织预算执行情况审计和税务部门税收征管审计,审计的深度和力度明显增强,维护了财政预算的严肃性,强化依法理财、科学理财的理念,规范财政收支行为,推进财政体制改革,完善公共财政管理体制。(二)在县委、县政府的领导和支持下,开展对县委办、县人大办、县政府办、县政协办、县纪委监察局等单位2007－2009年度财政财务收支进行审计,有效扩大审计覆盖面,促进单位规范财务管理,增强审计影响力。(三)根据省厅的统一部署,围绕"摸清情况,分清责任,揭示风险,提出建议"的总体要求,对地方政府性债务规模、结构、资金投向、管理现状等情况进行专项审计调查,并针对存在的问题提出加强和规范地方政府性债务管理,维护财政安全的审计建议。共查出各类违规行为为金额557.98万元,管理不规范金额7232.23万元。

**【固定资产投资审计】** 2010年,保亭县审计机关把投资审计作为提升水平、服务发展、遏制腐败的重要切入点,采取措施强力推进,对县城供水工程、保城污水处理厂项目、保城垃圾处理厂项目等项目进行了跟踪审计,对县政府投资建设的音乐喷泉、水幕电影工程、2008年度村级公路饮水工程、六弓乡祖稿村公路工程等26个项目工程造价(概算、预算、结算)进行了审计或审核,工程送审造价金额11221.34万元,审定造价10063.04万元,审计核减工程造价1158.3万元,核减率10.32%。有效地促进了项目资金的规范管理,提高了资金使用效益。

**【经济责任审计】** 2010年,保亭县审计机关积极推行党政领导干部任期经济责任审计,把领导干部任期经济责任审计工作作为党风廉政建设和反腐败工作的重要内容,加大审计监督力度,严肃财经纪律。先后组织对什玲镇、县广播电视台、县农综办、县扶贫办等单位主要领导干部任期经济责任进行审计,查出违规行为金额18.66万元、管理不规范金额624.87万元。通过审计,揭露经济管理和财政财务收支中存在的主要问题,并对领导干部的经济责任做出实事求是的评价,促进领导干部正确履行经济职责,增强领导干部勤政廉洁的意识。

**【专项资金审计】** 2010年,保亭县审计机关组织实施对专项资金审计,共查出各类违规行为金额0.8万元,管理不规范金额1568.72万元。坚持以资金为主线,以项目为载体,在强农惠民、社会保障和住房保障等领域开展重点民生项目和社会热点问题的审计工作。(一)根据省厅的统一部署,配合开展2008—2009年度财政扶贫资金绩效情况审计调查和2007—2009年度各项强农惠农资金专项清理。(二)对2008—2009年度中小学校舍安全工程建设进行专项审计。(三)对2007—2009年度政府投资建设保障性住房情况进行专项审计。(四)对2007—2009年度农村新型合作医疗保险基金管理和使用情况进行审计调查。(五)对加强征地拆迁资金使用的跟踪监管工作,以资金拨付为主线,以被补偿农户为切入点,审计调查到村入户,跟踪审计征地拆迁资金使用的真实、完整、有效性,维护农民的合法权益。此项工作主要由监管领导小组负责实施。通过关注重点民生项目和社会热点问题资金的规范性、安全性和有效性,揭露问题,提出建议,确保项目的顺利实施。

**【完成党委政府交办审计项目】** 保亭县审计机关按照党委政府的指示,对县黎锦研究室课题研究经费管理使用情况进行审计调查、对县电影公司拖欠银行贷款和综合楼工程款情况进行审核、对保城镇河南河北居委会财务收支账目进行审查。查出各类违规行为金额26.2万元,管理不规范金额180.35万元。通过审计调查,披露存在问题,向检察院移送案件线索1宗,同时提出了规范财政财务收支行为的建议。

**【审计机关自身建设】** 围绕“建一流领导班子、育一流审计队伍、创一流审计业绩”的总体目标要求,积极开展“推进学习型党组织建设”、“能力效能建设”等活动,不断巩固加强审计队伍建设;讨论制定并实施《保亭县审计局领导班子重大事项议事规则》、《信息管理办法》、《车辆管理制度》以及党风廉政建设实施方案,在全体干部职工中深入开展“创先争优”活动,审计工作和作风建设取得了新成效。(一)转变思想作风,严谨细致地开展审计工作。(二)改进学风,开展“推进学习型党组织建设”活动,不断加强理论学习和业务学习,提高审计队伍的整体素质。先后选派11人次参加省审计厅举办的理论和业务培训班学习;24人次参加县委县政府举办的理论和专题知识讲座培训班学习,不断提高工作水平,增强审计队伍的战斗力。(三)改进工作作风,深入基层调查研究和指导工作。(四)加强党风廉政建设。认真贯彻落实与县委、县政府签订的关于党风廉政建设责任工作目标。(五)改善办公条件提高工作效率。在抓好审计业务工作管理中,同时还着力解决办公设备不适应审计工作发展要求的问题,共投入14.95万元购置办公设备,解决了部分办公设备陈旧老化故障多、影响审计工作效益的问题。

(县审计局 供稿)

## 工商行政管理

**【简况】** 保亭县工商行政管理局内设办公室、人事教育纪检监察股、政策法规股、市场规范管理股、企业登记注册股5个股室和消费者委员会、个体私营协会,下设7个基层工商所。全局有正副局长3人,主任科员1人,副主任科员1人,中层干部28人,工勤1人。2010年,县工商局被国家工商总局评为全国“工商系统基层合同监管工作先进单位”,被县委、县政府评为全县“惩治和预防腐败体系建设暨党风廉政建设先进单位”、全县“人口和计划生育工作先进单位”、“优秀基层党组织”,被省工商局评为“海南省旅游市场专项整治先进单位、商标工作先进单位”。

**【职责范围】** 贯彻执行国家、地方政府和省有关工商行政管理的方针政策、法律法规和规章制度,在权限范围内拟定发布工商行政管理的规范性文件。依法组织管理辖区内工商企业和从事经营活动单位、个体的登记注册,核定注册名称,审定、批准、颁发有关证照,并实行监督管理。依法组织监督市场竞争行为,查处垄断、不正当竞争、走私贩私、传销和变相传销等经济违法违规行为。组织查处假冒伪劣产品、侵犯消费者权益及其他市场交易违法违章行为,保护经营者、消费者合法权益。依法监督管理各类消费品市场、生产资料市场,监督管理网络经营行为,参与监督管理金融、证券、劳动力、房地产、技术、信息等生产要素市场和期货市场。依法组织监督管理经纪人、经纪机构以及有关中介服务机构。依法实施合同行政监管,组织监管消费品类合同格式条款,查处合同欺诈等违法行为,组织管理不动产抵押物登记,组织监管拍卖行为。依法监督管理广告发布和广告经营活动,查处违法行为。依法对商标的使用和印制进行监督管理。组织开展工商行政管理执法监督,负责案件核审、听证工作,承担或参与行政复议、应诉和赔偿工作。组织管理个体工商户、个人合伙、个人独资企业和私营企业,规范其经营行为,引导个体私营经济健康发展。管理和指导直属单位工作,指导设在工商行政管理系统的消费者权益委员会、个体劳动者协会、私营企业协会的工作。负责本辖区内工商系统机构设置、人员编制、干部管理、工资福利待遇、基层建设、教育培训、老干部工作,以及思想政治工作、精神文明建设、行风建设和违法违纪案件的查处工作。负责本辖区内工商系统经费预算、资金使用、国有资产和社会保险的管理,以及基本建设和固定资产的管理工作。承办上级工商行政管理部门和当地党委、政府交办的其他工作。

**【市场主体准入】** 2010年注册企业146户(均为内资企业,其中私营企业36户),注册资金156.5亿元,从业人数1257人;注册农民专业合作社48户,注册资金9071万元,从业人数1027人;注册个体工商户415户,注册资金437万元,从业人数915人。至2010年底,全县各类企业691户(其中内资企业298户,私营企业393户),注册资金373亿元,从业人数2.68万人;注册农民专业合作社191户,注册资金12626.6万元,从业人数1455人;注册个体工商户3872户,注册资金12060万元,从业人数7433人。

**【市场主体服务】** 发挥工商行政管理职能作用,牢固树立服务意识,做到文明礼貌、服务周到,不断改进服务态度和服务质量,不断缩短办事时限,开通“绿色通道”,实行“四优先”服务,实行联络员制度,为下岗人员、待业青年、农民经营者减免注册登记费1800元,帮助私营企业、个体户申请小额贷款500万元,办理医疗优惠卡102张,安置、解决就业人员2000多人,发放服务优惠证12张,为企业提供预约上门服务达42次,落实“一个窗口受理、一站式办理、一次性告知”的便民服务,获得企业赠送锦旗1面。以质量固企、品牌兴企的理念,引导、扶持和协助农民、企业、个体工商户申请商标注册,不断提高农民、企业的市场竞争力,促进农民增收,2010年引导商品注册15件,其中涉农商标1件,旅游商标5件,民族乐器商标4件,其它5件。服务支持农垦企业改革、改制,为农垦企业提供法律咨询服务,打击假冒、仿冒农垦企业产品违法经营行为,维护农垦企业在市场中的形象和信誉,至2010年底,办理农垦企业设立登记6家,年检20家,变更登记2家,查处侵权农垦企业案件15宗。

**【食品市场整治】** 为了做好食品安全监管工作,狠抓培训,在内部组织干部职工学习《食品安全法》等法律法规;在外部联合食品药品监督管理局组织乡镇主管食品的副镇长、村委会主任及食品协管员培训二期,培训人数304人。以保障流通环节食品市场消费安全为目标,以提高食品安全监管效能为重点,进一步健全完善流通环节食品安全监管“八项”制度,着力构建食品安全监管长效机制,确保食品安全。全年查处食品案件

126宗，罚款1.8万元，没收制售假冒伪劣食品1036公斤，在县辖区内未出现食品安全事故。

**【旅游市场整治】** 大力整治旅游景点、旅游购物点、海鲜大排档，规范旅游市场经营行为，通过实行“两人一组，一人一店”的监管，大大震慑了一批不法分子，欺客宰客、强买强卖等违法行得到有效遏制，净化旅游市场消费环境，游客消费满意率大幅度提高。全年游客服务消费投诉15宗，比去年同期下降58%。

**【集贸市场环境整治】** 通过对集贸市场经营秩序、环境卫生、亮照经营的整治，规范了集贸市场归行划市，督促市场开办者建立摊点卫生管理制度，经营者在经营场所亮照经营，使得集贸市场卫生整洁、环境优美，制止了乱摆乱卖现象。为了对集贸市场实施长效监管，工商局与工商所签订工商所责任状8份，工商所与市场开办者签订旅游市场环境综合整治责任状8份，市场开办者与经营者签订责任状564户，教育和疏导环境卫生不达标的经营户265户，责令建立环境卫生管理制度对卫生不达标的集贸市场开办者限期整改5家。

**【校园周边环境整治】** 对校园周边无照无证经营行为、流动摊点、小商贩进行整治，同时在上学、放学高峰期进行每日巡查，强化动态监管，维护校园周边市场秩序的稳定。引导校园建立12315联络站，由学校指定联络人员，明确职责任务，公布联络人员的联系方式，实行工商部门与学校齐抓共管。

**【农资市场整治】** 协助农资经营户全部建立“两账两票一卡一书”及进货购销台账，查处农资案件3宗，罚款1.15万元。积极配合省农药综合督导组清查问题农药4033瓶/包。确保假劣农资不下田，农民群众无受损，促进农民增收，有效地保护农民的合法权益。

**【“限塑”专项整治】** 通过在街道集贸市场悬崖条幅、广播、出动宣传车、张贴挂图、发放宣传资料等“限塑”宣传，引导、督促经营者和消费者自觉遵守国家有关规定，营造“人人参与环保、人人爱护环境”的良好社会氛围。对经营塑料袋的经营户进行资格审查：检查经营者是否提供、销售符合国家相关标准的塑料购物袋，是否销售凭证上单独标明消费者购买塑料购物袋的数量、单价和款项，是否有不标明或不按规定的内容方式标明价格销售塑料购物袋的行为。全年检查经营户4083户，没收不合格塑料袋14万多个，没收不合格塑料制品6万多个，查处经营户175户，查办案件175宗。

**【房地产市场整治】** 在县政府的统一领导下，以房管部门牵头，全面清查房地开发项目，对全县25家房地产企业登记建档。执行房地产资质许可证后置管理规定，对新设立的房地产开发经营项目的企业实行先证后照，严把房地产市场主体准入关。在整治工作中，查处一家房地产公司未经登记擅自开业的违法行为，罚款5000元。严查房地产发布虚假广告、散布虚假信息等行为，查处未经登记擅自发布房地产广告案件4宗，罚款2.5万元。严格规范房地产市场经营行为，加强房地产合同管理，检查建设工地14个，检查房地产销售合同145份，未发现违法房地产合同行为。

**【文化市场整治】** 积极配合职能部门严厉打击收缴非法出版物1200个，取缔违法违规出版物店档摊点3个，立案一宗，罚款1000元，净化了文化市场。

**【消费维权】** 按照“两个坚持、三个承诺”，竭诚为广大消费者排忧解难，积极稳妥调处消费者投诉。受理消费投诉83宗，调解成功81宗，移交其他职能部门2宗，为消费者挽回经济损失1.12万元，消费者满意率达100%。

**【规范化建设】** 2010年，通过政府采购，购置执法车辆3辆、电脑71台、打印机11台、传真机9台、复印机1台、碎纸机21台、空调机26台、监控设备1套、食品仪器2套、装订机1台、音响设备1台、办公家具2批。

(县工商局 供稿)

## 价格管理

**【简况】** 2010年,县物价局累计对全县行政事业单位和个体私营企业进行价格执法检查53次,查处违法金额21万元;受理群众举报9件,办结9件,结案率100%;征收价格调节基金350万元;上报价格监测动态分析材料18篇;出具各类价格鉴证报告230件,评估总价值1.04亿元。为保持价格总体水平基本稳定、促进全县经济发展提供了良好的价费环境。

**【市场监管】** 2010年,根据《保亭黎族苗族自治县人民政府办公室关于2010年县政府重点工作任务分解的通知》精神,县物价局的重点工作是居民消费价格总体水平控制在4%以内。为了实现这一目标,全年主要做好四项工作:(一)继续加强对人民群众生活必需品和重要商品,尤其是粮食、食用植物油、肉类等基本生活必需品的价格监管,加大价格监测预警和价格分析力度,实行定人、定时的监测报告制度,密切关注市场动态。年内,局价格监测中心已上报18篇保亭市场动态分析材料,受到省价格监测中心和县领导的好评。(二)积极应对价格异常波动。全年县价格波动较大的是河砂、碎石和水泥。上半年由于受开发建设的拉动,全县河砂、碎石价格波动较大,针对这个情况,物价局多次派检查组上门调查、提醒、告诫,以及采取提价申报等措施,确保了价格基本稳定,目前河砂价格是35元/立方米,碎石55—60元/立方米,基本保持往年的价位,确保建筑市场价格稳定,为开发建设服务。下半年,为了做好节能减排工作,全省关闭了产能落后的小型水泥厂,水泥市场出现“价高货紧”的情况,为确保建设项目顺利进行,县物价局根据省物价局有关文件精神,及时下发《关于对水泥价格实行临时干预措施的通知》(保价字[2010]31号)到各水泥经销店,规定扣除物流成本后最高进销差价率不得超过10%,并采取提价申报制度,遏制了水泥价格过快上涨的势头。(三)为了防止重大节日期间宾馆酒店哄抬房价,县物价局分别对春节、“五一”、国庆期间客房价格实行最高调控,规定上浮幅度和明码实价,对于防止炒卖客房、哄抬房价牟取暴利等行为起到制约作用,确保旅游市场价格基本稳定。(四)加强市场巡查和开展专项检查。全年组织开展了5次专项检查,重点打击囤积居奇、串通涨价、哄抬价格、价格欺诈以及散布虚假涨价信息等不正当价格行为,还对不按规定明码标价的农资店罚款近2000元。经过采取上述一系列价格监管,确保了全县2010年市场价格总体水平基本稳定。

**【涉企收费专项治理】** 为优化发展环境,切实减轻企业负担,促进国民经济平稳较快发展,根据省物价局《关于对涉企收费进行全面检查的通知》(琼价检[2010]109号)精神,从4月底至5月,县物价局成立专项检查小组,对公安局、建设局、房管局、技术监督局等9个单位42个收费项目进行重点检查,发现建设局对于明令取消的“工程质量检测费”、“工程定额费”、“工程质量监督费”继续收费,共违规收费12.4万元,已对其进行清理。另外,除了开展专项检查以外,还推进涉企收费公示工作,要求各收费执收单位采取设立公示牌(栏)、价目栏(表、册)、电子触摸屏、灯箱屏、互联网等方式在收费场所醒目位置公示收费项目、标准、计费单位、依据、12358投诉电话等,进一步规范了收费行为。

**【教育收费专项检查】** 2010年,县物价局共组织开展2次教育收费专项检查。从检查情况看,各学校落实国家政策较好,九年义务教育基本实现零收费,但在春季检查中发现,个别农垦学校擅自收取补课费3.6万元,已进行清退。总的来说,教育收费经过多年的整治以及国家政策落实到位，广大学生家长比较满意。

**【旅游价格专项整治】** 2010年是“海南国际旅游岛建设环境综合整治年”，为贯彻省委、省政府的工作部署，县物价局年初印发了《保亭县物价局旅游价格综合整治工作方案》，大力推行旅游市场服务和商品价格由明码标价向明码实价转变，整顿景点不执行政府定价、虚高标价、高额回扣、设立园中园收费以及不执行团队购票优惠幅度规定等价格违法违规行为，还对七仙岭国家温泉森林公园把门票和游览观光车票捆绑销售进行整顿，把门票价格从原来30元/张降到规定的20元/张。

**【价格认证工作】** 2010年，县价格认证中心“以创建保亭价格认证中心效能服务年”为抓手，主动开展工作，努力把中心建成组织建全、作风优良、业务过硬、基础扎实的价格鉴证机构。全年共出具各类价格鉴证报告230件，价格认证总价值1.04亿元，其中涉案价格鉴证125起，价格鉴证值89万元，涉税86起，价格鉴证值3220万元，征地拆迁财产评估8起，评估总值2340万元，土地评估3份，评估值4800万元，车损评估4起，48万元，经济适用房和限价商品房2起，机械设备1起，为促进保亭经济发展发挥了积极的作用，整体工作迈上了一个新的台阶。

**【农贸市场摊位租赁费专项整治】** 2010年，南茂农贸市场曾发生连续2天罢市事件，主要原因是市场承包商擅自提高摊位租赁费以及长期以来收费人员手段恶劣造成。县物价局联合工商、商务以及食品等部门联合执法，及时平息了罢市事件，依法处罚了承包商，恢复了市场正常经营秩序。组织人员对全县农贸市场摊位租赁费进行专项整治，对一些擅自提高摊位租赁费或者没有申请备案的进行处罚，并借这次专项整治为契机，规范农贸市场明码标价行为，提高明码标价率，为群众的“菜篮子”提供一个良好、有序、透明的价格环境。

**【低收入群体补贴与物价上涨联动机制】** 2010年，县物价局为了稳定物价保障群众基本生活，针对全年的物价形势，积极配合县财政局、民政局、房管局启动低收入群体补贴与物价上涨联动机制。民政局全年累计发放各类临时物价补贴269.9万元，房管局上半年共为367户低收入住房困难家庭发放廉租住房租赁补贴41.73万元，发放廉租住房物价补贴3.67万元，下半年的发放情况正在调查审核之中。

**【价格调节基金征收】** 县价格调节基金是从2009年4月才开始征收的，在局领导的重视和代征单位的积极配合下，征收工作取得较好成绩。2009年征收160多万元，2010年征收近350万元，不到两年时间已累积510万元，为政府平抑市场价格保障低收入群体基本生活提供了物质保证。

（县物价局 供稿）

## 质量技术监督

**【简况】** 2010年，保亭县质量技术监督局认真贯彻落实全省质监工作会议精神，大力加强服务能力、监管能力、技术能力、执法能力和自身实力建设，全面履行综合管理、行政执法和安全监察等职能，质监事业稳步推进，各项工作成效明显。

**【质量监督】** 以“服务国际旅游岛建设”为中心开展质监工作，制定了《保亭质量技术监督局服务国际旅游岛建设工作措施》。加大对强检计量器具的检定次数，特别对旅游景（区）点、农乐乐等餐饮点、旅游购物点缺斤少两、以假充真、以次充好等手段欺诈游客的问题进行检查。共对36台弹簧秤进行检查，未发现利用计量器具欺诈游客的违法行为。对全县的3个旅游景（区）点、5家星级酒店、宾馆等场所公共信息图形标志设置情况进行全方位的检查,使保亭公共信息图形标志的设置与国际接轨,方便国内外游客出行和游览;同时继续协助保亭城管局健全本地地名标志,完善公共标识,打造好找易记的旅游环境;配合省局对县内5家星级旅游酒店所使用的沐浴液、香皂等洗涤用品进行抽样检查,对不合格的单位进行立案调查。

**【质量兴县工作】** 积极开展“质量提升年”活动,印发了《2010年质量兴县工作计划和目标责任分解》等文件,进一步明确年度质量兴县任务,增强了各级各单位搞好质量工作的使命感和责任感。根据省局统一部署,成立“质量提升年”活动领导小组;同时,按照《全省质监系统开展“质量提升年”活动方案》的通知要求结合实际情况,对本次活动进行了周密详细的部署安排,并与开展推进学习型党组织建设结合起来,做到工作与学习两不误。

**【标准化工作】** 组织海南鲲龙有限实业公司实施三月红荔枝省级农业标准化示范区,做好三年示范区考核验收准备工作。同时开展国际标准日宣传活动,对槟榔园、呀诺达2家旅游景区的旅游图形标志进行检查,对公共信息图形标志设置错误、设置缺位、标志指示方向错误等问题、及时提出整改意见,为景区申办国家四A级景区打下基础。

**【名牌培育】** 通过推广先进质量管理理念,实施名牌战略,加强质量培训教育等多种举措,切实推动企业质量管理不断迈上新台阶。全年共帮扶6家食品企业进行条件改造,完善质量管理制度,其中有2家食品企业取得食品生产许可证。

**【食品质量安全】** 以食品小企业小作坊摸底普查为契机,大力加强企业质量档案建档工作,对12家生产条件和生产要素发生变更的小企业及时更改录入,完善企业质量档案;认真开展食品小作坊专项整治工作,严格按照《食品安全法》的规定,组织执法人员深入食品企业配料间、生产现场及原料库,严格检查企业进货记录台账及添加剂使用记录台账,全面监控小作坊产品流向,全面落实限定区域销售制度,坚决打击滥用食品添加剂和使用非食用物质生产加工食品的违法行为。在重大节日期间,加大对食品小企业小作坊的监督力度与次数,对中秋月饼等重大节日食品,严格限制无证产品进入市场;加强食品小作坊监督和委托抽样检验工作,全年共对糕点、饮用桶装水、花生油、大米、茶叶、中秋月饼等食品进行抽样检查,共抽样42个样品,其中监督抽样检验26个,委托抽样检验16个,监督抽样检验合格率达88.5%,委托抽样检验达87.5%。

**【打假治劣】** 深入开展重点产品执法工作,对钢筋、水泥、实心砖、床垫、橡胶、化肥等产品监督检查,对使用或生产不合格产品的单位进行立案处理,处罚金额2.8万元;结合工作实际,开展了检定计量器具活动,每年对县内31台加油机进行2次计量强制检定,未发现计量违规行为。免费对各个乡镇的农贸市场内所使用的1113台计量器具进行免费检定;组织计量检定人员对压力表、血压计、地磅等强检器具进行检定;配合工信、发改部门对县内3家大型商场的能源效率标识进行监督检查,对2台电器未张贴能源标识的行为责令整改。

**【特种设备安全监察】** 反复开展锅炉、压力管道、电梯、电瓶车等特种设备安全专项大整治。共出动特种设备安全监察员和执法人员68人次,先后在元旦和春节期间、“五一”、“嬉水节”、“十一”等重大节日期间开展特种设备安全大检查和隐患大排查,对存在安全隐患的特种设备,共下达安全监察指令书28份,对存在安全隐患的3台锅炉责令停止使用。执行重点危险源的季度巡查工作制度,通过开展特种设备专项大整治,不仅确保了辖区内未发生特种设备安全事故,而且有力地促进了特种设备使用登记率、定期检验率、持证上岗率的提高。通过与14家特种设备使用单位签订特种设备责任书，把“谁监察、谁负责；谁检验、谁负责；谁使用、谁负责”的安全责任制全面落到了实处。

**【能力效能建设】** 在窗口发放“明白纸”，将代码办理所需材料、办事流程统一公示；在窗口人手不足的情况下，合理整合资源，梳理流程，增加内部流转环节，减少企业办事时间，提高窗口办事效率，真正将便捷带给企业；加强服务意识，本着“特事特办、急事急办”的原则，对招商引资企业提供全方位服务，在规定的三个工作日，缩短为一个工作日内提前完成发证工作。

**【“创先争优”活动】** 开展学习型党组织建设和“创先争优”活动，制定了活动方案与学习计划。组织领导班子成员参加6次保亭讲坛专题讲座。在“七一”期间，组织党员干部到琼中的白沙起义纪念碑、乐东毛公山等地重温入党宣誓，感受在过去艰苦的革命年代党的光辉以及国家现在发展的大好形式来之不易。同时组织党员开展“创先争优”党员公开承诺活动，将党员的基本情况、承诺内容、落实时限及监督方式等向群众公开，接受监督和质询，时刻警醒党组织、党员兑现诺言。

**【反腐倡廉】** 认真贯彻落实党风廉政建设责任制，大力推进党风、政风和行风建设。（一）狠抓班子建设，严格约束和监督每一个领导干部的从政行为，进一步增强班子的凝聚力、战斗力和创造力，组织领导班子成员学习《廉政准则》，并按要求进行考试。（二）狠抓队伍建设，以开展爱岗敬业、依法行政教育为重点，全面加强干部职工的思想政治和职业道德建设，以组织业务集中培训和理论集体学习为重点，全面加强公务员队伍、执法队伍和技术检定队伍的素质建设，以建章立制和刹风整纪为重点，全面加强质监队伍的形象建设，全体干部职工的工作作风得到了进一步的提高。（三）落实党风廉政建设责任制。局党组始终把党风廉政建设工作列入重要议事日程，实行一岗双责，与业务工作一起部署、检查、考核、落实。做到在教育上把好“总开关”，在制度上架起“高压线”，在监督上筑起“防火墙”。造就了一支政治坚定、纪律严明、作风优良、业务过硬的高素质质监队伍。

**【扶贫帮困活动】** 开展“为新农村办实事好事”、“为民办实事”活动，深入到扶贫挂钩点新政镇南改村委会对该村委会经济状况及群众生活水平进行调研，出资4030元开展该村委会的南改二村、三村进行饮水管道和公道排水管道的项目建设。与县人大有关领导对南改村委会的文化生活进行调查，出资3000元用于兴建篮球场。

（县质量技术监督局 供稿）

## 食品药品监督管理

**【简况】** 保亭现有食品生产企业42家，食品流通经营户564户，农贸市场12个，餐饮业经营178户（其中农家乐餐饮服务点8家），生猪屠宰场（点）6个，药品经营企业36家（其中零售药店35家，农村药品配送中心1家）。2010年1月1日，保亭县政府下发《保亭黎族苗族自治县食品药品监督管理局主要职责内设机构和人员编制规定》，设置保亭黎族苗族自治县食品药品监督管理局，为主管全县食品药品工作的县政府工作部门。5月6日，县食安办职能从县食品药品监管局划转至县卫生局。上半年共组织相关职能部门出动食品执法人员781人次，检查各类企业3582家次，查处违法行为385起。其中药品违法案件11件，结案11件，结案率100%，涉及物品总值1.6万元。

**【建立健全各项规章制度】**

*无公害蔬菜检测制度* 在全县9个乡镇主要农产品批发市场和农贸市场设立快速检测网点，严防有害残留量超标的农产品上市销售，并以张贴农产品检测公告的方式，提示消费者注意消费

安全。共检测瓜果菜2106个样品,合格率达92%。

食品日常巡查和监管制度　加强对食品企业及食品小作坊的监督,落实区域监管责任制,实行5名专业监督员、25名政府协管员、57名社会信息员和"定人、定责、定区域、定企业""三员四定"的监督管理。对糕点、月饼、桶装饮用水、花生油、豆奶等重点食品进行抽样,共抽样94个样品,合格率92.3%。

市场准入制度　建立流通领域食品市场主体准入制度和食品市场质量准入制度,要求企业建立执行进货查验记录和食品进货台帐制度。同时完善流通环节食品抽样检验和退市制度,实施《食品安全法》以来审批登记食品准入经营户564户,颁发《流通食品经营许可证》84户。

动物定点屠宰和检疫制度　建立动物定点屠宰加工定点管理制度和检验检疫制度,严把动物产地检疫和屠宰检疫关。目前全县建有6个生猪定点屠宰点,每个乡镇均有待屠宰点。加强屠宰检疫,确保放心肉上市。共检疫各类禽畜29万只,其中生猪检疫8.5万只(含出岛生猪3.8万只),检疫出证率100%,上市合格率99.9%。

其他相关制度　建立实施食品卫生许可量化管理制度、餐饮店食用具定期抽检制度、食品从业人员健康体检持证上岗制度和定期进行食品安全餐饮服务知识培训制度。共对全县178家餐饮企业实行卫生量化管理,抽样697家次,抽验食用餐具2361份,合格率86.2%。定期4次进行日常性卫生监督量化评分检查,开展食品卫生"阳光监督",对餐饮店从业人员和学校食堂管理人员专门进行食品安全知识培训共1273人次,使全县食品从业人员健康体检持证上岗率达95%以上。实施《酒类流通管理办法》,全县酒类备案登记累计307家,2009年6月至今备案登记50家。

**【食品安全宣传教育】**　为宣传好、贯彻好、实施好《食品安全法》,专门印发了《食品安全法》宣传活动月方案,要求各级政府及各部门提高认识,精心组织实施,齐心协力营造人人关心食品安全、积极参与食品安全建设的社会氛围。(一)要求食品药品监管、工商、卫生、质监、农业、商务、畜牧、安监及新闻媒体等职能部门作广泛深入的宣传工作,在食品生产经营企业、农贸市场、超市、餐饮单位、学校门前以及繁华路段、主要干道、广场发放宣传资料,共发放宣传资料2.6万多份,挂横额82条,张贴宣传标语128张。开展法规咨询、假劣食品现场鉴别活动,受理咨询2万多人次,增强消费者食品安全意识和食品从业人员的依法经营意识,使食品安全知识进社区、进企业、进学校、进农村得到进一步落实。(二)要求食品安全职能部门加强执法队伍的法律知识和专业技术培训,提高依法行政意识和执法水平,已开展各项培训班27期,培训执法人员600多人次。(三)要求卫生、质监、工商等部门加强对食品生产经营者、食品行业组织学习食品安全法的指导,组织食品从业人员进行《食品安全法》培训,促进食品行业规范守法诚信经营,共培训食品从业人员近1万人次。

**【农产品标准化生产】**　全县农产品标准化生产集中在5家龙头企业和2个有机瓜菜生产基地,主要通过这些企业和基地农产品标准化的生产示范作用,带动周边的合作社和农户,大力推广农产品标准化生产。开展全县农资市场整治专项活动,清理非法农资经营企业,严历打击非法经营行为。目前,全县登记备案的农资经营单位共有66家。

**【食品添加剂安全监管】**　全县各类食品生产经营企业使用10种食品添加剂、防腐剂和色素,均有经质监部门培训上岗的技术人员按规定合理监控使用。重点对全县10家糕点店使用的添加剂进行备案登记,建立进货验收台帐,要求配备高精度的电子称,以确保食品添加剂、食品相关产品的安全使用。

**【食用油安全监管】**　全县生产食用油炸油坊共4家,主要从事花生油生产并进行散装销售,所用容器是回收流通销售的食用油瓶;食用油流通经营企业241家，无散装食用油流通。县内流通经营的食用油主要来源海口、三亚，包装标签均符合法律法规要求，有QS标示，包装材料质量安全良好。

**【食品生产监管】** 全县食品生产企业共42家，其中获准食品生产许可8家；10人以上1家，10人以下41家；登记备案合法经营的各类小食店142家；小流动摊点7家（未办理餐饮服务许可，主要是夜宵、粉汤类）。

**【食品安全卫生监督检测】** 全县现有食品安全卫生检验机构2家。县政府高度重视食品安全卫生监督检测工作，配套4.5万元建设9个乡镇农产品质量检验检测流动服务站。以县食安办为中心，以保亭食品药品监管政务网为平台，建立信息收集和分析机制，有效整合与共享各部门监管信息，全年共编发食品安全信息、工作简报58期；开展各监管环节食品安全调研工作，完成食品安全6个方面14个项目的专题调研报告12篇。

**【食品安全专项整治】** 根据省政府的工作部署，制定食品安全整顿工作实施方案，由县食安办牵头，整合各成员单位的力量，组织农业、质监、工商、卫生、商务、畜牧等职能部门大力开展食品安全联合执法和市场经济秩序专项整治工作，切实解决食品安全突出问题。年内共查处食品生产经营违法行为380起，没收物品货值18.6万元，罚款人民币4.6万元。无刑事处罚案件。

（县药监局 供稿）

## 国有资产监督管理

**【简况】** 2010年，保亭县国资办及时做好2009年度国资年报编制，按时完成2010年县国有资产统计财务月快报，受到省国资委的表彰，被评为“2010年度国有资产统计先进单位”。

**【国有资产监管工作调研】** 根据省国资委《关于开展全省国有资产监管工作调研的通知》（琼国资[2010]10号）文件精神，县国资办及时会同县国企改革办、县商务局等相关部门对30家企业国有资产的监管以及国有企业改革等工作进行调研。目前，县内正常经营的国有企业有2家，停产半停产的国有企业有10家，已改制关闭破产或正在改制关闭破产的国有企业有16家，尚未进行监管的国有企业2家。在调研工作的基础上，建议政府要加快全县国有企业改革步伐，通过改革，逐步淘汰那些劣势的且没有市场竞争能力的国有企业，早日完成全县国有企业改革目标。

**【国有企业改革】** 2010年，积极会同县政府相关部门，做好县国有企业的改革工作，关闭了县农机厂、县种子公司、县纺织厂；完成了县电影公司文化体制的改制。共安置4家国有企业职工367人，其中县纺织厂160人，县种子公司51人，县农机厂66人，县电影公司90人。同时，还积极配合县政府相关部门贯彻落实《保亭县解决关闭破产国有企业退休人员等医疗保障问题工作实施方案》（保人劳保[2010]81号），对31家国有企业及35家非国有企业的基本情况及退休人员基本情况进行调查取证，确认“第一类人员”为170名，“第二类人员”为215名，“第三类人员”为280名，为维护退休职工权益，消除社会不稳定因素，构建和谐社会起到了保障作用。

**【行政事业单位资产管理信息化】** 根据省财政厅要求，及时拟定《关于实施行政事业单位资产管理信息系统的通知》，共举办三期行政事业单位资产管理信息系统培训班，参加培训的人员约有170人次，为2011年资产管理信息系统的上线启用奠定了基础。截至2010年底，进入系统管理的单位用户共为118个，较好地完成了全县行政事业单位资产管理信息系统的初始化建设。

**【建立健全资产管理制度】** 为进一步加强县直机关国有房屋对外提供有偿使用管理，规范县直机关国有房屋有偿使用行为，提高资产使用效益,县国资办结合实际情况,制定并颁发了《保亭县本级行政事业单位国有房屋租赁合同》范本的通知,对提高资产的使用效益发挥了积极作用。

**附:保亭县国企现状调研情况统计表**

金额单位:万元

| 企业名称 | 主管部门 | 资产总额 | 负债总额 | 净资产 | 利润总额 | 职工总人数 | 备　注 |
|---|---|---|---|---|---|---|---|
| 一、正常经营企业:2家 | | | | | | | |
| (1)县七仙岭农场 | 农业局 | 17,050 | 1,677 | 15,373 | —140 | 330 | |
| (2)县自来水公司 | 水务局 | 1,853 | 436 | 1,417 | —5 | 77 | |
| 合　计 | | 18,903 | 2,113 | 16,790 | —145 | 407 | |
| 二、停产半停产企业:10家 | | | | | | | |
| (3)县水电物资公司 | 商务局 | 21 | 44 | —23 | | 5 | |
| (4)县医药公司 | 商务局 | 103 | 153 | —50 | | 68 | |
| (5)县森工站 | 林业局 | 267 | 13 | 254 | | 7 | |
| (6)县五金公司 | 商务局 | 70 | 167 | —97 | | 68 | |
| (7)县饮食服务公司 | 商务局 | 8 | 20 | —12 | | 53 | |
| (8)县商业总公司 | 商务局 | 117 | 92 | 25 | | 23 | |
| (9)县外贸公司 | 商务局 | 151 | 151 | 0 | | 15 | |
| (10)县食品公司 | 商务局 | 302 | 138 | 164 | | 118 | |
| (11)县外贸(集团)总公司 | 商务局 | 318 | 312 | 6 | | 28 | |
| (12)县物资总公司 | 商务局 | 206 | 108 | 98 | | 41 | |
| 合　计 | | 1,563 | 1,198 | 365 | | 426 | |
| 三、改制关闭破产企业:16家 | | | | | | | |
| (13)县农电公司 | | | | | | | 改制重组,其资产负债已划转给省水利电力集团。 |
| (14)县新华书店 | | | | | | | 根据琼宣发2007第35号文要求,改制重组,资产人员已划转。 |
| (15)县七仙岭温泉渡假村 | | | | | | | 进行改制转让(拍卖)。县国资办组织实施。 |
| (16)县酒厂 | | | | | | | 依法破产。 |
| (17)县种子公司 | | | | | | | 进行关闭,职工安置工作正在落实。县企改办组织。 |
| (18)县橡胶厂 | | | | | | | 进行关闭,职工安置工作正在落实。县企改办组织。 |
| (19)县热作总公司 | | | | | | | 进行关闭,职工安置工作正在落实。县企改办组织。 |

| 企业名称 | 主管部门 | 资产总额 | 负债总额 | 净资产 | 利润总额 | 职工总人数 | 备注 |
|---|---|---|---|---|---|---|---|
| (20)县电影公司 | | | | | | | 进行关闭,职工安置工作正在落实。县文体局组织。 |
| (21)县百货公司 | | | | | | | 进行关闭,职工安置工作正在落实。县企改办组织。 |
| (22)县糖烟酒公司 | | | | | | | 进行关闭,职工安置工作正在落实。县企改办组织。 |
| (23)县印刷厂 | | | | | | | 进行关闭,职工安置工作正在落实。县企改办组织。 |
| (24)县农机厂 | | | | | | | 进行关闭,职工安置工作正在落实。拍卖由国土局组织。 |
| (25)县纺织厂 | | | | | | | 进行关闭,职工安置工作正在落实。县企改办组织。 |
| (26)县预制厂 | | | | | | | 进行关闭,职工安置工作正在落实。拍卖由国土局组织。 |
| (27)县农机公司 | | | | | | | 进行关闭,职工安置工作正在落实。县企改办组织。 |
| (28)县鱼苗场 | | | | | | | 进行关闭,职工安置工作正在落实。县企改办组织。 |
| 补:保亭县粮食系统国有企业(粮所) | | | | | | | 于2007年关闭,职工安置工作已经完成。 |
| 保亭县水泥厂 | | | | | | | 于2002年改制 |
| 海南省民族对外经济贸易发展公司保亭分公司 | | | | | | | 保府(1988)第67号文件批准成立。 |
| 县畜科所 | | | | | | | 保编[2006]21号通知 |
| 合　计 | | | | | | | |
| 四、尚未监管企业:2家 | | | | | | | |
| (29)县七仙温泉基础设施建设公司 | 水务局 | 93 | | 93 | 74 | 8 | 没报送会计报表。收益全额上交,支出由财政核拨。 |
| (30)保亭县城乡投资有限责任公司 | 建设局 | 61,079 | 56,837 | 4,242 | | 12 | 没报送会计报表。 |
| 合　计 | | 61,172 | | 61,172 | 74 | 20 | |
| | | | | | | | |
| 总　计 | | 81,638 | 3,311 | 78,327 | −71 | 853 | |

说明:1. 利润总额:以2009年实现利润反映。

2. 停产半停产企业的基本情况,以县政府原组织开展全县国有企业改革调查摸底的基本情况为依据。

(县国资办 供稿)

## 土地资源管理

**【土地利用现状】** 据统计,2010年底,全县农用地面积105112.66公顷,占土地总面积的90.09%;建设用地面积为3704.69公顷,占3.18%;未利用地面积为7849.22公顷,占6.73%。土地利用特点是:农用地所占比重最大,未利用地次之,建设用地最少;园地和林地占农用地比重相对较大,耕地所占比重较小;建设用地中农村居民点用地所占比重较大。各类用地结构如下:(一)农用地结构。全县耕地面积8225.19公顷,占全县土地总面积的7.05%;园地面积37637.19公顷,占32.26%;林地面积56744.01公顷,占48.64%;牧草地面积619.70公顷,占0.53%;其它农用地面积1886.57公顷,占1.62%。(二)建设用地结构。城乡建设用地面积2624.91公顷,占全县土地总面积的2.25%;交通水利用地面积994.69公顷,占0.85%;其它建设用地面积85.09公顷,占0.07%。(三)未利用地结构。水域面积1117.01公顷,占土地总面积的0.96%;滩涂沼泽面积168.90公顷,占0.15%;荒草地、裸地等其他未利用地为6563.31公顷,占5.63%。

**【土地利用规划】** 根据省厅有关开展土地利用总体规划修编工作要求,经县政府同意,全县9个乡镇土地利用总体规划修编工作由县国土环境资源局组织编制。为了做好该项工作,局积极协调县有关单位、省厅信息中心完成资料收集工作。目前,县土地利用总体规划修编工作正在积极推进中。

**【地籍管理】** 按照省政府的工作部署,县政府决定从2009年开始全面启动农村宅基地确权工作,用3年时间基本完成全县农村宅基地确权登记发证工作。2010年上半年,局专门组成工作小组进行经常性检查,加大对已完成登记工作的1786多宗宅基地材料进行核查归档、打证和盖章。全县现已完成8600多宗宅基地的打证和盖章工作,年底将按计划全部完成农村宅基地确权登记发证工作。

**【耕地保护】** 主动配合县政府与各乡镇、农场签订耕地保护责任书11份,保护耕地面积9.27万亩。通过签订责任状的方式,强化责任,落实耕地保护政策,确保全县基本农田面积不减少。

**【建设用地管理】** 严格执行用地审批有关法律法规,切实加强土地审批管理。优先落实县委县政府各项事关民生的项目用地。2010年上半年,按照县重点项目安排,已完成七仙伴月、保亭血浆站、金江保障性住房、山语泉、七仙岭登山口改造等15个项目用地报批工作。

**【土地执法监察】** 根据群众举报和巡查发现的用地违法问题,对13家企业和单位及个人下达行政处罚事先告知书和责令限期拆除违章建筑事先告知书,依法作出相应的处罚。

**【土地卫片执法检查】** 2010年,全县有107个图斑点被卫星遥感拍到,为更好完成国土资源部首次在全国范围内开展土地卫片执法检查,根据省厅的工作部署,从工作准备、提取凝似违法图斑到组卷归档共16道工作流程,制定了县2010年度土地卫片执法自查工作方案并组织宣传和实施。

**【农田整理】** 2010年4月,完成了加茂镇加答基本农田整理项目施工招标工作。该项目建设规模为3131.9亩,计划新增耕地面积201.15亩,新增耕地率为6.42%,总投资额767.71万元。7月底组织施工队进场施工。11月,省厅下达三道镇基本农田整理项目,项目建设规模为7680.75亩,计划新增耕地面积268.8亩,新增耕地率为3.5%,总投资预算为2272.7万元。该项目现已完成项目施工招标工作。

## 矿产资源管理

**【矿产资源开发秩序整顿和规范】** 2010年，三道砖厂未办理采矿许可证非法采矿、未办理排污许可证非法排污，对其下达了《责令停止违法行为通知书》；对该砖厂的砖坯进行了清点，并委托县价格认定中心对砖坯的价格进行了评估；对该砖厂租用农村土地的租金问题，经县政府批准给予了适当的补偿；10月20日相关单位对该砖厂的砖窑进行了撤除。坚持开展矿山安全生产巡查，发现各矿山的安全生产隐患共5处，经检查指认后，各矿山企业都进行了整改。年内未发生矿山安全生产事故。

**【矿产资源开发管理】** 县矿产资源主管部门为县国土环境资源局，局里设地质矿产行政管理岗1个，另在矿务站设矿产资源管理岗1个，在国土环境资源监察大队设矿产资源监督岗1个。矿产资源管理主要从三个方面来抓：一是采矿权审批；二是矿产开采的监督管理、收费；三是矿山安全生产管理。

**【地质矿产勘查管理】** 全县现有32个地质矿产勘查项目，1—3月国土环境资源局对这32个勘查项目进行了年检，抽查了两个勘查项目的勘查工作。报什铜钼矿勘查项目取得了较大的进展，圈定出钼矿综合异常，正在进行钻探验证工作。另处，从2009年4月开始的县砂石粘土勘查项目已完成所有矿山勘查报告的编制工作，并编制了开发利用方案和矿山地质环境恢复治理方案，将在2011年6月提交勘查成果。这些报告将为县经济发展所需的建筑材料提供基础性保障。

**【矿产资源储量管理】** 要求所有采矿企业必须开展矿山地质储量测量工作。对此前已批准的采矿权，要求业主补做这项工作，对新设立的采矿权，则规定必须先有矿山资源储量报告（含简测报告），才能办理采矿许可证。另外，对开采规范较大的矿山还进行了动态储量测量，根据测量结果，确定应征收的矿产资源补偿费。

**【矿业权管理】** 矿业权管理包括矿产开采权和探矿权的管理，矿产开采权和探矿权都要进行年度检查。检查合格的，才能继续开展工作；检查不合格的，补做相应的工作，再次进行检查，合格后才能继续矿产资源的开采和勘查。

**【矿产资源开发违法行为整治】** 坚决遏制采矿权人违法违规行为，扭转砂、石、粘土矿开发管理混乱局面，进一步规范县矿产资源开发秩序。共出动50人次，对县内15个采砂场没有《采矿许可证》或《采矿许可证》逾期的业主进行全面检查。取缔10家无证盗采的采砂场，处罚一家破坏性盗采的采砂业主7200元，并责令其恢复原状。

（县国土环境资源局 供稿）

# 固定资产投资

**【简况】** 2010年,全县国民经济保持了良好的、健康的、快速的发展趋势,农业和农村经济保持稳步的发展态势、旅游业和投资增速较快、消费需求持续增长、财政收入快速增收、城乡居民生活水平明显提高。前三季度,全县地区生产总值102992万元,增长19.7%;第一、二、三产业增加值分别是38792万元、12020万元和552180万元,同比增长分别是9.1%、25.2%和27.4%;地方财政一般预算收入11835万元,增长115.5%,农民人均收入2119元,增长19%,城镇居民收入9236元,增长20.9%。

**【科学制定年度发展计划】** 按照县委、县政府的工作思路,县发改局汇同有关部门深入基层单位,摸清经济发展状况和新项目、新增长点等,理清发展的目标、方向、重点,明确了年度发展目标、新增因素、重点建设项目等。编制完成了《保亭县2009年国民经济和社会发展计划执行情况及2010年计划草案的报告》,经县十三届人民代表大会第五次会议审议并批准通过。

**【积极争取中央投资】** 根据中央扩大内需政策的要求,在吃透国家产业政策的基础上,一方面加强与省发改委的沟通联系,努力争取更多的中央投资;另一方面,更加注重项目包装的科学性和艺术性,争取中央投资。自2008年四季度至2010年6月底,省下达保亭新增中央投资项目涉及六大领域共33个项目,总投资37426万元,下达投资计划29908万元,其中新增中央投资10122万元,要求地方配套投资8838万元,银行贷款4300万元,自筹资金6648万元。33个项目已有26个开工,地方政府配套资金到位11737万元,银行贷款、自筹资金基本落实,共完成投资22319万元,竣工项目19项。2010年6月底前省下达县新增中央投资的项目涉及五个领域共10个项目,项目总投资9545万元,下达2010年投资计划7465万元,其中新增中央投资3538万元,要求地方配套3898万元,自筹资金29万元。自筹资金基本落实,地方政府配套资金落实到位1500万元,已有3个项目开工,至8月底累计完成投资928万元,还没有项目竣工。

**【强化项目管理】** 围绕国家重点投资领域的保障性住房、农村民生和农村基础工程、重大基础设施、社会事业、生态环境、自主创新和结构调整等六个方面进行规划项目,严格按照"四个一批"(即完工一批、加快建设进度一批、年内开工一批、加快前期工作一批)的要求,实行分类指导,强化项目管理。(一)项目规划、立项符合科学发展观的要求和中央规定的投向。(二)项目资金投向严格按照投资计划执行,严格工程招投标。(三)项目建设积极推行项目法人制、招投标制(比选)、工程监理制、合同管理制等"四制"管理。(四)建设单位和施工单位建立和落实了工程质量责任制,安全生产管理制。(五)工程建设过程中认真执行国家有关工程监理等方面的规定,严把工程质量关。

**【加大以工代赈工作】** (一)项目储备和申报工作逐步深化,项目资金争取力度不断加大。2010年,以工代赈办组织人员多次深入基层调研,做好了通村公路、基本农田、小型水利、生态移民、以工代赈项目示范村建设等项目储备工作。进一步加强了与上级部门的沟通联系,及时掌握信息动态,多次到省以工代赈办衔接汇报,并得到省办的肯定,给保亭下达了以工代赈项目资金1433万元的项目资金计划,圆满地完成了县委、县政府下达的目标任务。(二)加强综合协调力度，加快项目建设步伐。工作中把握主动，与财政、水利、农机、扶贫办等相关部门通过定期召开部门联系会的形式充分协调配合，形成合力，切实解决好项目建设中的具体问题，确保每个项目如期按质完成。(三)落实好“一个理念”，抓好了“三个重点”。以工代赈办深入贯彻和落实“为农民、靠农民，让农民做主，让农民直接受益”的理念。“为农民”是工作的出发点和落脚点；“靠农民”是基本工作方式和工作方法；“让农民直接受益”是最终目标。通过一切为了农民，一切依靠农民这种理念的不断升华促进以工代赈工作再上了新的台阶。项目实施坚持按照“3＋1”模式(即“路、水、土”＋“产业化”)切实解决好了贫困群众的“行路难”、“饮水难”和“增收难”问题。对公路、提灌站等技术性强的重点项目，坚持了公开比选，并由专业部门设计、业务部门指导的原则，做到项目有合同、施工有监理、检查有进度、验收有效果。

(县发改局 供稿)

# 6

# 社会事业

197/256

# 教　　育

## 综　　述

**【概况】** 2010年,保亭县有各级各类学校和幼儿园107所,其中,完全中学3所,初级中学5所,九年一贯制学校6所,完全小学44所(其中村完小35所),教学点33个,幼儿园15所,职业学校1所。全县有学生2.55万人(含幼儿园、学前班),其中在园幼儿和学前班幼儿4806人,小学生1.16万人,初中生6765人,高中生2374人,职校生182人。全县有教职工2234人(不含民办学校和幼儿园),其中,专任教师2044人,职工190人;幼儿园专任教师34人,小学专任教师1257人,初中专任教师554人,高中专任教师157人,中等职业技术学校专任教师42人。全县公办学校占地面积186.06万平方米,校舍总面积27.66万平方米。全县中学有图书26万册,小学有图书23.2万册。

**【教育投入与支出】** 全县教育经费总收入1.82亿元。其中国家财政性教育经费1.68亿元,占教育经费总收入的92.03%,预算内教育经费1.64亿元,同比增长24.09%,各级政府征收用于教育的税费338.9万元,同比增长56.19%;社会团体和公民个人办学经费45.5万元,占教育经费总收入的0.25%;社会捐集资办学经费368.1万元,占教育经费总收入的2.02%;事业收入692.9万元,占教育经费总收入的3.80%;其他收入348.5万元,占教育经费总收入的1.91%。2010年教育经费总支出为1.80亿元,同比增长29.19%。

**【高考移民治理】** 为了维护高考招生的公平和广大考生的正当权益,防范高考报名中的违规行为,杜绝高考移民现象,由县教育局、公安局、民宗局、侨务办、监察局、人劳局等部门联合组成高考报考资格审查小组,对全县考生报考资格进行审查。在资格审查工作中,坚持"谁主管、谁审查、谁确认、谁负责"和"按部门、分项目"的原则,分别对考生的学籍、户籍等材料进行严格审查。其中,教育局负责考生学籍材料的审查,公安局负责考生户籍材料的审查,民宗局负责考生民族身份的审查,侨务办负责三侨生身份的审查,做到不错查、不漏查。2010年,全县普通高考最终确认不同意3名考生报考,同意7名考生报考但限报。

**【招生阳光工程】** 为进一步规范招生管理,加大招生工作的透明度,维护考生的合法权益,深入实施"招生阳光工程",县招生委员会主要做了以下几项工作:(一)强化招生信息的公开工作,完善在报名、考试、填报志愿及录取等各阶段信息公开的内容,确保信息公开的时效性。(二)认真履行职责,严肃招生纪律,严厉查处各类违规行为,认真履行工作职责,严肃查处报名、考试、评卷、录取等环节中发生的各类违规行为。(三)认真对待群众举报,对骗取报名资格、高考加分资格及录取资格的考生,积极配合相关部门严肃查处。严格执行高校招生责任制及责任追究制,对违规操作的招生工作人员,将严肃追究相应责任。(四)以考生为本,为考生提供优质到位的服务。在各环节工作中为考生提供方便,不断扩大服务内容和提高为考生服务的水平。从考点、考场分布示意图、鼓励性的标语到考试中亲属的服务措施等着手,把服务措施想细、抓实。在填报志愿和录取期间设专人负责咨询接待工作,切实解决考生网上填报、密码补办和其他招生咨询等问题,努力为考生提供优质到位的服务。

**【统一城乡教师工资标准】** 教师工资按教师职称评定标准,由当地财政部门统一打入教师个人工资卡账户。

**【勤工俭学】** 勤工俭学工作常抓不懈。在八村学校和南林学校等边远农村学校建设养猪和种菜小基地,加强农村学校勤工俭学基地建设,为学生提供劳动实践平台,推进素质教育。依据省教育厅有关文件精神,制定保亭县教育局《关于中小学生统一着装与教育风险管理要求的通知》、《关于进一步加强我县中小学校服管理工作的通知》,严格执行学校校服管理"准入制度",遵循"学生自愿"购买的原则,加强对学校、学生订购校服的指导和监管,严防教育乱收费。校服质量和售后服务实现"零"投诉。大力推行校责险和学平险,成立保亭县中小学校校方责任保险工作领导小组,积极监督承保公司做好学校出险后的理赔兑现工作。据统计,2010年全县校责险投保率由上年的97%提高到100%;学生学平险自愿投保率由上年的73%提高到85%。全县共发生学平险安全事故不少于16起,保险公司都能及时理赔,理赔金额约39万元。

**【学校土地确权】** 2010年,县教育局向全县学校和幼儿园印发了《保亭县教育局关于进一步加强学校国有资产管理工作的补充通知》和《保亭县中小学资源整合期间学校财产管理暂行办法的通知》,积极与县国土局沟通协调,对全县53所中小学校校址土地面积进行测量统计,委派海南图语地理信息技术有限公司测量队对全县仍未办理土地确权证的学校进行校址土地测量和申请办证。县政府安排10万元预算用于全县中小学校办理土地确权证。

**【艺术、体育教育】** 严格要求各中小学校按照课程要求开设体育、音乐、美术课,并保证开足课时。各学校均认真开展阳光体育活动、文体活动,各校积极采取举措、创造条件以确保"每天锻炼一小时"不落空,保证了学生在校的体育锻炼时间和艺术学习。同时,组织和开展了内容丰富多彩、形式多样的课外活动,主要有:校园歌手比赛、校园集体舞比赛、班级拔河比赛、班级篮球赛、"六一"儿童节活动、田径运动会、乒乓球赛、中小学冬季长跑活动、全县中小学生广播体操比赛、全县中小学校学生规范汉字书写比赛等活动。认真开展学生体质健康调研,全县59所完小以上的中小学校目前已经成功上报了58所,上报率达98.3%。

**【学校卫生工作】** 加大学校及周边的卫生安全督查力度,多次与卫生监督防疫、工商、城管部门组成专项检查小组,深入全县中小学校和幼儿园检查学校食堂的加工流程、防鼠、防尘、防蝇等卫生环节,改善了学校食堂的卫生防控设施。主要工作有:与卫生局联合开展学校食堂卫生专项检查2次,清理整顿学校周边的食店和食品小摊的食品卫生及学校医疗点的药品卫生安全隐患;举办学校食堂从业人员卫生知识培训班,共有128名学员参加培训,有效地提高了全县中小学校食堂工作人员的卫生安全意识和食品卫生预防技能;联合卫生局开展了碘缺乏病防治工作,确定5所小学为碘缺乏病防治宣传教育学校;手足口病爆发期间,会同县卫生防疫部门积极做好传染病防控监测工作,对全县幼儿园和小学采取监控措施,并且每天做好消毒,有效地控制了疫情。

**【学校安全稳定】** 2010年,县教育局认真做好学校安全综治工作:(一)建立健全各项安全制度,全面启动评估机制。成立了学校安全工作领导小组,在原有《中小学校安全生产工作制度》、《中小学安全工作方案》、《保亭县学校食品卫生安全联防联控工作方案》等制度的基础上,制定了《保亭县教育系统冬季防火工作方案》、《2010年社会治安综合治理工作实施方案》、《2010年学校安全生产工作实施方案》、《2010年学校禁毒专项工作实施方案》和《关于开展集中整治学校及周边治安秩序专项行动方案》,向全县学校印发了《关于做好校园环境卫生综合治理的工作意见》,教育局局长与各中小学校长签订了《中小学校安全工作责任书》、《社会治安综合治理工作责任书》,落实学校安全工作目标管理责任制。配合省县相关部门开展校园大整治及周边环境整治专项治理行动4次。(二)强化安全教育,大力推行安全教育进校园活动,把安全教育纳入学校常规课堂教学中。在全县学校开展2010年安全生产月活动、学校幼儿园“安全文明周”活动、构筑社会消防安全“防火墙”工程活动等安全活动。全年开展各类大型安全教育活动主要有:3月份在保亭中学开展了消防知识培训,全校共有3千多名师生参加了培训。4月份举办全县中小学校长“学校安全教育月”培训班,共有53名中小学校长参培。开展了全县中小学安全教育宣传活动3次,发放安全宣传单3000多张。(三)安全隐患排查。采取学校自查与教育局组织专项检查相结合的方法,大力排查安全隐患。分别在6月份和12月份在全县各学校开展安全生产自查自纠活动;县教育局会同公安、文体、城管、工商、交通等职能部门抽查学校九十多间次,发现8个安全问题,下发食品安全检查整改通知书8份,消防安全检查通知书1份,要求立即整改的隐患5条。(四)加强学校安全保卫,建立健全各校出入登记制度、校园安保巡视制度。要求没有或缺少校警的学校选派专门老师任校安保员,组织以学校体育老师为主的护校队,积极配合校园公安工作站开展校园安保工作,确保了学校校园安全。

**【教育督导】** 加强教育工作的督导检查,开展学校办学水平督导评估,已完成保亭中学等十所学校的办学水平督导评估,占应评估学校的15%。2010年底,会同有关部门开展教学常规综合检查。制定了2011-2015年保亭县学校规范化创建工作规划。

**【教育信息化建设】** 2010年,县计算机生机比均达到规定标准,小学为15:1、初中为9:1、高中(含职业高中)为8:1。全县各完全中学和部分办学规模较大的中小学都开通了10M光纤上网,其他具有互联网信号覆盖的学校都开通了上网宽带。全县已开通互联网光纤12条,宽带20条,进一步满足了教师教学和学生学习的需求。

**【教育部门作风建设】** 2010年,保亭县教育局在作风建设方面主要做了以下两个方面的工作:(一)加强能力效能建设。首先,建立健全办事机构,认真落实机关干部岗位职责、有关股室办事程序、服务承诺制、首问责任制、办事限时制、绩效考评制、效能追究制七项规章制度,树立了良好的机关形象;其次,组织全体干部职工学习规章制度,统一思想认识,明确开展机关效能建设的指导思想、目的意义和方法步骤;最后,要求干部职工结合自身工作职能和岗位职责,认真查摆自身在工作作风及制约效能建设发展等方面存在的突出问题,针对查摆出的问题,认真剖析,查找根源,明确整改期限并落实整改措施。(二)狠抓工作作风建设。县教育局制定了《保亭县义务教育学校绩效工资实施方案》和《保亭县教职工绩效考评实施意见》,继续加强和完善校长、教职工的考核评价机制,使考核逐步走上制度化、规范化、正常化;进一步完善《保亭县教育局各项工作管理规定》,并出台了《保亭县教育局局务工作管理规定》和《保亭县中小学、幼儿园教师日常行为十条禁令》等一系列规章制度。通过持续开展作风建设工作,全县教育部门的管理工作进一步制度化、规范化、科学化,机关干部和中小学教职工的工作作风不断改进。

**【教育信访】** 不断加强党风廉政建设和信访纪检工作力度。利用校务公开阳光办学,加强对学校的行政和财务的监管力度,完善监管机制,坚决杜绝教育乱收费,规范中小学办学行为。2010年,受理来信、来访和电话举报案件13宗,办结13宗。治理教育乱收费问题3个,查处3个,整改返还款项1.74万元。

**【社会考试】** 2010年全县共有940人报名参加普通高校招生考试,其中,文科455人,理科452人,艺术(文)9人,体育(理)19人,对口招生5人。录取784人,占报考总人数83.7%,其中本科提前批3人,本科第一批11人,本科第二批96人,本科第三批53人,专科提前批2人,专科高职批619人;全县初中毕业生2473人,参加中考学生

2140人,全县平均报考率86.5%。普通高中计划招生849人,实际录取新生760人(含补录生),省重点中学录取29人,中师录取11人。

## 基础教育

**【义务教育概况】** 2010年,全县在园幼儿4806人(含学前班幼儿2161人),小学在校生1.16万人,比上学年减少940人;初中在校生6765人,比上学年减少964人;高中在校生2374人,比上学年减少254人;中等职业技术学校在校生182人,比上学年减少372人。全县适龄儿童(6-11周岁)总数9718人,已入学9718人,适龄儿童入学率100%,同比增长1%;适龄少年(12-14周岁)总人数5715人,适龄少年在校学生人数5657人,适龄少年入学率99%,同比增长0.1%。

**【"两免一补"政策实施】** 2010年,保亭县认真落实农村义务教育阶段教育经费保障改革机制,保证中小学正常运转经费,确保家庭经济困难学生上得起学。全年全县落实农村义务教育保障机制改革补助资金1464.68万元,其中公用经济资金835万元(中央资金518万元,省资金317万元),免费教科书215.88万元(中央资金191.2万元,地方资金24.68万元),免费作业本46.6万元,家庭经济困难寄宿生生活费补助资金293.7万元(中央资金76.7万元,省资金117万元,县资金100万元),资助家庭经济困难寄宿学生3460人;民族班民族寄宿生生活费补助资金58万元(省资金28万元,县资金30万元),资助民族班民族寄宿生540人;教育(扶贫)移民学生交通费补助15.5万元(省资金10.5万元,县资金5万元),资助移民学生938人。

**【基础教育课程改革】** 认真做好新课程培训工作。邀请省内外著名专家学者来县里传经送宝;组织保亭中学高中部教师参加新课程远修班培训,组织骨干教师参加海南省地方课程培训;在全县组织较大规模的新课程培训和学科培训,累计受训教师达1450多人次。

**【中小学布局调整】** 根据义务教育区域均衡发展的需要,为进一步优化全县中小学校布局,合理配置教育资源,全面提高教育教学质量,不断促进县教育事业均衡、持续、健康发展,结合当前教育资源分布的情况,县制定了《保亭县中小学校布局调整实施方案》,以"中学向县城区域整合,小学向乡镇原中学校址整合,原有的乡镇中心学校校址改办乡镇中心幼儿园"为目标,拟从2010年秋季至2012年春季,分4个阶段完成县中小学校布局调整实施工作。2010年已经完成第一阶段的工作,即保亭县中等职业技术学校与三亚技工学校联合办学,县中等职业技术学校182名新生到三亚市技工学校就读。

**【中小学危房改造】** 2010年,全县中小学危房改造共投入资金1710.53万元,建设项目26个,建设校舍面积1.44万平方米,其中重建校舍面积1.05万平方米,维修加固校舍3883平方米。已竣工交付使用的项目有24个,建筑面积9066平方米。在建项目2个,建筑面积5312平方米,计划在2011年底全部建成投入使用。

**【中小学教研】** 2010年,中小学教研主要做了以下六个方面的工作:(一)抓好课程改革。组织教师参加各种层次的"新课标、新教材"培训,让教师掌握新的教学理念、方式和方法,用好新教材。(二)开展教研活动。通过开展形式多样、内容丰富的教研活动,如开展骨干教师与省"教坛新秀"课堂教学展示活动、组织教师参加中南、华北、西南九省区第五届小学数学优质观摩交流活动、召开中考、高考备考研讨会等,有效地历练教师教学智慧,提升了教学水平。(三)抓好教学常规。全年共组织了4次教学常规检查活动,有效地促进了学校教育教学质量提高。(四)抓好片区联动。积极探索以课题研究促进校本研训、提高校本研训时效性的教学教研模式,采取联片定点的形式,将全县小学校划分为4个片区,开展案例观课、议课、与学科调教评优活动,提高教师的专业素质。鼓励教师进行多种形式教学实验，积极推广运用并自主开发优秀的教学课件，积极开展调教活动，提高广大教师的课堂教学能力。(五)抓好一线指导。充分发挥教研室教研导向作用，多次组织教研员下乡镇，深入课堂进行听课、评课，指导教师开展教研活动，与一线教师互动，真正将教研、教改、师训有机结合起来，不断提升教师的理论水平和业务能力，促进了教师的专业发展。年内小学教研员深入偏远乡村小学10间，共听课、点评、指导66节，其中个别谈心式点评32节，群体点评4节。(六)抓好技能竞赛。举办全县小学语文教师素养大赛、全县中学语文十佳及教学能手大赛、全县中小学(含县幼儿园)教育教学论文评选活动、教师节全县教师书画比赛、全县中小学教师限时撰写教学设计评比活动等一系列比赛和活动，通过“比、评、选”等方式，不断提升教师能力和素质。

**【中小学德育】** 全面加强未成年人思想道德教育，进一步建立健全德育评价和激励制度，构建符合学校时代特点的校风、学风和校园文化，营造良好的育人氛围，形成以校长为首，党、团、工、青、妇干部配合，班主任、学生干部、校外辅导员密切协作的网络化德育工作队伍。主要开展了以下五个方面的工作：(一)开展主题活动。继续开展第七个“弘扬和培育民族精神月”活动，制订下发了《保亭县开展第七个弘扬和培育民族精神月活动方案》，各校积极响应并深入开展了一系列活动：利用教育部门户网站提供的《五星红旗》、《走进新中国》、《形势教育大课堂》等专题片，通过开学典礼、主题讲座、社会实践等多种形式开展爱国主义教育，不断增强学生的社会主义理想信念和对伟大祖国的深厚情感。同时，寄宿制学校还组织住校生观看了教育部与中央电视台联合开展的《开学第一课——我的梦·中国梦》节目，观看人数近5700人；各校以班级为单位，召开以纪念抗日战争胜利65周年、玉树抗震救灾、抗洪抢险等为主题的团(队)会1400多场次；组织学生收看爱国主义教育录像或以抗日战争为题材的爱国主义教育影片5万多人次。(二)开展读书教育。深入开展读书教育活动，如：开展椰树杯“我崇敬的科学家”读书征文比赛活动，参加活动学生达8900多人，共推荐50篇优秀征文到省关工委参评，其中小学15篇、初中20篇、高中15篇；认真组织全县中小学生阅读《历史的选择》读本，通过写读后感、演讲、书画比赛等方式，切实抓好该项读书教育活动。(三)开展爱国教育。组织全县中小学举办纪念抗日战争胜利65周年活动。要求各校结合实际，举行演讲比赛、歌咏比赛，开展观看一部抗战题材电影、写一篇纪念抗战胜利65周年作文等爱国主义主题教育活动，共评选出39篇优秀作文报送省教育厅参评。(四)开展法制教育。坚持开展“法制进校园”教育宣传活动。密切配合以县关工委牵头，县公安局、县司法局积极参与的“法制进校园”活动，邀请县老干部、相关部门的业务干部到全县15所中学进行法制讲座。讲座以“大力宣传未成年人保护法”为主题，共举办15场，听讲座学生达9200多人。在开展教育宣传活动期间，发放法制宣传册700多份，巡回悬挂交通安全知识挂图300多张次。“法制进校园”教育宣传活动使广大学生学法、知法、守法，进一步树立了法制观念，增强了法律意识。(五)开展养成教育。认真开展礼仪教育和日常行为规范教育，认真落实《国务院关于基础教育改革与发展的决定》精神，以中共中央、国务院《关于进一步加强和改进未成年人思想道德建设的若干意见》精神为指针，全面贯彻《中小学德育工作规程》、《中小学生守则》和《中小学生日常行为规范》，切实加强中小学生的思想道德建设，狠抓中小学生的礼仪常规教育和养成教育，着力培养中小学生现代公民意识。还在全县中小学开展了“建设国际旅游岛、向不文明行为宣战”主题教育活动，使广大师生成为“建设国际旅游岛，向不文明行为宣战”的先行者和宣传队。

**【幼儿教育】** 全县有幼儿园15所，其中私立幼儿园14所，幼儿人数4806人(含学前班幼儿2161人)。2010年，各园不断加强师资队伍建设，提升教师内涵。对教师加强理论学习，转变教育观念；开展教研活动，提高教师业务水平；注重课题研究,保证课题研究实效;坚持教育反思,组织撰写教育随笔,加快教师的成长。加强对幼儿常规教育管理,培养幼儿良好的行为和卫生习惯。各园还开展了形式多样的有益活动,包括“我爱祖国”歌咏比赛、亲子活动、“六一”游园活动等,让幼儿在快乐中学习、成长。重视安全卫生工作,园长与相关部门签订《安全目标责任书》,并组织教职工学习安全知识,强化安全意识。加强对后勤工作的管理,做好幼儿园食堂、食品安全卫生工作。

**【普通高中教育】** 全县有保亭中学、新星中学和南茂中学共3所完全中学,共有高中教学班48个、学生2374人、高中专任教师157人。始终坚持“两基”重中之重地位不动摇,不断深化改革,保亭的教育事业进入了一个新的发展时期,特别是高中阶段教育得到持续快速发展,高中规模不断扩大,招生数和在校生人数大幅度增加。2010年全县高中招生742人,高中阶段毛入学率达到73.6%。全县报名参加全国普通高校招生考试共940人,被录取784人,高考升学率83.7%。

**【民族教育】** 2010年,全县民族寄宿班,小学有6个班,在校生240人,均在保亭思源实验学校小学部(保亭小学)就读。初中6个班,校生300人,均在保亭中学就读。高中民族寄宿班,现有3个班,在校生150人,均在保亭中学就读。

**【青少年校外活动场所建设】** 教育部门积极推进校外教育发展,充分利用资源开辟校外教育新阵地,坚持公益活动与特长培训相结合,坚持将学校教育与校外教育相结合,通过学校组织学生到校外活动场所活动的方式丰富了教育内容,促进了青少年学生的全面发展。2010年,全县有保亭县青少年活动中心1所,面积2388平方米,设活动室17间、保亭县革命英烈陈列室1间。青少年活动中心积极开展爱国主义教育、革命传统教育、科技宣传普及、文艺、体育和特长培训活动,举办了“革命英烈陈列室参观”、“航海模型操作”、“机器人的认识”、“乒乓球挑战赛”、“象棋对抗赛”、“中小学生才艺展示”、“国际旅游岛小主人形象大赛”等主题活动,开设钢琴、古筝、书画、乒乓球、舞蹈等培训项目,深受青少年学生的喜爱,全年开展各类活动达1215次,参加各种课外活动的青少年累计近3万人次。

## 职业教育

**【中等职业学校招生】** 2010年,全县初中毕业生2473人,参加中招考试2140人,899名初中毕业生就读中等职业学校,占当年初中毕业生总人数的36.35%,其中,到与县中等职业技术学校联合办学的三亚市技工学校就读的学生182人,到其他中等职业学校就读的717人。

**【中职学校毕业生就业】** 保亭县中等职业技术学校与三亚技工学校、省农业学校、省机电工程学校、海口旅游职业学校、省华侨商业学校和省第三卫生学校开展联合办学,实行“三段式”办学模式。2010年,从联办学校毕业就业的学生共480人,其中,旅游专业114人,就业率99.13%;计算机与植保专业210人,就业率97.2%;机电专业116人,就业率95.3%;电子商务专业40人,就业率100%。

## 成人教育

**【成人高校招生】** 2010年,保亭全县成人高考报名总人数223人,其中,高中起点升专科84人,高中起点升本科10人,专科起点升本科129人。被录取129人,录取率57.8%,其中,高中起点升专科44人,录取率52.4%,高中起点升本科5人,录取率50%,专科起点升本科80人,录取率62%。

**【自学考试】** 自学考试由考生自主在网上报名参加考试。2010年全县自考新生9人,毕业生3人。

## 民办教育

**【民办教育概况】** 全县有民办学校1所,为九年一贯制学校,在校初中生218人,小学403人,初中教师18人,小学教师27人;经县教育部门审批备案的民办幼儿园有14所,在园幼儿3009人(含学前班),幼儿教师186人。

**【民办中小学管理】** 全县民办学校和幼儿园全部列入公办学校管理范畴,由教育部门监管,并指导开展各项教育教学工作。县重视对民办教育的管理,每年对民办中小学、幼儿园进行年检,对条件不达标的学校要求其整改。

## 师资管理

**【师资学历及结构】** 全县有专任教师2044人。幼儿园专任教师34人,其中,本科学历2.94%、专科44.12%、中师52.94%,学历达标比例为100%;小学专任教师1257人,其中,本科学历3.34%、专科63.40%、中师32.54%、高中0.56%,高中以下0.16%,学历达标比例为99.30%;初中专任教师554人,其中,研究生学历0.36%、本科46.21%、专科51.26%、中师1.99%、高中0.18%,学历达标比例为97.83%;高中专任教师157人,其中,研究生学历0.64%、本科82.17%、专科16.56%、中师0.64%,学历达标比例为82.80%;中等职业技术学校专任教师42人,其中,本科学历80.95%、专科19.05%,学历达标比例为80.95%。全县专任教师中,女教师的占比为48.29%。

**【教师特设岗位计划】** 自2006年开始,根据省教育厅文件,保亭开始招聘农村义务教育阶段学校教师特设岗位,2010年录用特岗教师9人,累计招录93人。

**【教师队伍建设】** 主要从加大教师培训力度、优化队伍结构和加强师德师风建设三个方面来抓:(一)加强培训,提升教师专业成长。通过有效整合培训资源,扎实推进中小学教师继续教育培训工作,努力构建"理念创新,形式灵活,结构多元,效果实用"的培训格局,形成了"全员参与,突出骨干,倾斜农村"的师训工作新模式,效果明显。主要开展了以下5个方面的培训工作:1. 开展送教下乡活动。安排县城学校各学科骨干教师到农村中、小学任教,利用课堂教学平台为基层教师展示优质课和示范课教学,2010年组织中小学各学科骨干教师19人送教下乡,为乡镇学校上示范课19节,参加观课和参与研讨互动的教师累计达963人次。2. 开展网络教研。充分利用"农远"资源开展网络教研,全县14所中学均充分利用网络平台开展了网络教研,取得了良好效果。积极组织发动全县中小学教师参加"国培计划",有1180位教师参加了此项全国性的远程培训。同时积极探索县级骨干教师培训的有效模式,利用全国中小学教师继续教育网开展中小学骨干教师远程培训,在全县新一轮(2009—2010年度)中小学县级骨干教师培训中,共有105名教师参与培训并顺利结业;高中教师全员参加了七月份的暑期远程培训,共有34名教师分获"优秀指导教师""优秀班主任""明星学员""优秀学员"等称号。广大教师通过参与各级远程网络教研培训学习,拓宽了视野,提升了教学智慧,提高了教育教学水平。3. 组织外出培训。先后组织校长、骨干教师、班主任和科任教师外出参加各类培训,参培人员124人,其中中学学科备课技能培训7人,中学教材培训27人,中学实践课、心理健康教育培训4人,小学学科培训11人,幼儿园教师脱产培训3人,校长任职资格培训3人,校长素质提高培训7人,少数民族教师英语、普通话培训10人,中小学骨干教师培训31人,中小学网络技术与管理培训2人,中小学教师脱产提高培训16人,挂职跟班学习3人。通过外出培训,有效地提高了师资队伍的综合素质和业务水平;举办了一期校长"领导力"论坛,进一步提升了校长的领导力和学校管理水平。4. 强化技能培训。举办了中小学教师学分登记培训班、小学教师继续教育

(教育理论课程、小学语文学科、小学数学学科)培训者培训班、初中各学科研修活动、高中远程研修班等一系列的技能培训,参培教师达479人。积极组织教师撰写教学论文,开展优秀论文评选活动,共征集到论文345篇,评出中学组一等奖15篇,小学组一等奖12篇。5. 选派骨干教师参加省级教学评比活动,卓菲菲、黄程献老师分别荣获省第三届农村中小学现代远程教育资源应用说课比赛(英语科)一等奖和省青年教师优质课评比(数学科)一等奖;黄程献老师代表省参加全国说课比赛并荣获一等奖;张楠楠老师获得全省高中数学课堂教学评比二等奖;陈勋老师获得全省思品调教三等奖;黄茹金老师获得全省中小学音乐课堂教学评比三等奖。六弓中心小学杨丽珍,县思源实验学校小学部何道福、林燕等10位教师被评为"海南省首届教坛新秀"。(二)充实力量,优化教师队伍结构。2010年共录用了9名特岗教师充实到农村中学队伍。公开招聘保亭思源实验学校学科带头人1名。使县教师队伍结构不断优化。认真做好特岗教师期满入编工作和2009年招聘教师转正定级工作,由县教育局和人社局对相关教师进行了严格的期满考核工作,办理了12名特岗教师的录用入编手续,同时为38名教师(2002年前毕业且未分配的大中专毕业统分生)办理转正定级手续。(三)创先争优,促进师德师风形成。紧密联系创先争优活动实践,开展师德集中教育活动。以开展"中小学教育质量推进年"活动为切入点,在教育系统中广泛开展"潜心学习、用心干事、真心执教、齐心奋斗、公心奉廉"的五心教育活动,要求每位教师认真对照自我,寻找差距,强化纪律意识,规范教学行为,进一步加强了教师队伍的作风建设。同时,强化榜样引领作用,2010年教师节,县委、县政府表彰了享受县政府特殊津贴教师、十佳校长、十佳班主任、先进教育工作者、优秀教师和优秀班主任共100名;在2010年的中高考备考会上,县教育局表彰了7所中学和45名高中教师。为全县广大教育工作者树立了榜样,激发了广大教师的教学工作热情。

**【教师培训】** 认真贯彻落实《海南省中小学教师继续教育实施意见》。县政府安排预算150万元用于2010年教师培训。县教育局制定了《中小学教师继续教育制度》、《中小学教师基本功训练方案》、《中小学教师学科教学技能训练与考核活动计划》、《中小学教师岗位培训方案》、《中小学教师岗位培训工作制度》等一系列教师培训计划、方案和制度。在省有关培训机构的指导下,以县教育研训中心作为教师培训基地,按计划、分步骤,采取多渠道、多形式、多层次的办法,先后开展了学科基本功、培训者、新课程、骨干教师、信息技术、新一轮岗位、班主任、农村完小校长、农远工程、"国培计划"等一系列教师培训,各项培训考核合格率均达98%以上。

**【教师职称评审与资格认定】** 在教师职务评聘方面,每年都能按照省教育厅职改办的有关文件精神,及时进行申报评聘,并能及时兑现教师的职务工资。在评聘过程中,在县人力资源和社会保障局职改办的领导下,由县纪检监察部门派人监督,做到公平、公正,符合条件的一个不漏,不符合条件者一个不评。2010年教师职称评定副高级7人,中级54人,初级105人。在农村义务教育"以县为主"的管理体制下,保亭县教育行政主管部门承担着全县初级中学和小学及幼儿园教师资格的认定。2010年教师资格认定48人,主要是符合教师资格认定条件的社会人员。

**附:2010学年度享受县政府特殊津贴教师、十佳校长、十佳班主任、先进教育工作者、优秀教师、优秀班主任以及捐资助学单位名单**

**一、享受县政府特殊津贴教师(30名)**

| | |
|---|---|
| 黄　杰 | 保亭县保亭中学 |
| 陈彩元(女) | 保亭县第二小学 |
| 黄争志 | 保亭县保亭中学 |
| 黄燕暖(女) | 保亭县保城什罗小学 |
| 黄进辉 | 保亭思源实验学校初中部 |
| 石月珍(女) | 保亭县保城什那小学 |
| 李洁珉(女) | 保亭县中等职业技术学校 |

陈日壮　保亭县保城昌盛学校
赵　杰　保亭县新星中学
谯照莲(女)　保亭县新星慈航小学
李丽婷(女)　保亭县保城中心学校
吉少梅(女)　保亭县南林中心学校
蓝海华(女)　保亭县南茂中学
黄菊英(女)　保亭县加茂中心学校
蔡国华(女)　保亭县南茂中学
曾超凤(女)　保亭县加茂半弓小学
周承川　保亭县六弓中学
陈海清(女)　保亭县南茂中心小学
张爱莲(女)　保亭县响水中学
梅　娟(女)　保亭县响水合口小学
罗　勇　保亭县新政中学
向　青(女)　保亭县响水金江学校
黄　云　保亭县三道中学
黄碧灵(女)　保亭县毛感中心学校
葛月萍(女)　保亭县三道新民学校
黄　英(女)　保亭县三道昌园小学
谭玉珍(女)　保亭思源实验学校小学部
傅　志　保亭县响水什龙小学
王秀琼(女)　保亭思源实验学校小学部
林明启　保亭县南林罗葵小学

**二、十佳校长(10 名)**

胡亚洪　保亭县什玲学校
连保刚　保亭县响水瑞华学校
林明发　保亭县新政中学
胡茂珍　保亭县新政中心学校
李新薇　保亭思源实验学校小学部
陈明清　保亭县新政石让小学
胡凤君　保亭县什玲南岛小学
林文丛　保亭县加茂中心学校
曹树洪　保亭县南茂中心学校
邹玉堂　保亭县新政奋发小学

**三、十佳班主任(10 名)**

邢春霞(女)　保亭县保亭中学
罗荣熙　保亭县毛岸中业希望小学
彭增权　保亭县南茂中学
刘小嫚(女)　保亭县新政中学
卢　伟　保亭县六弓中学
许绍华(女)　保亭县新星慈航小学
尹克凤(女)　保亭县南茂中心小学
高海燕(女)　保亭县三道长生希望小学
王　彬(女)　保亭县毛感中心学校
王　梅(女)　保亭县三道新民学校

**四、先进教育工作者(10 名)**

苏伟辉　保亭县新星慈航小学
陈瑞标　保亭县第二小学
陈昭旭　保亭县中等职业技术学校
黄亚文　保亭县保城什那小学
刘　川　保亭思源实验学校初中部
黄公远　保亭县六弓中心学校
余海生　保亭县响水金江学校
胡志远　保亭县三道中心学校
黄海坚　保亭县响水中学
石友昌　保亭县毛感中心学校

**五、优秀教师(30 名)**

邱立荣　保亭县新星中学
王华英(女)　保亭县保亭中学
邓元忠　保亭县什玲中学
黄程献(女)　保亭思源实验学校初中部
林文光　保亭县响水中学
钟健颖(女)　保亭县新政中学
王　娜(女)　保亭县响水瑞华学校
陈　勋　保亭县三道中学
林　琅(女)　保亭县新星慈航小学
董　珍(女)　保亭思源实验学校小学部
黄育才　保亭县毛岸中业希望小学
张月莉(女)　保亭县第二小学
黄英群(女)　保亭县新政中心学校
胡莲花(女)　保亭县新星慈航小学
黄云颜(女)　保亭县三道长生希望小学
黄照勤　保亭县什玲中心学校
符灵明　保亭县南茂中学
王金花(女)　保亭县加茂南盛小学
黄英荣(女)　保亭县加茂中心学校
赖彩梅(女)　保亭县六弓中心学校
杨柳清(女)　保亭县三道新民学校
吴世波　保亭县响水什月小学
卓仕国　保亭县八村学校

陆　新　　　保亭县响水金江学校
吕　鑫　　　保亭县什玲中学
许丽颜(女)　保亭县新政福和小学
高进锋　　　保亭县毛岸学校
黄如驹　　　保亭县三道中心学校
曹华平　　　保亭县保亭中学
石云云(女)　保亭县幼儿园

**六、优秀班主任(10名)**

王月萍(女)　保亭县六弓田圮小学
高秀芳(女)　保亭县南茂长征小学
赵克念　　　保亭县保亭中学
林　萍(女)　保亭县新政毛文小学
黄开清　　　保亭思源实验学校小学部
黄秋芳(女)　保亭县新政七仙一小
谭秀丽(女)　保亭县保城什聘小学
范金陵(女)　保亭县响水瑞华学校
周晓红(女)　保亭县新星慈航小学
王晓菁(女)　保亭县幼儿园

**七、捐资助学先进单位:**

北京亚通房地产开发有限责任公司
深圳巨涛机械设备有限公司

(黄皓、李程、陈澍、何柳曼、易秋平、张达吉、全胜雄、陈昭旭、胡硕锦、符史文、黄虎帅、梁定信、谢顺贞等 供稿)

## 学校选介

**【保亭中学】** 保亭中学现有校园面积108亩,建筑面积2.97万平方米,教学楼3幢,科学馆1座,内设有物理、化学、生物实验室等。育才楼1幢,内设学校各处室办公室、阅览室、电子备课间、电脑室、图书馆等,图书馆藏书4.63万册,其中书籍3.8万本,杂志(期刊)8304册。400米标准塑胶跑道的运动场一个,羽毛球场一个,排球场一个,篮球场五个,体育器材一批。5幢学生公寓宿舍楼,其中3幢学生公寓楼由中海油公司投建。学校有52个教学班,其中初中18个教学班,高中34个教学班。在校学生2949人,其中高中部1766人,初中部1183人,少数民族学生1694人。住校生1761人,其中初中部490人(女生314人),高中部1271人(女生807人)。教职工227人,专任教师190人,初中部63人,高中部127人。中学高级教师32人,中学一级教师61人,省级骨干教师6人,县级骨干14人。学校严格遵循教育规律,全面贯彻国家的教育方针,以"以人为本,为每一位学生的终身发展奠定坚实的基础"为办学理念;以"学会做人,勤学求知,崇尚科学,追求卓越"为校训;以"笃学、修行、求实、创新"为校风;以"敬业、严教、细导、发展"为教风;以"尊师、守纪、勤勉、奋进"为学风;以"全面发展、全体发展、主动发展"为办学思路;以"以法治校、以研兴校、以质强校"为管理理念;以"爱国、爱校、自爱"为教育理念;以"一切为了学生、为了一切学生、为了学生一切"为素质教育理念;以"全员育人、全程育人、全方位育人"为德育模式;以"质疑、探究、评价、创新"为教学模式;以"绿色、人文、科技、卓育英才、发展个性"为校园文化主题词;提出了"向管理要质量,靠教研上台阶"的指导方针,以教学质量为中心,全面推进素质教育。学校荣获多项荣誉称号,教育教研成绩喜人;先后有黄玲、林群等同学考入清华大学、中国人民大学、上海交大等国家一流重点大学。2010年,保亭中学被评为海南省科技教育示范学校、中国海南七仙嬉水节活动先进单位、县总工会"先进集体";获海南省第十七届中学生篮球锦标赛优秀组织奖、海南省中小学生第三套广播体操比赛二等奖、县中小学生广播体操比赛第一名、海南省"我崇敬的科学家"征文优秀组织奖。

(保亭中学 供稿)

**【海南保亭思源实验学校】** 是2009年建成的九年一贯制义务教育公办寄宿制学校。现有小学部和初中部两个校区,校园占地面积为7.12万平方米,校舍建筑面积约为3.17万平方米。学校共有教职工273人(专任教师207人,职工53人,其中有面向全国公开招聘录用的校长1人、学科带头人4人,特岗教师25人,省学科带头人5人,省县级骨干教师48人。现有在校生3331人,70个教学班。

小学部　前身是保亭小学，学校占地面积为2.79万平方米，校舍总建筑面积为2.01万平方米。目前学生总人数为2212人，其中民族寄宿班学生人数为307人，共设42个教学班级。教职工总人数为146人，其中教师109人，工勤人员21人，医护人员2人。教师学历合格率达100%。教师获中级专业技术资格的有89人，获初级专业技术资格的有22人。学生参加"青少年科技创新大赛"、"计算机表演大赛(海南赛区)"等活动获得省级、县级奖励的有86人次。在各级各类的课堂教学、教学论文、教学设计、说课、课件制作、课题研究等评比活动中，教师获得国家级、省级、县级奖励的共有200人次。在每学期末全县统考以及小学毕业测试中，学校成绩均名列前茅。2010年12月，县中小学生广播体操比赛中荣获"小学组一等奖"。

中学部　中学部是在原保亭二中的基础上撤并整合原南林中学、毛感中学、毛岸中学、八村中学而建成的。学校占地面积4.33万平方米，建筑面积1.47万平方米，中学部教职工共127人，其中专任教师97人，在校学生1119人，28个教学班。教师学历合格率达100%。教师获中级专业技术资格的有89人，获初级专业技术资格的有22人；学科带头人3名，省县级骨干13名。学校坚持以党的教育方针为指导，全面贯彻党的教育方针，全面推进素质教育，依法治校、质量兴校、科研强校、安全稳校。各项事业得到了长足的发展。在教学、科研、实验、图书、艺术、体育、学生住宿等方面的硬件设施基本上达到了示范性普通中学标准。

学校发展健康和谐，取得了优异的成绩。2010年黄程献老师代表海南省参加"'卡西欧杯'第七届全国初中青年数学教师优秀课观摩与评比活动"大赛，荣获国家级一等奖；黄程献、卓菲菲、林燕、何道福老师被评为海南省首届教坛新秀；黄程献、冯小妹老师参加海南省课堂教学竞赛活动获海南省首届教学能手称号等。2010年海南农村中小学英语口语竞赛二等奖；2010年海南省第三届农村中小学现代远程教育资源说课获一等奖；学校已有国家级、省级立项课题各一项。教师共获国家级奖9人次，省级奖62人次，学生在各项竞赛中共获国家级奖4人次，省级奖36人次。学校以"办好示范，争创名校"为办学目标，本着以"以人为本，修德启智，和谐育人"的办学理念和"饮水思源，团结勤奋，求实创新"的校训，厚德务实博学笃行。坚持以学生为本，因生施教，因材施教，以"让每一位学生成长、成才、成功"为办学宗旨，为偏远山区的孩子的发展提供更多的选择，更多的机会，更广阔的空间。

(黄小捷 供稿)

# 文化

## 文学

【文学创作】 县文化广电出版体育局和县文化艺术联合会联合出版发行地方文艺综合刊物——《七仙岭文艺》。2010年共出版二期，该刊开辟有仙岭风情、仙苑逸笔、仙泉声韵、仙乡故事、仙境漫步、仙园春苗、仙峰雄鹰、仙亭芳名、仙台放歌等9个栏目。全年共发表散文53篇，短篇小说8篇，诗歌40篇，民间故事6篇，歌曲(歌词)4首，摄影作品14幅。2010年3月，保亭县文化馆举办一期业余文学作者培训班，参加培训的业余作者38人，时间5天，其中2天为深入黎村苗寨体验生活，最后进行总结，学员上交作品75篇。所有作品主要供《七仙岭文艺》入选发表。7月，县文体局编辑出版发行《蛙文化之乡》一书。该书内含散文5篇，摄影图片22幅，诗歌词赋7首(篇)，黎族民间故事6篇，全书共2万字，内容主要是解说七仙岭地区黎族人民对青蛙的喜爱之习俗，从《黎锦织有蛙纹》、《铜锣铸有青蛙的形象》、《黎族文身有蛙纹》、《黎族制陶有蛙形》、《独木鼓绘有蛙图》、《黎族有祭蛙的习俗》等几个方面以及黎族民间故事一系列对青蛙的神化，说明七仙岭地区黎族人民对青蛙的喜爱，赞颂青蛙对人类有亲谊的关系。

【获奖作品】 2010年2月，保亭县文体局编辑、县文化馆副馆长王平(黎族，署名白帆)所撰写的论文《保亭地区黎族民间舞蹈》，经海南省文体厅推荐、国家民间文化部专家评审，荣获国家文化部"中国民间文化艺术之乡"优秀论文奖。同年6月，该论文入选由国家文化部出版发行的《中国民间文化艺术之乡全集》之《中国民间文化艺术之乡建设与发展初探》一书。

(县文化广电出版体育局 供稿)

## 艺术

【城市雕塑】 《旺蛙》雕塑位于七仙广场东南、面向东西七仙两河的交汇处，通体为1500吨花岗岩石雕，高8米、长7米，宽5米，由一只巨大的青蛙和8只小蛙组成。它综合了保亭县民俗、文化、民族、历史等多元素，是为保亭量身打造的地方标志性雕塑，成为目前世界范围内最大的蟾蜍造型雕塑。该巨型雕塑由中国艺术研究院著名书画大师武微波、雕塑设计大师李强完成设计雕刻工作，于2010年8月16日落成典礼。《甘工鸟》雕塑位于县城西环路正西侧甘工鸟公园山顶。它以海南岛保亭地区著名黎族民间故事《甘工鸟的传说》和保亭特产红毛丹、荔枝为设计源泉和蓝本，采用现代雕塑理念和工艺，是为海南保亭县量身定制的城市雕塑，具有传承文化，沟通未来的深远意义。雕塑以现代的装饰构成手法和传统的黎锦为创作元素，雕塑整体为不锈钢喷漆材质，全体通红，高19米。大量参考黎族人民关于甘工鸟的黎锦图案，以及丝织刺绣图像，形象古韵十足，线条错落有致，疏密得当。在甘工鸟的翅翼设计上，突出了编制感觉，与古老民间传说中关于甘工鸟双翅银编的吻合度极高。雕塑的跳动感强，整体写意，局部传神。为突出红毛丹在保亭绿色旅游品牌建立上的特殊作用，将红毛丹置于雕塑的最突出和醒目位置，视觉冲击力强，表达了对保亭经济美好前景的无限希望。该雕塑于2010年1月开始浇铸地面基座(长度15

米，宽度8米，高度6米），6月开始上吊钢梁编焊造型，12月底全部完成塑像定形工作。

**【摄影】** 2010年9月，县文化馆协助海南省群众艺术馆在保亭举办一期“全省各市县文化馆、艺术馆摄影骨干培训创作活动”。时间6天，参加培训创作人员79人。培训创作目的主要是为2011年“中国海南七仙温泉嬉水节”期间的以七仙岭风光为主题的“全国摄影创作大赛”做准备。保亭县有10名摄影创作人员和业余摄影作者参加了培训创作活动。

**【舞蹈】** 2010年初至5月，县民族歌舞团集体创作排练黎苗歌舞《欢乐保亭》、黎族舞蹈《红毛丹熟了》、黎族舞蹈《插秧女》、男声小组唱《亲家谣》等16个节目，传承和弘扬了黎苗族优秀传统文化。

**【文艺活动】** 2010年6月，保亭县文体局组织“七仙女形象小姐选拔大赛”。从本岛海口开始，分别在北京、重庆、内蒙古、西安、台湾台北等设立分赛区，吸引了全国1250名佳丽参加竞选。同时县民族歌舞团随同进行黎苗族歌舞演出和黎苗族服饰展演。最后回到本省海口市人民大会堂圆满完成决赛，进一步提升了保亭的知名度。8月，成功举办全县农民文艺汇演，在新政镇片区5个乡镇和加茂片区4个乡镇两个片区进行初赛，通过两个片区比赛评选出了12个获奖节目，于嬉水节期间在县城七仙广场汇报演出。观看演出观众达1.6万多人次，富有民族特色的文艺表演深受人民群众欢迎。10月8日，县文化馆组织3个老年人广场舞队，参加2010年全省中老年人广场健身操（舞）大赛。荣获一等奖1个，三等奖1个，集体奖分别获得：最佳组织单位奖、最具潜力奖和活力模范奖。

**【艺术创作表演获奖情况】** 2010年4月，县文体局组织民族歌舞团赴海口，参加海南省第十届东西南北中广场文艺汇演，获得优异成绩：黎苗歌舞《欢乐保亭》获一等奖；黎苗歌舞《红毛丹熟了》获二等奖；男声小组表演唱《亲家谣》获三等奖。还有两个舞蹈节目分别获得创作奖。2010年12月，县民族歌舞团参加海南省第三届少数民族文艺汇演亦获优异成绩：黎族舞蹈《插秧女》荣获一等奖；小组表演唱《心情》荣获一等奖；黎苗族歌舞《织女情怀》获得三等奖；歌舞团团长兼编导黄秀霞获舞蹈编导二等奖。

（县文化广电出版体育局 供稿）

## 广播·电视

**【简况】** 2010年保亭县广播电视工作以党的十七大精神为指导，按照“贴近实际、贴近群众、贴近生活”的要求，精心策划，宣传全县改革开放和建设。广播电视台干部职工思想作风、学风、工作作风进一步改善，以新的精神面貌工作，为推动全县的经济发展、构建和谐社会，提供了有力的舆论支持和良好的文化氛围。

**【广播电视事业规划和建设】** 在巩固好去年工作成果的基础上，县广播电视台紧紧围绕全年工作思路，坚持正确导向，努力提高节目质量，依靠科技进步，加快事业建设步伐，进一步提高队伍的政治素质和业务水平，深化广播电视各项改革，促进了县广播电视事业的健康发展。（一）突出重点，统筹规划。结合学习贯彻党的十七届四中全会精神，按照2010年县委、县政府的中心工作，不断加强和改进宣传思想工作，着力宣传好重大项目建设和农村工作的推进举措。（二）创新形式，提高质量。按照“贴近实际、贴近生活、贴近群众”的要求，强化精品意识，重点办好《保亭新闻》，加强节目内容创新，增加信息量，增强吸引力，感染力，突出针对性，强化时效性，继续改进会议和时政新闻报道方式，进一步完善新闻报道快速反应机制，加强对社会热点问题的引导，开展积极的舆论监督，以更开阔的视野和新颖的形式，做好做活做深新闻宣传工作。（三）强化互动,形成合力。主动加强与省台、三亚台及省内各大媒体的联系,提供新闻线索和报道素材;完善与县委、县政府职能部门的联系范围,强化掌握动态,把握正确导向,扩大传播范围,强化宣传效果;积极组织策划有影响的深度报道,不断拓展新闻宣传新渠道、新阵地、树立广播电视传媒的新形象。(四)加强内部督查力度,确保全年工作顺利完成。全台实行工作目标层层管理责任制,由台考核到各部室,各部室分解量化考核到个人,奖罚分明。抓好廉政建设,继续完善经济管理、财务制度,提高行业服务质量。(五)坚持各类播出节目的严格审查,确保电视节目内容健康向上。(六)加强对管理干部和专业人才的培训,提高队伍整体素质。加大自办节目的投入,不断提高保亭新闻专用频道节目质量,办好以"保亭新闻"为主的自办节目。(七)紧紧围绕县委、县政府的中心任务,全方位地做好舆论宣传工作,特别是做好"中国海南七仙温泉嬉水节"等重大节庆活动的宣传报道工作,宣传好保亭,提高保亭的知名度和影响力。(八)深化保亭广播电视台的人事制度改革,加强管理,促进发展,为改革和发展提供强大的动力。按照文化体制改革与事业发展实施方案,加大改革内部机制、增强活力、改善服务、深入人事、分配和社会保障等内部改革,以期年底达到文件要求的改革目的。

**【广播电视宣传工作】** 按照国家广电总局关于广播影视宣传工作的要求,县广播电视台紧紧围绕经济建设中心,以正面宣传为主,唱响主旋律,打好主动仗,促进改革发展和维护社会稳定的工作方针。把党的基本理论、基本路线、基本纲领的宣传教育、改革发展和维护稳定的宣传教育贯穿于整个宣传工作之中。保亭台善始善终地转播发射中央和省广播电视台节目。2010 年度电视转播(中央第一、七套和海南第一套)发射 17329 小时,台内停播率每百小时为 0 秒,台外停播率每百小时为 35 分 15 秒;广播转播(中央第一套和县台)发射 9705.6 小时,台内停播率每百小时为 0 秒,台外停播率每百小时为 51 分 07 秒。全年按时转播发射中央和省的广播电视台节目,把全县广大干部群众的思想统一到中央关于改革发展的方针政策和决策部署上来。全面、准确、深入宣传全县出现的新气象、新面貌,着力营造统一思想,凝聚力量,坚定信念,振奋精神的良好舆论氛围,为保亭的经济发展、脱贫致富奔小康发挥发积极作用。在开办好《保亭新闻》、《全县联播》、《天气预报》、《七仙瑶池剧场》等节目的基础上,增强了《旺蛙专题》、《旺蛙诞生记》、《明星访谈》、《诗魂三首》、《创先争优电视访谈》、《广而告之》和《节能减排手册》节目栏目。创新地改版了新闻片头和增播保亭风光宣传短片和公益广告等。《保亭新闻》和《全县联播》基本做到当日新闻当天播。截至 11 月 12 日,《保亭新闻》播出新闻 229 期,播出稿件 1789 篇,其中开辟的栏目有《致富故事》、《惠农政策　促民增收》、《足迹》、《学习使人进步》、《节能减排》、《一季度》、《二季度》、《贯彻落实全会精神　解放思想　真心干事》、《抗洪救灾　重建家园》、《风雨同舟　和谐共进》、《圆梦行动》等。再有嬉水节活动新闻、专题 50 条,谈农家乐 23 条,美在保亭、喜迎国庆系列报道 15 条,林改跟踪报道 16 条,园丁风采 5 条等。选送省电视台 52 条,采用 47 条,采用率达 90%;全县联播播出广播新闻稿 969 篇,选送省广播电台 76 篇,用稿 67 篇,采用率 88%;天气预报 300 次,文艺节目 1600 小时,为群众提供了丰富的精神食粮。2010 年,县广播电视台认真组织记者、编辑深入基层、深入群众,充分利用分布在各条战线的通讯员,收集第一手材料。采取多种形式,在党和人民之间架起交流、理解的桥梁,引导舆论缓解热点,化解疑点,突破难点,平衡心态,理顺情绪,及时反映和解决人民群众关心关注的问题,提高党和政府的威信,维护社会稳定。在坚持正确的舆论导向前提下,力求做到目前所开办的栏目节目贴近群众,贴近生活,贴近实际,讴歌社会主义建设和改革开放的成就,谈论人们生活中普遍关心的热点话题,节目融新闻、知识、信息、服务、娱乐、教育于一体,风格各异,精彩纷呈,雅俗共赏,使广大群众从中受益。

**【广播电视体制改革】** 2010年,保亭广播电视台根据省和县文化体制改革的总体方案,结合本台的实际情况,按照“增加投入、转换机制、增强活力、改善服务”的要求,重点改革内部机制,增强活力,改善服务,逐步开展人事、分配和社会保障等内部改革。按照“老人老办法”,现已有9位老同志办理了提前离岗退休手续。优化人才队伍结构,引进高学历、复合型的专业人才,为广电事业发展提供坚实的人才战略储备。开展读书学习活动,鼓励员工终身学习,自我提高,邀请省、市、专家开展讲座,提升员工自身素质。2010年2月,县广播电视台在总编制不变的情况下,公开在全省招聘5名新闻专业人才,引进2名新闻人才,增加活力,提高队伍整体素质和办台办节目的质量。

**【队伍建设和行业管理】** 2010年,县广播电视台积极开展以创广播电视工作新局面为主题,树广电新形象,立广电新风尚,增进团结、协调、促发展的活动。每季度组织一次学习各地广播电视部门搞好技术维护,确保安全播出的经验和发生责任事故方面的通报。使上岗人员常敲警钟,增强工作责任感。每月组织一次加强政治纪律和宣传纪律的教育与职业道德的教育,不断提高广大干部职工贯彻执行党的基本路线,增强干部职工的政治意识,大局意识和责任意识,确保全年各项工作的完成。完善各项规章制度,严明工作纪律,加强安全播出工作管理,加强财务管理,严肃财经纪律,做好增收节支工作。在全台倡导勤奋学习业务,检查检验扎实工作作风,敬业奉献作风,团结协助、开拓创新的作风。2010年,全台工作人员在各自岗位上尽职尽责,做好工作。有针对性地抓好管理干部、编辑、记者和发射台值机人员的培训,造就一支政治强、业务精、纪律严、作风正的广电工作队伍。2010年,选派8位编辑、记者到海南省广播电视总台短期培训和6人次工程技术人员参加省文体厅的广电技术业务培训,组织全台人员到三亚、定安等兄弟市县参观、交流,有效地提高了队伍的思想素质、业务水平,使工作效率有明显的提高,安全播出得到保障,为完成宣传任务提供了有力保证。

**【卫星电视专项整治】** 为确保广播电视正确舆论导向和安全播出,确保卫星接收安全和卫星电视传播秩序健康有序,县加强组织明确任务,整治重点,狠抓落实,成效明显。自1月16日至12月8日共召开四次有关工作会议。(一)加强领导、明确任务,落实责任。县委副书记、政法委书记黎宏标,县政府副县长王文平,县文体局局长韦岳锋亲自指挥和布置专项整治工作。为了贯彻落实国务院和国家广电总文件要求,便于组织、协调、指导联合行动,成立了“保亭县卫星电视传播秩序专项整治工作领导小组”。组长由县政法委副书记、综治办主任黄宏强担任,副组长由县文体局主任科员邢福进担任,县综治办、610办、县文体局、县工商局、县公安局、县质监局、县电视台、县电信局、县有线网络公司、县政府信息网络中心为成员单位,专项整治工作办公室设在县文体局,由邢福进兼任办公室主任。结合实际,制定了“保亭县卫星电视传播秩序专项整治工作方案”,组织学习海南省卫星电视秩序整治工作方案及不同阶段的有关文件,并分阶段布置专项整治工作。提出一个“严防”、两个“确保”、三个“明确”的工作方针:严防境外卫星电视有害信息在境内落脚;确保广播电视安全播出,确保对境外卫星电视传播秩序的有效控制和卫星电视接收设施的依法管理;明确专项整治工作的主要任务,明确专项整治的工作重点、明确专项整治工作职责和工作要求。精心组织,周密安排,形成了通力合作,齐抓共管的良好局面。(二)重点整治、联合出击。全年专项整治工作突出了四个重点。一是重点打击非法生产、销售、安装卫星接收设施和散发“小广告”行为。特别是严厉打击销售所谓“中国直播卫星”和“村村通”广播电视直播卫星接收设施行为。二是重点查处非法销售、使用的卫星电视接收设备,坚决取缔未经批准擅自设立的卫星地面接收前端。三是重点查处非法接收和传送境外卫星电视节目行为,特别是查处并网联网的有线电视独立网利用有线网络传送境外卫星电视节目行为。四是重点检查县城、乡镇、国营农(茶)场所在地及城乡结合部。为了专项整治工作取得成效,领导小组布置各职能部门认真进行摸底和排查工作,加大巡查力度,坚决打击非法销售卫星接收设备行为。县工商局按照任务和职能分工,对全县经营电视设备、五交电等行业认真进行检查,共出动执法人员 90 人次,检查 25 家、查处非法销售 8 家,暂扣非法销售的电视接收设备 34 套(其中接收天线 27 件),文体、公安、质监等部门都不断加大工作力度,按照自身的职责积极支持配合严厉打击非法生产、销售、安装使用卫星电视接收设施行为。9 月 21－22 日,县综治办、县 610 办、县文体局、县公安局、县工商局等 10 个领导小组成员单位及有关稽查大队集中突击,对全县重点乡镇、国营农(茶)场的电器销售点进行突击检查,查处 6 家非法经营销售点,暂扣非法销售的卫星接收机 32 部,双极性 C 波段频器 15 个。(三)强化管理,各负其责。保亭县委、县政府高度重视卫星电视传播秩序专项整治工作,突出重点整治任务及要求,并列入日常工作管理范围,强化管理,形成监管的长期机制。各职能部门按各自的职责,制定管理方案,把专项整治与日常管理有机结合起来,把本单位的单独管理与各部门配合行动统一起来,形成合力齐抓共管的局面,确保了全县卫星电视接收安全和卫星电视传播秩序健康有序。

(县文化广电出版体育局 供稿)

## 党史地方志编纂

**【简况】** 县史志办现有人员 7 名。主任、副主任各 1 名,主任科员 1 名,科员 2 名,报账员、司机各 1 名。2010 年,史志办完成了“抗战时期保亭人口伤亡和财产损失”、“革命遗址普查”课题调研和《保亭年签》2009 年卷的撰写。继续加强“保亭组织史”、“保亭大事记”、“保亭民族历史文化”等资料征集工作;做好第二轮《保亭县志》、《保亭黎族苗族自治县年鉴定(2010)》各项前期准备工作,发挥史志部门“存史修志、资政育人”的职能作用,加大志书宣传力度;为党政机关、社会各界以及外来投资者认识、研究、开发建设保亭提供全面、系统、准确的地情资料;全面完成县委、县政府交给的各项工作任务。

**【史志队伍建设】** 为加强史志编撰人员的业务和思想政治素质,更好、更高效地完成各项编修工作,县史志办非常重视史志队伍的自身建设。(一)组织干部认真学习政治理论。组织干部积极参加县委县政府召开的各种会议,听取各种专题讲座;每月组织干部学习政治理论与自学政治理论相结合。理论学习资料是党的十七届五中、六中全会精神、科学发展观、“三个代表”重要思想,以及邓小平理论等。(二)加强干部队伍的廉洁自律建设。学习党纪政纪条规手册中的“领导干部廉洁自律的五条规定”避免干部发生违法乱纪行为;严格工作纪律,按作息时间工作,对迟到早退者给予严厉批评教育并限期改正;参加“推进学习型党组织建设、创先争优以及促进农民增收工作”以及学先进、赶先进、争先进“我要为民办实事”等活动,干部的思想和作风得到了很好熏陶。(三)开展业务学习。积极订阅《海南省志》、《汉珠崖郡研究文集》等 60 多种史志刊物和《海南日报》、《党风廉政建设》、《中国监察》、《中国纪检监察报》等杂志、报纸,为干部学习政治理论和业务知识、提高业务水平提供便利;加强与兄弟市县交流,采取“走出去”、“请进来”的方式,先后到三亚、陵水、昌江、琼海、海口等市县进行业务学习与交流,热情接待海口、白沙、万宁、五指山、琼中等兄弟市县到保亭交流调研,以提高干部的业务水平;加强业务培训,年内派 1 名干部参加省委史志办到湖南考查学习,1 名干部到上海进行学习培训及考察调研。

**【中共党史资料征集】** (一)组织史。根据省委组织部,省委史志办公室的要求,积极配合县委组织部,收集了 1998－2009 年党员基本情况统计表,收集了中共保亭黎族苗族自治县委委员会第九届、第十届、第十一届书记委员名单,保亭黎族苗族自治政权组织——人大常委会和县人民政府第十一届、十二届、十三届委员、县长名单;中国人民政治协商会议保亭黎族苗族自治县第六届、第七届、第八届委员和主席名单。(二)革命斗争史。继续收集和完善革命斗争史资料。

**【中共党史资料编研】** 根据中共中央党员史研究室《关于进一步做好全国革命遗址普查工作的通知》(中史文[2009]79号)精神和《海南省革命遗址普查实施方案》,县史志办高度重视革命遗址普查工作,及时向县委分管领导汇报,根据领导指示,成立了革命遗址普查领导小组,制定工作方案,向县政府申请工作经费。积极组织人员学习省委党史研究室下发的文件,领会文件精神实质,使大家认识到做好革命遗址普查的重要性和紧迫性,开展业务培训,提高普查人员的业务素质,增强了开展普查工作的自信心和积极性,同时指定专人抓此项工作,确保普查工作的顺利开展。(一)充分利用原有的党史工作成果,组织人员查阅《保亭县志》、《保亭县组织史》、《保亭文史》、《保亭县军事志》、《海南英烈谱》、《中共海南历史》等资料,从中查找革命遗址。(二)查阅原来采访老同志和知情人的口述资料,参照全国文物普查资料来确定普查对象,做到对革命遗址一一甄别,不重不漏地进行登记。(三)对确定普查的遗址,组织人员深入到六弓乡、新政镇、南林乡、什玲镇、保城镇和陵水县进行实地勘测,对所有普查对象进行登记拍照、向当地群众和知情人了解当时的历史背景。普查中所形成的各种数据、资料、图片做好整理归类,按照普查条件的具体要求进行普查登记填写,对收集的资料进行筛选、补充、修改完善,并逐一建档,做到一处遗址建一个档案,每一遗址有登记表,有遗址的历史背景说明,有遗址照片,做到完整规范。此次普查的遗址有重要历史事件和重要机构旧址6处,重要历史事件和人物活动纪念地2处,重要人物故居1处,纪念设施1处,烈士墓1处,共11处遗址。

**【志书编纂】** 根据《地方志工作条例》和《海南省第二轮省、市、县三级志书编纂方案》要求,启动第二轮《保亭县志》编纂工作。成立了《保亭县志》编纂委员会,制定了《保亭县志》编纂方案;编写完成《保亭县志》篇目及承编单位任务分解,确定《保亭县志》编写人员,做好召开第二轮县志动员大会的前期工作。

**【年鉴编纂】** 年初,成立了《保亭黎族苗族自治县年鉴》编纂委员会,具体指导年鉴编修工作,5月开始启动2009年《保亭县年鉴》资料的收集工作。采取分工负责的方式开展工作,分组、分任务,定时间收集,到年底稿件编写已经完成,收集年鉴资料60多万字,计划该年鉴2011年出版发行。此外,积极与相关单位合作,收集、编写省综合年鉴资料5000多字,图片资料16张,经过5次核对和修改,完成了报送任务。

**【做好县委县政府中心工作】** 2010年,县委县政府的中心工作是县城二环路的建设。县史志办派出两名工作队员到抄坑村协助镇干部做好6户村民的林地征用,协助拆征办做好县城东环路、西环路的征地,同时做好本单位联系点工作。出资2000元帮助村民改造民房,1000元帮助村委会换届选举,派出干部村委会"促进农民增收"。深入扶贫联系点发动群众开展三冬(冬修、冬种、冬管)工作,完成本单位冬季田洋整治任务。配合相关单位做好社会治安综合治理工作、计划生育工作、林改工作等。开展"送温暖"活动,每逢重大节日都组织人员下乡慰问,送出慰问品及慰问金折合人民币8000元。开展"献爱心"活动,组织各类捐款1000元。严格执行中共中央、国务院《关于实行党风廉政建设责任制的规定》和县委县政府签订党风廉政责任书,并按《责任书》要求开展党风廉政建设和反腐败工作。

(黄海翔、邢庆平 供稿)

## 档　案

**【简况】** 2010年,县档案馆围绕县委、县政府工作大局,进一步增强服务意识,积极落实档案事业"十二五"发展计划的奋斗目标和主要任务,促进了县档案事业的发展。年内,县档案馆接收进馆档案2246盒(卷)5793件,录音、录像18盘,照片140张,光盘12张;接待查档人员3789人次,利用档案4914卷(册)、地图310张,复印档案资料2.7万页。

**【档案保存】** 县档案馆馆藏档案15个全宗(主要是县委、县政府、县委组织部全宗),档案6786卷(盒),资料3160册(本),照片486张。档案手工目录的案卷目录12本,全引目录8本,专题目录7本,归档文件目录54本。县档案馆珍贵档案主要有:革命烈士档案12卷(册),革命历史档案图册8册,评划革命老区根据地村庄档案29卷(册),1953年至1983年土地档案(含山林权证)32卷(册)。

**【档案资料接收工作】** 依法对县级单位2009年以前的档案资料进行接收,全年接收进馆档案1708多卷(盒)、干部死亡档案16袋(宗)、资料120本(册)。

**【档案资料整理保护】** 2010年,共整理文书档案1900卷(盒)、干部死亡档案58盒、图书资料490本(册);保护和抢救重点档案124卷(盒)。认真落实档案保管保护的“八防”措施,确保档案无毁损褪变。按期开展库房安全检查,确保无事故发生。

**【档案查阅利用】** 加强档案查阅利用,为修史编志工作、土地纠纷、干部职工待遇等积极提供档案利用,全年共接待查阅利用者3789人次,提供档案资料4914卷(册)、地图310张、复印2.7万页纸。

**【档案安全工作】** 建立健全档案安全防范机制,落实档案安全责任制,强化干部职工的档案安全意识,按照国家档案局、省档案局关于做好档案安全工作的要求,县档案局制订了《保亭黎族苗族自治县档案局(馆)特大安全事故应急处置预案》等制度,积极开展安全检查、排除隐患,做到安全意识化、岗位责任化、防灾技能化,确保档案的完整与安全。

**【档案法制工作】** 积极开展档案执法检查,重点抽查县检察院、县人行、县社会保障局、县林业局、保城镇等单位。通过检查促进档案法律法规在各立档单位的贯彻实施。继续抓好《中华人民共和国档案法》、《海南省档案管理办法》等法律法规的宣传工作,并结合工作实际,在开展业务指导工作时宣传档案相关法律法规,增强立档单位领导干部及管理人员的档案法律意识。

**【档案业务指导】** 转发上级有关重大建设项目、林权制度改革、行政执法检查、教育培训等档案业务文件,深入机关、乡镇共61个主要单位档案室指导档案业务。指导县公安局、县人行等单位开展达标(升)级工作,通过考评验收后,县公安局档案室晋升为省三级档案室。会同县林改办对全县9个乡镇林权制度改革档案管理工作进行业务指导,有效地促进了县林改档案工作。

**【档案馆库建设】** 县档案馆总建筑面积为820.23平方米,其中库房占272平方米。2010年,县档案局加大资金投入,继续推进档案馆库建设,增添购置电脑3部、打孔机1部、档案盒6000盒、温度器5个、切纸机2部等,改善馆库及办公条件,提高馆库的保管条件和管理水平。

**【档案信息化建设】** 2010年,县档案局(馆)加快了档案信息化建设的步伐。为加强档案目录著录工作,县档案局组织人力、物力、财力,专门配备电脑、打印机、扫描机等设备,全力以赴开展档案目录工作。年内,共完成档案著录5个全宗2055卷,录入档案目录4条。

**【档案队伍建设】** 为提高档案管理人员业务素质,配合省档案局培训中心开展培训工作,组织县直机关和各乡镇单位档案工作人员53多人次赴省参加培训学习。组织局内人员参加省内依法行政培训班,提升档案行政执法人员依法治档的水平。

（黄运平 供稿）

## 文物考古

【文物保护工作】 2010年保亭县民族博物馆根据海南省博物馆和县文体局工作要求，继续实施全国第三次文物普查实地调查工作，主要对县内78处不可移动文物进行资料完善和查遗补漏工作，确定75处不可移动文物（资料）送交省文物局验收，并于4月23日通过海南省文博专家组的验收。其中新发现不可移动文物点“王震将军橡胶园实验基地”，被海南省文物局推荐在海南日报上发表。6月，在县民政局的协同下，县民族博物馆完成了本县“革命英烈陈列厅暨全国战斗英雄陈理文铜像安放”展馆的布馆工作，该馆全面展示了保亭县从大革命时期到新中国成立各个历史时期的大量英雄人物和革命先烈事迹。“革命英烈陈列厅”现已成为保亭县重要的爱国主义教育基地。

【考古调查与发展】 2010年6月一9月，根据国家文物局要求，在海南省文物局的部署下，县博物馆组织10名工作人员（其中文化馆1名馆员、4名助理馆员兼职）用3个月的时间深入全县各个文物点再次进行调查核对考研，重点对已定级别的41件馆藏文物按国家标准和要求，进行重新拍摄、登记造册，并上传到国家文物局特定的软件验收。该项考研工作一次性合格，受到省文物局的表扬。保亭民族博物馆经常利用广播电视、宣传栏、条幅横额和宣传册，以不同的方式，在全县范围内进行大规模文物保护法规宣传，并公布了73处不可移动文物点，让全社会一起来关心支持文物保护工作。特别是在今年5·18国际博物馆日，有1000余人次参加了博物馆免费开放日的活动，发挥了很好的社会效益。5月底，县博物馆配合县委组织部，在县总工会举办了一期“海南解放60周年图片展览”，参观人数近万人，使全县各族人民群众受到了一次很好的爱国主义教育，人们更进一步认识到今天的幸福生活来之不易，激发大家投身新时期建设之中。

【保亭县民族博物馆】 县博物馆设立于1991年12月，隶属保亭县文化广电出版体育局管辖下的股级事业单位。现设馆长1名，工作人员4名，馆藏文物1637件，包括绘画、书籍、陶瓷器、金属器、染织品、工艺品等多种门类。其中经国家文物专家鉴定确认的国家一级文物藏品1件，二级文物5件，三级文物45件。保亭县人民政府重视文博工作，于2009年重新策划新建的县博物馆，已于2010年12月完成大楼外体工程并进入装修阶段，分别设置古代文物、近代文物、革命英烈陈列厅等设施。新馆定于2011年12月全部迁入。

（县文化广电出版体育局 供稿）

## 社会文化

【农村文化建设】 保亭县文体局围绕经济建设中心，服务大局、面向基层、服务群众，以农村文化建设为突破口，努力推进公共文化服务体系建设。截至2010年11月，共完成32个行政村委会文化室、69家村小组农家书屋建设。每个农家书屋建筑80－100平方米，分别配套图书1000－1600册，书架2套8组，书室牌一块，制度牌一块，3米阅览书桌3张，椅子28张，电脑一台，多功能办公桌2张，椅子2张，管理员座位牌1块，书类牌6块，价值达2.9万元。此外，县文体局为每个农家书屋配送电视机1部，录音机1部，扩音喇叭2个，编排上架VCD影碟200盒，订购杂志3份，报纸5份。每个农家书屋配备专门管理员1名，由政府发给生活津贴300元。农家书屋全天候向农民群众开放，极大地方便群众看书学习，丰富农村群众文化娱乐生活，提高了农民文化素质。2010年12月，海南省文体厅在全省开展“我的书屋，我的家”征文演讲。保亭县共收到农家书屋管理员干部群众稿件58篇，由县文化馆推荐，将优秀作品选送到省厅参加全省比赛，获得省征文和演讲三等奖。同期，县文体局举办1期农家书屋管理员培训班,认真辅导农家书屋69个管理员学习考核合格,上岗开展图书管理工作。年底,保亭县被海南省文体厅授予"农家书屋建设和管理工作先进单位"荣誉称号。

**【社区文化建设】** 保亭县人民政府引进海南海航集团投资,在县城河北社区、七仙广场南北两侧4万平方米的园林中,建设公园式2.6万平方米富有民族特色的回廊式塔楼群。至2010年12月,已初具外观,进入装修阶段,定于2011年"七仙温泉嬉水节"前交由县政府使用。同期,在七仙广场西南侧置地4万平方米,建设县城文化中心。至2010年底,新建的县城文化中心基本完成,新的县文化馆、图书馆、展览馆、歌舞团和影剧院等大楼已经进入装修阶段,2011年底即可迁入。届时,位于七仙广场西侧,投资1亿6千万元且富有黎苗特色文化的文化活动中心楼群和雄伟壮丽的七仙广场互相映衬,使得保亭县城河北社区又多了一处景观点。

**【非物质文化遗产保护】** 2010年,保亭县在非物质文化遗产的挖掘保护,尤其是对外宣传方面取得了显著成绩。1—3月,县"非遗"保护中心派出10名专业技术人员,深入乡镇黎村,进行挖掘整理,拍录摄像,写出文体资料,使县申报第三批非物质文化遗产项目的《黎族民间故事》、《黎族纹身》、《黎族藤竹编织技艺》、《黎族独木器具制作技艺》入选海南省省级非物质文化遗产名录。4月,由"上海合作组织"成员国文化部长第七次会晤全体贵宾来县槟榔谷旅游景区考察。期间,县文化馆积极配合主管单位组织非物质文化遗产传承人20名,到槟榔谷景区进行现场技艺表演,得到众多贵宾与旅客的赞扬。同月,"三月三"黎苗族传统节日期间,县"非遗"中心还在县城七仙亭举办非物质文化遗产展示活动,市民参观人数达2.09万人次,营造了全社会参与文化遗产保护的良好氛围。5月,县"非遗"中心配合中央电视台第十频道《走进科学》教科栏目组,摄制县入选第一批国家级非物质文化遗产名录项目《重现钻木取火》专题片。同月在中央电视台第十频道播出。配合海南电视台拍摄县入选第一批国家级非物质文化遗产名录项目《树皮布》专题片,同月播出。6月12日国家第五个"文化遗产日",县"非遗"中心以本年非物质文化遗产日主题"非遗保护,人人参与"、"文化遗产,在我身边"为活动内容,在县城广东街举办一期"非遗"成果图片展览,市民参观人数达1.88万人次。同月22日,组织邀请保亭小学100名在校优秀学生,免费参观槟榔谷景区非物质文化遗产陈列馆,受到社会的一致好评。8月,组织县13名"非遗"代表性传承人,参加海南屯昌县首届民间技能表演,现场展示黎族织锦技艺流程、黎族钻木取火、黎族竹木器乐、黎族藤竹编织技艺等表演,加强了兄弟县之间的民间技能交流。10月,举办县首期非物质文化遗产传承人培训班,为期5天,参加培训人员65人,邀请省级专家为学员授课。同期组织县"非遗"钻木取火代表性传承人王照良、王照芳赴北京参加中央电视台第十频道举办"非遗"栏目《中国手艺》开头篇"钻木取火"拍摄工作,现场展示表演技艺介绍片拍摄成功,赢得中央电视台导演和工作人员的一致赞扬。12月,组织县7名织锦能手代表性传承人,参加海南省第二届黎族织锦大赛,1人获得青年组二等奖,2人获优秀奖;2人中年组获优秀奖,2人老年组获优秀奖,县"非遗"中心获得"优秀组织奖"。同月,县"非遗"黎族竹木器乐代表性传承人黄照安、黎族钻木取火代表性传承人王照良、黎族纺染织绣技艺代表性传承人周秋梅、胡春芳、黄桂琼,被海南省文体厅命名授予省级"非物质文化遗产代表性传承人"荣誉称号。

**【文化信息资源共享工程】** 2010年上半年,在县城少年儿童文化宫二楼,建设"保亭文化信息资源共享中心",配置电脑50台和一整套信息网络设备设施。下半年在全县9个乡镇(家),60个村委会(家),2个社区(家),完成文化信息资源共享工程网络中心点的建设。71家中心点各配置电脑5台、PC服务器一台、LC-ZS420投影机一台、康佳55寸液晶电视机一台、2.0声道音箱2部、爱浪DVD影碟机一台、网络路由器一个、网络交换机一台、网线一条、多功能电脑桌5张、椅子6张、光盘刻录塔一台、高清播放器一台、全套价值5万元。至此，全县各个乡镇、村委会、社区布遍文化信息资源共享工程点，群众不出村乡就能在网络上学习文化。

**【文化下乡】** 2010年1月25日—2月15日，县文体局组织县文化馆、县民族歌舞团联合排练一台文艺节目，在春节、元宵节前后，下到9个乡镇和1个国营茶场进行10场文艺下乡巡回演出，受到广大农村人民群众热烈欢迎，每场演出观众达2000多人次，丰富了农村农场群众节日文化生活。县文化馆还积极抓好乡镇文化站文艺辅导，选派2名文艺骨干于5月17日—6月17日，每晚出发到三道镇举办3个小时交谊舞、广场舞等舞蹈辅导班，活跃了乡镇群众娱乐活动。7月，县图书馆和县博物馆联合深入各乡镇进行送图书下乡和宣传文物保护活动。县业余体育学校则组织业余篮球队，到乡镇与乡镇球队进行循环赛，为8月份“中国海南七仙温泉嬉水节”期间的全县农民篮球大赛作准备。县电影公司认真组织实施农村电影放映“2131工程”，全年共放电影1373场，观众约81万人次。满足了群众文化生活需求，真正把党和政府的温暖送到人民群众心中，切实保障基层群众基本文化权益。广播电视“村村通”建设进一步完善，全年共完成9个乡镇广播电视“村村通”卫星电视接收器扶贫任务2247套的安装工作。

**【乡镇文化站建设】** 保亭县城乡四级公共文化服务体系进一步完善，全县9个乡镇综合文化站已经按国家中等标准建成投入使用。自2008年起，县政府按国家文化部“关于乡镇文化站管理办法”要求，在旧的文化站基础上，组织有关部门，成立乡镇综合文化站建设领导小组，确定综合文化站建设的具体位置、具体范围、办理有关用地手续。县政府拨足额配套资金，县文体局主管基建工程和设施设备购置。乡镇文化站建设项目包括主体综合楼和室外设施露天灯光篮球场、群众体育健身路径和文艺演出舞(戏)台。每幢综合楼按国家规定1000平方米建筑面积。内设办公室、体育器材管理室、电脑室(文化信息资源共享工程中心点)、文艺演出服装道具音响设备管理室、图书阅览室、多功能歌舞厅和设置100座位的影视厅。县文体局专门为每个文化站配置2800册图书和编排上架VCD影碟200盒，3张3米阅览桌，一套广播设备，文艺演出舞台音响设备，农村电影放映器材，培训人员学习安装操作影视设备和文化信息资源共享工程电脑网络。使得基层干部群众文化生活日趋丰富多彩，文化素质不断提高。随着文化机构体制改革和乡镇行政机构体制改革的不断深入，到目前为止，保亭县乡镇文化站全部下放乡镇政府管理，落实到岗有编。文化站设站长1名，文化干事4—5名，具体负责文艺、电影、图书、体育和电脑网络等专业工作。乡镇政府根据实际情况，可以从本地区历届大专院校毕业生中考聘录用文化干事。文化站成为县政府四级文化服务体系中层领导机构与群众文化活动中心。

**【图书馆宣传周系列活动】** 县图书馆于2010年2月11—18日举办宣传周活动。在县少年活动中心图书阅览室播放《百年守望》、《馆藏故事》、《文明与创造》等系列视频，及《前尘旧影》、《年画撷英》等系列图片，累计播放6场次，播放时间达12小时，来观看视频与图片的小读者和群众达1000人次。电子阅览室全天候免费向广大青少年开放，提供文化信息资源共享工程网站丰富的文化资源，每天上机人数达60多人，受到青少年爱好者的热烈欢迎。宣传周期间，县图书馆协助海南省图书馆、县委组织部组织开展以“庆祝海南解放60周年专题文献展”为主题的爱国主义教育图片展活动。协同县博物馆送图书500本下乡巡回为群众展阅和保亭文物图片展示，宣传文物保护法律知识，阅览读者达8000人次。组织专业人员举办文化信息资源共享工程基层点行政村、乡镇管理员培训班3场，参加培训人数55人次，认真辅导基层技术管理人员利用共享工程配套的设备为群众开展服务。

**【群众文化活动】** 2010年,集中在县城成功举办元宵节舞龙舞师、游园、文艺晚会等活动。积极策划组织“三月”、“嬉水节”、“九月九重阳节”活动。这三大节庆活动在立足于保亭县独特的地域文化和黎苗文化资源的同时,又各有侧重。三大节庆都具有广泛的群众性、社会参与性和娱乐性,对进一步宣传保亭县独特的低碳生活环境、热带雨林文化、温泉旅游度假养生的自然环境和黎族歌舞文化,提高保亭知名度都有着重要的作用。“三月三”(4月16日),以黎苗原生态风情为主,以情歌对唱形式展现黎族苗族青年同胞以歌会友、对歌传情的民俗风情特点。举办了一届全县“黎族苗族民歌比赛”,参赛歌手107人。节日期间还举办了非物质文化遗产展示活动,大型民族歌舞晚会等活动。“九九登高”(10月16日),以敬孝为主要出发点,通过举办越野健步走、登七仙岭比赛等活动,在关爱老年人生活的同时,提倡登山健身、全民运动,大力宣传保亭县丰富的旅游资源和地域特色文化。“七仙温泉嬉水节”(8月16—18日),主要以黎苗特色文化为出发点,实现历史突破。“嬉水节”是保亭县每年最重要的文化活动,今年已是第11次举办。2010年中国海南七仙温泉嬉水节首次走出海南,面向全国,走进宝岛台湾。无论从节日举办的规模和质量,节目的设置与效果,还是群众参与的热情和人数,媒体的报道上,都超过了以往历届,取得了良好的社会效益。七仙女形象小姐选拔大赛分别在北京、重庆、内蒙古、西安、海南设立分赛区,吸引了近千名佳丽选手参加,比赛历时了3个月。在海口人民大会堂举办的七仙女形象小姐选拔大赛全国总决赛的圆满成功,进一步提升了保亭县的知名度。以“黎风古韵锦绣海南”为主题,举办了目前海南参演规模最大,服饰展示最全的一次黎族服饰秀场。晚会分为上篇《渊源黎韵》、中篇《永恒黎锦》和下篇《文明薪火》。除展示不同时期和各个地区富有特色的黎族服饰外,黎族文化中一些传统的元素如纹面、织锦、黎陶等也同台展示,多角度呈现黎族丰富多彩的文化积淀。继去年嬉水节上推出舞剧《甘工鸟》后,今年嬉水节又再接再厉,推出了大型原创歌舞诗剧《七仙岭的传说》,揉多元文化于一体,融山水人情等多种艺术形式于一炉,以山为线,以水为魂,以文化品牌为珠,串起保亭精彩绝伦的珠串,尽显保亭县人文山水的风情长卷。“浪漫七仙之约”活动是今年七仙温泉嬉水节新增设的内容,给黎苗文化色彩浓郁的嬉水节增添温馨浪漫的元素,为打造中国情人节做了一次有益的尝试。面向全球招募77对情侣参加活动,组委会还特别邀请了一对来自青海玉树地震灾区的藏族情侣巴仁江才免费参与。本届七仙温泉嬉水节开幕式盛情邀请中央电视台著名主持人朱军、香港凤凰台著名主持吴小莉联合主持,歌星阎维文、谭晶、庞龙、陈思思、丁晓红、王菲菲等来县激情献唱。本届嬉水节期间,一批具有浓郁黎苗文化特色雕塑与建筑——旺蛙、和坊、七仙门等相继落成,成为传承黎苗精神文化的载体,使之成为看得见的文化,更加丰富了嬉水节的文化内涵。此外,吉祥物、民族服饰的设计和《蛙文化之乡》等一批反映保亭山水风情的书籍诗画出版,都赶在嬉水节前完成推出。本届嬉水节期间还成功举办了保亭首届龙舟赛、全县农民文艺汇演、全县农民篮球比赛、全省男子篮球邀请赛、民族传统体育竞技比赛、摄影大赛、黎族织锦苗族染绣工艺比赛、黎族八音比赛、民族美食大比拼等一系列活动,参加人数超过14万人,将节庆活动辐射到农村、乡镇、农场,调动了全县群众的热情。今年“中国海南七仙温泉嬉水节”被列入“中国十大著名节庆品牌”并授予荣誉称号,还荣获“2010年度中国节庆产业金手指奖·十大景观生态类节庆”称号。

**【文化艺术出版】** 2010年,保亭县文化部门坚持贯彻“二为”方向和“双百”方针,大力发展公益性文化事业,为人民提供更好更多的精神食粮,文化出版事业日趋呈现丰富多彩。

附:2010 年保亭县文化出版物一览表

| 类型 | 单位(个人) | 书名 | 字数(万) | 发行量(万本/张) |
|---|---|---|---|---|
| 期刊 | 县文体局 | 七仙岭文艺(2 期) | 7.2 | 0.2 |
| 书籍 | 县文体局 | 黎族竹木器乐 | 30 | 2 |
| 书籍 | 县文体局 | 蛙文化之乡 | 2.5 | 0.3 |
| 书籍 | 县文体局 | 保亭县非物质文化遗产普查 | 400 | 0.1 |
| 书籍 | 邓运真 | 民俗与传说 | 3 | 0.1 |
| 书籍 | 蒋明辉 | 苗族民歌集 | 3 | 0.1 |
| 书籍 | 黄培祯 | 笔架仙峰 | 20 | 0.15 |
| 影碟 | 黄照安 | 黎族器乐·民歌精品 | | 0.1 |
| 影碟 | 县文体局 | 旺蛙系列专题片 | | 0.5 |
| 影碟 | 县文体局 | 美在保亭 | | 1 |
| 影碟 | 县文体局 | 七仙岭欢歌(第二辑) | | 1 |
| 影碟 | 县文体局 | 2010 年嬉水节 | | 1.5 |
| 影碟 | 县文体局 | 风情保亭 | | 1 |
| 影碟 | 县文体局 | 铸魂行 | | 0.3 |

**【旅游文化】** 4 月,海南日报集团、海南广播电视总台联合举办“琼州百景”评选活动。保亭县的七仙岭、呀诺达、仙安石林、槟榔谷四处景区入选。七仙岭更是跃居十大自然生态文化景区榜首。5 月,《琼州百景》一书出版,通过县文体局提供 12 页 2630 字说明文和 15 张图片,详细介绍保亭县四大文化旅游景区特色。8 月,保亭县槟榔谷、呀诺达雨林旅游景区同时获评国家级 4A 级景区,保亭县成为海南中部地区,首先拥有 2 个 4A 级景区的县市。

(县文化广电出版体育局 供稿)

## 文化市场

**【简况】** 2010 年县内经营的文化项目有网吧、游戏机、歌舞厅、音像制品出租零售、图书出租零售等。经审核批准设立的文化经营项目有音像制品出租零售 20 家、网吧 15 家、图书出租零售 2 家、游戏机经营场所 9 家、歌舞娱乐场所 15 家。

**【文化市场管理执法队伍】** (一)执法人员。县文化市场行政执法大队是参照公务员法管理的股级事业单位,受县文化广电出版体育局委托对属地文化市场行使监督和执法。编制 5 人。现有员工 4 人,其中公务员 1 人(兼职)、参照公务员 3 人;由于执法人员较少,管理监督对象面广、交通不便等原因,在一定程度上影响了对乡镇农村文化市场日常监管的有效开展。(二)执法设备。县文化市场行政执法大队现有装备设备配有二轮摩托车 2 辆、台式电脑 4 台、笔记本电脑 1 台、打印机 1 台、便携式打印机 1 台、电话 1 部,县城网吧远程视频监控平台 1 部。

**【特色文化市场】** 保亭县具有特色文化的市场经营单位仅有三道镇田园槟榔园一家,属海南黎苗族原始民族文化游览区内演出性经营单位。演出项目为原始的蚩尤部落观看表演及体验婚嫁文化。

**【演出娱乐市场监管】** 2010年,在全县范围内积极开展"扫黄打非"行动,加大了对旅游线路、路边店、歌舞厅等重点场所、路段的清理清查和整顿,严格对公共娱乐场所进行管理,大力整治娱乐场所接纳未成年人进入等违规行为。定期对文化娱乐经营场所开展消防安全整治工作,并积极联合消防、工商等部门对各文化娱乐场所进行检查,及时整改消除各类火灾安全隐患,全年共检查各娱乐场所31家、118次,其中对于兴存卡拉OK消防栓下堆放垃圾桶、金都康乐城三楼楼梯口消防栓旁堆放杂物、星河大厦一楼楼梯口应急照明灯未连接电源、皇朝会所疏散标志弄反、星星网吧凳子摆设杂乱影响阻碍通道等消防安全隐患勒令进行现场整改,同时强力推进各文化娱乐场所"四个能力"建设,即提高检查消除火灾隐患能力、提高组织扑救初起火灾能力、提高组织人员疏散逃生能力、提高消防宣传教育培训能力的建设。在开展严厉打击非法违法生产经营建设行为的专项行动中,向银河壹号下发停止违法经营行为通知书,责令银河壹号停止违法经营行为。

**【出版物市场监管】** 春节期间在全县开展"扫黄打非"的专项行动,主要查处传播淫秽、色情、凶杀、暴力、封建迷信和伪科学出版物,重点查缴和封堵政治性非法出版物、非法小刊,坚决打击非法印刷、复制活动。共收缴非法出版物1120余件,其中有害卡通画册28册,口袋本图书35本,非法图书64本,彩经以及彩票信息1100余册(张),查缴非法音像制品1730多张(盒),取缔游商3个,联合工商部门取缔非法音像制品销售点1个。有效遏制了侵权盗版泛滥的势头。在"音像制品专项整治"工作中,查缴非法音像制品6940多张(盒),取缔游商33个,联合工商部门取缔非法音像制品销售点7个,查处违法经营音像店8家。

**【网络文化市场监管】** (一)加强法制宣传力度,加强责任意识。组织网吧业主学习相关的法律、法规,同时,还认真积极协调联系宣传、公安、消防、教育、共青团等部门,为经营业主讲授相关法规、政策和经营要求,增强经营业主的责任意识。(二)广泛动员社会力量加强文化市场监督。与县关工委、团县委密切联系,建立净化社会文化环境志愿监督队伍,聘请"五老"及青少年义务监督员,经培训执证上岗,对学校周边、社区、乡镇的文化经营场所进行监督。(三)加强对经营业主的指导。在每个网吧制作并悬挂了未成年人禁入牌,同时制作了《上网登记表》,为规范管理,还规范了网吧工作人员的授权书及公开公示工作身份职责。(四)日常巡查结合各项专项行动检查。通过开展"春风行动"、"清风行动"、"暑期网吧专项整治"等一系列专项整治工作,查处违规网吧9家、黑网吧4家、黑游戏机室2家,违法经营的游戏机经营场所3家。(五)建成县城网吧远程视频监控平台。根据省总队《关于我省网吧远程监控推行试点的通知》精神,保亭县于2010年5月投入32.37万元安装县城网吧监控系统,在县城7家网吧安装了远程监控系统,每年投入10万元运行费,对县城网吧进行24小时全面监管。网吧视频监控平台的运作为文化行政执法大队整顿、管理网吧秩序提供了一个很好的利器,巩固了管理技术措施。

(县文化广电出版体育局 供稿)

## 对外文化交流

**【简况】** 2010年是保亭县对外文化交流最为频繁、成果丰硕的一年。大到基层文化建设的全面铺开,广场文化、节庆文化、非物质文化保护工作获得联合国教科文组织和国家文化部的表彰,小到七仙岭地区民族美食文化、民俗文化的继承与弘扬,都为海南国际旅游岛建设与保亭的经济腾飞注入灵魂,提升了保亭黎苗文化在国内国际上的影响及其作用。

**【文化出访】** 3月,保亭县工商局工会主席、海南省音乐家协会理事黄照安参加2010年“中国少数民族音乐研究学会”在贵州省贵阳市召开的年会。会议期间,向参会的国内外音乐家、专家学者专场介绍保亭七仙岭地区黎族竹木器乐(获国家级非物质文化遗产名录项目),发放个人作品影碟500张,并在年会文艺晚会舞台上表演黎族鼻箫吹奏、黎族民歌演唱,受到热烈欢迎。5月,县文体局局长一行到北京出席“2010年首届中国节庆创新论坛暨2010年中国品牌节庆颁奖盛典发布会”,通过自我介绍,“亚洲中华文化研究会”专家实地影像拍录评比,“中国海南七仙温泉嬉水节”荣获“2010年中国十大著名节庆品牌”称号。6月15日,七仙温泉嬉水节的重头戏“七仙形象小组选拔赛”正式启动,组委会先后在海口、三亚、重庆、西安、内蒙古、北京等地举办海选和复赛,还首次在台湾设置分赛区。7月5日至10日,县委副书记、嬉水节总指挥黎宏标带队的保亭参访团应邀访问台湾,并携县民族歌舞团在台湾进行5场表演,加深琼台两地文化交流。11月,县委宣传部领导和县文体局领导及专业工作人员出席“全国第二届新农村电视艺术节”。通过交流评比,保亭县拍摄的《诗魂三道》荣获全国第二届新农村电视艺术节“全国新农村十佳魅力乡镇形象风采奖”。电视剧《七仙岭的传说》获“新农村才艺风采奖”。12月18日,县文体局局长率工作人员一行赴首都北京人民大会堂重庆厅,参加“2010年中国民俗文化旅游论坛暨最具民俗文化特色旅游目的地颁奖典礼”。保亭县荣获“最具民俗文化特色旅游目的地”称号。

**【文化来访】** 1月,国务院国家文化部部长蔡武随同“上海合作组织(中国、俄罗斯、哈萨克斯坦、塔吉克斯坦、吉尔吉斯斯坦、乌斯别克斯坦6国第七次文化部长会晤”会议参访团专程访问保亭县呀诺达、槟榔谷文化旅游景区。2月,联合国教科文组织参访团来县槟榔谷旅游景区,考察海南省首个在保亭县设立的非物质文化遗产陈列馆。县文化馆组织20名黎族非物质文化遗产代表性传承人,专场示范展演黎族树皮布制作技艺,黎族钻木取火技艺、黎族竹木器乐、黎族歌舞、黎族藤竹编织技艺等节目,全面介绍保亭县非物质文化遗产保护工作成果,获得联合国科教文组织专家的指导。8月16日,“中国海南七仙温泉嬉水节”在保亭县七仙广场隆重开幕,香港凤凰电视台著名主持人吴小莉、中央电视台著名主持人朱军联袂担任开幕式活动主持,著名歌星阎维文、谭晶、庞龙、陈思思、陈菲菲、丁晓红等激情献唱,然后参观访问保亭县5个文化旅游景区。香港凤凰电视台、中央电视台及国内外新闻媒体全程拍摄报道嬉水节活动。150名台湾少数民族文化访问团作专场文艺演出交流,并在七仙河畔参加中国琼台文化交流基地(和坊)建成揭牌仪式。嬉水节期间“七仙之约”活动项目面向全球招募77对情侣,展示各国婚礼文化及结婚礼服穿戴,为打造中国情人节做了一次有益的尝试。中国海南七仙温泉嬉水节对外文化交流,极其丰富了海南国际旅游岛建设的文化内涵。

(县文化广电出版体育局 供稿)

# 体　育

## 竞技体育

**【简况】** 保亭县体育工作主要由县文体局属下体育工作办公室主管。体育工作办公室由分管体育工作的1名副局长负责,1名副主任科员具体管理社会与群众体育活动。另外,局属下设立一个县业余体育学校(股级单位),设正副校长2名,教练员3名,工勤人员2名。业余体校设举重、游泳、田径3个班级,每年在全县考核招收青少年体育运动员50多名,作为新鲜血液给予培养。同时一年一度的运动员毕业将被培养输送到省和国家更高一级的体育学校学习。因此抓好新生的基础训练及改进老生技术水平,因材施教,提高运动成绩,是县业余体校工作的重中之重。

**【重要体育赛事】** 2010年,县文体局始终以高标准、严要求,严格抓好体育训练工作,积极组团参加各项体育竞技比赛活动。4月,组团参加海南省青少年举重锦标赛,荣获金牌1枚、银牌4枚、铜牌4枚。5月,组团参加海南省青少年游泳锦标赛,获银牌2枚,铜牌2枚。7月,组团参加海南省青少年田径锦标赛,获第五、第六名。出色完成2010年环海南省自行车赛保亭赛段的工作任务,受到省文体厅的高度评价。积极组织参加2010年中国体育旅游博览会海南展的活动,并获得“最佳组织奖”。11月,县文体局牵头组队参加全省老年人广场健身操(舞)比赛,获得“最佳组织单位奖”、“最具潜力奖”、“活力模范奖”等称号。在“嬉水节”期间,成功举办了全县农民篮球赛和全省男子篮球邀请赛。组织代表团参加海南省第五届民运会,获得1枚银牌和3个第四名。组织代表团参加海南省第五届残运会,共获得金牌3枚,银牌2枚,铜牌9枚;有4人7次打破省纪录,总分和金牌总数均名列第七,并获得代表团“体育道德风尚奖”。

**【环岛自行车赛】** “海南高速·瑞海杯”2010年环海南岛国际公路自行车赛于10月11日至19日举行。今年环岛赛由一个三亚城市围绕赛和八个赛段组成,赛程全长约1466公里,覆盖全省十八个市县和海南农垦,途经各市县的政府所在地、主要风景点,充分展示海南的地理地貌、自然风景和风土人情等海南最佳旅游资源。其中10月12日第一赛段途经保亭县什玲镇、保城镇、县城、新星农场、保亭实验站、响水镇、金江农场。赛前的9月10—28日,县委、县政府成立赛事领导小组及工作机构,制定保亭段实施方案,召开协调会议,明确各工作组职责,各工作组和赛事途经乡镇、国营农场等单位制定具体工作实施方案,营造大赛氛围,在县城主要街道、乡镇、国营农场张贴宣传画和悬挂横额。9月29日—10月7日,组织抽调精干力量,督促检查筹备工作进展和落实情况。10月8—12日上午,做好赛事(段)氛围营造、环境卫生、社会治安、交通管制等各项保障服务工作。在县领导小组的直接领导下,各单位按照“属地管理”责任制和一把手负总责的要求,使各项筹备工作层层落实,相互衔接,环环相扣,有条不紊,确保赛事顺利进行。10月12日比赛车队经过县内区域,沿途赛事安全顺利,隆重热烈,富有特色。表现在宣传力度的加大,以赛事为载体,充分展示保亭县独特秀丽的自然风光和民族特色文化。赛事途经的乡镇、国营农场都在属地组织200人以上,其中大部人身着民族服装,高举欢迎口号和彩旗宣传横额;县文体局和县教育局在县城组织100面锣鼓、100面龙旗、

100 支牛角号的大型民俗礼仪队夹道欢迎。12 日下午，在七仙广场举行第一赛段颁奖仪式，获奖运动员兴高采烈接受组织单位颁予的奖牌和国际自行车比赛运动衫，县委、县政府赠予纪念礼品黎锦，2000 多人载歌载舞加入庆祝。

## 群众体育

**【简况】** 保亭县的群众体育活动历史悠久，人民群众利用传统节日或农闲时节，开展射箭、射弩、顶棒、爬杆、拉乌龟、荡秋千、拔河、跳高跳远等体育比赛。至 2010 年，保亭县文体局连续 5 年被国家体育总局评为“全民健身优秀组织奖”。

**【举办群众体育赛事】** 2010 年元旦期间，县文体局举办全县拔河与县城县直机关各系统排球比赛。参加全县拔河比赛的有 9 个乡镇、6 个国营农茶场、8 个县直系统。新政镇获冠军，保城镇获亚军，县宣教口获季军。县直机关排球比赛，县政法口获冠军，县宣教口获亚军，县电力公司队获季军。三月三节，举办全县民族竞技比赛，举办的项目有：打陀螺、拉乌龟、顶棒、荡秋千等 9 个项目，为民族体育赛事做准备。5 月，县文体局协助民宗局组队前往乐东县参加海南省民宗厅举办的全省第五届少数民族竞技体育比赛，共获银牌 1 枚，3 个第四名。5 月下旬，县文体局再度协助县残疾人联合会组队参加海南省第五届残运会，共获金牌 3 枚，银牌 2 枚，铜牌 9 枚，并有 4 人 7 次创海南省残疾人运动会纪录。8 月，海南省政府在保亭设主会场，成功举办“中国海南七仙温泉嬉水节”。保亭县文体局作为全省这一大节日的“组委会办公室”，积极组织策划举办节日各类体育比赛和民族体育竞技比赛，取得圆满成功。11 月，县文体局组织举办“全县副科级以上领导干部男子篮球友谊赛”，有 8 个系统代表队参加，为促进全县干部的身体素质及身心健康起了重要作用。12 月下旬，县文体局联合县总工会组织举办“保亭县首届企业篮球邀请赛”，有 12 个大企业集团代表队参加活动，加强了企业之间的友谊，促进保亭县招商引资发挥了积极作用。

**【全民健身活动】** 2010 年 10 月 16 日上午八时，由保亭县政府主办，县文体局承办，在七仙广场隆重召开“保亭县重阳节活动暨首届海南省越野健步走比赛”开幕式大会，参加大会人数达 3000 多人。参加今年“重阳节”登高活动的人员有 600 名县直机关副科级以上领导干部（包括省驻保亭各单位）和爱好健步走的干部职工、武警官兵等。集体健步走 8 公里至七仙岭旅游景区广场，然后参加登山赛颁奖仪式。有 200 名报名参加登七仙岭比赛的全省登山运动员，他们从七仙岭景区广场竞跑 4 公里环山公路，再拾级竞登 3770 级台阶的登山游道至海拔 1169 米高的七仙岭二峰顶。奖励前 10 名，一等奖 5000 元，第十名 1000 元。

（县文化广电出版体育局 供稿）

# 医疗卫生

## 综　　述

**【概况】** 2010年,全县卫生工作坚持以科学发展观为指导,以健康需求为中心,以服务民生为天职,以群众满意为追求,以构建和谐为宗旨,全面落实全国及省卫生工作会议精神,紧紧围绕县委、县政府中心工作和省卫生厅下达的目标任务,实现了点、面整体推进,重点工作取得了突破性进展,全县卫生事业呈现出健康快速发展的好势头。

**【做好卫生发展规划】** 把卫生发展规划作为首要任务和关键抓手,按照国际旅游岛建设战略定位和发展目标,根据区域卫生资源配置,组织人员编写了《保亭县"十二五"卫生事业发展规划》和《保亭县"十二五"卫生人才发展规划》,并多次组织对规划进行修改、完善和补充,送县政府审批。

**【医药卫生体制改革】** (一)加强组织领导,落实目标责任制。根据省卫生厅2010年医改工作指标,卫生局与各医疗卫生单位签订医改工作目标责任书,配合省有关部门开展农垦医改调查,草拟《保亭县新星农场医疗卫生机构职能移交工作方案》,上送县政府审批。(二)推进基本药物制度的全面实施。从9月1日起,对全县78家基层医疗卫生机构(含农场医院)全面实施国家基本药物制度,实行药品网上统一招标采购、统一配送,并实行基本药物零差率销售。至年底,基本药物使用共245种,使用率65%,零销售平均下降比例40%,在一定程度上缓解了人民群众看病贵问题。同时做好基本药物制度补偿工作,明确基本药物制度补偿办法,按药品零差率销售的30%予以补偿。及时拨付财政资金50万到各医疗机构。(三)加快推进基本医疗保障制度建设。第一,三项基本医疗保险参保率不断提高,受益面不断扩大,受益人数不断增多。2010年,城镇职工医保参保人数3.5万人,参保率88.01%;城镇居民医保参保人数2.7万人,参保率96.53%;新型农村合作医疗参合人数7.5万人,参合率98.32%。新农合人均筹资水平由上年的120元提高到140元。受益农民7.53万人次(门诊7.12万人次;住院0.41万人次),补偿金额达1036.48万元(门诊178.79万元;住院857.69万元)。第二,三项基本医疗保险政策范围内住院费用报销比例正逐年提高。城镇职工医保、城镇居民医保和新型农村合作医疗住院报销最高支付限额分别达到人年收入的6倍以上。新型农村合作医疗政策范围内住院费用报销比例达57.62%。(四)促进基本公共卫生服务逐步均等化。至年底,完成城镇居民和农村居民健康档案分别为5.73万份和6.62万份,建档率分别为66.4%和86.8%,已超额完成省下达的任务。完成65岁以上老年人健康管理5186人,建档率61.1%;完成慢性病管理9498人(高血压6643人,糖尿病2855人),建档率43.5%;完成重性精神病管理552人,管理率88.4%;完成15岁以下人群补种乙肝疫苗累计8086人,完成率98.3%;完成农村孕产妇住院分娩2271人,完成率94.6%;完成叶酸服用1596人,完成率75.5%;完成白内障手术666例,完成率95.1%。

**【疾病防控与应急处理】** 坚持预防为主的方针,认真落实各项防控措施。重点抓好霍乱、甲型H1N1流感、人禽流感、手足口病、狂犬病、疟疾等重点传染病的疫情监测和防控工作,有效控制其发生和蔓延。艾滋病、结核病和手足口病防治工作得到加强,发病率保持较低水平。HIV 筛查 89 人,未发现艾滋病感染者。活动性肺结核病人 185 例,新发涂阳 103 例,复治涂阳 14 例,重症涂阴 12 例,初治涂阴 56 例。加强对流动人口的管理,完成血检人数累计 1.34 万人次,血检覆盖率 100%,血检阳性 1 例,阳性率 0.01%。开展麻风病线索调查 256 个村,覆盖人口 4.6 万人,普查 3 个村,共计 389 人,还针对愈后 10 年内麻风病人及家属进行随访检查,均未发现麻风病人。开展麻疹疫苗"查漏补种月"活动,完成"八苗"免疫规划接种 1.38 万人,接种率 98.89%。加强腹泻门诊规范化管理,采样送检 53 例,EV71 阳性感染 32 例,无重症病例。全年共报告法定传染病乙、丙两类 15 种 1297 例(乙类 9 种 420 例;丙类 6 种 817 例),总发病率为 815.93/10 万。死亡 17 例(狂犬病 16 例,肺结核病 1 例),无甲类传染病报告。2010 年 10 月,全县经受 60 年一遇洪涝灾害的严峻考验。面对突如其来的洪灾,县卫生系统各级人员沉着应战、科学应对、靠前指挥,及时启动保亭县卫生应急预案,并作出工作部署。积极投身于抗洪救灾第一线,有效防止了重大传染病疫情的发生,确保大灾之后无大疫。共派出医疗队 12 支 36 人,在全县 12 家卫生院 6 个农(茶)场医院免费巡回医疗服务,救治 1842 人次,发放药品价值 5.9 万元;共派出防疫人员 35 人次,发放消毒药品 498 公斤,消毒液 600 瓶,累计消毒饮用水井 305 口,消毒面积达 3.1 万平方米,发放宣传材料 1.5 万份。共派出卫生监督人员 48 人次,监督餐饮服务单位、集中供水、公共场所共 78 个,保护了灾区人民群众的身体健康。通过实战检验,全县应对突发公共卫生事件应急处理能力进一步增强。

**【基层卫生与妇幼保健】** 妇女儿童健康状况不断改善。孕产妇、婴儿和 5 岁以下儿童死亡率持续下降,住院分娩率、系统管理率和保健管理率持续提高。孕产妇系统管理率 74.4%,保健管理率 96.7%,产后访视率 95.6%,住院分娩率 99.2%,高危孕产妇住院分娩率 100%,孕产妇死亡率 66.67/10 万。3 岁以下儿童系统管理率 82.9%,7 岁以下儿童保健管理率 91.4%,婴儿死亡率 15.33‰,5 岁以下儿童死亡率 19.33‰,没有发生新生儿破伤风。婚前医学检查 1442 人,婚检率 72.6%。以上指标均达到"两纲要"、"两规划"目标要求,基层卫生与妇幼保健综合服务能力不断增强。

**【卫生综合执法】** 加强以职业卫生、环境卫生、学校卫生为重点的公共卫生监督管理工作。积极推进公共卫生场所卫生监督量化分级管理制度,组织开展公共场所卫生专项整治工作。共检查宾馆、餐饮店和美容美发店 183 家,责令整改 17 家。组织开展食品卫生、公共场所卫生、水质和碘盐监测工作。对饮食服务行业人员和公共场所行业服务人员健康监测 1405 人,发放健康合格证 1391 人,患职业禁忌人员 25 人。饮食行业食具和宾馆用品抽样检验 3715 份,符合国家卫生标准 3365 份,合格率 90.6%。抽取县自来水厂供应生活饮用水 40 份,符合国家生活饮用水卫生规范要求 38 份,合格率 94%。完成了 9 个乡镇 36 个自然村 288 户居民(农户)碘盐抽样监测,碘盐覆盖率和碘盐食用率分别为 100%和 96.33%。经国家消除碘缺乏病工作组全面考核评估,全县已实现消除碘缺乏病目标。完成了上级首长来县视察、"嬉水节"、"环岛自行车赛"等重大活动的食品卫生保障工作,并顺利通过"国家卫生县城"复审。

**【完善和加强卫生服务体系】** (一)加快医疗卫生队伍建设。人才是卫生事业可持续发展的关键,采取定向委培、远程视频教学、适宜技术推广、学历提高教育等多种方式,培训基层医疗卫生人员。选派县人民医院骨干到省级以上医疗机构进修 21 人;培训乡镇卫生院技术人员 76 人次、社区卫生服务人员 6 人次、乡村医生 138 人次;参加全科医生岗位培训 6 人次。(二)抓好上级医院对口帮扶和城乡对口支援工作。省农垦总局医院、海医附院派驻 1 支医疗队共 4 名各种临床专业专家帮扶县人民医院,县人民医院派驻

1 支医疗队共 3 名专业技术人员帮扶新政镇中心卫生院。通过专题讲座、教学查房、手术示范、医院管理等帮扶活动,服务质量和管理水平得到显著提高。(三)提高医疗服务水平和服务质量。加强医院内部管理,强化医院内涵建设,以开展"优质护理示范工程"、城乡对口支援、医院评审和业务培训为抓手,进一步提升医院管理和诊疗水平。医疗机构诊疗人数明显增多,达 22.9 万多人次,比上年增加了 10.6%。医疗收入也明显增加,共 3278.5 万元,比上年增加了 12.4%。(四)增加基本医疗设备。县财政安排 250 万元用于县人民医院购买一批医疗设备;还为乡镇卫生院、社区卫生服务站配备一批医疗设备及办公电脑等,提升基层医疗卫生机构的诊疗水平,办公条件明显改善。

**【卫生民生项目建设】** 紧紧抓住国际旅游岛建设和中央扩大内需双驱拉动的有利时机,着力抓好重点卫生民生项目。县人民医院增容扩建项目进展顺利,累计投入资金 5530 万元。至 2010 年底,该项目一期工程已全部竣工,进入装修阶段,力争 2011 年 9 月底投入使用,二期工程已开始建设。"杏林小区"保障性住房项目也于 2010 年底开工建设。完成加茂、南林、六弓、新政中心卫生院共 16 套周转房项目建设,累计投入资金 135.63 万元,建筑面积 961 平方米。同时,加大扶贫挂钩力度,投入 4 万元为响水镇什邱村委会道路建设和 3.5 万元改造文化室和卫生间。

(县卫生局 供稿)

## 卫生防疫

**【概况】** 保亭县疾病预防控制中心于 2000 年 10 月正式挂牌成立,属于副科级全额事业单位。中心现有干部职工 47 人,其中大学本科 4 人、大专 20 人、中专以下 23 人,卫生技术人员 42 人,高级职称 3 人,中级职称 5 人,初级职称 34 人。中心内部机构设置有办公室、急传科、免疫规划科、寄防科、卫生科、检验科、结防科、艾监科、皮防科、健教科、消杀科等 11 个科室。中心固定资产价值总额 346 万元,拥有紫外可见光度计、原子吸收分光光度计、极普仪、酶标仪、气相色谱仪、薄层分析仪、超净工作台、生化安全柜、702 型自动电位滴定仪、洗板机等检验检测仪器设备,开展卫生防病检验和承担卫生监督监测检验、预防性健康体检等项目。

**【机构能力建设与管理】** (一)设施建设。2010 年实验室改造,中心实验室业务用房共 500 平方米,其中艾滋病初筛实验室通过省卫生厅专家组的验收认证并投入使用。可承担本地区正常检验检测。其中碘盐检测质量控制均达到国家要求并颁发合格证书。(二)精神文明建设。县疾病预防控制中心认真贯彻"预防为主"卫生工作方针,全面开展疾病预防控制各项工作,圆满完成了各项工作任务目标,先后荣获"海南省疟疾防治工作先进单位"、"海南省扩大免疫规划工作先进单位"、"全县政府能力效能建设年活动先进单位"等荣誉称号,为提高全县人民健康水平,促进社会与经济健康协调发展发挥了应有的作用。(三)业务管理。各业务科室根据实际情况制订了相应的传染病防治、免疫规划、卫生监测、寄生虫病防治等工作计划和方案。在具体的业务管理上,实行科室分工、责任到人、分片管理的方法,按照制订的措施开展各项疾病防制工作,诸如专项业务培训、专项业务工作督导等。此外,年终根据方案要求对各项防治工作的落实和完成情况进行考核评估。(四)应急机制建设。中心成立突发公共卫生事件应急处理领导小组,下设各应急处理专业组,如疫情组、流调组、综合组、健教组、消杀组等,制订了相应的突发公共卫生事件应急处理预案。购置和储备相当数量的应急物品,包括药品、器械、防护用品等,配备专职人员负责储备物品的管理,确保应急物品数量充足、种类齐全。建立和完善疫情信息网络报告系统,实现全县疫情网络直报,确保疫情及时、准确上报。2010 年因受到"康森"台风的影响,全县出现强降雨天气,为了做好灾后防疫工作,实现"大灾后无大疫"的目标,确保广大群众健康安全,中心开展一系列灾后防控工作确保了全县无重大疫情发生。

**【传染病控制】** (一)传染病管理。2010年全县报告法定传染病乙丙两类15种1297例,死亡17例(狂犬病16例,肺结核病1例),无甲类传染病报告。总发病率为815.93/10万,其中乙类传染病9种420例;丙类6种817例。发病数占首位的是手足口病,占总发病数的30.76%,其次是急性出血性结膜炎病占21.81%,第三位是肺结核占15.49%。(二)疟疾防治。全县共完成血检人数累计1.34万人次,占总人口的8.18%,血检覆盖率100%,血检阳性1例,阳性率0.01%。县内流动人口血检1655人次,发现阳性13例,阳性率0.79%;省内县外流动人口血检289人次,没有发现阳性病例。(三)结核病防治。2010年全县结防机构共登记活动性肺结核病人187例,结核性胸膜炎8例。其中,新发涂阳102例(全年指标100例),完成指标的102%;复治涂阳17例(全年指标12例),完成指标的141.7%;重症涂阴15例(全年指标12例)完成指标的125%;初治涂阴53例(全年指标56例),完成指标的94.6%。其中,新涂阳患者发现率为71.3%(102/143),达到国家70%及以上的要求。(四)霍乱监测。按照省卫生厅《霍乱监测与控制方案》的要求,加强肠道门诊管理,并及时进行督导检查,全年实行霍乱周报,全县共有19个监测肠道病门诊开展了霍乱监测工作,各级医疗单位指定专职或兼职人员通过肠道门诊和巡诊,对腹泻病人进行门诊登记和采样送检。2010年全县共采集腹泻病人粪便及肛拭子标本193份,均未培养出霍乱弧菌。(五)SARS与人禽流感监测。根据制订的《保亭县流感、人禽流感和SARS等呼吸道传染病监测与控制工作方案》,每月对县级医疗机构开展两次主动搜索,并汇总报告省疾控中心。全县共搜索2家医疗机构24次,结果均未发现符合"不明原因肺炎"病例定义的病例以及人禽流感、SARS预警病例。(六)计划免疫。严格按照《疫苗流通和预防接种管理条例》、《疫苗运输和管理规范》、《免疫规划工作规范》的要求,进一步完善疫苗的采购、供应、使用和内部管理工作,建立健全各项管理制度,使全县免疫规范工作健康持续发展,免疫规划疫苗报告接种率维持在较高水平,"八苗"全程合格接种率达94.7%以上;扩大国家免疫规划疫苗单苗接种率,除麻腮疫苗接种率为84.9%外,其他的均达95%以上。为了进一步巩固工作成绩,确保免疫规划工作全面达标,中心始终把免疫规划工作列为重点工作,中心领导和免疫规划科经常深入乡村基层检查指导工作,帮助解决免疫规划工作中的各种难题,在中心领导重视下使各乡镇接种室建设、档案资料整理、免疫规划报表等工作逐步走向规范化轨道,特别是为了加强免疫规划工作,今年共召开两期免疫规划业务培训班,培训县乡业务骨干120人次。每个乡镇分别完成了每月两次冷链运转,全县共出生儿童1853人,入册上卡率达100%。

**【卫生监督】** (一)食品卫生。饮食服务行业人员健康监测886人,患职业禁忌人员12人。饮食行业食具抽样检验2739份,符合国家卫生标准2476份,合格率90.4%。(二)公共卫生。公共场所行业服务人员健康体检519人,患职业禁忌人员13人。宾馆、旅店业、美容美发中心的床上用品、用具、食具抽样检验976份,符合卫生标准889份,合格率91.1%。七仙温泉泳池水抽样检验15份,合格率100%。(三)劳动卫生。全年机动车辆驾驶员进行健康体检1600人次,均符合健康要求。(四)水质监测。共抽取县自来水厂所供应的生活饮用水40份,符合国家生活饮用水卫生规范要求38份,合格率94%,所检项目不符合要求的主要是余氯。(五)碘缺乏病防治。为了提高碘盐普及率,由政府牵头,多部门合作,利用"5·15"防治碘缺乏病日广泛开展健康教育活动,普及碘缺乏病防治知识。4月份完成了对9个乡镇,36个自然村,288户居民(农户)碘盐抽样监测现场及实验室检测工作。监测结果显示,全县碘盐覆盖率和合格碘盐食用率分别为100%,96.33%。9月,经国家评估组对全县消除碘缺乏病工作进行全面考核评估,评定县已实现消除碘缺乏病目标。

**【健康教育】** 在全国每年两轮消灭小儿麻痹强化免疫日、计划免疫日、防治结核病日、防治碘缺乏病日等一系列卫生宣传活动日,围绕各个活动的宣传主题,组织医务人员在街区设立咨询点和开展义诊活动,向前来咨询的群众详细讲解疾病对人体的危害和防治方法,有效地促进了健康教育在全县的进一步普及。

(县疾病预防控制中心 供稿)

## 爱国卫生

**【机构与编制】** 保亭黎族苗族自治县城市管理局于2004年7月设立,系正科级事业单位,隶属县人民政府,与县爱卫办合署办公,下辖城监大队、环卫站、园林站、市政所、路灯所、垃圾处理场。其主要职能是:贯彻执行国家有关城市管理工作的方针、政策和法规;依法拟定保亭城市管理工作的有关法规、规定;依法制定全县市政设施管理的发展规划并组织实施;负责编制市容环境规划并组织实施;协同有关部门编制城市绿化规划并组织实施;配合国土、环保、规划等部门的委托执法监察;负责城建监察管理、市政设施建设和维护、园林绿化建设和管理、城市市容和环境卫生的管理等工作。县城市管理局现有职工372人(含各站、所、队)。其中,正科级干部4人;科员4人;正、副站(队、所)长11人;城监执法人员52人;市政管理人员23人;路灯管理人员16名;环卫工人174人;垃圾处理场15人;园林工人84人。

**【爱国卫生宣传】** 充分利用广播电视、宣传车、宣传单、标语等宣传媒介,先后出动宣传车186辆次,制作宣传标语310多条,印发宣传单6000多份、简报2350多份。开辟卫生环境综合整治和巩固国家卫生县城工作专栏、设立曝光台、公布监督举报电话。继续办好"卫生监督岗"和"讲文明,讲卫生,大家谈"栏目。由于宣传发动工作深入到位,使卫生环境综合整治和巩固国家卫生县城工作得以深入人心。

**【环境整治】** 2010年,开展23次全县性的爱国卫生活动,发动城乡群众对城镇、旅游景区、农场场部及周边农村环境卫生进行全面整治,扫除垃圾,清除卫生死角;清理河床、污水沟;捡拣路边、绿地废弃物,整治白色污染。同时,加强县城道路日常保洁工作,扩大保洁范围,对所有小街小巷和没有实行物业管理的小区、单位庭院等安排专人负责清扫保洁。乡镇环卫站也扩大清扫保洁范围,不仅负责保洁墟镇,还负责辖区国道、省道、县道两侧的环境卫生整治和保洁工作。开展全县性统一投药灭鼠活动,在宾馆、酒店、农贸市场等安设防蝇、防鼠设施,控制"四害"密度。2010年共开展全县性环境卫生整治活动23次,机关、企事业干部、职工和群众参加活动11.8万人次;治理水沟7.8万米,河床0.7万米;清除卫生死角3580处,清理垃圾2.1万吨。开展除四害活动7次,投放毒饵到位率85%以上,覆盖率90%以上。

**【市容整治】** 组织协调建设、交警等部门,联合开展监督执法活动,大力整治市容秩序。清理占道经营、乱停乱放、乱搭乱建、乱张乱贴;规范广告、标牌、灯箱、标语等的设置。特别是对国道、省道沿线乡镇和脏乱差严重的乡镇,集中力量逐一进行整治。从城监、环卫等部门抽调人员,协助乡镇开展整治活动,依法拆除墟镇以及国道、省道沿线两侧的违章搭建,迁移占道经营摊挡,择地划线规范摩托车等机动车辆停放。集中力量整治出成效后,由乡镇平时负责巩固提高,并定期不定期到乡镇检查指导,确保违章违规现象不反弹。2010年,共取缔占道经营232家,拆除违章建筑37间4356平方米,处罚门前三包不落实者326家,整治车辆乱停放1359辆次,拆除影响市容的破损遮阳伞63家,破旧广告牌72块,清除遮阳伞石座123个,处罚违章运输渣土的工程车216辆次,清洗户外小广告6389处。

【城市基础设施建设】 着重抓好县城的硬化、绿化、亮化，夯实城市基础设施。硬化方面，加强市政道路的维护管理，修复破损路面23处950平方米。投入310多万元，建设星级旅游公厕3座。绿化方面，投入134多万元实施美丽木棉和火焰木绿化工程，共种植美丽木棉230株，火焰木1950株。投入500多万元，建设滨河西路道路绿化及景观工程；同时，在城区补种绿化苗木780株，并加大绿地的养护管理力度。保亭县城绿化覆盖率已达52%，绿地率已达43.6%，人均公共绿地面积已达18.12平方米。亮化方面，坚持既节能又亮丽的原则，着手实施灯光亮化工程，提高城市品位。投入1200万元，完成了保城河三期夜景灯光工程建设，投入60多万元，完成毛岸、六弓、什玲等乡镇的路灯建设。县城城区道路装灯率达到96%；亮灯率达到98.5%，城市夜景和谐优美。环卫设施方面，先后投入资金560万元，购买道路清扫车2部，道路清洗车2部，垃圾清运车8部，吸粪车1部，市容执法巡逻电瓶车5部，购买密闭式垃圾屋150间，果皮箱800多个。

【卫生督查】 认真做好爱国卫生督查工作，以查促干，保证实效。环境综合整治办公室从各成员单位抽调人员组成检查督导组，定期不定期深入到各单位、各乡镇和国营农场，明查暗访，跟踪督促，至少做到每月"一检一报"，即每月至少检查一次，通报一次，全年共检查通报17次，全面掌握各单位、各乡镇和国营农场爱国卫生工作动态，对行动慢、效果差，"脏乱差"严重的单位进行电视曝光和问责，责令责任人在电视上进行检讨，采取有效措施，解决存在的问题，确保整治达到效果。

【规范城市管理】 建立和完善城市管理各项规章制度，并将其汇编成册，发给职工，做到人手一册，并认真抓落实。在管理机制上，对城监、环卫、园林、市政等部门采取定人员、定路段、定标准的"三定"管理办法，促进整个管理的规范化。在监督考核方面，实行工作效果评价制度，每天对各班组、各岗位工作进行检查，并按制度奖罚；每周将奖罚情况进行通报；每月对各班组的工作进行考核评比，并将考核结果与工资挂钩，实行绩效工资，做到日监察、周通报、月考核，使城监、环卫、园林、市政等的长效管理落到实处。在工作机制上，创新环卫作业方式，县城街道实行"一扫全保"的作业制度，即早上七点钟前清扫一遍，早上七点至晚上十一点实行全天候保洁，使城区街道始终保持干净。扩大清扫保洁范围。将清扫保洁范围扩大到沿街角落、公路沿线两侧、建成区闲置地等。还安排专人负责城区河道日常清理保洁工作，做到水面清洁，无漂浮垃圾。加强垃圾收集、清运工作。街道、繁华市区的生活垃圾，由环卫站生活垃圾流动清运车定时上门收集；单位庭院和居民区的生活垃圾定点投放在密闭式垃圾屋，做到垃圾存放不过夜，日产日清。同时，城乡联动，整体推进，建立健全乡镇环卫机构，安排公益性人员充实乡镇环卫工作队伍，加强墟镇、所在乡镇辖区国道、省道沿线两侧的清扫保洁工作，提高城乡环境卫生整体水平。

【为民办好事实事】 (一)完成农村改水改厕任务。全年共完成保城什布和什玲什秀改水受益人数600多人，投入资金37万元。共完成全县改厕任务500户，投入资金40万元。(二)挂钩帮扶。帮扶局挂钩点保城春天村委会完成100米硬化道路，投入资金2万元；建设垃圾池5座，投入资金1万元；捐赠垃圾桶18个，投入资金9000元；提供垃圾屋1间，投入资金9000元；扶持冬季瓜菜抗旱油料费3000元；资助村级换届选举及"七一"党员活动经费3000元；捐赠电风扇2台600元。(三)开展"一帮一"联户扶持活动。党员干部带头和联系点贫困家庭结对，共有党员干部21名参加"一帮一"联户扶持活动。在农户子女上学、农作物种苗、家禽种苗等方面扶持帮扶资金共1.3万元。

（县城管局 供稿）

## 妇幼保健

**【简况】** 保亭县妇幼保健院占地面积1800平方米,业务用房750平方米。在职员工38人,其中专业技术人员29人,具有大专以上学历10人,副主任医师2人,主治医师4人。现已开设的业务科室有:健康教育科、儿童保健科、妇女保健科、妇科门诊、儿科门诊、产科病房、婚前医学检查等。医技科室:B超室、检验科、注射室等。该院是一家综合性妇幼保健服务机构。2010年,妇幼保健院以保健为中心,保健与临床相结合,以实现妇女儿童的生命健康为目的,面向群体、面向基层,加大孕产妇健康管理、儿童健康管理力度,开展国家及省级的农村孕产妇住院分娩补助项目、增补叶酸项目、新生儿疾病筛查及预防艾滋病母婴传播妇幼卫生项目,运行国家妇幼卫生信息网络,开展妇女保健、儿童保健、高危孕产妇筛查及妇幼卫生监测与信息管理、妇幼卫生保健人员培训、妇幼保健咨询、婚前医学检查等业务。

**【实施母婴保健法】** (一)加强妇幼保健网络建设,保障母婴安全。建立和完善了以县、乡妇幼保健技术人员为骨干,以乡镇卫生院和村卫生室为基础的妇幼保健服务网络。开展妇幼保健机构等级达标,提高妇幼保健水平能力建设项目,做到“人员、房屋、设备”三配套,完善了高危孕产妇转诊制度,并多次举办培训班强化了新生儿复苏技术,全县妇产科质量、新生儿抢救技术水平和儿童规范门诊体检工作得到提高。(二)严格依法行政,强化母婴保健力度,提高出生人口素质。卫生行政部门依据相关法律法规,开展母婴保健服务项目、规范服务行为,对母婴保健专项技术服务机构和人员依法考核、评审、认定和准入;对婚前医学检查、助产技术、终止妊娠手术等法律规定的专项技术,依法实行行业管理,推进了妇幼卫生法制化、规范化建设。目前,全院取得母婴保健资格许可证的医务人员共有10名。取得婚前医学检查资格许可证的7名,对婚前健康检查实行免费,确保婚检质量,把好优生第一关,年内体检1442对,婚检率72.64%。认真贯彻落实《保亭县妇女发展规划》和《保亭县儿童发展规划》,采取保障母婴安全和干预出生缺陷系列措施,成立了新生儿疾病筛查领导小组,积极开展新生儿疾病筛查工作,使妇女儿童整体健康水平和出生人口素质得到进一步提高。(三)认真做好“降消”项目和农村孕产妇住院分娩补助工作。重点抓好县乡两级“降消”项目人员培训,2010年全县孕产妇、婴幼儿死亡率都低于全省平均水平,新生儿破伤风发病率为零;共救助贫困孕产妇1562人,补助资金39.80万元。

**【妇女保健管理】** 制定了孕产妇、儿童系统保健管理、住院分娩管理、高危孕产妇筛查及管理办法,规范了孕产妇、儿童健康管理等制度,做好各项妇幼卫生项目,提高住院分娩率、降低孕产妇死亡率。2010年全县孕产妇1495人,出生活产1500人。孕产妇系统管理1116人,系统管理率74.4%;孕产妇保健管理1451人,保健管理率96.73%;产后访视1435人,产后访视率95.67%;新法接生1498人,新法接生率99.87%;住院分娩1489人,住院分娩率99.27%;高危孕产妇222人,高危孕产妇住院222人,高危孕产妇住院分娩率100%;孕产妇死亡1人,孕产妇死亡率66.67/10万。

**【儿童保健管理】** 2010年,全县7岁以下儿童共1.1万人,5岁以下儿童8070人,3岁以下儿童4981人。7岁以下儿童保健管理1万人,保健覆盖率91.4%;3岁以下儿童系统管理4132人,系统管理率82.96%;新生儿访视1315人,新生儿访视率95.71%。低出生体重66例,发生率4.4%;5岁以下儿童中重度营养不良发生率4.12%;婴儿死亡23人,死亡率15.33‰;5岁以下儿童死亡29人,死亡率19.33‰;没有新生儿破伤风发生。进一步规范《出生医学证明》发放管理工作,严格执行有关规定,设专人管理、专人发放。

**【妇幼卫生项目】** (一)中央补助地方农村孕产

妇住院分娩项目:中央补助地方农村孕产妇住院分娩项目是国家为降低孕产妇死亡率和新生儿死亡率而对住院分娩的农村孕产妇实施补助的项目。按照每人补助300元的标准,2010年全县农村孕产妇住院分娩补助1562人,补助资金39.80万元。(二)增补叶酸预防神经管缺陷项目:为了进一步加强出生缺陷干预工作,降低县婴儿神经管畸形发生率,提高出生人口素质,对辖区内准备怀孕和孕早期3个月内的农村妇女免费发放叶酸。2010年全县共有叶酸服用人数1567人,服用率78.35%。(三)《0—36个月儿童健康管理》和《孕产妇健康管理》项目:这两项国家基本公共卫生项目由2009年12月1日启动,根据项目要求,对全县孕产妇及0—36个月儿童按项目服务包标准提供免费服务。2010年0—36个月儿童健康管理4549人,孕产妇健康管理1620人。

**【健康教育宣传】** 2010年,县妇幼保健院高度重视健康教育工作,完善一级预防功能,制定健康教育计划及规范,开展内容丰富的健康教育活动,编印各类健康教育宣传手册,培训在岗工作人员加大健康教育力度,为改变广大群众特别是农民群众的传统观念,宣传预防艾滋病母婴传播、婚前医学检查的意义和重要性、婴幼儿家长科学喂养等知识,全年共组织各类宣教活动20余次,宣教人数4500余人次,发放宣传单2万余张。

(县保健院 供稿)

## 县红十字会

**【简况】** 2010年,保亭县红十字会服从和服务于保亭的中心工作。通过组织无偿献血、捐献造血干细胞、卫生救护培训、捐资助教、医疗救助、“夕阳暖”关爱老人志愿服务、宣传预防艾滋病知识等活动,不断发展壮大红十字会员及志愿工作者队伍。目前已有会员及志愿者320余名。这些会员和志愿者常年活跃在公民无偿献血、捐献造血干细胞、关爱老人服务、应急救护培训和宣传预防艾滋病知识等活动之中,为传播红十字精神、推动全县红十字事业的发展做出了应有的贡献。

**【备灾救灾】** 2010年,县红十字会依照《中华人民共和国红十字会法》赋予的职责,积极协助县人民政府备灾救灾,开展了“红十字博爱送万家”活动,给420户贫困人口提供了价值2.26万元的慰问物资;在春节前给孤寡老人、孤儿、贫困户提供了大衣、大米、床被等慰问物资。2010年4月14日7时49分,青海玉树县发生了7.1级大地震,保亭县红十字会按照中国红十字总会和县委、县政府的要求,迅速开展为玉树地震灾区募集赈济工作。从4月19日8点半起,县红十字会收到全县领导干部职工及企业群众的第一笔募捐款(16.01万元)。至5月12日止,县红十字会共收到(到账)捐款39.94万元,所有善款全部用于灾后重建。2010年10月,保亭遭遇到罕见的洪涝灾害,造成农民房屋倒塌、农作物受损及绝收,给农民的生产生活造成了极大的影响。县红十字会第一时间到受灾乡镇调查了解灾情,及时向省红十字会上报灾情,省红十字会非常重视,及时向保亭县受灾乡镇调拨价值2.76万元的救灾大米,使368户1840余名受灾人口受益。

**【卫生救护培训】** 普及应急救护和防病知识,进行初级卫生救护培训。全年共举办16课时的公共卫生救护培训6期(300人)和2课时的救护知识讲座12期(5000人)。接受卫生救护培训的300人,经过考核都已具备掌握先进、正确的初级卫生救护技术资质,并取得中国红十字会颁发的《红十字急救员》证书。

**【人道主义救助工作】** 为做好突发自然灾害和弱势群体的捐款救助工作,2010年县红十字会通过菩提树孤儿救助基金出资3万元人民币,资助县内贫困高中生黄瑶慧、文来娣等七名贫困孤儿优秀大学生每人0.5万元(人民币),用人间真情帮助他们圆了大学梦。首次开展对贫困人口的医疗救助。2010年继续开展天来泉基金医疗救助活动,针对全县65岁以上无钱住院治疗病痛的老人实施救助,共救助了6人,救助金额2.58万元人民币,使这些老人摆脱了病痛,感受到人间真情和温暖。

**【红十字青少年活动】** 县红十字会根据青少年工作特点,在县直属中小学开展青少年活动。一方面,通过电视广播、宣传横幅、宣传栏向社会广大青少年传播红十字人道、博爱、奉献精神,从小养成尊师敬老、慈爱善举、崇尚科学、奋发向上的情操;另一方面组织青少年参加义务劳动、给敬老院搞环境卫生、为灾区群众捐款捐物和发放物资等社会实践。5月8日是世界红十字日,保亭县红十字会在全县开展以"集中展示人道力量,为贫困优秀大学生、重大疾病患者和困难群众募捐"为主题的义卖活动。当天上午义卖共得善款2812.5元。还开展了第十七个世界地中海贫血日宣传活动,为市民宣传地中海贫血防治的有关知识。发放宣传资料2000份。

**【无偿献血及艾滋病防治】** 县红十字会认真贯彻执行《中华人民共和国献血法》,积极宣传与推动无偿献血工作,通过新闻媒体和社会各界的大力支持,努力营造"献血救人,功德无量"、"适量献血,有益健康"的良好社会氛围。2010年全县公民无偿献血总人数达187人次,献血总量达7.48万毫升;无偿献血工作获得省红十字会及献血站的肯定。为遏止艾滋病的蔓延速度,唤起人们对艾滋病患者和遗孤的同情及关爱,积极开展预防艾滋病青年同伴教育活动。在世界艾滋病宣传日中,成功地组织了"百名红十字青年志愿者宣传"活动和在县中学举行了预防艾滋病知识与技能讲座,约1000名中学生参加了以上活动。通过这些活动,不仅使青少年懂得了艾滋病的预防知识,提高了预防意识,还培养了他们博爱助人的高尚情操,促进了学生德智体的全面发展。

**附:2010年重要记事**

1月:海南省红十字会救援训练基地在保亭县呀诺达雨林文化旅游区挂牌成立。6月:红十字以"天来泉·夕阳暖"为主题的关爱老人志愿服务试点活动在保亭六弓乡开展。10月1日:《海南省红十字会条例》即日起实施。12月:保亭启动海南省红十字会全球基金疟疾项目Ⅰ期长效蚊帐发放项目年。

(邹和平 供稿)

## 医院选介

**【保亭县人民医院】** 保亭县人民医院占地面积约2.3万平方米,总建筑面积约1.4万平方米,其中业务用房面积约7200平方米。现设内、外、妇、儿、急诊、五官、中医等临床科室12个,检验、放射、B超、心脑电图等医疗技科室10个,行政职能科室10个,实际开放病床110张。在职员工218人,专业技术人员188人,占职工总人数的86.23%。专业技术人员中,高级职称10人,中级职称38人。医院担负着保亭16万多人口的医疗救护工作。2010年,急、门诊量达8.6万多人次,住院病人达4000多人次,病床使用率达103.22%,医疗业务总收入达到2400多万元,创历史新高。医院拥有美国GE公司16排螺旋CT机,美国GE公司平板DR机,钼靶乳腺X光机,荷兰飞利浦彩色多普勒超声诊断系统,日本奥林巴斯AU400全自动生化分析仪,日本奥林巴斯电子胃镜、肠镜系统,德国德尔格麻醉呼吸机,体外碎石机,中央监护系统等一大批先进医疗设备。外科除常规急诊手术外,能开展多种肿瘤切除手术(如直肠癌根治术、乳腺癌根治术、甲状腺全切除术等)、四肢骨折内固定术;妇产科能开展无痛人流术、全子宫切除术、剖宫产等;内儿科在急诊心梗、颅内出血、上消化道出血等急危重症方面有一定的诊治经验。医院重视学科建设,积极开展新技术、新项目,逐步形成院有重点、科有特色、人有专长的新局面。为了切实提高诊疗水平和服务能力,保亭县人民医院扩容改建工程已于2009年4月9日破土动工,新医院将于2011年底前竣工交付使用。新的保亭县人民医院占地面积将达到150亩,业务用房面积为2.23万平方米,开放病床200张。新的保亭县人民医院就医环境更加完善，服务流程更加合理，科室设置和医疗设施更加齐全，将从根本上解决保亭人民群众看病就医难问题。医院坚持“科技兴院，管理强院”发展战略，加强人才培养，先后选派一批业务骨干赴国内知名医院进修学习；与海南省农垦总局医院、广东医学院第二附属医院建立技术协作关系，为医院业务发展奠定了坚实基础。2010 年，医院派出人员参加省级继续教育短程培训 30 期，44 人次；院内组织培训医技组 14 期，参加培训人数 1105 人次；护理组织培训 14 期，参加培训 692 人次。协助海南省继续护理学教育办公室来院举办《海南省级医学继续教育项目护理系列专题保亭县讲习班》1 期，6 个课程，参加培训 486 人次，培训后经考核均获得学分证书。同时以安全护理为目标，每季度对护理人员进行业务考核，其中技术操作考试 707 人次，理论知识考试 329 人次，合计 1036 人次，从而不断提高了全院医务人员的技术水平和工作能力，为医疗质量和医疗安全奠定了基础。2010 年度医院被卫生部全国医院感染监测网与全国医院感染监控管理培训基地评为“感染横断面调查先进单位”、在海南省医疗机构“质量与服务 300 分”评鉴工作中荣获“二等奖”、被保亭县总工会评为“先进集体”。除此之外，医院还先后获得：“先进基层党组织”、“海南省综合医院结核病归口管理工作先进单位”、“全省征兵先进单位”、“‘视觉第一中国行动’国家医疗保障工作先进单位”等多项殊荣。

（县人民医院 供稿）

# 国土测绘与环境保护

## 国土资源测绘

【测绘法制宣传】 2010年是《中华人民共和国测绘法》修订实施八周年，宣传的主题是“数字城市惠及千家万户，测绘保障服务国计民生”。在宣传中，重点突出宣传了《中华人民共和国测绘成果管理条例》修订和颁布实施情况；着力宣传了《测绘法》、《测绘成果管理条例》、《海南省测绘管理条例》等法律法规；宣传了在《测绘法》修订实施八年以来，测绘事业发展取得的新成绩、测绘法制建设取得的新进展、测绘统一监管取得的新突破、测绘保障能力取得的新提高，为《测绘成果管理条例》贯彻实施创造了良好的舆论环境。

【国家版图意识宣传】 按照“少说多做，适时适度”的原则，采取多种形式，多种渠道的宣传方式，分层次、全方位的进行宣传，取得了较好的效果。(一)做到有准备、有安排。为了使宣传活动扎实有效，在8月初就准备了《测绘法》、《测绘成果管理条例》、《基础测绘条例》等相关法律法规学习宣传材料，对测绘宣传活动做了安排部署。(二)充分利用广播、电视等新闻媒体进行宣传，扩大宣传的覆盖面。(三)设点开展宣传，8月29日在政府广场设立宣传点向行人宣传和发放《海南省地图》和《海南省旅游图》等资料。(四)在县城张贴宣传画册并在主要干道挂横幅13条。通过开展以上方式，广泛宣传《中华人民共和国测绘法》及《基础测绘条例》的重要意义，使群众了解了测绘在经济和社会发展中的位置，切实增强了广大干部群众的测绘法律意识。

(县国土环境资源局 供稿)

## 环 境 保 护

【生态保护和建设】 县委、县政府高度重视对生态环境的保护，坚持“在保护中开发，在开发中保护”。把保护生态作为在“三抓二保一加强”的总要求中去强调去部署。加强森林资源保护和林业生态建设，正确处理生态保护和开发建设与各种利益关系，为县跨越发展保住绿色屏障。明确工作目标，突出重点，全面推进林业生态建设。认真实施天然林保护工程，加快村边、路边、城边防护林建设。加快发展大林业产业，不断优化林业结构。严格林业执法，加强林业法制建设，强化森林资源保护和管理，提升林业生态建设整体水平。计划开展全县的生态、矿山保护工作巡查，年内没有发现严重的生态破坏事件。开展什么东村生活污水人工生态湿地治理，促进生态良性循环。

【污染防治设施】 在县城建设生活污水排放系统和污水处理厂，结束生产污水直接排入河流中的状态。另外增加公共厕所、垃圾桶等必要设施，逐步完善生态县建设所必须的条件。

【环境保护制度】 (一)加强对新扩改项目的管理，严格控制新污染源的产生。认真贯彻执行国务院《建设项目环境保护管理条例》、国家环保总局《建设项目环境保护分类管理名录》和《海南省建设项目环境保护管理规定》，严格执行环境影响评价制度和“三同时”制度，把好新、扩、改建项目的环保关，严格控制新污染源的产生。(二)创建县城烟尘控制区和噪声达标区建设，提高县城的环境质量。为了实现高水平、高标准打造保亭绿色生态县，争创一流的生态环境，一流的人居环境，创建“国家卫生城镇”，必须加快进行“两控区”的建设，认真贯彻《保亭县保城镇烟尘控制区管理办法》和《保亭县保城镇噪声达标区管理办法》，把两项控制目标落到实处。（三）严格实行排污申报、排污收费和排污许可证制度。严格要求排污单位按照法律法规和环境保护部门规定的时间进行排污申报，在获得批准、取得排污许可证后方可依法排污。排污单位必须依法缴纳超标排污费，对于欠缴的单位依法进行处罚。（四）全面贯彻落实限期治理制度，有效提高环境质量。将排污企业达标排放作为首要任务来抓，对那些未达标的企业，要进行限期治理。有效实现环境效益、社会效益和经济效益的统一。（五）加强现场检查，全面推进医疗废物无害化处理。加大对排污单位的现场检查力度，及时掌握各排污单位的情况，消除污染事故隐患。要进一步做好医疗废物的收集、贮存、转移和监督工作，全面实现医疗废物的无害化处理。（六）密切合作，齐抓共管，开创保亭环保工作新局面。各部门认真贯彻县委、县政府制定的有关环保方面的方针政策，密切配合，联合执法，将各项环境保护措施落到实处。

**【环境违法整治】** 从2010年6月开始，集中整治重金属排放企业环境违法问题，巩固污染减排成效，进一步加大对污染减排重点行业的监管力度。共出动60人次，对15家企业进行检查，未发现以上违法排污企业。加强对城镇污水处理厂的日常监督检查，就县城污水处理厂试运行阶段厂区入水浓度偏低问题，及时去函给县水务局要求进行整改，并要求尽快申请验收。继续深入开展规模化畜禽养殖场执法检查，从严依法查处规模化畜禽养殖场的环境违法行为。共出动14人次，对4家规模化养猪场进行检查，发现2家规模化养猪场污水处理设施损坏，污水存在渗漏行为，及时下文要求企业限期整改并进行处罚。

**【环境空气质量】** 据《保亭县2010年环境质量监测报告》，全县环境空气质量优于居住区空气质量要求的国家二级标准，环境空气质量符合国家一级标准。环境空气中主要污染物二氧化硫、二氧化氮浓度符合国家环境空气质量一级标准。

**【环境保护宣传教育】** （一）加强青少年环保意识教育工作。在保亭县的中小学中广泛开展普及环境保护知识的教育活动，在学生中组织有关环保方面的兴趣小组，如生态调查小组、护鸟小组和环保小组等。在学生中开展环保知识竞赛，提高中小学生学习环保知识的热情。（二）利用多种手段大力宣传环境保护。通过电视、广播、宣传栏、挂横幅、开展环保知识竞赛等多种形式，宣传环保法律法规和生态环境保护知识。利用“世界环境日”、“土地日”、“地球日”等纪念日，开展街头宣传，组织竞赛活动。同时深入到农村、农场等基层进行宣传，促使全县民众的环保意识逐步提高。全年在县城、各乡镇和各国营农（茶）场巡回宣传12次。

（县国土环境资源局 供稿）

# 气象·地震

## 气　　象

**【简况】** 2010年,保亭县气象局以建设"六个一流"现代化气象台站为目标,以为地方经济发展服务为宗旨,气象基础业务工作稳步上升,气象预报准确率显著提高,气象防灾减灾工作呈现新局面,综合管理工作收效显著。

**【业务平台建设】** 2010年,县气象局不仅完成了测报、预报平台的设计和建设,还自筹资金购置高档联想电脑,替代区域自动站的旧电脑,彻底解决自动站报文及时上传的问题;完成预报业务三台一托四电脑和一台一托二电脑的软硬件安装,并投入使用。在硬件上极大改善了测报、预报业务的工作条件。

**【业务学习】** 2010年,局狠抓基础业务人员的培训和交流学习工作。通过一系列的学习、交流和考试,业务人员的业务技能明显提高。报表全年错0.1条,错情率0.05‰,业务质量较上年度明显提高。为扩展学习形式,年初,局先后组织干部职工到北京和上海一带开展考察学习活动。通过考察学习,既拓宽工作思路,又增强战斗力和凝聚力,提升了干部职工的综合素质。

**【完善激励机制】** 2010年,局修改补充《保亭县气象局零错情工作目标实施规定》、《保亭县气象局应急值班制度》、《保亭县气象局预报值班工作制度》、《保亭县气象局气象服务管理办法》、《保亭县气象局气象服务工作考评管理办法》等制度,进一步完善业务工作流程;制定《保亭县气象局业务质量奖发放管理办法》,形成奖罚分明机制,使业务质量与年终奖挂钩,极大地调动了业务人员的工作积极性。

**【气象服务】** 为做好2010年的气象服务工作,制定了《保亭县气象局决策气象服务周年方案》,成立了汛期气象服务领导小组。全年共向县三防和社会大众发布热带风暴消息6次,热带风暴警报1次,台风紧急警报2次,超强台风消息3次,暴雨警报10次;发布台风黄色预警信号1次,暴雨橙色预警信号2次,暴雨红色预警信号1次;共接受县电视台记者现场采访8次;通过手机短信平台向县相关领导和气象信息员发送气象信息86批次。在国庆"黄金周"强降雨天气过程中,保亭县三防依据局提供的气象信息及时转移住在低洼地区的村民675人,降低水库库容,在整个降雨过程中,未出现人员伤亡和水库溃坝,有力地减少了持续性强降雨造成的损失。在做好灾害性天气过程服务工作的同时,还积极、主动地为地方政府的重要活动开展专题气象服务,全年共为省委书记卫留成来保亭调研活动、七仙"嬉水节"活动、九九重阳登山活动等10次重要活动提供了专题气象服务。为了更好地做好气象服务工作,局大力扩展气象信息的发布途径,完成手机短信平台、乡镇气象电子显示屏等信息发布渠道的建设,通过手机短信和乡镇气象电子显示屏快速、及时地发布气象信息,使各部门、各乡镇在第一时间掌握气象动态。同时,大力建设气象信息员队伍,进一步拓宽气象信息发布渠道,确保气象信息发布畅通无阻。同时,积极开展专业气象服务。2010年,加强与各旅游景区联系,把气象服务送进景区。保亭恒安气象科技服务中心与甘什岭槟榔谷海南原住民文化游览区签订在天气预报节目中插播景点广告合同,合同额9.99万元,继续保持专业气象服务的市场份额。

# 市场物业经营管理开发中心

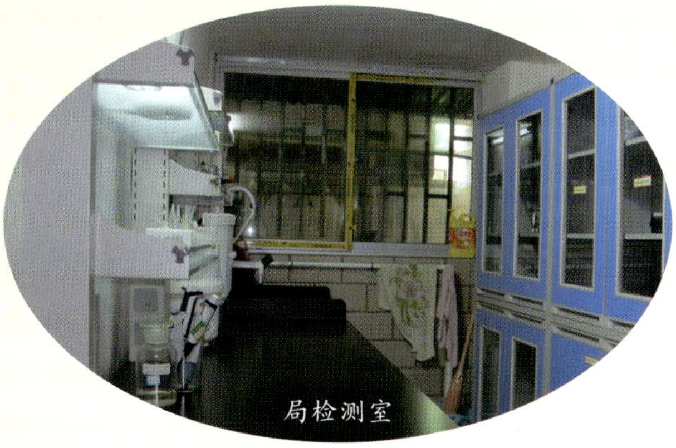

局检测室

猪肉摊

蔬菜摊

海鲜鱼摊

熟食摊

保亭农贸市场

保亭县市场物业管理开发中心是2002年6月在工商行政体制改革时从保亭工商局分离出来，划归地方政府管理的一个自收自支、自负盈亏、独立核算的事业单位。现有干部职工47人，管理全县四个农贸市场，总占地面积14446.25㎡，建筑面积为11314.33㎡，固定资产384.962万元，年均收入100多万元。目前县城唯一的农贸市场由中心管理。该市场按省商务厅市场升级改造建设标准设计，设有农药残留检测室、公平称室、服务台、绿色产品无公害销售区、市场管理办公室、电子监控室、电子屏幕、广播室等。于2007年8月被省商务厅授予商贸行业“绿色市场”品牌建设示范企业等荣誉称号。

本中心主要职责是：负责县内市场的物业管理，市场建设规划、市场开发和维修；负责市场内的治安、消防、卫生、供水供电照明等管理服务工作；提供交易场所和服务设施，确保市场安全稳定，秩序井然；依法收取市场设施租赁费、卫生费和其他符合国家有关规定的有偿服务费。多年来，中心坚持“诚信、优质、开拓、高效”的作风，以诚实守信、高效优质的热情服务赢得经营者、消费者及社会各界的广泛好评。

# 热带作物发展服务中心

红毛丹

单位地址：保亭县城保兴路园林巷热作中心大院
电 话： 83668491　　传 真： 83668491
电子邮箱：bt83668491@163.com

保亭县热带作物发展服务中心隶属于保亭县农业局管理，正科局事业单位，是保亭县热带作物种植业农业技术推广机构，财政预算管理全额拨款事业编制13名，现有在职职工13名，其中专业技术人员8名。主要从事保亭县域的热带经济作物的种植规划技术指导、服务、培训工作，热带作物的科技研究、科研成果引进和实用技术推广，包括良种繁育、施用肥料，病虫害的监测、预报、防治和处置，栽培管理等多项性技术工作。2006年被海南省农业厅评为热作生产先进单位；2009年被海南省农业厅评为农业技术推广先进单位。2010年，在中共保亭县委，县政府的正确领导下，较好地完成了农民胶工的岗前培训、563亩天然橡胶良种补贴任务、大宗农作物单产提升行动、热带水果的技术指导和挂钩点的扶持等各项工作。共开展各类技术培训65期，培训农民6845人。全县热带作物种植总面积达 20万亩，收获总面积13.5万亩，总产量3万吨，总产值18000万元。

讲解磨胶刀技术

橡胶

割胶培训

龙眼

# 保亭县交通运输局

优质服务标兵

2010年，交通局在县委、县政府的正确领导和上级交通主管部门的大力支持下，以交通运输管理和农村公路建设为中心，较好地完成了全年各项交通工作任务。重点工程项目全面启动，农村交通基础设施建设加快，公路养护质量稳步提高，交通运输行业管理力度不断增强，安全运行态势良好。该局被县委县政府评为“保亭黎族苗族自治县文明单位”、“全县惩治和预防腐败体系建设暨党风廉政建设先进单位”、“全县安全生产工作先进单位”、“全县人口和计划生育工作先进单位”。

开展国防交通法规宣传

防风布置会

保城镇地处保亭县城环城郊区，是保亭县经济、政治、文化中心，位于风光秀丽的七仙岭脚下。这里自然条件优越,森林资源丰富,雨量充足，空气清新，气候温和，四季如春，土地肥沃，宜于发展粮食作物和热带作物。镇内旅游资源十分丰富，北部有著名旅游景点七仙岭、度假胜地七仙温泉、七仙岭温泉国家森林公园，特别是七峰群立，直冲云宵，雄伟壮观。七仙岭下迷人的七仙温泉区和秀丽的田园风光，是温泉沐浴、观风瞻景、登山探险、休闲度假的旅游胜地。被评为“国家园林县城”和“国家卫生县城”，保城以七仙岭被国家命名为“七仙岭温泉国家森林公园”而闻名于世。

县、镇领导慰问困难群众

保城镇行政区划辖2个社区、8个行政村，60个村小组，2448户，总人口40393人，其中农业人口11863人，非农业人口28530人，农村人口11802人，劳动力6042人。全镇土地面积为180.1平方公里，耕地面积9659亩，其中水田5063.72亩，旱田2069.22亩，坡地2526.06亩。农作物种植是全镇农民的主要收入，以种植橡胶、槟榔和反季节瓜菜为主。全镇依托七仙岭旅游开发和旅游房地产带动周边农村经济发展，利用城郊优势发展经济。2010年，全镇生产总值为13318.59万元，同比上年增长22.0%；农民人均纯收入为3756元，同比上年增长18.9%；农村经济总收入4795.1万元，其中农业1969.4万元，橡胶1387.7万元，牧业469.5万元，渔业79.8万元，工业54万元，建筑业34.8万元，运输业125万元，餐饮业309.7万元，服务业107.1万元，其它23万元。

县委组织部部长邝旭彪到毛介调研民兵连

保城镇行政区划辖2个社区、8个行政村，60个村小组，2448户，总人口40393人，其中农业人口11863人，非农业人口28530人，农村人口11802人，劳动力6042人。全镇土地面积为180.1平方公里，耕地面积9659亩，其中水田5063.72亩，旱田2069.22亩，坡地2526.06亩。农作物种植是全镇农民的主要收入，以种植橡胶、槟榔和反季节瓜菜为主。全镇依托七仙岭旅游开发和旅游房地产带动周边农村经济发展，利用城郊优势发展经济。2010年，全镇生产总值为13318.59万元，同比上年增长22.0%；农民人均纯收入为3756元，同比上年增长18.9%；农村经济总收入4795.1万元，其中农业1969.4万元，橡胶1387.7万元，牧业469.5万元，渔业79.8万元，工业54万元，建筑业34.8万元，运输业125万元，餐饮业309.7万元，服务业107.1万元，其它23万元。

团结奋进的镇领导班子

# 保城镇

镇委书记　邓汉明

镇长　周程

新建成的黎苗风情一条街

七仙广场

高尔夫球场

幢幢高楼拔地而起

# 保亭县 三道镇

三道镇人民政府大楼

在县委、县政府的坚强领导下，在县直机关有关部门的大力支持和全镇干部群众的共同努力下，三道镇按照县委、县政府的工作部署，以国际旅游岛建设为契机，以加快推进社会主义新农村建设统揽工作全局，紧紧围绕打造“旅游强镇”和促进农民增收为目标，进一步转变发展思路，加快以旅游项目开发带动农业产业化、规模化发展，加强精神文明、民主法制建设和社会各项事业发展。农民人均收入由2009年的2929元增加到2010年的3583.9元，增加654.9元，增长22.3%。社会治安稳定,人民生活明显改善,三道经济正朝着强劲的势头发展。

三道镇天康桃源居　　呀诺达景区　　槟榔谷

大区小镇新村—什进村

# 保亭县 加茂镇

美丽的保亭

镇委书记　黄美莲　　　　镇长　黄照儒

加茂镇位于保亭东南部，距离县城10公里，东连六弓乡，南邻三道镇，西靠新政，北依保城。属热带雨林山地，日照充足、雨量充沛、土地肥沃，宜于发展粮食作物、热带水果和经济作物，是保亭县主要的粮食生产和热作生产基地。全镇土地面积110.7平方公里，耕地面积8560亩，其中水、旱田7100亩、坡地1460亩；山地面积39000亩。全镇有6个村委会，57个村小组，有大旺、石建、连章3个经济场和1个镇橡胶加工厂。到2010年底，全镇总人口11154人，农业人口10196人，非农业人口958人。

三年来，该镇坚持一手抓热带高效农业，一手抓产业培育和项目的引进，农村经济保持良好发展态势，农民增收工作成效明显。2008年农业总产值7544万元，农村经济总收入为3125.3万元，农民纯收入总额为2640万元，农民人均纯收入为2589.6元。2009年农业总产值8828万元，同比增长17%；农村经济总收入为4379.7万元，同比增长40.1%；农民纯收入总额为3089.8万元，同比增长17%；农民人均纯收入3158元，同比增长21.9%。2010年农业总产值10388万元，同比增长17.7%；农村经济总收入为5141.4万元，同比增长17.3%；农民纯收入总额3872.4万元，同比增长25.3%；农民人均纯收入为3798元，同比增长20.2%。

几年来，全镇经济和社会发展取得了明显成效，人民生活持续得到改善，农村经济持续稳步发展。该镇先后荣获2008年度和2010年度计划生育工作先进单位，2008年度省级社会治安综合治理工作先进单位、2008年度基层组织建设先进单位、党风廉政建设先进单位、2010年度精神文明建设、全省抗洪抢险救灾以及城镇居民医保、新农保、劳务输出、“三冬”工作先进单位。

镇委、镇政府办公大楼

县委书记郑作生到该镇指导防风工作

县长彭家典到该镇调研农村危房改造工作

县委常委王秀美到该镇指导农村危房改造工作

# 保亭县 新政镇

“7.21”中央国家机关工委副书记余贵麟同志在县委记郑作生、县长彭加典同志的陪同下到该镇报什兰花基地调研。

镇委书记　周贤亮

镇长　陈成思

省长蒋定之同志到该镇冷冻厂视察工作

保亭县第七届科技活动月开幕式在该镇举行

政镇位于保亭县城西南部，海榆中线自北向南穿过，南至三亚市56公里，西至保亭县城21公里，北至五指山市38公里。全镇下辖10个村委会，68个自然村，4个镇农场，是黎、苗、壮、汉族聚居的乡镇，共2436户，14036人。土地面积172.1平方公里。地势西部高，东部平缓，西部山区是境内河流的发源地和分水岭，是水源林区，全镇大部分的森林皆分布于此。主要河流有脚下河、报什河和南改河。全县最大的水电工程就建在南改地区。境内的森林、矿产、旅游等自然资源十分丰富，有多种热带雨林乔木，珍贵的木材有母生、花梨、坡垒、绿楠等，沉香、砂仁、降香、益智、灵芝等多种南药，有着特别的开发利用价值。

近年来，镇委、镇政府以科学发展观为统领，抢抓机遇，大力发展经济，一方面大力巩固橡胶、槟榔、冬季瓜菜等具有优势的传统产业，另一方面积极引进龙头企业发展新型经济，采取“企业+合作社（农户）”的模式，引进项目，推动农业产业化发展，带动农民增收。到目前为止，已成功引进了盈海兰花基地、新意橡胶加工厂、泓缘科技养猪示范基地、贮存2 0万吨瓜果菜冷藏库和莱士单采血浆站等项目，形成了具有特色的种植业、养殖业、加工业、新型工业一体的产业格局，解决长期产销不畅通，无特色产品的产业发展难题。特别是这些企业发挥了龙头带动作用，内联千家万户，外联市场，辐射、带动了当地发展。2010年全镇国民生产总值达到4412.1万元，地方财政收入170万元，农民人均收入3798元，比去年增加712元，同比增长18.74%；农村富余劳动力转移886人，劳务收入880万元，贫困人口减少296人。

同时，在文化教育、合作医疗、计生工作、集体林权改革等社会事业方面，也取得了明显成绩。2010年被县委、县政府评为：全县综合工作先进单位，促进农民增收工作先进单位，全县人口和计划生育工作先进单位，全县农村基层组织建设工作先进单位，全县集体林权制度改革工作先进单位，县文明单位，创先争优活动先进基层党组织。

# 保亭县 南林乡

美丽的保亭

南林乡位于保亭县南部，距县城47公里。北纬18°24′，东经109°36′。东接三道镇，西南与三亚市交界，北连新政镇。土地面积59.7平方公里。属山区盆地，西半部为罗葵盆地，东半部为南林盆地。境内唯一河流为南林河，从西向东贯穿全境。属于热带季风气候，年平均温度24.5°C，年平均降雨量1500～1700毫米。冬春雨量稀少，夏秋两季雨量充沛。全乡辖有3个村委会，24个自然村，4个乡办农场，总人口达5200多人。全乡土地总面积89881亩，农业用地17928.7亩，其中耕地面积6180亩，耕地面积中水田4635亩，旱田765亩，坡地780亩。有橡胶7557亩，槟榔7365亩，荔枝410亩，龙眼1625亩。共有3个水库，分别为南林水库【小（一）型】、什叭水库【小（二）型】、什龟拉水库【小（二）型】。

南林乡大力发展特色种养，主动引进科学技术，大胆创新，积极实践，成效显著。2011年全乡人均纯收入达到4668元。

书记、乡人大主席　邢福智

副书记、乡长　黄锦锋

县委书记郑作生视察南林乡

县委常委刘文明、副县长王理进慰问困难党员

芦笋种植基地

瓜菜套种推广

林下经济

山猪养殖合作社

鳗鱼养殖基地

美国牛蛙养殖

# 海南省农垦科

省委常委、秘书长许俊到保亭试验站调研。

2010年10月21日，海南省农垦科学院院长蒋菊生（中）到保亭所了解职工危房改造建设情况。

2010年10月9日，原农垦总局巡视员全孝（右二）到保亭所查看水灾情况。

亨有“绿色聚宝盆”美誉的海南省保亭热带作物研究所，又称海南省农垦科学院保亭试验站。

该站位于保亭县城南郊2公里，地处保亭盆地中心，四周有山岭屏护，低山丘陵地形，年平均气温23.9℃，年平均降水量1889.9毫米。土壤为花岗岩砖红壤，土层较厚，砾质粘壤，土地肥沃。

2010年，该站在海南省农垦科学院党委的正确领导下，加大了科技研发和土地开发的力度，促进了“改革、发展、稳定”，在民生工程、土地清理、创先争优、社会稳定等方面都取得了不俗的成绩。特别是在科研工作中，打破“为科研而科研”的观念，积极向科技要效益，加大了热带水果栽培技术的研究、应用、推广和新型产业开发等领域的科研力度，两项科研成果“山竹子引种试种与丰产栽培技术研究及示范”和“红毛丹BR-7号品种选育与丰产栽培技术研究及示范”通过海南省科技厅组织的成果鉴定，而且均达到了国内领先水平。

该站充分发挥具有的自然资源和区位优势，将进一步加大产业开发的力度。将在现有500亩红毛丹和100亩山竹子的标准示范基地的示范作用下，进一步推广红毛丹、山竹子的丰产栽培技术，引导职工扩大种植规模；同时进一步开发植物标本园，将其打造成具有特色和多功能的旅游观光产业，必将对保亭的旅游产业和经济的又好又快发展起到一定的推动作用。

2010年10月16日，海南省农垦科学院副院长刘志崴（右）深入到职工家中了解受灾情况。

站长 黄升南

书记 纪镇华

2010年4月26日，开展《海南省农垦科学院保亭热带现代农业热带科技示范园区建设总体规划》评审会。

海南农垦总局副局长、神泉集团董事长彭隆荣（左一），考察我所的山竹子示范基地。

2010年11月25日，红毛丹示范基地通过省级无公害基地认证。

保亭实验站科研办加大培育种苗的力度，取得较好的经济效益。

# 保亭县供销社

主任　林宏

至2011年底，保亭县供销合作社系统有县供销合作联社1个，供销社下属公司4个，基层供销合作社10个，经营网点（门店）87个，人员539人。其中在岗职工132人，下岗职工205人，离退休202人。供销社领办、兴办各类农民专业合作社7个，入社社员39户。供销社坚持"以农为本"的办社宗旨，加强"新网工程"建设，提高为"三农"服务质量，为全县农民经济发展做出贡献。

2011年，在县委、县政府的领导和省供销社的指导下，县供销社按照十七大和十七届五中、六中全会精神，贯彻落实科学发展观，学习国务院[2009]40号文件精神，以"为农服务"为宗旨，以市场为导向，立足供销社实际，发挥独特优劣，推进"新网工程"建设，以服务促进流通，以流通增强实力，在城乡统筹的工作中发挥了不可或缺的作用，促进了供销合作经济又好又快发展。我县供销社采取招商引资共同合作改造基层社的方法，把三道、新政、响水、加茂、什玲、保城、毛岸七个基层供销社总体规划纳入保亭乡镇改造项目统筹，在景观节上，以保亭至三亚的开发长廊战略为依托，实现省政府将保亭建设为三亚后花园的长远规划。今年全县商品总购进6746万元，同比增长8.8%，商品总售7165万元，同比增长38.5%，其中农业生产资料销售2733 万元，农业生产资料销售中化肥销售4968 吨，农药35吨；日用消费品销售4432万元，冬季瓜菜运销3万吨，助农增收约8400万元，实现利润25万元。

# 疾病预防控制中心

办公大楼

保亭县疾病预防控制中心于2000年10月正式挂牌成立，属于副科级全额事业单位。中心现有干部职工47人，其中大学本科4人、大专20人、中专以下23人，卫生技术人员42人，高级职称3人，中级职称5人，初级职称34人。中心内部机构设置有办公室、急传科、免疫规划科、寄防科、卫生科、检验科、结防科、艾监科、皮防科、健教科、消杀科11个科室。

中心固定资产价值总额346万元，拥有紫外可见光度计、原子吸收分光光度计、极普仪、酶标仪、气相色谱仪、薄层分析仪、超净工作台、生化安全柜、702型自动电位滴定仪、洗板机等检验检测仪器设备，开展卫生防病检验和承担卫生监督监测检验、预防性健康体检等项目。2010年实验室改造，中心实验室业务用房共500平方米，其中艾滋病初筛实验室通过省卫生厅专家组的验收认证并投入使用。可承担本地区正常检验检测。其中碘盐检测质量控制均达到国家要求并颁发合格证书。

我县疾病预防控制工作在县委、县政府和县卫生局的正确领导和大力支持下，在各乡镇卫生院、县直各医疗卫生单位和全体疾病预防控制工作人员的共同努力下，认真贯彻“预防为主”卫生工作方针，全面开展疾病预防控制各项工作，圆满完成了各项工作任务目标，先后荣获“海南省疟疾防治工作先进单位”、“海南省扩大免疫规划工作先进单位”、“全县政府能力效能建设年活动先进单位”等荣誉称号，为提高全县人民健康水平，促进我县社会与经济健康协调发展发挥了应有的作用。

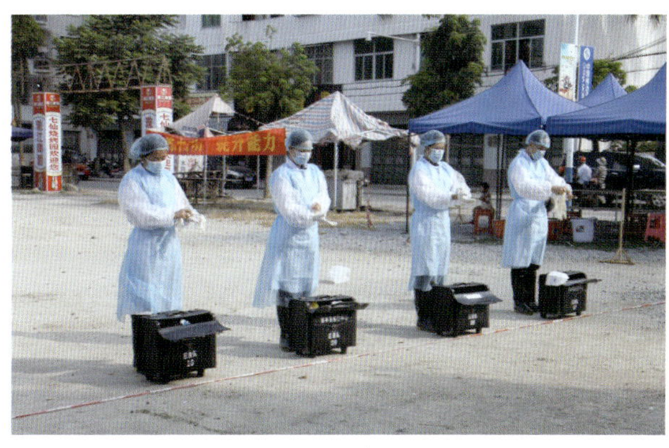

检验队演练

消杀队演练

# 保亭县

领导视察新院

省传染病督导组莅临医院检查手足口病工作

保亭县人民医院始建于1956年，是一所集医疗、教学、科研、预防为一体的综合性二级乙等医院。系海南省农垦总局医院协作医院、省级爱婴医院。

目前医院占地面积约23000m²，总建筑面积约14000m²，其中业务用房面积约7200m²。现设内、外、妇、儿、急诊、五官、中医等临床科室12个，检验、放射、B超、心脑电图等医技科室10个，行政职能科室10个，实际开放病床110张。在职职工218人，专业技术人员188人，其中高级职称10人，中级职称38人。医院拥有美国GE公司16排螺旋CT机，美国GE公司平板DR机，钼靶乳腺X光机，荷兰飞利浦彩色多普勒超声诊断系统，日本奥林巴斯AU400全自动生化分析仪，日本奥林巴斯电子胃镜、肠镜系统，德国德尔格麻醉呼吸机，体外碎石机，中央监护系统等一大批先进医疗设备。目前，外科除常规急诊手术外，能开展多种肿瘤切除手术（如直肠癌根治术、乳腺癌根治术、甲状腺全切除术等）、四肢骨折内固定术;妇产科能开展

# 人民医院

医院组织急救医学培训

省医疗质量万里行督导组莅临医院检查指导

医院组织志愿者服务义诊活动

护理理论考试

无痛人流术、全子宫切除术、剖宫产等;内儿科在急诊心梗、颅内出血、上消化道出血等急危重症方面有一定的诊治经验。医院重视学科建设，积极开展新技术、新项目，逐步形成院有重点，科有特色，人有专长的新局面。

该院担负着保亭县16多万人口的医疗救护工作。2010年，急、门诊量达86000多人次，住院病人达4000多人次，病床使用率达103.22%，医疗业务总收入达到2400多万元，创历史新高。2010年度医院被卫生部全国医院感染监测网与全国医院感染监控管理培训基地评为“感染横断面调查先进单位”、在海南省医疗机构“质量与服务300分”评审工作中荣获“二等奖”、被保亭县总工会评为“先进集体”。除此之外，医院还先后获得：“先进基层党组织”、“海南省综合医院结核病归口管理工作先进单位”、“全省征兵先进单位”、“视觉第一中国行动”国家医疗保障工作先进单位等多项殊荣。

# 中国邮政储蓄银

行长　龙册青

中国邮政储蓄银行保亭县支行自 2008年5月成立以来，依托行业优势融入地方经济发展，现已建成全县联通城乡覆盖面最广的个人金融服务网络。

中国邮政储蓄银行保亭县支行现有5支行，10个营业网点，员工33人。目前，已形成以本外币储蓄存款为主体的负债业务；以国内、国际汇兑、转账业务、银行卡业务、代理保险及基金业务、代收代付等多种形式的中间业务；以及小额贷款、个人商务贷款为主渠道的资产业务。多元化的金融产品，为促进全县经济社会发展及满足百姓金融需求做出了积极的贡献。

【经营情况】2010年全县个人邮政储蓄余额62136.76万元，储蓄存款余额全年净增16634.76万元。全行公司存款达到7587.90万元，同比增长280.37%，日均余额4149.62万元，同比增长415.80%。贷款结余92笔，结余金额2128.46万元；其中小额贷款结余523万元，个人商务贷款结余1548万元。2010年全县邮政金融收入完成1368.08万元，同比增长33.83%。其中，银行自营收入完成548.65万元，完成省分行下达计划的117.8%，同比增长55.99%。

2010年职代会代表合影

【金融支持“三农”】保亭支行着眼新时期”三农”和县域经济发展要求，充分依托和发挥网络优势，主动融入地方，面向广大农村地区居民提供支农涉农款项代发等基础金融服务，着力增强农村金融服务能力，谋求在为政府排忧、为农民服务的持续作为发挥作用。一是抓住农户备耕时期，组织信贷人员深入果园、村庄，开展认真调查，将款及时发放至农户手中，支持农业生产。同时加大业务宣传力度，重点对养殖户、优质种地大户服务。全年共计新发放贷款1785.80万元，其中农户贷款664.80万元；二是在服务“三农”中积极参与“新农保”服务，全面代发“新农保”新型养老保险金。目前，保亭县政府将新农保的收入户、支出户对公账户全部在我支行开立，近9000户的养老金在邮储代发，参保人员中缴费户为40000户在邮储缴纳养老保险金。三是通过送国债、基金、保险等理财产品下乡的形式，为广大农村居民提供便利的金融服务，为他们提供多元化的金融服务和产品，以满足其对金融服务日益增长的需求。

# 行有限责任公司

## 海南省保亭黎族苗族自治县支行

美丽的保亭

开展反假币宣传活动

保亭县支行成立三周年邮银文艺活动

客户答谢会上表演节目《感恩的心》

小额贷款进农庄助农发家致富

“双第一”演讲选拔赛选手与领导合影

# 海南海汽运输集团

总经理 邢向云

海汽快车

海汽商务车

保亭车站

海南海汽运输集团有限公司（以下简称“海汽集团”，前身为海南省汽车运输总公司）成立于1951年11月，是一家具有60年历史的国有企业，2007年12月改制成为一家现代化的国有控股有限责任分公司。是全国道路客运一级企业、全国道路运输50强企业、中国交通百强企业，海南道路运输业龙头企业，也是海南最大型的道路运输综合服务提供商。海南海汽运输集团有限公司保亭分公司（以下简称“海汽集团保亭分公司”）成立于1962年，现已成为一个拥有固定资产两千多万元的下属公司。

海汽集团拥有良好的品牌形象。近年来以“让世界更亲近”的品牌理念，致力于企业品牌建设，创建了“海汽快车”、“海汽商务车”、“海汽快递”等知名品牌。海汽快车、海汽商务车频频被博鳌亚洲论坛、世界小姐总决赛、博鳌国际旅游论坛等国内、国际性会议，世界性比赛活动指定为接待专车，屡获各界好评。海汽集团先后荣获“中国质量.服务.信誉AAA级企业”、“全国用户满意企业”、“全国交通运输客运行业优质服务示范企业”、“海南省用户满意服务单位”等殊荣；2009年，海汽集团位列“海南省标志性品牌60强”榜首，“海汽快车”被评为海南省著

# 有限公司保亭分公司

美丽的保亭

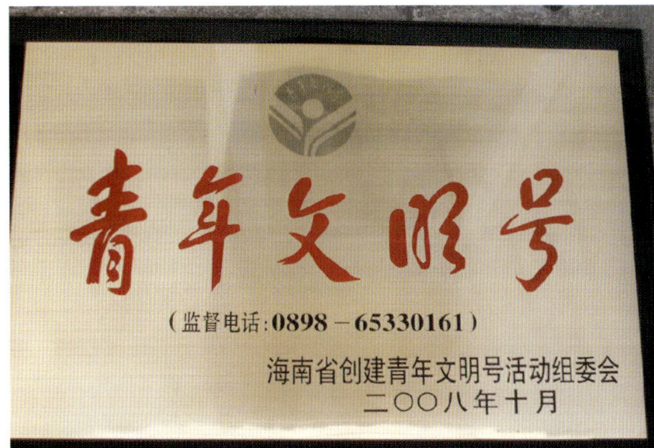

名商标。

借助海汽品牌，保亭分公司在班子成员的共同努力下及全体员工的大力配合下，取得了可喜的成绩。现拥有一个具有浓郁民族特色的国家二级客运站，集生产和办公为一体的站房大楼引人注目，站内服务设施齐全。共开设跨市县客运班线有9条，省际客运班线2条。2005年1月18日，通过了ISO9001：2000质量管理体系认证。自2007年改制以来，加快经营结构调整升级，提升人力资源管理水平，注重挖潜增效，经营业绩持续快速增长，企业竞争力不断增强；连续三年，没有发生任何责任交通事故。并取得了一系列荣誉：2007年：被海南省人民政府评为“安全生产先进单位”，被海南省服务品牌创建活动办公室评为“海南省优质服务先进单位”，被海南省总工会等单位评为“海南省用户满意明星单位”；2008年：被保亭县政府评为“安全生产工作先进企业”，被海南省总工会评为“工人先锋号”，被海南省创建文明号组委会评为“青年文明号”；2009年：被保亭县委县政府评为“人口与计划生育”先进单位，被团保亭县委评为“五四红旗”团支部；2010年：被保亭县委县政府评为“社会综合治理”先进单位，被团保亭县委评为“五四红旗”团支部，被保亭县委县政府评为“人口与计划生育”先进单位。

# 保亭县自来水公司

总经理 李彬

**单位地址：保亭黎族苗族自治县保城镇保兴东路52号**
**邮编：572300 电话：（0898）83668113**
**供水热线：（0898）31835333 18876060008**

保亭县自来水公司成立于1987年7月，注册资金为245万元，属国有企业，原主管单位为保亭黎族苗族自治县建设委员会，现隶属保亭黎族苗族自治县水务局管辖。公司主要经营供水、安装等项目，主要产品自来水。现有在用新政净水厂共1座、供水营业厅1个。新政水厂城乡供水工程投资总概算7508万元，是我县历年来投入最大民生工程。水厂日供水量可达1.2万吨，供水管道建设管道全长33.3公里，全部采用球墨铸铁管，已于2009年10月投产。目前供水面积16.73平方公里。

公司现有从业人员73人。2010年供水客户5965户，用水人口近2.78万人。全年自来水供水总量达到204.2万吨，与上年同比增加59.4 万吨，实现自来水销售收入342.69万元，自来水安装维修收入23.57万元。较09年同期，各项指标均有一定的提升，全公司实现主业总收入342.688万元，同比增长28.6%。

新政水厂中控室工作人员在线监测水质

化验员进行水质分析

公司企业管理室　　新政自来水厂　　新政水厂净水消毒间

# 保亭县新政镇初级中学

校长　林明发

新政镇初级中学创办于1958年，原属自治州第三中学，设有初中部、高中部。1995年撤消高中部后，成为现在的保亭县新政初级中学。

学校占地面积为162亩，校舍建筑面积11269平方米，其中生活服务用房7479平方米，教学及教学辅助用房3177.5平方米，普通教室18间，设有电脑室、多媒体教室、教师电子备课间、仪器室、实验室、图书室、阅览室、美术室、音乐室等15间，其中图书室藏书19989册；运动场地约15亩，体育设施齐全。学校秉承环境育人的理念，严格按照教学区、生活区、运动区“三区分开”的原则布局，合理有序。校园宽广平坦，主校道笔直通畅，并且全部硬化，绿树成荫，鸟语花香，环境优美。

学校现有学生531人，住校生450人，设有三个年级，共17个教学班。教职工72人，其中中学高级6人，一级教师15人。自创建以来，为省、县级高中、职业学校输送了一批又一批品学兼优的学生。近三年来，被省级重点中学录取人数三十多人。被保中录取三百多人。学校先后荣获“海南省精神文明单位”；“海南省学校民主管理先进单位”；“海南省校务公开先进单位”；“海南省教育系统先进集体”；“海南省教育系统安全文明生态示范学校”；“海南省优秀家长学校” 等荣誉称号。2010年被省教育厅评为“海南省优秀实验教学示范学校”；2011年被评为“海南省廉政文化进学校” 示范学校、保亭黎族苗族自治县“五五”普法“先进集体”。同时，学校还是中国未成年人网脉工程教育实践基地；琼州大学体育学院教学实习基地；保亭县青春期健康教育示范基地，是一所环境优雅、富有朝气、精神焕发的学校。

教学区

体操比赛

生活区

运动区

校文艺队

# 保亭县中等

旅游班学生在模拟餐厅上实训操作课

学生在多媒体教室实训

旅游班学生在模拟客房实训操作

机电班学生在上操作课

保亭县中等职业技术学校坐落在神奇的七仙岭脚下，位于保亭县城（保兴东路）一公里处。学校创办于1999年8月（由原保亭县农业技术学校与县民族中学合并而成），是经海南省教育厅批准，县人民政府主办的唯一一所独立设置的农村中等职业学校。2007年4月挂牌成立县职业教育中心。

学校环境幽雅，校园宽阔，占地面积60多亩。学校设有实训操作室、多媒体教室、电脑室、物理实验室、家电维修室、摩托车维修间，模拟客房和模拟餐厅等实训场所，为学生学习和实践创造了良好条件。

学校于2002年与省农业学校、省机电工程学校、省华侨商业学校和海口市旅游职业学校联合办学，借助名校的先进教学设备和师资力量为载体，在全省首创了“三段式”的办学模式，使学校的办学规模不断扩大，办学水平不断提高。为了拓展专业设置，2008年学校又与省财税学校联合办学。

学校始终坚持产教结合和服务于“三农”的办学宗旨，持续遵循“招得来，留得住，学得好，推得出”的十二字办学方针，以“学做人、学专长、学立业、勇拼搏”为校训，注重素质教育，加强教育教学管理，致力造就良好的校风、教风和学风，使学校呈现出勃勃生机。先后向社会输送了各种实用型人才3031人，其中植保专业178人，旅游与酒店管理专业760人，家电与摩托车维修专业545人，财会专业120人，计算机专业431人，畜牧兽医专业64人，农技专业47人，农村劳动力转移培训886人。并与省内外10多家大型企业挂钩建立实训点，为学生实习和就业提供了良好的平台，毕业生就业率达95%以上。

保亭县职业学校的创办和良性发展，得到了各级领导的重视和关怀。近几年来，中共海南省委书记卫留成、

学校领导在省民族技工学校参观学习

学生在服装制作车间实训

全体教师在多媒体教室参加培训

省长罗保铭、原省委常委、统战部部长王守初、省委常委、政法委书记肖若海，省委常委许俊，全国人大常委阮崇武、王学平，省人大常委会副主任王亚保、王法仁、符桂花，副省长林方略、姜斯宪，省政协主席钟文等领导先后视察学校，并对学校办学成绩给予充分肯定。2005年保亭县被评为“全国职业教育先进单位”；2006年学校被评为“海南省职业教育先进单位”，并被省教育厅树立为全省农村职业教育的一面旗帜。

学校原有教职工59人，其中，专任教师43人，职员16人；本科学历34人，专科学历9人；高级职称1人，中级职称10人，“双师型”教师13人。2010年响应县委县政府号召，学校进行了教育整合，学生整合到三亚技工学校就读，学校停止招生。大部分教职工被分流到其他学校工作。目前学校有教职工23人，其中专任教师20人，工人3人。同年，响水中学和什玲中学被整合到县城，成立保亭实验中学，校址设在县职业学校。2011年，根据省教育厅的指示精神，秋季学校开始恢复招生，开设有：旅游与酒店管理、计算机与网络技术及家电与摩托车维修三个专业，在校生75人。目前，由于两所学校并存，职校仅有一幢教学大楼和一间校企合作厂房，其他为两校共享资源。

# 保亭县思源

校长　叶琳

海南保亭思源实验学校坐落于风景秀丽的七仙岭下的保亭县城，于2009年建成的九年一贯制义务教育公办寄宿制学校。现有分小学部（校址在原保亭小学）和初中部（校址在原保亭二中）两个校区，校园占地面积为71233.3m²，校舍建筑面积约为31671.14m²。学校共有教职工273人（专任教师207人，职工53人，其中有面向全国公开招聘录用的校长1人、学科带头人4人，特岗教师25人，省学科带头人5人，省县级骨干教师48人。现有在校生3331人，70个教学班。

## 学校荣誉

# 实验学校

言爱基金会房慧琴代表在该校与教育局局长李冠、叶琳校长亲切交谈

海南省名校校长到该校交流

省设备验收组到该校验收

上海市教委考察团来该校考察

省政协副主席邱德群（左二）在县政协主席郑金莲（左一）、副县长盘仁进（右一）陪同下来该校调研

省人大民宗主任李永喜（中）到该校视察

# 保亭县思源

**小学部**：前身是保亭小学，学校占地面积为27933平方米，校舍总建筑面积为20072平方米。目前学生总人数为2212人，其中民族寄宿班学生人数为307人，共设42个教学班级。教职工总人数为146人，其中教师109人，工勤人员21人，医护人员2人。教师学历合格率达100%。教师获中级专业技术资格的有89人，获初级专业技术资格的有22人。

学生参加“青少年科技创新大赛”、“计算机表演大赛（海南赛区）”等活动获得省级、县级奖励的有86人次。在各级各类的课堂教学、教学论文、教学设计、说课、课件制作、课题研究等评比活动中，该校教师共获得国家级、省级、县级奖励的共有200人次。2009年6月份，在全县小学生文艺汇演中，文艺队的舞蹈节目《七仙岭上采竹笋》荣获一等奖，《快乐花园》和《快乐的小记者》荣获二等奖，歌曲节目《拾螺歌》、《欢迎你到黎寨来》荣获三等奖。2009年8月，文艺队参加海南省第六届中小学生文艺汇演荣获“海南省第六届中小学生文艺汇演二等奖”。2009年9月，被评为“海南省教育系统先进集体”；同时被海南省电化教育馆授予“海南省‘十一五’国家课题《纵横信息数字化学习实验》研究先进单位”。2010年12月，在保亭县中小学生广播体操比赛中荣获“小学组一等奖”；

在每学期末全县统考以及小学毕业测试中，学校成绩均名列前茅。学校教育质量和教学成绩受到县教育局的充分肯定和社会的广泛赞誉！

化学实验课　体育课　音乐课　舞蹈课　信息技术课

参观青少年宫博物馆

小学食堂

小学广播操比赛

小学部表演《七仙岭上采竹笋》

# 实验学校

计算机教室

图书室

学生食堂

实验室

教学楼

**中学部**：中学部是在原保亭二中的基础上撤并整合原南林中学、毛感中学、毛岸中学、八村中学而建成。学校占地面积43300平方米，建筑面积14701.7平方米，中学部教职工共127人，其中专任教师97人，在校学生1119人，28个教学班。教师学历合格率达100%。教师获中级专业技术资格的有89人，获初级专业技术资格的有22人；学科带头人3名，省县级骨干13名。学校坚持以党的教育方针为指导，全面推进素质教育，依法治校、质量兴校、科研强校、安全稳校。建校2年多以来，各项事业得到了长足的发展。在教学、科研、实验、图书、艺术、体育、学生住宿等方面的硬件设施基本上达到了示范性普通中学标准。

学校以“办好示范，争创名校”为办学目标，本着以“以人为本，修德启智，和谐育人”的办学理念和“饮水思源，团结勤奋，求实创新”的校训，思源人厚德务实博学笃行。坚持以学生为本，因生施教，因材施教，以“让每一位学生成长、成才、成功”为办学宗旨，三年来为偏远山区的孩子发展提供更多的选择，更多的机会，更广阔的空间。海南保亭思源实验学校的贡献不仅在于输送了多少合格的初中毕业生，更主要的是通过科学的方法把轻负担高质量的教育理想变成现实，把国家实施素质教育的意志变成了实际行动。

学校发展健康和谐，短短三年取得了优异的成绩：2010年黄程献老师代表海南省参加“‘卡西欧杯’第七届全国初中青年数学教师优秀课观摩与评比活动”大赛，荣获国家级一等奖；黄程献、卓菲菲、林燕、何道福老师被评为海南省首届教坛新秀；黄程献、冯小妹老师参加海南省课堂教学竞赛活动获海南省首届教学能手称号等。学校先后被教育部基教司、公安部消防局评为“全国消防安全教育示范单位”；被海南省教育厅命名为“海南省农村义务教育课程改革样本校”、“海南省教育系统文明礼仪教育示范学校”，被海南省教育学会确定为理事单位，被保亭县委、县政府授予“文明单位”称号；学校团委分别被共青团省委、保亭县委评为“五四红旗团委”；保亭县首届中小学竹竿舞大赛团体一等奖；第二届全国学生规范汉字书写大赛海南赛区二等奖；第22届海南青少年科技创新大赛一等奖；2010年海南农村中小学英语口语竞赛二等奖；2010年海南省第三届农村中小学现代远程教育资源说课获一等奖；学校已有国家级、省级立项课题各一项。教师共获国家级奖9人次，省级奖62人次，学生在各项竞赛中共获国家级奖4人次，省级奖36人次。

# 保亭县

校长　姜晓艳

“七一文”艺汇演

振兴民族的希望在教育，振兴教育的希望在教师。教育是民族素质提高、经济腾飞、国家富强的根本保证。随着社会的发展，人们对均衡教育、优质教育的期望越来越高。保亭实验中学就是在教育“整合”改革的大潮中应运而生的一所崭新的初级中学。

根据保亭县中小学校布局调整实施方案，保亭实验中学将经历三个阶段的整合：2011年2月份整合什玲、响水中学，2011年9月整合三道中学，2012年2月整合保亭中学初中部和新政中学。保亭实验中学为全日制寄宿制学校，采取全封闭管理模式。

学校现有用地面积64.2亩，有一栋教学楼、一栋实验楼、一栋电脑楼、两栋学生宿舍、一个学生食堂。

学校现有教职工总数为135人，其中专任教师115人，高级教师6人，中级教师28人，初级教师71人，员级教师10人。

目前在校学生700人，分别来自五个民族，其中黎族学生659人，汉族学生20人，苗族学生19人，壮族与瑶族各2人。最后保亭实验中学学生人数将达到3100人左右。

保亭实验中学未来十年发展规划目标是：

2011年2月—2013年7月为构建“和”文化年，教育教学规范年，教学质量逐步提高年；

2013年9月—2016年7月为学校内涵发展年，教育教学能力快速提升年，教学质量显著提高年；

2016年8月—2020年7月为构建学习型组织年，将学校打造成标准化、规范化、特色化学校。

教学大楼

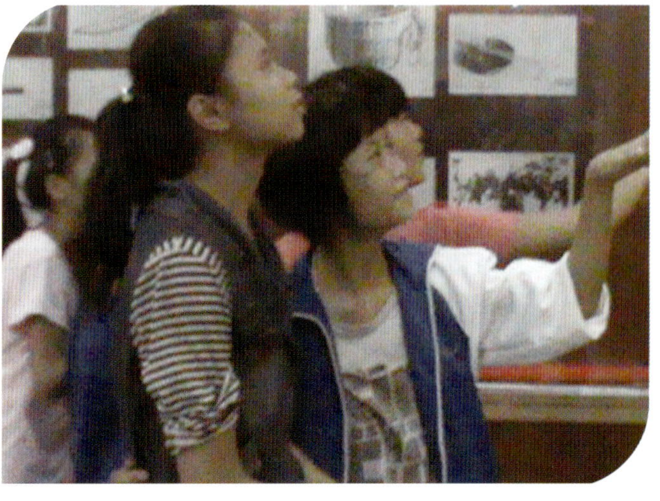
爱国主义教育

开学典礼

**办学思想**：“和”、“爱”

**办学理念**：育人为本　尊重生命

**办学目标**：办民族特色学校育民族“四有”公民（有理想、有道德、有文化、有纪律）

**校　　训**：感恩博爱平等和谐

**班子承诺**：精诚团结廉洁自律甘于奉献开拓创新

**全校教职员工承诺**：用心工作爱心育人真心服务

军训

丰富多彩的文体活动

党员活动

# 保亭县什玲镇

学校电教馆

“小手拉大手，文明我先行”启动仪式

## 一、学校发展史

什玲中心小学建于1951年春，原校址在平土村尾的一块荒坡上，当时，教室和教师住宿是茅草房。后于1964年秋搬迁到现在校址，与什玲中学相邻。2004年与什玲中学合并一贯制学校，自称什玲学校小学部。2011年2月教育资源整合，保亭县什玲中学撤并到保亭实验中学，什玲中心小学更名为什玲中心学校。

中心幼儿园　　教育局领导莅临学校常规教学抽查　　文娱活动（武术健身操比赛）

## 二、学校基本情况

### 1.校园整体布局情况

学校占地面积80亩，校舍面积9717$m^2$，其中：教师宿舍2710$m^2$，教学楼1400$m^2$，学生宿舍2000$m^2$，学生食堂700$m^2$，综合楼1190$m^2$（办公室、电子备课室、图书室、阅览室、生物室、档案室、广播室教仪室、体育器材室、多媒体教室、会议室、科组备课室），一栋电教馆684$m^2$，少年宫217$m^2$，一所中心幼儿园560$m^2$，两间男女生卫生间120$m^2$，两套男女生洗澡间120$m^2$，警务房10$m^2$，机房6$m^2$。10000$m^2$的操场（含一个300m长的环形跑道、三个篮球场）。校道全是水泥硬化，形成生活区、教学区、运动区、绿化区（含种植区）四大区域。

学校领导班子（含中层领导）合影

### 2.师生情况

学校现设有中心幼儿园学前教育4个教学班，入园人数155人。一至六年级设有18个教学班学生人数654人。教职员工112人，其中专任教师73人。后勤39人。学校教职工中拥有本科学历的有7人，专科学历的71人，中专以上学历

34人。中学编制壹级教师专业技术2人，小学高级教师专业技术30人，小学壹级教师专业技术61人。小学二级教师专业技术17人，无职称（校工）2人。国家级1人，省级2人，县级骨干教师9人。

## 三、办学情况

近年来，学校在开展教学质量年活动中取得较好的成绩：2005年7月有8名学生考上保亭中学；2006年有7名学生被保亭中学录取；2007年有3名学生被保亭中学录取，同年，学校迎接省厅督导检查评估，全镇评估总评为优，全县督导检查评估获全省第二名。2008年有8名毕业生被保亭中学录取。按照国家教育的新课程标准，开足开齐新课程，与时俱进，不断开拓、进取、创新。历经“目标教学实验研究”、“研究性学习”、“走进新课程教学”、“新课程之‘磨课’”等课题研究教研活动，促进提高教师整体素质。教学质量逐年提高，多次参加县局举行语文、数学竞赛分别获得一、二、三等奖，每年选派年青教师参加县局课堂展示、说课、教学论文评比活动均获一、二、三等奖。

## 四、办学理念与未来的走向

1.办学理念：依法治校，坚持“师带”制度，追求量德高品位，专业高学历，能力高标准。

2.办学方向：以魅力课堂、有效教学为中心，以教育教学质量为生命，以教研教改为动力，全面创新，运用现代技术教学设施为手段，全面提高教师业务素质，促进学校办学迈向“规范化、科学化、信息化”的目标全面发展。

现任校长陈斌，黎族人，大专学历，中学壹级教师。

安全教育常规课

学校会议室

学校绿化区

# 三道镇初级中学

校长　卓忠雄

武术健身操比赛

校领导班子（从左到右：吉文副教导主任，卓忠雄校长，王平副校长，高波教导主任）。

校园一角

三道中学创办于1968年，学校位于保亭县的南部，毗邻景色迷人的呀诺达风景区。学校总占地面积79亩，建筑面积5252平方米，其中教学用房面积1050平方米，学生套间宿舍2162平方米，教职工住房2060平方米。学校现有教职工49人，其中高级教师1人，本科学历30人，专科学历17人。在校生367人，住校生有318人。

管理强校，教研兴校。学校本着“求真、求实、求质量、求发展”的工作思路，在学校的建设发展中，注重抓好“三化”工程，校园布局合理化，校容校貌园绿化，校风学风规范化。学校布局合理，校舍整齐，绿化成带，给学生创造了良好的生活、学习环境。

多一分耕耘就多一分收获。近年来，学校管理水平不断提高，教学质量也逐年上升，在2011年的中招考试中，该校获得了保亭县教学质量提高奖第一名。与此同时，学校还注重培养学生德智体全面发展，开展丰富多彩校园活动。2009年，荣获海南省第六届中小学生文艺汇演二等奖；2010年，舞蹈《山里的孩子》、女生小组合唱《金梭银梭》各荣获保亭文艺汇演中学组二等奖；2010年，荣获保亭首届中小学生广播体操第五名；2009年荣获保亭首届中学生竹竿舞三等奖，团体二等奖的好成绩。

发展无止境，管理无极限。学校将秉承新教改的东风，加强管理，求真务实，和谐育人，开拓进取，锐意创新，让保亭南部教育的这朵奇葩大放异彩。

# 六弓乡初级中学

校园竹竿舞比赛

校领导班子

保亭县六弓中学是一所公办农村初级中学，学校创办1969年。校园占地面积18亩，现有教职工31人，专任教师28人，本科学历21人，专科学历7人，中级职称8人，在校生438人。年来，学校以一切为了学生，为了学生的全面发展为宗旨，力培养学生的实践能力和创新精神，学校办学水平逐年提高。2003年获得全省校容校貌评比二等奖，2007年学校中考成绩全县中考综合指数排名位列第四名，2008年学校中考成绩在县中考综合评比排名位列农村中学第一名，全县第二名。2007年获全县中学生舞蹈比赛一等奖，2008年全县中学男子球赛获得冠军。2009年获得全县教职工男子篮球赛冠军；2010年获全县中学生竹竿舞比赛第一名。

目前，该校正坚持教育让每一个学生健康、快乐、自信成长；让每一位教师智慧、幸福、自觉地发展；管理让我们的学校高效、自主地提升了办学理念；努力传承四十年的办学精华，铸就时代育人辉煌。

文艺晚会

丰收硕果、夺取季军。

# 加茂镇南茂中心小学

校长 曹树洪

保亭县加茂镇南茂中心小学位于加茂河畔的南茂农场，与加茂镇隔河相望。承农场历史文化的甘霖滋润，历保亭日新月异的春风沐浴，学校办学水平有了长足发展。在2002至2004年度及2004至2006年度海南农垦中小学办学水平评估中，学校两度被评为农垦总局优秀学校，学校的实验教学工作和现代教育技术教学工作得到农垦总局检查评估组的好评，2006年11月被评为农垦中小学校实验教学工作暨现代教育技术实验优秀学校，同年12月被评为海南省实验教学暨现代教育技术优秀学校。

学校创办于二十世纪六十年代的广东省农垦建设兵团时期，校名为国营南茂农场中心小学，1994年迁至原南茂农场第一中学。2009年8月移交保亭县教育局管理，易名为保亭县加茂镇南茂中心小学。学校占地面积20492平方米，现有教职工69人，教学班35个，学生1053人。学校实现现代教育技术手段，多媒体教学设备、学生微机室、语音室、电子备课室、体育设施等一应俱全，能满足教育教学之需要。学校积极创设优美育人环境，校园绿树成荫，枝叶摇曳，花草芳香，沁人心脾。

学校遵循教育规律，全面贯彻国家的教育方针，以“严谨治学，教学相长”促教风，以“勤思、博学、创新、超越”促学风，努力塑造了一支业务精湛、师德高尚的教师队伍，使学校的教育教学工作呈现出可喜可观的局面。如今，学校移交保亭县管理后，为办学提供了更大的活动舞台，更为广阔的发展空间。全校师生正以积极进取的精神，大力推进学校教育教学工作全面、和谐、可持续的发展。

阳光体育运动

学生电脑室

学校科学馆

语言室

# 响水镇金江学校

金江学校是一所九年一贯制学校。座落在神秘的七仙岭脚下美丽的响水河畔，海榆中线245公里处。占地面积22666平方米，校舍建筑面积8083.8平方米，在校学生1120人，开设32个教学班。教师员工86人，专任教师72人（大专以上学历69人，占95.8%；中级职称48人，占66.7%），职员3人，工勤人员11人。1960年9月创办至今已走过了51个春秋。51年来，历届学校领导班子始终坚持以“办人民群众满意的学校”为宗旨，团结、组织和带领全体师生，积极进取，锐意创新，取得了令人瞩目的成绩：

一九八四年，被广东省人民政府授予“德育教育先进集体”的光荣称号；一九八九年和一九九一年，学校两度被中央农牧渔业部授于“教育先进集体”光荣称号；一九九一年，荣获海南垦区“校容、校貌建设”一等奖和省级“二等奖”；一九九四年十二月，被评为海南省少先队工作“示范学校”；一九九八年十二月，被评为海南省垦区“示范学校”；一九九九年一月，被评为“海南省一级学校”。

2005年8月，学校踏上了“九年一贯制学校”新旅程。在校长余海生同志和校领导班子的带领下，全体教师积极学习和运用“现代教育技术”开展教育教学研究，实现了“两年打基础，三年出成效”的奋斗目标：2008年12月，学校被海南省教育厅评为“现代教育技术实验优秀学校”；2009年6月，被评为海南省“实验教学示范优秀学校”。近5年来，该校九年级毕业班学生参加全省中招考试，70多名同学分别考入海南中学、海南农垦中学、农垦实验学校、农垦三亚高级中学等省重点学校高中部就读。如今，学校正在努力朝着创办省级“规范学校”的目标迈进。

校长余海生（华师大化学专业、吉林教育学院教育管理专业毕业）

保亭县教育局研训中心领导和教研员与学校教师进行课堂教学研讨

海南省教育厅现代教育技术评估组到学校进行现代教育技术实验优秀学校评估。

威武雄壮的学校少先队鼓乐队

中学部学生在上法制课

# 保城镇新星慈航小学

“奋进求实文明向上” 新星慈航小学

新星慈航小学是一所乡镇完全小学，2010年由新星小学、什那小学、东风小学、丰产小学、什聘小学、春天小学整合成一所小学，其中保城镇范围内的什罗小学、番文小学的四、五、六年级学生也全部整合到该校就读。

该校现有学生1016人，其中寄宿生547人，共设有32个班级。教职工119人，其中教师111人（已抽出18人当后勤人员），工勤人员8人。教师学历合格率达100%。获中级专业技术资格56人，获初级专业技术资格54人。

该校占地面积1154平方米，校舍面积11054平方米。在海航公司及县委县政府和教育局的大力支持下，建设了两幢教学楼，一幢学生宿舍楼，内各设有一间电脑室、仪器实验室、多媒体电教室、图书阅览室，及学生就餐桌椅。基本能满足全部学科教学的需要，并为学生提供良好的食宿等生活条件。

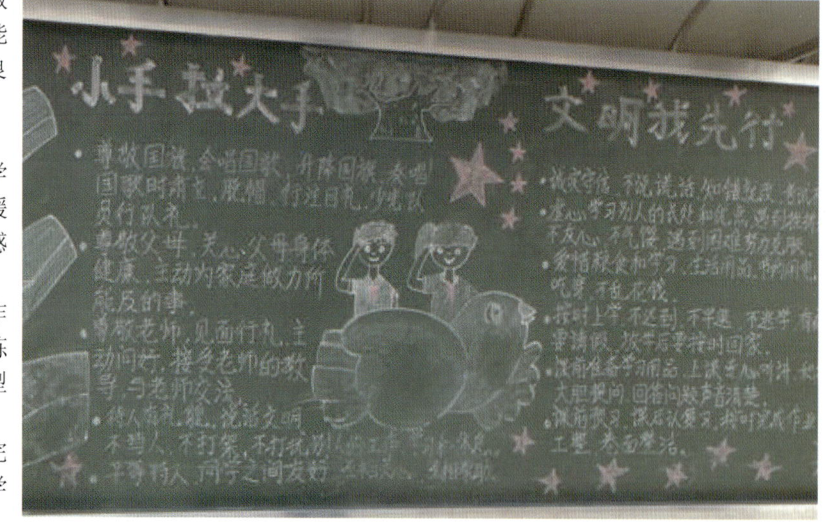

学校文化长廊一角

目前，学校有一个团结、向上、廉洁、自律、求实进取、勇于创新的领导班子。学校坚持以“以德服人、以理服人、以情暖人、以爱育人”。时刻关注教师的精神感受，用赏识的眼光看待教师的每一点进步，为教师创设了“民主、和谐、愉快”的工作环境，最大限度地发展了教师的潜能，锤炼出了一支学习型、科研型、创新型、奉献型的高素质教师队伍。

先进的办学理念，雄厚的师资力量，完备的硬、软件设施，优美的育人环境，为学生提供了健康成长和谐发展的广阔平台。

可容纳150人的多媒体教室

容纳600人的学生宿舍楼

# 保城镇昌盛学校

校长　陈日壮

保亭昌盛学校位于保亭县南郊2公里处，学校办学条件良好，基础设施齐全，育人氛围浓厚，全体学生在校快乐学习，健康成长。学校占地面积16000平方，校园绿化面积900平方米，校舍建筑面积为7600平方米，学校有12个教学班级，能容纳600多名学生。学校共有教职工28人（其中本科学历教师有8人，大专学历教师有16人）。学校有先进的现代化多媒体教室，校园广播系统，有标准的篮球场、羽毛球场、乒乓球场等；校园布局合理，做到绿化、美化、亮化，环境怡人，有浓厚的文化氛围。是理想的治学育人，求学成才之地。

学校继承优良的传统文化，形成独特的教育目标体系。以“一切为了学生，为了学生一切”为办学宗旨；以“爱为魂、德为首、学为主、人为本”为办学理念；以“创办特色学校，争取一流质量”为办学目标。全校师生开拓创新，以质量求生存，以创新求发展。学校坚持以学生为本，面向全体学生，全面推进素质教育，努力培养学生科学素质，创新精神和实践能力。

团结奋进的校领导班子

竹竿舞

上课

校貌

# 新政镇中心学校

常务副校长　龙仕川

新政镇中心学校（原新政中心小学）创建于1952年9月，校址位于海榆中线公路249公里处。占地面积33783平方米，校舍总面积2740平方米，教学用房1090平方米，运动场占地面积5800平方米。学校现拥有一间教师电子备课间（电脑13台），一间学生电脑室（电脑31台），一间多媒体教室，一间图书室（藏书16118册）；教学班13个，教职工35人，其中专任教师30人，在校学生人数429人。

近年来，学校本着质量立校、科研兴教；“一切为了孩子、为了一切孩子、为孩子的一切”的办学理念，教育教学取得可喜成绩。2007年荣获海南省“基础教育课程改革实验”工作先进单位，2008年荣获省“文明生态学校”三等奖，2009年荣获省农村中小学现代远程教育工程“合格学校和优秀学校”；2001年荣获县“研究性学习”实验单位，2005年荣获县“磨课教研”先进单位，2007年荣获县家长学校荣誉称号；历年学校所参加的县教育局举办的各类体育比赛，以及全县教学质量均名列前茅，并于2010年学年度小学升初中毕业统考中获得乡镇级一等奖，同年6月学校还承担了中国教育学会“十一五”科研规划重点课题的子课题——《语文教学与儿童人格的成长》的研究。

校园广播体操

校园美景

学校领导班子

教师表彰大会

丰富多彩的校园竹竿舞

# 加茂镇中心学校

校长　林文丛

加茂镇中心学校在五、六十年代隶属于保亭县政府教育科、文教科；六十年代后设立加茂学区，下设三间完小和三间教学点，分别是：加茂小学、加答小学和半弓小学；界水教学点（界水小学前身）、送妹教学点（石建小学前身）和共村教学点（共村小学前身）。七十年代至九十年代，加茂镇中心学校的办学规模达到鼎盛时期，不但每个大队（村委会）都有一间完全小学，还增设了两间戴帽初中——半弓中学和加答中学。同时还增设了石弄、番松、大田、北赖下、大旺、旺下、南昌、和连章等八个教学点。至此，加茂镇中心学校共有六间完全小学、八个教学点。九十年代后期，由于生源的原因，石弄等八个教学点先后并入当地的完全小学。2004年，撤销学区，更名为：加茂镇镇中心学校。

加茂镇中心学校现有教职工77人，大专水平34人，中级职称24人（小学高级教师）。学生519人，设有28个教学班级。现任校长林文丛，中共党员，曾于1999年、2010年两次获得保亭县“十佳”校长。班子成员责任心强，团结奋进，开拓进取；“勤学守纪，尊师爱校”是加茂镇中心学校的办学宗旨，“感恩教育”是加茂镇中心学校的办学特色，“办好人民满意的教育”是加茂镇全体教职员工共同心声。加茂镇中心学校的全体教职员工，在县委县政府、在教育局的领导下正迎头赶上，决不辜负全镇人民厚望。

加茂中心学校红歌比赛

加茂中心学校六.一比赛现场

# 保亭县南茂中学

校长　谢金龙

南茂中学地处保亭县七仙岭脚下，创办于1968年7月，是一所全日制完全中学，学校现有18个教学班，学生千余人。教职工60多人，其中教师54人。有中学高级教师5人，中级教师23人。现学校占地面积114676平方米，校舍建筑面积12487平方米，新建学生食堂1200平方米，运动场面积30170平方米，绿化面积占90%。学校环境幽雅，布局合理，教风严谨、学风端正，校园文化氛围浓厚，是一个育人的好场所。

建校以来，学校始终坚持正确的办学方向，“以德立校，以法治校”，以提高教学质量为学校的生命线，秉承“以人为本，和谐发展，铸造健康的人格，培养创新的人才”为办学理念，践行“教学、管理、服务”的育人模式，恪守“求是、明德、勤思、创新”的校训及“笃志、报国、博学、慎思”的学风，办学成果得到上级领导和广大群众的认可，为大中专院校输送优秀生源1386人，各学科竞赛和文体比赛曾多次获得国家级、省级和局级嘉奖。中招考历届均排在全局农垦系统优秀行列，特别是2007年中招考排在总局第9名。归入地方以来在全县中招考也是名列前茅，2010年的中招成绩在全县中名列第一，受到了县教育局的好评。

我农场党委极为重视教育，全场广大职工大力支持办教育，不断优化教学资源，完善办学条件，按省级规范学校的标准，配备先进齐全的现代教学设备，科学馆设有多媒体多功能电教室、物理、化学、生物实验室、图书阅览室、计算机室，藏书25000册，电子图书20万册，每间教室配有多功能的多媒体讲台，安装了校园广播网。学校于1998年被省农垦授予农垦一级学校，2002年至2006年度被农垦教育局考核为优秀学校，2004至2005年度被海南农垦评为“德育工作先进集体”，学校连续十年被农场评为“物质文明、精神文明、政治文明”三文明先进单位。

校运会

文科教师电子备课室

团结奋进的校领导班子

获少数民族服饰大赛金奖——学生王佳佳

【防雷工作】 按照防雷装置年检通知要求，对全县范围内的公共场所、机关学校、易燃易爆、各大农场等单位的防雷装置进行安全性能检测，并及时将检测情况反馈至各单位，同时根据《防雷减灾管理办法》有关规定，责令不符防雷规范的防雷装置进行限期整改，得到各单位的积极响应。全年共检测72家单位，较上年度增加12%，共检测1914个装置，实现全县防雷装置检测86%的覆盖率。2010年，一方面加强新建建筑物及项目的防雷装置设计审核工作；另一方面加强竣工项目的验收工作。严格按照国家防雷技术规范要求，保证防雷检测数据真实、科学、有效。对全县新建建筑防雷装置实行专人全程跟踪，保证隐蔽工程质量符合规范要求。同时加强设计审核及竣工验收的备案，做到不符合规范不审批、材料不全不审批，不整改完善不审批，有效地杜绝了不符合规范的防雷装置投入使用。全年共完成设计审核及竣工验收项目50宗。加强防雷工程的承接项目能力，拓宽创收渠道，开发县高尔夫球场雷电预警系统业务的市场，并在新星高尔夫球场成功安装，合同总额为13万元，实现雷电预警系统业务零突破。全年防雷工程合同额为82.8万元。

【环境综合整治】 2010年，局按照"六个一流"标准的要求，对大院环境进行了综合整治。聘请专业的园林设计公司，为大院绿化进行整体规划和预算，并制作全局绿化效果图。在取得省局领导的同意后，根据大院布局的要求和资金情况，进行分步实施和重点整治，主要是平整绿化住宿楼前面的空地，在观测场的边沿设置"中国气象"等花草图案，平整绿化观测场周围环境。绿化总投资14万元，绿化美化面积1560平方米，彻底改变了脏、乱、杂的面貌。在大院环境整治的同时，加快文化设施建设，为干部职工营造丰富多彩的文体活动提供条件。投资14.9万元，建设灯光篮球场以及户外健身场地，并购买一系列的健身器材，把大院建成了环境优美的宜居大院。

【业务综合管理】 (一)加强部门联动。与县政府、安监局、建设局、旅游局等部门紧密协调，共同发文规范气象行政管理工作。先后以县政府名义下发《关于加强保护气象探测环境和设施工作的通知》，与安监局、建设局、旅游局共同颁发《关于做好2010年全县防雷装置安全性能检测工作的通知》、《关于进一步加强新建建筑物防雷装置设计审核和竣工验收工作的通知》、《关于做好我县旅游景区(点)及宾馆酒店防雷安全工作的通知》等红头文件。有效地规范气象行政管理职能，促进了气象社会行政管理工作的有序开展。(二)完善制度建设。先后对《规范化服务细则》、《零错情工作目标实施规定》、《专业技术岗位量化考核管理办法》、《气象服务管理办法》、《气象服务工作考评管理办法》、《气象灾害应急预案》、《应急值班制度》、《预报值班工作制度》、《领导班子理论学习制度》、《职工学习制度》等一系列规章制度进行修改和完善，实现了以制度管人、以制度管岗、按制度办事的良好局面。(三)规范档案管理。调整和充实档案管理工作的领导力量，成立了由局长挂帅的档案工作领导小组，组织人员集中力量对全部档案逐卷逐条地进行检查和对照，将原有不规范的案卷全部打散后进行重新整理、分类、组卷、编目和装订。至5月底，全部完成了各类档案的归档整理工作。经综合考评，达到省机关一级综合档案室标准，荣获省档案局授予的"省机关一级综合档案室"荣誉称号。

【安全生产】 始终坚持"安全第一"、"预防为主"的方针，强化安全生产监督检查，加大事故隐患排查整改力度，认真落实安全生产措施。2010年，在全县范围内认真开展防雷安全大检查3次。在局内抓安全生产检查4次，主要对车辆、办公楼、宿舍楼防火防盗、计算机网络安全等项目进行检查，加强事故防范。全年未发生重大安全责任事故。

【科普宣传】 积极开展"3·23"气象宣传日活动。进一步扩大气象工作的影响力，全面提高气象服务的社会经济效益。5月10－11日，参加了县政府组织的第六届科技活动月宣传活动。通过宣传,使广大公众对气象防灾、减灾知识有进一步的了解,也更好提高了全社会对气象防灾减灾工作的认识。积极开展"5·12"防灾减灾日宣传活动。主要采用张贴标语、悬挂横幅、广播媒体、发放气象知识读本、编辑气象专刊等形式。在县城主要街道和乡镇各学校开展主题为"减灾从社区做起"宣传活动。通过这次宣传活动,切实增强广大农民及学生安全防范意识。宣传活动深受广大农民及学生的欢迎和各级人士赞扬。共发放气象科普手册3000多份,接受咨询的群众共计1000多人次,收到了良好的宣传效果。

**【精神文明建设】** (一)抓好党风廉政建设。实行一岗双责,根据工作任务进行责任分解,与各股室签订廉政建设责任书,责任到人,每位领导干部都明确党风廉政建设工作的具体责任。坚持"标本兼治、综合治理、惩防并举、注重预防"的方针。此外,开展2010年党风廉政建设宣传教育月活动,强化"两公开两监督"工作,执行"三重一大"事项集体决策制度,营造守廉、尊廉、崇廉的浓厚氛围。同时,开展廉政教育谈话,利用典型案例开展警示教育,对省内外发生的经济案件进行认真剖析和深刻反思,提高干部职工的反腐倡廉意识。(二)营造良好的学习环境。积极订阅各类报刊和专业技术书籍,为职工学习各类知识特别是专业知识提供便利。目前,局阅览室内书籍达1000多册。其中,气象类650册、党建类150册、杂志类100册、综合类90册、防雷类50册、计算机类30册。(三)组织形式多样的文体活动。2010年,分别与县农口单位以及东部四个兄弟台站举行篮球友谊赛3次。通过比赛,增进友谊、促进和谐,增强了干部职工的凝聚力和战斗力。

(县气象局 供稿)

## 地　震

**【简况】** 保亭县地震局成立于2004年,最初挂靠于保亭县教育与科学技术局(现保亭县教育局);2007年机构调整后挂靠至保亭县农业与科学技术局(现保亭县农业局);2009年12月保亭县科技和工业信息产业局成立后,县地震局调整挂靠至该局。

**【防震减灾应急体系建设】** 认真抓好防震减灾各项基础性工作,注重地震应急救援体系建设。2010年,修订完善《保亭黎族苗族自治县地震应急预案》,调整县抗震救灾指挥部成员,指导各乡镇和县级机关有关部门相应修订本部门地震应急预案;组建一支由38人组成的地震火山灾害紧急救援队,成员分别来自县住建局、县交通局、县人民医院、县电信局、县消防大队等部门。同时,为提高救援能力,于2010年11月组织开展为期两天的地震应急卫生救护培训,对培训合格的学员由省红十字会颁发救护员证,通过培训,大大提高了救援队伍的应急反应能力和卫生救护水平。

**【防震减灾制度建设】** 为加强对全县防震减灾工作的组织领导,积极预防、有效应对和处置各类突发公共事件,促进全县经济、社会、科学和谐发展,制定了《保亭县防震减灾管理制度》,使县防震减灾工作制度化,促进了抗震设防工作的深入开展。为进一步充实完善全县地震宏观监测网、灾情速报网、防震减灾知识宣传网和防震减灾工作助理员即"三网一员"体系建设,全县9个乡、镇都配备了防震减灾助理员、联络员,初步形成统一领导、综合协调、分类管理、分级负责、属地为主的地震应急工作机制,使地震群测群防工作逐步规范化、制度化。还积极组织联络员、助理员参加省、县地震部门组织的各种业务培训活动,有效地提高了防震减灾工作人员的业务素质和能力。

**【农居地震安全工程】** 县农居地震安全工程始于2009年,是一项惠民工程,只要农户严格按照抗震房标准建房,就会获得4000元的资金扶持。这是根据海南省抗震设防烈度区与民居地震安全工程示范户抗震设防补助标准发放的。2010

年下达保亭的指标80户，通过大力宣传发动，各乡镇防震减灾助理员、联络员积极配合，全年已完成省下达的农居示范户指标37户。为切实提高农村建筑工匠的抗震设防理念和技能，加快农村地震安全房屋建设的步伐，完成省地震局下达的工作任务。县地震局先后举办了以建筑基础抗震知识，房屋结构抗震理论、方法，房屋抗震加固，抗震结构改造等为主要内容的培训班10多期，累计2000多名群众和农村工匠参加了培训；深入农村实地指导建房20多户，帮助农民解决建房中遇到的技术问题10多宗。通过典型引路，力争把全县农村农居工程抗震能力提高到一个新的水平，逐步实施“小震不坏，中震可修，大震不倒”的目标。

**【防震减灾宣传】** 2010年，充分利用“第六届科技月活动”、“5・12防震减灾日”、“7・28全国地震宣传日”、“12・4法制宣传日”等重大活动，进村入户开展形式多样的宣传，共发放防震减灾资料4700多份，宣传光碟560多张，悬挂宣传横幅16条，展出防震减灾科普挂图32幅，发动1辆宣传车进入9个乡镇、27个村委会，宣传《海南省防震减灾条例》，刻录“民居地震安全工程动漫片”、“纪念唐山地震35周年宣传短片”，在电视台循环播放。通过一系列的宣传活动，使广大群众对防震减灾知识有了进一步的了解和认识，也增强了宣传教育的针对性和实效性，形成全社会参与防震减灾的良好氛围。

（县地震局 供稿）

# 人口·计划生育

## 人　口

【户籍人口】 2010年，全县总户数5.26万户，总人口14.57万人，其中男性7.71万人，女性6.86万人。农业人口8.87万人，非农业人口5.7万人；汉族4.17万人，黎族9.35万人，苗族6972人，壮族3203人，回族38人，瑶族461人。全年全县出生2133人，人口出生率14.50‰；死亡744人，死亡率5.06‰，人口自然增长率9.44‰。县外省外迁流入2150人，迁流出县外省外5160人。

【人口抽样调查】 2010年人口变动抽样调查采取整群随机抽样的方法，全县抽取14个乡镇农场、28个村委会(作业区)和2个社区，调查样本量1.65万人。据调查结果，2010年全县人口发展情况如下：(一)总人口方面，2010年全县常住人口14.57万人，比上年减少2687人；人口出生率为14.50‰，比上年下降0.21个千分点；人口死亡率5.06‰，比上年上升0.22个千分点；人口自然增长率9.44‰，比上年下降0.43个千分点。(二)城乡构成方面，全县常住人口中，城镇居民2万人，占13.70%；农村居民8.68万人，占59.56%；农场人口3.9万人，占26.74%。与上年相比城镇人口比重上升0.6个百分点；农村人口比重下降0.91个百分点；农场人口比重上升1.24个百分点，城乡变化不明显。(三)性别构成方面，全县常住人口中，男性人口7.71万人，占总人口比重52.93%；女性人口6.86万人，占总人口比重47.07%。人口性别比为112.44，比上年下降0.47个比值。其中0－14岁人口性别比112.26，15－64岁人口性别比115.01，65岁及以上人口性别比87.03。出生婴儿性别比111.40，比上年上升1.69个比值，出生婴儿性别比偏高。(四)年龄构成方面，全县常住人口中，0－14岁年龄段2.62万人，占17.94%；15－64岁年龄段10.84万人，占74.41%；65岁及以上年龄段1.11万人，占7.65%。与上年相比：0－14岁年龄段人口比重上升0.24个百分点，15－64岁年龄段人口比重上升5.81个百分点，65岁及以上年龄段人口比重下降6.05个百分点，老少比为42.62%，人口年龄构成与上年相比变化不明显。(五)各年龄段育龄妇女与生育构成方面，全县各年龄段育龄妇女生育率：15－19岁20.68‰，20－24岁95.22‰，25－29岁110.34‰，30－34岁74.07‰，35－39岁38.60‰，40－44岁14.61‰，45－49岁1.54‰，与上年相比生育旺盛期年龄推迟，由20－24岁推迟到25－29岁。育龄妇女一般生育率为51.77‰，比上年下降了11.65个百分点，育龄妇女总和生育率1.775，比上年减少0.318个千分点，整个生育水平有所下降。(六)家庭户规模。2010年全县家庭户平均规模为每户3.5人，家庭户规模继续呈缩小趋势，家庭结构日趋简单化。

(陈德月 供稿)

## 计划生育

【简况】 2010年，全县计划生育工作突出优质服务主线，以服务促管理，以管理促转变，以转变促提高，深入开展宣传教育，不断强化依法行政，扎实抓好流动人口管理与服务，人口与计划生育工作取得优秀的成绩，荣获“海南省计划生育工作先进单位”称号。年终统计报表汇总结果显示，全县年末总出生2133人，其中男1124人，女1009人，出生率为14.5‰；符合法定出生2023

人，符合法定生育率为94.84%，人口性别比为111.40；全县当年长效节育措施及时率达80.38%，历年(含当年)长效节育措施落实率达90.06%，综合节育率达80.33%。2010年，县政府出台了《关于实行人口和计划生育奖励与优待的决定》(保府[2010]14号)，进一步提高了利益导向标准。全年全县符合奖励对象166户已全部兑现；对农村纯女户奖励方面，全县符合奖励条件的9户全部兑现；独生子女和纯女户奖励和养老保险费用共计34.58万元。县为各级计生协会举办各类培训班452期，共有4.38万人次参加。据统计，全县共投入资金125万元，帮助项目户1350户，扶助项目主要是种植、养殖、民房改造等。

**【人口和计划生育目标管理】** 2010年，继续实行人口和计划生育工作目标管理。年初，县委、县政府分别与各乡镇、农场及相关部门签订了目标管理责任书，明确责任。年终，县组织人员对全县9个乡镇、1个县农场、4个农垦单位、县直属12个单位的计划生育工作进行考核。保城镇也组织人员对所管辖的县直机关59个单位进行年度综合考核。考核结果显示，全县有76个单位完成了年度人口和计划生育目标管理责任任务。其中新星农场、毛感乡、新政镇、什玲镇、加茂镇、三道镇、响水镇、七仙岭农场、工商局、交通局、计生局、住建局、文体局、总工会、检察院、海气运输保亭分公司、粮食局、城管局、党校、社会保障局、民政局、人武部获“先进单位”。有6个单位没有完成年度工作目标管理责任书任务，被评为“不达标单位”。

(郑少敏 供稿)

**【流动人口计划生育服务和管理】** 2010年，县按照省人口计生委要求，结合实际，对应责任目标和考核办法，大抓流动人口计划生育服务和管理。(一)签订有关合同。各乡镇、农场计生办特别是保城镇城南、城北社区计生办，加强对用工单位、出租出借房屋主和物业小区签订流动人口计划生育协管合同，对流入或流出已婚育龄妇女签订计划生育合同。全县累计共签订协管合同295份，与流入已婚育龄妇女签订计划生育合同681份，与流出已婚育龄妇女签订计划生育合同486份。(二)进行培训。2010年上半年，对全县各乡镇、农场计生办开展进行区域“一盘棋”工作培训。除此之外，为了加强培训全县各乡镇、农场计生办对国家流管平台的掌握运用，9月中旬，邀请省人口计生委流管处梁处长来县授课，举办了国家流管平台的培训班。(三)加强区域协作。查证验证，对流入成年育龄妇女及时查验《流动人口婚育证明》，全年查证验证731人。落实服务，县人口计生服务站对流入人员进行生殖健康服务(避孕节育、“三查”等)。年内流入已婚育龄妇女中有273人参加了“三查”。加强办证工作，对流出外省和省内各市县的成年育龄妇女办理《流动人口婚育证明》，流出已婚育龄妇女185人，办证135人。积极开展国家流管平台流入和流出人口管理、网络化协作事项，进行有关流入信息的协查和流出信息的反馈工作。(四)开展清查活动。8月，县人口计生局、县建设局和保城镇计生办联合行动，利用3天时间，在县城建筑工地开展清查流入人口信息采集、查证验证、发放避孕药和通知节育等活动。活动期间共采集流入人口326人，查验育龄妇女婚育证52人，发放避孕药43人。据统计，全县流动人口1.64万人，其中流入人口3217人，已婚育龄妇女761人，婚育证持证率72.18%；流出人口1.32万人，已婚育龄妇女2708人，婚育证办证率72.05%；签订协管合同完成95%；查证验证731人，查证验证率96%，建档733人，建档率96%；符合法定生育率87.09%。

(麦昌俊 供稿)

**【新型生育文化建设】** 为更好地营造创建新型生育文化氛围，县不断总结经验和不断创新，改变了以往宣传教育的形式，建立和完善大联合、大宣传的工作格局。(一)充分整合各部门的优势资源，把新型生育文化建设融入经济社会发展大局之中，与企业文化、基层文化、校园文化、文明生态村文化建设等相结合，与其它各类群众性精神文明创建活动和“三下乡”活动相结合。全县各级计生部门充分发挥部门的职能优势,主动配合,形成了良好的工作氛围。(二)坚持走“部门协作、社会宣传”的新路子。建立与新闻媒体的广泛联系,通过目标责任制把计生宣传教育职责落实到各个新闻媒体。在电台开辟专题和专栏,在党校建立人口理论教育基地,把人口理论纳入到领导干部培训的重要内容。

**【婚育新风进万家活动】** 在广泛开展婚育新风进万家活动中,着重把人口和计划生育宣传教育工作融入到特有的乡土文化当中,充分挖掘具有民族特色的乡土文化传播婚育风,做足“特”字文章,计生宣传牌、计生民歌、表演的计生节目等,都能融入民族特色当中,并充分调动广大育龄群众积极参与,让群众从乡土文化中掌握到更多的计划生育基本知识,有力地促进了人们婚育观念的转变,逐步走出了一条新时期加强深化计划生育宣传教育的新路子。

**【关爱女孩行动】** 县各级党委、政府对关爱女孩行动非常重视,实行党政一把手亲自抓、负总责,取得了较好成效。特别是人口计生、卫生、文化、民政、团县委、妇联、教育、扶贫等部门都能结合本单位实际,采取不同形式,开展以“关爱女孩”为主题的一系列活动。对计划生育家庭的女孩在生产、生活、就学、就医、就业等方面均出台了一些优惠政策,并产生了一定的社会效应。县政府还出台了《关于实行人口和计划生育奖励与优待的决定》,对农村独生子女和纯女户家庭给予一次性的奖励和购买养老保险。县在“关爱女孩行动”工作中,主要是突出提高女孩及其家庭经济社会地位为重点,做到“五个结合”:将“关爱女孩行动”与计划生育相结合;将“关爱女孩行动”与建设文明幸福家庭相结合;将“关爱女孩行动”与全县精神文明建设相结合;将“关爱女孩行动”与全面推行村民自治相结合;将“关爱女孩行为”与当好独生子女家庭和纯女户的“保护伞”及脱贫致富奔小康的“引路人”相结合。

(黄平 供稿)

**【出生人口性别比综合治理】** 2010 年,建立党政负责、部门配合、群众参与的综合治理出生人口性别比偏高工作长效机制,并成立综合治理出生人口性别比偏高领导小组,年初召开综合治理出生人口性别比偏高会议,并与相关部门签订《保亭县综合治理出生人口性别比偏高》责任书,明确各相关部门的工作职责。计生部门作为治理出生人口性别比偏高问题牵头单位,经常组织各相关部门对医疗部门、药店进行暗访、督查。落实好凭证终止中期妊娠制度,做好 B 超和终止妊娠药物管理制度,加强孕情管理和孕情跟踪服务。积极开展出生人口性别比专项整治活动,严厉打击“两非”行为,落实出生实名登记制度和出生人口告知制度。县政府结合实际制定了针对女孩及其家庭的优先、优惠、奖励、扶持等政策。

(陈少霞 供稿)

# 自然灾害

## 旱灾

**【旱情】** 2010年1—4月，全县平均累计降雨量仅45.7毫米，比上年同期减少52%，导致大部分地区发生不同程度的旱情。

**【抗旱工作】** 县委、县政府高度重视旱情的发展情况，及时对抗旱工作进行部署，同时县农业、水务等部门派出抗旱工作组深入各乡镇一线了解旱情，帮助解决抗旱实际问题和困难。截至4月下旬，全县共投入抗旱资金131万元，其中县财政下拨抗旱设备用油资金39万元；全县投入抗旱人数2.1万人、机电井291眼、泵站35处、机动抗旱设备2958台套，抗旱浇灌面积1.78公顷，解决1.07万人、0.87万头牲畜临时饮水困难，全县抗旱工作取得显著成效。

（县"三防"办 供稿）

## 洪灾

**【汛前安全检查】** 根据省"三防"总指挥部的部署要求，县"三防"指挥部于3月3—5日组织对9个乡镇的防汛防风准备工作进行检查，重点检查在建除险加固水库、病险水库安全度汛情况。共检查水库46座，其中：中型水库1座，小(1)型水库13座，小(2)型水库32座。根据水库工程现状，经过评定，全县水库工程中，一类基本安全的18宗，占40%；二类安全有问题的1宗，占2%；三类病险的27宗，主要为小(2)型，占58%。

**【落实防汛防风责任制】** 县"三防"指挥部及时调整指挥部组成人员，各乡镇也对"三防"指挥部的领导和组成人员进行调整。各乡镇层层落实责任制，将防汛防风责任分解到人，形成横向到边，纵向到底的责任体系。另外，各水库工程的防汛责任人和技术责任人也全部落实到位，同时在县广播电视台一周时间滚动播放防汛责任人名单，接受社会监督。

**【制定防洪计划和度汛措施】** 县"三防"总指挥根据汛前水利工程安全大检查掌握的情况和水库工程的安全状况，制定水库汛期防洪运用计划和度汛措施，并经县政府批准印发执行。要求各乡镇严格执行水库汛期防洪运用计划和度汛措施，对已列入三类病险的水库该腾空库容的，一定要腾空，确保水库工程安全度汛。

**【防洪物资储备】** 继续加大力度储备防汛砂料230立方米、石料2104立方米，防洪编织袋3.3万条。

**【水库管养所建设】** 继续建设10座水库管养所，保障日常的水库管理及汛期值班需要。

**【洪涝灾情】** 2010年国庆节期间，保亭遭遇近五十年一遇强降雨，水灾不但造成较大的经济损失，9个乡镇均出现不同程度的灾情险情。10月1日凌晨至18日16时，经历两场强降雨，全县9个乡镇除新政镇外，其它8个乡镇降雨量均超过1000毫米(国庆期间平均700毫米，14—18日320毫米)，六弓和八村降雨量超过1200毫米。全县46座水库(不含农垦3座)蓄水总为容为6480万立方米，占设计库容的95.47%。至19日上午，全县有15座水库溢洪(第一轮降雨38座溢洪，仅有8座水库没有溢洪，但也处于较高水位)。

两轮降雨全县溪涧河流水位上涨均为多年罕见，县城东西河水位达到自1996年防洪整治以来的最高水位；水田和农作物种植地被淹3.97万亩，水产养殖被淹没3180亩。截至10月18日，两次降雨全县受灾人口5.9万人，转移人口794人。此次强降雨给全县造成直接经济损失4415万元，其中：农作物受灾面积3.97万亩，水产养殖被淹没3180亩，农林牧渔业直接经济损失2755万元；公路中断75条次，供电中断20条次，通讯中断11条次，工业交通运输业直接经济损失445万元；水利设施损坏389处，直接经济损失1215万元；房屋倒塌127间。

**【洪险排除】** (一)10月2日晚，县城居民队30户民房浸水，接到灾情发生后，县水务局、民政局、建设局和保城镇的领导和技术人员及时赶赴现场，通过现场查勘，共同研究方案，采取措施，10月3日下午排除险情，未造成人民群众生命财产重大损失。(二)10月3日，县城南环路南侧因排水沟渠被开挖出来的土石掩埋形成堰塞湖，积水近9万方，严重威胁到下游群众的生命财产安全，险情发生后，县主要领导亲临现场指导排险工作，建设、水务、民政等相关部门领导和技术人员积极会商除险方案，10月4日下午及时化解了险情。(三)10月4日上午，接到加茂镇共村水库出现超限水位险情的报告后，水务局领导和技术员迅速赶赴共村水库开展排险工作，先后联系了5台挖掘机准备开挖排洪道，均因溪流水位高而无法实施机械排险，情况较为危急，在采取护坝措施的同时及时向省"三防"办公室报告，请求省"三防"办给予技术支援。在当晚赶到的省水利专家的指导下，由加茂镇干部、公安武警、民兵预备役人员和村民共100多人组成抢险队伍在共村水库泄洪口处开挖出一条长约100多米的排洪沟，10月5日中午，成功排除了险情。(四)10月5日中午，县"三防"办接到三道镇番俄水库溢洪道渗水险情报告，水务局领导和相关技术员陪同省水利专家立即赶赴现场查看大坝安全状况和泄洪情况，对番俄水库泄洪口大坝渗水情况进行了踏勘并提出解决意见，有效化解了该处险情。(五)10月4－18日，先后对毛拉水库公路、毛感乡公路、八村公路等多处山体滑坡塌方引道路中断进行排险。(六)10月15－18日，先后对五一、红光、什叭、红合、什母、热作所二队、送妹7座小二型有安全隐患的水库进行有效排险。截至10月18日，全县46宗水库安全度汛，未出现重大安全事故，使灾害造成的损失降到最低程度，防洪减灾工作取得阶段性胜利。

(县"三防"办 供稿)

## 风　灾

**【台风灾情】** 10月22－24日，第13号超强台风"鲇鱼"穿越保亭，全县再次遭受大范围的暴雨袭击，降雨量达400－600毫米，并伴有12级大风。

**【抗台风工作】** 10月17日上午，县"三防"办接到县气象局发布第13号超强台风"鲇鱼"消息后，在第一时间用短信平台向各乡镇、县"三防"指挥部和其他有关单位发出预警并要求做好防范工作。10月17日晚，县"三防"办又将省防总办公室《关于做好第13号超强台风"鲇鱼"防御工作的通知》精神，传达到各乡镇人民政府、县"三防"指挥部成员单位、县四套领导班子，要求切实做好超强台风的各项防御工作。10月18日，县"三防"办再次将省防总办公室《关于切实做好小型水库安全度汛的紧急通知》精神传达到各乡镇，并要求对水库进行再次检查，认真落实防汛责任制，确保水库安全。10月19日上午，县政府召开第13号超强台风"鲇鱼"防御工作会议。会上对防御第13号超强台风"鲇鱼"工作做出了具体部署和要求。由于超前部署，科学防控，措施到位，使第13号超强台风"鲇鱼"带来的损失降到了最低程度。

(县"三防"办 供稿)

# 社会保障与社会事务管理

## 社 会 保 险

**【简况】** 2010年,县社会保险事业局以服务全县经济健康发展,维护改革开放稳定大局为宗旨,以群众满意为目标,坚持"广覆盖、多层次、保基本、可持续"的方针,进一步扩大社会保险覆盖范围;坚持以人为本,强化便民意识,不断提高社会保险经办机构能力,突出重点、狠抓落实、统筹兼顾,协调推动各项工作取得突破,为全面圆满完成各项目标任务奠定了坚实的基础。

**【养老保险】** 2010年,全县参保人数4.01万人,占年任务的100.5%;全年基本养老保险基金预算总支出21185万元,实际总支出21270万元,社会化发放率达100%。

**【医疗保险】** 2010年,全县参加城镇从业人员医疗保险人数3.45万人,全年统筹基金征缴收入1578万元,统筹基金支出2182万元,住院及门诊人数3584人次,统筹基金负结余623万元,财政补贴及其它收入5338万元,年度统筹基金结余3359万元,累计结余8962万元。全年个人账户基金征缴收入1365万元,个人账户基金支出1050万元,个人账户基金结余162万元,累计结余1449万元。城镇居民医疗保险参保人数2.71万人,征收城镇居民医疗保险费300万元;支付医疗保险费195万元。全县定点医疗机构有12家,其中:一级定点医疗机构4家,二级定点医疗机构4家,三级定点医疗机构4家,都签订了医疗保险服务协议。各定点医疗机构都能严格按服务协议内容执行有关医疗业务。职工医保定点药店有10家,各定点药店也都签订了服务协议并能严格履行服务协议,向参保职工提供了优质服务。

**【工伤保险】** 2010年,全县参保人数1.76万人,全年工伤统筹基金征缴收入100万元,统筹基金支出65.8万元,累计结余245万元。

**【生育保险】** 2010年,全县参保人数1.72万人,全年生育统筹基金征缴收入84万元,统筹基金支出26万元,累计结余263.6万元。

**【新型农村养老保险试点】** 严格按照国务院新农保指导意见和省政府新农保试点办法及县新农保实施方案有关规定,精心组织、周密部署,深入宣传,通力合作,层层落实,积极推进为县新型农村养老保险试点工作,目前全县参保农民达4.16万人,参保率92.73%。

**【城镇居民医保扩面征缴】** 做好应参保人数基线调查、资金测算、组织管理、资金安排、人员培训等前期准备工作,制定了《保亭黎族苗族自治县城镇居民基本医疗保险扩面征缴工作方案》,安排县人民政府与各口牵头单位、各乡(镇)、县教育局签订责任状,部署城镇居民基本医疗保险扩面征缴工作。2010年,全县共有2.31万人参加城镇居民基本医疗保险,其中:成年人1.31万人,未成年人1.01万人,困难群体2711人,超额完成了省厅下达的2.3万人的任务。

**【主要工作措施】** (一)加强企事业离退休人员社会化管理服务工作。加大社区信息平台建设,离退休人员领取养老金资格认证通过计算机采集指纹。建立企事业单位离退休人员档案室,接收和保管离退休人员人事档案。(二)开展专项稽查。制定工作方案,成立工作小组,定期进行稽查,严防冒领保险金行为,确保了基金的安全。(三)加强基础管理,规范业务工作。下大力气建立健全社会保险的业务运行、资金支撑、信息服务、监督检查、社会化服务、内部管理制度等措施,合理设立职能组室,使业务上既相互联系,又相互制约,防止违规行为的发生,加强了基金的监管。

(县社会保险事业局 供稿)

## 救灾救济

**【城乡低保】** 2010年,全县城乡在保对象共计3702户10454人,其中城市低保对象1763户4555人,农村低保对象1939户5899人。累计发放低保金2147.2万元,其中城市低保金1284.2万元;农村低保金818万元。累计审批新增低保对象471户1648人,清退低保对象487户1704人,对57户家庭人口和家庭收入发生变化的低保对象及时调整了其低保待遇,真正实现了动态管理下的应保尽保。城乡低保均实施动态管理和低保资金社会化发放,确保低保资金及时足额发放到每户低保户手中,切实保障了广大城乡低保户的基本生活。

**【城乡医疗救助】** 截至2010年12月中旬,资助民政救济对象7506人参加农村新型合作医疗,支付参合金22.5万元;救助农村患大病特困户327人次,累计支出医疗救助金128万元;城市医疗救助累计救助城镇患大病特困157人次,支出救助金80.5万元,发放城乡低保户门诊救助8350人,救助金额167万元。

**【农村五保户供养】** 按时向全县203名农村五保户放发五保供养金每人每月160元,发放亡故五保户安葬费3.8万元,支付五保户医疗救治费7.4万元。

**【乡镇敬老院建设】** 累计投入资金55万元建设六弓、加茂等两个乡镇敬老院,目前各项工程进入建成待验收阶段。

**【救灾物资发放】** 2010年,利用救灾救济资金,救济2.5万人次,为灾民发放救济大米62.5万公斤,食用油4600瓶,各类救济衣被1.2万件(套),已全部发放到灾民和特困户手中。做到查灾、报灾、救灾及时准确,农村特困救助对象准确,杜绝了优亲厚友、虚报冒领、截留挪用及救助与实领不一致的现象,保证了困难群众的情绪安定和受灾地区的稳定。

**【流浪人员救助】** 全年累计救助流浪乞讨人员128人次,发放1.15万元;处理无名死尸8例。

(县民政局 供稿)

## 拥军优属

**【慰问部队】** 利用"春节"、"八一"等节日到132旅、武警二支队、福安炮团、预备役团等驻军单位进行慰问活动,送去慰问品和慰问金累计达45.3万元。慰问来县驻训部队3次,送去慰问品和慰问金共6.5万元。

**【现役士兵家属优补】** 2010年,城镇现役义务兵家属由每年优补240元提高到720元,农村籍义务兵每年优补金发放最低标准不低于当年当地农民人均收入水平。

**【退役士兵优补与安置】** 2010年,城镇退役士兵补偿标准由每年5000元提高到6000元。为125名城乡参战退役人员发放生活补助共15万元。对2009年12月退役的13名自谋职业城镇士兵发放自谋职业一次性经济补助18万元。结合县全面推行城市医疗保险制度的实施,下拨资金资助全县268名城镇退役生活困难士兵参加城镇医疗保险。由于工作到位,实现了全县城乡退役士兵"零上访"。

**【革命英烈陈列室建设】** 经过近一年多的筹建,

革命英烈陈列室已完成建馆布展等工作，为全县青少年继承和发扬革命传统提供了教育场所。

（县民政局 供稿）

## 残疾人事业

**【简述】** 2010年，保亭县残联以“带领残联人奔小康，构建和谐社会”为目标，以解决残疾人生产、生活中的困难为重点，认真贯彻落实中发[2008]7号《关于促进残疾人事业发展的意见》和省委、省政府[2009]13号《贯彻落实〈中共中央、国务院关于促进残疾人事业发展的意见〉的实施意见》文件精神，扎实开展残疾人康复、劳动就业、维权等方面的工作，取得明显成效。

**【康复工作】** 2010年，依靠“言爱基金会”的支持，开展“亮晴工程”免费为白内障患者实施复明手术活动，由县政府组织，卫生局牵头，民政局、残联等部门协助，经近半年时间，为全县956名眼疾患者进行免费检查，免费实施复明手术426例，对其中90名农村贫困的白内障复明者县残联还给予每例100元的生活补助，完成省下达任务的300%。落实年度各项康复任务目标，完成智力残疾儿童康复训练6人；低视力康复训练5人，配用助视器2台；聋儿听力语言康复训练5名，发放助听器20人；对下肢截肢残疾人实施假肢安装5例；免费实施残疾儿童肢体矫治手术5例，100%完成省下达的任务。全年共免费发放残疾人用品用具9种145件，其中给下肢重度残疾人免费赠送轮椅71辆，总值价15.1万元。

**【残疾人就业】** 认真贯彻落实国家关于残疾人就业的方针政策，坚持分散与集中相结合的原则，从提高残疾人就业能力着手，开展残疾人实用技术技能培训，做好求取登记、职业推荐等工作，多渠道、多层次、多形式促进残疾人就业。2—7月，县残联依靠县农技中心、畜牧水产中心技术骨干力量的支持，在县城和各乡镇举办11期农村残疾人实用技术培训班，根据残疾人的身体状况和特长，主要讲授水产养殖、瓜菜栽培、作物种植管理等内容，参加培训的残疾人及亲属累计1260人次，大部分残疾人掌握了1—2门实用技术。选送75名残疾人参加省级盲人按摩、维修、木工制作、裁缝等培训班，并帮助他们解决学习期间的部分费用。为帮助残疾人实现就业脱贫，县残联领导主动走出去，与县外3家企业沟通推荐，达成就业安置意向。全年共接待残疾人求职登记72人，通过各种渠道推荐和安置就业38人。其中县外企业集中安置7人，县内企业集中安置23人，全县机关、团体、企事业单位安排就业2人，私营企业和个体经营户安排就业6人。贯彻落实《残疾人就业条例》有关规定，加大行政执法和监督检查力度，依法收缴残疾人就业保障金2万余元。

**【残疾人维权工作】** 认真贯彻落实《信访工作条例》和全县信访工作会议精神，深入宣传贯彻《中华人民共和国残疾人保障法》和《海南省实施〈中华人民共和国残疾人保障法〉办法》，充分发挥残联作为党和政府密切联系广大残疾人的桥梁和纽带作用，高度重视信访工作。成立信访工作领导小组，安排专人具体负责，为信访工作提供了有力的组织保障。为做好残疾人来信来访和接待工作，残联制定了《理事长接待日制度》、《首办首问责任制度》和《服务承诺制度》，从维护残疾人合法权益的愿望出发，充分发挥服务职能，进一步提高工作效率，使残疾人来信来访落到实处。透过信访工作，体察残疾人的民情，倾听残疾人的意见，反映残疾人的愿望，解决残疾人的实际问题。年内，共接待来访143人次，其中反映生活困难的有31人；咨询就业扶贫的52人；要求康复医疗的34人，办结128件，办结率达90%。对残疾人来信来访，残联热情接待，认真办理，努力做到“事事有落实，件件有结果”，全年无群体上访、越级上访和重复上访的情况发生。县残疾人法律援助工作部坚持依法维护残疾人合法权益的宗旨，认真开展法律咨询、法律服务和法律援助工作，全县法律工作者切实为残疾人提供优质优惠的法律服务，全年共查办侵害残疾人合法权益的案件2宗。

【助残活动】 2010年，以政府为主导，发挥职能部门作用，广泛动员社会力量，结合残疾人重要工作项目，以重大节庆日、“全国助残日”为契机，多层次、多形式地开展助残活动。(一)县政府结合残疾人危房改造项目的开展，落实国家相关政策措施，注入资金30万元，动员社会力量参与，扶持帮助60个农村贫困残疾人户实施茅草房、危房改造建设，100%完成了省下达的残疾人危房改造60户的任务目标。住上新房的残疾人由衷感谢党和政府的关怀及社会各界的帮助。(二)开展春节慰问活动。为使广大残疾人同全县人民一道过上一个欢乐、祥和的春节，县政府划拨了4万元专门慰问经费，层层成立慰问活动领导小组，党政领导带头走进贫困残疾人家庭访贫问暖，广泛开展走访慰问送温暖活动。私营企业、个体商户等社会各界也自发走访慰问残疾人贫困户，全县共走访慰问240多个贫困残疾人家庭，送去慰问金、慰问品共计4.8万余元。(三)开展“全国助残日”活动。围绕助残日主题，全县党政机关、社会团体、企事业单位、学校、社区基层组织结合各自业务特点，发挥工作优势，广泛开展“志愿者助残”、“红领巾助残”、“文化助残”、“科技助残”、“走访慰问”等活动，活动内容丰富、形式多样，“助残日”活动延伸成为“助残月”活动。各级新闻媒介及时进行宣传报道，县广播电视台还专门制作了新闻专题节目，大力弘扬扶残助残传统美德，广泛宣传残疾人自强和扶残助残先进事迹。

(朱海东 供稿)

## 扶贫开发

【简况】 2010年是实施《中国农村扶贫开发纲要(2001—2010)》的最后一年，全县严格按照国务院扶贫办的工作思路及省委、省政府的要求进一步完善落实“三集中”扶贫和联手扶贫工作。加快调整农业产业结构，加强基础设施建设，加快科技兴农的步伐，抓好贫困地区劳动力转移就业培训。真正做到扶贫项目、科技培训实实在在地受惠于农民，并着力提高贫困地区农民收入水平，不断改善他们的生产生活条件，努力实现农民早日脱贫致富奔小康。全县贫困人口从2009年的2.41万人减少到2010年2.17万人，下降9.9个百分点。

【扶贫资金】 2010年下达县财政扶贫资金1299万元。其中计划中央财政扶贫资金1266万元；省级财政扶贫(引导培训)资金33万元。革命老区建设资金176万元。(一)农村基础设施建设：为贫困村、革命老区村修路23条15.98公里，解决26个村小组1135户5045人行路难的问题。建引水工程6宗，引山泉21.5公里，解决7个村303户1324人饮水难问题。建文明生态村8个，文化室8栋，篮球场7个，改善343户1663人文化生活、生产条件。(二)生产发展：发放猪苗252头，扶持84户农民；发放鹅苗6.67万只，扶持3320户农民；发放鸡苗3.26万只，扶持225户农民；发放辣椒苗174万株，种植578亩，扶持578户农民；发放青瓜苗扶持嫁接青瓜苗45万株，种植150亩，扶持135户农民。引进龙头企业，采取“公司＋村委会＋农户”的模式，在什玲镇大田、水尾、坚固村委会，加茂镇石建村委会，三道镇首弓村委会，响水镇毛岸村委会建设供港中猪养殖示范基地，拓宽了农民养殖产业化。

【劳动技能培训】 开展各类培训班共38期，参加学习人数3010人次。其中举办实用技术培训班27期，受训人数2232人次，培训的内容有：瓜菜、养猪、养鹅等实用技术培训。贫困村干部外出考察学习2期，参训人数54人次。举办劳务输出技能培训班6期，共561人次，培训内容：建筑工、农机维修专业。省扶贫办来县举办培训班(互助资金和贫困村干部)2期，培训人数102人。举办雨露计划1期61人，培训的专业有：酒店服务与管理、电子电工、汽车运用与维修、计算机应用与维修、导游与旅行社服务等专业。培训地点：海南省高级技工学校、海南省机电工程学校、海南省华侨商业学校、三亚技工学校、海南省财税学校等。

**【革命老区建设】** 2010年,安排6个项目,其中修路4条3.3公里,解决1064人交通难问题;建设文明生态村2个,文化室2栋,篮球场1个,改善294人生产、生活条件。

**【整村推进扶贫】** 修建什玲镇抄寨村环村路;建什玲镇八村村委会什败村、什玲镇抄寨村委会石带村、新政镇新建村委会亚洪村、响水镇毛岸村委会毛瑞上下村饮水工程4宗,建什玲镇抄寨村文化室(篮球场)。扶持新政镇新建村贫困群众种植青瓜苗45万株,种植150亩。扶持响水镇毛岸村委会建设养猪示范区2栋45间,共计900平方米,受益155户、686人;同时扶持什玲镇八村、抄寨村贫困群众养鹅9473只。

**【联手扶贫】** 2011年,来县开展联手扶贫工作的省(市)级单位有16个,其中省级单位15个联系帮扶15个村委会,三亚市联系扶持县发展资金300万元。

(县扶贫办 供稿)

## 社会行政及事务管理

**【婚姻登记】** 严格按照规范化要求依法办理婚姻登记,共办理结婚登记1942对,离婚登记63对,登记合格率100%。积极配合计生工作,每季度向计生部门发送一次婚姻登记数据报表。认真做好婚姻登记档案,长期保管,以备查档。

**【地名数据库建设】** 切实做好城市地名工作,已建成保亭县地名数据库专用办公区,并着手筹备相关地名数据库信息录入和协调省民政厅数据库设备安装。

**【老龄工作】** 积极开展老年人优待证的申领登记工作,年内已为全县536名60岁以上老年人办理了《老年人优待证》。按时向全县13名百岁老人发放优待金每人每月200元,已累计发放2.6万元。建立和完善90岁以上老年人长寿补助金地财预算增长机制,按时向全县116名90岁以上老人放发优待金每人每月100元,已累计发放11.6万元。

(县民政局 供稿)

# 劳动·工资

## 劳动管理

【建设和谐劳动关系】 采用宣传车、电视媒体、发放宣传册、悬挂横幅、设立咨询点等多种形式，大力宣传《劳动法》、《劳动争议仲裁法》、《劳动合同法》和《就业促进法》等法律法规，共发放宣传手册9000多册，设立咨询点6个，在主要街道悬挂横幅70条，出动宣传车50车次，为构建和谐的劳动关系打下了良好的基础。积极推动劳动合同用工备案制度的落实。

【劳动保障监察】 组织劳动保障监察大队深入各用工单位，做好劳资双方的劳动合同签订工作。共检查102个用人单位，督促72个用人单位与516名农民工签订劳动合同，39个用人单位为495名农民工建立劳动用工备案，全县农民工劳动合同签订率由上年的92.9%提高到95%。加大劳动保障监察力度。

【劳动争议仲裁】 抓好人事劳动争议仲裁处理。全年受理劳动争议案件8宗，裁决6宗，裁结经济补偿金26万元。调解2宗，涉及经济补偿金5万元。

## 安全生产管理

【简况】 2010年，坚持"安全第一、预防为主、综合治理"的方针，强化政府监管和企业责任两个主体的落实，继续加强安全生产监督管理和综合协调工作，完善责任机制，提高民众安全意识，落实各项安全防范措施，积极参与突发事件应急救援演练，尽力预防和减少各类安全生产事故，确保安全祥和，推动全县安全生产工作在新的起点上再上新台阶。

【事故】 12月20日，全县共上报交通安全事故29起，与2009年同期相比（以下简称"同比"）增加7起，上升32%；死亡8人，同比减少2人，下降20%；受伤50人，同比增加12人，上升32%；直接经济损失9.07万元，同比减少47.54万元，下降84%，事故死亡人数占年控制指标（13人）的62%。其他方面未发生安全事故。

【安全生产目标责任制】 2010年，全县各类事故死亡人数控制在省政府下达的全年控制指标内，安全生产总体形势保持稳定。为确保顺利完成全年的安全生产责任目标，县采取了一系列强有力措施来加强安全生产工作。(一)层层签订安全生产目标责任书。在年初的全县新春工作动员大会上，县政府与保城镇、公安局等39个责任单位签订了《保亭县2010年安全生产工作目标责任书》，将年度各类事故控制指标分解落实到各单位，按照"横向到边，纵向到底"的要求，层层落实安全责任，做到政府领导责任、部门监管责任、企业主体责任"三落实"。(二)强化责任目标的监督考核。按照安全生产工作目标责任的要求，县政府把安全生产工作纳入全县经济和社会发展总体规划，尤其是将安全生产同党风廉政建设、综治维稳、计划生育、林业生态、环境卫生等6项考核指标一同列入年度考核"一票否决"工作范畴，增强了各单位各企业的安全生产责任意识。(三)加大事故责任的宣传力度。对近3年来发生过人员伤亡安全事故和存在重大安全隐患的企业，县安监局经常进行检查监督和重点宣传，促使企业克服麻痹侥幸心理，切实增强安全生产的责任意识和忧患意识。(四)及时研究解决安全生产工作中的突出问题。县领导在有关会议上多次强调和部署安全生产工作,着力指导协调和研究解决各阶段、各行业在安全生产工作中出现的突出问题,并在重大节假日前亲自带领有关职能部门到生产经营一线进行安全检查和督促隐患整改,确保节日期间的安全喜庆。同时,县政府在财政非常紧张的情况下,安排工作经费38万元,解决安全监管所需经费不足问题,确保日常安全监管工作顺利开展。

**【安全生产专项整治】** 全年开展各类执法行动86次,发现隐患286处(项),完成整改272处(项),完成整改率达95%,落实整改资金5600多万元,行政处罚(赔偿)91万余元,关闭取缔落后产能企业4家,拆除违章经营建设砖瓦厂22家,拆除违章建筑47处合计面积6445平方米,打击非法零售汽油5处。

**【道路交通安全】** 公安部门以"关爱生命、平安出行"为主题,开展交通安全"五进"宣传活动和事故图片宣传展165场次(其中:警员培训15次、宣传讲座15次、交通安全课15场、展板展出120次),制作大型警示牌、板画60块(套)、发放宣传材料3.58万余份;出动警力3970余人次,动用警车2680余辆次,检查车辆150.01万辆次,查处交通违法行为30.87万起。在交通危险路段设置醒目的交通警示标牌,从源头上严格把好安全生产关,共组织出动执法人员605人次、巡查车154辆次,处理各类公路违章案件23宗,检查超限车111辆次,收取赔偿款79万余元,拆除违章建筑5间合计330平方米。另外,完成治理道路安全隐患167处,共投入整改资金840余万元。

**【建筑施工安全】** 加大施工现场的安全执法,组织56次全县建筑工地和城市措施安全执法检查,检查出各种隐患165项,整改162项,整改率98%,处理乱停车辆601辆次,取缔违章经营建设砖瓦厂等22家,拆除违章建筑42处合计6115平方米。

**【危险化学品安全】** 县安监局、商务局联合相关部门集中开展危险化学品经营执法行动,对剧毒化学品经营点、加油站、液化气体和压缩气体经营点、学校和医院危险化学品使用单位等进行15次安全执法检查,发出责令整改通知书6份,发现隐患12项,及时整改12项,整改率100%。

**【非煤矿山安全】** 全年对4家非煤矿山进行了14次安全执法检查,参与执法人员65人次,发现隐患8处,发出责令整改通知书4份,及时整改8处,整改率100%。

**【烟花爆竹安全】** 按照《烟花爆竹安全管理条例》,加大对烟花爆竹批发企业、零售网点的安全检查力度,尤其是在重大节假日期间,县安监局组织职能部门联合执法检查组,深入129家烟花爆竹零售网点现场进行检查督促,全年共出动执法车24辆次,参与人员150余人次,当场责令并完成整改隐患9项,整改率100%。

**【道路客货运输安全】** 县交通运输局等有关职能部门共开展道路和桥梁检查12次,发现各类安全隐患18处,下发《限期整改通知书》18份,完成整改18处,对11座五类桥梁投入36万元进行整改。另外,培训营运驾驶员1315名,特别对客运车辆上路检查48次,纠正违规6次,对4135件物品进行"三品"检查,确保海汽保亭分公司29辆客车安全行驶409.3万公里。

**【消防安全】** 县公安消防大队对消防违法行为进行查处,全年共检查单位(场所)480家次,发现火灾隐患82处,发出责令整改通知书38份,完成整改82处,临时查封1宗,立案处罚13家,发出行政处罚决定书13份,罚款10.63万元,新闻媒体曝光各类火灾隐患单位6家次,举办4期消防安全培训班,350多名员工受到教育,切实维护了消防法规的严肃性,有效地遏制了火灾事故的发生。

**【特种设备安全】** 保亭质量技术监督局加大对特种设备安全违法行为查处力度,共组织开展4

次整治检查,出动执法人员42人次,对21家特种设备使用单位进行检查,发出责令整改通知书28份,责令停止使用14台,确保特种设备安全运行。

**【民爆器材安全】** 由县公安局组织有关职能部门出动警力175人次,对1家民爆器材经营单位和12家使用单位进行安全检查,发现隐患3处,及时整改3处,有效地排除安全隐患,进一步规范了民爆物品各项管理、配备、使用规定和秩序。

**【电力安全】** 由保亭供电公司按照“安全是基本,安全管理要创新,安全指标要领先”的发展思路,投入安全生产工作经费,全年共出动车12辆次、人员42人次开展安全隐患排查治理,共查出隐患42处,发出安全监察通知书5份、安全隐患整改通知书5份、违章处罚通知书2份,及时完成整改40处。在开展检查、加强监管的基础上进行反事故应急演练,确保供电安全。

**【水利安全】** 县水务局根据方案要求,对水利设施的安全违法行为进行检查47次,全县共检查采砂场(点)75处,发出责令停止违法行为通知书14份,完成整改12处。

**【农业机械安全】** 县农科局和县农业机械化管理服务中心共同对17家重点农机销维点和农机“黑车非驾”违章行为进行检查,共出动检查人员682人次,检查农用机械1643辆次,纠正违章及教育87人次,处罚违章29次,罚款1.42万元,办理农机入户185本,年检农机496台,举办农机驾驶员培训班7期培训215人,发驾驶证185本。另外,出动执法人员63人次,检查36家农药经营店。

**【旅游安全】** 县旅游局遵循“安全是旅游的生命线,没有安全就没有旅游”的思想,组织67人次开展16次旅游安全执法检查,主要检查七仙岭旅游度假区、呀诺达、槟榔谷等20多处景区、宾馆、酒店安全防护设施,查出安全隐患41处,发出责令整改通知书20份,完成整改41处,确保了游客在保亭度过安全、欢乐的旅程。

**【公共场所安全】** 县公安局、文体局等联合相关部门对8家歌舞厅、4家慢摇吧、4家游戏厅、14家网吧、43家宾馆(招待所)、10个市场、3家大型超市进行多次安全检查,查出安全隐患12项,完成整改11项,保证了公共聚集场所的安全经营。

**【职业卫生安全】** 县安监局协同县卫生局开展工矿商贸作业场所职业卫生安全状况调查,维护从业人员合法权益和安全保障,检查企业是否按时给职工缴交社保费、配备劳动防护用品、定期为高尘区一线工人体检等。

**【提高群众安全意识】** 大力宣传安全生产常识和法律法规知识,突出抓好各类人员的安全宣传培训工作。抓好上岗前的持证培训,利用社会资源,邀请农垦三亚中专举办2期电工证培训班,共培训电工186名。10月20日,为推动烟花爆竹经营行为的规范化,共培训258名经营销售人员,确保节假日期间烟花爆竹经营销售的安全。除充分利用“5·25”交通安全日、“11·9”消防日和下乡入村做工作的有利时机开展宣传工作外,还全力办好“安全生产月”系列宣传活动。首先,在县“安全生产月”活动领导小组的组织协调下,6月9日,县公安局、县商务局、县国土局、县农科局、县气象局、县公安局交警大队、县公安消防大队、县药监局、县供电公司、县广播电视台等单位在县农贸市场前联合开展咨询日活动,并进行现场参与有奖竞答,借此推动安全法律法规和安全知识的普及,弘扬安全文化;其次,6月26—28日,县安监局、县供电局、国营金江农场、县总工会、县乒乓球协等共同组织了保亭2010年“安康杯”乒乓球大赛。活动月共悬挂横额120余条,张贴标语、宣传画1000多幅,制作专栏、板报近10块,展示发放宣传资料3600多份,参与群众约6000人次,努力做到“家喻户晓,人人皆知,人人参与,人人有责”,形成共同关注和支持安全生产工作的良好氛围。

**【追究事故责任提高应急能力】** 针对一些企业存在的安全生产意识不强、安全制度不健全、安全管理不到位、隐患排除不彻底等问题，严格追究事故责任人责任，并责令限期抓好整改，确保事故“四不放过”原则得到有效落实。同时，为检验事故应急救援的实用性、有效性，组织中石化保亭加油站进行人员密集场所火灾演练，提高了全县预防和处理此类突发公共事件能力。

**【促进安监队伍建设】** 县安监局坚持学习业务知识，促进安监人员的业务能力和执法水平，进一步强化责任感、使命感，建设一支立场坚定、业务过硬、公正廉洁的安监执法队伍，维护人民群众生命财产安全，全力推动安全生产各项工作。同时，积极开展学习型党组织建设、党风廉政建设、政风行风建设、能力效能建设，以促进安监队伍自身建设。

（县安全生产监督管理局 供稿）

## 就　　业

**【简况】** 2010年，保亭城乡劳动力培训转移就业工作成效显著，共培训城乡劳动力2786人，累计转移就业农村富余劳动力6334人。新增就业人员2761人，开发岗位为下岗失业人员再就业提供266个。其中就业困难人员再就业人数123人，下岗失业人员再就业培训人数223人。创业培训人数223人。

**【建立机构 统筹协调】** 2010年3月，成立县劳务输出领导小组，由县主要领导任组长，人社局、农业局、教育等职能部门负责人为成员。各乡镇成立相应的领导机构，明确责任，安排专人负责劳动力培训转移工作，确保农村劳动力转移培训出成果、见实效，形成了上下一心、齐抓共管的工作格局。在培训转移工作中，各部门通力协作，分工不分家，做到了“六个统一”，即统一组织领导，由县劳务信息，建立劳动力资源共享；统一培训基地；统一审批定点培训学校及专业，实行动态管理，一年一审；统一培训计划，由县劳务输出办公室协调各职能部门提出培训方案；统一协调输出，为县劳务协调，组织劳动力市场、培训基地以及劳务输出地进行统筹协调，组织劳务输出，做好跟踪管理和服务工作；统一考核办法，将劳动力培训转移输出纳入县政府对部门、乡镇年终考核的重要内容。2010年12月23日，县委办、政府办公室印发了《关于对2010年综合工作进行考评的通知》（保委办[2010]110号），使农村富余劳动力培训管理工作踏入规范化、制度化进程。

**【加强培训 推动转移】** 加强技能培训，促进劳动力转移就业是增加劳动者收入，推动工业化、城镇化和现代化进程工作中带有战略意义的一项措施。全县劳动力培训按照“先培训后输出，以培训促输出，定向培训定向输出”的要求，加大培训力度，提高劳动者的就业能力。在培训机构的选定上，统一审批确定了2所定点学校，培训工种覆盖计算机、家政、保安、厨师、餐饮、缝纫、电工、焊工、车工、建筑工等10余个工种。2010年共培训1500名农民建筑工、467名农机维修工、458名热带作物栽培工、98名汽车驾驶与维修工、106名电脑安装与维修工，共投入培训资金121.28万元。目前，全县基本上形成了以定点培训单位为培训主体，其它培训机构为补充的培训体系。在培训模式上，根据转移就业方向开展灵活多样的培训：（一）把就业岗位采集的行业与培训联系起来，进行“订单式”培训；（二）把全县用人密集的行业与培训联系起来，进行“定向型”培训；（三）把异地就业或劳务输出对职业技能的要求与培训结合起来，进行“输出型”培训；（四）把特困农民的扶贫工作与培训结合起来，进行“扶持型”培训等。

**【广开渠道 促进就业】** 实现转移才能真正达到培训的目的。在劳动力转移培训工作中始终坚持以市场需求为导向，以转移就业为目标，实行培训与就业挂钩的方法，确保培训质量，拓展就业渠道。按照“劳动者自主择业、市场竞争就业和政府促进就业”的原则，不断改善就业环境，多途径开辟就业门路，创造就业岗位。面向县内、县外两面市场，加强劳务输出，不断拓展就业。加快调整农村经济结构，发展农业产业化组织，按照“积极鼓励、加强引导、完善服务、规范管理”的要求和“就业一人、脱贫一家”的思路，全方位拓展劳务输出渠道，努力提高劳务输出的组织化程度，并与福建省和广东省等地用人企业签订了对口支援劳务输出协议。通过劳务输出，扩大了求职者的就业门路，缓解了全县的就业结构性矛盾。截至目前，累计组织输出下岗失业职工和农村富余劳动力6200人。通过开展劳务转移和输出，劳动者学到了技术，增长了见识，推动了全县劳动力的转移工作。

（县就业局 供稿）

**【就业再就业】** 抓好职业技能培训。根据市场需求特点，结合农村劳动力的实际，有针对性地开展培训，不断提高农村劳动力的就业竞争力。2010年培训农村劳动力1654人。加强就业服务。通过开展就业援助月、企业招聘会等专项服务活动，积极帮助就业困难对象、大中专毕业生和部分农村劳动力实现就业。大力开展创业带动就业活动。鼓励下岗失业工人自主创业，自谋生计，为3户下岗失业人员提供小额担保贷款11万元，较好地解决了他们的启动资金难题。积极开发公益性岗位。全年开发公益性岗位115个，其中完成失地农民安置23人。通过以上措施，使全县就业局势不断优化，全年城镇计划新增就业岗位900个，实际完成2608个，占年计划任务的289.78%；下岗失业人员计划实现再就业300人，实际完成242人，占年度计划的80.67%，其中就业困难对象计划数100人，实际完成101人，占年度计划的101%；农村富余劳动力计划转移3000人，实际转移5980人，占年度计划的199.33%。

## 工　资

**【落实各项工资制度】** 对符合五年考核称职晋升一个级别和连续两年称职晋升一个档次的人员进行工资调整，全县共调整4000多人工资。积极落实新的工资政策，提高全县干部职工待遇，会同财政等部门，积极落实特区津贴、公共卫生部门、其它事业单位工作人员及机关事业单位工勤人员实行绩效工资等政策，实现县公务员人均年增资3600元，教师绩效工资人均年增资2700元，其他事业单位人均年增资8625元。

**【农民工工资保证金制度】** 开展农民工工资清欠、劳动用工专项检查等工作。严格执行建设领域农民工工资保证金制度，全年督促业主和承建单位缴交农民工工资保证金918万元。受理拖欠农民工工资案件34宗，涉及金额1018万元，办结34宗，金额1018万元，办结率100%。受理工伤案件35宗，认定工伤案件22宗，对余下的3宗因不符合条件不予认定，对不符合条件的单位及时转相关部门处理。

（县人事劳动保障局 供稿）

7

# 乡镇·农场

257/288

# 乡　镇

## 保　城　镇

【简况】 保城镇是保亭的环城郊区镇，行政区划辖 2 个社区、8 个行政村、60 个村小组、2448 户，总人口 4.04 万人，其中农业人口 1.19 万人，非农业人口 2.85 万人，农村人口 1.18 万人，劳动力 0.60 万人。全镇土地面积为 180.1 平方公里，耕地面积 9659 亩，其中水田 5063.72 亩，旱田 2069.22 亩，坡地 2526.06 亩。农作物种植是全镇农民的主要收入，以种植橡胶、槟榔和反季节瓜菜为主。全镇依托七仙岭旅游开发和旅游房地产带动周边农村经济发展，利用城郊优势发展经济。2010 年，全镇生产总值为 13318.59 万元，同比上年增长 22.0%；农民人均纯收入为 3756 元，同比上年增长 18.9%；农村经济总收入 4795.1 万元，其中农业 1969.4 万元，橡胶 1387.7 万元，牧业 469.5 万元，渔业 79.8 万元，工业 54 万元，建筑业 34.8 万元，运输业 125 万元，餐饮业 309.7 万元，服务业 107.1 万元，其它 23 万元。

【种植业】 全镇农作物种植面积为 2.23 万亩，其中橡胶 1.23 万亩，槟榔 8150 亩，荔枝 970 亩，龙眼 815 亩。按照全省大宗农业提高单产业的计划要求，4 月 6 日邀请保亭农种站专业人员对部分农户约 67 人进行橡胶等热带作物管理技术培训，同时县热作服务中心技术人员也在城南社区什么东村，组织 8 个村委会 2 个社区的部分胶农约 120 人实地进行橡胶管理割胶技术等培训，提高农户管理意识，也相应提出了全镇加强热带作物管理等措施来提高单产，全镇全年橡胶、槟榔等热作产品总收入约 2443 万元，单项农民人均纯收入 186 元。此外，番文村委会片区农户发展冬种瓜菜积极性高，积极引导农户推进特设产业化。

【养殖业】 石峒村委会片区依托什玲镇毗邻，引导群众积极发展什玲鸡养殖产业，目前采取“政府＋企业＋农户”的合作模式，与永基什玲养殖有限公司合作，对 569 户农户进行培训，共投放 7280 只鸡苗，受益农户 347 户，同时与省软件技术学院（扶持石峒村委会挂钩单位）沟通协调对石峒村委会 30 户养殖专业进行资金扶持，由学院出部分资金，农户投工投劳的方式帮助农户建鸡舍，建立八个养鸡专业合作社。

【服务业】 抄抗村委会、毛介村委会片区依地处景区优势，引导群众积极发展餐饮服务等经营，鼓励地区农民利用征地补偿金，发展农家小旅馆，出租房屋吸收客商居住，为经营者服务，实现互利增收。指导群众发展农家乐、路边店、便民服务部等庭院经济。目前为止沟通引导抄抗村、抄茂村、排寮村发展出租房屋 12 户，餐饮农家乐 8 家，路边店、便民服务部 46 家，为城边、景中村农民增收奠定基础，也为当地农民产业转型奠定基础。

【商贸流通】 进一步壮大农产品流通队伍，多渠道、多形式促进农产品流通，千方百计解决农副产品卖难的问题，全面提升二、三产业的收入比重。全镇共有各类常年从事运销的农户 65 户，对外销售网点 10 多家，从业人员达到 100 多人，已拓展为畜禽贩销、蔬菜促销、交通运销等多头并进的发展格局，在全镇经济发展中发挥了举足轻重的作用。

【劳务经济】 把发展劳务经济作为增加农民收入的重点来抓，建立了劳务工作组织网络和运行机制，完成了劳动力资源普查，在政府引导下有组织、规模化输转劳动力方面有了大的突破。2010年，积极实施以“农村劳动力转移就业培训工程”等为主要内容，从技能工程、定向培训等方面入手，引导更多的失地剩余劳动力就地，就近务工就业，目前全镇外出打工农民有230人，其中就近务工的有122人，采取年内转移输出劳动力700人，全镇年劳务收入超过672万元，开创了发展劳务经济的新局面。

**【重点项目建设】** 2010年，保城镇积极配合县政府推进在辖区范围内重点项目建设：一是神农大丰项目征地工作；二是配合县医院完成增容扩建工作；三是配合县重点项目宝亭大道、东环路清表工作；四是干哈引水项目水管铺设工作；五是海航宁远休闲公园土地租赁项目；六是县城污水处理厂；七是春天河堤、合口河堤、青苗清点及征地工作。

**【基础设施建设】** 2010年，保城镇为新农村建设办实事好事13件，进一步改善群众居住环境、卫生状况和生活质量。共投入232.7万元，完成西坡村委会、什布、新黎及什超村小组入村道路改造，春天村委会什办村入村道路改造，解决了2147人行路难问题；什聘村委会什超村小组道路改造；建设完成毛介村委会排寮村小组引水工程，完成春天村委会扫例村及什文上下村小组文明生态村建设，改善1690人生产生活条件；完成石硐、什好村委会渠道硬化工程，改善1050生产生活条件；建成什好村委会什坡村小组什挺拦河坝工程，改善150多人生活条件；完成城北社区及抄抗村委会排污工程建设，改善256人的生产生活条件。

**【社会发展】** 坚持教育优先发展战略，努力深化教育体制改革，不断优化教育教学环境，大力推行素质教育，合理调整小学布局，5所小学顺利完成合班并校任务；医疗卫生一体化管理进一步规范，全镇共有5633人参加新农保，完成全年工作任务的84.1%；共有1.18万人参加新农合，完成全年工作任务的98%；民政工作进一步加强，大力开展扶贫济困献爱心活动，实施了特困家庭定期救助制度，全镇共有1062户列为低保户，人口2780人，使五保户、特困户的生活都有了一定的保障；发放抗旱油料7656升农用柴油，发放肥料503包，应对洪涝灾害，发放救灾棉被300张，新建房屋68户，共发放大米6.8万斤，医疗救助10.8万元；认真执行人口与计划生育法规，进一步深化土地清理整顿工作，健全规章制度，完善村民自治，巩固和规范村务、社务公开制度。加强社会治安综合治理，加大各类信访矛盾纠纷的摸排和调处力度，健全完善了镇、村、社三级治安巡逻制度，保持了全镇社会政治稳定。

(保城镇 供稿)

## 什玲镇

**【简况】** 什玲镇位于保亭东部，距离县城11公里，因村而得名，素有保亭“东大门”之称，与陵水、琼中两县毗邻。什玲境内山多河多，土地肥沃，水草丰美。全镇土地面积为122.5平方公里，下辖八村、抄寨、大田、坚固、界村、毛定、毛天、排寮、什玲、水尾、巡亲、椰村12个村委会，81个村小组，1个镇办农场。总人口为3373户，1.47万人，其中农业人口1.39万人。农村劳动力9790人，其中男5503人，女4287人。2010年全镇社会总产值5456.8万元。同比增长13.8%，农民人均纯收入3893元，比2009年增长21.7%。财政收入288.79万元；人口自然增长率8.54‰。

**【经济发展】** 2010年，县下达的瓜菜种植任务是5200亩，全部完成。重点田洋9个，2500亩，同时根据镇的实际情况建立5个百亩无公害瓜菜示范基地(椰村田洋600亩，孟各洋200亩，界村洋400亩，印芽洋200亩，什当新坡洋200亩)。种植苦瓜、茄子、青瓜、豆类4个优瓜菜品种。由原来的品种单调，发展至今成为品种多样相互配合均衡的一个冬种生产群体。全镇共有橡胶1.42

万亩,55.67万株。全年开割面积9772亩,39.09万株。槟榔1.1万亩,10.22万株。全年收获6233亩,62.93万株。全镇谷物总产量4593.91吨(其中稻谷4475.3吨,玉米118.61吨),薯类总产量270.38吨,甘蔗总产量156吨,花生总产量110吨,蔬菜总产量7285吨,水果总产量1140吨(香蕉450吨,芒果98吨,龙眼115吨,荔枝305吨,红毛丹169吨)。全镇生猪年末存栏量10685头(母猪1714头,猪仔5591头),出栏9033头。山羊年末存栏母羊442头,全年出栏1280头。黄牛年末存栏412头,全年出栏237头。水牛年末存栏1760头,全年出栏384头。家禽年末存栏6.17万只,出栏12.98万只。

**【安全生产】** 贯彻落实《安全生产法》,以治理安全隐患为突破口,以防范和遏制重大事故的发生为目标,坚持"安全第一,预防为主"的方针,全面推进安全生产目标管理责任制、建立和完善安全生产管理机制、开展安全生产宣传教育,深化专项整治、加强安全生产监督检查。2010年6月由安监局、县交警大队和县消防大队联合在什玲镇举办培训班,给镇全体干部职工、村委会书记和村小组组长授课。2010年共检查单位24个,发出限期整改通知书3份,并一一督促整改到位。全年镇内未发生安全事故。

**【基础设施建设】** 2010年,全面维修各条农村道路。全镇筹集资金200万元修建大田村委会乡村道路总长3.9公里,6个村小组受益,受益人口为228户872人;投入145万元修建椰村村委会乡村道路总长2.4公里,9个村小组受益,受益人口为235户1243人。全镇出资18万元修复主干公路和村庄入口路共41条,长48公里,入村口路修复率达100%,受益人口1.4万多人。全镇投入资金27万多元,群众投劳5.12万工日,修复农田灌溉沟渠26条,56公里,新增农田灌溉面积90多亩,改善农田灌溉面积163亩,恢复农田灌溉面积40亩。

**【林业资源管理】** 严格按照"巩固成果,提升质量,完善功能,稳步推进"的要求,努力抓好林业重点工程建设。2010年,全镇共退耕还林4712亩,没有发生一起森林火灾。完成植树560亩。全镇林地面积达4.91万亩,其中公益林面积8982亩,商品林地面积3.61万亩,共计外业测量林地面积7761宗4.91万亩,确权面积3.84万亩,其中集体统一经营1.46万亩,农户实际经营2.04万亩,其它方式承包1.01万亩。全镇林改工作已基本完成。林权证发放率达95%。

**【农民科技培训】** 2010年,镇与县委宣传部、县科协、县计生办、县卫生局、县扶贫办等有关部门共同举办科技培训班15期,参加人数达5300多人次。重点是学习瓜菜栽培、割胶技术、测土配方等一系列农民实用技术。全镇现有农村劳动力7985人,其中男4491人、女3494人。可转移就业人数2381人,其中男1081人、女1300人。年内转移富余劳动力961人,共其中男496人、女465人、省内829人、省外132人,为镇创收900万元。劳务输出人均收入612.24元,占2010年全镇人均收入的6.35%。

**【环境卫生整治】** 为保持镇容镇貌干净整洁,镇政府要求各村委会制定出辖区内环境卫生管理制度,广泛发动群众经常开展环境卫生整治活动,彻底清除室内外、背街小巷垃圾、污物、卫生死角等。同时开展环境卫生宣传,全年共张贴悬挂横幅8条、发放保护环境宣传材料2000多份,使村民更深入地了解并掌握卫生基本常识,提高人们的自我保健能力,从而树立"讲卫生光荣,不讲卫生可耻"的新风尚。还开展"防疟灭疟"、"妇幼保健"、"预防艾滋病"等防病治病知识宣传活动。发动广大群众做好防控工作,在城乡环境整治"百日大会战"活动中,发动广大干部群众参加卫生整治活动的人数达5130人次,清理卫生死角60处,投入车辆26台次,清理垃圾35.2吨,疏通水沟3000多米。

**【教育事业】** 抓好"普九"教育,巩固提高"普九"成果。全镇有8所小学,3个教学点,1所初级中学,在校学生1045人,其中小学在校生664人,初中在校生381人,小学(6—11岁)适龄人口入学596人,小学适龄在校生596人,小学适龄人口入学率达100%;12—14周岁适龄入学少年322人,初中在校生人数316人,初中入学率98.1%;7—15周岁残疾儿童人数6人,入学6人,入学率100%,在校生辍学率0%;中小学教育完成率100%。

**【文化体育】** 镇积极组织农民群众参加七仙嬉水节的各项活动并荣获嬉水节农民文艺汇演优秀奖,农民篮球赛获女子第四名,农民趣味运动饮酒比赛获第三名,收割插秧灌溉比赛第三名,民俗风情狂欢大巡游牛彩车获三等奖,方队表演获优秀奖。全镇年内共发放卫星数字接收机80个,村村通广播电视和电话入户率达90%,深入到农村,学校免费放电影,截至年底放映140场次。"农村书屋"共发放各类图书1300本,丰富了百姓的业余生活。

**【民生工作】** 全年共发放慰问金1.9万元、救济粮9.8万斤、油622瓶、棉被300张、空军服300套、大衣100件、儿童服装400套、蚊帐100顶。全镇共悬挂横幅8条、张贴宣传标语2000条,对新型农村合作医疗、新型农村社会养老保险进行宣传。2010年,全镇农村新型合作医疗参合人数1.23人,征收金额37.04万元,参合率达91%,城镇居民基本医疗保险参保人数188人,征收金额7410元,参保率达100%,"亮睛工程"白内障复明49例,麻疹疫苗强化免疫接种1028例。全镇新型农村社会养老保险应保人数6428人,实保人数4734人,征收金额45.21万元,参保率达75%。60周岁以上老年人1155人,发放金额76.23万元。

**【党建工作】** 2010年,全镇共发展党员20名,其中男党员15名,女党员5名,35岁以下党员12名,大专以上学历党员6名,创业能手、致富带头人和能人的比例占到了80%以上。

**【社会治安】** 2010年,全镇治安、刑事案件发案率与2009年同期相比有明显的下降趋势,其中治安案件发生52件,与2009年同期相比下降24.6%;刑事案件发生12件,与2009年同期相比下降17.6%。但矛盾纠纷呈现出上升的趋势,全年共发生纠纷68起,与2009年同期相比,矛盾纠纷上升了13.8%。全年发动排查387人次,宣传发动9次,排查发现治安重点地区1个,已整治治安重点区1个。

**【人民武装】** 镇武装部办公室配套齐全,兵员一览表、民兵兵力分布图等各类制度上墙,档案资料管理规范。现有民兵营12个,海防营一个排48人,普通民兵连2个、240人,应急排33人。这支武装力量是由各村委会挑选适龄退伍军人及优秀青年参加基干民兵组成。3月份超龄民兵出队,适龄青年入队交替时,由镇武装部集中入队的新民兵进行军事训练,如:队列、射击、散打、军体等科目。台风期间,各村委会民兵组织都及时响应镇委、镇政府的号召,积极自觉投入到抗灾抢险中来,减少人民群众财产损失。在"三月三"、嬉水节等社会活动中,积极协助公安、武警、消防等部门做好执行工作。

**【精神文明建设】** 全年共开展各类群众喜闻乐见的文艺宣传28场次。组织青年文艺队20余名演员精心排练2个具有什玲文化底韵的节目《捡螺歌》、《竹竿舞》参加全县七仙温泉嬉水节文艺汇演,受到县领导的高度赞誉。开展"法与我同行"、"珍爱生命,拒绝毒品"、"农村科技致富女能人培训"等活动深入人心,受到人民群众的一致好评。全镇投资210万元,建起了镇宣传文化站,建成农家书屋5个,配备完善了图书室、民俗作品展览室等场所,为群众开展精神文明创建活动搭建了平台。加强公民道德教育,倡导和谐共处、邻里团结、诚信守法的道德风尚。

(什玲镇 供稿)

## 新政镇

**【简况】** 新政镇位于保亭县城西南部,海榆中线自北向南穿过，南至三亚市56公里，西至保亭县城21公里，北至五指山市38公里。全镇下辖10个村委会，68个自然村，4个镇农场，是个黎、苗、壮、汉族聚居的乡镇，共2436户，1.40万人(其中黎族1678户、9838人，苗族400户、2031人)。土地面积172.1平方公里，其中：水旱田面积8588.3亩，坡地2198.1亩，四边地4987.6亩。地势西部高，东部平缓，西部山区是境内河流的发源地和分水岭，是水源林区，全镇大部分的森林皆分布于此。主要河流有脚下河、报什河和南改河。全县最大的水电工程就建在南改地区。西部属高山寒冷气候区，其余地区属于丘陵暖和气候区。年平均温度24℃，年平均降雨量1917.1毫米。全年日照约1900—2000小时，日照百分率达45%，全镇森林覆盖率达到83.6%。境内的森林、矿产、旅游等自然资源十分丰富，有多种热带雨林乔木，珍贵的木材有母生、花梨、坡垒、绿楠等，沉香、砂仁、降香、益智、灵芝等多种南药，有着特别的开发利用价值。

**【经济发展】** 镇委、镇政府以科学发展观为统领，抢抓机遇，大力发展经济，一方面大力巩固橡胶、槟榔、冬季瓜菜等具有优势的传统产业；另一方面积极引进龙头企业发展新型经济，采取"企业+合作社(农户)"的模式，引进项目，推动农业产业化发展，带动农民增收。新政镇已经成功引进了盈海兰花基地、新意橡胶加工厂、泓缘科技养猪示范基地、贮存20万吨瓜果菜冷藏库和莱士单采血浆站等项目，形成了具有特色的种植业、养殖业、加工业、新型工业一体的产业格局，解决长期产销不畅通、无特色产品的产业发展难题。特别是这些企业发挥了龙头带动作用，内联千家万户，外联市场，辐射、带动了当地发展。2010年全镇国民生产总值达到4412.1万元，地方财政收入170万元，农民人均收入3798元，比2009年增加712元，同比增长18.74%；农村富余劳动力转移886人，劳务收入880万元，贫困人口减少296人。

**【社会发展】** 2010年，全镇上下团结一致，解放思想，开拓进取，真抓实干，全镇各项社会事业协调发展。适龄儿童入学率达100%，巩固率达到99%，小学升学率达99%，初中学生入学率达99%，巩固率达98%；农民参与合作医疗1.1万人，覆盖率达到98.6%，城镇医疗保险参保356人，参保率98.8%；计划生育当年结扎及时率达82.35%，已婚育龄妇女综合节育率80.72%，出生率13.01‰；完成茅草房改造任务109户，改厕示范户130户；集体林权改革累计完成7476宗4.51万亩的林权勘界测量工作，林权证发放率100%，生态环境得到有效保护。

(新政镇 供稿)

## 三道镇

**【简况】** 以加快推进社会主义新农村建设统揽工作全局，以旅游项目开发带动农业产业化、规模化，三道镇经济正朝着强劲的势头发展。农民人均收入由2009年的2929元增加到2010年的3583.9元，增长22.3%，人民生活明显改善。加强精神文明建设和民主法制建设，促进社会各项事业健康发展，社会治安稳定。

**【经济发展】** (一)农业。以市场经济为导向，以增加农民经济收入为目标，立足本地资源优势，挖掘农业增收潜力，不断优化农业结构调整，大力发展特色高效农业。一是大力发展无公害瓜菜，打造特色品牌。2010年全镇瓜菜计划种植面积5500亩，目前已种植4722亩，占任务的85.8%，主要种植苦瓜1119亩、辣椒949亩、青瓜492.亩、豆角298亩等，已上市面积2960亩，主要为苦瓜、辣椒、四棱豆。二是做大热带经济产业。加强对已种植的5250亩橡胶、1350亩龙眼、6115亩槟榔、616亩菠萝蜜科学管理，全年收获橡胶26吨、槟榔895吨、龙眼66吨、芒果100吨、红毛丹34吨，取得较好的经济效益。三是抓好绿色农产品的种植和销售。借助槟榔谷、呀诺达旅游景区开发建设，大力发展野菜等绿色农副产品，带动农民增收。(二)畜牧业。大力发展养猪业，全镇生猪存栏1.01万头,完成免疫数9415头,免疫率93%。牛存栏1023头,完成免疫954头,免疫率93.3%。羊存栏1605头,完成免疫1527头,免疫率95.1%。家禽存栏2.56万只,完成免疫2.47万只,免疫率96.4%。完成屠杀猪肉产品检疫2913头,牛产品检疫118头,三鸟产品检疫8975只。(三)旅游业。紧紧围绕"旅游强镇"的发展目标,依托三亚旅游圈,全面对接三亚高端发展。充分借助三道镇被评为"海南省十大文化名镇"的品牌,走绿色旅游强镇之路,不断提升呀诺达、槟榔谷的旅游品位。"大区小镇"——桃源居工程项目也吸引了大批游客前来参观购买。目前,全镇旅游景区接待游客116万人次,旅游收入8783万元,全镇旅游业保持健康发展。

**【重点项目建设】** (一)什进村新农村建设项目。该项目由海南三道湾大区小镇旅业有限公司投资建设,拟投资1亿元,现阶段已投资1300万元。目前已经完成什进村项目工程1区道路路基碎石铺设工作,什进村项目工程1区18栋农民新房地基土方已开挖15栋完成;发放青苗一次性补偿款1023万元,土地入股分红款41.58万元。(二)三弓花卉基地项目。该项目由海南皓然生态农业有限公司投资建设,拟投资5000万元,已投资785万元。计划用地面积300亩。已租地140亩,地租及青苗补偿款已按协议付清,已搭棚8个,正在建3个;灌溉用水的水渠引水工程已竣工。蓄水池、灌溉设施、排水沟的基础设施建设已完工。冷库、加工间、办公及生活设施等材料已订购完毕,相关设施设备正在建设中。(三)呀诺达热带雨林酒店建设项目。该项目征地工作已经完成,700米道路基础施工已经完成,1.7公里224国道开口处至学校段的道路硬化工作正在施工。

**【农村基础设施建设】** (一)抓好冬修公路、冬修水利工作。全镇共投入16万元,修复主渠道2条10.6公里,整理农田山沟85条44.37公里,为今冬明春的瓜菜种植打下基础。(二)努力改善人居环境。完成村道路建设10条6.2公里,正在建2条。启动全镇饮水工程,目前主管网已经铺设完毕。

**【文明生态村建设】** (一)做好什纳文明生态村的改造和创建活动。拆除影响文明生态村建设的一批猪圈12间,投入劳力532人次。完成什纳村20间100多平方米的猪圈建造,砌好村前拦土墙112米,建造2个垃圾房,修缮文化室、绿化美化村容村貌等投入资金87.2万元。(二)搞好什进村环境综合整治,投入劳力2138人次,投入20万元完善100米环村路硬化。特别是引进大区小镇公司高起点规划建设什进村,把什进文明生态村建设和增加农民收入结合起来,确保农民不离地、不失业、保增收的新理念,打造海南乃至全国新农村建设的唯一示范点。(三)投入资金569万元,完成通上、柳上、柳下、准上、准下、什印、番印、什定等文明生态村创建,投入资金16万元,启动新建、田滚两个文明生态村建设。(四)加强对已建好14个文明生态村的管理。利用好会议桌、高音喇叭、电视等配套设施,确保党的政策、经济社会发展等信息及时传送到千家万户。制订文明生态村环境卫生整治制度,做到每月至少组织村民进行2次卫生大扫除,投入47.76万元在16个村小组建造48个垃圾池,切实改变农村"脏、乱、差"现象。

**【文化教育】** 开展廉政文化活动,把思想教育、纪律教育、职业教育、家庭美德教育和社会道德教育结合起来,努力营造"以廉为荣,以贪为耻"的良好社会氛围。2010年,共开展廉政文化下乡村进社区活动23场(次),参与人数6153人次。继续抓好九年义务教育和扫除农村青壮年文盲工作,不断增加教育投入,努力改善教育环境,加强师资队伍建设,不断提高教学质量。2010年,适龄儿童入学率达100%;中学生入学率达98%以上,两基教育成果得到巩固和提高。认真落实"两免一补"收费政策,加强对教育收费的管理,杜绝学校乱收费。

**【卫生和计生】** 2010年,共投资12万元改造镇卫生院的输液大厅及周边环境，完善卫生基础设施建设。八苗基础免疫率达98%以上。全镇出生婴儿134人，其中男婴69人，女婴65人，性别比106.15，符合法定生育率94.02%。完成“四术”对象156例（结扎43例，引产1例，上环99例，取环11例），其中当年应结扎60人，已结扎52例，当年结扎及时率为86.66%，综合节育率为79.35%。

**【民生工作】** （一）继续将劳务经济作为农民增收的主要产业来抓，积极鼓励农村富余劳动力外出务工创业。2010年，全镇外出务工人员660人，在原来2632人的基础上，累计达到3292人，劳务收入230.4万元。举办瓜菜、驾驶、建筑、养殖等各类实用技术培训26期，受训人数3712人次。积极引导务工人员回乡投资创业，充分利用当地资源，吸收当地农民231人就地就业，缓解了农民就业难问题，带动了农村经济的发展。（二）落实十大惠农政策。全年共完成民房改造56户，发放补助金35户175万元，发放水泥67户316吨；完成改厕120户，发放补助金6万元；每学年免除学杂费1061人40.49万元，免除书本费1061人11.7万元，发放困难学生生活补助150人11.25万元，发放住校生生活补助198人1.32万元；发放粮食综合直补1830户6847.6亩，补贴金61.63万元；发放良种补贴3960户17.17万元；发放退耕还林570户1656.5亩，补助金38.11万元；发放农村低保248户741人，低保金45万元，城镇低保43户112人，低保金19.6万元；发放医疗救助29人，救助金8.653万元，城镇医保69户112人，参保率99.2%；新农合9187人，参合率90.2%，新农保5699人，参保率85%；发放农村60岁以上养老金838人4.6万元；家电下乡补贴39.3万元；发放集体林权证1934户2.4万亩，完成97.9%；发放计生奖助金13户1.53万元，农村育龄妇女优惠金97人2.91万元；发放大米4.55万斤，食用油812瓶、棉被350件，确保“十大惠农”政策措施落到实处，农民利益得到保障。

**【集体林权制度改革】** 镇管公益林7.21万亩，其中国家级公益林5.92万亩，省级1.29万亩，聘用管护人员18人。年内发现毁林开垦、偷运木材等23宗，都得到及时发现、制止，上缴育林基金4263元，放姬小蜂1次200.3万头，清理非法侵占国有林地1宗3亩。全镇林改任务总面积为2.51万亩，其中商品林面积1.73万亩，公益林面积7831亩。通过近两年多的努力，累计完成2.58万亩的林权勘界测量工作，完成率达到103%。全镇48个村小组的集体林权制度改革村组方案全部制定并通过村民表决，完成率达到97.96%。全镇48个村小组已全部完成内业制图和签订林地承包合同，并已送县林改办核实发证。已发证2226本，涉及1934户5991宗地，面积2.4万亩。投入林改工作资金22.8万元，其中县下拨资金18.64万元，镇自筹资金4.16万元，确保林改工作按时按质按量完成任务。

**【社会维稳工作】** 继续实施“五五”普法规划，全年机关干部687人次受教育，普法教育率达100%；学校师生受教育1487人次，普法教育率达98%；农村受教育1.02万人次，普法教育率达92.7%。积极做好新形势下的信访工作，全年共接访群众来信来电来访52件，已办理52件，办结率达100%，群众较为满意。加大司法调解工作力度，全年司法调解52起，调解成功52起，调解率和成功率100%。扎实做好社会安保工作，适时开展集中专项治理行动，年内全镇共发生刑事案件13宗，破案10宗，破案率76%，刑事拘留7人，刑事案件发案率比2009年下降23%（去年立刑事案件17宗）；受理治安案件17起，查处17起，查处率100%，治安拘留10人，治安案件发案率比2009年下降10%（2009年受理治安案件19起），有力打击了辖区内的违法犯罪活动，维护了社会稳定。

**【“三资”委托代理工作】** 监察、审计工作力度加大，率先在全县全面开展农村集体“三资”委托代理服务试点工作，4个村委会和49个村小组已将农村集体资金、资产、资源全部移交镇“三资”代理服务站代其管理。据统计,全镇已移交集体资金7.29万元,资产估价120.7万元,资源估价2817.9万元。目前,农村集体"三资"运行正常。开展"制度系列年"活动,推进落实制度的自觉性,镇在公务接待、公款消费、公务用车配备使用管理等方面存在的问题得到有效控制,一般性公务接待费21.7万元,比上年减少11.2%,公务用车运行费3.4万元,比上年减少31.6%,会议费用支出1.7万元,比上年减少37.2%。

**【基层党组织建设】** 在全镇12个党支部468名党员中开展创先争优活动,组织专题学习4次,制作宣传栏1个、横幅6条、张贴标语400多张。结合创先争优活动在7月底圆满完成村级换届选举工作,新任书记、主任"一肩挑"率100%,两委成员交叉任职率100%。通过换届选举,把群众拥护的人选进两委班子,提高村两委干部的整体素质和工作水平,确保党和政府的方针政策和工作任务在农村得到贯彻落实。积极组织领导班子和支部书记参加县委举办的专题知识讲座培训,提升干部的能力素质;组织19名村干部参加大专学历教育学习,提升村干部的综合素质;以会代训等形式组织党员干部学习53次,参加人数3476人次。特别是组织学习《廉政准则》,共开展专题学习18次(场),参加人数723人次,撰写心得体会28篇;举办全镇村两委干部、村小组组长培训班,提高农村基层干部履行职责,服务群众的能力和水平;积极组织农村党员群众到乐东香蕉种植基地、东方农村经济合作社、成都三圣花乡等地参观学习,引导农村党员群众转变观念、拓宽思路,挖掘发展潜力,选准致富路子,广泛推行"党员诚信创业致富工程",已发放贷款105户240万元。同时,在深入调研的基础上,采取座谈走访、基层调查等方式广泛征求群众意见,镇党委从促进农民增收、项目建设、服务群众、改善民生等方面作出承诺,并且提出切实可行、可操作性较强的落实措施。

(三道镇 供稿)

## 加茂镇

**【简况】** 加茂镇位于保亭东南部,距离县城10公里,东连六弓乡,南邻三道镇,西靠新政,北依保城。属热带雨林山地,日照充足、雨量充沛、土地肥沃,宜于发展粮食作物、热带水果和经济作物,是保亭主要的粮食生产和热作生产基地。全镇土地面积110.7平方公里,耕地面积8560亩,其中水、旱田7100亩、坡地1460亩,人均耕地面积0.84亩;山地面积3.9万亩。全镇有6个村委会,57个村小组,有大旺、石建、连章3个经济场和1个镇橡胶加工厂。到2010年底,全镇总人口1.12万人,其中男5705人,女5449人;农业人口1.02万人,非农业人口958人;户数3219户,农业户数2807户,非农业户数412户;劳动力5229人,男2956人,女2273人。全镇公务员编制29个,实有公务员24人,事业编(工勤)人员11人。2010年度加茂镇荣获计划生育工作、精神文明建设、全省抗洪抢险救灾以及城镇居民医保、新农保、劳务输出、"三冬"工作先进单位。2010年,镇农业总产值10388万元,同比增长17.7%;农村经济总收入为5141.4万元,同比增长761.7万元,增长率17.3%;农民纯收入总额3872.4万元,同比增长25.3%;农民人均纯收入为3798元,同比增长20.2%。

**【农业经济结构调整】** 首先,在稳定橡胶、槟榔和椰子三大支柱产业的基础上做大做强香蕉产业。积极借助保亭顺达公司这个龙头企业,大力引导农户发展香蕉产业化生产,扩大加茂、加答、石建村委会核心区的种植面积,香蕉种植面积从2008年的563亩增加至2010年的852.8亩。2010年底,橡胶实有面积7522亩,槟榔实有面积1724亩,椰子实有面积1239亩。其次,发挥半弓村委会紧依三亚南田农场的区位优势,稳定和巩固半弓村委会3280亩的芒果种植面积。以"一村一品"的发展思路,借助南田农场的辐射带动,发展芒果产业,并成立了一个芒果运销协会。第三，抓好瓜菜产业，不断扩大瓜菜种植规模，蔬菜种植面积已达5600多亩，由于实施品种创新、品质创优工程，推广农业新品种、新技术，加大科技联结力度，蔬菜产量翻了一番，达1.09万吨，产值总额3261.9万元。

**【养殖业】** 推进什玲鸡、加茂鹅企业化、产业化、专业化、市场化。2010年引进龙头企业“永基文昌鸡有限公司”，建设了450亩和120亩两个国际标准的养鸡场，同时采取“公司＋合作社＋农户”的模式，共注册成立了22个养鸡专业合作社，全面带动全镇养鸡产业，共扶持1758户农户养鸡，为农户免费发放文昌鸡苗25万多只，已出栏15万多只，农民获得收益近两百万元。发展养鸡重点户17户。积极发展“加茂鹅”产业，引进“三兄弟养鹅公司”和协调县扶贫办、畜牧局等部门为农户发放鹅苗3.5万只，同时利用镇产业扶持经费8万元，为农户扶持大种阳春鹅苗3200只。利用扶贫资金在石建村委会建成年产4800头猪的供港养猪场，并引进蓝岛畜牧实业公司进场饲养，第一供港中猪已出栏，村委会获得3.5万元收益。2010年全镇出栏肉猪9318头，年出栏50头以上的养猪大户有15户。大力发展养鱼业，全镇有养鱼户168户，每年鱼产量达到730.4吨，产值511.3万元，纯收入达204.5万元。

**【务工经济】** 全镇务工输出2879人次，年龄结构主要分布在18岁至35岁之间，其中长期外出务工的862人，短期务工的1900多人；组织输出1650人次，自筹输出340人次，就地转移889人次；在县里打工的379人，省内打工的205人，省外打工的278人；共帮助34户“零就业”家庭解决就业问题；外出务工人员中年收入1万元以上的583人。

**【农业科技培训】** 积极协调县科协、县就业局、县扶贫办、县热作中心等有关部门深入村组和田间地头开展了28期农村种养等实用技术培训，受益农户达6000多人。同时，充分发挥科技110服务站的作用，建立5个科技技术示范点(半弓大田村、田岸村芒果示范点；石建、加答水稻良种推广示范点，加茂鲜吃甜玉米示范点)，推广先进技术和品种。

**【农民专业合作社】** 在相关企业的协助下，成立了各种农民专业合作社47个，入社人数共241人，注册资金1250万元，其中养鸡合作社35个，养猪合作社3个，养鱼合作社1个，瓜菜合作社3个，养鹅合作社4个，运输合作社1个。这些专业合作社在发展农村经济、促进农民增收工作中起到了较大的带头作用。

**【农田基础设施建设】** 完成半弓、加答和石建田洋整治工程。投入1330万元完成南昌水库、什母水库、石建水库和共村水库除险加固和水利渠道硬化工程。总投入1130万元的南昌水库大坝加固工程已经竣工，投入200多万元开工建设什母水库和共村水库除险加固和水利渠道硬化工程，保证了水库周围人民群众的安全及当地居民的灌溉用水。并投入8万元在石建村委会林贡村小组修建了1条600米的水渠，解决了100亩水田的灌溉问题。顺利完成加茂村委会友具下、石弄村2个抽水站工程建设项目，解决了当地村民用水难的问题。

**【安全生产】** 进一步加强安全生产工作，切实抓好落实安全生产年度目标责任制。不断增强宣传力度，加大安全防范意识，并通过开展安全生产综合整治和安全生产大检查活动进行安全隐患排查，对排查出的问题勒令其整改。2010年分别对小博士幼儿园和三所无证违规加工橡胶的工厂发出隐患整改的通知，同时将情况上报给县有关部门依法进行督查整改。目前这几项隐患整治工作已基本整改到位。全镇未发生重大事故和重大伤亡事件。

**【生态保护】** 森林资源的管护力度不断加大，完成管护面积2.38万亩，其中，国家重点公益林1.8万亩，省级公益林5723亩。宣传力度逐步加强，群众生态保护意识明显提高。通过广播、悬挂横幅、张贴标语、发放宣传单、开办生态保护知识讲座等宣传方式,加大宣传力度,提高保护意识,充分调动了全民参与森林管护的积极性。巡查力度加强。2010 年 5 月出现一起违规开垦连章水库周边约 10 亩水源涵养林的事件,已及时处理。没有发生森林火灾。耕地保护力度进一步加大。镇委、镇政府一直重视耕地保护工作,加强对非农建设用地的监督管理,加大了基本农田保护的宣传工作,没有出现占用耕地建房的现象。

**【文明生态村建设】** 投入建设资金 276 万元,完成界水村委会信民和毛烈村,半弓村委会田岸和大田一、二村,加茂村委会友具下和新茂村,石建村委会送妹上和送妹下一、二村,共村村委会番房村共 11 个村的文明生态村建设。

**【乡村道路建设】** 投入 300 万元资金硬化建设村路 11 条,建设里程达 4.2 公里。投入 40 万元对石建村委会道路进行了修整。投入 100 万元完成石建送妹村至加答村委会道路的硬化建设。投入扶贫资金 120 万,硬化石建村委会林贡村出口路,长 450 米;送妹一、送妹二和送妹上的环村路,总长 600 米;石建村至火箭队道路,总长 360 米。投入 40 万元对界水众排村至南茂高峰队道路、界水毛烈村和南冲村出口路进行了水泥硬化,总长约 1000 米。还计划硬化建设村路 16 条,全面解决道路硬化问题。这些村道的硬化,不仅为农业经济发展提供了硬件条件,而且解决了村民的交通问题,方便了群众的出行。

**【集体林权制度改革】** 累计完成 3.33 万亩的调查勘测工作,其中规划林地面积 2.98 万亩,规划外林地 0.35 万亩,规划内商品林面积 2.08 万亩,规划内公益林面积 0.73 万亩。2022 户林权证已发放到农户手中,发证率为 91.8%,林业产权进一步明晰。

**【社会治安和维稳】** 深入开展社会主义法制宣传教育,提高全民法制意识。组织司法等有关部门深入开展"法律进乡村"、"法律进学校"和"法律进机关"活动共 12 场次,普法教育面逐年加大。举办治保会主任培训班和重点人员及其家长学习班 42 次,进村进行上法制课 49 场次,村民受教育率达 89%;到中小学上法制课 21 场次,在校学生和青少年受教育率达 99%。加强矛盾纠纷排查,做好人民调解工作。共受理各类民事纠纷 84 宗,其中土地纠纷 34 宗,婚姻纠纷 8 宗,家庭纠纷 4 宗,经济赔偿纠纷 5 宗,调处邻里纠纷 6 宗,宅基地纠纷 8 宗,其他纠纷 19 宗,调解成功率达 95%,同时积极做好邪教预防 14 次。加强社会治安管理防范,进一步巩固"平安工程"创建成果。2010 年刑事案件 10 宗,破获 2 宗,治安案件 27 起,查处 22 起。全镇设立了 3 个警务区,有"安全小区"示范点 5 个、"安全文明小区"2 个;全镇发挥作用的各种群众自治组织 6 个、护村队 57 个、护校队 3 个,创安活动取得了显著的社会效果。镇派出所与镇政府在开展治安防范工作过程中,加强巡逻力度,共计逻路线长 1330 公里,进村巡逻 57 个。依法管理非法组织和宗教活动,切实维护全镇社会政治稳定。全镇无"法轮功"人员,实现了"三零"指标(即零上京滋事、零聚集闹事、零插播广播电视事件)。此外,大力整治非法宗教活动,加强对基督教非法传教活动的规范化管理,所管辖区内没有党员干部、青少年和在校生参加非法宗教活动。

**【教育事业】** 教育事业有了长足发展。全镇有 6 所小学和 1 所中学。有农家书屋 7 处,配备了上万册农村实用图书。(一)小学情况。2010 年在校生 604 人,适龄儿童 554 人,已入学 554 人,入学率 100%。当年小学毕业生 95 人,专任教师 77 人,其中中师以上学历 77 人,大专以上 22 人,学历达标率 100%。没有学生辍学,巩固率达 100%。(二)中学情况。教师 32 名,一级教师 11 名,高级教师 2 名。培养县学科带头人、骨干教师 2 名;教学能手和教坛新秀 2 名;教师本科率占科任教师比例达 85%以上。2010 年在校生人数 283 人,入学率 98.2%,毕业人数 118 人。同时,在抓好文化教育的基础上加强素质教育,不仅创办了校刊还在“五四”青年节、“六一”儿童节之际适时开展篮球比赛活动和校园十大歌手大赛以及各种舞蹈表演等文艺活动，丰富了学生们的课余文化生活。

**【医疗卫生】** 镇卫生院在职人员10名，其中主治医师2名、助理医师1名、中医师1名、药剂师1名、护理员1名、西医士1、助产士1名、电工1名、会计1名、无职称人员3名，有6个村卫生室、6名乡村医生和6名村级保健员。2010年，完成结核病病人本疗程11例，结核病督导26人次，达到工作目标的86.6%。门诊诊病4180人(次)，住院122人(次)，其中孕妇住院分娩86人，占住院人数的70.4%。儿童保健服务工作得到进一步加强。适龄儿童八苗基础接种率达95%以上，加强免疫接种率达90%以上，15岁以下乙肝扩大免疫接种率达到99.3%。截至2010年，全镇7岁以下儿童共1204人，已有846人参加保健，覆盖率达89.5%；5岁以下儿童916人，已有营养评价610人，发现营养不良36人，已进行社区卫生干预。农村新型合作医疗得到进一步推广，2010年参合人数达到8413人，参合率99%，参加城镇居民医保险303人，参保率98.8%。抓好碘缺乏病的防控工作，全镇的碘盐合格率达100%。环境卫生工作成绩显著。通过开展文明生态村卫生整治工作，加强卫生日常考核和管理，建立长效管理机制，从每个村招聘了1名村保洁员，进行长效保洁，改善村容村貌和良好的村风民风，并以点带面，推动全镇环境卫生良性发展。

**【计划生育】** 2010年出生161人，符合法定生育率96.27%，出生率16.82‰，性别比94，结扎及时率83.69%，结扎及时率全县乡镇排名第一。

**【民生工作】** (一)危房改造。2010年完成75户危房改造和8户茅草房改造工作，并在2010年向县委组织部和县民政局申请约25.1万元，用于帮助因两轮强降雨而造成房屋倒塌的20户特困灾民重建家园。截至2010年12月底，已有6户灾民搬入新居，其余14户灾民的新居正在兴建中。2010年，还慰问、帮扶因两轮强降雨而倒塌房屋的农户81户。(二)农业补贴发放。共发放粮食综合补贴1882.9万元，发放补贴面积0.69万亩，户数1589户；能繁母猪补贴29.9万元；退耕还林47亩，补贴资金4700元，生态林每亩每年230元标准；发放医疗救助10.4万元；农机补贴共889台，金额59.1万元；发放涉农小额贷款441户335万元；家电下乡补贴共4.6万元。(三)民政救助。全镇残疾人264人，五保户23户，农村低保户215户497人，其中一类1人，二类173人，三类323人；城镇低保44户120人，都能按时按标准发放低保金(低保160元，五保220元，百岁300元)。2010年底建成镇敬老院，积极改善敬老院生活条件，现有6位老人入住，其中5名五保户，1名低保户。已发放大衣33件，军衣650件，童衣1600套，毛毯600张，棉被850张，蚊帐300张，粮油1901桶，大米14.45万斤。危房补助1.7万元，残疾人建房补助50户，金额36.5万元。(四)新型农村养老保险。至2010年底，新农保参保人数4937人。全镇已领取基础养老金的有874人。

**【基层组织建设】** (一)积极开展学习实践科学发展观和创先争优活动，加强全镇党员干部的理论学习，提高广大党员的理论水平和党性修养。有效发挥党员的先锋模范作用。特别是在2010年10月份的抗洪抢险中，广大党员干部与群众一起经受了一次次严峻的考验，战胜了严重的洪涝灾害。镇被省委、省政府评为抗洪抢险先进集体，两名同志获得了全省抗洪抢险先进个人的荣誉称号。(二)加强廉政教育，组织党员和干部参加各类学习教育活动，参加人数达1440人次。抓好农村两委干部的年终述职和村民评议村官，做好农村资金、资源、资产的委托工作。2010年6月底，镇全面完成“三资”委托代理移交工作，全镇6个村委会，57个村小组共核实清查资源742宗，面积5141.91亩，评估价约为20567万元。固定资产102件，价值约为475万元，资金为7.22万元。对“小金库”、违规违纪收受款物和干部拖欠贷款现象进行专项治理，共清收农村干部拖欠农信社贷款6笔,本息合计2.53万元。(三)加强干部队伍作风建设,“再创作风新优势,再树干部新形象”,优化干部队伍的服务水平和服务意识。同时通过“创先争优”、能力效能建设年活动的开展,继续对干部队伍作风建设进行延伸和扩展。建立健全一系列的规章制度,坚持以制度管人管事管物,形成系统的工作规范。坚持以工作点评为切入点,持续开展纪律作风整治活动。坚持每天对干部职工进行考勤点名,并对前一所布置的工作任务完成情况进行点评。坚持以绩效考核为突破点,强化干部队伍的执行力和落实力。制定出台了绩效考核办法,严格执行对镇领导班子及一般干部的日常工作考核,并对考核结果和奖罚情况每月进行通报。同时,将工作绩效考核结果与年终考核挂钩,切实提高干部的执行力和落实力。

(加茂镇 供稿)

## 响 水 镇

**【简况】** 2010年,响水镇按照年初确定的奋斗目标,深入贯彻党的十七大和十七届四中、五中全会精神,抓住重要战略机遇期,真抓实干,进一步理清发展思路,明确发展目标,统筹兼顾,负重争先,各项工作取得了较好成绩。

**【农村基础设施建设】** 镇始终把道路交通、农田水利等基础设施建设作为改善投资环境和农业生产条件的重点项目,加大投资力度,狠抓落实。多方联系县驻点单位领导,争取得到县驻点领导、县水务局、公路局的资金投入和技术指导,累计投入筹措建设资金60多万元,改造乡村公路11条,共22.6公里。修复大本番坡、什携,什龙南梗、新村等公路。修复全镇各损毁水利渠道、水坝,全镇完成水毁工程9宗,其中镇政府集资修复完成8宗。把全镇的公路、水利渠道全面修复,切实解决农民群众生产用水难、行路、运输难等问题。

**【农业结构调整】** 紧紧围绕热带高效富民、强镇的目标,牢固树立“农业增产、农民增收”的思路,大力调整不适应农业增收的结构,在巩固橡胶、槟榔等支柱产业的同时,大力发展冬季瓜菜的种植。2010年,全镇已发展橡胶1.2万多亩,槟榔3000多亩,冬季瓜菜4517亩。

**【农民增收工作】** 镇积极探索、认真落实促进农民增收各项举措,着力构建农民增收新格局,根据“市场是导向,调整是主线,产业是方向,品牌是特色,精品是质量,项目是关键,目的是增收”的产业发展方针,统筹城乡经济发展,组织实施县委2010—2012年农民增收工作计划,制定出镇2010年农民增收工作方案。深入调研,从农业、渔牧业、旅游业、打工经济、招商引资等项目拓宽增收渠道,制定增收措施,努力提高响水镇农民生活水平。2010年,全镇共举办各类业务培训13期,培训人数1861人,全镇干部职工以及村民的整体素质都得到了全面提升。

**【林业生态保护】** 2010年,镇积极组织领导班子、镇干部,采取一系列造林和森林防火措施,加大宣传力度,加强护林队的巡山排查,与各村委会、村小组签定责任状,层层落实责任,加强组织护林队员巡山排查。通过实施一系列有效措施,全镇没有砍山毁林案件发生,全年已完成植树造林面积259亩,林业生态得到有效保护。同时,加大林改收尾工作力度,按照县委制定的方案认真部署开展林改工作,及时发放林权证到农户,并于2009年10月30日前完成林改各项工作任务。

**【新型农村合作医疗】** 2010年,全镇常驻农业人口1.08万人,参加新型农村合作医疗1.07万人,其中民政医疗救助对象有1158人,参保率达到了99.21%以上。全镇全年应参加新农保人数为6066人,应发放基础养老金人数实为913人。现参保缴费人员为5199人,参保率达85.7%。

**【综治维稳工作】** 2010年,镇政府高度重视综治维稳、平安创建工作,并结合响水地区实际,组织建立完善“四级”联防网络体系，实行“打、防、控、管”相结合，重点建立中心户长体制，实行联户联防，建立有效的治安动态信息网络。实行“分片包干负责制”，对合口、什掘村等治安隐患重点村庄进行防范；结合“大接访、大下访”活动的开展，及时调解矛盾纠纷，深入排查治安隐患，确保“小事不出村、大事不出镇”。年内全镇发生刑事案件3宗，破2宗，破案率67%。治安案件16综，查处15宗，正在查处1宗，查处率94%。民事调解33宗，成功调解32宗，成功率97%。经费到位，综治业务经费1.5万元，列入财政预算，做到专款专用，同时支付保安人员3.3万元的工资，各项硬化制度建设1.93万元，共计人民币6.73万元。

**【计划生育工作】** 坚定不移地贯彻计划生育基本国策，严格控制人口增长，稳定低生育水平，不断提高人口素质。2010年，人口自然增长率控制在1‰以内，共出生190人，符合法定生育率95.26%，独生子女费落实率100%，流动人口管理率98.5%，全部完成计生委下达的工作任务。

**【社会事业和精神文明建设】** 2010年，全镇文化、教育、卫生等工作取得新的成绩。各项教育指标都有所提高，中学入学率达97.6%，辍学率控制在0.1%，小学入学率达98.8%。文体设施进一步完善，人民群众的文娱生活质量进一步提高。精神文明建设也取得一定成绩，全镇进行改水改厕、民房改造及村容村貌整治等硬件基础建设，全年共完成民房改造107户，建房面积5652平方米，受益群众585人。其中番道村(全村64户)、什巴村(全村19户)整村推进民房改造83户，受益群众共369人。什巴村共完成21栋危房修建。番道村民房改造也已顺利竣工，共完成32栋3690平方米民房新建，村民都搬入了新房。番道村目前已投入资金845万元，什巴村投入资金139万元。

(响水镇 供稿)

## 六弓乡

**【简况】** 2010年，按照“抓产业促调整，加快现代农业跨越发展；抓民生促和谐，推进基础设施深化发展；抓管理促导向，推进干群关系和谐发展”的工作方针，细化工作措施，强化工作效果，抢抓机遇、开拓创新、乘势而上，各项工作全面推进。全乡经济持续、健康、快速发展，年初引进北京银地集团投资有限公司、海南永基文昌鸡有限公司、海南富汇达农业发展有限公司等大中型企业进乡开发发展，GDP同比增长8%；全年生猪出栏1000头，牛出栏100头，羊出栏200只，家禽(鸡、鸭、鹅)出栏2万羽，农民人均纯收入3500元，比2009年增收456元。

**【项目建设】** 全力以赴推进项目建设，坚持以项目带产业、以项目促发展，强化项目跟踪、服务，对已落地项目提供最优质服务，保证建设进度，保证项目质量。已经初步完成迈邦农场500亩养鸡示范基地建设、500亩七仙柚种植示范基地建设的林木砍伐工作，为这些项目的实施奠定了基础。另外，田圮村委会新农村改造工作的前期总规、控规、11个村小组的入户调查等前期工作也已完成，待方案确定后，将立即组织开展新农村改造工作。同时，按照县委、县政府的统一安排部署，协调好县级有关部门搞好石艾村、田岸村两个村级活动阵地建设、乡政府办公楼、计生服务站、文化站、干部职工食堂、敬老院、乡干部职工经济适用房等项目的建设工作，目前，石艾村、田岸村两个村级活动阵地建设、计生服务站、文化站、敬老院已经建成投入使用，乡政府办公楼、干部职工食堂正在建设当中，乡干部经济适用房正在进行开工前的准备工作。

**【农业生产】** 加大对农村农业的投入，有效构建农业服务平台，促进农业增效、农民增收，推动现代农业跨越发展。(一)积极推广农业新技术。开展农业技术培训10场次，发放资料3000余份。

(二)大力推进农业产业结构调整。采取"典型引路、整体推动"的发展战略,与海南省农业科技110保亭县六弓服务站合作,启动田圮、大妹两个村委会500亩的辣椒种植示范基地建设,同时扶持石艾村委会苦瓜苗300亩。(三)传统养殖业规模不断发展壮大。指导成立了16个养殖专业合作社,共发放鸡苗、鹅苗15万多只,存栏10万余只。(四)加强农业基础设施建设,不断改善生产条件。积极与县有关部门沟通协调,完成大妹、田岸、奋发、石艾、田圮五个村的田洋整治工程,同时完成土眉水库除险加固和其他排灌设施的维修以及水利兴修、内部水系治理;制定防汛抗灾预案,组织雨季除涝,防汛抗灾,确保安全度汛。

**【新农村建设】** 以创建省级低碳示范乡为契机,以社会主义新农村改造项目为引领,投入资金20余万元,建成文明生态村2个、垃圾中转站1个、村民文化室2个、新修复田岸村委会村内公路2条。通过努力,使全乡环境从脏乱差、堵污臭转变到洁齐美,真正实现了由乱到治的跨越提升。切实转变思想认识,将城乡环境综合整治工作作为一项常规性工作来抓,落实专门人员负责,村组聘请7名保洁人员加强日常卫生打扫,美化生活环境,提高生活质量。

**【社会事业】** (一)认真落实计划生育基本国策。建立健全"依法管理、村民自治、优质服务、政策推动、综合治理"的计生工作管理机制,人口继续保持低生育水平,年内全乡出生88人,计划内生育84人,计划生育率95.45%。(二)全力抓好民生工程。全面完成新型农村养老保险工作目标任务,截至12月25日,全乡新农保参保率超过85%;做好五保户、低保户、残疾人、特困户、复员军人的优抚救济工作,全年共发放大米7.53万斤,食用油1170公斤,衣服850件,棉被227床,蚊帐150件,折合现金13.14万元;全年改造茅草房6户,危房34户,有效解决了180多人的住房问题;全年发放抗旱柴油2000余公斤。(三)文教卫事业健康发展。积极参加"三月三"、"中国海南2010年七仙温泉嬉水节"以及重阳节登高比赛等活动,完成了田岸村委会农家书屋的建设工作。加大教育投入,争取上级支持新建六弓中学教学楼;优化教育资源,改善办学条件,提高教育教学质量。积极配合县卫生局完成适龄儿童麻疹疫苗接种工作,提高适龄儿童免疫力;做好狂犬病等病种的防治防控工作。

**【平安建设】** 围绕"平安、和谐、富裕新六弓"这一主题,狠抓综治创平安和安全生产,着力维护全乡大局稳定。抽调一批政策理论水平高、农村工作经验丰富的机关干部充实信访工作力量,重抓矛盾纠纷排查化解,加强对非访、闹访、上访老户等重点人员的监控和疏导工作,把各种矛盾化解在萌芽状态。全乡全年未发生赴县以上集体上访事件,县级以上转办信访案件按期结案率达到100%。在安全生产方面,坚持开展各类安全隐患排查和整改,从消防、食品卫生、企业生产、交通安全等各个方面狠抓落实,全年未发生重、特大安全事故,确保了人民群众的生命财产安全和社会大局稳定。

**【党建工作】** (一)通过深入开展农村基层"学习型党组织"、创先争优等活动,进一步增强基层党员干部的勤政廉政意识,推动党风促政风带民风,促进全乡文明、和谐发展。(二)规范乡党委中心组学习制度,努力提高班子成员政策理论水平,提高班子的凝聚力和战斗力,全年共组织干部职工学习20余次。(三)扎实开展干部作风集中整顿,通过组织学习、观看电教片、自学、写心得体会、讨论交流等形式,进一步筑牢广大党员干部反腐倡廉思想基础,提高广大党员干部拒腐防变自觉性,增强自立意识,形成以廉为荣、以贪为耻,干事创业,执政为民的良好氛围。(四)顺利完成全乡5个村的村两委换届选举工作,为基层政权建设夯实了基础。(五)建立健全村级党组织的组织生活、教育管理、党务公开等各项制度。(六)深入开展创先争优活动,把创先争优与环境整治、维护社会稳定、保障改善民生、促进农民增收等工作紧密结合起来,真正使各项工作落到实处。

（六弓乡 供稿）

## 南林乡

【简况】 南林乡位于保亭南部，距县城47公里。北纬18°24′，东经109°36′。东接三道镇，西南与三亚市交界，北连新政镇。土地面积59.7平方公里。属山区盆地，西半部为罗葵盆地，东半部为南林盆地。境内唯一河流为南林河，从西向东贯穿全境。属于热带季风气候，年平均温度24.5°C，年平均隆雨量1500－1700毫米。冬春雨量稀少，夏秋两季风害现象明显。目前，全乡辖有3个村委会，24个自然村，4个乡办农场，总人口5200多人。全乡土地总面积8.99万亩，农业用地1.79万亩，其中耕地面积6180亩，耕地面积中水田4635亩，旱田765亩，坡地780亩。有橡胶7557亩，槟榔7365亩，荔枝410亩，龙眼1625亩。共有3个水库，分别为南林水库[小(一)型]、什叭水库[小(二)型]、什龟拉水库[小(二)型]。

【经济发展】 2010年，全乡生产总值4867.8万元，比2009年增长33%；农业总产值完成3964.3万元，增长38%；粮食总产量2124.3吨，增长3%；畜牧业总产量240吨，增长60%；水产总量4.3吨，增长4.8%；乡企业总收入31.1万元，增长10%；农民人均纯收入3860元，增幅40%；清理水利渠道5条，总长12公里，维修面上农田“三沟”21条26公里。

【农业经济结构调整】 加大科技培训力度，帮助农民抓好冬季瓜菜田间管理和提高热作种植技术水平。2010年，乡举办了橡胶割胶技术现场指导会4次，参加人员150人次。在粮食生产方面，推广优良品种种植面积达3675亩，占其他常规品种的75%以上，抛秧技术播种面积达2275亩，占实插面积的40%以上。在冬种瓜菜方面，年初，乡政府邀请通什农业学校举办南林乡第二期瓜菜种植技术培训班，帮助农民更好地掌握瓜菜种植先进技术。通什农校老师利用周末时间来乡开班授课，群众的学习积极性异常高涨，每次开班都有不下100人到教室认真听课，积极向老师讨教先进技术。年内全乡共举办冬季瓜菜等各类技术培训班22次，参加人数达2809人次。坚持实施“优良种苗工程”和“科技联结”等富民工程，确保农民增收致富。

【新农村建设】 抓好罗葵村委会庆帮文明生态村和东方村委会庆号文明生态村建设。庆帮村已建好文化室，村内主干道硬化300米，环村路修整400米，成为全乡文明生态试点村。完成庆号村主干道硬化280米。全乡共修建3个篮球场和3个图书室。

【集体林权制度改革】 集体林权制度改革工作进展顺利，外业勘界测量已测完全乡959户村民所种林地，共3159宗1.86万亩，占总面积的95.9%。完成向县委、县政府承诺的10个村小组的确权发证工作。还积极联系国土局、林业局等相关职能部门，处理剩下14个村的问题，较好完成了县委、县政府下达的林改工作任务。

【森林防火】 为切实抓好森林防火工作，乡成立了森林防火工作领导小组，制定了森林火灾扑救的应急预案，并采取张贴标语、悬挂横幅等相关措施，加大森林防火宣传力度，完成了南林道班至罗葵道英村主干道、各入村口、重点村庄和大田洋的地方硬化标语喷印工作，共计喷印小标语115条，大标语4条，悬挂横幅6条，发放森林防火宣传单1000多份。此外，加大护林保胶工作稽查力度，严禁乱砍滥伐，对全乡存在非法侵占国有林地种植作物的林区进行全面清查，并取得一定的成效。

【教育事业】 2010年，在财政极其紧张的情况下，乡政府仍支持学校教育经费4000元，用于进一步完善学校的基础设施。积极抓好中小学校内部管理体制改革，激发教师授课和学生学习热情，提高教育质量和效益。继续抓好中小学生的入学工作,确保适龄儿童的入学率达100%。

**【爱国卫生运动】** 支持乡卫生部门开展“防疟灭疟”、“妇幼保健”、“预防艾滋病”等防病治病知识宣传活动,涂刷、张贴标语37处。发动广大干部群众参加卫生整治活动达3134人次,发动机动车辆1台次,清理垃圾40吨,疏通水沟100多米,并对全乡家禽进行了疫苗注射。乡政府还联系县挂钩单位,加大农村“一池三改”工作力度,已有3户建成沼气池。

**【计划生育】** 坚持党政一把手亲自抓,分管领导具体抓的工作机制,认真执行计划生育政策,加大宣传力度,在乡中心街道树立计划生育宣传广告牌1块,在东方村委会和南林新村也各树立1块,并在各村共刷计生标语350条。2010年,全乡完成落实结扎33例,孕情掌握率达75%,人口实现负增长。

**【社会治安综合治理】** 坚持社会治安综合治理领导责任制和一票否决制,加大法制和禁毒宣传工作力度,加强执法队伍建设,提高执法水平。加大对学校周围及公共娱乐场所的专项整治,严厉打击“黄、赌、毒”和盗抢机动车辆的非法行为,农村社会治安得到好转。加大案件查处力度,年内乡派出所立案6件破案1件;民事纠纷14件,处理14件。

(南林乡 供稿)

## 毛感乡

**【简况】** 毛感乡位于保亭西部,距县城37公里。东临响水镇,东南临新政镇,北依畅好乡,西南与三亚市交界。南距三亚85公里,北距五指山市48公里,位于海榆中线公路西侧。境内的贺灶岭、贺茂岭、知结岭、新雅岭把毛感地区划割成毛岱、毛位、毛胆、南好等4个盆地。境内主要河流为毛感河和响水河支流。毛感地区处在高山地域,属高山寒冷气候区。辖区总面积130平方公里,全乡总人口4318人,其中黎族3956人,苗族319人,汉族和其他民族43人,农业人口4124人,水田面积2150亩。下辖4个行政村,30个村民小组。

**【经济发展】** (一)农业。毛感乡以其得天独厚的自然条件和丰富的自然资源,不断加快推进农业产业结构调整的步伐,积极发展生态农业、绿色农业,提高农产品的质量和经济效益。全乡2010年的社会生产总值达1643万元,比上年增长11.2%;人均生产总值3640元,增长12.9%,农民年人均收入2815元,增长14%。农业总产值1356万元,增长17.3%。经过产业结构调整种植业的经济效益明显提高。四棱豆是毛感乡支柱作物,全乡种植面积达1200亩。2010年,全乡四棱豆收入达600万元,在农民增收中贡献人均收入1500元。养蜂是毛感乡的优势产业,也是朝阳产业。在原来的养殖基础上,2010年县扶贫办再投入100箱蜜蜂,全乡共有24户农户养蜂120箱。此外,乡还加强对传统产业的扶持,共发动种植槟榔3000亩,红藤1万亩,竹子1500株,芭蕉61亩。同时,还与4个瓜菜老板联系发动群众种植其他瓜菜508亩,拓宽农民收入渠道,增加了收入。全乡养猪1417头,养鸡、鸭、鹅等家禽10万多羽。(二)旅游业。毛感乡境内自然资源丰富,主要的旅游资源有远近闻名的仙安石林和仙龙溶洞。仙安石林位于毛感乡千龙村境内,距海榆中线公路35公里。总面积达500多亩的仙安石林屹立在海拔700米的仙安岭上,其最高者可达11米。整座石林千奇百怪,雄伟壮观。仙龙溶洞是海南已发现的较大的溶洞,面积2000多亩,因其洞中有山,山上有洞,美不胜收,吸引了众多的旅游探险者来此旅游探险。海航集团正在开发仙安石林和仙龙溶洞旅游景区项目。此外,在县委县政府“以旅游为先导,大企业大项目带动”的号召下,乡委乡政府积极推进毛感生态休闲园项目建设,以旅游促进其他产业发展。(三)农民增收。组织举办各类种植和养殖实用技术培训班3期,受训人数达1782人次。同时,认真做好农村富余劳动力的转移就业工作。2010年全乡剩余劳动力外出务工达727人(其中县内229人,省内其他市县365人,省外133人)。累计劳务收入58.16万元。为加大农民增收的力度,乡积极促进海南省农村党员干部“双带致富”小额贷款,共发放小额贷款160多万元。全乡三个村委会分别成立了扶贫资金互助社,向农民贷款30万余元,用于发展四棱豆种植、鸡鸭养殖等农村生产。

**【安全生产】** 乡委、乡政府始终把安全生产工作作为农村经济发展、社会稳定的一项大事来抓,切实加强领导,落实责任目标,进一步巩固“平安乡”、“无毒乡”创建成果,扎实抓好社会治安综合治理防范工作,维护了社会稳定,为经济和社会各项事业的健康协调发展创造了良好的社会治安环境。采取宣传预防为主与专项整治为辅相结合的方式,做好安全生产的监督和管理工作。重点整治无牌无证摩托车、未成年人驾驶摩托车以及农用车载客现象,积极协助和配合县交警部门组织各村拥有摩托车的农户办牌办证,全年共办理车牌180件。此外,不断加大安全生产宣传教育的工作力度,通过悬挂横幅和张贴挂图等形式,宣传安全知识,群众的安全意识明显增强。全年无重大安全事故。

**【文化卫生】** 全乡6个文明生态村建有农民文化活动室。现有篮球场7个,每逢节假日,各村委会都会组织各村的村民进行篮球友谊赛,丰富群众的节日娱乐生活。此外,乡委、乡政府每年都组织队伍参加嬉水节的文艺演出和“九九”重阳节登山比赛,在每年的“七一”和国庆节等重要的节假日也组织各村委会的群众,举办篮球赛和拔河比赛。乡有文化站1个,村委会农家书屋4个,共藏书5400余册,音像制品300张。各村委会至少有1台电视接入远程教育网,并配备村级文化协管员1名,负责利用互联网技术让村民通过远程视频接受培训,增长农业知识技能。乡有1个乡卫生院,4个村委会卫生室,每个卫生室配备1名卫生员。2010年出生人口70人,出生率19.19‰,符合法定生育率100%,其中男婴41人,女婴39人,性别比105.12,结扎12例,结扎及时率82.14%。

**【教育事业】** 全乡设有1所中心小学,在职教师41人,在校学生263人,适龄儿童入学率100%。2010年学校新建好1栋教师宿舍楼和1栋学生宿舍楼,进一步完善了学校的基础设施,极大改善了师生的工作、学习和生活环境,同时激发了教师授课和学生学习热情,提高了教育质量和效益。乡委、乡政府积极支持学校教育,关心少年儿童的健康成长,以“五五普法”工作为平台,通过在学校挂彩图、开讲座等方式对小学生进行思想道德教育和法律意识教育。

**【文明生态村建设】** 2010年已建成南昌、什春二、什春3个村的文明生态村,完成了番道、番奋、什茂、什巾、什巾二、番千、南新7个村的入村道路硬化改造工程。初步完成了毛感生态乡的创建工作,翻新修建乡主干道250米,道路两旁瓷砖建造,栽树绿化,乡容乡貌焕然一新。全乡已建成10个文明生态村,村容村貌得到明显改观,文明生态示范村创建已初具规模。

**【社会保障】** 不断完善农村的社会保障体系建设,扎实开展困难救助和社会保障工作。全年共向各类特困户、生活困难户等弱势群体发放救济物资2批次,共发放大米2.5万公斤,食用油423瓶,发放救济款7600元,办理兑现贫困家庭医疗救助款6000元。全乡享受低保共196户。积极做好新型农村合作医疗和新型农村养老保险的宣传和征缴工作,新农合参合率97.16%,新农保参合率达95.3%。新型农村养老保险工作已全面铺开,全乡295名年满60周岁的老人已办理养老保险,并已全部领取基础养老金。全乡16至59周岁农业户口办理养老保险人员共2215人,共收到个人缴交参保金11万多元。

**【林改工作】** 积极贯彻落实县委、县政府的工作部署,结合全乡实际情况,有计划、有步骤地开展林改工作。全乡设立林改宣传栏5个,悬挂横幅23条,喷制标语68条,发放宣传手册及资料950

份,组织林改业务及政策法规培训 4 场,受训 380 人次。截至 2010 年 11 月,已基本勘界测量面积 4.39 万亩,共 29 个村小组,林权地界核定图打印 8388 幅,已送林业局审核村小组个数为 24 个,通过审核的村小组个数为 24 个。乡林改办通过召开村小组会议、与纠纷当事人现场调解等方式,将 31 宗争议地全部调处好。

**【党建工作】** 乡党委严格按照中央、省委、县委的要求,积极号召乡、村委会、村小组党员干部学习各类书籍和文件,全乡共组织学习 238 次,印发各类学习材料 205 册(份),还把活动的开展与促进农民增收紧密结合起来。努力在学习中创先争优,真正把学习成果转化为谋划发展的思路、破解难题的招法、推动发展的举措,为毛感乡又好又快发展,提供更加有力的支持和组织保障。

(毛感乡 供稿)

# 农　场

## 七仙岭农场

**【简况】** 2010年，七仙岭农场不断完善企业管理机制，合理调整产业结构，巩固以热作生产为主、产品加工业为辅、旅游服务业并举的经营格局，全年实现生产总值1472.5万元，比上年增加4.5%，其中热作生产收入1247.5万元，同比增加4.6%，旅游服务业收入25万元，个体经济收入200万元，与上年基本持平，职工工资年收入1.3万元，比上年增加2000元。

**【经济发展】** （一）橡胶生产。加大对原有橡胶林段的科学管理，为防治橡胶“白粉病”，全场共投放硫磺粉25吨；投劳喷药150人/次；其次在橡胶开割前，对全场胶工集中培训，实行考试上岗，各区一级胶工均达90%以上。增加有机肥和农家肥的施放，目前已先后施放橡胶专用肥400吨，农家肥500多吨。合理调配“农乐宝”和“乙烯利”等刺激剂，掌握最佳的涂药时机，有效地控制了胶乳长流，达到了防止橡胶死皮的目的。至2010年11月份止，预计完成干胶533吨，同比增长了15%。（二）槟榔生产。对槟榔生产管理，特别注意了病虫害的防治，多次特邀华南热作农业大学教授及两院植保专家对槟榔“黄化病”进行实地探讨和指导，采取一系列有效的防治措施，对感染了“黄化病”的槟榔树进行周期性喷药防治，有效地遏制了“黄化病”的蔓延。同时，还在国家政策法规允许的前提下，鼓励职工充分利用房前屋后的三边地和经济效益较低的果地，进行间种和改种，大力发展槟榔种植规模，累计已种植槟榔2万余株。全场完成槟榔生果56万斤，超额完成了全年的生产任务。

**【护林保胶】** 年初与各单位签订护林保胶责任书，明确目标和责任；加强与保城、什玲和新政等乡镇的工作协调，促进场乡联防体系的发展；进一步调整和完善场、区护林保胶队伍，加强与公安机关的沟通和合作，共同严厉打击偷胶等不法行为。与此同时，成立了场、区生态保护工作领导小组，对场、区的环境保护工作进行统一安排和部署，由于管理得当，宣传教育工作到位，年内全场没有出现烧山毁林和破坏生态的事件。

**【医疗卫生】** 加强各区卫生所的管理，继续实行承包管理责任制。对不适应当前体制的一些制度进行整改，解决了干部职工看病难问题，提高了职工生活福利待遇。同时，要求各卫生所努力搞好疾病防治工作，特别注意一些突发病的控制，提高服务质量，使职工身体健康得到保障，发病率明显减少。

**【计划生育】** 计划生育工作实行目标管理责任制，全场健全了人口与计划生育档案，促进计生工作经常化、规范化、制度化的管理，发现一例，落实一例，决不手软。2010年，全场总人口995人，已婚育龄妇女185人。共出生人口10人，其中男孩8人（一孩5人，二孩3人），女孩2人（一孩2人，二孩0人）出生率为10.69‰；出生性别比400；符合法定生育率达100%；法定外生育为0；结扎及时率66.66%；流动人口录入率85%；孕情录入及时率65%；征收社会抚养费900元；死亡人数40人。

**【社会保障】** 继续完善全场干部职工养老保险、医疗保险、工伤保险等社会保险制度和规范农场职工的福利管理，健全职工用工招聘、职工病休和到年龄退休等保障制度,使全场干部职工病有所医,老有所养,无后顾之忧,增强干部职工以场为家、爱岗敬业精神。年初,农场决定继续为全场干部职工家属办理农村新型合作医疗和城镇居民医疗保险。通过逐步提高职工的福利待遇和完善各项社会保障制度,进一步促进了全场社会稳定和各项事业的协调发展。

**【基层党组织建设】** 为了进一步加强基层党组织建设,农场党委在各作业区配好配强领导班子,确保党的路线、方针、政策得以贯彻落实。坚持落实"三会一课"制度,尤其是作业区党支部坚持每月召开"两会",即党员大会和干部例会,组织党员学习邓小平理论、"三个代表"重要思想、"十七大"精神,学习党的路线、方针和政策,提高了党的基层组织的凝聚力和战斗力。6 月 25 日,在中国共产党建党 89 周年之际,农场党委还组织全体党员前往革命教育基地,琼海红色娘子军纪念园举行"缅怀革命先烈,弘扬革命精神"的主题活动,使全体党员进一步增强了党员意识和责任意识。各党支部还经常组织党员干部观看科学知识、致富典型等电教片,寓教于乐,不但丰富党员的文化生活,增长科学知识,而且使广大党员学有榜样,更加明确自己的工作职责和奋斗目标,从而树立起科技兴场的思想观念,在科技致富路上脚步迈得更快。

**【反腐倡廉】** 农场根据县委、县纪委的工作部署,认真组织党员学习《中纪委关于严格禁止利用职务上的便利谋取不正当利益的若干规定》。还参加了《廉政准则》学习活动,活动旨在建立一个风清气正的干部队伍。全场在学习活动中取得阶段性的成果,达到预期的目标,得到了县纪委的一致好评。

**【精神文明建设】** 抓基层单位环境的净化、美化、绿化工作,注意做好作业区文明示范点建设,以点带面,在作业区逐步全面铺开,创建文明健康的生活工作环境;抓作业区文化阵地,利用"党员之家"、"职工之家"和生产队的"文化室",开展职工文化、思想、娱乐为一体的教育活动;抓干部职工思想典型教育,通过每月一期的简报,及时把各种先进典型事迹或者不良倾向反映给干部、职工,让大家从中受到激励或借鉴,学有型,行有依;抓爱岗敬业教育,通过组织大家观看党员电教片和公民道德建设实施纲要的理论学习,增强大家的企业主人翁责任感,树立爱岗敬业的精神,取得了良好的效果。

**【为民办好事实事】** 2010 年,农场根据职代会职工代表提案,共为民办实事 6 件:(一)新建和改造职工住房,解决职工住房难题,使 10 户职工告别危房,住上了崭新舒适的套房;(二)解决了八村区、报什区干部职工饮水难问题,使 40 户干部职工饮用上了干净卫生的自来水;(三)新建一座连队桥梁及开通林段公路 16 公里,改善了职工的工作和生活环境;(四)美化队容队貌,硬化报什区七队连队道路;(五)继续开展"金秋助学"活动,发放助学金 1.2 万元;(六)实施送温暖活动,场工会对 57 户特困职工、困难党员、困难退休职工和病、亡职工组织了送温暖慰问活动,发放慰问金 3.2 万元。此外,场党委深入到"四联五帮"联系点——新政镇新建村委会,通过培训割胶技术、扶持种苗、供应肥料和更新办公设备等形式帮助农民增收、脱贫致富,让广大农民群众感受党组织的温暖。

(七仙岭农场 供稿)

## 国营三道农场

**【简况】** 2010 年,以农垦体制改革为中心工作,调整产业结构,充分发挥土地资源优势,在抓好橡胶和自营基础产业生产的同时,加强农场高效农业等非胶产业发展和规划,培育农场新的经济增长点和各项社会事务建设,全场同心同德,努力促进经济社会平稳和谐发展,各项工作均取得较好成绩。

**【经济发展】** (一)畜牧业。将大力发展养猪业作为产业结构调整的主攻方向，在建成万头猪场的同时，以此为龙头，实施“千头二座、百头十座、十头百座”猪场（圈）建设战略，大力扶持职工家庭养猪业，逐步形成新产业新亮点，目前全场生猪存栏量2.5万头（其中职工自繁自养存栏达1.5万头）。此外，还养牛122头，羊2550头，兔1950只，家禽6.01万只；养鱼塘水面240亩，各种鱼类产量158吨。（二）推广先进农技和优良品种。加强农场“统”管职能，强化“人无我有、人有我早、人早我优”的策略，将无胶菠萝蜜、三道湾龙眼、山地苦瓜三种具有区域优势的主打产品的做大做强做优，形成品牌和规模优势。在总局担保公司支持下，及时完善合同，协助76户职工完成向农行农业发展贷款373万元。落实国家农业滴灌基础设施补贴，落实投入258.3万元，安排滴灌3925亩、205户。有力地推进全场农业生产水平上了一个新台阶，促进职工增收。（三）干胶生产。投入足够的人力、物力加强干胶生产管理，胶园施肥到位，全年共施化肥两次，株均2公斤，共施化肥180吨；施纯有机猪肥8万袋，每袋30公斤，株均一袋。全年干胶在受台风和暴雨连续灾损的情况下，仍可完成生产488吨，胶工人均收入达到每月4500元，为历史最高水平。（四）职工收入。职工劳均年纯收入18250元，与上年同比增长4.4%，人均收入6250元；其中自营经济年纯收入3585万元，与上年同比增长19.1%，参加自营经济职工（含离退休）人均1.29万元。（五）三大产业发展和结构调整情况：第一产业总产值10560万元，内橡胶产业1150万元，种植业5728万元，畜牧业3499万元，种植业和畜牧业所占比例为87%，橡胶产业产值占的比例10%；第二产业总产值509万元，占总产值的4.29%；第三产业总产值791万元，占总产值的6.67%。

**【安全生产】** 严格执行《中华人民共和国安全生产法》，牢固树立“以人为本，安全第一，综合治理”的方针，实现了全年无重大生产事故、无重大交通事故、无重大火灾事故的“三无”总体目标，各项安全生产任务指标顺利完成。农场与43个职能部门、生产单位及民生项目建设工程施工队、电厂、中小学等单位分别签订《2010年安全生产责任书》，与48个生产单位、市场各商店签订《火灾隐患排查承诺书》，与危房改造项目建设工程施工单位签订安全生产责任书6份，生产单位与职工签订“安全生产责任书”1500份，签订率达100%。开展“安全生产月”、“三项行动”和“三项建设”期间，开展形式多样的宣传教育活动11次，共参加人数2700余人，广播稿件9篇，悬挂横额5条，张贴宣传标语300条，发放安全生产宣传资料和读本120本，出宣传栏2期。全年排查一般隐患20项，其中：已整改20（项）、整改率100%。全年用于安全生产资金总额达6008.6万元，其中：偏远单位职工及在果园职工危房改造135户/套，共8100平方米，投入资金210.6万元；职工危房改造小区525户/套，共投入资金5780万元；隐患排查治理投入资金15.59万元，其中一项在场七队公里被上体滑坡投入资金12.5万元；职工安全生产培训费、资料费、劳保费、材料费等2.42万元。

**【抗汛救灾】** 2010年10月，暴雨持续不断，各项灾情相继发生，4个农村并场队384亩水稻和322亩瓜菜全部受灾，由于水稻正值开花授粉期，长时间受洪水浸泡而不能授粉，80%减产或绝收；3500亩龙眼基地中2090亩因正值催花或开花授粉期，估计损失为正常年份的80%，达到1839万元；1364亩瓜菜受灾，损失达286万元。经统计，洪涝灾害共计导致13项物资财产损失计2223.85万元，至使职工收入减少，农场负担加重。面对这次50年一遇的洪涝灾害，农场领导十分重视抗灾自救工作，立即起动三防工作预案，结合国庆长假值班管理，建立农场24小时抗灾值班制度，成立18个抗灾领导小组，组建17个共计80人的抗灾自救队，由场领导班子及党委成员分成5个片区包干负责，及时拨付5万元抢修饮水水渠等设施，清理饮水渠25米，确保4000多人正常供水。雨势放缓后，农场组织召开科级和挂钩组干部会议部署灾情调查和抗灾自救工作。以生产、经管科为责任人，重点对房屋受灾情况、道路毁损情况、水利沟发电站和饮水水管等固定资产损失情况、水稻受灾情况和水果瓜菜受灾情况调查统计。农场领导班子分片带领挂钩组和生产队干部包干负责，制定并落实生产自救方案，抓好热作水果管理，落实反季节瓜菜生产2500亩，最大限度增加职工收入。以医院为责任人，组织卫生防疫队，对全场水井等饮水源进行检查和消杀防疫；以畜牧站为责任人，对全场养殖场进行动物检查和防疫；以开发办为责任人，对固定资产和农场职工危房改造工地进行检查，确认安全后才复工。灾后，及时投入5万多元修复7队公路；将10万元恢复生产的奖励金发放到种植户手中，帮助并指导水果、瓜菜种植职工恢复生产，维护民生与稳定。

**【管理机制改革】** 为了确保工作效率，进一步深化内部管理机制的改革。强化干部队伍建设，着力建设一支效率高、纪律严、执行力强的干部队伍，在机关实行三大板块管理，在生产队实行承包责任制，用制度考核和管理干部，全面实行干部量化目标考核，将干部的绩效工资与岗位月度目标完成情况挂钩。为了使干部任期与农场本届班子任期目标一致，按照精简、高效的原则，对干部进行新一轮的调整聘任。对机构建制进行调整，行政整合区队建制，推进"扁平化"管理。将全场原有的26个生产队合编为16个，机关科室、部门设置和人员定编进行调整，按照职能相近原则进行一岗多职、一人多能的满负荷工作法。通过机构建制改革，更好地减少管理环节，节约管理成本，提高了管理效益。

**【土地清理和规范工作】** 农场根据省和总局的部署与要求，在全场范围内开展了土地清理和规范工作。在规范中，对土地进行重新测量和多次校对，于2010年3月完成全部建档出图工作，新测土地面积为1.6万亩，与原承包面积对比，清理出国有土地3151.30亩。仍存在争议不能收回的国有土地约3000亩。并根据总局统一部署，对规范后的承包人和土地进行分类整理，重新鉴定土地类型。共计对1790宗，1.6万亩土地签订背后合同；追缴土地使用费338.71万元，占应缴费的83.2%。

**【民生工作】** (一)职工住房建设。共签订1000份合同，签订比例100%，全部统一建设。预计截至12月31日，可竣工600户，其余400户将在2011年5月前全部竣工。(二)着力落实社保。为原停保职工共340余人统一办理续保，解决其后顾之忧；按时上交保亭县社保局社保金，缴费及时率和缴费完成率均为100%，已累计缴交294万元。(三)确保工资发放。2010年，全场在册在岗人员(包括生产队管理干部、辅助管理人员和胶工；机关管理干部、辅助人员；直属单位管理干部、辅助人员、专业人员和卫生工人)，所有工资均按时发放。生产队管理干部30人，实行承包管理责任制，按所属生产队业务工作量的大小和多少划分为6等，根据干胶生产、土地使用费收缴和其他事项管理完成情况计算，发放或提取承包管理费，人月均提取承包管理费2867元，最高每月3200元，最低2100元；生产队辅助人员10人，人月均800元；割胶工164人，人月均达到3000元；机关管理干部人月均最高2500元，人月均最低1950元。

**【计划生育】** 农场十分重视计生工作，调整和重组了农场计生工作领导机构，专项经费落实到位，全年投入独生子女奖励、计生工作奖励、计生宣传教育等11项支出共计14.43万元。"三查"落实，主要考核目标全部合格。符合法定生育率100%，当年结扎及时率82%，自然增长率11.86%。年内落实上环26例，人流3例，引产2例，征收社会扶养费10.57万元，完成县下达任务的302%。并做好计生服务，依法行政和依法管理，被评为县"计生工作先进单位"。

**【环境卫生整治】** 农场把"美好家园建设"环境整治工作当成重点工作来抓。制定了"种5000棵树，2000平方米草，1000平方米5万株花(坛)"的三年环境美化工作方案，并落实责任人，由党委副书记负责，任务已分解到每个部门和各生产队，定每月最后一个星期天为农场植树日。在12

月20日前,按照方案要求,全场在主干道和各生产队队部已动员600人次,种植花草5万株,清理垃圾和卫生死角144处近600吨垃圾,清理乱搭乱建23处,环境卫生已大为改观。落实场内公路管理,7月对近40公里公路落实到物业公司,安排6名养护工,实施专职管理。半年内,实现了对杂草、水沟的清理,护坡、路肩的维护,扭转了只修不养的不利局面,改善了全场公路交通环境。

**【精神文明建设】** 贯彻落实科学发展观,以人为本,构建和谐农场。抓好"一带三"、"一帮一"帮扶活动,组织193名党员对困难职工群众进行思想帮扶、种苗技术帮扶,解决实际困难,发挥党员的先锋模范作用。深入调研,召开领导班子专题民主生活会和党员专题组织生活会,制定整改方案、集中解决突出问题。组织"回头看"活动,全场5个总支、21个支部共486名党员,均参加创先争优活动。加强宣传工作,切实反映群众的呼声,在刊物上发表各类文章23篇,编撰场内宣传稿86篇,积极宣传身边的好人好事和职工群众创造的宝贵经验,使宣传工作贴近实际、贴近生活、贴近群众,为企业的发展鼓劲树立形象。抓好文明生态队的建设。把什根队少数民族民房改造、危房改造与文明生态队建设结合起来,筹建文明点获得总局"文明生态标兵单位"。以"爱三道,讲文明、树新风——我参与、我奉献、我快乐"为主题,不断提高职工文明素质,努力提升全场文明程度。以活动促教育、以道德育文明、以创建活动引领文明风尚,创建美好家园。组织开展"五五"普法宣传教育活动2次,受教育人口3800人次,全面推进依法治企。

**【社会维稳工作】** 2010年,调处民间纠纷28宗,调处率100%;查处刑事案件22起,行政拘留4人,其他处理6人。农场还把"大接访"工作做好做扎实,协调各方面利益关系,完善矛盾纠纷排查调处工作机制,努力把矛盾消除在基层。制订符合农场实际的领导干部大接访活动实施方案,以5个片区定点交叉"开门"接访,向全场各单位印发了《关于集中开展领导干部大接访活动的通知》,将大接访的时间、地点、接访领导等信息,公开张贴在醒目处,使有信访诉求的人了解信访渠道。通过标语、广播等宣传大接访活动,营造和谐氛围。全年共接待21批344人次职工群众来访、接访问题556件次,解决问题422件次,全部接访事件做到了件件有回音、有答复,有效地维护了社会稳定。

(国营三道农场 供稿)

## 国营新星农场

**【简况】** 新星农场位于七仙岭之麓,地理坐标为东经109°32′22″~109°48′50″,北纬18°37′23″~18°42′37″。场界东至保亭黎族苗族自治县什玲河、大田村、水尾村一带,与陵水黎族自治县境内的海南省国营南平农场毗邻;南至保亭石峒河,与县境内的海南省国营南茂农场、海南省农垦科学院保亭热作站分界;西至保亭波澎岭、驳白岭、九曲岭,与县境内的海南省国营金江农场接壤;北至保亭三角岭、白芭岭、七仙岭,与南圣乡、八村乡相邻。总面积92平方公里。场部与县城连成一片,联系外界的道路四通八达。

**【经济发展】** 据统计,2010年农场主要热带作物和水果有:龙眼4871亩,收获面积4500亩,年纯收人1084万元;槟榔4350亩,收获面积2300亩,年纯收入750万元;荔枝2969亩,收获面积2930亩,年纯收入525万元;红毛丹648亩,收获面积645亩,年纯收入225万元;稻谷播种面积1320亩,单产219公斤,总产290公斤。2010年,新星农场招商引资,合作开展土地开发,取得一定成效。有超过50家企业来农场考察,并表达合作意向。经农场考察和评估,已同15家企业签订合作开发意向,涉及开发资金超过60亿元。

**【社会事业】** 九年义务制教育得到全面发展,适龄少年儿童入学率100%。各种疫病得到有效控制,儿童防疫率达到95%,没有出现疫病流行现象。抓好城镇居民医疗保险工作,通过宣传党的优惠政策,全场参加城镇居民医疗保险的人数占全体应参保人数的94%。环境整治方面,场部已实现道路硬化、楼房美化、路边绿化、环境净化的环境建设标准。在创建卫生城镇工作中落实“三个”到位。(一)责任到位。农场成立物业管理中心,有干部5人、职工29人,由物业中心负责场部的环境卫生整治,全员开展环境卫生整治。建立环境整治工作问责制,签订区域责任人责任书和环境卫生门前“三包”责任书,不定期组织督查小组成员到各个区域进行环境卫生检查。聘请4名环境卫生监督员,负责全场的环境卫生监督。(二)资金到位。加大环境卫生整治资金投人,将物业中心保洁人员工资纳入农场预算。投入资金购买割草机、草剪、锄头等劳动工具;雇用挖掘机、手挟机参与环境整治;增添果皮箱和垃圾池;维护路灯;设立环境卫生奖励基金,在年终对各单位的环境卫生整治情况进行评比奖励。(三)环保意识到位。树立“新星是我家,环境卫生靠大家”的思想观念,把环境卫生集中整治化为职工群众日常卫生打扫的自觉行动,利用宣传车深人全场各单位进行环境综合治理宣传,为旅游岛建设,卫生县城建设,构建和谐农场,营造良好氛围。基本上做到了场容场貌美化、硬化、绿化、亮化和净化。场部社区绿化覆盖率达到50%以上;生活垃圾统一送到县垃圾场填埋;燃气普及率达到98%以上;道路亮灯率100%。

**【民生工程】** 2010年,为适应海南国际旅游岛建设的需要由海南农垦总局投资12.3万元,建设面积46平方米的高级公厕,经过精心施工,上级有关部门严格验收通过,在农场场部落成投入使用。该公厕按“五星”级标准设计和建造,融园林、环保、绿化、美化为一体,设有儿童、残疾人等不同类型的蹲位,是农场建场以来建成的第一座星级公厕。投资100多万元建设高效农业灌溉工程;投人49万多元为96户职工建设沼气;累计投人资金2238万元对550套职工危房进行改造,对11户职工进行茅草房改造,150套职工住房改造、难侨队40套危房改造、5幢120套职工集资房建设已完工;投人1500万元,硬化道路36.50公里;硬化8条公路长17.30公里;第三批追加的11公里多的公路硬化工程竣工;投人450万元,解决场部和各基层单位安全饮水问题;改造医院病房800平方米;投人200万元,高标准建设200多平方米的灯光球场(包括2个篮球场、2个羽毛球场和1个门球场,舞台改造及其绿化等)。

**【体制改革】** 2010年6月11日,保亭新星富源投资有限公司经省农垦总局批准成立,是省农垦总公司与新星农场共同注资组建的有限责任公司。主要经营是:旅游、酒店、体育健身、娱乐餐饮、房地产开发、畜牧、种养殖、加工和销售等。体制改革主要还有:精简组织机构。机关科室从17个缩减为12个(包括公安派出所)。实行社企分开、政企分离。社会职能移交地方政府。社会保险等“五项统筹”也全部移交地方政府。加强与地方经济合作。主动走出封闭、自主经营的旧模式,使农场经济社会发展纳入全县总体规划。

**【党的建设】** 农场党委设有4名党委委员、2个党总支(机关党总支,八区党总支)、23个基层党支部,农场现有党员人数648人,其中男党员528人,女党员120人,离退休党员377人,少数民族党员95人。党员中有大专文化程度的53人,中专文化程度49人,中专以下文化程度的党员546人。其中在职干部党员72人(农场机关党员和机关直属物业办共有党员34名)。所做党建工作主要有:(一)加强党的组织建设。农场党委紧密围绕农垦改革这个中心,从大局出发,加强农场各级党组织建设,健全了新的一届农场党委领导班子,积极打造学习型党组织,加强农场中层区科级党员领导干部的管理,定期按时每月抓好党委理论中心组学习,认真组织召开一年2次的党委民主生活会。建立了各级党组织学习制度,并健全和完善了党支部书记选拔培训机制。2010年农场党委将选拔的什聘队党支部书记陈少燕,六区九队支部书记胡海鹏一并送到海口参加支部书记培训班培训,使他们的素质得到了提高。(二)抓好干部党员培训。农场党委始终坚持党管干部的原则,加强党员干部的管理力度,健全了干部上班考勤管理制度，注重教育和引导并重，培养干部党员自觉养成为职工群众服务意识。此外，农场党委还坚持遇到问题不回避。2010年，农场4名科级党员干部利用下班时间赌博打麻将被保亭公安局抓获后，场党委一面在全场干部党员中以此为例开展教育，一面查找原因，深入细致地做好这4名科级党员干部的思想政治工作，使他们认识到自身的错误，放下了思想包袱，愉快地接受了组织的处理。针对近年来农垦改革，党员干部思想波动激烈，干部党员出现的思想忧虑、徘徊、不安、好动等现象，农场党委审时度势专门召开了2次全体党员干部会议。结合农场改革实际，有针对性加以思想引导和教育，使党员干部消除了思想顾虑，用正确的思想、态度对待改革，确保了全场党员干部队伍的稳定。（三）加强干部管理。农场党委结合本场实际在全场范围内精心组织开展了抓懒、治散等专项整治活动。并成立了监管小组突击检查党员干部在上班时间是否在岗、在位和是否利用上班时间去吃餐、打麻将和研究彩票做些违纪违规活动。针对个别干部上班迟到、早退农场党委及时给予批评指正，通过加强党员干部的监管，使党员干部的守法守纪意识得到进一步提高。

**【精神文明建设】** 农场把精神文明建设纳入企业整体发展规划，加强全场干部职工的思想政治教育，在全场干部职工中开展“告别陋习”、提倡“五不行为”的文明卫生道德实践活动，进行移风易俗、树立文明新风、破除陈规陋习、保护爱护环境和践行社会主义荣辱观等教育，强化职工环保意识和健康文明的生活意识。开展讲文明、树新风、讲诚信和优质服务月活动，增强干部职工的文明守法意识和为民服务意识。重视文明生态队建设，做到领导到位、认识到位、投入到位、工作责任到位。在巩固和完善现有文明生态队的基础上，继续加大创建覆盖面和创建工作力度。以科学发展观为统领，按照建设社会主义新农场的目标要求，科学谋划、合理布局，按照“生产发展、生活宽裕、场风文明、队容整洁、管理民主”的总体要求抓好农业分场番道队、什聘队2个文明生态队规划，按照建设规划要求，分步实施、扎实推进。建成什聘队、番道队文化室。这2个文明生态队的其他项目建设正在进行中。推进“职工书屋”建设。农场党委把“建设学习型社会”当作一项重要工作来抓。召集农场工会、宣传、团委等部门分工负责，抓好“职工书屋”建设，责任落实到人。筹措4万多元对机关老干部活动中心内部进行改造装修，开辟出120平方米读书场所，添置相关用具和科技种养书籍2530册，订阅《人民日报》、《海南日报》、《海南农垦报》、《中国青年》、《求是》、《党课》等多种报刊杂志，配备专人对书屋进行维护与管理，坚持每晚和节假日定时向全场干部职工开放。“五一”、“国庆”重大节假日，组织全场12支男子篮球队开展篮球对抗赛，组织14支男女混合队进行拔河比赛。“九九”重阳节，举办老年象棋、扑克牌大赛。通过这样的文化活动，大大丰富了全场干部职工的文化生活。

（魏有恒、梅长海、朱桐佳 供稿）

## 国营金江农场

**【简况】** 国营金江农场位于保亭黎族苗族自治县境内，创建于1956年，是原国家副主席王震将军的试点单位，王震将军曾先后六次到农场垦荒和视察工作。场内有王震将军橡胶试验田和海南农垦创始人之一王昌虎将军纪念园。农场现有土地总面积27.65万亩，已开垦利用23.98万亩，其中耕地7279亩，果地2.32万亩，橡胶地11.29万亩，林地6.74万亩，居民点及工矿用地6286亩，交通用地1464亩，水域2.13万亩。2009年2月，农场与原南茂农场、原五指山茶场合并组成新的金江农场。农场现有确权土地总面积27.65万亩，人口1.13万人。金江农场已发展成农工商贸运建齐头并进、社会经济文化协调发展的大型国有企业。

**【经济发展】** 积极谋划招商引资，努力盘活土地资源。农场与橡胶分公司分离后，已从生产企业转为经营企业,如何在转型后尽快构建经济新增长点,是农场实现又好又快发展目标的关键。为此,农场充分依托地理优势做好土地文章。到目前为止,农场已与地产开发商洽谈合作开发项目8个,总局批准并已签协议2个。2010年生产茶叶2286担,销售收入259万元;完成水稻播种面积6374亩,产量420万斤,销售收入336万元;水电站年发电375万度,收入94万元;职工自营经济年纯收入7100万元;在岗职工年劳均收入1.2万元。

**【体制改革】** 2010年6月成立金茂投资有限公司,实行公司化改造,农场上报划拨1.8万亩土地给公司,场长兼任公司董事长;10月,按照农垦总局和农垦总公司的要求,金茂投资公司与农场彻底分离。推行二级企业实行合同管理,按照“自主经营、自负盈亏、自我发展、面向市场、服务社会、有偿占用、解决就业、五险自负”的原则,农场与所有二级企业都签订了承包合同,实行了承包经营的管理模式,一年节省开支90多万元。实行动态结构工资制。农场把工资分为“基础、岗位、职龄、职称、绩效”五部分,管理干部和工勤人员绩效工资额30%与所挂单位各种欠款的追缴业绩挂钩,30%与所挂单位的计划生育、安全生产、综合治理等工作挂钩,40%与本部门本岗位工作业绩挂钩,绩效工资根据农场经营情况每季度或半年发放一次,以实际岗位职务标准计发,既充分体现了“按劳分配、效益优先、兼顾公平”的原则,也激活了企业内部管理机制。

**【党建与工团妇工作】** (一)加强党的思想建设。农场党委制定了学习计划,定期组织党员干部进行理论学习,并邀请海南大学的专家到农场进行十七届五中全会的学习讲座。全年全场组织副科级以上干部集中学习8次,举办干部培训班3期。同时,组织参加总局举办的知识竞赛获琼南赛区第三名。(二)加强党的组织建设。制定《党建工作长效机制》、《干部管理规定》;全年发展新党员16名;开展“创先争优”活动和“一帮三”、“一带一”帮扶活动,签订《帮扶责任书》,全年帮助后进支部3个,625名党员干部帮扶1532名困难职工取得明显成效,后进转化率达67%,脱贫率达35%。(三)加强党的作风建设和廉政建设。农场严格执行《关于实行党风廉政建设责任制》的有关规定,组织党员干部学习党内监督条例,全场党员干部工作作风大为好转,未出现违纪违规现象,遵规守纪守法成为党员干部的自觉行动。(四)重视工、团、妇工作。充分发挥工会在企业改革发展稳定中的作用。结合推进民生工程建设,工会积极组织开展以整治环境、提高素质为重点的“共建美好家园”活动,举办文明礼仪学习班1期,邀请文明礼仪辅导老师到农场授课,128人参加;组织参加“七仙温泉嬉水节”、“九九重阳”等节日的团体文娱表演活动和“七仙河畔杯”副科级以上干部篮球比赛并获得冠军。同时,发挥工会维权、监督和帮扶作用,积极参与民生工程的安全与质量监督,组织下岗人员就业培训480人次,组织向外省输送务工人员25人次,实现再就业35人,建立困难职工档案864户,慰问职工1876人次金额33.7万元,筹资12.9万元资助贫困大学生76名。通过抓团组织建设和开展各种青年岗位立功、文体活动,尤其是团委带头规模化养鹅,开启了青年靠勤劳致富的大门,较好地发挥了团员青年在生产和致富上的生力军作用。农场女工委努力维护女职工合法权益,以推动“女职工建功立业”为契机,组织开展了一系列教育和生产活动,较好地发挥了女职工的半边天作用。

**【民生建设】** 注重民生以人为本,抗灾自救建好家园。根据其不同规模确定在场部小区实行“集中统一建设”模式以及在中心居民区和生产队实行“自建公助”模式的建房方式。全场职工住房建设计划1000套(补贴指标800套,200套为2011年补贴计划),职工危房改造开工1000套,占计划的100%,竣工714套,占计划的71.4%;困难职工住房建设计划65套,开工56套,占计划的86%;水毁住房建设开工38套,占计划的100%。建设标准化公厕,工程投入18.5万元,占总局计划投资12.3万元的150.4%,档次也达到了较高标准,顺利通过了总局验收。抗洪救灾,恢复设施，确保职工安居乐业。国庆期间，海南连降暴雨，农场损失严重，造成了2处山体滑坡、30多间房屋倒塌、2个水库告急、多条道路被损坏、一大批农作物遭破坏。面对灾害，农场在总局的大力支持和帮助下，依靠自身力量奋起救灾：(一)水毁住房建设完成好。总局给农场的水毁住房建设计划是第一批29户，第二批9户，目前已全部落实到户。(二)水毁公路建设进度快。总局下给农场的水毁公路维修路段3条计45万元，目前已基本竣工。(三)水毁水库加固工程正在启动。农场南茂片五一、前哨两个水库水毁加固工程计划投资305万元，现已由农垦设计院给出预算待审，农场已于12月18日在海南农垦报上进行了招投标公示，待图纸预算通过审核后即可招标施工。

**【计划生育】** 抓组织机构落实。农场认真贯彻《海南省人口与计划生育条例》，坚持党政一把手亲自抓、负总责。全场有计生基层组织机构157个，会员653人，中心户长157人，形成了多层次、全方位覆盖的工作网络。抓责任制落实。组织农场各单位和辖区内海胶集团各单位签订《人口与计划生育目标管理责任书》，与育龄妇女签订《计划生育合同》、《计划生育管理服务协议书》等，把责任落到实处。开展经常性宣传教育活动。农场把计生工作的日常宣传教育和重点宣传教育结合起来，全年发放各种宣传资料8000多份，出板报墙报150多期，订阅《人口报》、《人口与计划生育》等报刊杂志发至有关单位，使计划生育知识深入人心，家喻户晓，有力地推动了计生工作的有序开展，为农场顺利通过省、县验收打下了坚实基础。全年综合节育率83.3%，符合法定生育率93.36%，人口出生率13.14‰，自然增长率7.69‰，结扎及时率77.94%(占任务的103.92%)，长效避孕节育率79.14%，投入计生经费35.9万元，征收社会抚养费13.5万元，完成计划的100%。

**【安全生产】** 坚持“安全第一，预防为主，综合治理”的方针，以开展“安全生产年”为契机，继续抓好“三项建设”、“三项行动”，以人为本，整章建制，与地方政府一道齐抓共管，在宣传教育、检查监督、联合执法上通力合作，收效明显，确保了全年无任何安全生产事故的好成效，受到了保亭县2010年度综合考评组的高度评价。全年实现了无重大安全生产事故、无火灾伤亡事故、无交通伤亡事故、无设备损坏事故、无职业病患者、无公共卫生和环境污染以及其它影响重大的安全责任事故等“六无”目标。

**【维稳工作】** 农场在维稳工作上将继续坚持“预防为主，打防结合，综合治理”的方针，充分运用行政、教育、经济、法律等手段，群策群力，齐抓共管，着力排查调处矛盾纠纷，全力化解社会不稳定因素，确保农场社区和谐稳定。(一)落实责任化解矛盾。确保农场大局稳定，由农场党委领导亲自担任维稳工作领导小组组长，明确各单位党政主要负责人是维稳工作第一责任人，层层签订目标管理责任书(包括辖区内橡胶分公司各单位)，层层抓落实，实行责任追究一票否决制。(二)建立健全调解网络。主要是筑好三道防线，即：生产队为第一道防线，由队干部和党员骨干充当调解员和矛盾纠纷信息员，及时收集报送反馈信息，排查调处本单位小矛盾小纠纷；作业区(直属单位社区)为第二道防线，由党总支组建矛盾纠纷调处小组；第三道防线由农场各部门和农场领导为成员，统一指挥全场的调解维稳工作，负责处理重大矛盾纠纷。全年共调解因住房、拖欠职工历史款等大的矛盾纠纷6起，调处成功率100%。(三)实行责任下沉制度。由各部门、单位主动深入职工家庭了解纠纷矛盾，现场调处。开展领导大接访活动。采取领导定点接访、开门接访和回访的方式，全年领导接待来访群众367人次，调处化解大小纠纷26起。(四)坚持教育为主。以会议、广播、黑板报等形式进行相关规定、信访条例、治安条例等国家法律法规的宣传教育，先后举办普法培训班2起，组织法律宣讲7场，召开相关会议123场次。(五)以严打作保障。积极配合国家安全部门对农场内邪教组织“法轮功”、“血水圣灵”进行监控、打击；积极配合县有关部门对带有团伙性质的群殴骨干进行打击,批捕2人,较好地制止了附近农村在场部一条街上的群架群殴。全年未出现重大治安事件和群体性突发事件,无集体上访事件,农场大局稳定。

**【"三清一控"工作】** 在清查劳动力上,全年共清出劳力2764人,清理不符合享受长病待遇人员23人,彻底弄清了劳力情况,掌握了人员结构。在清查资产上,发出《催缴欠款通知书》316份,共清理回收各项欠款45.7万元,追缴土地承包款157万元。在清查土地方面,重点清查"三过"现象(土地租金过低、承包面积过大、承包时间过长),通过清理并对结果公示,全年签订新合同611份,面积7601亩;配合海胶集团公司完成土地划拨11.26万亩;同时,进一步规范原有合同并做好归档工作,与地方政府一道协商解决土地纠纷问题,确保了国有土地不流失。在控制管理费用上,出台并完善了《资金管理办法》、《各科室经费包干办法》、《物资采购管理办法》等10多项企业内部管理制度,实行领导和各科室经费包干,公杂费、油料费、差旅费、通讯费等实行刚性预算,超支不补;招待费确定级别标准,用餐地点只限定在农场招待所。严格执行包干办法,全年公务接待费、办公费、差旅费、会议费等各项支出减少9.3%,节省费用26.1万元。

(王家东 供稿)

## 保亭试验站

**【简况】** 2010年,保亭试验站在海南省农垦科学院党委的正确领导下,本着"改革、稳定、发展"的原则,加大了科技研发和土地开发的力度,取得两项达到国内领先水平的科研成果,实现了可以载入本单位史册的五个"首次":首次与开发商合作开发超亿元的建设项目;首次建设"11+1"层的带电梯楼房;首次邀请农业部对本单位进行了总体规划;首次开设网站在互联网宣传本单位;首次翻译《山竹子栽培技术》填补国内空白。

**【经济发展】** 2010年,全站生产总值2967万元,增长1.01%。其中第一产业2060.64万元,增长0.8%;第二产业416万元,减少26.05%;第三产业334万元,增长29.8%。全年固定资产投资1769万元,减少38.3%。劳均收入1152.9元,增长1.05%;自营经济纯收入1598万元,人均收入7679元,增长105.3%。(一)开展科技创新,科研成果取得新突破。2010年10月14日,"山竹子引种试种与丰产栽培技术研究及示范","红毛丹BR－7号品种选育与丰产栽培技术研究及示范"两项成果在海南省科技厅组织的成果鉴定会上通过鉴定,均达到了国内领先水平。当年建立了园区内具有道路、灌溉、宣传等基础设施的热带珍稀水果山竹子生产示范基地3个,红毛丹示范基地1个和香蜜菠萝标准化生产示范基地1个。成功建立香蕉快繁体系、山竹子快繁体系、红掌快繁体系、牛大力快繁体系、石斛快繁体系、金线莲快繁体系的技术研发新成果。当年生产销售了香蕉组培苗20万株,橡胶种苗销售6.46万株。(二)加大力度,积极推进产业开发。配合院部邀请农业部规划设计院对本站热带现代农业科技园区进行总体规划,并由省、总局和保亭县的有关专家对总体规划进行科学论证,并通过评审。"保亭左岸"(186亩)项目已签订合同,完成了清苗补偿、总体规划设计、坟地选址,进行土地丈量和落实坟墓搬迁工作。(三)加大支持力度,推进自营经济发展。站有自营经济承包面积11877.03亩,主要发展种植红毛丹和山竹子等经济作物。利用本站科技资源优势,充分发挥红毛丹和山竹子生产示范基地的作用,大力推广应用丰产栽培技术,鼓励和支持职工扩大红毛丹和山竹子种植面积。同时,发放农业机械补贴,发动职工购买喷滴灌机械设备,提高农业综合生产能力,促进职工农业增产增效。全站自营经济纯收入增长90.7%,人均收入增长105.3%。

**【危房改造】** 加大职工危房改造建设的力度,职工住宅小区的8幢住宅楼竣工交付使用,2幢商住房经过主体验收;站部邮电局旁的5幢职工住宅楼,有3幢竣工验收,有2幢封顶。千方百计筹集360万元资金和中央配套资金118万元，用于职工住宅小区内排污排水、道路硬化亮化、供水供电等配套工程建设。农垦总局下达本站职工危房改造建设计划任务180套，开工率达到100%，竣工率达75%。

**【安全生产】** 2010年共签订安全生产责任书21份。加大宣传力度，利用广播、标语、宣传材料、黑板报等形式对《新交通法》、消防、食品卫生安全等方面的安全生产知识进行宣传。加强辖区安全排查、危险化学爆炸物品排查、以及施工项目安全整治，发现的各种隐患、违章及时整改，全年投入整改金额1.63万元。加强食品安全检测，投入3.5万元购置农药残留检测设备并实施检测工作，县里在站召开学习现场会。全年无安全生产重大事故发生。

**【医疗卫生】** 医院全体医护人员，围绕“服务、质量、安全”开展医疗卫生工作，努力构建和谐的医患关系，提高医疗服务水平。2010年，全年门诊1850人次，妇科普查178人。1—3岁儿童脊灰炎强化肌苗率98%，麻疹善种率98.5%，乙肝接种率100%，乙脑接种率98%，全年无疫情发生。

**【社会保障】** 2010年，按时足额缴纳在册、在岗人员的各项社会保险总额117.7万元；办理各类新退休人员34人，完成退休人员每年一次相片认证审核共计1022人；超额完成了城镇居民征缴任务，累计1002人，金额6.1万元；落实最低生活保障对象98人（新增35人）和医疗救助4人，分别发放低保金26.1万元和医疗救助金1.2万元；新增办理残疾证16人，换证22人，其中为重度残疾人申请到生活补贴14人。

**【计划生育】** 实行目标管理责任制，层层签订责任书，明确目标，落实责任，做到一级抓一级，层层抓落实，形成齐抓共管的工作局面。2010年，出生人口36人，出生率为11.92‰，符合法定生育率为97.22%；完成“四术”33例，其中结扎7例，放环27例（吉妮环6例）、人流3例，综合节育率85.18%；对已婚育龄妇女进行“三查”服务443人。较好实现“稳定低生育水平、提高人口素质、改善人口结构、促进全面发展”的目标。

**【社会维稳】** 2010共接访5次，42人次，职工群众提出诉求、意见、建议等23条，归纳为9类问题。根据诉求的不同问题，责成相应管理部门跟踪处理和整改，有效化解各类矛盾，把矛盾控制在萌芽状态，较好地维护社会稳定。

**【职工福利】** 春节和端午节发放职工福利人数944人，分别发放福利总额5.84万元和1.42万元；开展春节游园活动投入1.2万元。

**【年度重点工作】** 推行干部人员制度改革，各科室正副科级干部竞争上岗。2010年6月23日，中国共产党海南省农垦科学院保亭试验站第一次党员代表大会召开。2010年8月12日，海南省农垦科学院保亭试验站工会分会第一次会员代表大会召开。2010年10月14日，“山竹子引种试种与丰产栽培技术研究及示范”，“红毛丹BR—7号品种选育与丰产栽培技术研究及示范”两项成果在海南省科技厅组织的成果鉴定会上通过鉴定，两项成果均达到了国内领先水平。建立了热带珍稀水果山竹子生产示范基地3个，红毛丹示范基地1个和香蜜菠萝标准化生产示范基地1个。邀请农业部规划设计院对试验站热带现代农业科技园区进行总体规划，并由省、总局和保亭的有关专家对总体规划进行科学论证，并通过评审。“保亭左岸”（186亩）项目已签订合同，完成了清苗补偿、总体规划设计、坟地选址。农垦总局下达180套危房改造建设任务，开工率100%、竣工率达75%。通过GPS重新测量后自营经济土地承包面积为1.19万亩。新签订土地承包合同362份，面积0.61万亩。国庆期间全力奋起抗洪救灾，没有溃一塘一坝和没有一个人员伤亡，把灾害损失减小到最低限度。围绕“崇学尚德、创新卓越”的院训，加大宣传的力度，以增强凝聚力，提升干部职工的敬业精神，营造良好的文化氛围。辖区安全排查、危险化学爆炸物品排查、以及施工项目安全整治,发现的各种隐患、违章及时整改,全年整改金额1.63万元。党员干部深入学习《中国共产党党员领导干部廉政从政若干准则》,使广大党员干部了解和熟悉八大方面的“禁止”和52种“不准”。创先争优活动与实际工作紧密相结合,注重实效、创新方法,有力地推动创先争优活动的开展。

**附:2010年经济社会发展主要指标表**

| 指标名称 | 完成指标(万元) | 比上年增减% |
|---|---|---|
| 生产总值 | 2967 | 1.01 |
| 第一产业 | 2060.64 | 0.8 |
| 第二产业 | 416 | −26.05 |
| 第三产业 | 334 | 29.8 |
| 固定资产 | 1769 | −38.3 |
| 自营经济纯收入 | 1598 | 90.7 |
| 农产品销售 | 555 | 12.1 |
| 红毛丹销售 | 165 | 0.07 |
| 菠萝蜜销售 | 6 | 50 |

(保亭试验站 供稿)

# 8 人物

# 县级领导

## 县委书记、副书记、常委

**郑作生**　男，1962年8月出生，黎族，海南琼中人，大学哲学学士，广东民族学院政治理论专业毕业；1986年9月加入中国共产党，1987年7月参加工作。

1981年9月至1987年7月在广东民族学院政治系学习(其间：1982年5月至1984年6月因病休学)；1987年7月至1988年1月任海南自治州五指山报社记者、见习编辑；1988年1月至1991年1月任通什市委组织部干事；1991年1月至1992年5月任通什市委组织部秘书组组长；1992年5月至1993年8月任通什市委办公室副主任；1993年8月至1994年8月任通什市委办公室副主任兼机要科长；1994年8月至1995年11月任通什市委办公室主任、市委常委秘书；1995年11月至1998年3月任通什市委秘书长、党群口党总支部书记；1998年3月至1998年8月任通什市委常委、市委秘书长、宣传部部长；1998年8月至2001年2月任共青团海南省委副书记(正处级)(其间：2000年5月至2000年11月在中国银行公司业务部挂职任总经理助理)；2001年3月至2005年6月任共青团海南省委副书记(副厅级)；2005年6月至2008年2月任保亭县委副书记、县政府县长(副厅级)；2008年2月至2009年10月任中共保亭黎族苗族自治县委书记(副厅级)；2009年10月至今任中共保亭黎族苗族自治县委书记(晋升正厅级)

**彭家典**　男，1968年11月出生，苗族，海南屯昌人，研究生历史系硕士，中南民族学院历史系中国民族史专业毕业；1992年6月加入中国共产党，1992年8月参加工作。

1985年9月至1989年7月在中南民族学院历史系学习；1989年7月至1992年8月在中南民族学院历史系中国民族史专业读研究生；1992年8月至1993年3月任海南省民族宗教事务厅办公室副主任科员；1993年3月至1995年8月任海南省民族宗教事务厅政策研究室副主任科员(其间：1993年11月至1994年11月在屯昌县民委挂职任副主任)；1995年8月至1998年9月任海南省民族宗教事务厅政策研究室主任科员；1998年9月至1999年10月任海南省民族宗教事务厅宗教处主任科员；1999年10月至2004年6月任海南省民族宗教事务厅办公室副主任(其间：2002年9月海南省公开选拔县(市)党政主要领导后备干部培训班学员)；2004年6月至2008年2月任保亭县委常委、组织部部长；2008年2月至2008年3月任中共保亭县委副书记、县人民政府代理县长；2008年3月至今任中共保亭县委副书记、县人民政府县长。

**黎宏标**　男，1960年9月出生，汉族，海南屯昌人，省委党校大学本科学历，1988年11月入党，1982年8月参加工作。

1979年8月至1982年8月在海南农机学校学习；1982年8月至1987年6月任屯昌县交通局安全委员会干部(其间：1984年9月至1987年6月在广东电大工业管理专业学习)；1987年6月至1990年7月任屯昌县团委办公室主任；1990年7月至1993年1月任屯昌县团委书记；1993年1月至1995年3月任屯昌县南坤镇委书记、镇长；1995年3月至1996年6月任屯昌县南吕镇委书记；1996年6月至2002年9月任屯昌县委常委、宣传部长(其间：1998年9月至2000年7月在南京大学研究生院研究生课程进修班学习)；2002年9月至2003年3月任屯昌县委常委、副县长；2003年3月至2006年12月任屯昌县委副书记(2001年9月至2003年12月在海南省委党校经济管理专业本科学习毕业);2006年12月至2009年11月任保亭县委副书记;2009年11月至今任保亭县委副书记、政法委书记。

**李开文** 男,1971年1月出生,黎族,海南三亚人,大学经济学学士学历,广东民族学院政治系工商行政管理专业毕业,1992年6月加入中国共产党,1992年8月参加工作。

1988年9月至1992年7月在广东民族学院政治系工商行政管理专业学习;1992年7月至8月待分配;1992年8月至1994年4月任三亚市工商局马岭工商所科员;1994年4月至1995年4月任三亚市委组织部组织科科员;1995年4月至1996年9月任三亚市委组织部副科级组织员;1996年9月至1997年10月任三亚市委组织部培训科副科长;1997年10月至1998年2月任三亚市委组织部培训科科长;1998年2月至2003年3月任共青团三亚市委副书记;2003年3月至2006年8月任共青团三亚市委书记(2000年9月至2003年5月在海南省委党校在职研究生班经济管理专业学习);2006年8月至2006年12月任三亚市育才镇党委书记(正处级);2006年12月至2009年10月任三亚市育才镇党委书记、人大主席(正处级);2009年10月至今任保亭县委委员、常委、县人民政府副县长。

**邝旭彪** 男,汉族,1971年11月出生,湖南嘉禾人,大学工学学士,海军大连舰艇学院指挥专业,1993年7月加入中国共产党,1989年9月参加工作。

1989年9月至1993年7月在海军大连舰艇学院指挥专业学习;1993年7月至1995年3月任海军导弹护卫艇二大队临武艇副枪导长;1995年3月至1995年12月任海军导弹护卫艇二大队临武艇副作战长;1995年12月至1996年8月任海军导弹护卫艇二大队临武艇航海观通长;1996年8月至1997年3月任海军导弹护卫艇二大队局令部正连职通信参谋;1997年3月至1998年5月任海军榆林基地司令部军务装备处正连职参谋;1998年5月至1999年2月任海军榆林基地预备役训练队副队长、队长;1999年2月至2001年3月任海军榆林基地司令部军务处副营职参谋;2001年3月至2003年6月任海军榆林基地第二招待所所长;2003年6月至2004年1月任海军榆林基地司令部军务处副处长(副团职);2004年1月至2005年3月任海军榆林保障基地军务处副处长(2002年9月至2004年9月在首都师范大学法律专业在职研究生课程班学习);2005年3月至2005年9月转业待安排;2005年9月至2007年1月任海南省委组织部干部监督处主任科员;2007年1月至2010年1月任海南省委组织部干部监督处副调研员;2010年1月至今任保亭县委委员、常委、组织部长。

**陈　仲** 男,1959年11月出生,汉族,海南琼海人,1981年5月加入中国共产党,1976年7月参加工作。

1976年7月至1978年3月在万宁县龙滚公社插队当知青;1978年3月至1981年7月任海军东海舰队第二训练团四大队十六中队战士;1981年7月至1983年9月任海军东海舰队第二训练团四大队十七中队区队长;1983年9月至1984年12月任海军东海舰队训练舰队第六大队十三中队区队长;1984年12月至1986年10月任海军东海舰队训练基地第六大队十三中队区队长;1984年12月至1986年10月任海军东海舰队训练基地第六大队十六中队副中队长;1986年10月至1987年9月任海军东海舰队训练基地第五大队三中队队长、指导员;1987年9月至1989年3月任海南军区炮兵团政治处宣传股正连职干事(其间:1985年9月至1988年3月在浙江广播电视大学汉语文学专业大专班学习);1989年3月至1989年12月任海南军区政治部组织处正连职干事;1989年12月至1993年6月任海南军区政治部组织处副营级职干事;1993年6月至1996年5月任海南军区政治部群联处正营职干事;1996年5月至1999年3月任海南军区政治部干部处副处长兼老干办主任;1999年3月至2000年8月任定安县人武部政委;2000年8月至2003年3月任定安县委常委、人武部政委(其间:2000年8月至2002年12月在中央党校函授学院法律专业学习）；2003年3月至2003年12月转业待安排；2003年12月至2007年1月任保亭县委常委、宣传部长；2007年1月至2010年7月任保亭县委委员、常委、纪委书记。

**张隆挺** 男，汉族，1966年12月出生，籍贯广东汕头，出生地海南东方，大学理学学士，华南师范大学生物学系生物专业，1987年12月加入中国共产党，1989年7月参加工作。

1985年9月至1989年7月在华南师范大学生物学系生物专业学习；1989年7月至1993年7月在通什师范专科学校教师（其间：1992年9月至1993年6月在四川大学生物学助教进修班学习硕士研究生课程）；1993年7月至1997年1月在琼州大学生物系讲师；1997年1月至2000年6月任海南省纪委监察厅执法监察室科员；2000年6月至2003年9月任海南省纪委监察厅执法监察室副主任科员；2003年9月至2008年6月任海南省纪委监察厅执法监察室主任科员；2008年6月至2010年7月任海南省纪委监察厅党风廉政建设室副处级纪检员、监察员；2010年7月至今任保亭县委委员、常委、纪委书记。

**王秀美** 女，1965年12月出生，黎族，海南保亭人，大专学历，海南省委党校党政专业毕业，1986年12月加入中国共产党，1984年3月参加工作。

1984年3月至1987年6月任保亭县七仙岭农场妇女干事、团委副书记；1987年6月至1987年9月任保亭县七仙岭农场副场长；1987年9月至1989年7月在海南省委党校大专班学习；1989年7月至1989年11月任保亭县七仙岭农场副场长；1989年11月至1991年9月任共青团保亭县委副书记；1991年9月至1996年4月任保亭县人劳局副局长；1996年4月至1998年6月任保亭县纪委副书记、县监察局副局长；1998年6月至2007年1月任保亭县纪委副书记、县监察局局长（其间：1999年6月至2001年3月在首都经济贸易大学经济专业研究生课程班学习）；2007年1月至2007年5月任保亭县委委员、常委；2007年5月至今任保亭县委委员、常委宣传部部长；省第三届人大代表。

**刘文明** 男，湖南祁东人；1966年10月出生，1984年10月入伍，1988年5月入党，本科学历，1987年7月至1991年6月在桂林陆军学院学习；上校军衔。历任广州军区守备第11团战士、连队文书兼军械员，司令部保密员，炮兵连排长，政治处俱乐部主任兼电影组组长、宣传干事，机枪连政治指导员，政治处宣传股股长，海南省军区政治部组织处干事，广州军区海防第11团政治处主任，定安县人民武装部政治委员，2008年2月调任保亭黎族苗族自治县人民武装部政治委员，县委委员、常委。

**张文军** 男，1967年5月出生，汉族，江西波阳人，大学理学学士学历，浙江大学地质专业毕业，1987年3月加入中国共产党，1988年7月参加工作。

1984年9月至1988年7月在浙江大学地质专业学习；1988年7月至1989年12月任海南地矿总公司职员；1989年12月至1990年7月任海南地质大队团委筹备组负责人；1990年7月至1999年11月任海南地质大队团委书记（正科级）；1999年11月至1992年9月任海南省地质矿产勘查开发局团委副书记（正科级）；1992年9月至1993年1月任海南省地质矿产勘查开发局青工处负责人、局团委副书记（正科级）；1993年2月至2002年3月任海南省地质矿产勘查开发局青工处副处长、局团委副书记（其间：1993年8月至1995年12月在中央党校经济管理专业研究生班学习）；2002年3月至2006年4月任海南省地质矿产勘查开发局团委书记（副处级）；2006年4月至2009年5月海南省地质矿产勘查开发局办公室主任；2009年5月至2010年6月任保亭县委、常委、县人民政府副县长。

## 县人大主任、副主任

**黄本二** 男，1956年6月出生，黎族，海南保亭人，1976年7月参加工作，1976年7月加入中国共产党，大学学历，2007年2月在保亭黎族苗族自治县第十三届人民代表大会第一次会议上当选为新一届县人大常委会主任。

1976年7月至1980年7月任保亭县什玲公社排寮大队党支部副书记、代理书记；1980年7月至1983年9月任保亭县什玲公社宣传干事、团委书记；1983年9月至1985年7月为中南民族学院农经系学生；1985年7月至1986年12月任保亭县新政区公所副区长、区长；1986年12月至1989年12月任保亭县新政镇镇长、镇委书记；1989年12月至1990年2月任保亭县委政法委书记；1990年2月至1993年3月任保亭县委常委、政法委书记、综治委副主任、公安局党委书记；1993年3月至1994年10月任保亭县委常委、政府副县长、政法委书记、综治委副主任；1994年10月至1998年3月任东方县(市)委常委、县(市)政府副县(市)长(其间:1993年9月至1995年12月在中央党校函授学院党政管理专业学习)；1998年3月至1998年11月任东方市委常委、市长助理(其间:1998年5月至1998年11月在中国石化总公司挂职锻炼任生产管理部石化处副处长)；1998年11月至2000年6月任东方市委常委、政法委书记、市长助理；2000年6月至2001年8月任通什市委常委、政法委书记、市长助理；2001年8月至2003年3月任五指山市委常委、政法委书记；2003年3月至2006年12月任五指山市人大主任；2006年12月至今任保亭县人大主任。

**陈木荣** 男，1952年12月出生，汉族，广东潮阳人，1970年7月参加工作，1976年10月加入中国共产党，大专学历，2003年3月在保亭黎族苗族自治县第十二届人民代表大会第一次会议上当选为县人大常委会副主任。

1970年7月至1976年10月在国营晨星农场工作、当排长；1976年10月至1980年1月在华南热作两院读大专；1980年1月至1991年9月在文昌椰子试验站工作(其间:1980年1月至1984年9月任研究实习员，1984年9月至1987年5月任党总支部副书记(副科级)，1987年5月至1988年8月任党总支部书记(正科级)，1988年8月至1990年5月任生产办公室主任(正科级)、助理研究员，1990年5月至1991年9月任党总支副书记(副处级)、助理研究员)；1991年9月至1996年6月任保亭县政府副县长(科技副县长)；1996年6月至2003年3月任保亭县政府副县长主管农业；2003年3月至今任保亭县人大常委会副主任。

**董新富** 男，1964年7月出生，黎族，海南陵水人，1986年参加工作，2001年1月加入民盟主委，大专学历，2003年3月在保亭黎族苗族自治县第十二届人民代表大会第一次会议上当选为县人大常委会副主任。

1984年9月至1986年8月在自治州商校读书毕业；1986年8月至1988年10月在保亭县统计局任办事员；1988年10月至1992年4月在保亭县监察局任股长；1992年4月至1998年4月任保亭县响水镇政府副镇长；1998年4月至2003年4月任保亭县政协民侨工委主任(正科级)；2003年4月至今任保亭县人大常委会副主任。

**张业伟** 男，1955年8月出生，汉族，海南文昌人，1976年2月参加工作，1975年2月加入中国共产党，大专学历，2007年2月在保亭黎族苗族自治县第十三届人民代表大会第一次会议上当选为县人大常委会副主任。

1976年2月至1978年9月任守备12师炮兵团四营指挥连班长；1978年9月至1981年6月任守备12师炮兵团四营指挥连排长；1981年6月至1984年7月任守备12师炮兵团四营指挥连副连长、连长；1984年7月至1985年12月任三亚警备区红坎海防营副营长；1985年12月至1988年6月任三亚警备区榆林海防营营长；1989年3月至1993年3月任三亚警备区红坎海防营营长(其间:1988年10月至1990年12月在北京经济大学经济管理专业函授学习)；1993年3月至1996年3月任三亚警备区司令部动员科科长(副团级)；1996年3月至1998年3月任乐东县政府党组成员，人武部部长、党委书记(正团级)；1998年3月至1999年9月任乐东县人武部部长；1999年9月至2002年1月任保亭县人民政府副县长;2002年1月至2003年3月任保亭县委常委、政法委书记;2003年3月至2004年6月任保亭县政法委书记;2004年6月至2007年2月任保亭县政府党组副书记(其间:2003年9月至2005年9月在海南广播电视大学法律专业大专班学习);2007年2月至今任保亭县人大常委会副主任。

**盆星光** 男,1957年10月出生,苗族,海南保亭人,1976年3月参加工作,1978年8月加入中国共产党,本科学历,2007年2月在保亭黎族苗族自治县第十三届人民代表大会第一次会议上当选为县人大常委会副主任。

1976年3月至1980年1月服现役;1981年2月至1983年6月在保亭县新政公社企业办公室工作;1983年6月至1986年3月任保亭县毛岸公社经管干事、统计员、会计、武装干事;1986年3月至1990年9月任保亭县毛岸镇副镇长;1990年9月至1992年2月任保亭县毛岸镇党委副书记、镇长;1992年2月至2000年8月任保亭县什玲镇党委副书记、副镇长(其间:1993年9月至1995年7月在琼州大学政治系学习);2000年10月至2003年2月任保亭县三道镇党委副书记、镇长;2003年2月至2003年6月任保亭县三道镇党委书记;2003年6月至2007年2月任保亭县七仙岭农场党委书记;2007年2月任保亭县人大常委会副主任至今。

(人大办 供稿)

## 县政府县长、副县长

**彭家典** (同前面)

**李开文** (同前面)

**符国新** 男,黎族,1957年10月出生,海南白沙人,中共党员,自学大专学历。

1974年8月至1976年2月白沙县白沙公社白沙大队团支部书记;1976年2月至1979年7月为陆军121师362团战士、班长;1979年7月至1981年7月为桂林陆军学校学员;1981年7月至1984年7月任陆军132师步兵第395团排长;1984年7月至1986年6月在陆军132师步兵第395团司令部军务股参谋;1986年6月至1992年8月任白沙县人武部军事科副科长、科长(其间:1985年4月至1987年6月任中山大学哲学专业函授学习并参加自学考试毕业);1992年8月至1996年4月任白沙县人武部部长;1996年4月至2000年9月任白沙县委常委、县人武部部长,2000年9月至今任保亭县人民政府副县长。

**黄秀香** 女,黎族,1960年9月出生,海南保亭人,全日制大学学历。

1978年3月至1981年11月为广东民族学院政治系学生;1981年12月至1985年8月任保亭县民族中学教师;1985年8月至1992年10月任保亭县教育局教研员;1992年10月至1993年7月任保亭县政协办副主任;1993年7月至1997年8月任保亭县人大办副主任;1997年8月至1998年3月任保亭县人大教工委主任;1998年3月至1998年6月任保亭县政协副主席(副处级);1998年6月至2001年3月任保亭县政协副主席、县科协主席;2001年3月至今任保亭县人民政府副县长。

**何君裕** 男,汉族,1963年10月出生,海南琼海人,中共党员,全日制中专,省委党校研究生学历。

1979年9月至1981年7月在琼海师范学校学习;1981年7月至1990年8月任琼海县大路中心小学教师,琼海县城小学教师;1990年8月至1992年8月任琼海县教育局科员(其间:1988年9月至1991年7月在海南教育学院大专函授班中文专业学习);1992年8月至1993年7月任琼海市委组织部干事;1993年7月至1993年12月任琼海市委组织部组织员(副科级);1993年12月至1995年2月任琼海市委组织部调研组组长、组织员(副科级);1995年2月至1998年3月任琼海市委组织部副部长;1998年3月至2006年12月任琼海市人民政府秘书长、党组成员,政府办党组书记、政府办机关党总支书记(其间:1997

年8月至1999年12月于中央党校函授学院本科班政治法律专业学习,2000年9月至2003年5月海南省委党校于在职研究生班经济管理专业学习);2006年12月至今保亭县政府副县长。

**盘仁进** 男,苗族,1968年9月出生,海南保亭人,中共党员,全日制研究生学历。

1987年9月至1991年7月在中央民族学院经济系经济管理专业学习;1991年7月至1993年1月任通什市政府办秘书、调研组副组长;1993年1月至1993年9月任通什市番阳镇政府副镇长;1993年9月至1996年10月在中央民族大学政治经济专业研究生班学习;1996年10月至1998年9月任通什市委组织部组织组组长(副科级);1998年9月至2001年5月任通什市委组织部副部长;2001年5月至2001年8月任通什市经济贸易交通局局长;2001年8月至2003年6月任五指山市经济贸易交通局局长;2003年6月至2006年2月任五指山市水满乡党委书记、人大主席;2006年2月至2006年8月任五指山市委副秘书长(正科级,其间:2006年3月至2006年6月挂职任省交通厅安全路政处处长助理);2006年8月至2006年12月任五指山市纪律检查委员会副书记、监察局局长;2006年12月至今保亭县政府副县长。

**王文平** 男,黎族,1969年7月出生,海南保亭人,中共党员,全日制大学学历。

1989年9月至1993年7月于中南民族学院工业企业管理专业学习;1993年7月至1995年11月任保亭县经委干事;1995年11月至1997年8月任保亭县工业交通局干事(其间:1995年11月至1997年8月在保亭县保城镇什好村委会挂职);1997年8月至2001年8月任保亭县团委书记;2001年8月至2002年2月任保亭县三道镇党委书记;2002年2月至2003年7月任保亭县响水镇党委书记、人大主席团主席;2003年7月至2006年10月任保亭县响水镇党委书记(其间:2006年3月至2006年6月参加省委组织部组织的年轻干部“双向”挂职锻炼,挂任省旅游局规划发展处处长助理);2006年10月至2007年1月任保亭县响水镇党委书记、人大主席;2007年1月至今任保亭县人民政府副县长。

**罗春挺** 男,汉族,1962年11月出生,广东兴宁人,函大本科学历。

1979年11月至1981年4长庆油田采油二大队工人;1981年4月至1993年8月为中国海洋石油南海西部公司特普公司工人;1993年8月至2004年8月为中国海洋石油南海西部公司特普公司场地室员工;2004年8月至2009年4月任中国海洋石油南海西部公司安全环保部安全评估主管(其间:2003年9月至2005年12月在北京师范大学网络教育学院工商管理专业本科班学习);2009年4月至今挂职任保亭县人民政府副县长。

**王理进** 男,汉族,1969年7月出生,海南临高人,中共党员,全日制大学学历。

1988年9月至1992年7月于中山大生命科学学院植物专业学习;1992年7月至1992年1月待业;1992年12月至1997年5月任海南中国国际儿童智力开发中心职员;1997年5月至1998年5月任海南省海口市委办公室秘书科科员(试用期一年);1998年5月至2001年11月任海南省海口市委办公室综合科科员;2001年11月至2002年5月任海南省海口市委办公室综合科副主任科员;2002年5月至2003年2月任海南省海口市委办公室综合科副科长;2003年2月至2006年3月任海南省海口市委办公室综合科第三秘书科秘书长;2006年3月至2007年6月任海南省海口市委办公厅助理调研员(其间:2005年1月至2007年6月借调海南省人民政府办公厅任省领导秘书);2007年6月至2008年3月任海南省人民政府办公厅六处秘书(副处级);2008年3月至2008年8月任海南省人民政府办公厅七处秘书(副处级);2008年8月至今任海南省人民政府办公厅七处秘书(正处级),2009年5月至今在保亭县挂职锻炼任副县长。

**张文军** (同前面)

**赵咏望** 男,汉族,1965年10月出生,湖北麻城人,农学硕士,华南热带作物学院作物遗传育种专业,2001年6月加入中国共产党,1991年7月参加工作。

1984年9月至1988年7月在华中师范大学生物系生物专业学习;1988年7月至1991年7月在华南热带作物学院作物遗传育种专业硕士研究生班学习;1991年7月至1995年12月任海南省林业科学研究所主任(1994年9月晋升工程师任职资格);1995年12月至1997年5月任海南省农业厅办公室主任科员;1997年5月至2000年8月任海南省农业厅政策法规处主任科员;2000年8月至2002年3月任海南省农业厅团委副书记(副处级);2002年3月至2004年1月任海南省农业厅办公室副主任;2004年1月至2008年11月任海南省农业厅办公室副主任(正处级);2008年11月至2010年6月任海南省农业厅办公室主任;2010年6月至今任保亭县委员常委(锻炼,时间一年)。

**王和民** 男,汉族,1965年11月出生,海南澄迈人,中共党员,全日制中专,函大本科学历。

1982年9月至1986年7月在海南琼台师范学校学习;1986年7月至1990年9月任海南(1988年4后为海南省)琼台师范学校团委副书记(其间:1986年9月至1989年8月在海南教育学院函授中文专业专科学习);1990年9月至1999年8月任海南琼台师范学校团委书记(其间:1996年9月至1999年6月在吉林教育学院函授中文专业本科学习);1999年8月至2003年3月任海南琼海师范学校党总支副书记;2003年3月至2005年3月任海南软件职业技术学院建校领导小组成员;2005年3月至2008年3月任海南软件职业技术学院党委副书记(副处级);2008年3月至今为海南软件职业技术学院副处级干部(其间:2009年5月至2010年6月在保亭县挂职锻炼任副县长)。

**吴卫红** 女,汉族,1966年10月出生,江苏泰兴人,经济学学士,南京大学经济系政治经济学专业,1993年9月加入中国共产党,1988年7月参加工作。

1984年9月至1988年7月在南京大学经济系政治经济学专业学习;1988年9月至1994年8月任海南省法制局二处科员;1994年8月至1995年9月任海南省法制局二处副主任科员;1995年9月至1997年6月任海南省法制局、体制改革办公室二处主任科员;1997年6月至2000年8月任海南省交通厅法规体制改革处主任科员;2000年8月至2005年8月任海南省交通厅政策法规处副处长;2005年8月至2008年7月任海南省交通厅政策法规处处长;2008年7月至2009年9月任海南省交通厅公路处处长;2009年11月至2010年7月任海南省交通厅行政审批办公室主任;2010年7月至今挂职任保亭县人民政府副县长。

(政府办 供稿)

## 县政协主席、副主席

**郑金莲** 女,黎族,1960年11月出生,海南省保亭县六弓乡人,中央党校函授本科学历,1980年8月参加工作,1988年7月加入中国共产党。现任保亭县第八届政协主席、党组书记。

1978年9月至1980年7月在六弓公社石艾大队务农,任大队民兵营副营长,公社团委副书记;1980年8月至1981年8月任保亭县保城镇妇联干事;1980年11当选保城公社第五届人大代表;1981年8月至1983年7月任通什市红山公社妇联会副主任;1983年7月至1989年8月任保亭县保城镇政府办公室主任兼妇联会副主任;1989年8月至1989年12月任保亭县妇联会秘书(其间:1988年3月至1991年3月在广东省委党校函授学院第三期干部大专班学习);1990年1月至1990年12月任保亭县三道镇政府副镇长(其间:当选县第七届人大代表);1991年1月至1992年11月任保亭县保城镇政府副镇长;1992年12月至1995年12月任保亭县乡镇企业局、热作局副局长;1996年1月至1998年3月任保亭县热作中心主任,保城镇第十届人大代表;1998年3月至2001年10月任保亭县九届党代会代表、县委常委(其间:1998年9月至2001年2月在中央党校经济管理本科班学习;1998年10月至2000年10月在东北师范大学世界经济研究生课程班函授学习);2001年10月至2007年1月任保亭县委常委、统战部部长;2007年1月至今任保亭县政协第八届委员会主席、党组书记。1995年获"'8·4'抗洪救灾先进个人"称号,1996月至1997连续两年获县"优秀共产党员"称号。

**周文才** 男,汉族,1957年4月出生,海南陵水人,中央党校函授本科学历,1976年2月参加工作,1977年11月加入中国共产党。现任保亭县政协副主席、党组成员。

1976年2月至1979年7月任广州军区42军125师375团二营战士、班长、五连排长;1979年7月至1981年3月为沈阳军区大连陆军学院二大队学员;1981年3月至1986年11月任沈阳军区大连警备区獐子守备团二营副指导员、指导员;1986年12月至1990年1月任保亭县委组织部干事、干部组组长;1990年1月至1990年11月任保亭县委组织部副科级调研员;1990年11月至1993年6月任保亭县委组织部副部长;1993年6月至1994年9月任保亭县委组织部副部长兼县直机关党委书记(其间:1993年8月至1995年12月在中央党校函授学院党政管理专业本科班学习);1994年7月任海南预备役二团少校副参谋长;1994年9月至1996年9月任保亭县委组织部副部长(正科级);1996年9月至1998年3月任保亭县委统战部部长;1998年3月至2001年10月任保亭县政协副主席、县委统战部部长;2001年10月至今任任保亭县政协副主席、党组成员。曾参加中越自卫反击战并荣立三等功一次;多次被评为县"优秀党员";是县第八次、第九次党代会代表;第八届县委候补委员、纪委委员;第五、第六届政协常委;省第三届政协委员。

**王青云** 女,黎族,1963年9月出生,海南五指山人,中央党校函授本科学历,1983年7月参加工作,1990年9月加入中国共产党。现任保亭政协第八届委员会副主席兼县委统战部长。

1980年9月至1983年7月为琼台师范学院学生;1983年8月至1992年10月任保亭县幼儿园教师、副园长(其间:1990年4月至1992年10月在海南师范学院成人自考教育学院专科班学习);1992年11月至1996年9月任共青团保亭县委副书记、书记(其间:1995年8月至1997年12月在中央党校函授学院经济管理本科班学习);1996年10月至1998年8月任保亭县南林乡党委书记兼人大主席团主席;1998年9月至2000年6月任保亭县妇联主席;2000年7月至2006年5月任保亭县委组织部副部长兼县直机关企事业工委书记(其间:1998年10月至2000年10月在东北师范大学研究生课程进修班学习);2006年6月至2006年12月任保亭县粮食局局长;2007年1月至今任保亭县政协副主席、党组成员。是海南省第二届团代会代表,政协保亭县第五届委员,海南省第二届青联委员,县第九届党代会代表,县第十一届人大代表,海南省第三次妇代会代表,海南省妇联第三届协委。

**陈文治** 男,汉族,1962年3月出生,江西吉安人,文化程度大专,内科副主任医师,1989年加入中国农工民主党,现任政协副主席(兼)、县疾病预防控制中心副主任、农工党支部主委。

1980年8月至1983年8月在江西医学院吉安分院医疗系就读;1983年8月至1988年11月任江西省井冈市人民医院医师;1988年11月至2007年4月在保亭县医院工作(其间:1988年11月至1990年10月任内科医师,1990年10月至1991年10月在湖南医科大学进修心血管内科,1991年8月获内科主治医师资格证书,1992年1月至今被县卫生局聘任为内科主治医师,1992年6月至1996年6月任保亭县医院内科副主任、主任,1993年当选为保亭县农工民主党支部宣传委员,1996年6月至2000年10月任县医院业务副院长,1997年4月当选为保亭县农工民主党主委,2000年10月至2007年5月任保亭县医院院长,2001年10月至2003年3月任保亭县卫生局副局长[兼],2006年4月获内科副主任医师资格证书,并被聘为内科副主任医师);2007年5月至2008年11月任保亭县进修学校校长;2008年11月至今任保亭县疾病预防控制中心副主任。为保亭县政协第六届常委，第七、八届副主席；中国农工民主党保亭支部第二届支部委员，第三、四、五届主委；中国农工民主党海南省委第四、五届委员；海南省医学会第三、四届理事会理事；2007年3月至今海南省卫生经济学会理事；2000年6月获保亭县委、县政府颁发的“全县民族先进工作者”称号；2000年8月获海南省卫生厅颁发的“创建爱婴医院先进个人”称号；2000年9月获保亭县委、县政府中海油南油公司颁发的“优秀科技工作者”；2000年10月获海南省政府、海南军区颁发的“一九九九年度征兵先进个人”称号；2003年10获农工党海南省委颁发的“抗击非典先进个人”称号；2009年2月获农工党海南省委颁发的“2005月至2007年度积极分子”称号。

**黄进辉** 男，汉族，1962年2月出生，广西天等人，大专学历，中教高级，1982年8月参加工作，2000年4月加入中国民主促进会。现为保亭县政协副主席、民进保亭支部主委、保亭县进修学校校长。

1979年9月至1982年9月在海南黎族自治州师范专科学校政史专业学习；1982年10月至2003年3月任保亭中学教师、民进保亭支部副主委（其间：2000年7月至2002年月在北京师范大学研究生课程班学习，2002年11月当选民进保亭总支副主委）；2003年4月至2004年8月任保亭县政协常委、民进保亭支部副主委，保亭中学教师；2004年9月至2006年12月任保亭县政协常委、民进保亭主委，保亭中学教师（其间：2004年11月补选为民进保亭总支委，2005年9月至12月参加海南省中学教师外派跟班培训学习）；2007年1月至2008年10月任保亭县政协副主席、民进保亭主委、保亭中学教师。2008年11月至今任保亭县政协副主席、民进保亭主委、县进修学校校长。

（政协办 供稿）

## 县人民法院院长

**符敬强** 男，黎族，1966年2月出生，海南白沙人，1990年6月入党，1985年参加工作，大学本科学历，四级高级法官，保亭黎族苗族自治县人民法院党组书记、院长（副处）。

1981年至1984年在海南黎族苗族自治州中学（现海二中）读书；1984年至1985年待业；1985年至1990年任白沙县人民法院书记员；1990年至1994年任白沙县人民法院助理审判员、刑事审判庭负责人（其间：1988年9月至1991年在全国法院干部业余法律大学函授学习）；1994年至1998年任白沙县人民法院审判委员会委员、刑事审判庭副庭长；1998年至2001年任白沙县人民法院审判委员会委员、刑事审判庭庭长；2001年至2003年任白沙县人民法院党组副书记、副院长、刑事庭庭长（副科级）；2003年至2006年任白沙县人民法院党组副书记、副院长（正科级，其间：2002年9月至2004年7月在中央广播电视大学法律专业学习）；2006年12月至今任保亭黎族苗族自治县人民法院党组书记、院长（副处）。

（县人民法院 供稿）

## 县人民检察院检察长

**李　彪** 男，1965年12月出生，海南琼海人，汉族，1993年8月加入中国共产党，1985年9月参加工作，函大本科学历，清华大学继续教育学院法学专业毕业。

1985年9月至1987年12月任海南黎族苗族自治州检察院刑检科书记员；1987年12月至1990年12月任海南省三亚市检察院刑检科书记员；1990年12月至1993年12月任海南省检察院刑检一处科员级书记员；1993年12月至1994年10月任海南省检察院刑检一处副科级助理检察员；1994年10月至1996年6月任海南省检察院办公室副科级助理检察员、党组秘书（其间：1992年9月至1995年7月在中南政法学院法律专业函授专科学习）；1996年6月至2000年12月任海南省检察院办公室正科级助理检察员、党组秘书（其间：1999年7月至2000年9月在海口振东区检察院挂职锻炼任检察长助理，1999年1晋升二级检察官资格）；2000年12月至2001年2

月任海南省检察院办公室副处级检察员、党组秘书;2001年2月至2002年6月任海南省检察院办公室副主任兼党组秘书(其间:2002年1月晋升一级检察官资格);2002年6月至2004年4月任海南省检察院办公室副主任;2004年4月至2006年10月任海南省检察院办公室副主任、正处级检察员(其间:2002年9月至2005年1月在清华大学法学专业网络继续教育专科起点本科学习);2006年10月至2009年3月任海南省检察院政治部综合处处长(其间:2007年1月晋升四级高级检察官资格);2009年3月至今任保亭县检察院党组书记、代理检察长。

(县检察院 供稿)

**赵　师**　男,1967年1月18日出生,在职硕士研究生学历,中共党员,海南省东方人,现任海南省保亭黎族苗族自治县县长助理,县公安局党委书记、局长。

1985年10月至1986年4月任海南省东方县板桥中学教师;1986年4月至1995年8月任海南省东方县公安局科员(其间:1986年8月至1987年1月在海南黎族苗族自治州公安干部学校学习,1990年9月至1992年7月在广东政府管理干部学院公安系公安管理专业学习);1995年8月至1997年6月任海南省海口市公安局预审科科员(其间:1994年9月至1996年12月在中央党校经济管理专业学习);1997年6月至1998年12月任海南省公安厅地方公安处副科长;1998年12月至2000年12月任海南省公安厅经侦处反诈骗科副科长;2000年12月至2001年11月任海南省公安厅法制处秘书科科长(其间:1999年9月至2001年7月在中国政法大学学习);2001年11月至2007年7月任海南省陵水县公安局党委书记、局长(其间:2002年获海南省综合治理委员会授予的“全省社会治安综合治理先进工作者”,2003年荣立个人三等功,同年被海南省综合治理委员会评为“全省严打整治斗争先进工作者”,2004年被海南省综合治理委员会评为“先进工作者”,2007年省厅给予嘉奖一次);2007年7月至今任海南省保亭县公安局党委委员、书记、局长(其间:2007年11月任县长助理,晋升为副处级,2009年省厅给予嘉奖一次)。

9

# 文献法规（选编）

301/336

# 文　献

## 在全县廉政工作会议上的讲话

(2010 年 5 月 4 日)

县人民政府县长　彭家典

这次全县廉政工作会议的主要任务是,贯彻落实国务院第三次廉政工作电视电话会议、省廉政工作电视电话会议和县纪委十一届四次会议精神,总结 2009 工作,安排部署今年政府系统反腐倡廉工作,为建设国际雨林温泉旅游强县提供有力保障。刚才,县监察局、县财政局、县住房城乡建设局和县城管局做了很好的发言,讲得都很有针对性,希望大家认真学习参阅。

2009 年,县政府各部门在全力保增长、保民生、促发展的同时,认真贯彻落实中央、省委和县委关于反腐倡廉的部署和要求,全面推进惩治和预防腐败体系建设,反腐倡廉工作取得了新成绩。一是保障中央、省委重大决策部署的贯彻落实。对中央新增投资项目、"三农"补贴等实施全程监管,加强对家电下乡等政策落实的监督检查,严肃查处非法批地等案件。二是扎实开展纠风专项治理。加大征地拆迁使用资金的监管力度,对冒领补偿款的干部进行立案并从严处理;清理党政机关单位及其工作人员在农村承包土地 2762.5 亩,追回拖欠租金 21.2 万元。三是认真解决损害群众利益的突出问题。查处教育、医疗等行业乱收费工作力度继续加大,治理公路乱收费取得新进展。四是大力压缩行政开支。去年全县各项行政支出共压缩 1470 万元。在全县范围内深入开展的"小金库"治理,取得了明显成效。五是坚持依纪依法查办案件。全年受到政纪处分的有 9 人,3 人被移送司法机关处理,收回违纪款项 23.5 万元,保持了对腐败的高压态势,遏制了腐败滋生蔓延的势头。

我们在总结成绩的同时,也要清醒地看到存在的问题:有些部门领导班子和领导干部执行党风廉政建设责任制不够得力,一些廉政规定和要求没有很好地执行到位。个别工作人员服务意识不强,办事拖拉,执法不公,行政不作为、乱作为,一些基层干部弄虚作假侵占被征地农户的征地补偿款等损害群众利益的问题时有发生,保城镇部分领导干部冒领征地补偿款案件就是很典型的在征地拆迁过程中发生的领导干部腐败问题,影响非常恶劣,教训非常深刻。这些情况表明,当前反腐倡廉形势依然严峻,这些问题解决得不好,政府的公信力、执行力和保亭的发展环境都会受到很大的损害。对此,我们必须引起高度重视,采取措施加以解决。

今年是贯彻落实"十一五"规划的最后一年,更是建设国际旅游岛的开局之年,我县经济发展面临着大好的形势。这一点从第一季度的几项经济指标就可以看出来。一季度,全县 GDP 完成 3.4 亿元,同比增长 18.2%。固定资产投资完成了 3.1 亿元(去年同期为 6768 万元),同比增长 403%,为我县近二十年来的最好时期。全县社会消费品零售总额完成 8575 万元,增长 23.6%。全县共接待游客 68.9 万人次(去年同期为 33.8 万人次),同比增长 104.1%,旅游综合收入 8779 万元(去年同期为 4716.5 万元),同比增长

86.1%。全县财政总收入1.05亿元(去年同期为2702万元),其中地方一般预算收入完成4789万元(去年同期为2116万元),同比增收2673万元,增长126.3%。所以说,我们的形势一片大好,但同时对我们的党风廉政建设也提出了新的要求。因此,县政府各部门,特别是领导干部,一定要充分认识到廉政建设的重要性,始终保持清醒的头脑,认真落实"一岗双责",把县委、县政府的廉政建设部署落实好,以反腐倡廉的新成效,加快推动保亭经济社会健康发展。今年,在廉政建设上,我们要重点抓好以下几个方面的工作:

**一、强化政府投资项目和公共资金监管,确保中央和省的重大决策部署的贯彻落实**

一是继续加强对中央和省扩大内需项目的监督和检查。要确保中央和省新增投资重点用于续建、投产和收尾项目。要强化对政府投资的重点项目、重大公共工程建设和资金的监管,严肃查处各种违纪违法行为,确保政府各项投资安全、透明、高效。二是加强对今年县政府部署的重点工作任务落实情况的监督检查。三是加强对保障性住房立项审批、招投标、资金管理、工程质量的监督检查,督促落实资金和土地供应,保证建设项目顺利实施。督促推进教育、就业、医疗、养老等方面的民生建设,把好事办好。四是强化对社保基金、住房公积金、扶贫和救灾资金以及政府其他专项资金的监管,严肃查处贪污、截留、挪用专项资金的违纪违规行为,确保资金安全。继续加强对"三农"资金监管,确保中央和省的强农惠农政策落实到位。

**二、加强重点领域反腐倡廉制度建设,进一步强化源头治腐工作**

要重点抓好以下工作:一是继续深化行政审批制度改革。要充分发挥政务中心的作用,进一步减少和规范行政审批,简化程序和环节,不断提高审批效率。二是继续推进财政体制改革。建立健全政府公共预算、政府性基金预算、国有资本经营预算和社会保险预算制度,形成覆盖政府所有收支的预算体系。加强预算审核,严格预算调整,防止超预算支出。三是继续开展"小金库"治理工作。重点加强对政府直属各部门和行政收费、罚款比较集中部门的监督检查。同时,要深化国库集中收付制度改革,严格执行"收支两条线"制度,健全财政资金监管制度,强化账目和现金管理,坚决切断"小金库"的资金来源。四是推进公共资源配置领域的制度建设。国有土地使用是公共资源配置最重要的一个领域,也是腐败易发多发领域。要完善土地使用权市场公开交易制度,经营性用地和工业用地必须依法采取公开"招拍挂"方式出让。要完善和严格执行工程建设招投标、国有资本收益管理制度,加强对国有产权交易的监督。

**三、加强政风行风和机关作风建设,坚决纠正损害群众利益的突出问题**

一是加强机关作风建设。这几年,我们的机关作风和行政效能有了很大改观,但是与建设服务型政府的要求、与国际旅游岛建设的新形势还有很大差距。如个别政府机关公务员以权谋私,吃拿卡要,或者是不给好处不办事,给了好处乱办事;还有的政府机关干部责任心不强,工作落实不力,遇事推委,等等。保亭能有今天的发展,是历届县委、县政府带领全体干部群众一步一个脚印干出来的,非常不容易。建设国家旅游岛更是为保亭今后的发展创造了重大机遇,但是能不能抓住机遇,实现跨越发展,关键要靠我们脚踏实地、真抓实干、艰苦奋斗,要靠我们对工作的高度负责。因此,必须加大对政府机关和领导干部的作风方面突出的问题的整顿力度,进一步强化政府机关干部的责任意识、服务意识和效率意识,大力倡导真抓实干、狠抓落实的工作作风。二是从严控制"三公"消费。今年要继续对公务接待、公车使用、因公出国出境经费实行量化指标控制,项目支出上原则按零增长控制。要严格控制楼堂馆所建设,禁止高档装修办公楼。三是继续纠正损害群众利益的不正之风。认真解决征地拆迁、食品药品安全、企业重组改制、劳动争议、涉法涉诉等领域损害群众利益的突出问题。严厉打击制售假药劣药行为,加强旅游环境综合整治等方面的监督检查。认真抓好民主评议行风和"政风行风热线"活动,促进部门行业作风进一步好转。

**四、强化廉政教育，促进领导干部廉洁从政**

今年1月份，中央颁布了重新修订的《中国共产党党员领导干部廉洁从政若干准则》，完善了党员领导干部廉洁从政的规范。近期中央和省委明确要求把住房、投资、配偶子女从业等情况列入党员领导干部报告个人有关事项的内容，这是反腐倡廉建设适应新形势新任务的要求，党员领导干部要严格执行好。相关部门要加强对制度执行情况的监督检查，严格管理措施，不能流于形式。

**五、加大办案工作力度，严肃查处违纪违法案件**

严肃查处违纪违法案件，是惩治腐败最直接最有力的手段，这一手任何时候都不能放松。一是进一步拓宽发现腐败案件线索的渠道。高度重视人民群众来信来访工作，完善举报人和证人保护制度，健全网络举报和受理机制，发挥群众在惩治和预防腐败中的积极作用。注重从审计等渠道发现线索，对各群众举报的线索要认真调查处理。二是突出重点查办重大案件。特别要严肃查办发生在建设项目审批、土地审批和出让、招标投标等重点领域谋取非法利益的案件，坚决遏制工程建设领域的腐败行为。

监察、审计部门要充分发挥职能作用，加强监督检查，严格执纪执法。要认真贯彻落实《关于实行党政领导干部问责的暂行规定》，对贯彻执行省委政策措施和县委的决策部署不力，行政不作为、乱作为的，以及严重损害群众利益的行为，实施严格的责任追究。对反腐倡廉建设方面的失职渎职甚至腐败行为，要依纪依法从严查处。

同志们，反腐倡廉责任重大，任务艰巨。我们要严格按照中央、省委和县委的决策部署，加强领导，狠抓落实，不断推进政府系统廉政建设和反腐败斗争取得新成效，为和谐保亭建设创造风清气正、高效廉洁的发展环境而不懈努力！

（县政府办 供稿）

# 关于保亭黎族苗族自治县2010年国民经济和社会发展计划执行情况与2011年国民经济和社会发展计划草案的报告

保亭县发展和改革局

各位代表：

受县人民政府的委托，现将保亭县2010年国民经济和社会发展计划执行情况与2011年国民经济和社会发展计划草案提请县十三届人大六次会议审议，并请县政协委员和列席人员提出意见。

**一、2010年国民经济和社会发展计划执行情况**

2010年是实施“十一五”规划最后一年。为进一步有效应对国际金融危机冲击，为“十二五”时期发展奠定良好基础，今年以来，县委、县政府视危机为机遇，认真贯彻省委、省政府的重要决策部署，紧紧围绕“保增长、保民生、保稳定”工作任务，按照“三抓二保一加强”工作的总体要求，坚持走特色差异化高端发展路子，推进各项工作落实到位，创优经济发展的外部环境，充分发挥政府投资引导带动作用，以重大项目建设为导向，加快产业结构升级，较好地实现了经济社会全面协调可持续发展，国民经济和社会发展预期目标执行情况良好。

(一)经济持续稳定增长

随着国家保增长政策效应不断显现，全县经济发展保持较快增长。2010年全县地区生产总值完成130238万元，比去年增长16.4%。其中：第一产业增加值48643万元，同比增长10%，第二产业增加值16033万元，同比增长18.2%，第三产业增加值65562万元，同比增长21.2%。

农业稳定发展。积极发展热带高效特色农业，抓好无公害瓜菜、水果、畜牧、橡胶、槟榔、椰子等特色产业发展，完成粮食播种面积9.35万亩，瓜菜种植面积4万亩，全县热带作物新种植面积8223亩，其中：橡胶3932亩，槟榔2012亩，香蕉450亩，其它热带作物1829亩。

工业经济持续增长。全县工业增加值预计完成4218万元，负增长12.9%(县水泥厂关闭)。

旅游业发展势头强劲。今年以来，我县紧紧围绕“温泉、生态、民俗”的优势，制定并严格执行2010年旅游工作部署，以打造“国际热带雨林温泉胜地”的温泉生态旅游品牌，大力推进旅游重点项目建设，加大旅游促销力度，提高旅游知名度，促进我县旅游产业协调、持续、快速、健康发展。2010年全县接待游客193万人次，同比增长39.8%；旅游收入亿2.3元，同比增长28.6%；其中过夜游客34万人次，同比增长38.8%；接待入境游客2.2万人次，同比增长14 %。

(二)扩大内需取得积极成效，投资消费增长迅猛

抓住国家扩大内需政策机遇，多渠道筹措资金，保障资金投入。充分利用积极的财政政策，上报争取落实新增中央资金3554.2万元，省财资金1253.2万元；充分利用适度宽松的货币政策，谋划一批基础设施、民生工程、生态环保、保障性住房等项目，大力向省开行、农发行、信用社、农行等各商业银行推荐融资，加强与金融机构合作，从资金上保证项目建设，全县固定资产投资再创新高。全县全社会固定资产投资预计累计完成13.5亿元，比去年增长60.71%。

新增中央投资项目扎实推进。争取到新增中央投资项目计划11项，总投资7573万元。截止目前，11个新增中央投资项目中已开工建设11

个，开工率100%，累计完成投资1380万元，占总投资额的17.3%。重点建设项目快速推进。全县33个重点项目已开工建设24个，开工率72.7%。市政项目中，县城污水处理厂项目建成并进入调试阶段，三道镇供水工程完成供水管网工程，县城防洪堤工程项目资金落实到位，目前已完成招标工作，开工工作在即。同时，县城南环路、保亭大道、东环路、西环路等建设工程全面启动。农业项目中，南昌水库，土眉水库、石建水库和毛真水库三宗除险加固项目已经建成并通过分部验收，建成农副产品冷藏加工中心(新政镇)、什玲鸡种鸡场、三道兰花基地、新政兰花基地、加茂蓝岛养猪示范基地，什进村大区小镇乡村旅游项目也在稳步推进。旅游房地产项目中，基本建成农垦和海航宁远体育休闲项目，按五星级标准改造完成荔苑酒店，七仙瑶池酒店、七仙岭温泉度假酒店、国际会议中心酒店、金凤凰国光豪生度假酒店、呀诺达五星级酒店等5家星级酒店也在加紧建设中。廉租住房和经济住房项目完成1172套。全年销售商品房1532套，同比增长43.85%；销售面积110872平方米；同比增长25.56%；销售额为48892.8万元，同比增长131.59%。社会发展项目中，县城文化中心建成完工、新星小学完成主体工程、县医院搬迁工程也在加紧建设中。

消费需求稳中趋旺，成为拉动全县经济增长的内在动力。“春节”、“国庆”、“嬉水节”等假日消费带动效应明显，消费市场不断规范，全面落实“家电下乡”各项优惠政策，不断扩大农村消费，拉动内需的措施更加灵活。全县全社会消费品零售总额完成37787万元，增长18.1%。

(三)新型城镇化步伐加快，城乡建设取得新成就

城乡基础设施得到加强。实施完成县城供水工程、县污水处理厂、县城垃圾填埋场，建成七仙阁楼；启动了县城供水管网改造及扩建工程项目建设。路灯改造等建设加快，投入1200万元，完成了保城河三期夜景灯光工程建设，投入60多万元，完成毛岸、六弓、什玲等乡镇的路灯建设。目前，县城城区道路装灯率达到96%；亮灯率达到98.5%，城市夜景和谐优美，进一步提高了城市品味。交通基础设施进一步完善。2010年，全县共计完成农村公路建设33条67公里，总投入2911万元。修复水毁农村公路15处，投入资金284万元。建设完成西环路，合口桥，加快推进南环路、保亭大道、东环路等市政道路实施进度；开展了西沿河北路(西环路至番文)、保城至海棠湾公路、迎宾桥至山村公路、毛感至仙龙洞公路、加茂至藤桥公路改造等骨干路网前期工作。

生态环境建设成效明显。深入开展“文明县城”、“园林县城”、“生态县城”建设工作。大力实施治污、治尘、治脏和植绿工程。其中，投入310多万元，建设星级旅游公厕3座；绿化方面，投入134多万元实施美丽木棉和火焰木绿化工程，共种植美丽木棉230株，火焰木1950株；投入500多万元，建设滨河西路道路绿化及景观工程；同时，在城区补种绿化苗木780株，并加大绿地的养护管理力度。目前，保亭县城绿化覆盖率达52%，绿地率达43.6%，人均公共绿地面积达18.12平方米，人居环境质量明显改善。继续实施造林工程，完成常规造林5440亩，义务植树30万株。完成退耕林荒山造林4000亩，完成退耕还林补植补造1440亩，培育林木种苗75万株，森林覆盖率进一步提高。

农村发展环境继续改善。2010年，惠农政策进一步加大，据统计，2010年全县共投入惠农政策资金4577.4万元，其中粮食种植补贴497万元，扶贫补贴348万元，医疗补贴832万元，教育补贴597万元，民房补贴735.7万元，农村低保补贴816万元，农机补贴250万元，农村新型养老保险补贴263.7万元，其他补贴238万元；完成农村安全饮水项目年度施工任务，解决三道地区49个自然村10900人和镇区周边(含三道场)近20000人的饮水问题；完成编制我县2010年度农村饮水安全建设项目规划，并上报省水务厅；除险加固病险水库4座，完成修建硬化水利渠道68公里；完成9800亩中低产田改造工作；新建大中型养殖场沼气工程1个，建设农村沼气服务网点22个，完成农村户用沼气池1000个；完成农村茅草房改造219户，实现全县范围内消灭茅草房的目标，完

成危房改造198户。

(四)经济效益明显提升，城乡居民收入逐步提高

地方财政收入高位增长。全县地方财政一般预算收入15600万元，增长92.69%。

城乡居民收入加快。得益于行政事业单位补贴津贴政策的落实，我县城镇居民可支配收入11986元，增长14.9%。促进农民增收工作取得了明显成效。2010年全县农村居民人均纯收入3372元，同比增收500元，增长17.4%，农村新增脱贫人口2380人。

(五)不断深化各项改革，开放水平进一步提高

积极推进行政管理体制改革。政府政务服务中心正式运转，相关配套服务实施已经到位，首批25个单位进驻政务中心办理行政审批事项服务，工作人员38人，涉及行政审批事项168项，受理办件办结率达99 %，实现了“集中办理、统一监管、优化服务”的工作机制。继续深化部门预算、国库集中支付、政府采购、国有资产管理改革和金财工程建设，创新财政管理体制机制，推动财政科学化精细化管理，不断提高财政管理水平。推进投资体制改革，认真贯彻落实《国务院关于投资体制改革的决定》精神，严格按照《海南省企业固定资产投资项目备案管理办法》的规定，做好项目审核、核准和备案，使项目审批手续简化，办证时间缩短，方便了企业投资。

涉农领域改革积极推进。深化林权制度改革，我县有9个乡镇，467个村小组，涉及林改农户20292户，林改面积288736.1亩，目前全县内业打证基本完成，截止12月8日，全县发证17016万本，面积27.2553万亩，林权发证率达96.45%；林地保障率95.45%；家庭承包率81%，林权纠纷调处率94.57%；档案管理合格率96%；群众满意100%。2010年11月3日，省林改办检查验收组到我县进行林改验收检查，对我县集体林权制度改革工作取得的成绩给予了高度评价和充分的肯定。按省政府要求积极推进农垦试点改革。

文化体制改革进一步加深。通过制定改革实施方案、分配制度改革实施办法、考核工作实施办法等方式，深化文化事业单位内部改革；多次进行全县范围内的文物普查工作，加大非文物遗产的保护工作；推进文化事业单位转企改制，对县图书馆、博物馆等公益性文化事业单位进行改制，对经营性文化产业电影公司进行转企；县民族歌舞团逐步推向社会，实行结构产业化；加快文化站、文化馆、图书馆、博物馆、体育场等基础建设，达到创建文化广电出版体育先进县的要求。

发展环境进一步优化。积极开展“建设学习型党组织”和“创先争优”活动，大力优化政务环境，进一步削减行政审批事项，加强对各类涉企收费行为的监督检查，严禁部门和单位乱收费、乱摊派、乱罚款，大力整治和查处阻挠、破坏项目施工的违法行为，为全民创业营造公开、公平、公正的市场环境。

(六)社会事业协调发展，民生继续得到改善

加大教育基础设施建设力度。本年度共投入校舍建设资金1176.61万元，其中国家拨款788.55万元，县政府拨款214.37万元，社会捐资173.74万元。建设完工思源实验学校初中部运动场设施、三道中学电教馆、什玲中学等8所学校的学生食堂、宿舍、公厕等；完成响水中心校等5所学校的校舍维修加固工程、毛感初级中学教师工作间和毛感中心校学生宿舍与食堂综合楼、思源学校初中部运动场、保亭中学运动场(一期)、中等职业技术学校教学楼等工程项目也顺利建成。加强文化体育事业建设，县城文化中心建成完工，积极开展民族体育运动，继续举办嬉水节民族体育竞技比赛。

公共卫生建设成效明显。加大了医疗基础设施建设。县医院搬迁扩容工程正在加紧施工。医疗卫生体制改革稳步进行。2010年中央和省对我县医改工作的投入共265.12万元(其中基本公共卫生服务项目216.97万元；妇幼保健项目48.15万元)，县财政投入共140万元(其中基本公共卫生服务项目45万元；“亮睛工程”免费手术项目15万元；农村改水改厕项目80万元)，共405.12万元。逐步完善了基本医疗卫生制度。

全县农村合作医疗实现乡(镇)及行政村100%覆盖,2010年,全县参合农民74958人,参合率98.32%,合作医疗应筹集基金1049.412万元。继续加强就业和社会保障工作。2010年,城镇新增就业岗位累计3000个,城镇登记失业率2.95%,控制在4%以内。下岗失业人员300人实现再就业,农村劳动力转移就业累计6000人。进一步完善覆盖城乡居民社会保障体系。

进一步完善覆盖城乡居民社会保障体系。全年预计发放低保金2147.2万元,其中城市低保金1284.2万元;农村低保金818万元;累计审批新增低保对象471户1648人;农村五保供养对象100%纳入供养范围。新增参保养老保险910人;失业保险207人;医疗保险444人;工伤保险228人。积极抓好保障性住房建设。完成新建廉租住房284套,经济适用房888套。为371户廉租住房保障家庭发放2010年上半年廉租住房租赁补贴资金42万元,2010年下半年的廉租住房租赁补贴发放工作正在调查审核中。安全生产、人口计生、社会治安综合治理、食品药品、信访稳定等社会事业均取得显著成效,社会精神文明建设得到加强。

可以说,过去的五年是我县实现科学发展最好最快的时期;是经济总量提升最快、发展质量最好的时期,是改革开放攻坚力度最大,体制机制创新最具活力的时期,是人民群众得到实惠最多,生活水平提高最快的时期。

我县经济社会发展取得的成绩,得益于中央扩内需政策和支持海南国家旅游岛建设政策的巨大效益显现,得益于省委、省政府正确有力的领导和县委、县政府准确的发展定位,得益于我县多年来不断提升基础设施水平,夯实产业基础的能量释放,得益于全县上下抢抓机遇、主动作为、创新实干,也与全县全体干部职工尽职尽责、埋头苦干、在产业优化调整、项目推进发展等多个方面做了大量深入细致的工作分不开。

但我们也要看到,虽然我县目前经济社会发展态势良好,但仍存在一些突出的问题和矛盾。一是经济总量偏小,发展的质量和效益不够高,旅游品牌不够响,新型工业经济比重小,农业产业化水平低。二是储备项目的整体前期工作质量不高,项目申报和争取被动。三是土地供给储备不足,极大影响大项目的引进。四是财政实力不够强,对经济社会发展的保障还不够有力。五是影响社会稳定的因素仍然存在,化解社会矛盾的任务比较艰巨。

**二、2011年全县国民经济和社会发展目标**

2011年是实施"十二五"规划的开局一年,做好今年经济社会发展工作,保持经济平稳较快发展,为"十二五"规划后续实施奠定坚实的基础具有十分重要的意义。

(一)总体要求

认真贯彻党的十七大、十七届五中全会、中央经济工作会议精神和我省相关政策方针,以邓小平理论和"三个代表"重要思想为指导,深入贯彻落实科学发展观,立足国际旅游岛建设、瞄准"热带温泉旅游强县"目标,围绕加快转变发展模式这条主线,着力促进发展方式转变和提高经济增长质量效益,着力推动战略性新兴产业培育和产业结构优化升级,着力扩大内需和稳定外需,着力推进自主创新和改革开放,着力提升民生福利水平和保持社会和谐稳定,努力实现经济社会平稳较快可持续发展,以优异成绩保亭的"十二五"规划取得一个漂亮的开局。

(二)宏观调控取向

做好2011年经济社会发展工作,必须牢牢把握国际经济复苏和国内经济积极向好的重大机遇,坚定不移地贯彻落实省委、省政府的相关政策,保持政策的连续性和稳定性,促进经济社会全面协调可持续发展,重点把握好"稳增长、促转型、惠民生、抓创新、推改革、优环境"的调控取向:

(三)预期目标

根据国家宏观调控政策的方向和我县发展的实际,2011年经济社会发展的主要预期目标如下:

——经济发展指标

稳增长:地区生产总值增长16亿元,增长23%。

扩投资:全社会固定资产投资20亿元以上,增长54%;

促消费:社会消费品零售总额增长20%;

调结构:旅游总收入2.9亿元;工业增加值增长15%。

——质量效益指标

地方财政一般预算收入:达到1.91亿元,增长22%;

城镇居民人均可支配收入:达到13796元,增长15%;

农民人均纯收入:增加700元,增长21%左右;

万元GDP能耗:下降2%。

——民生指标

城镇新增就业人数:750人;

城镇登记失业率:控制在4%以内;

人口自然增率:控制在10‰以内。

居民消费价格总水平:涨幅力争控制在全省中等水平。

**三、2011年全县经济社会发展的主要任务和措施**

为实现2011年国民经济和社会发展的各项预期目标,必须着重做好以下几个方面的工作:

*(一)加大投资力度,抓好重大项目实施*

继续抢抓中央扩大内需政策机遇,积极向上争资争项,努力扩大固定资产投资规模,力争在投资拉动经济增长上取得新突破。今年全社会固定资产投资计划安排20亿元,增长53.8%。

紧紧把握国家扩大内需机遇,全力以赴争取国家支持。一是加强向上级厅委汇报的工作衔接,积极争取国家在既定安排专项中加大对保亭的投入,尽可能向保亭倾斜,确保落实投资计划。二是进一步对接国家新增投资的工作安排,加强信息沟通,细化工作方案,主动提出符合国家政策和投向的项目,争取国家多渠道对保亭小城镇基础设施、农村基础设施等投资量大、产业链长和符合统筹城乡发展要求的项目予以支持。加快实施农村基础设施、教育卫生、文化体育等社会事业方面的新项目。三是加快重大项目前期工作进程。尽快完成项目的行政审批,办理好项目开工建设所必须的各种“软件”(项目建议书审批文号、可研审批文号、规划许可文号、用地审批文号、环评审批文号、节能审查文号以及其它需要项目开工建设的法律法规手续),为争取项目资金打好基础。四是加快推进“十二五”规划编制工作,并与我省“十二五”规划进行对接,力争六弓乡低碳发展试验区、八村水贤什东水库、国家飞碟训练基地、玉观园等我县重点项目被列入省“十二五”重点项目建设范围。

积极引导社会投向,加快非政府投资项目建设。继续抓好呀诺达雨林文化旅游开发、七仙岭温泉国家森林公园改造、宁远休闲公园、康乐温泉酒店改造等一批在建项目建设的同时,要积极帮助企业落实建设条件,加大推进保亭国际会议中心酒店、七仙神仙湾大酒店、金凤凰酒店、瑶池酒店及呀诺达雨林度假酒店、南繁育种基地等项目建设,做好抓好桃园小区、芙蓉小区及凤凰小区保障性住房、县城供水管网、三道供水管网续建、县医院搬迁(二期)工程、县垃圾运转站、什么东桥等重点民生项目建设。抓好旅游文化项目建设,整合农村旅游用地资源发展具体乡村特色的旅游项目,着力打造甘什岭民俗文化村,加快推进什进村“大区小镇”项目、农业科技示范休闲园等项目建设。以承接产业转移、壮大产业集群、延伸产业链条为重点,着力开发一批重大产业化项目,为招商引资打好基础。

加强部门协调、落实扩大内需工作联席会议制度、联动机制、分工责任制和工作小组制,主动帮助业主推进项目报批、组织协调、建设施工等工作,及时协调解决各环节相关问题,加快形成实物工作量。加大拆迁安置工作力度,做好土地储备,增加用地指标,强化建设用地保障。

改革和完善规划引领机制,抓紧落实鼓励引导社会投资的各项优惠政策,引导社会投资加大对经济社会发展薄弱环节的投入力度。完善要素使用管理机制,坚决制止高消耗、高污染和产能过剩行业投资,防止低水平重复建设和盲目扩张。全力做好新增中央投资组织实施工作,纪检监察、审计部门要强化督察,确保投资效益。继续深化投资体制改革,逐步建立投资项目后评价、重点项目公示和责任追究制度。

(二)促进消费需求,优化经济增长方式

在积极扩大投资促进生产性消费需求的基础上,努力促进生活性消费需求,把以投资为主拉动经济增长转变到以投资、消费拉动为主的内生性经济增长模式上来,力争在通过扩大社会消费带动经济增长上取得新进展。

加快发展房地产业,繁荣住宅消费市场。制定出台扶持房地产业持续健康发展的政策措施,激活房地产交易市场。简化住房公积金贷款手续,降低贷款门槛,支持中低收入家庭贷款买房。进一步完善住房供应保障体系,切实抓好经济适用住房、廉租住房和中低价位普通商品房的建设,满足中低收入家庭的住房需求。

大力发展现代服务业,繁荣商品消费市场。加快建立现代市场体系,形成便捷高效的流通网络,方便居民消费。规范市场秩序,严厉打击假冒伪劣、制假售假行为,优化市场消费环境。转变消费观念,大力发展消费信贷。积极发展旅游休闲养生、娱乐及餐饮业。全面推进文明生态村建设工程,大力推进促农民增收工程,加快形成我县社会主义新农村建设,为建成覆盖农村的市场服务网络打下坚实的基础。继续抓好“家电下乡”政策落实,进一步繁荣农村消费市场。

提升居民消费能力。全面落实好提高城乡居民特别是低收入群体收入的各项政策措施,进一步提高退休人员养老金水平;通过提高粮食最低收购价格,进一步落实各项惠农政策,加大惠农投入,继续抓好良种、农机具和农资补贴等各项补贴的发放工作,提高农民购买力;充分发展经济,创造就业岗位,千方百计增加城乡居民收入,提升消费能力。

(三)调整优化经济结构,促进发展方式转变

加快发展现代农业。着力引进和培育各类农业龙头企业,倡导以龙头企业带动型为主的生产经营模式。扶持发展一批农业龙头企业。扶持培育农村经纪人、农产品运销专户和流通服务组织,切实搞好农产品购销。健全农产品质量标准和动植物疫病防控体系,提升农业标准化水平。着力抓好农产品品牌建设,提升农产品附加值。扶持发展农业主导产业。在稳定粮食生产的同时,进一步做大做强无公害瓜菜、热带特色水果、什玲鸡、生猪、肉牛等农业主导产业,扶持发展南繁育种、花卉苗木、特种水产等特色产业,推进农业结构调整。积极培育现代农业园区,突出基地和园区促农增收的作用。全力推进保亭县休闲农业生态产业园项目、海南黎药种植养生基地、神农大丰南繁育种基地等重点农业项目建设。

继续推进新型工业发展。加大招商引资,积极上工业新项目,培育工业新增长点。充分利用我县优势资源、特色产业,策划、包装、推介一批项目,积极组织参加各类经贸招商活动,加大领导招商、部门招商、干部招商的力度,力争引进1～2个产值过亿元的大项目,为工业滚动发展注入新的活力。促进中小企业发展,加大扶持力度,支持中小企业投融资担保服务体系建设,重点解决中小企业发展中的资金、能源等瓶颈制约问题,引导中小企业走“专、精、特、新”的发展之路,支持企业自主创新和技术改造。

加快发展高端旅游业,推进旅游发展升级。适应旅游国际化的发展,加大《保亭旅游发展规划》的执行力,科学推进高端旅游业发展;争取省早日审批七仙岭景区编修总规和毛感生态景区总规;加大七仙岭、三道、八村、毛感旅游资源全方位开发力度,使其成为集温泉养生、绿色生态、民俗乡村、天然石林游的精品旅游景区。精心打造“保城黎苗文化城—七仙岭温泉休闲养生景区—三道民俗热带雨林旅游景区”、“保城黎苗文化城—七仙岭温泉休闲养生景区—毛感石林生态旅游景区”旅游线路,把保亭县打造成集黎苗文化、温泉生态、休闲养生为一体的旅游胜地。全年力争旅游综合收入比上年增长35%以上。

(四)加快城镇化建设步伐,打造民族特色旅游城镇

加速城镇化进程。坚持以产业聚集带动城镇发展,以工促农,不断促进农村人口和社会要素向城镇集中,初步形成农村人口自愿平等进入城市的体制和机制框架。通过发展,使城乡差距缩小,城镇化水平稳定提高。

打造绿色宜居民族文化特色旅游城镇。建

立由总体规划、各类专业规划和详细性规划组成完善的城镇规划体系,构筑人口布局集中、产业布局优化、基础设施完善、环境和谐友好的城镇体系,明确城镇发展方向和综合承载力。坚持城市和项目建设服从规划,确立规划权威性,提高规划执行力。积极探索城镇管理的长效机制,大力治理城区大气污染,狠抓市容市貌整治工作,实施市政道路、供水、公共绿地等基础设施建设项目。重点抓好七仙文化广场改造和特色一条街建设,抓好县城二环路街景设计和县城东区规划。加快城中村、景中村的搬迁改造工作,加强城镇路面、人行道、公厕及市政基础设施维护管理,积极建设城镇生态景观,拆旧造绿,引绿入城。加快推进最佳宜居民族文化特色旅游县城、全国特色生态示范县城建设。

继续加强生态环境建设与保护。积极实施农村生态建设保护,做好退耕还林、防护林及道路绿化植树以及生态林建设。推广使用新型节能技术与节能新材料。强化种养殖区域生态监测。抓好城乡大气环境治理。加强重点乡镇垃圾污水治理,全面启动县垃圾运转站工程建设,争取建设三道镇污水处理设施,推进农村垃圾集中处置。

(五)大力实施民生工程,促进城乡和谐发展

利用中央扩大内需,增加中西部基础设施建设投入力度的机遇,在继续实施好2010年民生工程基础上,安排好今年的民生工程。

教育工程。大幅度增加教育投入,今年预算投入2.06亿元用于教育支出,提高教育移民学生及职业教育学生补助,加大对教育基础设施及教学设备的投入。加快教学体制改革,加快全县乡镇初级中学的整合工作,基本普及高中阶段教育,实施中等职业技术学校免费,完成乡镇中心幼儿园标准化建设。重点抓好全县教师队伍建设,做好中小学校长选拔试点工作。

公共卫生工程。积极跟进县医院续建项目,加强乡镇卫生院环境和业务用房及职工工作间的建设,确保2011年新院投入使用,争取启动县中医院、县妇幼保健所、县城社区卫生服务中心等工程;深化医药卫生体制改革,完善新型农村合作医疗救助制度,健全疾病预防控制、卫生监督和医疗救助机制,进一步整顿药品流通秩序。加强计划生育工作,争取建设县计生服务综合楼。

公益性文体工程。预算支出2937万元用于发展文化事业,重点投入文化产业扶持、文化基础设施建设及设备投入等。加强文化基础设施建设,完成县文化中心建设,做好七仙文化广场改造工作,启动体育中心工程建设,选址新建县体育学校,抓好农民健身工程,建设20个农村篮球场,大力推进县广播电视综合楼工程建设。继续实施“十个一”的主题建设,推进建设蛙凤丹鼎和影剧院,引进建设甘什岭民俗文化村、玉观园、文化产业创意园、红色旅游景区和大型影视文化基地项目。

就业与再就业工程。认真落实就业再就业政策措施,加强劳动市场信息系统和基础设施建设,广泛开展各类就业培训活动,全年培训各类人员5千人次。做好劳动输出工作,全年输出劳务人员1500人。统筹解决城镇新增劳动力、高校毕业生、复转军人和下岗失业人员的就业再就业问题,城镇新增就业岗位要完成750个,农村劳动力转移就业要完成2600人,转移就业培训300人,下岗失业人员300人实现再就业,其中困难就业人员70人。

社会保障工程。完善社会保障体系,切实做好新农保,农村和城乡“低保”工作。积极开展慈善、捐赠、群众互助等救助活动,增加助学扶贫、大病救助、法律援助基金基数。开展农村养老保障工作,扩大城市养老统筹覆盖面。抓好省下放新5农场属地化试点工作,承接农场全面融入地方管理工作,作好机构、人员、资产的全面移交和接受工作,平稳移交,确保社会稳定。

住房保障工程。加快推进凤凰小区、桃源小区、芙蓉小区和杏林小区建设工程,建设完成300套廉租住房、500套经济适用住房、200套限价商品房、160套公共租赁住房,力争2011年基本解决全县财政供养人员及县城低收入家庭住房问题。

农村基础设施建设工程。预算2500万元建

设资金，改造保陵公路、海榆中线保亭路段，以及县城至七仙岭视廊范围内的村、镇；加快推进农村通畅工程，争取建设完成 3 条农村道路建设，总长 24 公里；加大力度实施农村安全饮水工程，解决农村 1.18 万人饮水安全问题；除险加固病险水库 4 座，实施小型农田节水灌溉渠道防渗工程，年度计划投入 1500 万元；继续实施田洋治理，改造中低产田 7500 亩；建设沼气池 300 座；完成农村危房改造 700 户；创建一批生态新村、旅游示范新村等特色新村。

促农民增收计划工程。加大培训提高农民职业技能和创收能力的力度。积极发展和扩大打工经济，增强农业基础设施和重大项目建设吸纳农民转移就业能力。加大农乐乐项目和乡村风情农加旅馆建设，支持创建特色乡村自然风光、民俗风情、人文景观、农业特色产业等观光休闲农业示范点，促进乡村旅游业发展。加大支农惠农补贴力度，制定并落实相应的扶持措施，加大财政投入，加快农业产业化进程，鼓励农民增收积极性，存进农民增收。

2010 年我县的经济社会发展既面临挑战，也面临发展机遇，我们要克服各种不得因素，在县委的正确领导下，认真贯彻落实科学发展观，坚定信心，迎难而上，扎实工作，为全面完成预定的经济和社会发展各项任务，实现保亭经济社会又好又快发展而努力奋斗！

以上报告，请予审议。

（县发改局、县政府办 供稿）

# 保亭黎族苗族自治县人民政府关于进一步加强应急救援工作的意见

保府[2010]46号

各乡、镇人民政府,县七仙岭农场,县政府直属各单位:

为全面提高我县应急救援能力,有效防范和应对灾害事故和突发事件,保护人民生命财产安全,根据《中华人民共和国消防法》、《中华人民共和国突发事件应对法》、《国务院关于进一步加强消防工作的意见》(国发[2006]15号)、《国务院办公厅关于加强基层应急队伍建设的意见》(国办发[2009]59号)和《海南省人民政府关于进一步加强应急救援工作的意见》,现就进一步加强我县应急救援工作提出如下意见:

## 一、应急救援总体目标

通过三年时间的努力,到2012年,建立完善我县综合应急救援队伍和应急指挥机制。以公安消防队伍为主体、公安各警种密切协同、其他应急救援专业队伍和多种形式消防队伍有效联动的综合性应急救援力量显著加强,综合性应急救援体系基本形成,应急救援财政预算经费得到落实,应急救援装备配置基本满足灾害事故处置需要,消防通信和信息化建设水平明显提高,应急救援战勤保障中队建设基本完成,应急救援综合训练基地建成使用。

## 二、应急救援指挥体系

### (一)组织指挥

1. 建立以县公安消防大队为依托的综合性应急救援组织指挥体系。县应急救援大队依托县公安消防大队组建,主要领导由县公安消防大队主官担任,接受省应急救援总队领导。

2. 综合性应急救援队伍除承担消防工作外,同时承担综合性应急救援任务,包括地震等自然灾害,危险化学品事故、建筑施工事故、道路交通事故等生产安全事故,爆炸及恐怖事件、群众遇险等社会安全事件的抢险救援任务,同时协助有关专业队伍做好水旱灾害、气象灾害、地质灾害、森林火灾、矿山事故、环境污染和突发公共卫生事件等突发事件的抢险救援工作。

3. 日常应急救援行动由县应急救援大队组织实施,重大灾害事故救援在县政府统一指挥下实施。当综合性应急救援队伍与县公安机关各警种、社会其他联动部门及单位协同实施应急救援时,由县政府统一组织指挥,综合性应急救援队伍按照职责分工开展相关救援行动;当综合性应急救援队伍与县公安机关其他警种联合实施应急救援时,由县公安机关实行统一指挥;当综合性应急救援队伍独立实施应急救援时,由省应急救援总队、县应急救援大队组织指挥;公共卫生事件等特殊灾害事故的应急救援,由相关行业系统组织指挥及协调实施应急救援工作,县公安消防部队在县政府的统一领导下参与协同实施应急救援。

### (二)联动响应

1. 海南省灾害事故实施两级响应:一级为跨市县救援,由省公安厅、省应急办和省应急救援总队响应,同时报省政府和公安部;二级为市县级区域内救援,由市县公安局、应急办和应急救援支(大)队响应,同时报省公安厅和省应急救援总队。

2. 在保持原有管理体制不变的前提下,县政府将各行业应急救援队伍和多种形式消防队伍纳入统一调度、指挥,确保第一时间响应联动,参与处置灾害事故,并将应急设备制造企业和应急物资储备单位纳入应急救援保障体系,形成政府、行业、社会“三位一体”的应急救援机制。

3. 重大灾害事故的应急救援,要在县政府统一指挥下实施,县应急办牵头做好现场协调工作。县公安机关各警种要加强协同配合。消防部队负责现场救援处置;交警部门负责实施交通管制;派出所民警负责警戒和维护治安;公安信通和装财部门负责现场救援行动的警务保障;公安网监和宣传部门要掌握舆情,及时发布信息,加强舆论引导。

4. 承担应急救援任务的相关部门要建立本级指挥中心或值班室,落实24小时值班制度,并与各级综合应急救援指挥中心实现互联互通,确保第一时间接警,第一时间启动预案,第一时间调集专业力量处置。

## 三、应急救援力量建设

### (一)加快推进综合性应急救援力量建设

2010年下半年,组建县应急救援大队。2010年底前,县应急救援大队完成与省应急救援总队及各市县支(大)队综合应急救援队伍网络建设。同时,根据国际旅游岛建设发展需要,同步规划县七仙岭农场和三道镇消防队站建设。

### (二)加强多种形式消防队伍建设

1. 加强合同制消防队建设。在仍未组建消防队的县七仙岭农场建立政府合同制消防队,消防队员不少于20人,消防执勤车辆不少于1辆。合同制消防队的值班备勤、训练生活和执勤战斗所需经费由县财政保障。

2. 加强企业专(兼)职消防队建设。按照《消防法》的规定,结合海南国际旅游岛建设发展的要求,在呀诺达、槟榔谷等重点旅游景区以及其他大型企业和农场要逐步建立或完善企业专(兼)职消防队。到2012年底,全县企业需完成专(兼)职消防队建设,队员达到200人。

3. 加强义务(志愿)消防队建设。重点在城南、城北社区,各农场以及乡镇、村委会、弱势群体居住地等地区建立义务(志愿)消防队伍,做到有固定队址、有队员、有执勤装备、有必要的经费保障,确保2012年底前全县义务(志愿)消防队员达到500人。同时依托保安、民兵、治安联防等组织,发展消防安保队伍,完善组织机构,配备必要装备,强化消防培训。依托共青团及各类志愿者组织,建立志愿者应急救援力量,协助应急救援工作。

### (三)加强行业应急救援队伍建设

医疗、交通、安监、林业、地震、地质、气象、水利、电力、燃气、通信、化工、建筑等部门要按照有关法律法规要求,进一步加强本系统、本行业应急救援队伍建设,配备专业装备,承担本系统、本行业的应急救援工作,协同县公安消防部队做好应急救援工作。要加强日常管理,制定应急救援预案,开展训练和联合实战演练。

### (四)加强应急救援训练与演练

1. 依据全县重大危险源分布情况,制定我县总体应急救援预案,完善协同作战和灾害事故类型预案,确保一旦发生大的灾害事故,能够在第一时间快速响应,第一时间到场增援。各乡镇要结合辖区内灾害事故特点,制定应急救援类型预案。

2. 各类应急救援队伍要加强日常训练和管理,针对辖区灾害事故类型和特点开展专业化训练,大力推进基地化、模拟化、实战化训练,不断提高战斗力。从2010年起,县政府每年至少组织1次大型应急救援综合演练,提高应急救援队伍指挥调度、应急响应、协同作战能力。

### (五)加强应急救援专家队伍建设

2010年底,县政府建立由医疗、化工、建筑、气象、环保、林业、地震、地质等行业专家、技术人员组成的应急救援专家库,成立应急救援专家组,建立完善专家联席会议、专家会诊、信息互通、业务咨询以及重大救援遂行出动等工作制度。应急救援专家组要参与应急救援的分析研判,提供决策建议,确保应急救援工作能够得到及时有力的智力支持。

## 四、应急救援保障

### (一)装备物资保障

1. 2012年前,我县综合应急救援队伍的应急救援车辆、个人防护装备、特种防护装备和器材均达到综合性应急救援队伍装备配备标准,同时结合每年的装备器材耗损等情况及时进行补充和更新,确保个人基本防护装备配备率和备份率均达100%,满足公安消防部队执勤战斗的需要。

2. 按照"分级承担、分类保障、警地联储"的原则,建立装备物资保障机制。2012年底前,全面完成应急救援、生活、装备、物资等方面的保障。整合社会资源,完善资源共用、紧急调用、机动运输等应急保障体系,同时加强市政、防汛、交通、地震、林业等相关部门应急救援物资储备,实行动态储备、应急筹措,构建多点型战略物资储备库保障网络,实现应急救援和综合保障一体化。

(二)通信保障

依托省灭火救援指挥中心和县公安消防指挥系统,建立县综合应急救援指挥中心。2011年完成县综合应急救援指挥中心建设,建成覆盖全县的应急救援指挥网络,实现与医疗、交通、安监、民政、环保、林业、地震、地质、气象、水利、电力、燃气、通信、化工、建筑等部门的有线无线互联互通。

(三)经费保障

县政府根据《中华人民共和国消防法》和省公安厅、省发展和改革委员会、省财政厅等部门联合印发的《关于印发〈关于海南省加强多种形式消防队伍建设的实施意见〉的通知》(琼公通[2008]291号)有关规定,落实综合应急救援队伍和多种形式消防队伍相关经费,重点解决综合应急救援队伍和合同制消防队伍必须的装备器材、训练演练等所需经费。财政部门要根据省财政厅、省公安厅《关于印发〈武警海南省消防部队消防业务经费管理实施办法〉的通知》(琼财行[2006]2192号),将消防业务经费纳入县财政预算予以保障,在保证达标的基础上,根据综合性应急救援队伍工作任务和建设需要,结合财力情况逐年加大支持力度。发改部门要将消防队站营房等基础设施建设纳入县财政基础建设投资计划予以安排。

(四)加快训练基地建设

2011年底前依托县消防中队训练场进行训练,2012年底前县应急救援综合训练基地建成使用。

**五、实行应急救援工作检查考评制度**

从2010年起,县政府将本意见中确定的工作目标和任务,纳入政府工作目标责任制考评内容,与各有关单位签订责任书。2011年底,县政府将对工作推进情况组织检查考评,2012年组织全面验收,对完成任务好、工作成绩突出的单位和个人给予表彰和奖励,对工作不落实、成效不明显的给予通报批评,并追究相关领导的责任。

二〇一〇年十一月三日

(县政府办 供稿)

# 保亭黎族苗族自治县
# 2010年度主要污染物总量减排计划

为确保完成我县2010年度主要污染物减排目标任务,现结合我县实际,制定本年度主要污染物总量减排计划(按GDP增长10%计算)。

## 一、2010年度减排计划总则

### (一)指导思想

认真贯彻党的十七大和省第五次党代会精神,全面贯彻落实科学发展观,坚持政府主导、企业为主体、全社会共同参与,进一步加大投入,完善政策,创新机制,落实责任,强化监管,突出重点,统筹兼顾,协调配合,综合推进,确保完成污染减排约束性指标,推动我县经济社会又好又快发展。

### (二)编制依据

1.《国务院关于印发节能减排综合性工作方案的通知》(国发[2007]15号);

2. 国家环保总局《主要污染物总量减排核算细则》(试行)(环发[2007]183号);

3. 国家环保总局《主要污染物总量减排计划编制指南》(试行)(环发[2007]90号);

4.《海南省人民政府关于印发海南省节能减排综合性工作方案的通知》(琼府[2007]48号);

5. 海南省人民政府与县政府签订的《"十一五"主要污染物排放总量削减目标责任书(2006—2010年)》;

6. 海南省人民政府办公厅《关于下达2010年度各市县主要污染物排放总量控制指标的通知》(琼府办函[2010]64号)。

### (三)编制原则

严格遵循《主要污染物总量减排计划编制指南(试行)》确定的全过程系统控制、同口径比较、强化动态变化、责任分解落实和可达性五项原则。

### (四)口径、范围和参数

基准年:本计划编制的基准年为2005年和2009年。全县2009年主要污染物排放总量是省国土环境资源厅下达的核定数据(详见表1)。

**表1 2010年COD、$SO_2$排放总量核算参数**

| 参 数 | 数值 | 来源 |
|---|---|---|
| 2005年工业COD排放量(吨) | 21 | 县国土环境资源局 |
| 2009年全县非电力$SO_2$排放量(吨) | 57.88 | |
| 2009年工业COD排放量(吨) | 6.27 | |
| 2005年GDP(万元) | 59271 | 县统计局 |
| 2008年GDP(万元) | 94604 | |
| 2009年GDP(万元) | 111800 | |
| 2008年非农业人口(人) | 78115 | |
| 2009年非农业人口(人) | 78998 | |
| 2008年全县煤炭消费总量(吨原煤) | 10256 | |
| 2009年全县电力耗原煤量(吨) | 0 | |
| 2009年全县煤炭消费总量(吨原煤) | 10368 | |

### (五)控制目标

2010年全县废水污染物化学需氧量排放量控制在2551.5吨,比2009年(2606.64吨)减少2.12%;废气污染物二氧化硫排放量控制在66.22吨,比2009年(57.88吨)增加14.41%。

## 二、2009年度现状分析

### (一)主要污染物排放总体情况

经省国土环境资源厅核定,2009年我县化学需氧量(COD)排放量为2606.64吨,比2008年(2574.26吨)增长1.26%;二氧化硫($SO_2$)排放量为57.88吨,比2008年(59.38吨)削减2.53%;两项指标都有小幅度的动态变化,即化学需氧量(COD)排放总量稍有增加,二氧化硫

$(SO_2)$排放总量有所下降。

(二)我县主要污染物排放构成情况

1. 化学需氧量(COD)排放构成情况

2009年全县废水污染物化学需氧量(COD)排放量(2606.64吨)中,工业排放量仅6.27吨,只占全县排放总量的0.24%。其中橡胶加工行业是我县工业排放废水污染物化学需氧量(COD)的主要行业,排放量约4.325吨,占全县工业COD排放量的68.98%;其他行业排放量约1.945吨,占全县工业COD排放量的31.02%;城镇生活废水污染物化学需氧量(COD)排放量是我县废水主要污染物化学需氧量(COD)排放量的最主要源头,为2600.37吨,占全县排放总量的99.76%。

2. 二氧化硫$(SO_2)$排放构成情况

2009年全县废气污染物二氧化硫$(SO_2)$排放总量为57.88吨,其中工业排放量约56吨,占全县$SO_2$排放总量的96.75%。水泥制造行业、粘土砖瓦及建筑砌块制造业和橡胶加工行业是我县工业企业$SO_2$排放的主要行业,其中水泥行业$SO_2$排放量约42.149吨,占工业排放总量的75.27%;粘土砖瓦及建筑砌块制造业$SO_2$排放量8.871吨,占工业排放总量的15.84%;橡胶加工行业排放量3.34吨,占工业排放总量的5.96%。

(三)减排战略和重点分析

我县废水污染物COD主要来源于城镇生活污水和工业企业;废气污染物$SO_2$则主要来源于工业生产。随着经济社会的持续快速发展,城市化进程加快,工业污染控制任务繁重,城镇生活废水污染治理设施建设严重滞后,城镇区域水环境污染问题日益突出。目前,我县还没有生活污水处理设施投入运行,城镇生活废水没经任何处理直接排放,对局部水环境产生了较大的影响。

因此,我县2010年废水污染物COD总量减排的重点是:一是加强环境污染监督执法力度,特别是抓好橡胶加工行业、生猪养殖业等重污染源排放行业的治理,保证其稳定达标排放;二是加快县城污水处理厂及其配套污水管网和县城生活垃圾填埋场的建设,争取今年年底投入使用,并发挥减排效益。尽快在重点乡镇和农场场部人口集中地建设人工湿地生活污水治理设施,切实解决我县生活废水污染物COD排放量居高不下的问题,减轻城镇区域水环境污染。废气污染物$SO_2$总量减排的重点在于县华盛天涯水泥厂废气污染物稳定达标排放和橡胶加工行业的废气综合治理,加大推广清洁能源的使用率,使我县$SO_2$总量排放得到明显削减。

**三、主要污染物新增量预测**

(一)社会发展情景预测

根据县统计局等部门提供的有关资料,对全县2010年社会经济发展与能源消费进行预测(详见表2)。

**表2　社会经济发展与能源消费核算预测**

| | 2008年 | 2009年 | 2010年 | 预测依据 |
|---|---|---|---|---|
| 非农业人口(人) | 78115 | 78998 | 79891 | 2009年城镇人口增长率为1.13%,预计2010年非农业人口以相同比例增长 |
| 国内生产总值(GDP)(万元) | 94604 | 111800 | 122980 | 按2010年GDP增长l0%计算 |
| 煤炭消费总量(吨原煤) | 10256 | 10368 | 11405 | 按2010年GDP增长l0%计算 |

(二)主要污染物新增量预测

1. COD新增量预测

(1)工业COD新增量。

A. 按GDP增量算。基准年2005年工业COD排放强度=2005年工业COD排放量/2005年GDP=21/59271=0.000354(吨/万元)。

按照"取大数"原则,低COD排放行业工业增加值对GDP增加值的贡献率和监测监察系数暂不列入计算,则:工业 COD 新增量=2005 年 COD 排放强度×2010 年 GDP 增量=0.000354×(122980-111800)=3.96 吨。

B. 按新增项目产量算。2010 年我县橡胶加工行业保亭新意天然橡胶开发有限公司将加大生产,产量将从 2009 年的 6000 吨提高到 7500 吨左右,按照产量与 COD 排放量比值算得该公司 2010 年 COD 排放量增加值为 3.54 吨。

(2)生活 COD 新增量=2010 年新增非农业人口数×生活 COD 产生系数×天数×10-6=(79891-78998)×90×365×10-6=29.34 吨。

(3)全县 2010 年 COD 新增量=工业+生活=(3.96+3.54)+29.34=36.84 吨。

2. $SO_2$ 新增量测算

(1)非电力 $SO_2$ 新增排放量预测。

A. 非电力 $SO_2$ 新增量=基准年本县单位耗煤非电力 $SO_2$ 排放强度×(2010 年煤炭增加量-2010 年电力行业煤炭增加量)=0.00558×[(11405-10368)-0]=5.79(吨)。

2009 年非电力 $SO_2$ 排放强度=2009 年非电力 $SO_2$ 排放量/(2009 年全社会耗原煤量-2009 年电力耗原煤量)=57.88÷(10368-0)=0.00558(吨/吨原煤)。

B. 按新增项目产量算。2010 年我县橡胶加工行业保亭新意天然橡胶开发有限公司将加大生产,产量将从 2009 年的 6000 吨提高到 7500 吨左右,按照产量与 $SO_2$ 排放量比值算得该公司 2010 年 $SO_2$ 排放量增加值为 2.55 吨。

(2)全县 2010 年 $SO_2$ 新增量=5.79+2.55=8.34 吨。

**四、主要污染物减排措施及新增削减量预测**

(一)工程治理减排预测

COD 新增削减量预测。2010 年我县 COD 工程治理减排主要是生活污水处理和垃圾无害化处理 COD 新增削减等。2010 年底,我县将建成县城污水处理厂、县城生活垃圾填埋场、国营三道农场场部和新政镇政府所在地人口集中地人工湿地生活污水处理设施等 4 个工程性减排项目并投入使用,发挥减排效益,预计竣工后能够新增削减 COD 量 91.98 吨(详见表 3)。

**表 3 保亭县 2010 年工程性减排项目新增削减情况表**

| 序号 | 工程性减排项目 | 2010 年投入使用时间(天) | 新增削减 COD 量(吨) | 备注 |
|---|---|---|---|---|
| 1 | 县城污水处理厂 | 60 | 72 | |
| 2 | 县城生活垃圾填埋场 | 120 | 47.77 | 可不做单独统计 |
| 3 | 国营三道农场场部生活污水人工湿地治理工程 | 60 | 10.84 | |
| 4 | 新政镇政府所在地生活污水人工湿地治理工程 | 60 | 9.14 | |
| 合计 | 4 个工程性减排项目 | | 91.98 | 县城生活垃圾填埋场不计在内 |

(二)监督管理减排

继续加强执法力度,对不稳定达标排放企业进行严格执法,增加检查的频次,以促使企业加强管理,提高达标率,要求全部国家和省重点监控企业安装在线自动监控系统,并与省环保部门联网。

加大对县橡胶加工行业、县屠宰厂、县人民医院、农垦新星医院、农垦南茂医院、华盛天涯水泥厂等重点污染源的监督和管理,保证其稳定达标排放。

(三)主要污染物削减总量预测

**表4　2010年COD和$SO_2$减排总量预测**

| 项目/污染物 | 产业结构减排(吨) | 工程治理减排(吨) | 减排总量合计(吨) |
|---|---|---|---|
| COD | 0 | 91.98 | 91.98 |
| $SO_2$ | 0 | 0 | 0 |

(四)主要污染物排放量预测

根据以上测算结果,2010年我县COD和$SO_2$排放总量将分别达到2551.5吨和66.22吨(详见表5)。

**表5　2010年保亭县COD和$SO_2$排放情况预测**

| 项目/污染物 | 2009年排放量(吨) | 2010年排放量预测(吨) | 新增排放量(吨) | 新增削减量(吨) | 较上年削减(%) |
|---|---|---|---|---|---|
| COD | 2606.64 | 2551.5 | 36.84 | 91.98 | −2.12 |
| $SO_2$ | 57.88 | 66.22 | 8.34 | 0 | +14.41 |

**五、2010年度减排目标可达性分析**

(一)部门职责分工

1. 加快县城污水处理厂及其配套污水管网和县城生活垃圾填埋场的建设,按计划完成重点减排项目建设并投入使用,发挥减排效益。(县水务局、县住建局负责,县发改局、县国土环境资源局监督指导)

2. 抓紧落实国营三道农场场部和新政镇政府所在地人口集中地人工湿地生活污水处理设施上马建设,年内投入运转。(国营三道农场、新政镇政府负责,县国土环境资源局监督指导)

3. 分阶段淘汰全部立窑水泥生产能力。(县科工信局负责,县国土环境资源局配合)

4. 加强环保监督执法,保证污染源稳定达标排放。国家和省重点监控企业要全部安装在线自动监控系统,并与省环保部门联网。(县国土环境资源局负责)

(二)可达性分析

1. COD减排目标可达性分析

2009年我县COD排放总量为2606.64吨,预计2010年新增工业COD排放量为7.5吨,新增生活COD排放量为29.34吨,新增削减量为91.98吨,则2010年全县COD排放总量为2551.5吨。可见,如果各项减排措施均能按计划实施,2010年我县COD排放总量可以控制在2551.5吨以内,可以按时完成省政府下达我县的"十一五"主要污染物(COD)总量控制任务目标(COD排放总量不大于2560吨)。

2. $SO_2$减排目标可达性分析

2009年我县$SO_2$排放总量为57.88吨,预计2010年新增非电力$SO_2$排放量为8.34吨,$SO_2$新增削减量为0,则2010年全县$SO_2$排放总量可以控制在66.22吨之内,可以按时完成省政府下达我县的"十一五"主要污染物($SO_2$)总量控制任务目标($SO_2$排放总量不大于100吨)。

**六、保障措施**

(一)加快转变经济发展方式

加快推动产业结构优化升级,积极发展资源消耗低、环境污染小、经济效益高的高新技术产业和现代服务业,加快运用现代技术改造提升传统制造业和服务业,努力形成有利于资源节约和环境保护的产业体系,从源头上解决环境问题。

(二)严格落实减排目标责任

把加强污染物减排作为促进科学发展的重要抓手,把减排目标完成情况作为检验经济社会发展成效的重要标准。建立健全主要污染物总量减排工作问责制,形成以政府为主导、企业为主体、全社会共同推进的工作格局,把主要污染物总量减排的责任落实到企业,把减排工作开展情况作为考核政府及企业的重要依据。

(三)严把新建项目环保准入关,控制新增量

严格执行环境影响评价制度,把总量削减指标作为建设项目环评审批的前置条件。坚持"以新带老"、"等量削减",新上建设项目不允许突破

总量控制指标。

(四)继续强化环境监督管理

继续加快国家和省重点监控企业在线自动监控设施建设;加强对污染减排各项基础数据的统计,建立排污总量控制台账,及时掌握新老污染增减动态变化情况;加强监督性监测,县环境监测部门每季度对辖区内各重点污染物排放企业监测1次,对重点减排项目应加密监测频次,做到每月1次。发现企业超标排放污染物(浓度或总量),立即组织查明原因,及时采取措施控制或切断污染源;对有治污设施但主要污染物仍超标排放的,依法实行强制性清洁生产审核或限期治理,治理期间限产限排;对无有效治污设施的,责令停产治理;对不正常运转治污设施、偷排、漏排的违法企业,必须严格依法处理,从重处罚。

(五)全面推行排污许可证制度

按照行政许可和环保法律法规要求,加大力度推行排污许可证制度,用行政许可这一法定形式明确排污单位的排污权利和污染治理义务,规范排污单位的排污种类、浓度、总量、去向等。2010年底前,依法完成重点排污单位排污许可证核发工作,禁止无证排污。

(六)加强社会舆论监督

动员全社会的力量,大力开展形式多样的保护环境、减排污染物的宣传教育活动,提高全社会对减排工作重大意义的认识,增强资源节约和环境保护意识,努力使减少污染物排放、保护环境成为全体公民的自觉行为。充分发挥新闻媒体等社会监督的作用,继续实行环境污染有奖举报制度,鼓励社会各界依法有序监督环保工作。

(县政府办 供稿)

# 法　规

## 中共保亭黎族苗族自治县委关于进一步加强新形势下干部队伍作风建设的决定

(2010年9月29日 中国共产党保亭黎族苗族自治县第十一届委员会第六次全体(扩大)会议通过)

为全面加强新形势下干部队伍作风建设,切实解决当前我县干部队伍作风方面存在的突出问题,现就进一步加强新形势下干部队伍作风建设作如下决定:

**一、充分认识进一步加强新形势下干部队伍作风建设的重要性和紧迫性**

(一)加强和改进干部作风建设是新形势新任务的迫切要求。当前,我县正处于海南国际旅游岛建设加快发展的重要时期,经济发展赶上了前所未有的机遇期,新形势新任务迫切要求我们重视并加强干部作风建设。县委十一届五次全会正确分析了全县经济社会发展所面临的新形势新任务,描绘了坚持科学发展、构建和谐社会的宏伟蓝图,迫切要求全县干部切实加强自身建设,着实开展好"创先争优"活动,以昂扬向上的精神状态,用心实干的工作作风,做好"三抓二保一加强"工作,迅速做大我县经济总量,夯实发展基础,进一步改善我县的民生民利,不断提高广大人民群众对干部队伍的满意度。

(二)当前干部作风方面存在的问题不容忽视。近几年来,我县作风建设取得的成绩是明显的,县、机关、乡镇领导班子和干部队伍在贯彻执行中央和省委的路线、方针、政策以及落实县委、县政府的各项工作部署上,态度是坚决的,工作是积极的,绝大多数干部都能廉洁从政、勤奋工作、尽职尽责,保持了人民公仆的本色。但是,面对新形势、新环境,对照中央、省提出的良好作风的要求,全县干部队伍的整体作风还存在许多不相适应的问题,特别是在执行力上还存在较为突出的作风问题,主要表现在:一些干部思想不解放,放松学习,不思进取,精神不振,观念守旧,不甚动脑,人云亦云,甚至丧失思考力;不敢于坚持真理,对县委县政府的集体决策和领导坚信坚定坚持不够;工作不扎实,团队精神缺失,责任心不强,不用心甚至无心干事,推诿扯皮,上推下卸;纪律松弛,作风漂浮,效率低下,执行重在过程,轻于结果;跑风漏气,亲疏有别,部门利益自居,工作不配合,当面不说,背后议论,干扰工作;思想没激情,行动怕出格,破解难题和推动工作的思路窄、办法少;以个人利益为取舍,私心杂念重,干活由心情,办事看人情,甚至以权谋私,不给好处不办事,给了好处乱办事;一事当前,回避自责,把责任和过错推于客观和他人,揽功推过。这些作风问题严重损害了县委和县政府的权威形象,影响了党群干群关系,拖了保亭发展的后腿,如不下决心整改,势必破坏保亭近年来已经形成的良好发展环境,县委的决策部署就得不到有效的贯彻落实。对此,全县每位干部都要有清醒的认识,要切实转变作风,全面加强执行力建设,紧紧围绕县委、县政府制定的发展目标,在执行上比精神,在真正用心干事上比高低,在抓落实上比成效、论英雄。以一抓到底的狠劲、一以贯之的韧劲、一鼓作气的拼劲,把各项工作落到实处。

**二、加强新形势下干部队伍作风建设的总体要求和主要任务**

(三)总体要求:按照"三抓二保一加强"的工作总要求,围绕"治庸治懒提升形象,问责问效促勤促廉"这一主线,坚持把保增长、促发展、惠民生作为作风建设根本目的,把改进干部队伍作风作为重中之重,把建设长效机制作为根本举措,把加快推进项目建设、提高工作效率和服务质量作为衡量标准,把企业、人民群众以及社会各界人士对干部队伍的满意度是否明显提高作为检验作风建设唯一标准,戒骄戒躁,沉心静气,心无旁骛地用"苦干三五年,幸福三五代"的责任精神用心干事,实现"干部作风纪律明显改进、服务水平明显提升、行政效能明显提高、发展环境明显优化"的作风建设目标。

(四)主要任务:以"提高执行力,用心抓落实"为主题,深化作风建设,加强组织领导,严格要求、严格管理、严格问责,着力在加快发展、落实决策、办成重点项目和为民做好事实事等方面出成效,重在推进干部队伍学习再学习、思想再解放、观念再转变、能力再上升、执行力再提高。在全县进一步营造议事讲民主、执行没借口,埋头苦干、创新实干、紧张快干的良好氛围,促进县委、县政府各项工作部署落实,为我县又好又快发展提供坚强的政治保证。

**三、扎实推进新形势下干部队伍作风建设的有效措施**

(五)坚持与时俱进,改进思想作风,着力加强学习力建设。

1. 解放思想,提高开拓进取的思考力。要适应不断变化的新情况,什么办法管用就用什么办法。要敢于动真碰硬,敢于突破条条框框,敢于大胆探索实践,及时破除各种不利于发展的观念、体制和做法,有效化解发展的制约因素,牢牢掌握工作的主动权,务求负责的工作有突破出成效。坚决摒弃怕负责任、怕遭非议的思想,坚决克服因循守旧、不思进取的倾向,坚决抛掉不干事、保位子、守摊子、遇着矛盾绕道走的杂念,坚决远离满足现状、固步自封、得过且过的思想和工作一般化的意识,保持奋发有为的精神状态,争创一流,努力形成"部门比服务、乡镇比发展、干部比业绩"的工作局面。

2. 加强学习,提高思想境界和实践能力。从县四套班子到村委会领导干部要做表率、树标杆。要带头学习,坚持集中学习和业余自学相结合,制定单位和个人年度学习计划,自觉学习政治理论、旅游管理、市场经济、业务知识和法律法规。要大力弘扬调查研究之风,在领导干部中深入开展"研究一个课题,撰写一篇调研报告,提一条合理化建议"活动。要全力推进学习型组织建设,建立健全中心组学习制度、干部任职培训制度、干部调训轮训制度和党员干部学习日制度,建立领导干部个人学习档案,要求一年学习不少于30天,看书学习不少于12本,坚持写读书笔记不少于12000字。鼓励结合工作实际撰写调研报告、论文,并适当奖励。鼓励学历进修学习,并财政补贴90%的学费。要把培训经历、学习表现作为干部考核任免的重要依据,以学风治玩风。要严厉查处上班时间擅自脱岗、网上闲聊、炒股玩游戏、打扑克玩麻将等违反工作纪律的行为,形成完善的学习奖惩激励机制。

(六)坚持真抓实干,改进工作作风,着力加强执行力建设。

1. 树立先进的执行理念,培育符合保亭发展要求的执行文化。要树立"执行无借口"的执行理念,培养"令出就执行"的执行意识,在执行上比精神,在执行上比速度,在执行上比成绩,在执行上论能力见高低。要树立"迅速反应、立即行动"的执行作风,"先试不争论,先干不议论,时间作结论",真抓实干,一抓到底,把各项政策措施一项项清点执行到位,把各个重点项目一项项推进到底,把各项工作一项项落实到位。要规范部门工作流程,积极导入企业化管理体系,推动工作项目化,实现管理高效化、运行规范化和服务标准化。继续压减各种会议、文件,提倡开短会、发短文、讲短话,开解决问题的会,发解决问题的文,鼓励提倡合会联文,切实解决"文山会海"问题。

2. 完善执行力建设推进机制，打造最优的执行效能。全力构建“职责分明、程序规范、政令通畅、运转高效”的执行机制。要健全工作推进机制。全面推行限时办结制、超时默认制、牵头单位负责制和缺席默认制，提高审批效率，凡是县委县政府作出的重大决策和已经确定的事情，必须确保政令畅通、令行禁止，做到事事有着落、件件有回音。要建立主体明确、层级清晰、具体量化的岗位责任制。将全年任务目标、阶段性工作和具体事务办理分解到相关部门和人员身上，实现任务和责任的无缝隙覆盖。实行时限管理。对每项任务制定具体的工作时序表，明确阶段目标进度，挂图作战，倒排工期，把环节抓细节，以细节求深入，以细节促落实，以细节出实效，确保按时完成。要实行定期讲评。县委、县政府将每月召开一次党政联席例会，听取各位常委、副县长当月工作进展情况汇报，不定期召开阶段性工作或专项工作督评会。县直各单位每个季度要向分管、联系的县级领导述职，乡镇党委、政府定期向县委、县政府汇报工作。县级领导实行工作情况一周一总结、工作成效一周一评价、工作安排一周一部署、工作要求一周一盘点的“四个一”工作方法，重大问题解决、重点项目建设和重要工作推进，县级领导亲自督查，督办专员跟踪督查，人大政协专项视察，县纪委常委包干督查，推动工作落实。

(七)坚持团结民主，改进领导作风，着力加强领导力建设。

1. 模范坚持民主集中制原则。要坚持和完善重大事项集体研究决定制度，落实集体领导下的个人分工负责制，个人对集体做出的决定要坚决认真执行，如有不同意见，可以保留或通过正当渠道向组织反映，坚决反对当面一套、背后一套的两面派行为和决策前没主意、决策后不执行以及表态积极、行动消极的自由主义现象，坚持畅通民主渠道，集思广益，大力推进决策的科学化、民主化，坚决反对“一言堂”、个人说了算。切实开展批评与自我批评，坚决反对明哲保身，怕得罪人的好人主义，不准压制批评，更不准打击报复。健全完善县四套班子领导和机关干部与乡镇、部门领导班子联系制度，帮助县直机关企事业各单位、乡镇、村委会领导班子分析查找不足，增强解决自身问题的能力。

2. 自觉维护班子团结。领导班子成员之间要平等待人，与人为善，互相尊重，互相信任，坦诚相见，开诚布公，大事讲原则，小事讲风格，谋事不谋人，用权不争权，做到分工不分家，互相支持，互相配合。要牢固树立全局观念，坚持多干事、少议论，多参与、少推托，多合作、少内耗；优点互相学习，经验互相借鉴，问题互相提醒，意见互相沟通，不说不利团结的话，不做不利团结的事，不传播和轻信小道消息。不搞亲亲疏疏，拉拉扯扯，不搞以人划线，不搞团团伙伙。切实做到思想上合心、工作上合力、行动上合拍。

3. 密切党群干群关系。领导干部要坚持把服务群众作为工作出发点和落脚点，端正对群众的态度，增进对群众的热情，真心实意地研究群众现在想什么，基层正在盼什么，我们应该做什么，倾听群众呼声，真心实意地为群众办实事、办好事。坚决反对漠视群众疾苦、脱离群众、脱离实际的官僚主义作风。继续坚持领导联系基层、联系群众制度，认真落实县级领导包乡(镇)、部门包村的“四联五帮”工作机制，进一步密切党群干群关系。坚定不移地落实党的民族宗教政策，维护好多民族的平等团结、共同进步的局面。

4. 坚持正确的用人导向。加大对贯彻执行《党政领导干部选拔任用工作条例》情况的自查力度，防止和减少用人上的失察失误，不断提高干部工作的质量。认真贯彻干部队伍“四化”方针和德才兼备原则，按照正确政绩观的要求，做到任人唯贤，用好的作风选作风好的人，大力选拔和任用政治坚定、作风过硬、实绩突出、群众公认、对群众有感情的干部，坚决反对任人唯亲、拉帮结派、跑官要官、跑风漏气等用人上的不正之风。对阳奉阴违、不思进取的干部不用，对无所作为、政绩平庸的干部不用，对破坏团结、互相拆台的干部不用，对跑官要官、拉帮结派的干部不用，对搬弄是非、诬告他人的干部不用，对违纪违规造成严重后果的干部要严肃处理，让想干事的人有机会，能干事的人有舞台，干成事的人有前途,不干事的没出头。健全完善并切实落实好干部预警制、公示制、谈话诫勉制、收入申报制等领导干部监督管理制度,健全和完善干部奖惩制度,加大对工作实绩的考核及考核结果的运用力度,对考核为不称职的干部分清情况进行调整岗位、降职、免职、辞职处理。

(八)坚持清正廉洁,改进生活作风,着力加强拒腐防变力建设。

1. 发扬艰苦奋斗的优良传统。领导干部要牢记“两个务必”,按照中央“八个坚持、八个反对”的要求,发扬不畏艰难、自加压力、奋力拼搏、甘于奉献的“铁人”精神,进一步保持和发扬“有条件要上,没有条件创造条件也要上”的艰苦奋斗的作风,切实做到吃苦在前,享受在后,成为人民群众信得过的好公仆。要坚持办一切事情勤俭节约、量力而行的原则,坚决反对讲排场比阔气、搞铺张浪费。严格执行政府采购制度,强化预算管理和审计监督。严格执行公务接待标准,从严控制接待范围、陪餐人数和接待标准。领导干部下基层检查指导工作,要注重实效,轻车简从,减少陪员。严格节会和庆典活动审批,严格控制公费组织的考察学习活动。不准超标准配备和更换小汽车,严格控制电话费用,大力压缩会议经费,加强对办公用品、办公设备和车辆的管理,最大限度地减少经费开支,降低行政成本。

2. 保持廉洁自律。要严格执行《中国共产党党员领导干部廉洁从政若干准则》等廉洁自律各项规定。《党员领导干部廉洁从政若干准则》是作风建设的风向标杆,党员领导干部要时刻对照《廉政准则》中“八禁止 52 不准”,调理自己的言行,模范遵守,以自己的表率去确保“清清白白做人、堂堂正正做官、踏踏实实做事”,来净化发展做事的环境。认真落实党风廉政建设责任制,管好自己,管好配偶、子女和身边工作人员,抓好党风廉政建设。严格执行领导干部个人重大事项报告制度、述职述廉制度、经济责任审计制度。自觉做到条件变了艰苦奋斗的作风不丢、环境变了吃苦耐劳的精神不减、时代变了甘于奉献的传统不变,耐得住艰苦,抗得住诱惑,管得住小节,树立清正廉洁形象。

(九)坚持履职尽责,机制科学有效,着力加强保障力建设。

1. 要围绕提高执行力这个目标,建立科学有效的制度,并不折不扣地落实好制度。探索项目审批代理制度和“一费制”,完善行政问责办法,建立健全岗位目标管理责任制、重要工作项目专责制、重大项目与重要工作“限时办结制”、严格的责任倒逼机制、服务承诺制、行政不作为和过错追究制等制度,认真落实“一次性”告知义务和“一站式”服务程序,全面履行行政职能和岗位职责。

2. 完善绩效考核评价机制,引导干部抓落实。要积极探索建立党政部门绩效评估指标体系,进一步完善公务员考核机制,全面考核公务员的德、能、勤、绩、廉,重点考核工作实绩,全面完善对乡镇和县直机关的工作考核评价方法。今后,机关各单位、各部门要行政效率和行政成本量化,以是否按时完成工作目标任务作为部门绩效评估的重要依据,推进绩效评估制度化和绩效评估结果公开化。乡镇考核重点要以带领贫困农民脱贫和改善生活作为干部的考核标准。同时,建立科级领导干部业绩档案,作为考核干部绩效、评优评先、竞争上岗、提拔使用的重要依据,变“静态考核”为“动态考核”。加大竞争性公开选拔领导干部力度。探索县直机关一把手差额提名、差额考察、差额票决的新途径,大力推行中层骨干竞争上岗、双向选择。探索乡镇党政正职“公推直选”,建立乡镇党委书记后备库,逐步实现乡镇党政正职差额提名、直接选举。

3. 建立责任追究机制,督促干部抓落实。按照《公务员法》、《关于实行党政领导干部问责的暂行规定》和中央、省委关于加强领导干部作风建设相关规定要求,重点加强对县直机关、乡镇领导班子的问责调查,直接跟踪督查重点工作、重点项目、重大问题的处理情况,坚决查处领导干部不履职、不尽责,甚至失职失责的情况。不管查到什么人,都要坚决处理,不搞下不为例,不搞无原则迁就。通过问责、监督、惩戒等约束手段,督促干部认真执行、严谨执行、用心执行。加强对制度落实的监督,坚持违规必究,构建干部队伍作风建设的长效机制。当前,尤其是政府要敢于拉下人情面子,用敢于碰硬的问责保证工作推进。

**四、切实加强对干部队伍作风建设的组织领导**

(十)明确责任,坚持齐抓共管。全县党政组织要把干部作风建设作为重点工作来抓,列入重要议事日程,纳入党风廉政建设责任制,迅速再掀起作风大整顿,建立"一把手"负总责、分管领导具体抓、一级抓一级、层层抓落实的领导机制和工作机制。各单位党政"一把手"要切实履行第一责任人的责任,认真查找本单位、本部门在作风建设方面存在的突出问题,切实加以整改。有关部门要根据自身职能,在加强作风建设、促进工作落实上充分发挥作用。县委县政府办公室、县委县政府督查室要加强对干部作风建设情况的督促检查。县纪委监察局要严肃查处领导干部违反廉洁自律规定的行为,加强机关效能监察。县委组织部要将干部作风状况纳入干部考核的重要内容,作为提拔使用干部的重要依据。县委宣传部要制定干部理论学习和业务培训中长期计划,认真落实考学制度,大力推进干部思想作风和学风建设。县委政法委要加强政法系统干部作风建设和纪律整顿,密切警民关系。

(十一)强化监管,严格考核奖惩。进一步落实监督责任,探索形成各种监督相互配合的制衡体系,增强监督实效。要进一步完善问责机制,建立健全干部队伍作风建设例会和督导制度,整合督导专人队伍,设立纪检监察、组织人事联合作风建设督导组,给予处罚权,进行定期和不定期的明查暗访,每年开展两次政风行风和涉企服务测评活动,对巡查测评中发现的问题要在县电视台公开曝光。对于政府部门存在的执行上级机关决策和部署不力、违反规定进行决策、不认真履行行政管理职责等问题,采取诫勉谈话、责令限期整改、责令书面检查、责令公开道歉、通报批评、责令辞职、建议免职等方式予以问责。对工作不负责任、失职失误导致工作滞后、落空或出现严重后果的,坚决追究其责任。今后,凡是分管领导认为在抓工作落实过程中哪个部门和领导贯彻不得力影响工作推进的,一经纪检监察机关和组织部门调查核实,坚决采取组织措施调整岗位。

全县干部要迅速行动起来,围绕保亭加快发展大局,抢抓发展机遇,主动转变作风,以一流的作风、一流的执行力,做好本职工作,在保亭建设全省低碳生态发展示范县和国际雨林温泉旅游强县的大环境中勇于担当成就自我,做一个人民群众满意度高的公职人员。

(县政府办 供稿)

# 中共保亭黎族苗族自治县委员会全体会议任用干部投票表决办法(试行)

(2010年9月29日 中国共产党保亭黎族苗族自治县第十一届委员会第六次全体(扩大)会议通过)

**第一条** 为积极推进党内民主,完善干部选拔任用工作制度,发挥县委全委会对领导干部任用的决策作用,根据《中国共产党地方委员会工作条例(试行)》、《党的地方委员会全体会议对下一级党委、政府领导班子正职拟任人选和推荐人选表决办法》、《中共海南省委员会全体会议任用重要干部投票表决办法(试行)》和有关规定,结合我县实际,制定本办法。

**第二条** 县委全委会投票表决,是指县委全委会在任用干部时,按照民主集中制和少数服从多数原则,采用无记名投票表决的一种方式。

**第三条** 本办法适用于全委会对以下领导干部的投票表决:

(一)县委工作部门正职和负责常务工作副职、县政府工作部门正职的拟任人选;

(二)乡镇党委、政府领导班子正职拟任人选和推荐人选。

重要岗位干部任用一般要经全委会投票表决。全委会闭会期间,因特殊情况需要任用以上职位的领导干部,由县委常委会作出决定,决定前应当征求县委委员、候补委员的意见。

**第四条** 县委全委会投票表决,可以等额投票表决,也可以差额投票表决。是否进行差额投票表决以及差额的比例,由县委常委会确定。

**第五条** 县委全委会投票表决任用干部由县委常委会主持,按照下列程序进行:

(一)公布县委常委会提名人选名单。

(二)县委组织部负责人介绍提名人选情况。

差额投票表决时,可安排提名人选到会作简短演讲或播放人选多媒体资料片等内容。

(三)对提名人选进行审议。

(四)无记名等额或差额投票表决。

(五)当场计票。

(六)宣布表决结果。

**第六条** 审议时,县委委员与提名人选有夫妻关系、直系血亲关系、三代以内旁系血亲关系、近姻亲关系的,必须回避。审议后,回避的委员参加投票表决。

**第七条** 审议时,与会委员应充分发表意见。对审议中提出的有关问题,由县委组织部负责人作出说明。

**第八条** 对提名人选取得一致或比较一致的意见时,由会议主持人提议表决。对提名人选意见分歧较大或者有新发现一时不能核查清楚的重大问题的,由县委常委会决定是否暂缓表决。暂缓表决的,县委常委会应当在下一次全委会前作出是否继续提名的决定。继续提名的,应当提交全委会投票表决。

**第九条** 全委会投票表决时,应当有三分之二以上的县委委员到会。委员可以投同意票、不同意票或者弃权票,但不得另提他人。缺席的委员不得委托他人投票,也不另行投票。

**第十条** 投票表决时,以获得同意票超过应到会委员数半数为通过。

等额投票表决时未获得通过的人选,一般不再提名为同一职位的人选。

差额投票表决时未获得通过的人选,如果确需再次提名为同一职位人选的,应当提交另一次全委会投票表决。两次未获得通过的,不再提名为同一职位人选。

**第十一条** 投票表决设监票人、计票人若干名。监票人由县委常委会在县委委员中提名,提交县委全委会审议通过。计票人由县委常委会指定,在监票人监督下进行工作。监票人和计票人应当实行公务回避。

**第十二条** 投票结束后,计票人在监票人的监督下清点票数。收回的表决票等于或少于发出的表决票,表决有效;多于发出的表决票,表决无效,应重新投票表决。

**第十三条** 计票完毕,监票人向大会主持人报告计票结果,大会主持人宣布投票表决结果。

**第十四条** 全委会闭会期间,按照下列程序征求县委委员的意见:

(一)根据县委意见,县委组织部将征求意见表、提名人选的基本情况、提名理由等材料,以书面方式送达县委委员。

(二)县委委员收到征求意见材料后,应当在规定的时间内将意见以书面形式向县委组织部反馈。对提名人选可表示同意、不同意或弃权。不提出意见或者逾期不反馈的,视为弃权。候补委员的征求意见表不设同意、不同意或者弃权栏目,只设反映情况栏目。如遇特殊情况,县委委员本人可以电话或者口头方式反馈意见,县委组织部应当指定专人做好记录,该记录与书面意见具有同等效力。

(三)由县委组织部将征求意见情况向县委常委会汇报。

(四)经征求意见,超过全体委员半数不同意的提名人选,县委常委会应当作出不予提名的决定。

(五)县委委员反映拟提名人选有重大问题的,县委常委会应当责成有关部门调查核实,并根据调查核实情况及时作出是否提名的决定。对署名反映问题的,应当将调查核实情况向反映问题的县委委员反馈。

**第十五条** 全委会投票表决应当充分发扬民主,尊重和保障县委委员投票表决的民主权利,体现委员的意志。任何组织和个人不得以任何方式强迫、暗示委员同意或者不同意某个提名人选。

**第十六条** 在投票表决和征求意见过程中,县委委员、候补委员要严格遵守组织人事纪律,不准泄露提名、讨论、投票等情况,不准隐瞒与提名人选的亲属关系,不准诬陷诽谤他人,不准接受拉票人给予的任何好处,不准参与有拉票意图的任何活动。

提名人选不得进行串联、拉票、贿选等活动,不得对反映其问题的人员进行打击报复。

**第十七条** 县委委员、候补委员和提名人选应自觉接受监督。

凡违反规定的,应根据问题的性质和情节轻重,对责任人进行批评教育,直至给予党纪处分。

**第十八条** 本办法由县委组织部负责解释。

**第十九条** 本办法自印发之日起施行。

(县政府办 供稿)

# 保亭黎族苗族自治县人民政府<br>关于实行人口和计划生育奖励与优待的决定

保府[2010]14 号

各乡、镇人民政府，县七仙岭农场，县政府直属各单位：

为了更好地贯彻落实《海南省人口与计划生育条例》，进一步做好我县计划生育利益导向工作，县政府决定对人口和计划生育实行奖励与优待：

一、凡户籍属我县农村(含农场农村部分)，持有县人口和计划生育局核发的《独生子女父母光荣证》的夫妻，县政府发放的奖励费标准由原来的每月 30 元提高到每月 100 元，一次性给夫妻双方每人购买的养老保险金由原来的 2500 元提高到 4000 元。

二、对我县农村二女(含少数民族三女)户结扎实行的一次性奖励由原来的 2000 元提高到 5000 元，并一次性给夫妻双方购买养老保险金 4000 元。

三、对我县农村独生子女严重伤残后不再生育或无抱养子女的夫妻一次性补助 15000 元。

四、对我县农村领取《独生子女父母光荣证》的农户，在分配征用土地安置补助费和集体经济收入、享受集体补助、划分宅基地时，增加一人份额。在九年义务教育期间给予其独生子女减免杂费。其独生子女报考我县普通中学(含重点中学)、职业学校给予加 10 分照顾。在分配民房改造、沼气池建设、种苗等扶贫物资方面对农村领取《独生子女父母光荣证》户、二女户、少数民族三女户给予比普通农户增加 30%份额的奖励。在农村九年义务教育期间给予农村独生子女户和农村二女(含少数民族三女)户子女上学减免杂费。

五、由县财政出资，为参加新型农村合作医疗的农村独生子女户和农村二女(含少数民族三女)户父母及子女缴纳其个人承担的参合金。

六、县政府按每年 100 元的缴费标准为农村独生子女伤残、死亡家庭父母代缴养老保险费，并为农村独生子女户和农村二女(含少数民族三女)户参保人员代缴县财政分担的那部分养老保险费。

七、对我县农村按政策规定可再生育子女的夫妻自愿放弃再生育指标并落实绝育措施的，县政府一次性奖励 12000 元，对已落实绝育手术后因子女死亡符合再生育规定而自愿放弃再生育的一次性补助 12000 元。

八、对农村实行计划生育好的贫困户，政府在扶贫项目、资金、技术等方面给予比普通农户优先的照顾。

本决定从 2010 年 5 月 1 日起实施。

二〇一〇年四月二十日

(县政府办 供稿)

# 保亭黎族苗族自治县构筑社会消防安全“防火墙”工程三年规划(2010—2012年)实施方案

为认真贯彻落实《中华人民共和国消防法》和全省构筑社会消防安全“防火墙”工程动员部署暨社会单位“四个能力”建设现场会精神，动员社会各方面力量，进一步加强火灾防控工作，大力提升消防工作社会化水平，确保全县火灾形势持续稳定，县政府决定从2010年至2012年，在全县实施构筑社会消防安全“防火墙”工程。为确保此项工程顺利实施，特制定本方案。

## 一、指导思想

以科学发展观为统领，以社会消防管理创新为动力，按照“政府统一领导、部门依法监管、单位全面负责、群众积极参与”的消防工作原则，强力推进依法防控、重点防控、基础防控“三大防控”体系建设，力争通过三年努力，全面筑牢我县社会消防安全“防火墙”工程，有效遏制重特大火灾尤其是群死群伤恶性火灾事故的发生，实现全县消防形势的长治久安，为海南国际旅游岛建设创造良好的消防安全环境。

## 二、组织领导

为了确保全县构筑社会消防安全“防火墙”工程三年规划顺利实施，县政府决定成立全县构筑社会消防安全“防火墙”工程领导小组：

组　长：彭家典(县政府县长)

副组长：赵 师(县长助理、县公安局局长)

成　员：朱连昌(县政府办公室主任)

黄元海(县公安消防大队大队长)

陈立强(县委宣传部副部长)

李高岛(县发展和改革局局长)

苏忠仕(县财政局局长)

陈广彬(县住房和城乡建设局局长)

韦岳峰(县文化广电出版体育局局长)

李　冠(县教育局局长)

王　涛(县卫生局局长)

周信伟(县民政局局长)

罗凯熙(县商务局局长)

胡应武(县监察局局长)

谢振桐(县旅游局局长)

孙敏凯(县林业局局长)

钟　鸣(县公安局副局长)

周　燕(县安全生产监督管理局局长)

陈　威(县工商行政管理局局长)

黄大雄(县质量技术监督局局长)

陈桂香(省农垦驻保亭办事处副主任)

领导小组下设办公室(设在县公安消防大队)，由黄元海兼任办公室主任。

## 三、总体目标

利用三年时间，通过大力实施构筑社会消防安全“防火墙”工程，努力实现消防安全责任有效落实、消防基础设施不断完善、群防群治局面不断巩固、全民消防素质明显增强、社会火灾防控水平明显提升、火灾形势持续稳定、不发生重特大亡人火灾事故的总体目标。

## 四、工作任务

### (一)明确消防工作职责，强化政府部门落实消防工作责任

1. 落实政府消防工作责任。各单位、各部门要对照检查本单位本部门与县政府签订的《保亭县2009—2010年度消防工作目标责任书》，于11月底前完成各项工作任务指标。县政府将于12月初组织检查考评，考评结果全县通报并纳入政务督察和政府年度考评内容，存在重大消防安全问题的，还将限时督办整改。对在重大火灾隐患

整改、公共消防设施建设等方面失职渎职的,依法实行责任追究。凡发生重大以上火灾事故的,消防工作实行"一票否决"。

2. 建立健全部门齐抓共管机制。各行业、系统主管部门要将消防工作纳入本行业、系统管理内容,并制定出台加强本行业、系统消防管理的具体实施办法,报县消防安全委员会备案。强化源头管控,农业、公安、文体、工商、卫生、教育、旅游、住房和城乡建设等部门在核发相关证照和年审时,要将消防行政许可作为前置审批条件。例如对不具备消防安全条件,拟开办的幼儿园、医疗机构、宾馆(饭店)、公共娱乐场所、木材加工厂等人员密集场所,教育、卫生、文体、工商、林业等部门不得批准开办。强化联合整治,各职能部门要积极参与政府组织开展的消防安全集中治理活动,质监、工商、消防等部门要依法强化生产、流通、使用领域消防产品的质量监督,严厉打击制售假冒伪劣消防产品的违法行为。

3. 提升消防执法服务能力。公安、消防部门要严格、公正、廉洁、文明执法,大力推进消防执法规范化建设,深入开展执法示范单位创建活动,切实提高公安部门消防监督管理水平。坚持从严执法、从严管理,建立公安部门各警种、公安派出所联合执法机制,充分运用停产停业、临时查封、行政拘留等法律手段,严惩无视群众生命安全的严重违法违规行为。坚持阳光执法、热情服务,加强执法信息化建设,积极推行消防电子政务,完善网络执法信息平台;大力推行便民利民惠民措施,根据审批项目特点和服务对象需求,努力提供高效率和人性化的消防服务;公安、消防部门要成立消防技术服务队,深入社会单位提供消防技术咨询和消防安全评价等服务;大力开展执法"大走访"、开门评警活动,促进警民关系和谐。坚持警务改革、提升效能,进一步加强公安派出所消防监督工作,将消防工作作为公安派出所等级评定和民警绩效考核重要内容。

4. 提高消防宣传教育水平。公安、教育、民政、人力资源和社会保障、住房和城乡建设、文体、安监、旅游等部门要认真落实《社会消防安全教育培训规定》(公安部令第 109 号),严格履行消防安全教育培训的组织和监督管理职责。广播、电视、报刊、网络等媒体在火灾多发季节、重大节日以及"119"消防宣传日等期间要义务宣传消防法律、法规和消防安全常识。大力实施消防宣传橱窗工程,广泛利用大型标牌、电子屏幕等各种形式的消防宣传橱窗宣传普及消防安全知识。2010 年城市街道、社区、广场、主干公路出入口全部设置大型固定消防宣传橱窗,商场市场、宾馆饭店、公共娱乐等场所消防安全提示标识牌覆盖率达到 100%。全面开展消防职业技能鉴定工作,落实单位消防安全管理人、消防安全检查人员职业资格证制度,2010 年、2011 年和 2012 年消防控制室值班操作人员通过职业技能鉴定人数分别达到总数的 30%、60%和 100%。强化重点培训,2010 年至 2012 年单位消防安全责任人、管理人、专兼职消防管理人员和公众聚集场所从业人员轮训率达到 100%。深入推进消防宣传"进垦区、进社区、进学校、进企业、进农村、进家庭"活动,采取群众喜闻乐见的形式,开展面对面的零距离宣传服务。

(二)突出重点防控,实施严格科学管理,强力推进社会单位"四个能力"建设

1. 强力推进社会单位"四个能力"建设。以提升社会单位消防安全"四个能力"为重点,即提升社会单位"检查消防火灾隐患能力、组织扑救初起火灾能力、组织人员疏散逃生能力、消防宣传教育培训能力",在全县社会单位广泛开展"三会三化"建设,配套出台"四个能力"建设和考评验收标准,全员培训消防安全重点单位管理人员,分类打造样板,逐级强力推进社会单位"四个能力"建设。2010 年全县所有消防安全重点单位全部达标,2011 年属于人员密集场所的一般单位 50%达标,2012 年属于人员密集场所的一般单位全部达标。

2. 从严管控火灾高危场所。把大型商场市场、公共娱乐场所、易燃易爆单位等重点场所作为火灾防范的重中之重,按照"从高从严管理、超常措施防范"的原则,强化日常管理措施,建立专职消防队伍;实行火灾管控制度,消防安全重点单位、列管单位每日开展防火巡查,每月开展防

火检查,每半年开展一次灭火疏散演练。

3. 深入开展火灾隐患排查治理。各单位、各部门要根据我县火灾规律和重大节日、重点时段的消防工作特点,坚持常态化检查与专项治理相结合,适时开展人员密集场所、易燃易爆单位、“三合一”场所、高层和地下建筑等消防安全专项治理,强力整治火灾隐患。强化全面清理和夜间清查,大力整治城中村、城乡结合部、出租屋以及商业密集区、校园周边等消防“乱点”,严防亡人火灾发生。针对建筑消防设施合格率低、人员密集场所采用可燃有毒材料装修等突出问题,持续开展建筑消防设施专项治理和消防产品打假活动,加大装修材料见证取样检验和违规装修材料强制拆除力度。2010 年要围绕上海世博会和广州亚运会消防安保,持续开展火灾隐患排查整治行动。

(三)前移防控关口,夯实农村和社区火灾防控“四个基础”,打牢消防工作根基

1. 夯实基层消防工作机构建设基础。各行政村、各社区要建立健全消防工作组织领导机构,确保基层消防工作有人抓、有人管。2010 年,全县各乡镇、县七仙岭农场、各国营农场和保亭试验站要成立消防安全领导机构,负责本辖区消防安全工作。2011 年,各行政村、各社区要落实消防安全专兼职管理人员,负责日常消防安全工作。

2. 夯实公共消防设施建设基础。各社区要完善公共消防设施建设并加强维护保养,确保正常运行。每个社区应设置公共消防器材配置点,配足配齐灭火器材,保证扑救初起火灾的需要。农村公共消防设施建设应纳入新农村建设总体规划,在建设农村公路、人畜饮水、农村电网、农村沼气、信息工程等基础设施时,一并加强消防水源、消防车通道和消防设施器材建设,保证农村公共消防设施与农村公共基础设施同步建设、同步发展。

3. 夯实消防工作群防群治建设基础。各村(居)民委员会要确定消防安全管理人,制定防火安全公约,组织开展群众性的消防工作。督促居民住宅区物业管理单位落实消防管理责任,定期开展防火检查,整改消除火灾隐患。社区内的小场所要实行消防安全区域联防,开展消防安全互查互督,一旦发生火灾能够联合组织扑救。

4. 夯实多种形式消防队伍建设基础。各乡镇、县七仙岭农场、各国营农场和保亭试验站应当根据本辖区经济发展和消防工作的需要,依法建立专职、志愿消防队,承担火灾扑救任务。设有治安巡防队的村庄、社区,要建设治安、消防合一的治安消防联防队,配备必要的消防器材,在治安巡逻的同时开展防火检查和消防宣传教育,并承担扑救初起火灾职能。其他村庄、社区要建立群众参加的志愿消防队。

2010 年,保城镇所有社区和全县各乡镇 50%的行政村建成志愿消防队;2011 年,全县各单位、各部门要按照省政府有关规定 100%建成专职、志愿消防队伍;2012 年,各乡镇 100%的行政村建成志愿消防队。七仙岭旅游风景区要按照省政府相关规定建成合同制消防队。

**五、工作步骤**

(一)动员部署阶段(2010 年 7 月 12 日至 7 月 31 日)

各单位、各部门要按照本方案的要求和部署,制定具体工作方案,组织召开部署动员会,层层签订责任书,明确具体工作内容和要求,迅速部署开展工作。各单位、各部门方案于 7 月 23 日前报县公安消防大队(联系电话 83668422)。

(二)组织实施阶段(2010 年 8 月 1 日至 2012 年 11 月 30 日)

各单位、各部门要严格按照本方案规定的任务逐层分解落实,按时完成工作任务,要注重培育典型并总结经验,要加强督导抓好落实,对涉及消防规划、消防装备、消防经费投入、重大火灾隐患整改等重大消防问题的,县政府将责成主要领导或分管领导主抓落实。各乡镇、各职能部门和公安机关消防机构要明确 1 名主要领导负责抓落实,并每季度总结讲评和拟定下季度工作计划。同时,还要确定联系人负责一对一监管本行业、本系统社会单位履行消防工作职责,规范消防安全管理。各单位、各部门要编发工作简报如实反映工作动态,指导开展工作。

(三)检查验收阶段(每年12月1日至10日)

各单位、各部门要认真总结工作经验,研究制定长效工作机制,切实整体推进构筑社会消防安全“防火墙”工程建设。届时,县政府将对各单位、各部门落实情况进行全面检查验收,验收结果全县排名通报。

**六、工作要求**

(一)加强组织领导。实施构筑社会消防安全“防火墙”工程三年规划是适应新时期消防工作发展需要、提升公共消防安全管理水平的一项重要举措。各单位、各部门要统一思想,提高认识,把构筑社会消防安全“防火墙”工程作为服务经济社会发展大局的“保障工程”、惠民利民的“民心工程”、消防事业发展的“重点工程”、加强火灾防控的“基础工程”,切实摆在突出位置,列入重要议事日程,主要领导要亲自研究、亲自部署;分管领导要深入一线检查督导,狠抓落实。要按照方案要求,结合本单位、本部门工作实际,研究制定具体实施方案,明确年度分解目标和近期工作重点,落实配套措施,保证构筑社会消防安全“防火墙”工程各项工作分阶段稳步推进,如期实现各项目标。

(二)强化宣传培训。各单位、各部门要充分运用广播、电视、报刊、网络等媒体和户外视频、橱窗标牌等载体,采取多种形式,大力宣传实施构筑社会消防安全“防火墙”工程的重要意义和内容标准,切实营造良好的舆论氛围。要积极构建面向政府、部门和社会单位的三级培训网络,大力实施消防“明白人”工程,重点培训构筑社会消防安全“防火墙”工程建设的组织者、指导者和社会单位消防工作落实者,为各项工作顺利开展奠定坚实基础。

(三)坚持示范带动。要按照“分类建设、重点培育、稳步推进”的原则,结合实际,根据构筑社会消防安全“防火墙”工程建设的不同方面,分别选定不同类别的地方和单位进行重点培育,树立典型,全方位打造示范单位。要善于发现总结先进经验并通过召开现场会、组织参观学习等形式全面推广,充分发挥示范辐射作用,指导和推动构筑社会消防安全“防火墙”工程顺利实施。

(四)严格责任奖惩。各单位、各部门要逐项细化分解构筑社会消防安全“防火墙”工程目标任务,层层签订目标责任书,定期组织督导检查,一级抓一级、层层抓落实。对每一项工作要坚持做到有布置、有检查、有考核、有验收,形成严格监督、狠抓落实的良好局面。要建立健全科学的考核评价体系和制度,每年自上而下分类组织检查考核,将综合考评的结果与各单位、各部门的评先评优相结合,做到奖优罚劣。县政府将每年对各单位、各部门工作完成情况进行排名通报,对先进单位和先进个人予以表彰,对未按期保质保量完成工作任务的单位和个人予以通报批评;2012年年底进行总体考核。

(县政府办 供稿)

# 保亭黎族苗族自治县<br>国家公务员医疗补助实施办法<br>(修订)

**第一条** 医疗补助的政策依据。为了解决国家公务员医疗费用负担问题，根据《海南省城镇从业人员基本医疗保险条例》和《海南省国家公务员医疗补助办法》，结合我县实际，在实行基本医疗保险的基础上，实施国家公务员医疗补助。

**第二条** 医疗补助的原则。公务员医疗补助水平要与经济发展水平和财政负担能力相适应；在基本医疗保险的基础上，适当提高国家公务员的医疗保障水平。

**第三条** 医疗补助的范围。符合《国家公务员法》规定的七类机关工作人员和退休人员。经省人力资源和社会保障厅批准列入参照国家公务员制度管理的事业单位工作人员和退休人员。属于县财政供养的事业单位工作人员和退休人员。单位自筹人员由单位按自愿的原则参保。省属驻保亭机关事业单位工作人员和退休人员可参照本办法执行。适用本办法的具体单位及人员名单，由县人力资源和社会保障局、县财政局共同核定。省属驻保亭机关事业单位的职工(包括退休人员)名单由单位提供。事业单位自筹人员名单由单位提供。

**第四条** 医疗补助的经费来源。公务员医疗补助的经费来源，依据《海南省国家公务员医疗补助办法》规定，按现行财政管理体制，属于县财政拨款的单位公务员医疗补助经费由县财政列入当年财政预算。公务员医疗补助的具体筹资标准，按公务员工资总额的2%筹资，由县财政局每年第一季度前将公务员医疗补助资金转入公务员医疗补助财政专户。单位自筹人员由单位按全县上年度在岗职工年平均工资总额的2%缴纳，由本单位每年第一季度前向县社会保险费征稽局缴纳。省属驻保亭机关事业单位公务员医疗补助的具体筹资标准按全省上年度在岗职工年平均工资总额的2%缴纳，由本单位每年1月15日前向县社会保险费征稽局缴纳。今后根据公务员医疗补助的实际支出费用重新确定筹资标准，具体由县人力资源和社会保障局、县财政局共同商定。

公务员医疗补助经费要专款专用，专户管理，单独建账，与基本医疗保险基金分开核算，结余可结转下年度使用。

**第五条** 医疗补助的标准。符合基本医疗保险用药范围、诊疗项目和医疗服务设施标准的医疗费，按如下规定补助：住院治疗时，个人年度累计自负超过2000元的超出部分补助90%、自负10%；公务员医疗补助年度封顶线为12万元。

**第六条** 医疗补助的结算管理。公务员医疗补助实行定点管理。公务员应持医疗保险证件及身份证到医疗保险定点医院或县社会保险事业局批准转诊的异地非定点医院就医。属于公务员医疗补助范围的医疗费，在定点医院住院治疗的，先由定点医院按照规定直接记账，再由县社会保险事业局与定点医院按规定审核结算。经批准转往异地非定点医院就医的，医疗费用由本人垫付，县社会保险事业局审核后及时按规定拨付。结算时，应提供能够表明医疗费用使用具体情况(药品、诊疗项目、医疗服务设施等)的相关医疗单据。县社会保险事业局每月将公务员医疗补助情况汇总报送县财政局，县财政局审批后，及时将医疗补助款拨给县社会保险事业局公务员医疗补助支出户。对弄虚作假、骗取公务员医疗补助资金的医院、单位和个人,县社会保险事业局应拒付有关费用;情节严重的,由县人力资源和社会保障局比照《海南省城镇从业人员基本医疗保险条例》的有关规定予以处罚。

**第七条** 医疗补助的组织实施。县社会保险事业局负责公务员医疗补助的经办工作,要严格执行有关规章制度并建立健全各项内部管理制度和审计制度。县人力资源和社会保障局要加强对县社会保险事业局的考核与监督管理;县财政局要建立医疗补助资金的财务和会计管理制度,并加强公务员医疗补助资金管理,监督检查补助经费的分配和使用;县审计局要加强医疗补助资金的审计。

**第八条** 本办法未尽事宜,按省条例、实施细则和有关政策执行。

**第九条** 本办法自2010年7月1日起施行。2008年2月14日印发的《保亭黎族苗族自治县国家公务员医疗补助实施办法》(保府[2008]9号)同时废止。

(县政府办 供稿)

10

# 统计资料

# 2010年国民经济和社会发展统计公报

2010年，全县各族人民在县委、县政府的正确领导下，深入贯彻落实科学发展观，紧紧抓住建设国际旅游岛的重大机遇，按照“三抓二保一加强”工作总要求，坚持“构筑生态文明健康县，打造黎苗文化品质城”的发展方向，发展特色经济，保增长、保民生、保稳定成效显著。经济保持快速增长，经济总量跨上新台阶，经济效益大幅提高，产业结构升级转型，投资和消费需求增长强劲，经济发展方式出现积极转变，多项经济指标实现新跨越，经济运行呈现出速度、结构和效益同步提升的良好态势，民生状况明显改善，各项社会事业全面进步。

## 一、综合

经济保持快速增长。2010年，经济增长速度明显加快，全年实现地区生产总值136264万元，比上年增长13.9%。

从动态变化看，一季度GDP增长18.2%，上半年GDP增长15%，前三季度GDP增长19.7%，全年GDP增长13.9%。

分产业看，第一产业增加值53473万元，增长9.5%；第二产业增加值16555万元，增长16%；第三产业增加值66236万元，增长17.1%。在第三产业中，住宿和餐饮业比上年同期增长13.1%；交通运输邮电仓储业增长15%；批发和零售业增长36.1%；房地产业增长9%；金融业增长50.9%；其他服务业增长10.8%。

从三次产业来看，2010年，第一产业贡献率为26.8%，拉动经济增长3.7个百分点；第二产业贡献率为14.1%，拉动经济增长2个百分点；第三产业贡献率为59.1%，拉动经济增长8.2个百分点。

经济结构调整取得重要进展，三次产业结构转型升级。2010年第三产业增加值占全县生产总值的比重为48.6%，比上年上升0.5个百分点，超过第一产业9.4个百分点；第一产业增加值占全县生产总值的比重为39.2%，比上年下降0.4个百分点；第二产业增加值占全县生产总值的比重为12.1%，比上年下降0.1个百分点。三次产业表现为“三一二”的经济结构形式。

按户籍人口计算，人均生产总值12973元，增长33.2%；按当年平均汇率折算，人均生产总值1924美元。

地方财政收入、经济效益明显提高。

一是财政收入保持较高增速。在经济快速增长的同时，地方财政一般预算收入保持大幅增长。全年全口径一般预算收入2.3亿元，比上年增长87%。其中，地方一般预算收入1.56亿元，增长93.1%。在地方一般预算收入中，税收收入1.2亿元，增长101%，占地方一般预算收入的78%。

| 项　目 | 单位 | 2010年 | 2009年 | 增长速度(%) |
|---|---|---|---|---|
| 全口径财政一般预算收入 | 万元 | 22505 | 12016 | 87 |
| 地方财政一般预算预算收入 | 万元 | 15633 | 8096 | 93 |
| 税收收入 | 万元 | 12173 | 6066 | 101 |
| 非税收收入 | 万元 | 1374 | 1075 | 28 |
| 各项税收总收入(国税与地税) | 万元 | 13707 | 6774 | 102 |

二是企业盈利快速回升。2010年，全年列入统计监测的规模以上工业企业经济效益指数117.4%，在生产快速增长的同时，注重质量，企业经济效益不断提升。

物价上涨特征较明显。根据海南省统计局

公布的数据显示2010年居民消费价格(CPI)比上年上涨4.8%。受房地产迅猛发展的拉动,建房及装修材料、租房、水电、燃料等居住类价格明显上涨,涨幅达9.7%,居八大类价格之首。其次是食品类上涨7.6%,居住类和食品类价格较快上涨是推动居民消费价格上涨的主要因素。商品零售价格上涨4.6%,农业生产资料价格上涨7.3%,工业品出厂价格上涨7.7%,原材料、燃料、动力购进价格上涨10.3%,固定资产投资价格上涨5.2%。

**二、民生**

城乡居民收入较快增加。2010年全县城镇居民人均可支配收入12977元,比上年增长24.5%。全年在岗职工平均工资29039元,比上年增长28%。全年农村居民人均纯收入3453元,比上年增长20.2%,其中工资性收入增长37.3%。居民消费支出较快增长,生活质量不断改善。城镇居民人均消费支出9192元,比上年增长28.5%;农民人均生活消费支出2442元,增长33.8%。城镇居民人均住宅建筑面积达22.2平方米,农村居民人均住房居住面积17.8平方米。

各类保障性住房建设超额完成任务。2010年,全县计划建设保障性住房(省厅下达计划数)2305套、16万平方米。全年开工2420套,开工率105%,其中竣工575套;开工建设面积23万平方米,是计划总面积的141%,其中竣工面积40750平方米。农村危房改造计划套数为351套,计划改造面积20944平方米,其中竣工套数303套,竣工面积15779平方米。

社会保障和社会救助水平明显提高。2010年全县最低工资标准上调200元。城镇从业人员基本养老保险纳入省级统筹,全县60岁及以上农民享受普惠式的养老保障,每人每月领取55元的基础养老金。新型农村合作医疗和城镇医疗保险已基本覆盖城乡居民。年末全县城镇参加基本养老保险人数(含离退休人员)41883人,比上年末增长7%;参加医疗保险人数35095人,增长3%;参加工伤保险人数17676人,增长3%;参加生育保险17476人,增长3%。社会救助显著加强。年末全县城镇各种社区服务设施2个;抚恤、补助各类优抚对象410人;年末城镇居民最低生活保障人数4555人,农村居民最低生活保障人数5899人,农村五保户供养人数239人。全年实施城乡医疗救助24180人次,比上年增长42%。其中,城镇医疗救助9267人次,增长23%;农村医疗救助14913人次,增长57%;全年救助灾民2.5万人次。

劳动就业人数持续增加。2010年城镇新增就业人数2761人,比上年增长58%;城镇登记失业率2.52%,下降1个百分点;全县农村劳动力外出务工9502人,增长1.4倍。劳动就业规模继续扩大,年末全县从业人员63428人,比上年末增长4.1%,其中城镇从业人员8090人,在岗职工年末人数7555人,分别增长15.1%和10.1%。

教育事业健康发展。2010年全县新建教育扶贫(移民)学校1所,改造中小学校舍11所。重点发展面向农村的职业教育,职业教育办学能力明显提高。2010年起,高中学校、中等职业学校、特殊教育学校、幼儿园教师等全体人员享受绩效工资,教师绩效工资实现全覆盖。“两免一补”政策全面落实,全年减免义务教育阶段学生学杂费、寄宿生和困难学生生活补助873万元;投资250万元配套思源实验学校校园建设;投入1524万元改善了一批中小学校的基础设施建设,“两基”成果稳步提高。全年普通高中招生742人,减少15.5%,在校学生2374人,减少9.7%,高中毛入学率71.5%;普通初中招生2061人,在校学生6765人,初中毛入学率99%;普通小学招生2156人,在校学生11555人,小学净入学率达100%。

医疗卫生事业取得新发展。2010年,医疗卫生事业费6603万元,比上年增长26.5%。新建县人民医院正在加快建设。全年新型农村合作医疗参合率达到98.3%,比上年提高6个百分点。年末全县共有各类卫生机构21个。其中,疾病预防控制中心1个,妇幼保健机构1个,社区卫生服务机构2个,农村乡(镇)卫生院12个。全县共有医院病床位299张。各类卫生技术人员287人,增长7%。其中,执业医师96人,增长26.3%;执业助理医师42人,与上年持平;注册护士108人,减少8.5%;药剂人员19人,增长

46.2%；检验人员22人，增长15.8%。报告甲、乙类传染病发病人数1272例，增加81%；报告死亡16人，报告传染病发病率十万分之790，死亡率十万分之9.95。

## 三、农业

农业生产平稳较快发展。2010年全县农业完成增加值53473万元，比上年增长9.5%。分产业看，渔业完成增加值1166万元，比上年增长9%；林业完成增加值9985万元，比上年增长11.8%；干胶产量5675吨，增长8.3%；种植业完成增加值29632万元，比上年增长7.6%；瓜菜产量65978吨，增长1.5%；水果产量8349吨，增长3.6%；畜牧业完成增加值8386万元，增长20%；肉类总产量7600吨，增长37%。全县万头以上猪场已达到4个，其中今年新建2个。生猪出岛量45120头，水产品3120吨。

**主要农产品生产情况**

| 指标名称 | 单位 | 本年累计 | 上年同期 | 比上年同期增减% |
|---|---|---|---|---|
| 一、农作物收获面积 | 亩 | 159823 | 153424 | 4.2 |
| #粮食 | 亩 | 98885 | 98518 | 0.4 |
| 油料 | 亩 | 4480 | 3483 | 28.6 |
| 蔬菜 | 亩 | 45967 | 44151 | 4.1 |
| 二、水果(收获面积) | 亩 | 18940 | 20593 | −8 |
| #香蕉 | 亩 | 3295 | 2675 | 23.2 |
| 龙眼 | 亩 | 3235 | 3357 | −3.6 |
| 三、热带作物(收获面积) | 亩 | 124575 | 119616 | 4.2 |
| #橡胶 | 亩 | 85653 | 83957 | 2 |
| 槟榔(干果) | 亩 | 29926 | 26976 | 10.9 |
| 四、主要农产品产量 | — | | | |
| 1、粮食 | 吨 | 29535 | 29840 | −1 |
| 2、油料 | 吨 | 789 | 657 | 20.1 |
| 3、蔬菜 | 吨 | 65978 | 65004 | 1.5 |
| 4、水果 | 吨 | 8349 | 8059 | 3.6 |
| #香蕉 | 吨 | 4006 | 3983 | 0.6 |
| 5、牲畜出栏 | — | | | |
| 猪 | 头 | 78771 | 61895 | 27.3 |
| 牛 | 头 | 5081 | 4039 | 25.8 |
| 羊 | 只 | 12587 | | |
| 禽 | 万只 | 59.8 | 48.4 | 23.7 |
| 6、肉总量 | 吨 | 7600 | 5543 | 37.1 |
| # 猪肉 | 吨 | 5513 | 3951 | 39.5 |
| 禽肉 | 吨 | 1022 | 788 | 29.7 |
| 7、水产品产量 | 吨 | 3120 | 2808 | 11.1 |

农业现代化水平进一步提高。年末农业机械总动力3.33万千瓦,增长2.6%,其中排灌机械动力0.75万千瓦,增长2.8%。大中型拖拉机560台,增长2.8%。化肥施用量(折纯量)4008吨,减少1.3%。全年农村用电量491.9万千瓦时,增长2.6%。现有农田水利有效灌溉面积3510公顷,增长0.6%。

生态环境建设成效明显。深入开展"文明县城"、"园林县城"、"生态县城"建设工作。大力实施治污、治尘、治脏和植绿工程。投资310万元,建设星级旅游公厕3座;投入134万元实施美丽木棉和火焰木绿化工程,共种植美丽木棉230株,火焰木1950株;投入500万元,建设滨河西路道路绿化及景观工程,加大绿地的养护管理力度,县城绿化覆盖率达52%,绿地率达43.6%,人均公共绿地面积达18.12平方米,人居环境质量明显改善。继续实施造林工程,完成常规造林5440亩,义务植树30万株。完成退耕还林荒山造林4000亩,完成退耕还林补植补造1440亩,培育林木种苗75万株,森林覆盖率达81.5%。

乡村发展环境继续改善。2010年,惠农政策进一步加大。全县共投入惠农政策资金4577万元,其中粮食种植补贴497万元,扶贫补贴348万元,医疗补贴832万元,教育补贴597万元,民房补贴735万元,农村低保补贴816万元,农机补贴250万元,农村新型养老保险补贴263万元,其他补贴238万元;完成农村安全饮水项目年度施工任务,解决三道地区49个自然村10900人和镇区周边(含三道场)近20000人的饮水问题;完成我县2010年度农村饮水安全建设项目规划编制工作;除险加固病险水库4座,完成修建硬化水利渠道68公里;完成9800亩中低产田改造工作;新建大中型养殖场沼气工程1个,建设农村沼气服务网点22个,完成农村住户用沼气池1000个;完成农村茅草房改造219户,实现年内全县范围消灭茅草房的目标,完成危房改造198户。

涉农领域改革积极推进。深化林权制度改革,全县9个乡镇,467个村小组,涉及林改农户20292户,林改面积288736亩,发放林权证17016万本,面积27万亩,林权发证率达96.4%;林地保障率95.4%;家庭承包率81%;林权纠纷调处率94.5%;档案管理合格率96%;群众满意100%。

农业产业结构扶持力度加大。投入2325万元,支持兰花种植基地、什玲鸡饲养示范基地、农产品冷藏加工厂、农乐乐及农村专业合作社等农业产业化建设。

进一步提高农村劳动技能培训。投入454万元,举办各类技能培训班87次,受训人数9080人次。

## 四、工业和建筑业

工业生产明显提速。2010年,全县工业完成增加值4726万元,比上年增长6.6%。其中,规模以上工业增加值3238万元,增长3%;规模以下工业增加值1488万元,增长15.4%。

主要工业产品产量如下:

**主要工业产品产量**

| | 2010年 | 比上年增减% |
|---|---|---|
| 水泥(万吨) | 3.14 | -58% |
| 发电量(万千瓦时) | 5919 | -4.2% |
| 供电量(万千瓦时) | 7915 | 22.5% |
| 自来水(万吨) | 204.2 | 25% |

建筑业快速发展。2010年全县建筑业完成增加值11829万元,比上年增长20.5%。全年房屋建筑施工面积415435平方米,比上年增长28.5%;房屋建筑竣工面积108864平方米,减少16.3%。

## 五、固定资产投资与房地产开发

固定资产投资快速增长。2010年,全社会固定资产投资累计完成146260万元,比上年增长74.9%。其中,城镇固定资产投资123800万元,增长80%;农村非农户投资22460万元,增长50.9%。

重点项目投资规模明显扩大。全年500万元以上的重点项目完成投资99896万元,占城镇固定资产投资的68.3%。其中:污水处理厂工程完成投资1000万元;县医院新建工程完成投资2350万元;农村公路畅通工程完成投资4376万元;农村电网改造完成投资1500万元;县城旧路改造完成投资790万元；县城西环路工程完成投资2792万元；县文化中心完成投资2380万元；全县中小综合楼工程完成投资3400万元；县城南环路完成投资2480万元；七仙大道二期工程完成投资1100万元；风情一条街完成投资3950万元；宝亭大道完成投资900万元；六弓乡田洋整治工程完成投资749万元；电视台演播大楼完成投资600万元；保城河两岸建筑立面改造完成投资700万元；七仙文化广场改造完成投资1100万元；凤凰小区完成投资8070万元；桃园小区完成投资3122万元；芙蓉小区完成投资754万元；康乐二期仙女湖完成投资5775万元；呀诺达雨林文化旅游区完成投资17800万元；荔苑完成投资2990万元；海航宁远休闲公园完成投资4887万元；体育休闲中心完成投资7525万元；七仙瑶池度假村完成投资7100万元；七仙温泉度假村完成投资9118万元；缘真水上世界完成投资1170万元；七仙岭登山口改造完成投资1070万元；瓜菜冷藏冻工程完成投资1110万元。

城乡基础设施得到进一步夯实。建设完成县城供水工程、县污水处理厂、县城垃圾填埋场。建成七仙阁楼；启动了县城供水管网改造及扩建工程项目建设。完成毛岸、六弓、什玲等乡镇的路灯建设。县城城区道路装灯率达到96%；亮灯率达到98.5%，城市夜景和谐优美，进一步提高了城镇品味。

房地产开发投资迅猛增长，成为拉动投资增长的主导力量。全年房地产开发完成投资42011万元，同比增长47.6%，占城镇固定资产投资额的29%，是拉动投资快速增长的主力。全年房屋销售面积163629万平方米，增长19.2%。主要项目有：华达房地产二期工程完成投资1050万元；闽庄园房地产完成投资7444万元；泰鑫房地产完成投资3463万元；创基房地产完成投资17983万元；上观园房地产完成投资8500万元；国际会议中心完成投资2100万元。

## 六、消费品市场

消费需求保持旺盛势头。2010年，全县实现社会消费品零售总额39310万元，比上年增长17.9%。按经营地分，城镇零售额22158万元；乡村零售额17152万元。限额以上批发零售贸易业销售额38716万元，增长25.9%，限额以上住宿业营业额7679万元。增长25%，限额以上餐饮业营业额12332万元，增长33.5%。

稳步推进“家电下乡”、“汽车下乡”补贴工作。实施家电下乡优惠政策及商家开展多种促销活动刺激农村消费，拉动内需增长。全年共兑付“家电下乡”、“汽车下乡”财政补贴资金375万元，比上年增长4倍；拉动汽车、摩托车和家电消费等内需3238万元，比上年增长2.2倍。

## 七、旅游业和交通运输邮电业

旅游业较快发展。2010年，全县接待旅游过夜人数33.9万人次，比上年增长26.29%。接待国内旅游者176万人次，增长27.5%；接待入境旅游者2万人次，增长9.9%。旅游总收入23414.39万元，增长29.6%。

交通运输邮电业较快增长。全年交通运输、仓储和邮电业实现增加值1745万元，比上年增长15%。

全年公路完成旅客周转量8736万人公里，增长3.8%；完成货物周转量12700万吨公里，增长26%。

全年邮电业务总量3023万元，其中，电信业务总量1652万元，邮政业务总量1371万元。年末全县固定电话用户14865户，其中，城镇电话用户5963户，农村电话用户8902户。年末移动电话用户6200户，增长51.2%。年末拥有互联网用户4000户，增长17.7%。固定电话普及率9.25%，移动电话普及率3.8%。已通电话的行政村达100%。

## 八、金融和保险业

金融业快速健康发展。2010年末，全县金融机构本外币存款余额368388万元，比上年末增长69.29%。其中，企事业单位存款余额115257万元，增长88.3%。年末金融机构本外币贷款余额万46538元，比上年末增长94.2%。其中，短期贷款28139万元，增长53.5%；中长期贷款18399万元，增长226.2%。金融机构效益显著提高。银行业金融机构资产总额400050万元，比上年增长78.2%；利润总额1202万元，增长74.2%；不良贷款率6.3%,下降2.1个百分点。

保险业务规模迅速扩大。全年保险机构承保金额249363万元,比上年增长158%。实现保费收入2280万元,增长17%。其中,财产险业务收入571万元,增长195%;人身险业务收入1709万元,增长2.8%。在人身险业务收入中,寿险收入1587万元,增长1.9%;人身意外伤害险收入122万元,增长18%。全年各项赔款和给付金额481万元,比上年增长31%。其中,财产险业务赔付309万元,增长161%;人身险业务赔付172万元,下降2.3%。在人身险业务赔付中,寿险赔付11万元,下降45%;健康险赔付10万元,增长37.5%;人身意外伤害险赔付151万元,增长17%。

**九、科学技术、文化和体育**

科技事业进一步发展。科学技术支出613万元,同比增长35.6%。支持科技创新与农业技术推广力度加大。组织申报中央投资技术改造专向资金项目2项,申报省企业技术改造和产业省级专项资金项目3项。组织完成科技富民强县项目(红毛丹良种推广)申报,组织申报海南省星火产业带项目3项,涉及有机瓜菜、特色水果、农产品加工等。农业科技"110"服务体系建设进一步完善。年内农业科技服务110系统先后举办了"荔枝、龙眼管理技术"、"红毛丹换冠、修剪技术"、"辣椒种植技术"等培训班50多次,培训农民3000多人次,实地技术咨询指导服务20多次。免费发放农业科技资料5000多份。成功举办了第六届科技月活动,并获得全省三等奖。在活动期间,共接待科技咨询服务群众5600人次,免费发放各类科技图书1.5万本(册);接受群众免费义诊、咨询人数达800人次;举办各类科技培训班和科技讲座12期,参加学员达560人次;举办大型科技下乡活动4场,参加人数达1500人次;举办科技科普图片展、地震宣传图片展4次。举办"树立低碳理念 创造绿色生活"演讲比赛1次,参加人数达1000余人。

文化事业繁荣发展。文化体育与传媒支出2628万元,比上年增长37.4%。广播电视村村通共完成直播卫星接收设备2247套。全县有线电视用户1.1万户,比上年增长22.2%。广播综合人口覆盖率和电视综合人口覆盖率分别达98%和96%。文化基础设施建设日趋完善。积极推进县城文化中心项目建设。图书馆、文化馆、展览馆大楼已经转入装修阶段,影剧院正在施工中。年内建成了27个篮球场,农家书屋23家,其中乡镇综合文化站4家,村委会19家。配备图书36800册,书架27套96组,制度牌23个,书屋牌23个,开放牌23个,办公书桌23张,以及一批书屋宣传标语。完成9个乡镇,60家村委会共计69个共享资源建设点的建设。配送9套全民健身路径。节庆活动丰富多彩。积极策划组织"三月三"、"嬉水节"、"九九重阳节"活动。这三大节庆活动在立足于保亭独特的地域文化和黎苗文化资源的同时,又各有侧重。"三月三"以黎苗原生态风情为主,"九九登高"以敬老为出发点,通过举办越野健步走、登高比赛等活动,"嬉水节"主要以黎苗特色文化为出发点,实现了历史性突破。2010年中国海南七仙温泉嬉水节首次走出海南,面向全国,走进宝岛台湾。七仙女形象小姐选拔大赛分别在北京、重庆、内蒙、西安、海南设立分赛区,吸引了近千名选手参加,比赛历时3个月。以"黎风古韵锦绣海南"为主题,举办了目前海南参演规模最大,服饰展示最全的一次黎族服饰绣场。推出了大型原创歌舞诗剧《七仙岭的传说》;"浪漫七仙之约"活动为打造中国情人节做了一次有益的尝试。一批具有浓郁黎苗文化特色的雕塑和建筑——旺蛙、和坊、七仙门等相继落成,成为传承黎苗精神文化的载体,使之成为看得见的文化,更加丰富了嬉水节的文化内涵。吉祥物、民族服饰的设计和《蛙文化之乡》出版,还成功举办了首届龙舟赛,以及全县农民文艺汇演、全县农民篮球比赛、全省男子篮球邀请赛、民族传统体育竞技比赛、摄影大赛、黎族织锦苗族染绣工艺比赛、黎族传统八音比赛、民族美食大比拼等一系列活动,参加人数超过14万人次。2010年中国海南"七仙温泉嬉水节"被列入"中国十大著名节庆品牌"并授予荣誉称号,还荣获"2010年度中国节庆产业金手指奖—十大景观生态类节庆"称号。组织织锦能手传承人参加海南省第二届黎族织锦大赛，青年组一人获得二等奖，两人获得优秀奖；中年组两人获得优秀奖；老年组两人获得优秀奖。群众文体活动逢勃开展。为配合2010年七仙形象小姐选拔赛，县民族歌舞团派出小分队先后在海口、三亚、西安、重庆、内蒙古、北京等赛区进行推介演出，向当地市民介绍保亭独特的自然风光和民族风情。在2010年海南东西南北中南部地区广场文艺汇演中，县民族歌舞团获得1个一等奖，1个二等奖，3个三等奖，2个创作奖。

体育事业蓬勃发展。在省少年儿童田径锦标赛中，荣获第五名和第六名；在青少年举重锦标赛上荣获1枚金牌、4枚银牌、4枚铜牌；在省第五届民运会上，获得一枚银牌和三个第四名；在省第五届残运会中，共获得金牌3枚，银牌2枚，铜牌9枚。有4人7次打破省记录，总分和金牌总数均名列第七，并获得代表团体体育道德风尚奖，为我县残联争得荣誉。

## 十、节能减排、环境资源、地质勘查和安全生产

节能减排取得明显成效。进一步加强节能减排工作，实施重点节能减排项目，淘汰小水泥等落后产能；积极推广使用节能灯和应用太阳能热水系统等，省下达给我县的“十一五”节能目标全面完成，化学需氧量、二氧化碳排放量等主要污染物排放总量控制在国家规定的减排目标内。

环境保护和生态建设取得新进展。继续加强退耕还林、水土流失治理、土地荒漠化治理等方面工作，全县生态环境质量继续保持领先水平。年末人工造林面积4000公顷，比上年增长60%。森林覆盖率达81.5%。

城镇环境空气质量总体保持优级。城镇环境空气质量优良天数比例为100%。所有监测城镇的环境空气质量均达到或优于居住区空气质量要求的国家二级标准。环境空气中主要污染物二氧化硫、二氧化氮浓度符合国家环境空气质量一级标准。

地表水环境质量总体保持良好状态。全县集中式生活饮用水源地达到国家地表水Ⅲ类标准；开展监测的城镇集中式生活饮用水水源地水质符合国家集中式饮用水源地水质要求。

地质勘查取得新成果。全年新发现矿产1处，其中金属矿产1种。地质勘查机械岩心钻探1903.5米。

安全生产状况总体稳定。亿元地区生产总值生产安全事故死亡0.59人，比上年下降33.7%。全年无重特大事故发生。发生各类生产安全事故29起，比上年上升31.8%，其中死亡8人，下降20%；直接经济损失9万元，下降84%。全年道路交通事故发生29起，上升38.1%；造成死亡8人，下降11%；直接经济损失9万元，上升37.4%。火灾事故发生0起，无人伤亡。

## 十一、人口总量规模得到有效控制

人口再生产继续保持“低出生、低死亡、低增长”，年末全县户籍人口为170398人(含农垦)，比上年增加1624人。全年人口出生率为14.5‰，人口死亡率为5.05‰，人口自然增长率为9.45‰。符合法定生育率94.84%，出生人口性别比为111.4。

(陈进华，杨雄，黄之裕)

注：

1. 本公报数据为初步统计数，最终核实数以省统计局出版的《海南统计年鉴2011》公布的数据为准；

2. 地区生产总值和各产业增加值绝对数按现行价格计算，增长速度按可比价格计算。

# 2010 年国民经济主要指标

| 指　　标 | 2010 年 | 2009 年 | 比上年增减(%) |
|---|---|---|---|
| 人口与就业 | | | |
| 总人口数(人) | 170398 | 168774 | 0.96 |
| 地方人口数(人) | 116292 | 115066 | 1.07 |
| 社会劳动者人数(人) | 63428 | 61029 | 3.93 |
| #第一产业 | 41656 | 40623 | 2.54 |
| 第二产业 | 4069 | 5075 | -19.82 |
| 第三产业 | 17703 | 15331 | 15.47 |
| 农业 | | | |
| 农业总产值(当年价)(万元) | 85558 | 73586 | 16.27 |
| #种植业 | 43062 | 39924 | 7.86 |
| 林业 | 15634 | 9965 | 56.89 |
| 牧业 | 16687 | 11554 | 44.43 |
| 渔业 | 2028 | 1629 | 24.49 |
| 农林牧渔服务业 | 8147 | 7514 | 8.42 |
| 粮食播种面积(亩) | 98885 | 98158 | 0.74 |
| 粮食总产量(吨) | 29535 | 29840 | -1.02 |
| 早造水稻面积(万亩) | 3.58 | 3.54 | 1.13 |
| 总产量(吨) | 11298 | 11175 | 1.10 |
| 晚造水稻面积(万亩) | 5.2 | 5.42 | -4.06 |
| 总产量(吨) | 15385 | 16382 | -6.09 |
| 油料(吨) | 789 | 657 | 20.09 |
| 甘蔗(吨) | 768 | 516 | 48.84 |
| 瓜菜(吨) | 65978 | 65004 | 1.50 |
| 热作种植面积(亩) | 171511 | 168260 | 1.93 |
| 其中橡胶面积 | 111130 | 109172 | 1.79 |

| 指　　标 | 2010 年 | 2009 年 | 比上年增减(%) |
|---|---|---|---|
| 橡胶产量(吨) | 5675 | 5238 | 8.34 |
| 椰子(万个) | 812 | 799 | 1.63 |
| 槟榔(吨) | 9106 | 8309 | 9.59 |
| 猪牛羊肉(吨) | 6178 | 4508 | 37.05 |
| 水产品(吨) | 3120 | 2808 | 11.11 |
| 造林面积(亩) | 4000 | 4200 | －4.76 |
| 工业 | | | |
| 工业增加值(当年价)(万元) | 5832 | 4460 | 30.76 |
| 发电量(万千瓦时) | 5919 | 6181 | －4.24 |
| 供电量(万千瓦时) | 7915 | 6459 | 22.54 |
| 自来水供水量(万吨) | 204.2 | 162.9 | 25.35 |
| 水泥(万吨) | 3.14 | 7.53 | －58.30 |
| 运输邮电业 | | | |
| 货物周转量(万吨公里) | 12700 | 10076 | 26.04 |
| 旅客周转量(万人公里) | 8736 | 8420 | 3.75 |
| 邮电业务总量(万元) | 3023 | 3153 | －4.12 |
| 固定资产投资 | | | |
| 全社会固定资产投资总额(万元) | 146260 | 83591 | 74.97 |
| #基本建设 | — | 65656 | |
| 房地产 | 42011 | 28461 | 47.61 |
| 全社会新增固定资产(万元) | 52056 | 38103 | 36.62 |
| 全社会竣工房屋建筑面积(平方米) | 187614 | 140018 | 33.99 |
| #住宅 | 166922 | 140018 | 19.21 |
| 国内商业 | | | |
| 社会消费品零售总额(万元) | 39310 | 31976 | 22.94 |
| #城镇 | 22158 | 17251 | 28.44 |
| 乡村 | 17152 | 14725 | 16.48 |
| #批发零售贸易业(万元) | 38716 | 24662 | 56.99 |

| 指　　标 | 2010年 | 2009年 | 比上年增减(%) |
|---|---|---|---|
| 餐饮业(万元) | 12332 | 6437 | 91.58 |
| 其他(万元) | — | 877 | |
| 旅游 | | | |
| 接待过境游客人数(万人次) | 2.2 | 2 | 10.00 |
| 接待过夜游客人数(万人次) | 33.9 | 24.5 | 38.37 |
| 旅游收入(万元) | 23414 | 18300 | 27.95 |
| 旅游饭店客房开房率(%) | — | 50% | |
| 财政金融 | | | |
| 地方财政收入(万元) | 15633 | 8096 | 93.10 |
| 地方财政支出(万元) | 92731 | 67194 | 38.00 |
| 年末金融机构存款余额(万元) | 368388 | 217662 | 69.25 |
| 年末金融机构贷款余额(万元) | 46538 | 23968 | 94.17 |
| 教育 | | | |
| 各级各类在校学生数(人) | 20694 | 23394 | −11.54 |
| 中学在校学生(人) | 9139 | 10357 | −11.76 |
| 职业学校在校生(人) | — | 542 | |
| 小学在校学生(人) | 11555 | 12495 | −7.52 |
| 适龄儿童入学率(%) | 100% | 99.90% | 0.10 |
| 卫生 | | | |
| 卫生机构病床数(张) | 299 | 253 | 18.18 |
| 卫生人员数(人) | 287 | 381 | −24.67 |
| 执业医师数(人) | 96 | 110 | −12.73 |
| 注册护士(人) | 108 | 109 | −0.92 |
| 人民生活 | | | |
| 职工工资总额(万元) | 21651.4 | 15566.6 | 39.09 |
| 职工年平均工资(元) | 29039 | 22782 | 27.46 |
| 城镇居民人均可支配收入(元) | 12977 | 10423 | 24.50 |
| 农民人均纯收入(元) | 3453 | 2872 | 20.23 |

# 2010 年社会消费品零售总额

单位:万元

| 指　　标 | 2010 年 | 2009 年 | 比上年增减(%) |
|---|---|---|---|
| 社会消费品零售总额 | 39311 | 31976 | 22.94 |
| 一、按销售单位所在地分 | | | |
| 1. 县的零售额 | 22158 | 17251 | 28.44 |
| 2. 县以下的零售额 | 17152 | 14725 | 16.48 |
| 二、按行业分 | | | |
| 1. 批发零售贸易业 | 27532 | 24662 | 11.64 |
| 其中:限额以下和个体 | 27532 | 24662 | 11.64 |
| 2. 餐饮业 | 11778 | 6437 | 82.97 |
| 3. 其他 | | 877 | |

# 2010 年工业企业总产值及增加值表

单位:万元

| 指标名称 | 工业总产值 | 比上年增减% | 工业增加值 | 比上年增减% |
|---|---|---|---|---|
| 合计 | 11860 | 2.6 | 4726 | 6.6 |
| 规模以上工业 | 7604 | 93 | 3238 | 3 |
| 规模以下工业 | 4256 | 93 | 1488 | 15.4 |

# 2010 年全县主要工业产品产量表

| 产品名称 | 计量单位 | 年产量 | 比上年增减% | |
|---|---|---|---|---|
| 水泥 | 万吨 | 3.14 | -58.3 | |
| 发电量 | 万千瓦小时 | 5919 | -4.2 | |
| 供电量 | 万千瓦小时 | 7915 | 22.5 | |
| 自来水供应量 | 万吨 | 204.24 | 162.85 | |

# 2010年国民经济主要指标比例关系

| | | |
|---|---|---|
| 从业人员中三次产业比例 | | |
| 第一产业 | 65.67% | 7.05% |
| 第二产业 | 6.42% | 9.72% |
| 第三产业 | 27.91% | 83.23% |
| 地区生产总值中三次产业比例 | | |
| 第一产业 | 38.97% | 39.53% |
| 第二产业 | 12.85% | 12.12% |
| 第三产业 | 48.18% | 48.35% |
| 农业总产值中内部比例 | | |
| 种植业 | 50.33% | 56.56% |
| 林业 | 18.27% | 14.12% |
| 牧业 | 19.50% | 16.37% |
| 渔业 | 2.37% | 2.31% |
| 农林牧渔服务业 | 9.52% | 10.65% |
| 社会消费品零售总额内部比例 | | |
| 城镇 | 56.37% | 53.95% |
| 乡村 | 43.63% | 46.05% |
| 全社会固定资产投资中资金来源比例 | | |
| 国家预算内资金 | 11.59% | 13.44% |
| 国内贷款 | 3.60% | 12.36% |
| 债券 | — | 1.97% |
| 利用外资 | — | — |
| 自筹资金 | 48.49% | 58.62% |
| 其他投资 | 36.31% | 10.51% |
| 全社会固定资产投资比例 | | |
| 城镇投资 | 80.78% | 82.33% |
| 农村非农户 | 14.66% | 14.66% |
| 城乡个人 | 4.56% | 3.00% |
| 财政支出内部比例 | | |
| 支农支出 | 24.38% | 17.28% |
| 社保医疗支出 | 18.93% | 21.51% |
| 文教科支出 | 21.67% | 21.10% |
| 一般公共服务支出 | 12.72% | 15.19% |
| 公共安全支出 | 7.80% | 7.06% |
| 其他支出 | 1.57% | 1.75% |
| 基金支出 | 46.21% | 20.70% |

# 地区生产总值(不含农垦)
## (2010年)

计算单位:万元

| | 代码 | 按当年价格计算 | | 按可比价格计算 | | 增长速度 |
|---|---|---|---|---|---|---|
| | | 2010年 | 2009年 | 2010年 | 2009年 | (%) |
| 甲 | 乙 | 1 | 2 | 3 | 4 | 5 |
| 地区生产总值 | 01 | 137470 | 112240 | 127881 | 112240 | 13.9 |
| 第一产业 | 02 | 53573 | 44423 | 48621 | 44423 | 9.5 |
| 第二产业 | 03 | 17661 | 13765 | 15967 | 13765 | 16.0 |
| 工业 | 04 | 5832 | 4460 | 4754 | 4460 | 6.6 |
| 建筑业 | 05 | 11829 | 9305 | 11213 | 9305 | 20.5 |
| 第三产业 | 06 | 66236 | 54052 | 63293 | 54052 | 17.1 |
| 交通运输、仓储和邮政业 | 07 | 1745 | 1505 | 1731 | 1505 | 15.0 |
| 信息传输、计算方法服务和软件业 | 08 | 5130 | 4252 | 5206 | 4252 | 22.4 |
| 批发和零售业 | 09 | 14119 | 9919 | 13498 | 9919 | 36.1 |
| 批发业 | 10 | 6542 | 4594 | 5980 | 4594 | 30.2 |
| 零售业 | 11 | 7577 | 5325 | 7518 | 5325 | 41.2 |
| 住宿和餐饮业 | 12 | 8087 | 6790 | 7677 | 6790 | 13.1 |
| 住宿业 | 13 | 3408 | 2862 | 3198 | 2862 | 11.7 |
| 餐饮业 | 14 | 4679 | 3928 | 4479 | 3928 | 14.0 |
| 金融业 | 15 | 3298 | 2082 | 3141 | 2082 | 50.9 |
| 银行业 | 16 | 1484 | 958 | 1471 | 958 | 53.5 |
| 证券、保险业 | 17 | 1814 | 1124 | 1670 | 1124 | 48.6 |
| 房地产业 | 18 | 10412 | 8153 | 8886 | 8153 | 9.0 |
| K门类房地产 | 19 | 4799 | 3758 | 4278 | 3758 | 13.8 |
| 居民自由住房折旧 | 20 | 5613 | 4395 | 4608 | 4395 | 4.8 |
| 租赁和商务服务业 | 21 | 1164 | 965 | 1157 | 965 | 19.9 |
| 科学研究、技术服务和地质勘查业 | 22 | 331 | 308 | 319 | 308 | 3.6 |
| 水利、环境和公共设施管理业 | 23 | 754 | 702 | 767 | 702 | 9.3 |
| 居民服务和其他服务业 | 24 | 1548 | 1283 | 1407 | 1283 | 9.7 |
| 教　育 | 25 | 7426 | 6918 | 7401 | 6918 | 7.0 |
| 卫生、社会保障和社会福利业 | 26 | 1773 | 1652 | 1679 | 1652 | 1.6 |
| 文化、体育和娱乐业 | 27 | 2057 | 1705 | 2080 | 1705 | 22.0 |
| 公共管理和社会组织 | 28 | 8392 | 7818 | 8344 | 7818 | 6.7 |

补充资料:人均 GDP

# 保亭县2010年各乡镇总户数、总人口及构成

单位:人

| 地区 | 年末总户数(户) | 年末总人口 | 按性别分 | | | 按农业、非农业分 | | | 按年龄分 | | | |
|---|---|---|---|---|---|---|---|---|---|---|---|---|
| | | | 男 | 女 | 男女性别比 | 农业人口 | 非农人口 | 未落常住户口 | 18岁以下 | 18—35岁 | 35—60岁 | 60岁以上 |
| 总　计 | 51735 | 170398 | 87572 | 82826 | 106:100 | 89910 | 79624 | 864 | 38110 | 54172 | 59504 | 18612 |
| | | | | | | | | | | | | |
| 地方小计 | 32215 | 116292 | 59133 | 57159 | 103:100 | 88830 | 26984 | 478 | 27180 | 41619 | 37398 | 10095 |
| 县　城 | 7416 | 20927 | 10050 | 10877 | 92:100 | 1200 | 19727 | 0 | 4934 | 7069 | 7318 | 1606 |
| 保城镇 | 3339 | 12379 | 6343 | 6036 | 105:100 | 11498 | 829 | 52 | 2612 | 4225 | 4364 | 1178 |
| 什玲镇 | 4007 | 15164 | 7861 | 7303 | 108:100 | 14107 | 925 | 132 | 3428 | 5383 | 4965 | 1388 |
| 加茂镇 | 3191 | 11255 | 5663 | 5592 | 101:100 | 10195 | 1060 | 0 | 2895 | 3836 | 2597 | 1927 |
| 响水镇 | 3347 | 13460 | 6975 | 6485 | 108:100 | 11951 | 1509 | 0 | 3019 | 5143 | 4441 | 857 |
| 新政镇 | 3622 | 14555 | 7570 | 6985 | 108:100 | 13110 | 1346 | 99 | 3610 | 5470 | 4224 | 1251 |
| 三道镇 | 2947 | 10987 | 5590 | 5397 | 104:100 | 10171 | 692 | 124 | 3207 | 4103 | 3012 | 665 |
| 毛感乡 | 1044 | 4386 | 2248 | 2138 | 105:100 | 4094 | 221 | 71 | 1103 | 1692 | 1247 | 344 |
| 六弓乡 | 1768 | 7130 | 3610 | 3520 | 103:100 | 6865 | 265 | 0 | 1221 | 2444 | 3136 | 329 |
| 南林乡 | 1534 | 6049 | 3223 | 2826 | 114:100 | 5639 | 410 | 0 | 1151 | 2254 | 2094 | 550 |
| | | | | | | | | | | | | |
| 农垦小计 | 19520 | 54106 | 28439 | 25667 | 111:100 | 1080 | 52640 | 386 | 10930 | 12553 | 22106 | 8517 |
| 金江农场 | 3861 | 10403 | 5481 | 4922 | 111:100 | 0 | 10158 | 245 | 2046 | 2058 | 4337 | 1962 |
| 新星农场 | 4429 | 12397 | 6534 | 5863 | 111:100 | 261 | 11995 | 141 | 2561 | 2749 | 5266 | 1821 |
| 南茂农场 | 5949 | 15540 | 8158 | 7382 | 111:100 | 16 | 15524 | 0 | 3495 | 3574 | 6246 | 2225 |
| 三道农场 | 2573 | 7668 | 4054 | 3614 | 112:100 | 704 | 6964 | 0 | 1439 | 2282 | 2955 | 992 |
| 热作所 | 1613 | 4110 | 2101 | 2009 | 105:100 | 30 | 4080 | 0 | 803 | 1149 | 1521 | 637 |
| 五指山茶场 | 1095 | 3988 | 2111 | 1877 | 112:100 | 69 | 3919 | 0 | 586 | 741 | 1781 | 880 |

注:本表数据为户籍人口,由县公安局提供

# 农林牧渔业总产值及指数

| 指标名称 | 2010年 | | 2009年 | | 2008年 |
|---|---|---|---|---|---|
| | 产值 | 指数 上年＝100 | 产值 | 指数 上年＝100 | 产值 |
| 一、农林牧渔业总产值 | 85558 | 121.21 | 70586 | 108.41 | 65113 |
| (一)农业产值 | 43062 | 107.86 | 39924 | 116.12 | 34383 |
| 1. 谷物及其他作物 | 7996 | 109.67 | 7291 | 98.73 | 7385 |
| (1)谷　物 | 6275 | 108.83 | 5766 | 100.77 | 5722 |
| 其中:稻　谷 | 5944 | 107.86 | 5511 | 102.74 | 5364 |
| (2)薯　类 | 1262 | 153.16 | 824 | 81.83 | 1007 |
| (3)油　料 | 319 | 123.17 | 259 | 116.14 | 223 |
| (4)豆　类 | 14 | 127.27 | 11 | 110.00 | 10 |
| (5)棉　花 | — | — | — | — | — |
| (6)麻　类 | — | — | — | — | — |
| (7)糖　料 | 101 | 160.32 | 63 | 101.61 | 62 |
| (8)烟　草 | — | — | — | — | — |
| (9)其他农作物 | 23 | 6.27 | 367 | 101.38 | 362 |
| 2. 蔬菜园艺作物 | 16824 | 95.86 | 17551 | 112.69 | 15574 |
| (1)蔬 菜(含菜用瓜) | 16824 | 95.86 | 17551 | 111.27 | 15774 |
| (2)花　卉 | — | — | — | — | — |
| (3)其他园艺作物 | — | — | — | — | — |
| 3. 水果、饮料和香料作物 | 17748 | 117.67 | 15083 | 133.60 | 11290 |
| 4. 中药材 | 495 | — | — | — | — |
| (二)林业产值 | 15634 | 156.89 | 9965 | 100.24 | 9941 |
| 1. 林木的培育和种植 | 1793 | 137.50 | 1304 | 86.36 | 1510 |
| 2. 竹木采运(全社会) | 1268 | 146.93 | 863 | 95.89 | 900 |
| 3. 林产品 | 12573 | 151.70 | 8288 | 110.05 | 7531 |
| (三)牧业产值 | 16687 | 144.43 | 11554 | 95.82 | 12058 |
| 1. 牲畜饲养 | 2326 | 115.95 | 2006 | 141.67 | 1416 |
| 2. 猪的饲养 | 10075 | 141.03 | 7144 | 83.84 | 8521 |
| 3. 家禽饲养 | 2968 | 133.27 | 2227 | 115.27 | 1932 |
| (四)渔业产品 | 2028 | 124.49 | 1629 | 117.62 | 1385 |
| (五)农林牧渔服务业 | 8147 | 108.42 | 7514 | 102.29 | 7346 |
| 二、农林牧渔业增加值 | 53473 | 120.37 | 44423 | 106.34 | 41776 |
| (一)农业增加值 | 28447 | 107.87 | 26372 | 112.26 | 23491 |
| (二)林业增加值 | 10278 | 156.89 | 6551 | 97.86 | 6694 |
| (三)牧业增加值 | 9328 | 142.15 | 6562 | 94.65 | 6933 |
| (四)渔业增加值 | 1294 | 124.42 | 1040 | 112.07 | 928 |
| (五)农林牧渔服务业增加值 | 4226 | 108.41 | 3898 | 104.50 | 3730 |

# 2010年城镇注册经济单位从业人员和劳动报酬主要情况表

| 项目 | 年末从业人员（人） | 女 | 年末在岗职工人数（人） | 从业人员劳动报酬总额(万元) | 在岗职工工资总额（万元） | 从业人员年平均报酬(元) | 在岗职工年平均工资(元) |
|---|---|---|---|---|---|---|---|
| 总计 | 8090 | 3317 | 7555 | 22376 | 21651.4 | 28023 | 29039 |
| 一、农林牧渔业 | 497 | 154 | 497 | 1216.8 | 1216.8 | 24632 | 24632 |
| 二、采矿业 | | | | | | | |
| 三、制造业 | 161 | 53 | 161 | 262.8 | 262.8 | 16528 | 16528 |
| 四、电力、燃气及水生产和供应业 | 526 | 152 | 495 | 1878.3 | 1782 | 35641 | 35927 |
| 五、建筑业 | | | | | | | |
| 六、交通运输、仓储和邮政业 | 530 | 211 | 530 | 976.2 | 976.2 | 18594 | 18594 |
| 七、信息传输、计算机服务和软件业 | 27 | 5 | 27 | 132 | 132 | 47143 | 47143 |
| 八、批发与零售业 | 183 | 87 | 183 | 186.5 | 186.5 | 10191 | 10191 |
| 九、住宿和餐饮业 | 178 | 102 | 178 | 244.9 | 244.9 | 14933 | 14933 |
| 十、金融业 | 181 | 68 | 180 | 516.8 | 516.8 | 29034 | 29034 |
| 十一、房地产业 | 211 | 64 | 211 | 480.5 | 480.5 | 23325 | 23325 |
| 十二、租赁与商务服务业 | 113 | 43 | 97 | 193.7 | 182.9 | 17609 | 19457 |
| 十三、科学研究、技术服务与地质勘察业 | 56 | 14 | 46 | 147.5 | 130.3 | 26818 | 28956 |
| 十四、水利、环境和公共设施管理业 | 429 | 230 | 408 | 699.5 | 660.4 | 16305 | 16186 |
| 十五、居民服务和其他服务业 | | | | | | | |
| 十六、教育 | 2374 | 1218 | 2276 | 8092.2 | 7899.2 | 34029 | 34029 |
| 十七、卫生、社会保障和社会福利业 | 431 | 287 | 326 | 755.3 | 628.4 | 17647 | 19455 |
| 十八、文化、体育与娱乐业 | 34 | 13 | 20 | 100 | 86 | 31250 | 47778 |
| 十九、公共管理与社会组织 | 2159 | 616 | 1920 | 6493 | 6267.7 | 31082 | 33752 |

# 2010年城镇居民家庭收支情况分析表

| 项　　目 | 2010年<br>1—12月(元) | 2009年<br>1—12月(元) | 比上年同期<br>增减额(元) | 同比涨跌<br>±% |
| --- | --- | --- | --- | --- |
| 一、人均家庭总收入 | 12977.00 | 10423.00 | 2554.00 | 24.5 |
| 二、人均家庭总支出 | 11064.75 | 8411.51 | 2653.24 | 31.5 |
| (一)人均消费支出 | 9192.30 | 7153.60 | 2038.70 | 28.5 |
| 1. 食品 | 4015.65 | 3664.83 | 350.82 | 9.6 |
| 2. 衣着 | 438.03 | 357.11 | 80.92 | 22.7 |
| 3. 居住 | 984.62 | 444.84 | 539.78 | 121.3 |
| 4. 家庭设备用品及服务 | 411.53 | 352.85 | 58.68 | 16.6 |
| 5. 医疗保健 | 1548.23 | 1112.57 | 435.66 | 39.2 |
| 6. 交通和通信 | 632.82 | 561.92 | 70.90 | 12.6 |
| 7. 教育文化娱乐服务 | 983.66 | 569.03 | 414.63 | 72.9 |
| 8. 杂项商品和服务 | 177.77 | 90.47 | 87.30 | 96.5 |

# 2010年农民纯收入结构对比报表

| 指标名称 | 单位 | 2010年 | 2009年 | 增减绝对数 | 增幅(%) |
|---|---|---|---|---|---|
| 全年纯收入 | 元 | 3453 | 2872 | 581 | 20.23 |
| (一)工资性收入 | 元 | 656 | 536 | 120 | 22.39 |
| (二)家庭经营纯收入 | 元 | 2476 | 2071 | 405 | 19.56 |
| 1. 第一产业纯收入 | 元 | 2163 | 1804 | 359 | 19.90 |
| 2. 第二产业纯收入 | 元 | 120 | 105 | 15 | 14.29 |
| 3. 第三产业纯收入 | 元 | 193 | 162 | 31 | 19.14 |
| (三)财产性纯收入 | 元 | 56 | 45 | 11 | 24.44 |
| (四)转移性纯收入 | 元 | 265 | 220 | 45 | 20.45 |

# 社会保险费收入情况

| 项　　目 | 实际参保人数(人) | | | | 保险费收入(万元) | | | |
|---|---|---|---|---|---|---|---|---|
| | 2007 年 | 2008 年 | 2009 年 | 2010 年 | 2007 年 | 2008 年 | 2009 年 | 2010 年 |
| 合　　计 | | | | | 4511 | 4714 | 25866 | 11946.41 |
| 一、养老保险 | 8430 | 8905 | 23681 | 24609 | 3440 | 3425 | 19403 | 8454.37 |
| 行政事业单位 | 4367 | 3581 | 2478 | 2994 | 1676 | 1687 | 1774 | 2003.18 |
| 企业单位 | 4063 | 5324 | 21203 | 21615 | 1764 | 1738 | 17629 | 6451.19 |
| 二、工伤保险 | 6474 | 7415 | 17104 | 17676 | 64 | 76 | 251 | 103.83 |
| 行政事业单位 | 4575 | 4679 | 4621 | 4397 | | | | |
| 企业单位 | 1899 | 2736 | 12483 | 13279 | | | | |
| 三、失业保险 | | | | | | | | |
| 行政事业单位 | | | | | | | | |
| 企业单位 | | | | | | | | |
| 四、医疗保险 | 7476 | 8302 | 18693 | 19414 | 895 | 1108 | 6094 | 3299.82 |
| 行政事业单位 | 4575 | 3485 | 5181 | 6240 | 607 | 664 | 840 | 1080.89 |
| 企业单位 | 2901 | 4817 | 13512 | 13174 | 288 | 444 | 5254 | 2218.93 |
| 五、补充医疗保险 | 8191 | 6972 | | | 57 | 42 | | |
| 行政事业单位 | 4820 | 4052 | | | | | | |
| 企业单位 | 3371 | 2920 | | | | | | |
| 六、生育保险 | 6493 | 7258 | 16949 | 17476 | 55 | 63 | 118 | 88.39 |
| 行政事业单位 | 4575 | 4679 | 4707 | 5693 | | | | |
| 企业单位 | 1918 | 2568 | 12231 | 11783 | | | | |
| 其他 | | 11 | 11 | | | | | |

# 城镇居民人均收入和支出情况分析

根据全县城镇居民抽样调查资料显示,2010年城镇居民人均可支配收入为13335.92元,同比增加2913元,比上年名义增长27.9%;户均家庭人口3.87人,增长1.6%;其中,户均就业人口2.08人,增长20.9%。个体经营14户22人(同期比增2户),领养老金或离退休金12户16人(同比增8户8人)。

## 一、收入情况

从城镇居民收入结构来看,2010年全县城镇居民四大项收入仍然是经营、财产、转移稳步增长,工薪小幅增长。

1. 工薪收入小幅增长。全县2010年度城镇居民人均工薪收入为8479.14元,比去年同期增372.65元,涨4.6%。其中工资及补贴收入为7555.13元,增578元,涨8.3%;其他劳动收入为924.01元,同比跌18.2%。工薪收入增长幅度下跌的主要原因:一是虽然今年公务员人均月增幅300元,但是只补发去年的10、11、12三个月共900元,可是去年人均月增幅为464.50元,而且是补发一年共5574元;二是调查户中享受2010年特区津贴的人口19人(月人均500元,补发1—11月份),占的比重是12.3%,工资的浮动情况会直接影响工薪收入;三是个人观念和家庭因素,导致外出务工和兼职减少;四是有1户家庭是轮岗,工资低、收入不稳定。

2. 政府的旅游强县政策促进经营净收入大幅增长。为了做大做强旅游产业,县出台了多项政策,如:对经营农家乐给予资金扶持等等,促进了农家乐产业的发展,旅游人数年年上台阶,也增加了城乡收入。年度城镇居民人均经营净收入为3113.67元,比上年同期增加1263.55元,涨68.3%,拉动可支配收入11.35%。增长的原因主要是:新增2户个体经营户,一个是经营农家乐(平均月收入16791.67元),另一个是经营茶饮(月均3863元)。

3. 财产性收入转为正增长。全县年度城镇居民人均财产性收入为145.76元,比去年同期增加94.61元,涨185%。受国际旅游岛的影响,房租攀高,促进增长。

4. 转移性收入仍然稳步增长。全县城镇居民人均转移性收入为2283.57元,比去年同期增加895.53元,同比增长64.5%,可拉动8.04%。增长的原因:一是增发离退休人员养老金或离退休金;二是新增8户8位退休人员(其中2位是退休公务员);三是春节红包收入、给老人的赡养费增多;四是有1调查户中4次彩票共1.56万元。

## 二、支出情况

2010年度家庭总支出11064.75元,比去年同期增加2653.24元,增长31.5%,其中人均消费支出9192.3元,比去年人均增加2038.7元,增长28.5%。从整个消费支出结构看,唱主角是居住(增幅大的原因是有一户装潢房子)、医疗保健(增长的原因是2个调查户有人生病住院)、教育文化娱乐服务(增长的原因是新增2名大学)、杂项商品和服务。详见下表:

### 2010年保亭县城镇居民消费支出情况表

| 指　　标 | 2010年(元) | 2009年(元) | 增减额(元) | 同比增幅(±%) |
|---|---|---|---|---|
| 人均家庭总支出 | 11064.75 | 8411.51 | 2653.24 | 31.5 |
| 人均消费支出 | 9192.3 | 7153.6 | 2038.7 | 28.5 |

| 指　　标 | 2010 年(元) | 2009 年(元) | 增减额(元) | 同比增幅(±%) |
|---|---|---|---|---|
| 食品 | 4015.65 | 3664.83 | 350.82 | 9.6 |
| 衣着 | 438.03 | 357.11 | 80.92 | 22.7 |
| 居住 | 984.62 | 444.84 | 539.78 | 121.3 |
| 家庭设备用品及服务 | 411.53 | 352.85 | 58.68 | 16.6 |
| 医疗保健 | 1548.23 | 1112.57 | 435.66 | 39.2 |
| 交通和通信 | 632.82 | 561.92 | 70.9 | 12.6 |
| 教育文化娱乐服务 | 983.66 | 569.03 | 414.63 | 72.9 |
| 杂项商品和服务 | 177.77 | 90.47 | 87.3 | 96.5 |

从以上数字看，增长幅度大的是居住、医疗保健、教育文化娱乐服务，占家庭总支入的贡献比较大的是食品和医疗保健。

# 农民增收情况分析

2010年,保亭县农业遭受到50年不遇强降水、瓜菜质量安全问题、价格大幅度波动等一系列不利因素的影响和冲击。为保证农业增效农民增收,县委、县政府高度重视,采取积极有效措施,应对自然灾害及突发事件,积极落实"抓项目,调结构,促民生,保稳定",群策群力,真抓实干,有效促进了全县经济社会平稳快速健康发展,农村居民收入稳定增加,生活水平得到进一步提高。

## 一、农民人均纯收入构成情况

据对全县60户农户的抽样调查资料汇总,并经国家统计局海南调查总队审定的数据显示:2010年保亭农村居民人均纯收入为3453元,比上年同期增加581元,增长20.2%。2010年农民人均纯收入与2009年同期对比如下:

**2010年与2009年人均纯收入对比表**

| 指标名称 | 2010年(元) | 2009年(元) | 比上年±(元) | 增幅(%) |
|---|---|---|---|---|
| 全年人均纯收入 | 3453 | 2872 | 581 | 20.2 |
| (一)工资性收入 | 656 | 536 | 120 | 22.4 |
| (二)家庭经营纯收入 | 2476 | 2071 | 405 | 19.6 |
| 1. 第一产业纯收入 | 2163 | 1804 | 359 | 19.9 |
| ①农业收入 | 1038 | 913 | 125 | 13.69 |
| ②林业收入 | 903 | 763 | 140 | 18.35 |
| ③牧业收入 | 220 | 126 | 94 | 74.6 |
| ④渔业收入 | 2 | 2 | —— | —— |
| 2. 第二产业纯收入 | 120 | 105 | 15 | 14.3 |
| 3. 第三产业纯收入 | 193 | 162 | 31 | 19.1 |
| (三)财产性收入 | 56 | 45 | 11 | 24.4 |
| (四)转移性收入 | 265 | 220 | 45 | 20.5 |

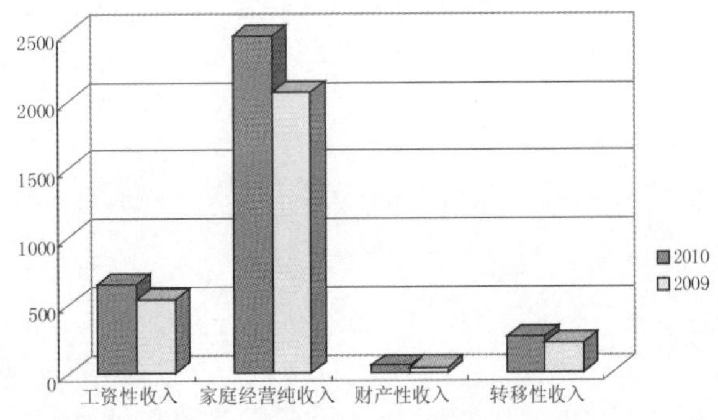


从以上图表可知,2010年农民人均纯收入四大项指标呈全面增长态势。其中,工资性收入占全部人均纯收入的19%,人均为656元,比上年同期增加120元,增长22.4%;家庭经营纯收入占全部人均纯收入的71.7%,人均为2476元,比上年同期增加405元,增长19.6%;财产性纯收入占全部人均纯收入的1.6%,人均为56元,比上年同期增加11元,增长24.4%;转移性纯收入占全部人均纯收入的7.7%,人均为265元,比上年同期增加45元,增长20.5%。由此可见,家庭

经营纯收入对农民增收贡献最大，为主要来源；工资性收入对农民增收贡献较大，具有较大发展潜力。

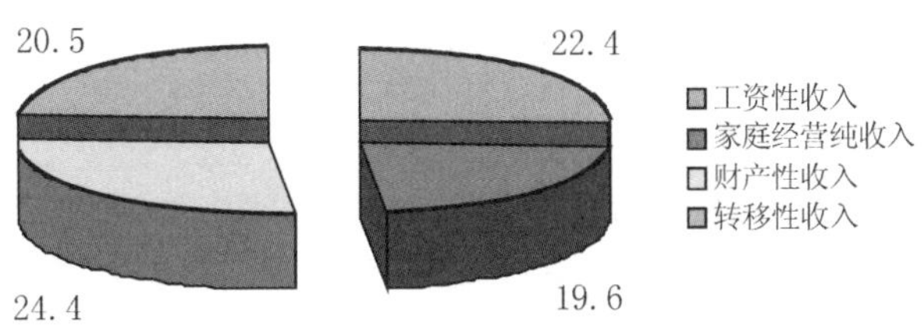


（一）工资性收入呈现出较好的上升趋势

1. 2010年年初以来，全县提高村干部的工资收入，非企业组织中劳动收入这块较上年有了大幅提高。农民在非企业组织劳动得到收入人均为205元，比上年同期增加22元，增长12%。

2. 本乡地域内劳动收入快速增长。全年农民在本乡地域内劳动得到收入人均为289元，比上年同期增加44元，增长18%。主要原因是县加快城区开发建设，带动相关产业的快速发展，也有力地拉动了农民本地务工的热情，同时，本地务工的日薪酬劳也有了很大的提高，基本达到80—130元/天。

3. 随着国内外经济形势的好转，外出打工人员收入也稳定增加，成为工资性收入增长的重要渠道。外出从业人员人均收入为162元，比上年同期增加54元，增长50%。

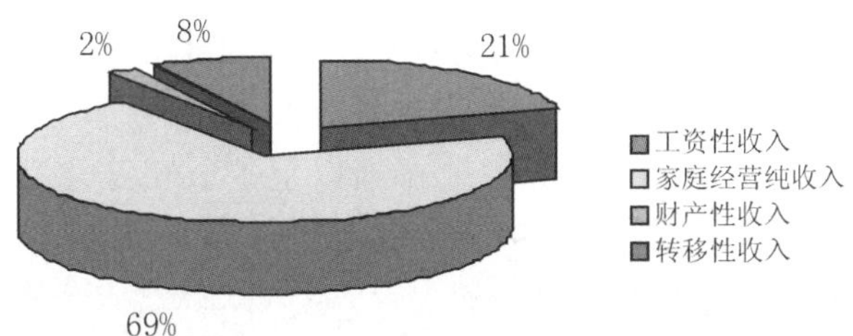


（二）家庭经营性收入仍是全县农村居民的主要收入来源

一年来，县继续加快推进现代农业发展步伐，推动全县农业从传统向现代化转变，热带现代特色农业不断做大做强，槟榔、瓜菜、橡胶三大支柱产业地位进一步得到巩固。2010年全县农业完成增加值53473万元，比上年增长9.5%。分产业看，渔业完成增加值1166万元，比上年增长9%；林业完成增加值9985万元，比上年增长11.8%；干胶产量5675吨，增长8.3%；种植业完成增加值29632万元，比上年增长7.6%；瓜菜产量65978吨，增长1.5%；水果产量8349吨，增长3.6%；畜牧业完成增加值8386万元，增长20%；肉类总产量7600吨，增长37%。全县万头以上猪场已达到4个，其中今年新建2个。生猪出岛量45120头，水产品3120吨。县热带现代特色农业初具规模，成为农民持续稳定增收的重要来源。

第一产业纯收入是家庭经营纯收入的主要来源。2010年，第一产业纯收入人均为2163元，比上年同期增加359元，增长19.9%。农业、林业、牧业和渔业收入人均分别为1038元、903元、220元，比上年同期增加分别为913元、763元、126元，增幅分别为13.7%、18.4%、74.6%、持平。

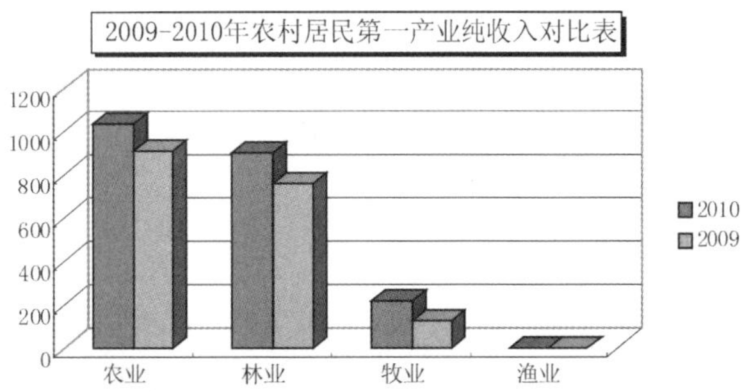


2009—2010年农村居民第一产业纯收入对比表

根据图二所示，作为第一产业重要组成部分的农业收入呈逐年明显上升趋势，成为全县农村居民增收的主要动力。牧业和渔业呈缓慢发展趋势，林业收入增幅2010年较往年有了较快提高，但所占份额不高。促进林业、牧业和渔业的发展，成为促进全县农民增收的重要渠道。

第二产业收入增长势头良好。第二产业纯收入占全部人均纯收入的3.5%，人均为120元，比上年同期增加15元，增长14.3%；主要原因是在省建设国际旅游岛的大环境牵动下，房地产行业出现迅猛发展,部分地区大规模拆迁建房,建筑业用工缺口进一步加大,工资水平得到进一步提高,农民在第二产业上的收入正在平稳地上升,基础设施投资和房地产业是全年经济增长的主要推动力。

第三产业纯收入的快速增长同样得益于旅游岛建设,旅游业的发展带动了餐饮、交通、运输收入的快速上升。第三产业纯收入占全部人均纯收入的5.6%,人均为193元,比上年同期增加31元,增长19.1%。

农民第一、二和三产业对家庭经营性收入的贡献图

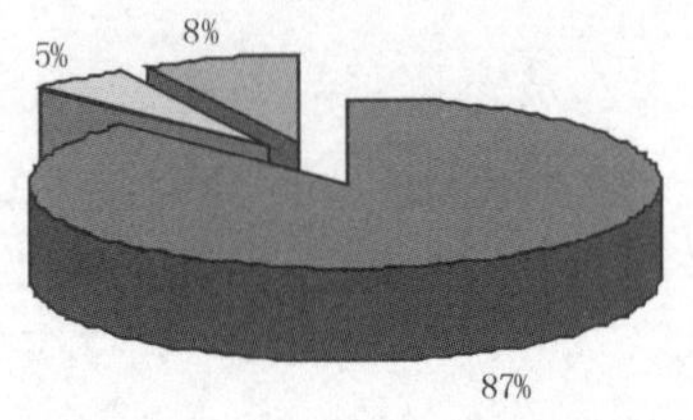


(三)财产性收入继续增加。2010年农民人均财产性纯收入56元,比上年同期增加11元,同比增长24.4%。财产性收入主要来源于租金和转让承包土地经营权收入。财产性纯收入占农民人均纯收入的比重为1.6%。

(四)转移性纯收入成为农民增收的最大亮点。2010年农民人均转移性纯收入265元,比上年同期增加45元,同比增长20.5%。转移性纯收入占农民人均纯收入的比重为7.7%。转移性纯收入的大幅上涨得益于县政府一年来不断加大对三农的扶持力度和惠农政策的落实。

## 二、农民增收存在的问题

保亭是一个农业生产县,2010年农业增加值为53473万元,占全县生产总值的39.2%,农业种植品种杂、没有达到规模化生产、生产技术不统一严重地影响农作物的产量和质量,降低了农业生产的效益,再加上农村基础设施薄弱,农业综合生产能力较差等条件的限制,影响了农民收入的增长,究其原因主要有:

(一)农民整体素质不高,还不能适应新形势下市场经济发展的要求。突出表现:一是文化素质较低。据调查分析,农民劳动力中,不识字或识字不多占2.8%,小学文化程度占14.3%左右,初中文化程度占65%,高中文化程度占14.7%,中专文化程度占3.2%;二是思想僵化,心理承受能力较差。在结构调整上,思路狭窄,不敢主动出击,存在等靠思想和过分依赖政府心理,瞻前顾后,怕担风险,不敢大胆地调整产品结构,不具备适应市场经济的应变能力。三是绝大多数农民对市场把握不准。从调查情况看,多数农民不了解和掌握市场行情,对市场需要什么,既不去研究,也不会去搞深入细致的调查,捕捉不到有价值的市场信息,对市场判断不准把握不准,在组织农业生产时,不是先看市场后抓生产,而是今年的生产看去年,大家蜂拥而上搞种植,产品相对集中上市,价格受挫,造成的后果是"什么赚钱种什么,种出什么就赔钱",收益减少。

2010年农村住户劳动力文化程度比重(%)

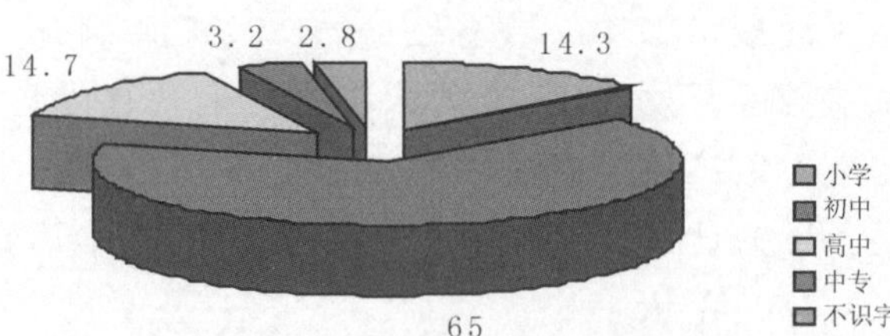


(二)在占人均纯收入达71.7%的家庭经营收入中,87.4%来自第一产业的收入,仅有12.6%来自第二产业和第三产业收入,且第一产业的发展面临变数大,易受诸多不确定因素的影响,特别是受自然因素、市场因素影响较大,增收幅度有限。林业、渔业发展缓慢,不能有效地促进农民增收。全县拥有11.1万亩的民营橡胶,拥有较为丰厚的自然资源,但林业和渔业却没有获得有效发展,给农民带来丰厚的收入。

(三)市场价格与供求难以把握。由于各种原因,农产品价格和产品供求难以预期掌握,在以农业收入为主的全县农民,农产品价格很大程度上左右着农民的收入。农民还难以做到准确把握市场行情,安排农业生产还有较大的盲目性,因此容易出现供大于求、生产过剩,增产不增收的情况。

### 三、增加农民收入的几点建议

促进农民增收,关键是要贯彻落实统筹城乡发展的方略,坚持“多予少取放活”的方针,既要从“三农”本身考虑问题、寻找出路,更要跳出“三农”,从经济社会发展全局思考问题、研究对策;既要大力挖掘农业和农村内部增收的潜力,又要在农业和农村外部寻求增收途径;既要从当前实际情况出发,采取尽快见效的具体增收措施,又要着眼于长远寻求解决农民增收问题的治本之策;既要着眼于发展,培育新的增长点,又要加快改革步伐,解决深层次的矛盾和问题,解放和发展农村生产力。当前增加农民收入的主要对策有:

(一)加强农村产业结构调整,大力实施科教兴农战略。根据海南的地理位置,发挥海南区位优势和农业比较优势,大力发展保亭特色农业、精品农业和品牌农业。优化农业资源配置,提高资源利用率,就必须加强农村产业结构的调整,促进农村经济向规模化、效益化发展。规模化生产既可减少农民对生产成本的投入,又可提高农产品的质量和竞争力,增加农民收入,是个利国利民的生产方式。发展科技型农业,把传统生产技术与现代先进技术知识紧密结合起来,大力发展科技含量高的名、特、优、新产品;大力推广保护栽培和反季节栽培,在发展反季节蔬菜的基础上,利用高中温棚,搞好反季节瓜果、林果和兰花的开发生产;加快农业新技术推广步伐,充分发挥农技部门和村科技带头户的作用,坚持示范引导和农民自愿相结合,带动农民采用新的农业技术,提高农业生产的科技含量;加强科技示范园区建设和对农民群众的先进实用技术培训,提高农民的科技致富本领,同时要因地制宜,搞好农业内部结构调整,要本着调什么、怎么调、调多少的原则,搞好规划,有目的、有计划地增加经济作物面积,在农业内部结构调整中要积极采取政府推动、能人带动、示范驱动、市场拉动、组织推广等措施,大力发展名、特、优、反季节、耐储存、可加工的经济作物,由单位面积产量的增加向单位面积效益的增长转变;要围绕加工抓调整,抓龙头企业带动作用,建好生产基地,壮大龙头企业,提高农产品附加值。

(二)推进特色农作物“一村一品”科技增收项目,有效促进特色优势产业全面发展。各乡镇和村委会要把发展抓项目放在首要位置,结合当地自然气候条件和生产特点,积极配合县委、县政府特色优势产业增产增收计划实施方案,积极引导、鼓励和扶持生产条件优越、产业基础好、群众积极性高和发展潜力大的区域,发展经济作物生产专业村,申报争取和组织实施一批农业建设、科研、技术推广和产业开发类项目。做到成熟一个,发展一个,以点带面,发挥规模效益,走“一村一品”的特色化、专业化、规模化、高效益化发展之路。

(三)加强生产资料的管理。由于保亭县是农业生产县,生产资料的质量与价格的高低直接影响农民纯收入的多少和农民扩大再生产的投入,因此各级政府应加强生产资料质量的鉴定与价格的控制,严防“豇豆”事件的发生,减轻农民对生产成本的投入,达到增加农民收入的目的。

(四)大力发展畜牧业生产。由 2010 年农村住户调查表可知,全县牧业人均纯收入为 220 元,占全年纯收入 6.4%,比上年同期增加 94 元,增长 74.6%。由此可见,全县的畜牧业生产发展空间还很大,发展生猪、什玲鸡、山羊和牛等绿色产品生产利国利民值得提倡。

(五)提高农民的科学文化素质。要增加农民收入,关键在于农民自身的文化素质。农民的文化素质相对较低,这就要求政府部门下乡组织农民技能培训,打破思想僵化的局面,让农民大胆尝试,自主创新,随机应变,让农民更多更早的了解市场的最新信息和动态。收入来自于农民,农民必须从自身做好。通过转移农村劳动力向非农产业进军,增加农民的就业渠道和收入来源。

(六)不断壮大县域经济。壮大县域经济,重在突出个性,形成特色。要立足区位和资源优势,面向市场需求,培育和壮大支柱产业,就必须做到:县镇职能划分。在推进农业产业基础规模进程中“县级集中抓示范,镇级集中抓推进,农民主动去参与”。在推进农业工业化进程中“县级集中抓项目，镇级集中抓产业”。在县镇共建机制中:“县级集中抓服务，基层集中抓落实”。科学规范划分工作职能，做到“各司其职，各尽其力，各负其责”的推进农民增收示范村建设工作机制，努力用一到两年的时间，开创县域农民增收工作新局面。

总之，要提高农民收入，就必须继续调整优化农业结构，实现产业向“三二一”转变，促进科技进步，通过增进农业效益来提高农民收入；要着力拉升农村工业化和农业产业水平，发展壮大县域经济，通过统筹城乡经济发展促进农民增收；要积极推动农业生产规模化、产业化，通过延长产业链促进农民增收；要加大对农业的“反哺”力度，实施有效的保护农业政策，不断增加对农业的投入；要加快转移农村剩余劳动力，通过转移农村剩余劳动力增加农民收入，最终实现全面小康社会的目标。

（杨　雄）

11

# 大事记

365/412

# 大 事 记

## 1月

**1—3日** （自2009年12月30日起）县委书记郑作生率县考察团一行31人，前往云南省昆明、丽江、香格里拉等地考察学习当地的旅游业、民族文化和城市建设等方面的先进经验和做法。在为期4天的考察中，考察团先后参观了丽江古城的四方街、束河古镇、黑龙潭、玉水寨，香格里拉的虎跳峡、独克宗古城、普达措景区，昆明的鲜花市场等。考察团每到一处都仔细地察看和询问，并就如何结合保亭的实际，学习借鉴云南省城市建设和管理的具体做法和先进经验，做大做强保亭县旅游产业，打造更具特色的少数民族文化，完善城市规划引领经济发展，促进保亭又好又快发展等方面进行了交流和探讨。

**3日** 国家发展和改革委员会副主任、国家能源局局长张国宝一行在省政协副主席赵丽莎，县委副书记、县长彭家典的陪同下，来到呀诺达景区调研。彭家典向客人介绍了保亭县旅游总体规划和旅游发展情况。张国宝看好保亭县旅游产业发展前景，他对呀诺达景区的地理位置和丰富的雨林资源，赞不绝口，说呀诺达景区风景如画，处处是美景，表示愿意做保亭旅游的义务宣传员，向外界宣传保亭的旅游品牌。

**5日** 由省政府副省长符跃兰为组长、省纪委常委廖光普为副组长的"省惩治和预防腐败体系建设暨党风廉政建设责任制执行情况第五检查考核组"一行，开始在保亭县进行惩治和预防腐败体系建设暨党风廉政建设责任制执行情况检查考核活动。县委书记郑作生作2009年度县惩治和预防腐败体系建设暨党风廉政建设责任制执行情况汇报；郑作生、彭家典分别作述职述廉报告。与会人员还对2009年度县领导班子及县党政主要负责人党风廉政建设情况进行了民主测评。

**同日** 海南省第一个非物质文化遗产保护基地——"保亭县非物质文化遗产槟榔谷陈列馆"在保亭县三道镇甘什岭槟榔谷海南原住民文化游览区挂牌成立。海南省群众艺术馆馆长邓景华以及县政府副县长王文平等领导出席挂牌成立仪式，并为陈列馆揭牌。保亭县非物质文化遗产槟榔谷陈列馆陈列了四个国家级非物质文化遗产项目，分别是："黎族钻木取火技艺"、"黎族树皮布制作技艺"、"黎族传统纺染织绣技艺"和"黎族竹木器乐"。四个省级非物质文化遗产项目，分别是："黎族文身"、"黎族民间故事"、"黎族独木器具制作技艺"和"黎族藤竹编织技艺"。其中，"黎族传统纺染织绣技艺"于2009年被联合国教科文组织列入首批急需保护的"非遗"名录。目前，保亭"黎族钻木取火技艺"传承人有28人、"黎族树皮衣制作技艺"传承人有30人、"黎族传统纺染织绣技艺"传承人达997人。

**6日** 国务院新闻办在北京举行了海南国际旅游岛新闻发布会，正式宣布国务院通过了《关于推进海南国际旅游岛建设发展的若干意见》，给保亭县生态旅游注入了强心剂。

**7日** 省食品安全整顿督查组对保亭县2009年食品安全整顿工作进行检查。副县长王理进向省督查组汇报了县2009年食品安全整顿工作情况。督查组一行还先后来到泰鑫酒店、保亭中学食堂、县委党校饼店、县城农贸市场和万家惠超市等地，检查组对各受检单位食品的生产、加工、销售环节均符合食品安全法的相关要求，食品从业人员都佩带健康证表示满意。

**8日** 县委、县政府召开全县农民增收攻坚工作动员大会，动员部署县农民增收各项工作。县委书记郑作生，县人大主任黄本二，县委副书记、县长彭家典县政协主席郑金莲等县四套班子领导出席会议。郑作生、彭家典在会上作重要讲话。县农科局、什玲镇、响水镇、中海高科农业开发有限公司负责人分别在会上作了表态发言；各乡镇和涉农职能部门与县政府签订了目标责任状。县委、县政府在此次会议上，联合出台了《关于印发保亭黎族苗族自治县2010年农民增收工作实施方案》和《关于印发保亭黎族苗族自治县2010年至2012年农民增收工作计划》以及《关于印发保亭黎族苗族自治县农民增收考核办法》。

**11日** 省总工会副主席郝振声带领省总工会“送温暖”慰问团来保亭县看望慰问全国劳模、省劳模及企业困难职工，确保劳模和困难职工过一个欢乐祥和的春节。在县人大副主任、县总工会主席盆星光和副县长盘仁进的陪同下，省总工会慰问团先后看望慰问了全国劳模蒋新荣和省劳模王辉菊，为他们送上了慰问金和慰问品。

**14日** 中国人民政治协商会议保亭黎族苗族自治县第八届委员会第四次会议隆重开幕。来自社会各界的100多名县政协委员欢聚一堂，以饱满的政治热情、高度的责任感和使命感，认真履行政治协商、民主监督、参政议政职能，为推动保亭经济社会又好又快发展积极建言献策。受县政协八届常委会的委托，郑金莲向大会作县政协第八届常委会工作报告。

**15日** 保亭黎族苗族自治县第十三届人民代表大会第五次会议在县委会议礼堂隆重开幕。上午7时许，参加县十三届人大五次会议开幕大会的100多名代表们身着黎族、苗族节日盛装，带着全县16万各族人民的重托，健步走进会议礼堂，共谋发展大计。县委副书记、县长彭家典代表县人民政府向大会作政府工作报告。大会审查了保亭黎族苗族自治县2009年国民经济和社会经济发展计划执行情况与2010年国民经济和社会经济发展计划草案的报告(书面)；审查2009年保亭黎族苗族自治县财政预算执行情况及2010年财政预算草案的报告(书面)。大会听取了保亭黎族苗族自治县人大常委会主任黄本二所作的县人大常委会工作报告；听取保亭黎族苗族自治县人民法院院长符敬强所作的县人民法院工作报告；听取保亭黎族苗族自治县人民检察院代检察长李彪所作的检察院工作报告。

**同日** 为期两天的中国人民政治协商会议保亭黎族苗族自治县第八届委员会第四次会议，圆满完成了各项议程胜利闭幕。会议听取和审议并一致通过了县政协主席郑金莲所作的八届政协常委员会工作报告；同意县政协副主席王青云所作的提案工作审查情况的报告；委员们对所听取的各项报告进行了认真讨论并提出了意见和建议，同时以高度的政治责任感，积极撰写提案，会议共收到提案41件，立案25件。会议一致赞同县政府县长彭家典所作的《政府工作报告》及其他报告。会议一致表决通过了县政协第八届委员会第四次会议的政治决议、县政协第八届委员会第四次会议关于常委会工作报告的决议、县政协第八届委员会第四次会议关于提案工作审查情况报告。

**同日** 全国政协副主席、科技部部长万刚一行在省科技厅长王路，省政府办公厅秘书长王扬俊，副县长王文平，县长助理、公安局局长赵师的陪同下，来到呀诺达景区视察。万刚一行乘坐登山电瓶车沿途欣赏山中绿色美景，并在呀诺达景区负责人的解说下，分别参观了观海台、根抱石、走缆桥等雨林特色景观。随后，万刚一行还来到农业科技110新政服务站，对服务站的农业科技设施进行考察。

**16日** 保亭黎族苗族自治县第十三届人民代表大会第五次会议圆满完成了各项议程胜利闭幕。上午10时整，保亭黎族苗族自治县第十三届人民代表大会第五次会议第三次全体会议在县委会议礼堂举行。大会应到代表157名，实到代表141名，符合法定人数。会议表决通过了《关于县政府工作报告的决议草案》；表决通过了《关于保亭黎族苗族自治县2009年国民经济和社会经济发展计划执行情况与2010年国民经济和社会经济发展计划的决议草案》；表决通过了《关于2009年保亭黎族苗族自治县财政预算执行情况及2010年财政预算的决议草案》；表决通过了《关于县人大常委会工作报告的决议草案》；表决通过了《关于县人民法院工作报告的决议草案》，表决通过了《关于县人民检察院工作报告的决议草案》。会议选举李彪为保亭黎族苗族自治县人民检察院检察长。在两天半的会期里，代表们以对党和人民高度负责的精神，以饱满的政治热情和强烈的主人翁责任感，忠实履行宪法和法律赋予的神圣职责，认真审议各项议程，充分行使了民主权利。

**16日** 省农业综合开发建设项目检查组一行来到保亭县，对县2009年农业综合开发建设项目进行了检查评比。副县长符国新向省检查组汇报了县2009年农业综合开发建设项目情况。保亭县2009年农业综合开发建设项目包括：新政镇的报导、毛朋和新政三个田洋，共有耕地面积0.56万亩。开发前项目区农田基本上没有硬化配套，土地利用率低，生产效益差，农业生产长期徘徊不前。项目建成后，昔日易涝易旱的低产田变成涝能排、旱能灌、路相通、田成方、渠成网的高产稳产农田。该项目实际完成投资797万元，完成整治农田面积0.56万亩，改造中低产田面积1.4万亩，受益农民达1100户。

**17日** 中央政治局委员、国务委员刘延东一行在省委副书记、省长罗保铭，县委书记郑作生，县委副书记、县长彭家典等陪同下到县呀诺达热带雨林景区进行考察。刘延东认真听取景区负责人对景区发展规划的介绍，详细了解保亭旅游业的发展情况。刘延东充分肯定保亭以旅游业为主导，农业与旅游业相融合的特色产业发展模式。强调创新思路，找准定位把保亭打造成为国际旅游岛中部独具特色的旅游强县。刘延东对2010年保亭县委、县政府提出的“旅游＋新农村”带动农民增收的发展思路充分肯定，她要求保亭要以时不我待、只争朝夕的使命感，抓住机遇，开拓创新，强力推进保亭更好更快发展，让农民在国际旅游岛建设中得实惠、做主人。

**同日** 在县迎宾馆召开2009年项目投资年会。县委书记郑作生，县人大常委会主任黄本二，县委副书记、县长彭家典，县政协主席郑金莲等在家的县四套班子领导，以及县长助理、县公安局长赵师，县人民法院院长符敬强出席年会。彭家典在会上通报了县2009年项目投资情况及2010年项目投资计划。2010年县计划安排35个重点项目，其中政府投资项目17个，非政府投资项目18个，这些项目可直接拉动社会投资额10亿元以上。会上，县发改局与部分企业代表签订了项目建设投资承诺书。县委常委、副县长张文军在会上宣读了县委县政府关于表彰2009年度诚信投资企业、纳税大户、优秀投资商、荣誉市民的决定，授予保亭中海高科农业开发有限公司等10家企业诚信投资企业称号；授予海南闽庄园房地产开发有限公司等3家公司纳税大户称号；授予欧一忠等13位企业家优秀投资商称号；授予张振等3位企业家荣誉市民称号。会上，郑作生、黄本二、彭家典、郑金莲为获得诚信投资企业、纳税大户、优秀投资商、荣誉市民的企业家颁奖。

**同日** 县人大主任黄本二，县委常委、常务副县长李开文，县委常委、组织部长王绍文，县委常委、纪委书记陈仲等县领导率县直机关、各乡镇、国营农场以及保亭试验站等有关部门负责人，先后来到呀诺达热带雨林文化旅游区、三道镇天康住宅小区、中海高科有机蔬菜基地等非政府投资项目建设基地，实地察看和了解各项目的推进情况。此次考察活动，是为当天下午召开县项目投资推进年会掌握第一手材料。

**19日** 县隆重举行“青春建功国际旅游岛行动”保亭分会场启动仪式，全面启动县八项建功活动，引导广大青少年积极投身到国际旅游岛建设热潮中来，为海南国际旅游岛建设开局起步助威加油,为县加快旅游产业推进添砖加瓦。县委常委、常务副县长李开文,县人大副主任陈木荣,县政府副县长王文平,县政协副主席黄进辉以及县委组织部、宣传部、城管局和保亭中学的师生代表等,在保亭中学育才楼前参加了保亭分会场启动仪式。

**20日** 由海南省人民政府主办、省农业厅和保亭县人民政府承办的"海南省中部市县农民增收及2010年大宗农作物单产提升启动仪式"在县七仙文化广场隆重举行。海南省副省长陈成、省政府副秘书长宋攻文、省农业厅厅长肖杰,副厅长王宏良、省发改委副主任霍巨燃、省财政厅巡视员苗爱国、省科技厅副巡视员林道足、省海洋与渔业厅副巡视员刘昭武、省扶贫办副巡视员陈正优以及省有关单位和部门的领导到场祝贺。陈成在仪式上作了重要讲话,肖杰就省中部市县农民增收及2010年大宗农作物单产提升工作做了周密的部署。启动仪式后,陈成率与会领导来到响水镇大本村委会,民营橡胶管理技术培训现场,查看县大宗农作物单产提升农民实用技术培训情况,与农民一起听取省热作"两院"老师讲授的《橡胶树丰产栽培实用新技术》课,并与老师和农民们亲切交谈,陈成还亲自操刀进行割胶示范,大家报以热烈的掌声。

**同日** 县委副书记、县长彭家典一行到县污水处理厂和县医院增容扩建项目工地进行调研,详细了解工程项目进展和推进情况,现场解决实际问题。县污水处理厂项目和县医院增容扩建项目是县2009年重点项目之一。在项目工地,彭家典听取了项目负责人施工情况汇报,实地查看了工程建设进展情况。他要求施工单位要统筹协调,合理安排,解决好各方面存在的问题,施工方要抓紧施工,该安装的机器设备要尽快安装好,确保按质按量完成项目工程建设任务。

**22日** 省生活垃圾处理设施考核组对保亭县垃圾填埋场项目建设情况进行考核。考核组首先听取了县委常委、常务副县长李开文及县城管局等单位负责人对县垃圾填埋场项目建设有关情况汇报,并查阅了相关资料和深入实地了解项目建设情况。经检查,考核组对县高标准、高质量完成垃圾填埋场项目建设给予充分肯定。县垃圾填埋场项目于2010年4月动工建设,项目占地150亩,预算总投资为3200多万元,设计使用年限为17年,总库容量54万立方米,垃圾处理总量52万吨。项目分两期建设,一期工程总投资2435万多元,日处理垃圾规模近期60吨每日,服务年限为6年,二期工程投资844多万元,日处理垃圾规模远期82吨每日,服务年限为11年。

**同日** 县委副书记、县长彭家典、县委常委、宣传部长王秀美率有关部门负责人来到加茂镇,看望慰问困难党员。彭家典、王秀美一行分别看望慰问了加茂村委会毛林一村小组特困党员陈政伯和加答村委会金不弄村黄日香两位老人,亲切地与老人交谈,详细了解老人的生活情况。彭家典、王秀美一行还把慰问品和慰问金交到老人家手中,祝福她们晚年幸福,新年快乐。

**同日** 县在槟榔谷会议室召开统战系统工作座谈会,认真总结2009年统战工作,谋划和探讨2010年统战工作的思路及重点。县委常委、副县长张文军,县政协副主席、统战部长王青云出席座谈会;县统战系统领导班子成员和各民主党派、工商联、民宗局等单位负责人参加了座谈会。与会人员还来到了岭南优质水果冷冻厂、新意橡胶厂,参观考察了厂区建设,并听取了厂区负责人的相关汇报。

**同日** 省非公有制经济组织指导协调组副组长、市县指导小组组长王醒光一行来保亭县检查指导县非公企业参加第三批学习实践科学发展观活动整改阶段工作。王绍文和县委统战部负责人向省指导组汇报了县非公企业参加第三批学习实践活动整改落实工作情况。省指导组对县非公企业参加第三批学习实践活动整改落实工作取得的成绩给予了充分肯定,指导组同时对下一步的学习实践活动提出建议和意见。全县现有非公企业543家,个体工商户3528户,参加第三批学习实践活动的非公经济组织党员人数共28人。

**同日** 下午,县委书记郑作生在呀诺达热带雨林文化旅游区,会见了凤凰卫视资讯台副台长兼首席新闻主播吴小莉,并与吴小莉就国际旅游岛建设以及保亭旅游发展等问题进行了对话。在郑作生的陪同下,吴小莉参观了景区的雨林谷、梦幻谷等著名景点,欣赏风情浓郁、独具特色的黎族八音表演,感受雨林文化的神奇魅力。吴小莉表示,此行感受最深的就是这里的雨林特色和民族风情,她希望保亭能借助海南打造国际旅游岛的良好机遇,充分挖掘保亭旅游文化特色,完善旅游设施和服务,把保亭绿色文化旅游这张名片打响。

**23日** 县商务局和国安电器城联合开展“家电下乡活动”。此次家电下乡的产品有康佳彩电、电冰箱、洗衣机等,持有农村户口的农民群众,只需携带户口本和身份证复印件,便可当场购买家电下乡产品,同时可享受到政府补贴13%。这次活动为广大农民提供了详细而直观的家电下乡活动政府补贴政策和产品信息,提升消费者对保护自我权益的认识度,达到了明显宣传效果。农民群众实实在在地从中得到实惠。

**同日** 在三亚举行的2010年长江商学院EMBA 14期新年盛典上,长江商学院的学员们为县新政镇石让小学捐资80万元,用于建造一栋教学楼。县委书记郑作生代表县委县政府在盛典上对长江商学院学员的慈善行为表示衷心的感谢和崇高的敬意,希望长江商学院的学员们继续关心和支持保亭的教育事业。

**25日** 海南省第四届人民代表大会第三次会议在省人大会堂隆重开幕。保亭县的省人大代表团一行16人出席了开幕大会,并在省人大会堂保亭厅审议了政府工作报告。省人大代表、保亭县代表团团长郑作生,副团长黄本二、彭家典以及省人大代表保亭县代表团其他成员:王为璐、陈高卫、李永喜、何少群、梁飞、李开文、廖清林、母连云、盘大强、王文、黄涛、黄力、朱香以及列席人员等参加了保亭团的分组审议会议。

**26日** 省实施“法律进机关”工程检查组一行3人来县就实施“法律进机关”工程工作进行了检查指导。省检查组首先听取了县委副书记、政法委书记黎宏标就县实施“法律进机关”工程工所作的情况汇报。省检查组还深入保城镇,县农科局等地,实地走访并查阅了相关资料,对县实施“法律进机关”工程工作进行了详细检查。省检查组认为,保亭县自2009年7月实施“法律进机关”工程以来,司法部门按照省委、省政府和省司法厅的统一部署,采取多种形式,深入开展公务员学法用法工作,全力推进“法律进机关”工程,取得了实实在在的效果。特别是党员干部能把学习到的法律知识,及时运用到征地拆迁工作中,进一步提高了依法行政的能力,省检查组对此给予了充分肯定。

**29日** 海南琪鑫七仙岭温泉开发有限公司与海南海航国际酒店管理有限公司全权委托管理签约仪式暨新闻发布会在海口市明光海航大酒店举行。海南琪鑫七仙岭温泉开发有限公司、海南海航国际酒店管理有限公司的高层悉数参加签约仪式、保亭县县长彭家典、县委副书记黎宏标、副县长王文平等到场祝贺。海南琪鑫七仙岭温泉开发有限公司董事长陈春萌代表公司和管理方代表海南海航国际酒店管理有限公司总裁高天明在全权委托管理协议书上签字。海南“七仙瑶池雨林温泉别墅”项目于2008年4月18日在保亭县七仙国家温泉森林公园国家AAA级景区动工兴建。该酒店按五星级酒店标准建造,总投资金额5亿元,占地面积468亩,建筑面积9万平方米,容积率0.28%,建筑规划:300栋产权酒店别墅式客房,酒店大堂及集中式客房、三个会所、SPA中心和会议中心等。

**30日** 海南永基文昌鸡有限公司旗下的什玲镇永鸿什玲鸡种鸡基地在什玲镇排寮村正式启动,公司旗下的六弓乡永丰养殖基地也同时启动。副省长林方略,县委书记郑作生,县委副书记、县长彭家典,县政协主席郑金莲和在家的县四套班子领导、海南永基文昌鸡有限公司总经理魏凡超、六弓乡永丰养殖基地总经理王东等出席启动仪式。林方略宣布基地正式开工启动,并和郑作生、彭家典、郑金莲、永基公司负责人一起为基地开工培土奠基。什玲镇永鸿什玲鸡种鸡基地占地80亩,建成后年产什玲鸡鸡苗500万只。通过“公司+合作社+农民”的模式带动3000户农民脱贫致富,公司为农户统一种苗、统一免疫、统一药品、统一饲料、统一销售,让养殖农户年收入6000元以上,优质、高效地发展什玲鸡产业。

**同日** 什玲镇椰村村道硬化工程破土动工。县委书记郑作生,县人大副主任盆星光出席工程开工典礼。椰村村委会道路硬化工程总投资230多万元,按照乡村级公路标准建设。工程建设途经8个村小组,工程竣工后将为1200名群众解决出行难的难题。村民们称赞该工程既是一项“惠民工程”,又是一项“积德工程”。

**同日** 为适应国际旅游岛建设进程中对旅游业的要求,省红十字会救援大队与呀诺达雨林文化旅游区合作,共同在呀诺达建立海南省红十字会救援训练基地。省红十字会救援大队与呀诺达雨林文化旅游区正式签署协议,共同建设海南省红十字会呀诺达救援训练基地,并为救援训练基地揭牌。救援基地成立后,省红十字会救援大队将为呀诺达员工进行长期的救援知识和救援技术的培训,并将呀诺达作为省红十字会救援大队的一个长期训练基地。

**同日** 县委书记郑作生出席了各单位主要负责人廉政座谈会,强调反腐倡廉工作要紧紧围绕国际旅游岛建设深入开展,为保亭加快经济社会发展保驾护航。在听取了各单位主要负责人的发言后,郑作生对纪检监察部门的工作作重要讲话。县委常委、纪委书记陈仲主持座谈会并作了工作要求。出席座谈会的还有,县政协副主席王青云,县检察院检察长李彪,县长助理、县公安局长赵师。

**同日** 县委常委、纪委书记陈仲出席了由县纪委、县妇联联合举办的“树廉洁家风”领导干部廉内助座谈会,并就如何创建廉洁家庭,引导党员干部家属、子女当好廉内助等问题与干部家属代表们进行交流。座谈会在轻松活跃的气氛中进行,大家分别结合各自的工作、家庭及生活情况,在树立廉洁家风,当好廉内助等方面畅谈感想并作经验交流。

**31日** 县政协在迎宾馆举行2010年迎新春茶话会。县委书记郑作生出席茶话会,并发表热情洋溢的致辞,向政协委员、老干部代表等致以亲切的问候和良好的祝愿。茶话会上春意融融。郑作生、黄本二、郑金莲、黎宏标、李开文、邝旭彪、董新富、王文平、周文才、陈文治、王青云、黄进辉、李彪、赵师等县四套班子领导,以及县政协常委、委员、各民主党派、无党派人士、工商联、离退休老干部代表等欢聚一堂,喜迎佳节,畅叙友情,共话未来。

## 2月

**1日** 由中共保亭县纪委主办,保亭广播电视台承办的广播直播谈话节目《政风行风热线》在保亭广播电视发射台直播间进行试播。保亭县《政风行风热线》节目是一个介绍政府主要职能、架设政府与百姓沟通桥梁、传递民生民情、关注社会与公众热点、评议政风行风、接受群众咨询与投诉、帮助群众释疑解难的广播直播谈话节目。节目定于2月2日上午9:00正式开播,以后每周二《政风行风热线》节目都会与听众如期相约,全县各职能部门主要负责人以及相关嘉宾将走进直播间与广大听众互动沟通。

**同日** 县委书记郑作生率县四套班子领导春节慰问团到三亚预备役高炮二团,一三二旅机关党委,一三二炮兵团和武警二支队慰问,向广大官兵送去全县16万各族人民的新春问候和祝福。县慰问团所到之处,都受到部队官兵们的热烈欢迎,全体官兵对县委县政府给予的大力支持表示感谢,并向全县16万各族人民拜个早年,祝保亭越来越美好。

**同日** 保亭2010年文化、卫生、科技和法律“四下乡”活动在三道镇拉开序幕。副县长盘仁进到场指导工作。活动当天,宣传队伍在三道镇设点,医务人员免费为群众义诊和量血压等;县司法局、法院、检察院、农科局、文体局、科协、热作中心、农技中心工作人员为群众提供法律和科技咨询;为当地群众解答法律问题和讲解农村种植和管理技术等;有关单位还发放了技术资料和赠送书籍;县交警大队、消防大队则挂出大量交通安全、消防安全和其他科技挂图,进行交通安全和法制宣传,吸引了当地群众驻足观看。

**2日** 县委书记郑作生,县人大主任黄本二,县委常委、组织部长邝旭彪,县长助理、公安局长赵师等一行来到县人民医院住院部,看望生病住院的离退休老干部。随后,慰问团一行分别来到县橡胶厂特困职工刘石花、百货公司退休职工林春来、县粮食局困难职工黄秀琼和农垦金江农场困难职工黄昌荣等的家中看望慰问,把党和政府的关怀送到他们的心坎上。

**同日** 省农垦总局与县委、县政府在迎宾馆举行新春座谈会。县人大主任黄本二,县政协主席郑金莲,县委副书记黎宏标,副县长王文平、罗春挺,省农垦总局巡视员全孝华等出席座谈会。双方分别就上年的工作情况和今后的发展做了介绍,进一步增进农垦与地方交流,谋求共同发展。

**同日** 县召开林业生态保护现场会,县委书记郑作生,县人大主任黄本二,县委副书记、县长彭家典,县政协主席郑金莲,县委常委、副县长张文军,副县长符国新等参加了现场会。与会人员查看了金凤凰度假酒店未经报批乱砍橡胶树事件现场和神农大丰南繁育种高技术产业基地项目征地砍伐橡胶树现场,并在响水镇政府会议室进行了座谈。县林业局负责人就七仙岭景区内二处橡胶树遭到砍伐事件做了深刻的检讨,并通报了近几年来全县林业工作情况。

**3日** 县委书记郑作生,县委副书记、县长彭家典,县委常委、常务副县长李开文,县委常委、副县长张文军,副县长符国新、王理进以及海航地产副总裁范宁和保亭海航集团的其他领导出席现场会。在七仙岭景区登山口,郑作生等县领导听取了海航项目负责人介绍即将动工兴建的七仙岭景区登山口核心服务区和七仙岭索道等项目的规划设计情况。据介绍,七仙岭景区登山口核心服务区规划用地50亩,将建成能容纳6000人的售票大厅、餐厅、停车场和卫生间等配套设施。七仙岭索道项目将覆盖到八村景区。郑作生一行还分别来到海航宁远休闲公园项目工地、七仙广场政府公益项目——嬉水广场扩建项目工地、凤凰机场保亭候机楼项目工地以及海航县城房地产等项目工地现场办公,协调解决征地拆迁等实际问题。

**4日** 省委组织部总务委员杜立文率春节慰问组来到保亭三道镇看望慰问了挂钩点困难党员李昌英,为他送去了党的关怀和温暖。在县委常委、组织部长邝旭彪和三道镇负责人的陪同下,杜立文一行来到省委组织部在保亭的联村进企挂钩点甘什村委会什密村小组李昌英的家中慰问,66岁的李昌英老人入党已有43年。杜立文代表省委组织部向李昌英致以新春的问候,并给他送上春节慰问金和大米及食用油等慰问品。

**同日** 县第十一届纪律检查委员会第四次全体会议在县会议礼堂召开。会议总结回顾了2009年全县党风廉政建设和反腐败工作所取得的显著成效,部署2010年工作反腐倡廉工作任务。县领导郑作生、彭家典、黎宏标、李开文、陈仲、王秀美、刘文明、张文军、邝旭彪出席大会。审议通过《关于进一步加强农村基层党风廉政建设的决议》;审议通过《中共保亭县第十一届纪律检查委员第四次全体会议工作报告》;审议通过《中共保亭县第十一届纪律检查委员会第四次全体会议决议》。

**5日** 毛泽东的儿媳、毛岸英生前的妻子刘思齐来县就生态旅游开发等事宜进行调研。县委常委、常务副县长李开文和县委办、政府办、招商办、国土局、建设局以及加茂镇的领导等在县政府办公大楼前迎接刘思齐一行。80岁高龄的刘思齐显得神采奕奕,精神焕发。她说,一路过来,看到保亭很漂亮,夜景也很美,很是高兴,没有想到保亭这么美,保亭人这么热情。刘思齐高兴地向大家说，将来有可能到保亭来居住，这里的空气和环境太美了。

**同日** 县召开2010年全县公安工作总结表彰大会，会议总结2009年工作，部署2010年任务。县委副书记、政法委书记黎宏标，县人大副主任陈木荣，县长助理、公安局长赵师等出席了会议。会议表彰了2009年度全省公安系统先进集体和先进个人及2009年度全县公安系统先进集体和先进个人。

**6日** 县召开学习实践科学发展观活动总结大会，全面总结了县第二批、第三批学习实践活动，进一步深化科学发展观在保亭的实践。省委学习实践活动第二巡回检查组副组长符史华以及县委书记郑作生，县人大主任黄本二，县委副书记、县长彭家典，县政协主席郑金莲等四套班子领导出席会议。县委书记、县委学习实践活动领导小组组长郑作生在会上作了总结讲话。省委第二巡回检查组副组长符史华充分肯定了全县学习实践活动取得的成绩。南林乡党委、三道镇田滚村党支部和县职业中学党支部3个单位分别作了经验交流。

**9日** 在县迎宾馆举行2009年度全县各项工作表彰大会暨2010年春节团拜会。县领导郑作生、黄本二、彭家典、郑金莲、黎宏标、李开文、邝旭彪、陈仲、王秀美、刘文明、张文军等县四套班子领导出席了团拜会，原县委常委、组织部长王绍文应邀参加团拜会。大家欢聚一堂，喜迎新年，畅叙友情，共话未来。县委副书记、县长彭家典宣读了《关于表彰2009年度全县各项工作先进单位的决定》。随后，郑作生、黄本二、彭家典、郑金莲等县领导为荣获2009年度全县各项工作先进单位以及获得国家、省部和省厅单位表彰的单位代表进行颁奖。郑作生、彭家典还与部分单位签订了2010年工作目标和任务责任书。县委书记郑作生在会上代表县委、县政府向全县各族人民拜年。

**10日** 新政镇毛朋村委会毛朋新村的41户村民告别了祖祖辈辈居住的低矮潮湿的茅草房，高高兴兴地搬进了崭新的瓦房过大年。省人大副主任符桂花，副省长符跃兰，县委书记郑作生，县委副书记、县长彭家典等到场祝贺。毛朋新村的41户156名村民身着黎族节日盛装，在村口敲锣打鼓，迎接贵宾的到来，并给领导们戴上大红花。在刚建好的毛朋新村大院里，村民们举行盛大的喜迁新居仪式，共同庆祝乔迁，喜迎新春。

**同日** 省民族宗教事务委员会主任陈志荣在县委书记郑作生，县委常委、副县长张文军，副县长符国新、王文平等陪同下，来到县政府扶持的第一家农乐乐——新政镇达达黎苗农乐乐进行调研。陈志荣与郑作生等领导亲自到农乐乐的厨房、餐厅和包厢，详细了解农乐乐的运营情况和特色。大家对新政镇达达黎苗农乐乐的卫生状况，特色菜肴以及富有当地黎苗风情特色的朴实装修表示满意。陈志荣、郑作生要求有关部门要加大对农乐乐的扶持力度，把当地的民族元素和地方的特色菜肴融入其中，要办一家成功一家，要办出特色来，争取2010年能够办成几家像样的农乐乐。

**17日** 全国政协副主席阿布来提·阿布都热西提在县委副书记、县长彭家典和县政协主席郑金莲的陪同下，来到呀诺达景区视察。春节期间，呀诺达景区游客云集，格外热闹。阿布来提·阿布都热西提饶有兴趣地参观了景区里的雨林谷，与游客们一同感受优美的自然景观和热带雨林的神奇魅力。

**18日** 全国政协副主席白立忱一行在县政协主席郑金莲的陪同下，来到呀诺达热带雨林文化旅游区视察，受到景区工作人员的热情接待。白立忱兴致勃勃地乘坐登山电瓶车，沿途欣赏了呀诺达美丽的自然景观。来到雨林谷，白立忱一边听取郑金莲和景区负责人的介绍，一边参观了千年根抱石、走缆桥等呀诺达特色景观，感受热带雨林的神秘气息。

**22日** 县委副书记、县长彭家典到毛感乡千龙溶洞周边，就“旅游＋新农村”建设工作进行调研。彭家典来到毛感乡最边远的小山村千龙村向村干部和群众们拜年。彭家典详细询问村民的生产生活情况，了解全村的经济发展状况。千龙溶洞周边，拥有丰富的旅游和自然资源，但由于交通不便，使这个小山村多年来都处于比较贫困和落后的状态。该村居住着30多户苗族群众，常年靠种植瓜菜、水稻和外出务工为生。平均每户年收入不到1万元。随着仙安石林景区的开发建设，2010年，县将千龙村列为打造“政府＋企业＋农户”三位一体的乡村风情农家旅馆试点村，旨在发展服务型经济中拉动当地农民增收。

**23日** 县委副书记、县长彭家典对县保障性住房等项目建设情况进行现场办公，进一步督促2010年县保障性住房建设工作加紧落实。在县建设局、拆迁办、房管局等部门负责人的陪同下，彭家典分别走访了宝亭大道、桃园小区等建设工地，实地了解了项目建设进展及征地工作情况，到廉租住房小区及凤凰小区了解项目进展情况，督促加紧落实2010年全县保障性住房建设工作。2010年，县政府将进一步加快财政供养人员住房的建设工作，力保年内完成1500套保障性住房，确保每一个财政供养人员都能拥有一套住房。

**24日** 县国税局召开2010年国税工作会议。会议上，保亭国税局主要负责人针对2010年县委县政府制定的全县GDP总值预计为12亿元以上的发展目标。并就2010年保亭国税征收工作作了整体部署，并表彰了一批2009年度国税系统的先进单位和先进个人。2009年，在全县上下的大力支持和全局广大干部职工的共同努力下，保亭国税局大力推行流程化管理，规范化执法，不断深化“双定户”税收管理，深入推行定税公开，切实规范税收定额核定执法行为。此外，加强了民营橡胶税收管理，严堵征管漏洞；优化税收征管业务流程，强化税收执法责任等几项措施，使国税征收任务上了一个新台阶。2009年，全县国税收入达到2419.8万元，同比增收93.7％，增收1171万元，完成年度税收任务的138.5％，收入规模和增幅创历史新高。

**同日** 县委理论中心组召开(扩大)学习会议，学习贯彻党的十七届四中全会、省委五届六次全会、《廉政准则》和建设国际旅游岛等文件精神。郑作生、黄本二、彭家典、郑金莲等县委中心组全体成员出席学习会。县委理论中心组成员认真研究学习了国务院《关于推进海南国际旅游岛建设发展的若干意见》、省委省政府《贯彻国务院关于推进海南国际旅游岛建设发展的若干意见》及《加快发展现代服务业的实施意见》和《中国共产党党员领导干部廉洁从政若干准则》等文件精神。

**25日** 省委组织部副部长梁粟、省文明办主任陈修演带领省委组织部、省文明办调研组来县对文明生态村建设、学习实践活动和农村党建工作进行调研。在县委常委、组织部长邝旭彪，县委常委、宣传部长王秀美的陪同下，调研组一行分别到保城镇抄抗村和抄茂村进行实地考察调研，并就县文明生态村建设、学习实践活动和农村党建工作提出指导意见。县学习实践活动从2009年3月份开始，到2010年2月初基本结束。参加学习实践活动的党组织有277个、党员6526人。

**27日** 原全国人大常委会副委员长司马义·艾买提一行来县调研，他强调，要打造保亭绿色旅游品牌，带动当地农民就业，推动保亭经济社会快速发展。司马义·艾买提一行在县人大副主任陈木荣的陪同下，来到风景如画、气候怡人的呀诺达热带雨林文化旅游区考察。考察中，司马义·艾买提认真听取了陈木荣和景区负责人的旅游开发情况介绍，并详细询问了呀诺达景区的发展状况。

**28日** (元宵节)，县政府广场上唢呐声声，锣鼓喧天，喜气洋洋。庆祝2010年新春文体活动内容之一的“龙腾狮舞迎佳节，欢天喜地闹元宵”表演在县政府广场拉开序幕。县委常委、宣传部长王秀美，副县长王文平，县长助理、公安局长赵师到场观看了表演,并向全县人民致以节日的问候。

**同日** 晚上,美丽的七仙广场流光溢彩,人头涌动,热闹非凡,一场以“春之声”为主题的庆祝元宵节文艺晚会在这里隆重上演。全县各族群众满怀激情,载歌载舞,庆祝春的收获,唱响春的企盼,共庆元宵佳节。县领导彭家典、王秀美、刘文明、符国新、黄秀香、王文平、赵师等与观众们一起观看了演出。晚会分为春的情意、春的激情、春的收获和春的企盼四个篇章。县民族歌舞团的演员们依次表演了《欢乐的黎寨》、《快乐的黎妹》、《打碗舞》、《跳动的竹竿》、《美丽的保亭》等黎苗风情浓郁的节目,通过舞蹈、独唱、器乐演奏等刻画出一幅幅美好的生活景象,描绘了保亭未来的发展变迁,展现了黎族苗族群众丰收的喜悦和保亭人民对美好生活的向往。

## 3月

**4日** 县委书记郑作生到中海高科什玲有机瓜菜示范基地考察调研,并深入八村最边远的村庄什东村走访了农民群众,了解了当地群众的生产生活情况。郑作生与随行的县委常委、组织部长邝旭彪,县委常委、宣传部长王秀美,副县长王理进等首先来到中海高科什玲有机瓜菜示范基地,仔细查看了基地设施和有机瓜菜,并详细询问有机瓜菜的市场状况。

**9日** 浙江省副省长王建满率浙江省政府办、省委政研室、省旅游局等一行12人,来县著名景点呀诺达热带雨林文化旅游区进行旅游市场调研。在省政府办公厅副秘书长王杨俊,县委副书记、县长彭家典的陪同下,王建满一行兴致勃勃地走进风景如画、气候怡人的景区,欣赏雨林美景,观看民族乐器演奏,深入了解呀诺达热带雨林文化旅游区的开发与发展状况。

**同日** 县召开农乐乐现场会,县委书记郑作生出席会议并就县发展农乐乐的前景作重要讲话。他希望各部门,各领导小组成员单位和经营业主要坚持原来的分工,继续领会农乐乐的做法,大胆拓展发展农乐乐的理念,按照现场会部署的工作任务,细化分工,落实责任,加强检查和督促,把农乐乐这项新兴产业做大做强。现场会前,副县长王文平率相关部门,领导小组成员单位,部分乡镇主要负责人和农乐乐经营业主等参观了新政达达黎苗农乐乐,满亭香农乐乐和黎歌天农乐乐的建设和经营情况。

**10日** 召开全县宣传思想文化工作暨精神文明建设工作会议,传达贯彻全省宣传思想文化工作电视电话会议精神,表彰一批2009年度文明单位、道德模范、文明诚信企业、精神文明建设先进工作者以及文明生态村规范管理先进村小组等。会议在县委会议礼堂举行,县人大主任黄本二,政协主席郑金莲,县委副书记,政法委书记黎宏标,县委常委、宣传部长王秀美,副县长王文平出席会议。王文平宣读了县委、县政府《关于表彰2009年度文明单位、道德模范、文明诚信企业、精神文明建设先进工作者以及文明生态村规范管理先进村小组等的表彰决定》。会上,县委政法委等19个“2009年度保亭县文明单位”;海南闽庄园房地产有限公司等4个“2009年度保亭县文明诚信企业”;甘什岭槟榔谷景区等2个“2009年度保亭县文明风景旅游服务单位”;梁宇庭等17位“2009年度保亭县精神文明建设先进工作者”受到表彰。

**12日** 是全国第32个植树节,全县广大干部群众在七仙岭国家森林公园景区内开展义务植树活动。黄本二、彭家典,郑金莲等县四套班子领导,暂时放下手中繁忙的事务,拿起锄头和铁锹,同各机关部门、广大群众一道植树造林,用实际行动为保亭再添一片绿。此次植树活动全县在同一时间分地进行,县直机关、企事业单位主要集中在七仙岭国家森林公园内,乡镇部门则根据实际情况组织开展。近5000多人参加了植树活动,种植树苗达30万株。

**同日** 县在海口美荷华泰酒店召开《保亭黎族苗族自治县土地利用总体规划(2006－2020

年)评审会。大会特邀请省有关专家对县《土地利用总体规划》进行了评审。县委副书记、县长彭家典，县委常委、常务副县长李开文出席评审会。海南省农垦设计院研究员王振清，海南师范大学教授、博士辛琨等5位专家以及省政府办公厅、省发展改革委、省国土环境资源厅等11个部门的负责人参与评审。会上，彭家典介绍了县本轮规划修编情况。与会专家在听取规划编制单位负责人介绍(2006—2020年)县土地利用总体规划情况后认为，《保亭县土地利用总体规划(2006—2020年)》编制指导思想明确，方法正确，所提出的规划方案基本符合保亭县实际，为其在今后规划期内做好土地利用管理提供了科学依据，专家们还就进一步完善《我县土地利用总体规划》提出了意见和建议。会议原则要求《保亭县土地利用总体规划(2006—2020年)》，根据会议提出的意见修改完善后，可上报省政府审批。

**15日** 县第一期人民调解员培训班毕业典礼在省政法学院举行，培训班从3月9日—13日在省政法学院授课，为期5天，全县8个乡镇的司法助理员和村级人民调解员30余人参加了培训。省政法学院授课老师为学员们讲述了人民调解的程序、基本原则、指导思想以及调解过程中的方法与技巧。通过对具体事例的分析，让广大调解员懂得如何更熟练地运用法律来调解疑难问题和处理复杂的民间纠纷。同时，培训教师还向参训人员讲述了法律援助对象范围以及办理法律援助案件的补贴标准等。课程中，还开设了户外拓展训练，以对打、抓拿等项目作为实战训练内容，通过拓展训练，锻炼了团队协作能力。

**17日** 由惠州市政协副主席林惠纯带队的惠州市旅游经贸考察团一行来县考察，双方就旅游经贸合作等多方面工作进行了深入交流和探讨。县政协主席郑金莲，副县长王文平，县政协副主席王青云出席座谈会。在座谈会上，惠州市考察团听取了保亭关于海南国际旅游岛建设规划和保亭旅游发展情况介绍，并就旅游经贸合作等多方面工作与县领导进行了深入的交流和探讨。保亭与惠州市在2009年12月缔结为经济协作友好城市。根据协议，双方本着“平等自愿、优势互补、长期合作、共同发展”的原则，加强双方政府间的联系与合作，共同组织旅游、经贸等领域的合作与交流，拓展合作空间；不定期举办两地企业间的经贸往来或专业性的洽谈活动。

**18日** 全国高科技产业化协作委员会专家组来县就建设中国青少年教育基地进行了调研，并与县领导及各部门负责人进行了座谈，详细了解全县各项事业的发展情况。座谈会在君澜热带雨林温泉酒店举行。副县长盘仁进、王和民以及建设局、财政局等10个单位的有关负责人参加了座谈会。盘仁进就县社会经济发展情况做了简要介绍，各单位负责人也分别就县青少年教育基地的建设情况做了说明。专家组听取介绍后，对保亭的生态环境、旅游资源、民俗民风给予赞赏，称赞保亭是个民风纯朴、资源丰富的好地方，这里的人与自然和谐相处，就是一个很好的教育和教材，在这里建设青少年教育基地是个不错的好地方，表示回去以后将进一步研究。同时，专家组还表示愿意支持保亭的发展，并对保亭的发展提出了许多有建设性的意见和建议。

**同日** 县旅游标志性建筑——保亭七仙岭国际会议中心，在县城西南河畔动工兴建。县领导彭家典、李开文、陈木荣、王和平、周文才，以及海南鼎洲投资有限公司领导等出席了奠基仪式。受县委书记郑作生的委托，县人大常委会副主任陈木荣致贺辞。他代表县委、县政府、县人大、县政协对项目开工表示热烈的祝贺。按照五星级标准设计建造的七仙岭国际会议中心项目总面积3.1万平方米，是一个为高端客户提供品位高雅、宁静休闲的热带雨林温泉度假酒店。项目总投资3亿元，建设工期一年半，整体建筑风格汲取了黎族织锦的“编”与“织”的手法，将把黎族传统元素符号与简约明快的现代风格有机地融合。

**19日** 出席首届博鳌国际旅游论坛的著名作曲家徐沛东夫妇在副县长王文平，以及县文体局有关领导的陪同下，来到呀诺达景区和槟榔谷景区参观采风。徐沛东一行穿梭在呀诺达景区的栈道里,尽情观赏热带雨林风光,呼吸享受天然氧吧。徐沛东赞美道,保亭是旅游资源非常丰富的一块宝地,保亭发展旅游业,大有可为。呀诺达景区的开发理念非常好,令人钦佩。徐沛东说,做旅游开发要把资源、人才和民族文化有机地结合起来,同时不主张旅游文化完全都是时尚的、都是一样的产品。要有自己的特点,让年轻的黎族同胞,能够传承本民族自己的音乐文化,民族文化和文学文化,通过旅游平台,传承黎族文化。

**20日** 出席博鳌国际旅游论坛的部分文艺界代表来县考察旅游文化工作,县委副书记、县长彭家典,县委常委、宣传部长王秀美等陪同考察。参加此次考察工作的有中国十大杰出书画大师、中国美术家协会主席刘大为,著名京剧演员、导演叶少兰,全国政协委员、中国舞蹈家协会副主席陈翘等16位文艺界名人。彭家典、王秀美等陪同文艺界代表们考察了呀诺达雨林文化旅游区和槟榔谷景区,并向考察组介绍了县经济社会特别是旅游业的发展情况。叶少兰、陈翘等文艺界名人对县旅游文化的发展十分看好。

**21-22日** 中共中央政治局委员、中央书记处书记、中宣部部长刘云山在保亭考察工作。省委书记卫留成,省委常委、秘书长许俊,县委书记郑作生,县委副书记、县长彭家典,县委常委、宣传部长王秀美等陪同考察。刘云山指出,要注意发挥政策的导向作用,加强对旅游文化发展的宏观指导,引导旅游文化产业健康持续发展。注重旅游的文化品位,走内涵式发展道路,把提升文化内涵贯穿到发展旅游的全过程,使旅游服务具有深厚的文化含量。体现鲜明的文化特色,打造具有独特优势的旅游文化品牌项目、品牌活动。坚持开发保护并重,充分考虑文化资源的承载能力,坚持在保护中开发、在利用中保护,促进旅游发展和文化保护的良性循环,实现旅游文化产业的可持续发展。22号上午刘云山结束在保亭的考察。临别前,县委书记郑作生、县长彭家典、宣传部长王秀美代表县委、县政府和保亭16万各族群众向刘云山赠送黎锦。面对精美的黎锦,刘云山高度评价黎苗少数民族文化博大精深,是祖国民族文化中的一朵瑰丽奇葩。刘云山还邀请郑作生等县领导到北京参加中央电视台的原生态节目。

**22日** 出席博鳌国际旅游论坛的国家广播电影电视总局电影管理局局长童钢来县调研,了解电影产业在建设国际旅游岛中发挥的新作用。童钢一行在副县长王文平以及省文体厅有关领导、县文体局主要领导的陪同下,来到槟榔谷景区,调研了解在国际旅游岛建设中发展电影产业与旅游产业的结合点、新思路。王文平不时向客人介绍县近年来电影和旅游产业取得的新成绩,特别是电影进村入户把党的政策宣传到乡村到群众中去,极大地发挥了党和政府联系农民群众的桥梁作用。当得知保亭正在建设电影院时,童钢表示,国家电影管理局将给予保亭县放映设施的支持。

**23日** 省督促检查组来县对2010年保障性住房建设工作进行督促检查。县委常委、副县长张文军代表县委、县政府向省督查组汇报了县2010年保障性住房建设工作的情况。2010年全县计划建设保障性住房2100多套,总面积17万平方米,其中经济适用住房1600多套,与上年相比,2010年在资金投入、建房套数和建设面积等方面,都有大幅度的增加。2010年县保障性住房建设主要有:桃源小区、芙蓉小区、凤凰小区、杏林小区和橡胶厂5个居住小区。汇报会后,省督查组查阅了有关资料,并实地检查了保城、凤凰等居住小区的建房情况。省督查组对县推进保障性住房建设工作给予充分肯定,并对工作中存在的不足提出了意见和建议。

**同日** 中央统战部副部长、全国工商联党组书记、第一副主席全哲洙一行来县调研。在县委副书记、县长彭家典,县委副书记、政法委书记黎宏标、县政协副主席王青云等陪同下,全哲洙一行来到七仙岭登山口,视察了海航集团七仙岭登山口综合服务区改造工程项目和海航集团保亭房地产项目，认真听取县领导对工程项目的情况介绍，仔细了解项目建设进展情况，并对进一步加快推进工程项目建设，促进保亭经济又好又快发展提出了意见和建议。

**同日** 县委书记郑作生到毛感乡考察毛感文明生态乡和文明生态村建设工作。县委书记郑作生，县委常委、宣传部长王秀美，副县长符国新等先后考察了毛感村、什村一和毛感乡政府，详细了解毛感文明生态乡和文明生态村连片建设情况，并就规划建设工作进行指导。

**26日** 解放军总后勤部政委孙大发一行到呀诺达热带雨林文化旅游区考察工作。县委常委、人武部政委刘文明，县长助理、公安局长赵师陪同考察。在景区工作人员的带领下，考察组实地参观了景区梦幻谷、雨林谷等景点，并详细询问景区的发展及规划建设等情况，对县充分利用自然资源来发展旅游业的做法，表示十分赞赏。

**27日** 省委常委、组织部长楼阳生到保亭考察工作时强调，组织工作要围绕农民增收，农村生产、生活、生态和农村社会稳定，促进农村发展来开展。县委书记郑作生，县委常委、组织部长邝旭彪陪同考察。在三道镇什进村，楼阳生认真查看了村容村貌，了解村庄规划建设，并详细询问村民们的生产、生活情况。对村庄环境整治成果给予充分肯定。楼阳生还看望慰问联系户董大贤，考察了槟榔谷和呀诺达景区的发展状况，并写下了“兴旺圆融，和谐保亭”八个字，祝福保亭经济社会更加繁荣发展。

**同日** 著名喜剧表演艺术家和小品表演艺术家陈佩斯一行来县考察黎苗文化和旅游文化。在君澜热带雨林温泉度假酒店，县民族歌舞团的小伙子和姑娘们向陈佩斯一行表演了独有的黎苗文化艺术。极具民族特色的歌舞表演和精湛的乐器演奏技艺，让陈佩斯深刻领略了黎苗文化的博大精深，并对此赞不绝口。

**28日** 出席上海合作组织成员国文化部长第七次会晤的6国文化部长及随行人员到保亭县槟榔谷参观考察，详细了解了县旅游发展情况。在县委副书记、县长彭家典，副县长王文平，县长助理、公安局长赵师的陪同下，上合组织考察团一行参观考察了槟榔谷的非物质文化遗产、黎族传统纺染织绣作品及黎苗族歌舞表演等旅游项目，在参观考察过程中，彭家典热情地向客人们介绍了县特色资源以及丰富多彩的黎苗风情文化，景区负责人也逐一介绍了景区的发展情况和民族特色等内容。

**29日** 省委副书记于迅来县就新农村建设工作和旅游工作进行调研。省委副书记于迅一行，在县委书记郑作生，县委副书记、政法委书记黎宏标，县长助理、公安局长赵师等的陪同下，来到三道镇什进文明生态村进行调研，并进村入户实地了解农民的增收情况。在调研中，郑作生介绍了县在新农村建设、调整产业结构，促进农民增收等方面的工作。于迅充分肯定了保亭近年来推进新农村建设工作和旅游工作取得的新成绩，对什进村将与呀诺达景区开展长期合作，推进新农村建设工作和旅游工作给予了赞许。

**30日** 县委书记郑作生到三道镇调研，郑作生和县委副书记、政法委书记黎宏标以及呀诺达景区负责人一行，来到三道镇什进村和什纳村，实地调研旅游加新农村建设工作情况。什进村共有47户183人，全村土地面积710.15亩，其中耕地面积119亩。2009年，全村人均收入2929元。呀诺达景区计划2010年在什进村推进旅游加新农村工作，建设三个示范村，目前什进村的初步规划设计方案已完成，计划7月中旬动工兴建。

**同日** 县纪委与县财政局联合举办农村集体“三资”委托代理服务培训班。各乡镇分管农业的副乡镇长、纪委委员、经管员和乡镇财政所所长等参加培训。此次培训的主要内容是，农村委托代理服务的法律法规和具体的操作规程以及相关手续等业务知识，目的是为顺利开展全县农村集体“三资”的清查、移交和清产合资工作。

**31日** 全国人大财政经济委员会副主任委员尹中卿一行来县开展旅游立法调研，通过开展调研进一步完善旅游法律法规，促进旅游立法工作。县人大副主任董新富、张业伟，副县长王和民参加了调研工作。调研组一行实地考察了槟榔谷景区和呀诺达旅游区，详细了解了县旅游业的发展现状和旅游法律法规的执行情况。调研组认为，健全的旅游立法是旅游资源开发和旅游产业建立和良性发展的法制前提和保障。加快旅游立法是培育、规范旅游市场秩序，应对和接轨加入世界贸易组织的客观需要，同时也是建立我国旅游法律体系的重要内容和步骤。

## 4月

**2日** 县召开《土地利用总体规划(2006－2020年)》听证会。广泛听取各部门，各乡镇及企事业单位代表的意见和建议，使规划更加合理，更具可操作性。县委常委、常务副县长李开文出席听证会。县直机关各部门，各乡镇、村委会负责人，企事业单位代表等参加了听证会。在听取了编制单位代表所作的保亭《土地利用总体规划》说明后，与会代表们认为，《规划》符合县实施可持续发展的战略，城乡建设和产业发展的用地需求，体现了严格保护耕地和节约用地的原则，优化了土地利用结构和空间布局，强化土地资源开发利用与生态保护的关系，符合保亭实际。与会代表还从不同的角度对县《土地利用总体规划(2006－2020年)》提出了意见和建议。

**3日** 天津市商务委考察组一行到呀诺达热带雨林文化旅游区考察调研，了解县旅游业建设及发展的情况。考察组一行在县委副书记、县长彭家典及景区负责人的陪同下，考察了景区雨林谷和梦幻谷等多处景点，并认真查看了景区的设施建设，详细询问了景区规划建设及发展的情况。

**4日** 国家公安部常务副部长杨焕宁一行来县考察工作。在省公安厅厅长贾东军，副县长王文平的陪同下，杨焕宁一行来到呀诺达景区参观考察。考察组详细询问了该景区规划建设及发展的情况，并对保亭县充分利用得天独厚的自然生态资源来发展旅游业的做法，给予了赞许。

**7日** 省委书记、省人大常委会主任卫留成，省委常委、省委秘书长许俊一行，在县委书记郑作生，县委副书记、县长彭家典的陪同下，来到三道镇什进村调研扶贫工作。在调研中，卫留成与村民们进行了亲切地交谈，并关切地询问了农民的生活保障问题。当卫留成了解到农民就医有医保，低保户和五保户生活有保障，尤其是孩子上学享受免费教育的情况时，他对保亭县近年来扶贫工作取得的成绩给予了充分肯定。

**13日** 县政协组织部分政协委员组成调研组，对全县各乡镇开展农村宅基地调查确权登记工作情况进行调研。调研组来到新政镇，对该镇开展农村宅基地调查确权登记工作情况进行了实地调研。县政协副主席王青云参加调研工作并与委员们一起听取了新政镇主要负责人关于该镇开展农村宅基地调查确权登记工作情况汇报；查阅了农村宅基地调查确权登记工作的资料。

**同日** 出席2010年博鳌亚洲论坛的国务院国有资产监督委员会副主任邵宁一行，在县委常委、副县长张文军的陪同下，来县呀诺达景区进行视察，受到景区工作人员的热情接待。在景区负责人的解说下，邵宁一行参观了景区里独特的雨林景观，切身感受了大自然的美丽与神奇。在大自然的怀抱中，聆听着黎家阿哥阿妹们演奏的富有浓郁黎苗风韵的《迎宾曲》，考察组一行开心不已。

**16日** 省政协副主席邱德群率省政协调研组一行来县就民族地区思源学校建设情况进行专题调研。调研组在县政协主席郑金莲，副县长盘仁进，政协副主席周文才、王青云、陈文治、黄进辉以及县教育局、思源学校负责人等陪同下，分别到保亭思源实验学校小学部和中学部，对学校教室、学生宿舍和学生食堂等进行了实地调研，详细了解学校的硬件建设和软环境建设等情况。

**同日** 县“三月三”黎族苗族传统原生态情歌对唱决赛在七仙广场举行。15 名参赛选手身着民族盛装，亮出天籁般的歌喉，在舞台上一展风采，让全县观众感受到了黎苗族传统文化的灿烂多姿。经过选手们的激烈较量和评委们的认真打分，最终 15 号政权口代表队获得了第一名，9 号槟榔谷代表队和 8 号新政镇代表队分别获得第二名，5 号县民族歌舞团代表队和 11 号新政镇代表队分别获得第三名。“三月三”黎族苗族传统原生态情歌对唱决赛圆满结束。

**17 日** 一场极具黎苗族风土人情和传统文化特色的，庆祝“三月三”大型民族歌舞晚会《山水谣》，在七仙广场激情上演，让全县广大群众真切感受到“三月三”的欢乐与喜庆。县领导黎宏标、刘文明、王文平、陈文治、黄进辉等到场与群众一起观看了演出。晚会由保亭县民族歌舞团和白沙县民族歌舞团联袂演出。整场晚会以挖掘民族文化元素，展示黎苗族丰富多彩的民俗文化魅力为主题。共分为《这山》、《这水》、《这人》、《这情》四个篇章，分别体现了保亭的山魂、水韵、人绿、情愫等风情文化内涵。

**18 日** 海南省农垦科学院和省农垦科学院保亭试验站（原保亭热带作物研究所）在七仙温泉南美山庄举办了《保亭现代热作农业科技示范园区建设总体规划》项目专家评审会，邀请了国家农业部、省农业厅、省农垦总局国土局和保亭县国土局等单位的有关专家，对《规划》项目进行了评审。专家组认真听取了设计单位的说明，并对规划提出意见和进行了充分讨论，最后达成一致意见。专家组认为，《保亭现代热作农业科技示范园区建设总体规划》项目的指导思想和规划原则符合省农垦科学院保亭试验站的实际，《规划》项目内容丰富，具有一定的创新思路，具有可行性和可操作性。专家组原则上通过该项目的评审，并建议设计单位根据专家们提出的意见进一步修改完善后，尽快上报相关部门审批。海南省农垦科学院《保亭现代热作农业科技示范园区建设总体规划》项目包括：规划的背景和意义；园区发展战略分析；指导思想和原则；土地利用功能定位于布局；分区规划；园区基础设施建设；环保及节能节水；组织管理；投资估算和效益分析以及规划实施保障措施十个方面，项目分三个阶段，总投资 10 亿元。

**19 日** 在县政府大楼前举行向“青海玉树地震灾区捐款仪式”。彭家典、郑金莲、黎宏标、李开文、陈仲、王秀美、刘文明、邝旭彪、张文军等在家的县四套班子领导出席捐款仪式。县直机关、企事业各单位干部职工、保亭中学师生等 2500 多人参加了捐款活动。当天共收到爱心款 16.01 万元。

**20 日** 省委组织部副部长、省人力资源和社会保障厅厅长王焕明来县就新型农村社会养老保险试点工作进行调研。县委副书记、县长彭家典，县委常委、副县长张文军陪同调研。王焕明一行来到三道镇什进村，实地了解县开展新型农村社会养老保险试点工作的情况，并与村民进行座谈。

**27 日** 中南民族大学党委书记陈达云来县调研。在县委副书记、县长彭家典，副县长王文平陪同下，陈达云一行参观了革命英烈陈列室，详细了解曾在中南民族大学进修学习过的全国战斗英雄陈理文的成长及其革命英烈事迹。彭家典向陈达云等人介绍了收集和陈列的关于陈理文各个时期文物史料的有关情况。保亭革命英烈陈列室位于县青少年文化中心，是保亭解放战争时期历史人物及革命英烈事迹的历史展览馆。陈列室展出了全国战斗英雄陈理文、保亭革命英烈谱、保亭革命斗争史三部分。

**28 日** 省减排目标评价考核组一行 7 人来县就 2009 年主要污染物总量减排工作进行考核。

副县长王和民代表县政府向考核组通报了县2009年主要污染物总量减排工作的情况。考核组通过听取汇报，实地查看和查阅材料等方式考核后，充分肯定了县上年节能减排目标工作。同时要求，政府职能部门要通力合作，齐抓共管，加快推进污水处理厂的后期建设和投入运行，有效降低城镇生活污水排放总量。全县的主要污染物总量减排是城镇生活污水排放和工业企业污水排放。上年全县化学需养量排放量2606.64吨，控制在年度排放总量计划2627吨内，与上年同期的2574.26吨相比，上升1.26%；上年全县废气污染物二氧化硫排放总量57.88吨，控制在年度排放总量计划64.58吨内，与上年同期的59.38吨相比，下降2.53%。

**同日** 共青团保亭县委召开2010年五四表彰大会，表彰一批先进团委、团支部和先进团员及团干部。县委副书记、政法委书记黎宏标，县人大副主任盆星光，副县长符国新，政协副主席王青云出席会议。会上，符国新宣读了县委《关于表彰2009年度“保亭县五四红旗团委”、“保亭县五四红旗团(总)支部”和“保亭县优秀共青团员”、“保亭县优秀共青团员干部”的决定》。

**29日** 县总工会召开庆“五一”劳模座谈会，全县各行业的劳模代表欢聚一堂，畅谈工作体会，共庆节日。县委副书记、政法委书记黎宏标，县人大副主任、总工会主席盆星光，副县长盘仁进出席了座谈会。会上，来自全县各行业的13名全国劳模及省级劳模代表结合本职工作，就如何发挥劳模作用，发扬劳模精神，推进保亭发展大业踊跃发言，畅谈体会。纷纷表示，要用实际行动继续弘扬爱岗敬业、争创一流、艰苦奋斗、勇于创新、淡泊名利、甘于奉献的劳模精神，进一步营造劳动伟大、劳动光荣的社会氛围，率先垂范，为保亭又好又快发展做出新贡献。

**同日** 县妇女第九次代表大会在县会议礼堂召开。大会总结了过去五年县妇女工作，讨论并通过了今后五年妇女工作的目标任务，并选举产生新一届妇联班子，吴晓茵当选为县第九届妇联主席。县委副书记、政法委书记黎宏标，县人大副主任盆星光，副县长黄秀香、盘仁进，政协副主席王青云出席会议。省妇联代表黄玲珍、省组织部代表杜志琴到场指导。

## 5月

**4日** 召开2010年全县廉政工作会议，总结2009年县政府系统反腐倡廉工作，部署2010年反腐倡廉工作任务。会议在县政府五楼会议室举行。县委副书记、县长彭家典，县委常委、常务副县长李开文，副县长符国新、黄秀香、盘仁进、王文平、张文军、王理进、王和民、罗春挺，县长助理、县公安局长赵师出席等了会议。会上，县监察局、县财政局、县住房城乡建设局及县城管局有关负责人分别汇报了各自单位上年廉政工作中取得的成绩，并就2010年廉政工作目标任务做了相应部署。

**5日** 县人民法院召开动员会，部署全县法院系统开展集中清理涉诉信访积案活动。县人民法院院长符敬强做动员讲话。县法院系统集中清理涉诉信访积案活动，时间从2010年3月开始至2011年6底结束。清理范围是截至2009年底前尚未息诉罢访的涉诉来信和来访，包括各级党委、人大、政府、纪委交办和人民法院受理的涉诉信访积案等。

**同日** 县委副书记、县长彭家典在考察县旅游公厕和保障性住房项目时强调，抢抓机遇，把握时机，采取迅速有效的措施扎实推进项目建设。彭家典还来到保障性住房工程项目现场考察指导工作，认真了解工程项目进展情况。要求相关部门要切实采取有力措施，推动工程项目建设。

**6日** 县召开第六次人口普查工作会议，全面动员和部署县第六次人口普查工作。副县长罗春挺出席会议并讲话。县统计局有关负责人传达了全省第六次人口普查会议精神，并报告县第六次人口普查准备工作情况。县公安局、计生局的有关负责人在会上做了发言。

**同日** 县人民法院开展大接访活动，当天该院分别在县法院和金江人民法庭设两个接访点，接待来访群众，同时向群众发放法律法规宣传资料。

**同日** 县委宣传部组织召开推进学习型党组织建设活动宣讲团布置会，进一步安排部署推进学习型党组织建设宣讲活动的各项工作。县委常委、宣传部长王秀美出席布置会，并作了讲话。县委宣传部、组织部、党校等有关负责人就如何开展推进学习型党组织建设宣讲活动进行了讨论。开展此次宣讲活动主要是深入到各乡镇，就建设国际旅游岛、农民增收、党员干部队伍建设等内容进行宣讲，进一步提高乡镇干部综合素质，为更好地推进学习型党组织建设奠定基础。

**7日** 新政镇召开农民增收工作座谈会。座谈会上，与会人员对引入新模式展开了热烈讨论，大家提出：新政镇将跳出传统瓜菜种植模式，引入“公司＋农民”的组织化生产，助推瓜菜种植产业，以此降低农民种植风险，促进农民增收。大家都坚信这项新举措一定能让该镇的瓜菜种植产业，如风车般重新转起来，也一定能够促进农民增收。

**8日** 省依法行政考核工作复查组来县就依法行政考核工作进行复查。当天上午，省考核组一行在县政府五楼会议室举行了有关情况汇报会。听取副县长罗春挺代表县委、县政府所做的2009年县依法行政考核情况汇报。省考核组对县依法行政考核工作表示肯定并强调各行政执法单位要继续加强依法行政意识，提高依法行政效率，进一步规范行政执法行为。县34个行政执法单位的分管领导和业务骨干参加了汇报会。

**10日** 县委书记郑作生到县城河堤整治项目和海航代建项目工地等调研，县委常委、常务副县长李开文随同调研。在考察河堤整治项目时，郑作生详细询问了项目的实施情况。郑作生还实地考察了七仙广场提升工程、七仙岭景区游客服务中心、停车场等一批海航代建项目工程，检查督促项目落实情况，现场协调指导项目推进工作。

**11日** 省文体厅副厅长柳松华率文体厅稽查总队、中国有线海南分公司等主要负责人来县就省第一个网吧监控联网系统试点工作进行检查验收。在县委常委、宣传部长王秀美，县文体局以及中国有线海南分公司保亭公司负责人的陪同下，检查组一行首先到县城的几个网吧，对县网吧的人员管理、治安状况以及其他安全隐患等情况进行实地检查调研。在检查过程中，检查组对县网吧管理情况感到满意。随后，检查组一行来到县文体局网吧监控联网系统监控中心，详细观看监控系统的运行情况，并让监控中心技术人员具体操作，进行视频截图以及通过监控电脑，向前端网吧网络视频服务器发出控制指令等操作规程。检查组对试运行取得的效果感到十分满意。

**同日** 县委书记郑作生在响水镇接受群众来访，认真听取群众反映的生产生活热点问题，并现场给予解决答复，受到来访群众的欢迎。

**同日** 省委常委、政法委书记肖若海，“带案下基层”来到保亭开展接访活动，省高级人民法院院长董治良，县委书记郑作生、副县长符国新等参加活动。县案件汇报会在县人民法院举行，肖若海一行认真听取了县委书记郑作生就县委、县政府处理千龙林场承包合同纠纷案件的进展情况汇报，同时听取了县人民法院受理此案的审查报告。肖若海要求，保亭县委、县政府要牵头组织千龙林场的利益各方召开承包合同纠纷协调会，尽快依法处理千龙林场的历史遗留问题，切实维护好当事人的合法权益。

**12日** “海南母婴健康快车”来到保城镇。在镇政府大院，许多妇女闻讯后纷纷赶来，大家有序地做好个人信息登记和让医务人员对自己做相应检查。此次妇检活动自5月10日－14日，免费妇检的人群主要包括县市场中心、农电公司女职工，以及保城镇、南林乡的妇女等350多人。检查的项目主要有乳腺检查、女性妇健及个别妇女宫颈癌筛查等。

**同日** 中国福利会、中国宋庆玲基金会“母婴平安”项目,为县妇幼保健所捐赠了一辆救护车,帮助县妇幼保健所改善医疗设备,提高医疗救护能力。捐赠仪式在县妇幼保健所举行。全国政协常委、教科文卫体委员会副主席、中国福利会、中国宋庆玲基金会副主席、卫生部原部长张文康,全国政协教科文卫体委员会办公室副主任赵丽,中国福利会副秘书长邹蔚,省卫生厅厅长白志勤,县委常委、组织部长邝旭彪,副县长王文平等出席捐赠仪式。在捐赠仪式上,张文康亲手将救护车的钥匙递交到接受捐赠的县妇幼保健所负责人手中。此次捐赠的救护车必将对改善县妇幼保健所医疗设备、开展救护工作起到积极的促进作用。随后,张文康一行还参观考察了县妇幼保健所各科室的医疗设备和工作情况,并提出了宝贵的意见和建议。

**同日** 由省人大副主任康耀红为组长的省人大执法检查组第三小组来县就贯彻实施《食品安全法》情况进行全面检查。县人大主任黄本二,副主任董新富、盆星光,副县长符国新等陪同检查。检查组首先来到什玲镇中海高科有机蔬菜基地,考察了蔬菜培育大棚,并详细询问了有机蔬菜的种植和销售情况。随后,检查组来到县职业技术学校,查看了该校学生食堂的原料房、粗加工间等功能性用房和辅助设施。

**13日** 县委书记郑作生深入新政镇考察农民增收工作。副县长王文平随同考察。在考察中,郑作生走村入户,查看农田,深入了解农民群众的生产生活状况。郑作生还分别到新政镇蔬菜冷藏加工厂等地考察调研,并看望慰问了新政镇石让村委会通什村的孤寡老人、老革命黄珍英。

**同日** 海南省第一中级法院党组书记、院长陈启明率领一中院相关工作人员组成调研组来县法院调研,了解基层法院各项工作的推进情况。调研组一行先查看了县法院的办公环境后,听取了县法院负责人所作的工作汇报。县法院院长符敬强向调研组详细汇报了本院人员编制、机构设置基本情况和法院领导班子建设、队伍建设、审判工作、两庭建设等各项工作情况。

**同日** 全国人大常委会副秘书长、机关党组成员韩晓武一行来县就近年来深入贯彻落实科学发展观,着力加快经济发展方式转变和经济结构调整等方面的重大举措、显著成效和典型经验进行调研。在县人大副主任董新富的陪同下,韩晓武一行来到七仙岭温泉国家森林公园,实地考察了七仙岭的开发建设和七仙岭温泉储备、供应等情况。

**14日** 县十三届人大常委会在县人大会议室举行第十六次会议。县人大主任黄本二,副主任陈木荣、董新富、张业伟、盆星光出席会议。县委常委、副县长张文军,县法院院长符敬强,县检察院检察长李彪列席会议。会议审议通过了县人民政府《关于提请审议县迎宾大道和东环路两旁土地整理储备项目建设资金有关问题的议案》;审议通过了县人大常委会2010年工作要点(草案);审议通过了县人大教科文卫工委关于视察县人民医院管理情况的报告。会议以无记名投票的方式,通过了朱连昌、陈峰、黄明裕等人的人事任命,任命朱连昌为县政府办公室主任。任命陈峰为县人民检察院副检察长。任命黄明裕为县人民检察院副检察长。

**同日** 县人武部在保城镇召开2010年直招士官工作会议。会上,县人武部有关负责人传达了上级有关直招士官工作的文件精神,并就县2010年直招士官工作进行了部署,同时对相关部门及乡镇提出了要求。2010年是从非军事部门直接招收士官工作的第一年,这是增加当前大学毕业生就业机会和为县培养专业技术人才的重大举措。此次招收的对象主要是普通高等学校、高级技工学校和技师学院的毕业生,男性年龄不超过24周岁、女性年龄不超过23周岁,以及年龄不超过28周岁的其他具有专业技能的公民。

**15日** 县公安局与银行部门联合开展打击银行卡犯罪宣传教育活动。县公安局、人民银行、农业银行、工商银行、信用联社、建设银行和邮储银行的工作人员在县城新民街悬挂起宣传横幅，设立咨询台，向群众传授有关预防银行卡犯罪的知识，并对群众咨询的问题作了耐心细致的解答，现场还发放了宣传资料近千册。

**17日** 县委书记郑作生分别深入什玲中学、响水中学和三道中学开展调研工作。在什玲中学调研时，郑作生详细询问和了解了学校的教学工作和校园设施建设等情况。郑作生随后来到响水中学，走进学生食堂和宿舍，了解学生们的饮食和生活情况，并与同学们进行热情的交谈。县长助理、公安局长赵师随同考察。

**18日** 县委政法委牵头组织公、检、法、司四个部门的领导和相关工作人员，在县人民法院开展政法系统领导干部联合大接访活动，合理解决群众上访诉求。县人民检察院检察长李彪，县长助理、公安局长赵师亲临接访现场，接待来访群众。此次大接访活动，接访受理范围主要是群众反映政法机关和政法干警对案件查处不及时，对涉及人民群众切身利益而长期得不到解决的问题等。当天共接到群众来访案例9宗。

**同日** 县委书记郑作生到三道镇兰花基地进行调研。在三道镇兰花基地郑作生听取了该项目进展情况汇报，并就项目建成后农民的利益问题进行了调研。在调研中，郑作生还详细询问了该项目在进展中遇到的难题，并要求有关部门要协助解决，确保项目按期完成。三道镇兰花种植示范基地第一期工程占地100亩，目前已完成70亩工程的建设，每亩地投入资金约10万元，预计2010年9月就能种上第一批花苗。

**19日** 全国厂务公开民主管理工作调研组在海南省总工会以及海南电网公司负责人等陪同下，来到海南电网公司保亭供电局进行调研。县人大副主任、县总工会主席盆星光以及县总工会其他领导等陪同调研。在海南电网公司保亭供电局，该局负责人向调研组一行汇报了保亭供电局厂务公开民主管理工作情况。

**19—20日** 县省人大代表和部分县人大代表联合对县重点民生工程项目进行了视察。视察组由县人大主任黄本二，县人大副主任张业伟带队。在为期两天的视察活动中，省、县人大代表分别深入县城供水工程，县城供水管网改造工程，南环路，西环路建设工程，凤凰小区建设工程，县医院增容扩建工程，县城污水处理厂和县城垃圾处理厂等重点民生工程，通过实地察看、召开座谈会、个别谈话和查阅有关资料等方式，详细了解了县各项重点民生工程的进度情况，查找项目建设过程中存在的问题，提出解决问题的办法，推动项目落实。代表们将把此次视察掌握的情况形成检查报告，经县人大常委会通过后报送县委、县政府具体落实。

**20日** 海南省军区司令部动员处处长朱明江来县检查民兵整组工作。县委常委、人武部政委刘文明以及县人武部有关领导陪同检查。朱明江一行首先在县人武部操场，对县民兵军需应急支援保障分队迎队旗、队列、军容军姿等内容进行了点验。

**同日** 省民宗委主任黄明荣率调研组来县调研茅草房改造工作情况。副县长王文平、张文军出席座谈会，并向调研组汇报了县茅草房改造情况。调研组表示，省民宗委2010年将拨付238.8万元用于县茅草房改造建设，其中每户拨付1.2万元。目前县茅草房存量199户，县政府下拨了250万元作为2010年茅草房改造配套资金，决定在2010年底全面完成改造任务。

**同日** 省农业厅厅长肖杰来县调研。肖杰一行在副县长符国新及县有关领导的陪同下，实地了解了县推进农民增收特色资源产业项目的有关情况，并与农业、林业、畜牧、扶贫、农技、旅游等部门负责人和龙头企业负责人以及农户进行了交流。在调研中，肖杰对县三道镇兰花基地、中海高科有机蔬菜基地以及永基公司什玲鸡标准化示范基地等采用的“公司＋合作社＋农户”的发展模式给予了赞赏。

**21日** 县委推进学习型党组织建设活动内

容之一的低碳经济知识讲座在县会议礼堂举行,县委常委、组织部长邝旭彪主持讲座。海南大学管理学博士、留学英国博士后、博士生导师傅国华教授应邀为全县广大干部职工做了低碳经济专题讲座。傅教授精彩的讲座,使在场的干部职工对低碳经济有了深刻的理解和认识,获益匪浅,受用无穷,进一步启发了大家贯彻科学发展观、发展低碳经济的思路。

**22日** 海南师范大学"周末流动师资培训学院"数学和英语学科保亭培训班在保亭正式开班。县政协副主席黄进辉主持开班仪式并作了讲话。县教育局和周末流动学院的有关负责人分别做了动员讲话。全县数学和英语学科教师参加了此次培训活动。

**25日** 县政协主席郑金莲,县委常委、宣传部长王秀美,县人大副主任张业伟以及县文明办、县建委和县审计局有关负责人等深入毛感乡,就该乡的文明生态村镇建设情况进行调研。郑金莲、王秀美、张业伟一行,在毛感乡负责人的陪同下,首先来到南苍苗村,检查指导该村的文明生态村镇建设情况。毛感乡文明生态村镇建设于2010年4月1日启动,毛感乡政府及周边的南苍苗村、什南春一村和什南春二村三个自然村被列入文明生态村镇建设范围;工程项目计划投入416万元,全部工程项目将于2010年6月底全面竣工。

**同日** 国家医改办督查调研组组长、人力资源和社会保障部副部长胡晓义一行来县调研。胡晓义及调研组一行在县委副书记、县长彭家典以及省人力资源与社会保障厅等相关部门负责人的陪同下,先后到三道镇甘什村委会什进村、三道镇政府等地,就县人力资源和社会保障工作,特别是新型农村养老保险和基本医疗保险实施工作进行了实地调研。

**26日** 县委副书记、县长彭家典会见了来县考察的省委组织部常务副部长何西庆,并就联村进企、三道镇大区小镇建设工作等与何西庆进行了交流。在县委副书记、县长彭家典,县委常委、组织部长邝旭彪等陪同下,何西庆一行分别到三道镇什进村的建设情况进行了实地考察,并看望慰问了省委组织部下派三道镇的进村指导员,了解进村指导员在开展基层党组织建设工作中的体会。

**27日** 县召开"国家卫生县城"复查反馈会,县委书记郑作生,县委副书记、县长彭家典,县委常委、常务副县长李开文出席反馈会。此次由省爱卫会副主任许亚川带领的省复查验收考核组一行9人于5月26日—27日在县开展"国家卫生县城"复查工作。在复查情况反馈会上,省考核组汇报了各组检查验收的情况,充分肯定了县的巩卫工作。县顺利通过了省级"国家卫生县城"复查验收。

## 6月

**2日** 县召开2010年职业教育工作会议。会议在县政府会议室举行,副县长罗春挺出席会议并讲话。会上,教育局有关负责人传达了2010年全省职教工作会议精神,回顾总结了2009年县职业教育工作,部署了2010年职业教育工作,并与各中学校长签订了目标责任状。会议还对2009年招生工作先进单位进行了表彰。

**同日** 县委书记郑作生,县人大主任黄本二,县委副书记、县长彭家典,县委常委、宣传部长王秀美,副县长符国新、黄秀香、王文平等县领导和征地工作牵头单位负责人分别到宝亭大道、东环路、新星农场旅游度假酒店、什聘小学等地进行现场办公,解决建设项目的征地搬迁工作。

**3日** 县召开2010年"安全生产月"活动动员暨安全生产工作先进企业、先进工作者表彰大会。会议在县政府五楼会议室举行。副县长王和民,县长助理、公安局长赵师等出席了会议。会上,王和民对县2009年安全生产工作做了总结。赵师在会上宣读了县安委会关于表彰全县安全生产工作先进企业和先进工作者的通报。县安监局主要负责人通报了县前五个月安全生产形势总体情况，并部署了县2010年安全生产月活动任务。

**4日** 县人口和计划生育局在该局大院内举行摩托车发放仪式，该局主要负责人亲手把摩托车钥匙分别交到11名计生员的手中，并嘱咐每位计生员要爱护和保管好车辆，安全驾驶，更好地为农村基层的计生工作服务。此次省县计生系统配备赠送的11辆铃木王摩托车，是由省人口和计划生育委员会与县人口和计划生育局共同出资5.72万元，为县9个乡镇和两个居委会的11名计生员各配备了一辆崭新的铃木王摩托车。这些车排量大，性能好，适合在山区山路行驶，每辆车的采购价为5200多元。县人口和计划生育局还将给每辆车购买保险和配置一些安全设备。

**同日** 全省2009年度优秀审计项目评选结果出炉，县上报的《保亭县2007年至2008年基本养老保险基金使用绩效情况审计》项目，荣获全省优秀审计项目市县组一等奖。海南省在对优秀审计项目的评选活动中，县审计局报送的《保亭县2007年至2008年基本养老保险基金使用绩效情况审计》项目最终在16个参选市县中脱颖而出，荣获全省2009年优秀审计项目市县组一等奖。

**7日** 是高考的第一天，县委副书记、县长彭家典来到县设在保亭中学的高考考点，视察了县高考各项工作情况。在县教育局和考场巡视员的陪同下，彭家典先后检查了考场、保密室、高考听力播放室、考务室等重点场所，听取考点关于高考工作的情况汇报，详细了解考务安排、应急措施准备、监考人员安排、考场安全保卫、考场周边噪音控制、考点后勤服务等情况。彭家典还看望了参加“爱心送考”活动的志愿者们，并对他们给予考生们的热情服务表示感谢。副县长黄秀香、罗春挺一同考察。

**7－8日** 温州市委常委、鹿城区委书记余梅生率领该区考察团来县考察旅游景区开发、建设新农村和投资商机等工作。温州市鹿城区考察团一行在县委常委、副县长张文军，县人大副主任陈木荣，在温州市鹿城区挂职的副县长盘仁进等陪同下，分别考察了县呀诺达热带雨林文化旅游区和槟榔谷景区。

**8日** 由海南省保亭县七鲜水产品养殖专业合作社申报的“保亭生态岛冻罗非鱼片”在“永业生命素杯”2009年中国合作经济年度成就奖颁奖典礼上，获得了“中国具有影响力合作社产品品牌”奖。海南省保亭县七鲜水产品养殖专业合作社，由海南果蔬食品配送有限公司创办。在2009年举办的中国合作经济年度成就奖评选活动中，该合作社申报的“生态岛冻罗非鱼片”获得了专家评委会一致好评，被评为“中国具有影响力合作社产品品牌”奖。

**同日** 海南保亭新创设投资有限公司资助保亭68万元兴建星级公厕。县委副书记、县长彭家典代表县委、县政府接受了资助款，并对该公司的大力支持表示衷心地感谢。县政府计划2010年建设5座星级旅游公厕，每座造价60万元左右，其中县政府投资130万元建设2座，在县投资的企业捐建185万元建设3座，主要分布在县城旅游景点和城区内。目前已有3座开工建设，其余2座6月初动工，预计年底投入使用。

**同日** 县委书记郑作生到毛感乡考察文明生态村片区创建工作。县委常委、宣传部长王秀美，副县长王理进一同考察。在县精神文明办和毛感乡有关负责人的陪同下，郑作生一行实地考察了什村一、什村二、乡政府和南昌村，详细了解毛感乡文明生态村片区创建工作的开展情况。

**9日** 县委副书记、县长彭家典在县委接访室热情接待了来访群众，倾听群众呼声，集中解决群众反映的热点、难点问题，真诚为民解忧，受到了来访群众的欢迎。彭家典接访时间持续了将近3个小时，共接待来访群众10批，来访人员来自各个阶层，反映的问题也各有不同，彭家典与群众坦诚相待，情系民心，认真接访，并对来访群众有问必答，实话实说，真心诚恳地为他们释疑解惑，使群众听得明明白白。

**11日** 从县农业机械化管理服务中心获悉，保亭在2007年至2009年三年间，累计完成农业机械购置补贴资金335万元，顺利完成了省农业厅安排县农机购置补贴的全部任务。三年来，省农业厅安排县农业机械购置补贴资金逐年增加，分别为65万元、90万元和180万元。县农机中心干部职工，认真按照省农业机械补贴产品目录的标准，积极落实农机购置补贴工作，共计补贴农机具2544台(部)，受惠农民2513人，带动农民购买农机资金1107.52万元。

**12日** 省南片区网吧整治第二号行动“清风行动”正式启动。全省网吧整治第二号行动“清风行动”由省文化市场稽查总队统一组织部署。采取省总队机动抽查，各市县稽查支(大)队具体实施的方式进行。通过此次专项整治，彻底排查网吧等场所存在的安全隐患，坚决打击网吧接纳未成年人等违法行为，有效遏制网吧等场所由于接纳未成年人导致治安案件频发的势头，震慑违法经营者，对严重违规者坚决淘汰出局，不断规范网吧等场所的经营行为。

**同日** 县卫生局在县人民医院会议室举办餐饮业卫生知识培训班。培训班上，县卫生局工作人员向参训人员讲解了餐饮店的卫生要求、餐饮加工经营场所的卫生条件等相关卫生知识，并对参训人员进行了测试，进一步提高餐饮业从业人员的卫生知识、法律意识和职业道德，提升县餐饮业卫生整体水平，推进县创卫工作的开展。县卫生局从6月11日—13日，分五期培训班对全县餐饮业等相关行业的从业人员进行了餐饮卫生知识及公共场所卫生知识培训。

**同日** 省委书记、省人大常委会主任卫留成在保亭进行了为期一天的调研。省委常委、秘书长许俊，省长助理、省旅游委主任陆志远，县委书记郑作生，县人大常委会主任黄本二，县委副书记、县长彭家典，县政协主席郑金莲等陪同调研。卫留成一行先后走访了8个调研点，考察了保亭的贫困村、保障性住房建设、思源学校、旅游景区景点、旅游房地产项目等。座谈会上，县委书记郑作生代表县委、县政府向省委书记卫留成一行汇报了县近期工作情况。县委副书记黎宏标，县委常委、纪委书记陈仲，县委常委、宣传部长王秀美，县委常委、人武部政委刘文明，县委常委、组织部长邝旭彪，副县长黄秀香、王理进、王和民，县长助理、县公安局长赵师等参加调研。

**13日** 县召开动员大会，安排部署开展创建先进基层党组织争当优秀共产党员活动。动员大会在县委礼堂召开。县领导：郑作生、黄本二、郑金莲、黎宏标、邝旭彪、陈仲、王秀美、陈木荣、张业伟、盆星光、周文才、王青云、李彪、赵师等出席动员大会。郑作生作动员讲话；县委常委、组织部长邝旭彪在会上宣读了全县创先争优活动实施方案，并对全县创先争优活动做了具体部署；县委常委、宣传部长王秀美主持动员大会，并要求要认真学习落实会议精神，扎实开展创先争优活动，为建设国际旅游岛服务，提供强大动力。

**17日** 县召开2009年中央新增项目建设目标责任工作会议，总结前一阶段农村公路建设、管理和养护工作情况，并对下一步工作进行了全面部署。副县长黄秀香出席会议。为推进“通畅工程”，2010年县将建设30条农村通畅公路，总里程67公里，基本解决乡镇通往行政村的行路问题。县交通局、13个施工单位及1个工程监理单位负责人参加会议。

**18日** 安徽省肥东县副县长李向阳带领该县考察团一行来县考察旅游工作。在副县长王文平等的陪同下，肥东县考察团一行参观了呀诺达热带雨林文化旅游区梦幻谷和雨林谷，详细了解景区规划发展和运营情况，对景区的开发建设与生态保护，景区土地运营模式等进行了深入调研。考察团对保亭的绿色旅游表示赞赏。

**19日** 省委组织部副部长梁粟来县开展强核心工程实施情况调研。梁粟一行在县委副书记黎宏标，县委常委、组织部长邝旭彪陪同下，实地走访了什玲镇大田村委会和新政镇什奋村委会，认真听取了县落实强核心工程建设情况汇报，查阅相关的活动资料，进村入户与基层党员干部交谈，详细了解强核心工程建设的开展情况。梁粟对县贯彻落实强核心工程建设工作表示肯定，他认为，组织促进农民增收工作队的成立，是保亭落实和推进强核心工程建设的一项积极措施，抓住了强核心工程建设的要点。

**20日** 县公安局城镇派出所根据群众举报，出动警力，一举捣毁一个利用麻将开设赌局的黑窝点。县公安局城镇派出所接到群众举报后，经过缜密侦查，确定了聚众赌博的事实后，于6月20日上午，组织民警对这一赌博窝点进行了查处，当场抓获组织及参赌嫌疑人14名，收缴赌资3万多元及赌博工具一批。县公安机关依法对涉案嫌疑人分别进行了行政拘留和罚款等处罚。

**21日** 县人大副主任陈木荣带领县部分省、县人大代表对县人民法院执行工作情况进行调研。县人大调研组在县法院与该院领导干部进行了座谈，听取县法院相关领导汇报了近五年来的执行工作情况，以及分析执行过程中存在的问题。县法院2005年至2009年共受理执行案件202件，已执结199件，未结3件，执结率98%，较好地化解了社会矛盾，维护了群众利益。

**同日** 县促进农民增收工作队动员大会在县会议礼堂召开，会议就派驻工作队进村入户开展促农增收工作，推动农民增收工作进行了动员和部署。县委副书记、县长彭家典，县政协主席郑金莲，县委常委、组织部长邝旭彪，县委常委、纪委书记陈仲，县委常委、人武部政委刘文明，县人大副主任盆星光，副县长符国新、黄秀香、王文平，县人民检察院检察长李彪，县政协副主席王青云、陈文治出席动员大会。彭家典在动员讲话，陈仲主持动员会，并对促农增收工作队提出了进一步的工作要求。邝旭彪在会上宣读了县2010年促进农民增收工作队工作方案。乡镇工作队队长代表、县直机关驻村工作组代表和县增收办督查组负责人分别在会上做了发言。

**23日** 海南省农垦总局金江农场保亭金茂投资有限公司正式揭牌成立，这标志着金江农场顺应农垦机制、体制改革，向现代企业制度和企业管理模式转变。省农垦总局副局长文和、副县长王文平以及兄弟农场的领导到场祝贺。王文平代表县委、县政府致贺辞。海南省农垦总局副局长文和、海垦金江农场场长、保亭金茂投资有限公司执行董事、总经理王绥文以及公司的合作方等分别在揭牌仪式上发表了热情洋溢的讲话，并共同为保亭金茂投资有限公司揭牌。

**同日** 中央创先争优活动领导小组成员、中央国家机关工委副书记俞贵麟一行来县就深入开展创先争优活动进展情况进行调研，俞贵麟对保亭开展创先争优活动的做法及取得的成绩给予了充分肯定。县在君澜酒店会议室召开深入开展创先争优活动进展情况汇报会，汇报会后，俞贵麟一行还到县人民检察院考察了县基层组织创先争优活动开展情况，并深入槟榔谷进行实地调研。

**同日** 县政协主席郑金莲，副主席周文才、陈文治等率县政协调研组就农乐乐的发展现状进行调研。郑金莲一行在副县长王文平及县旅游局负责人的陪同下，先后来到灼吧农乐乐、麦式农乐乐、阿庆嫂农乐乐、满亭香黎苗农乐乐、隆滨农庄、六蓉休闲农乐乐、黎歌天黎苗农乐乐及品兰野菜庄等地进行实地调研。调研组还就此次调研情况召开了汇报会。会上，王文平汇报了县2009年农乐乐的建设情况及存在的问题，并就2010年农乐乐的建设规划做了详细的介绍。

**24日** 省政府副省长符跃兰一行来县就茅草房改造、重点工程项目建设、财政支出等工作进行调研和督导。符跃兰副省长一行在县委书记郑作生、县委副书记县长彭家典、副县长王文平以及相关单位的领导陪同下，首先来到新政镇毛朋村委会通京村进行实地调研。符跃兰一行还专程来到在建的凤凰小区保障性住房建设项目工地和西环路建设工地，对县重点项目建设进行调研及督导。实地调研后,符跃兰一行听取保亭的工作汇报。县委书记郑作生主持汇报会,县长彭家典就县当前主要工作做了汇报。县政协主席郑金莲,副县长黄秀香、何君裕、王文平、王理进以及相关部门负责人参加调研或汇报会。

**26日** 县民政局和县医院协助省老龄办、省医学院的工作人员开展为百岁以上老人免费体检工作,为全县百岁老人送去党和政府的关怀。当天,全县共有12位百岁老人进行了免费体检。

**28日** 保亭与沈阳、三亚在辽宁省沈阳喜来登酒店签署了旅游战略合作协议,这是县首次与沈阳、三亚两地携手开拓市场,正式建立旅游战略合作伙伴关系。协议的签署将推动三方旅游合作与发展,实现优势互补、携手共赢。

**同日** 县委在县会议礼堂隆重召开纪念中国共产党成立89周年庆祝大会,县直机关800多名党员欢聚一堂,热烈庆祝党的生日。县委书记郑作生,县政协主席郑金莲,县委副书记黎宏标,县委常委邝旭彪、陈仲、王秀美、刘文明、赵咏望;县人大副主任张业伟,副县长符国新、王理进;县法院院长符敬强,检察院检察长李彪,县长助理、公安局长赵师等出席会议。县委书记郑作生在会上作重要讲话。邝旭彪主持大会。会议还举行了入党宣誓仪式,县直机关42名新党员进行了入党宣誓,老党员们也在会上面对党旗庄严宣誓,重温入党誓言。

**29日** 纪念中国共产党成立89周年暨渡海解放海南岛60周年图片展,在县总工会乒乓球馆举行。共展出100多幅珍贵历史文献资料,生动再现了当年军民浴血奋战的光辉历史。县四套班子领导黎宏标、刘文明、张业伟、黄秀香、陈文治及县直机关、企事业单位、各乡镇的党组织成员参观了首日的图片展。此次图片展由海南省图书馆、县委组织部主办,省档案馆、县文体局协办,展馆开放日期从6月29日起至7月3日止。

**同日** 县公安司法鉴定中心正式揭牌成立。县长助理、公安局长赵师出席了揭牌仪式,并与公安局有关负责人一起为县公安司法鉴定中心揭牌。县公安司法鉴定中心成立后,将通过发挥法医鉴定、痕迹鉴定、声像鉴定三大职能作用,进一步提升县司法鉴定工作准确性、高效性、公正性,为打击犯罪分子提供有力的司法保障。

**同日** 县委书记郑作生到什玲镇就农民增收工作、党建工作及村级组织换届选举工作等情况进行调研,并走访慰问了基层党员干部。县委副书记、政法委书记黎宏标,县委常委、纪委书记陈仲,法院院长符敬强陪同调研。郑作生等先后来到什玲镇巡亲村委会和排寮村委会进行实地调研,并详细询问了农民的生产生活及村委会换届选举工作进展情况。在调研过程中,郑作生代表县委县政府向基层党员致以节日的慰问。

**同日** 县委常委、宣传部长王秀美到县广播电视台演播大楼项目建设工地进行调研,实地了解该工程兴建一个多月来的进展情况。县广播电视台演播大楼项目,总建筑面积为5528.89平方米,功能划分为办公区、演播区、广播直播区、多功能会议区和综合服务用房等,预计工期为7个月。

## 7月

**1日** 县在青少年活动中心隆重举行全国战斗英雄陈理文铜像揭幕暨县革命英烈陈列室开馆揭牌仪式。省人大副主任符桂花,县委书记郑作生,县委副书记、政法委书记黎宏标以及陈理文的家属等参加仪式。仪式上,符桂花,郑作生与陈理文家属共同为全国战斗英雄陈理文铜像揭幕和为县革命英烈陈列室开馆揭牌,并与陈理文的大女儿陈少珍,二女儿陈少珠,二弟陈理华,三弟陈理荣等家属在陈理文铜像前合影留念。陈理文大女儿陈少珍在仪式上代表她的母亲、弟弟、妹妹以及亲属向县表示衷心感谢。县领导王秀美、刘文明、邝旭彪、张业伟、符国新、黄秀香、王理进、黄进辉、赵师等参加了仪式。陈理文铜像高90厘米,重130公斤,共投资13万元铸造。县革命英烈陈列室展厅面积为100平方米,总投资

47.59 万元；布展历史资料相片 119 张、文字资料 116 条、历史实物 35 件。

**同日** 省人民检察院检察长马勇霞在新政镇毛朋村委会开展基层党组织建设和农民增收工作调研，并看望慰问了困难老党员，与基层党员座谈。在县委书记郑作生，县人民检察院检察长李彪等陪同下，马勇霞一行看望了毛朋村 70 多岁的困难老党员黄德明。

**5 日** 县委书记郑作生考察了六弓至英州公路保亭段工程建设。郑作生一行头顶着烈日，脚踏着炽热的路面沿着施工道路一边走，一边仔细地查看工程施工状况，并详细询问了工程的进度，对工程施工中遇到的困难和问题指导解决。六弓至英州公路项目工程，于 2009 年 11 月 18 日动工，工程修建全长近 5 公里，路面宽 6 米，路面基宽 6.5 米，项目总投资 575 万多元。由于工程原材料不足和阴雨天气的影响，整个工程进度已超出预计的时间。

**6 日** 三道镇什进村垃圾焚烧炉正式启用。该垃圾焚烧炉能够连续 24 小时作业，每日可以无害化处理三道镇及周边村庄 3—5 吨的生活垃圾，这不仅便利了三道镇及周边村庄清理、清运生活垃圾，而且减轻了环卫工人的工作量。三道镇什进村垃圾焚烧炉于 2010 年 6 月动工兴建，占地面积 200 平方米，总投资 34 万元人民币。

**同日** 县委书记郑作生在什玲镇就推进什玲鸡产业化示范基地项目进行调研，县委常委、副县长赵咏望，县人大副主任盆星光参加调研。郑作生一行首先来到排寮村，实地了解什玲鸡产业化示范基地项目建设情况。什玲鸡产业化示范基地项目按照国家级标准化建设，由海南永基文昌鸡有限公司投资创建。该项目占地 80 亩，2009 年投资 900 万元，用于建设鸡舍、孵化室、办公区和生活区等设施。当年 7 月初正式投入生产，年可生产 500 万只优质什玲鸡苗。

**7 日** 历时两个月修建的县城文明北路建成通车，进一步改善了居民出行环境。县城文明北路改造工程是县 2010 年重点工程项目之一，总投资 199 万元，道路全长 294.68 米。道路车行道修建前为水泥路面，修建后为水泥混凝土加铺沥青混凝土面层，采用花岗岩重新铺设人行道，并在道路西侧地段间隔增设雨水排放设施，进一步改善和美化居民出行环境。

**同日** 2010 年中国海南七仙温泉嬉水节新闻发布会在海口市海南迎宾馆举行。省民族宗教事务委员会副主任朱永盛，省文化广电出版体育厅副厅长许振凌，县委副书记、县长彭家典，县委副书记黎宏标，县委常委、宣传部长王秀美等出席新闻发布会。副县长王文平主持新闻发布会。彭家典致辞，介绍了 2010 年嬉水节的各项筹备工作和活动情况。

**9 日** 县委举行《县委学习型党组织建设理论知识试题》开卷考试。目的是为更好地推进全县学习型党组织建设活动，检验各单位部门党员干部的学习情况。参加考试的单位分别到县委宣传部领回了试卷，并在各自单位进行考试。当天，全县共有 92 个单位的 1434 名党员干部参加了县委推进学习型党组织建设活动领导小组组织的《县委学习型党组织建设理论知识试题》开卷考试。

**10 日** 是全国专项整治机动车“涉牌涉证”和酒后驾驶等交通违法行为统一行动日。县公安交警部门集中警力，利用白天和晚上时间，在城区主要路段和道口开展集中整治行动。统一行动日当天，县共查处机动车“涉牌涉证”和酒后驾驶等各种交通违法行为 32 起，查获并暂扣无证驾驶，年检、年审、保险过期等车辆 18 辆。从 6 月 10 日至 10 月 10 日，县公安交警部门将采取多种措施，严查机动车“涉牌涉证”等严重交通违法行为，预防重特大道路交通事故的发生。

**11 日** 记者从县有关部门了解到，七仙广场改造工程项目之一的旺蛙主题雕塑，第一批石材已运抵施工现场。在施工现场，巨型吊车师傅正在工作人员的指挥下，将旺蛙雕塑石材进行吊装。负责雕塑设计的陕西豪弈视觉公司的设计师告诉记者,旺蛙整体雕塑石材较多,需要运10次才能将所有石材运完,预计全部旺蛙雕塑能在8月10日安装完毕。据了解,旺蛙以黎族传统的图腾形象为基础,借鉴吸收了保亭历史和文化等多种元素,夸张艺术手法和民族传统纹样有机融合,整体气势恢宏,细节表现生动。雕塑通体为花岗岩材质,高8米,是保亭新的城市"LOGO"(即城市标志),更是世界范围内最大的蛙类造型雕塑,是当之无愧的世界蛙王。

**12日** 县委理论中心组举行(扩大)学习会,专题学习2010年5月4日,省委书记卫留成在省委常委(扩大)会议上的讲话精神以及2010年6月12日卫留成视察保亭的重要讲话精神。县委书记郑作生,县人大主任黄本二,县委副书记、县长彭家典,县委副书记黎宏标,县委常委陈仲、刘文明、邝旭彪、赵咏望等县委理论中心组成员出席了学习会。学习会上,大家通过多媒体观看了卫留成在省委常委(扩大)会议上的讲话和视察保亭的讲话视频录像。县委理论中心组其他成员陈木荣、董新富、张业伟、盘星光、符国新、黄秀香、何君裕、王理进、吴卫红、符敬强、李彪、周文才、王青云、陈文治、黄进辉、赵师以及各乡镇党委书记、县直机关企事业单位主要负责人、各国营农场场长以及驻保亭部分企业家等200多人参加学习会。

**13日** 县村委会换届选举工作正式铺开。当天进行选举的村委会有:加茂镇半弓村委会和共村村委会,响水镇毛岸村委会和陡水河村委会,毛感乡南好村委会。在各村委会换届选举现场,村委会换届领导小组办公室、村委会换届县协调指导组、村委会换届县挂钩联系单位以及各乡镇负责人都到场指导选举工作。在多方面的全力协调,和村民们的积极参与下,当天全县3个乡镇5个村委会均已顺利选举出新一届主任、副主任和委员等。

**14日** 加茂镇加茂村委会举行第六届村委会换届选举工作,县委副书记、县长彭家典,县委常委、宣传部部长王秀美深入选举现场指导工作。在加茂村委会选举现场,彭家典通过与镇领导和村干部交谈,了解村委会选举工作情况。

**同日** 彭家典深入六弓乡调研,实地了解六弓乡新农村建设项目进展情况。县委常委、宣传部长王秀美,副县长何君裕一同调研。彭家典等一行在六弓乡及北京银地城市建设集团公司有关负责人的陪同下,来到六弓乡新农村建设项目规划区进行调研,听取北京银地城市建设集团公司有关负责人对建设项目的介绍,了解该公司进入带动周边农民致富的具体情况。北京银地城市建设集团公司计划在六弓乡投资两个亿,对六弓乡整乡进行改造,以高端的旅游开发,把六弓乡建设成为集娱乐、休闲、度假为一体的旅游乡村,带动周边村民发展生产,致富增收。

**同日** 省军区秘群处处长杨礼文来县就民兵队伍建设进行了调研。在县委常委、人武部政委刘文明和县人武部部长王光鑫的陪同下,杨礼文一行来到保城镇毛介村调研。在看到毛介村民兵队伍的良好面貌后,杨礼文对县武装部在组建时间短、基础设施滞后等不利条件下,民兵队伍建设取得了不错的成绩表示了肯定。

**15日** 省教育厅向县教育系统捐赠了一批扶贫支教教学设备和图书。省教育厅巡视员支小纪,副县长吴卫红和县教育局有关负责人以及县思源实验学校小学部师生300多人出席了捐赠仪式。省教育厅捐赠的这批教学设备主要有笔记本电脑、教学图书及校园广播设备等,总价值25万元。这些教学设备和图书分别由省教材出版有限公司、海南凤凰新华发行有限公司和海南振华科教设备有限公司三家企业赞助,将分别捐赠给六弓乡田圮小学、什玲学校和县思源实验学校。

**16日** 县十三届人大常委会第十七次会议在人大会议室召开。县人大主任黄本二,副主任陈木荣、董新富、张业伟、盆星光以及县人大常委会其他组成人员出席会议。会议还审议通过了吴卫红、王理进、谢振桐、张文军、王和民等人的人事任免事项。同意任命吴卫红、王理进为县政府挂职副县长,同意任命谢振桐为县旅游局挂职局长,同意免去张文军、王和民县政府副县长职务。

**17日** 县委副书记、县长彭家典深入到三道、新政、响水等地了解受灾情况,部署灾后自救工作。受第2号台风"康森"的影响,全县9个乡镇均受到不同程度影响。台风"康森"共造成全县经济损失约合1800万元人民币。其中,水利设施损失390万元,农作物、林业、畜牧、渔业损失1028万元,工业交通运输业损失382万元,受灾农作物面积1200公顷。受灾总人口约3万人,转移953人。

**同日** 晚上,2010年七仙温泉嬉水节七仙女形象小姐选拔大赛最后一个赛区台湾赛区总决赛圆满落下帷幕,3名佳丽晋级全国总决赛。七仙女形象小姐选拔赛作为"中国海南七仙温泉嬉水节"的重头戏,在大陆已经成功举办了两届。而本届大赛除了在海口、三亚、北京、西安、重庆和内蒙古6个地区开设赛区外,还首度在台湾增开了一个赛区。

**17—23日** 以县委副书记黎宏标为团长,县委常委、宣传部长王秀美,副县长王文平为副团长,县民族歌舞团等一行23人组成的保亭赴台参访团,在台湾进行了为期7天的参观访问。县赴台参访团此行除了参加2010年中国海南七仙温泉嬉水节七仙女形象小姐选拔赛台湾分赛区总决赛外,最主要的目的就是与台湾原住民进行文化交流。参访团一路由北向东,从东往南,再由南往西,分别到达台北、花莲、台东、屏东等8个市县,并与当地原住民进行多场文化交流演出。同时还参观走访了原住民文化区,深入了解台湾原住民文化。参访团所到之处受到了台湾原住民的欢迎,当地居民跳起欢快的舞蹈,并用他们最热情的歌声向远道而来的客人表达敬意。

**20日** 县委副书记、县长彭家典,副县长何君裕率县国土局、水务局、林业局以及响水镇等单位负责人到响水镇毛岸陡水河村委会就土地勘界和新农村建设项目进行调研。彭家典、何君裕等一行来到响水镇毛岸陡水河村委会什赤苗村与五指山市南圣镇交界地,现场查看地图,测量地标,勘察地界,并听取了响水镇负责人就该地区土地分界的有关情况介绍。彭家典一行还专程来到什赤苗村,向村民了解情况。彭家典一行还来到响水镇毛珍水库,就库区周边新农村建设和库区水上旅游项目建设进行调研。项目业主及金江农场的领导向彭家典汇报了项目建设的总体设计和方案。

**21日** 县公安局举行了追缴退赃仪式,将被盗摩托车交还失主。县公安局有关负责人分别将被盗的摩托车交还给15名失主。县公安机关在开展"2010年严打整治行动"中,刑侦大队、县城镇派出所等多部门齐心协作,经过两个多月的侦查,迅速破获了以黄天能、黄关能为首的盗窃摩托车团伙,破获系列盗窃摩托车案件50余起。已追回被盗摩托车20多辆,挽回经济损失10万元。

**21日** 县公安局召开"2010严打整治行动"再动员再部署大会。会议总结回顾了近期公安工作,并就县当前严打形势,部署了严打整治工作措施。县长助理、公安局长赵师出席会议并做了动员讲话。会上,公安局有关负责人宣读了《保亭县公安局"2010严打整治行动"工作方案》,并全面部署严打整治行动的各项任务和工作措施。刑侦大队及各派出所负责人纷纷就"严打整治"行动做了表态发言。

**22日** 县召开动员大会,部署社保费征管及地税农税体制调整改革工作。县委副书记、县长彭家典,县委常委、常务副县长李开文,副县长何君裕出席会议。李开文传达了全省社保费征管及地税农税体制改革动员大会精神。

**26日** 在"八一"建军节即将到来之际,县委副书记、县长彭家典代表县委、县政府和全县各族人民到海口慰问子弟兵,向子弟兵们送去节日的祝福和诚挚慰问。县委常委、人武部政委刘文明,县人大副主任陈木荣等一同慰问。彭家典一行先后慰问了省军区、省武警总队和省武警消防总队的子弟兵,向子弟兵们致以节日的祝福,并送上节日慰问金。

**同日** 县委常委、常务副县长李开文,县人大副主任董新富,副县长吴卫红率县民政局、县委办、总工会等相关部门负责人看望慰问了县人武部、武警保亭中队、保亭消防中队、武警海南总队二支队和三亚预备役高炮二团官兵。

**29日** 县委召开基层党建工作会议,县委书记郑作生传达了"全省市县委书记抓农村基层党建工作"专项述职会议精神,并就做好县农村基层党建工作做了重要讲话。县委书记郑作生,县政协主席郑金莲,县委副书记、政法委书记黎宏标,县委常委、组织部长邝旭彪,副县长符国新出席会议;县委办、政府办、县涉农单位主要负责人,各乡镇书记、组织委员等参加会议。邝旭彪对县下一步农村基层党建工作作了总体部署。

**29日** 国家体育总局射击射箭运动管理中心副主任郎维一行来县就拟定建设国家飞碟射击场训练基地进行实地考察。副县长吴卫红及县文体局负责人陪同考察。郎维一行在吴卫红等的陪同下,来到新星农场六区四队,实地考察了拟定建设国家飞碟射击场训练基地。国家飞碟射击场训练基地项目由中国爱地房地产公司投资建设,拟投资2亿元,占地面积约250亩。目前,该项目正着手进行申报立项和选址工作。

**同日** 县委书记郑作生一行到响水镇调研民房改造工作,对该镇前期各项工作给予了肯定。县政协主席郑金莲,副县长王理进一同调研。郑作生一行首先来到番道村了解民房改造工作进度情况,并到民房改造现场查看施工进度。郑作生一行还来到什巴村,了解该村营房维修改造的进度。2010年响水镇的民房改造任务有两个,一个是番道村民房改造,另一个是什巴村营房维修改造。据介绍,番道村有64户,共282人,改造工期为3个月;什巴村有19户,共87人,改造工期为2个月。改造资金由政府、社会捐助和农民三方各出一部分。

**31日** 第二届"北京大厦杯"海南名人围棋联谊赛在保亭君澜酒店举行,此项赛事的举办,将进一步传承和发展围棋事业,将围棋事业融入国际旅游岛建设中,助推海南旅游业。省委常委、政法委书记肖若海,县委常委、副县长赵永望出席了开赛仪式并加入到比赛的行列中。当天的比赛共有20多名海南棋友参加,他们组成了两支围棋队伍,分别为一队和二队。经过三轮激烈角逐后,最终一队以2:1战胜二队,荣获此次比赛的冠军。

## 8月

**2日** 从县财政局获悉,2010年1—7月,县经济持续保持较快增长态势,地方财政一般预算收入首次突破亿元大关。

**同日** 按照县"十一五"时期淘汰落后水泥产能10万吨的工作任务安排,县政府于8月1日零时对海南华盛天涯水泥有限公司保亭水泥厂实施关闭,关闭后的水泥厂将实施企业转产发展。

**4日** 以省审计厅副厅长何洪彬为组长的省强农惠农资金专项清查领导小组来县开展强农惠农资金专项清查自查工作进行检查指导。县委常委、常务副县长李开文出席汇报会。8月4日—15日,省强农惠农资金专项清查领导小组组成6个小组,对11个市县进行抽查,重点检查各市县2007—2009年度的强农惠农的拨付、管理和配套资金到位情况;强农惠农资金的发放管理和实施情况等内容。

**5日** "爱地杯"全县农民趣味运动会在新政镇开幕。此次运动会把饮酒、收割、插秧等农民日常生产生活内容搬到了赛场上，使运动会变得乐趣无穷。县委副书记、政法委书记黎宏标，县人大副主任董新富，副县长王文平，县政协副主席陈文治，中国爱地房地产开发有限责任公司董事长吴多德以及各乡镇主要负责人等出席开幕式。趣味运动会上，分别进行了饮酒比赛、背媳妇比赛、收割插秧比赛等6个项目，运动员们纷纷展示了各自的绝活。

**6日** 海南呀诺达雨林度假酒店在呀诺达景区动工兴建。项目将打造成山海互动、旅居合一，兼具浓郁地域特色的原生态、环保型、高品质世界顶级的雨林度假酒店。县领导郑作生、黄本二、彭家典、黎宏标、李开文、刘文明、邝旭彪、赵咏望、董新富、张业伟、符国新、王文平、吴卫红、王青云、黄进辉等参加开工奠基仪式。在奠基仪式上，县委书记郑作生、县人大主任黄本二、县长彭家典、北京春光集团开发有限公司董事长王启春等领导嘉宾为项目奠基石培土。该项目占地面积340多亩，总建筑面积约10万平方米，总投资约15亿元人民币，拟建设热带雨林度假高中档客房约1000间，预计2011年春节前投入营业。

**10日** 重约1000多吨，高达8米的旺蛙雕塑在七仙广场正式向公众开放。旺蛙雕塑共分10层组装而成，为了确保各层石块之间的粘合更加牢固，工人们正在用"木脂胶"对整体雕塑进行粘合，工艺师们则认真地对"旺蛙"雕塑进行精雕细琢，收尾工作稳步推进。"旺蛙"雕塑基座接地总面积为63平方米，整体雕塑投资约600万元人民币。雕塑整体结构为大青蛙驮着小青蛙，周围还环绕着小青蛙，每只青蛙活灵活现，惹人喜爱。

**同日** 省政协副主席张海国率省政协琼剧史料征集工作组来县进行调研，县政协主席郑金莲，副县长何君裕，县政协副主席陈文治、黄进辉以及县琼剧协会的元老们陪同调研。调研期间，省政协琼剧史料征集工作调研组一行采取座谈、听取汇报和收集资料等形式，深入了解县琼剧发展的史料，探讨县今后琼剧发展新思路。郑金莲、何君裕以及县琼剧协会的元老们在座谈会上向调研组汇报了县发展琼剧情况，并提供了许多有价值的琼剧史料。

**同日** 在美丽神奇的七仙岭脚下，耗时4个多月，斥资180万元建设的七仙门正式建成交付使用。七仙门项目由海航地产保亭公司投资建设，工程总概算180万元，于2010年4月动工兴建，8月10日正式建成交付使用。该工程是七仙岭景区建设的一项配套工程，工程设计融合了黎苗族文化特色，彰显地区建筑风格。

**13日** 2010中国海南七仙温泉嬉水节七仙形象小姐选拔大赛全国总决赛于当日晚在海口人大会堂举行，7名佳丽从来自全国各地的43名选手中脱颖而出，当选"七仙形象小姐"。经过泳装秀、晚装秀以及知识问答三个环节的比赛，台湾选手林小晴、北京选手刘润青、内蒙古选手阿茹汗、海口选手黄蓉、三亚选手姚瑞珍、重庆选手樊琪、西安选手解英7位佳丽脱颖而出，成功当选为"七仙形象小姐"，成为宣传海南及保亭的最生动的美丽名片。比赛还评选出7名"网络七仙形象小姐"以及若干单项奖。

**16日** "七仙门"落成仪式盛大举行，县委书记郑作生，县人大主任黄本二，县委常委、常务副县长李开文，县委常委、人武部政委刘文明，县委常委、组织部长邝旭彪，副县长王文平，县政协副主席陈文治，海航地产控股集团有限公司董事长李爱国，海航旅游开发有限公司董事长张健，以及著名书画大师武微波等出席了落成仪式。仪式上，郑作生与海航地产控股集团有限公司董事长李爱国共同为七仙门揭牌；海航旅游开发有限公司董事长张建向王文平移交了七仙门钥匙。

**同日** （农历七月初七）一年一度的中国海南七仙温泉嬉水节开幕式在装扮一新的保亭七仙文化广场隆重举行。省委常委秘书长许俊、省人大副主任符桂花、省长助理陆志远、原海南正席主席林明玉、全国政协常委王亚保、原海南政协副主席王家贤、保亭县四套班子领导郑作生、黄本二、彭家典、郑金莲等出席开幕式。各兄弟市县的四套班子领导、在保亭工作过的领导以及赞助企业的总经理和驻保亭的企业家们应邀出席开幕式。海南台新闻频道和保亭县广播电视台并机直播嬉水节开幕式盛况。保亭县委副书记县长彭家典发表热情洋溢的致辞。中央电视台著名主持人朱军和香港凤凰卫视女主播吴小莉走向舞台主持节目,引起现场的轰动。开幕式结束后,省、县领导、嘉宾和广大群众一道参加嬉水巡游狂欢活动。嬉水节开幕式后,狂欢大巡游队伍在县城进行了巡游活动。上午10点,巡游队伍从七仙广场出发。由37辆华丽的彩车,45支表演方阵,2000多人组成的巡游队伍沿着县法院、总工会、新华书店、老地方酒家缓缓行进,最后到达县政府广场。将近2000米的路途,人潮涌动、彩旗招展、锣鼓喧天。当晚,2010中国海南七仙温泉嬉水节“天上人间 七仙圣水”大型民族歌舞演出在七仙广场隆重开演。晚会云集了众多明星,庞龙、王菲菲、陈思思等闪亮登场引来观众热捧。省委常委秘书长许俊,县领导郑作生、黄本二、彭家典、郑金莲等与近万名观众一起观看了演出。央视著名主持人朱军,香港凤凰卫视著名主播吴小莉,海南电视总台主持人唐糖盛装主持晚会。晚会还首度上演了大型原创歌舞诗剧《七仙岭的传说》。

**同日** 琼台少数民族交流基地揭牌仪式在和坊举行。据了解,这是大陆目前设立的首个两岸少数民族交流基地。县委副书记、县长彭家典,县政协主席郑金莲,县委副书记、政法委书记黎宏标等县领导出席仪式。彭家典代表县委、县政府向远道而来的台湾少数民族参访团及前来祝贺的嘉宾领导表示热烈的欢迎。省台办副主任刘锦宣读了琼台少数民族交流基地成立批文。郑金莲主席与参访团团长简东名为琼台少数民族基地揭牌。

**17日** 县举行城西环路竣工通车仪式,县委书记郑作生,县人大主任黄本二,县委副书记、县长彭家典,县委副书记、政法委书记黎宏标,县委常委李开文、刘文明、邝旭彪、赵咏望,县人大副主任董新富、张业伟,副县长黄秀香、罗春挺、政协副主席黄进辉,县人民法院院长符敬强,县人民检察院检察长李彪,县长助理赵师出席通车仪式。县城二环路是县重点项目建设之一,二环路包括南环路、东环路和西环路工程,道路全长12.7公里。其中,西环路工程于2009年4月10日开工建设,由海南省建筑工程总公司承建,海南时利和工程监理有限公司监理,林同棪国际工程咨询有限公司设计,全长3.1公里,设计车速为30公里/每小时,为城市主干道Ⅲ级公路,双向四车道,红线宽度20米。工程施工合同造价5100多万元。

**同日** 省委常委、省军区政委刘鼎新上将来县就民兵预备役建设工作进行调研,指导民兵预备役开展“八个能力”建设。县委常委、人武部政委刘文明上校,县人武部部长王光鼎上校陪同调研。刘鼎新一行视察了保城镇毛介村委会毛介村组建普通民兵连以及“八个能力”建设试点工作,并与保城镇、毛介村的领导干部以及民兵们进行了亲切交谈,听取大家对加强民兵预备役部队建设的建议。

**同日** 2010年中国海南七仙温泉嬉水节“爱地杯”全县龙舟比赛在七仙东河火热开赛。来自各乡镇、七仙岭农场的10支龙舟队伍在水中经过两个小时的“激战”,保城镇代表队冲破重重阻力,战胜所有代表队勇夺本次龙舟赛的冠军。加茂镇代表队,三道镇代表队分别获得了第二和第三名。

**同日** 2010年中国海南七仙温泉嬉水节全县农民文艺汇演在七仙广场精彩上演,副县长王文平在晚会上致辞并与群众一起观看演出。当晚,来自保城、新政、三道、加茂等6个乡镇的代表队同台献艺,展现当地农民风采,为现场观众献上了一台精彩纷呈的黎苗文化盛宴。

**18日** 2010年中国海南七仙温泉嬉水节闭幕式焰火颁奖晚会在保亭七仙文化广场隆重上演。县委副书记、县长彭家典,县政协主席郑金莲,县委副书记、政法委书记黎宏标,县委常委、人武部政委刘文明,县人大副主任董新富,副县长符国新、王文平,县法院院长符敬强,县政协副主席黄进辉，县长助理、公安局长赵师出席了闭幕晚会。闭幕式焰火颁奖晚会采取了颁奖和文艺演出交叉的方式进行。大型歌舞《相约国际旅游岛》拉开晚会的大幕，甜美的歌声，曼妙的舞姿令在场的观众如痴如醉，灯火辉煌的七仙广场上成了欢乐的海洋。在颁奖环节中，彭家典、符国新、王文平、赵师等县领导分别登台为2010年中国海南七仙温泉嬉水节系列活动的获奖单位和个人颁奖，祝贺他们取得优异的成绩。颁奖和歌舞晚会结束后，举行了大型的焰火燃放活动，一簇簇璀璨夺目的焰火腾空而起，在空中绽放，把七仙广场点缀得更加美丽灿烂。彭家典等县领导饶有兴致地与群众一起观看了焰火，共同度过这美好的夜晚。在升腾的焰火中，2010年中国海南七仙温泉嬉水节圆满闭幕。

**20－28日**　县委副书记、政法委书记黎宏标，副县长王文平带领由县新一届村支部书记和主任80余人组成的考察团，赴广西、广东、浙江等地，就农家乐、乡村旅游和旅游工艺品等情况进行考察学习。在两广考察期间，考察团一行先后参观考察了桂林市的桂林城徽——象鼻山，风光旖旎的漓江景区、民族风情浓郁的阳朔西街景区以及广州增城市的挂绿广场。在浙江等地，考察团重点考察了素有“人间天堂”之称的杭州西湖、中国最大的小商品城义乌以及国家地质公园雁荡山等地。所到之处，考察团都详细了解了各地产业发展转型升级、农家乐、乡村旅游、旅游工艺品等方面的情况。

**23日**　县60名2010级扶贫巾帼励志中专学生赴省技校报到，开始了她们学技术、学技能、长知识的新的求学之路。扶贫巾帼励志中专班是由省妇联和省经济技术学校联合举办的为农村贫困家庭的女孩提供免费学习的特殊班，其目的是积极改革办学、培养模式，充分发挥职业教育的社会服务功能，让农村贫困家庭的女孩免费上中专，学技术、长知识，靠知识技能脱贫致富、改变命运。2010年全县共有60名学生被选送到“扶贫巾帼励志中专班”学习，她们将在省技校进行为期3年的学习，期间均可享受到免3年学费和住宿费，补两年国家助学金和每人每月300元的生活补助金的“两免两补”优惠政策，此项优惠政策基本解决了这些贫困学生在校读书的生活费用问题，为她们在校学习提供了生活保障。

**24日**　全县上千名中学生在老师的带领下，排着整齐的队伍，来到县禁毒教育基地和看守所参观，接受禁毒教育。此次活动由县公安局和教育局联合开展，这是县继“6·26”国际禁毒日后开展的又一项禁毒教育活动。

**25日**　县首个国土环境资源管理中心所，在三道镇正式挂牌成立。该所的成立将对全县规范管理土地利用开发和调处农村土地纠纷等问题起到帮助，进一步提高县国土环境资源管理水平。副县长何君裕出席揭牌仪式并为国土环境资源管理中心所揭牌。县国土局明年内将在全县各乡镇实现国土环境资源管理中心所挂牌成立，目前人员、设施配备等工作正在有序进行。

**26日**　省人大常委会教科文卫工委主任陈志荣率省人大调研组一行来县就非物质文化遗产保护工作等情况进行调研。陈志荣一行在县人大主任黄本二，副主任董新富、盆星光等陪同下，对和坊进行了实地调研。省人大调研组还与县领导进行了座谈。副县长何君裕就县近几年来的非物质文化遗产保护工作进行了汇报。陈志荣对保亭县在非物质文化遗产保护工作中所取得的成绩给予充分肯定和赞赏。县相关部门负责人参加了座谈会，并就非物质文化遗产保护工作各抒己见。

**同日**　省统计执法大检查组来县就贯彻执行统计法和统计违法违纪行为处分规定情况进行检查。汇报会上，副县长何君裕向省检查组汇报了县开展统计执法大检查的工作情况。县统计局负责人向省检查组汇报了本部门统计执法大检查的工作情况。县统计执法大检查工作从2010年6月开始，分为动员、自查抽查、处理和总结四个阶段工作，县统计局认真做好本部门内部自查工作,并负责指导全县各乡镇和行政企事业单位开展统计法执行情况自查工作。

**27 日**　省政协港澳台侨外事委员会调研组一行来县开展城乡卫生管理工作调研,调研组在县政府五楼会议室听取汇报。县政协主席郑金莲、副县长何君裕、县政协副主席王青云、黄进辉以及相关单位负责人等出席汇报会,并向省调研组汇报了县城乡卫生管理工作情况。调研组一行通过听取汇报和观看县城乡卫生管理情况的相关视频后,对县近年来争创和巩固“国家卫生县城”工作有了全面的了解。省政协调研组还与县领导就城乡卫生管理工作情况进行了交流。县相继创建“国家卫生县城”、“国家园林县城”和“全国文明县城”都取得了成功。

**27 日**　县委书记郑作生在三道镇什进村乡村就旅游项目建设情况进行调研,县委常委、组织部长邝旭彪,原县人大常委会主任黄大奇参加调研。

**同日**　省三项体制调整改革和新农保工作检查组来县检查指导工作,听取了县三项体制调整改革和新农保工作的相关汇报。副县长罗春挺出席汇报会,并就县三项体制调整改革和新农保工作情况进行了汇报。县财政局、人社局、地税局等有关单位负责人分别汇报了本单位工作情况和存在问题。检查组听取汇报后,认为县在做好三项体制调整改革和新农保工作方面领导重视,组织得力,工作方案科学合理,落实政策扎实,并希望继续按照改革实施方案确定的步骤,结合实际,扎实推进三项体制改革,确保改革工作顺利完成。

**28 日**　在县红十字会有关负责人的护送下,县 6 名孤儿前往海口参加海南省红十字会举行的菩提树孤儿救助基金发放仪式,每人获得了 2500—5000 元不等的菩提树孤儿救助基金。

**30 日**　由中国银地城市投资有限公司捐建的大型浮雕《七仙岭风情》竣工并投入使用。浮雕形象生动地展示了民间传说《甘工鸟的故乡》和美丽迷人的自然生态景观以及七仙岭下浓郁多彩的民族风情。其构图造型采用写意和夸张的手法,巧妙地将黎族民间故事传说中的大力神图、渔猎图、纺织图、丰收图、婚礼图及三月三图等,组成了一幅涵盖生产劳动、生活习俗、民族风情和历史文化于一体的优秀抒情画卷。

**31 日**　省政协副主席邱德群来县就城乡卫生管理工作进行调研。邱德群一行在县政协主席郑金莲,副县长何君裕,县政协副主席黄进辉等陪同下,来到三道镇调研了解垃圾集中处理的情况和查看什进文明生态村村容村貌。

## 9 月

**1 日**　县委县政府举行 2010 年全县重点项目暨民生工程项目推进现场会。现场解决重点项目和民生工程项目建设中存在的各种问题及困难,为项目业主和承建单位排忧解难,加快推进工程进度,确保按期圆满完成重点项目建设。县四套班子领导郑作生、黄本二、彭家典、黎宏标、王秀美、邝旭彪、赵咏望、张隆挺、董新富、盆星光、黄秀香、王文平、罗春挺、吴卫红、李彪、周文才、王青云、陈文治、黄进辉和赵师等出席现场会。县党政两办主要负责人、现场办公项目点牵头单位主要负责人、项目业主以及承建单位负责人等参加现场会。与会人员分别到海航宁远休闲项目工地、县人民医院增容扩建项目工地、凤凰小区、桃源小区和南环路建设工地等现场办公,详细了解县 2010 年一号民生工程项目的建设情况。

**2 日**　省重点项目考核组来县就推进 2009 年度省重点项目工作的有关情况进行检查。在汇报会上,副县长何君裕向省考核组汇报了县推进 2009 年度省重点项目工作的有关情况。何君裕说,2009 年以前的近 10 年内,保亭没有一个项目被列入省重点项目计划。2009 年,保亭共有 8

个固定资产投资项目列入省重点项目，其中，3个项目已竣工，5个项目已开工建设。省考核组对县推进2009年度省重点项目工作采取的有力措施给予充分肯定，并对工作中存在的不足提出了意见和建议。

**同日** 加茂镇原粮所闲置仓库发生火灾，消防官兵、公安民警、辖区居民第一时间赶赴现场，实施水上阵地围堵，周边区域保护等措施，有效控制火势。大火在当晚10点半被扑灭。火灾没有造成人员伤亡。火灾发生后，驻点加茂镇县领导县委常委、宣传部长王秀美，县人大副主任董新富，县长助理、公安局长赵师和交警大队、城管局、安监局、水务局、粮食局、林业局、县委办、政府办等部门负责人亲赴现场指挥灭火工作。

**3日** 全省以工代赈工作会议在县政府五楼大会议室召开。会议总结了“十一五”期间省扶贫工作取得的成绩和存在的问题，并研究下一步以工代赈的扶贫思路和相关工作任务。省发改委巡视员刘善义，副县长罗春挺出席会议。各市县的发改局等有关负责人参加会议。各市县发改局负责人就本市县以工代赈工作的实施情况，和对省以工代赈工作的实施情况在会上分别作了发言，并提出意见。

**6日** 县委副书记、县长彭家典在县国土局、水务局、征地办和三道镇有关负责人等陪同下，来到槟榔谷景区、呀诺达五星级酒店、三道镇什进村、三道镇政府新办公楼、三道兰花基地等项目现场实地考察，深入了解项目进展情况。

**7日** 县委副书记、县长彭家典深入县城污水处理厂察看和指导工程建设。实地调研保障性住房小区建设，听取社情民意，了解小区反映强烈的热点难点问题，帮助困难群众解决实际问题。在县水务局和项目施工方有关负责人的陪同下，彭家典来到县城污水处理厂工地察看工程施工情况。彭家典还实地考察县城原纺织厂、酒厂和橡胶厂等地的保障性住房小区过程中，彭家典认真察看了小区群众的住房生活状况，与小区群众亲切交谈，深入了解群众反映强烈的热点难点问题，现场给予群众答复和解决。

**8日** 由县总工会组织的2010年“金秋助学”受助仪式在县政府五楼会议室正式启动，县人大副主任、总工会主席盆星光出席了仪式。在本次活动中，全县35名贫困学生共获得9.7万元助学金，达到了自“金秋助学”活动开展以来，受资助学生人数、资助金额的历史新高。

**同日** 省政协港澳台侨外事委员会组织六名专家、教授来县调研，学习借鉴保亭县创建国家卫生县城及城乡环卫一体化建设的经验。调研组一行分别到保城镇、什玲镇、响水镇、新政镇和县城各主要街区进行现场考察调研。调研组召开了座谈会，听取了县分管领导和相关单位负责人关于县创卫及城乡环卫一体化建设的情况汇报。会上，调研组对保亭的创卫及城乡环卫一体化建设给予高度赞扬，并表示将会把此次考察调研的详细报告呈报给省政协常委会讨论，形成先进学习典型材料，向全省各市县宣传推广。

**同日** 县委副书记、县长彭家典，县委常委、人武部政委刘文明一同看望了在南茂地区集训的民兵预备役部队，并向全体驻训官兵表示深切慰问。彭家典还同官兵们进行了交流座谈，了解官兵们的训练生活，详细询问了官兵们在训练期间存在的实际困难，并给予帮助解决。为了保障官兵们在训练期间的生活，当天，县民政局还给官兵们送来了粮油、猪肉等慰问物品。

**9日** 县四套班子领导彭家典、刘文明、赵咏望、陈木荣、黄秀香、陈文治、黄进辉等慰问了在县驻训的某炮兵团的全体官兵，向官兵们带去保亭人民的问候和敬意，并送去了慰问品和慰问金。

**同日** 县召开全球基金疟疾项目启动会，正式启动了全球基金疟疾项目。会上，县卫生局负责人根据省疟疾疫情发病趋势及实际情况，强调了疟疾项目工作的重要性。会议还对县各卫生院的分管负责人及公共医疗业务人员50余人进行了疟疾防治知识培训。按照疟疾流行县的分类标准,保亭县为一类市县,是疟疾防治重点区域。为此,县卫生单位制定了相关防治方案,加大对疟疾防治的工作力度,尤其是重点加强偏远地区和上山工作人群的疟疾防治。切实保障全县广大人民群众身体健康,促进经济与社会协调发展,推进国际旅游岛建设。

**10日** 在县会议礼堂隆重举行庆祝第26个教师节暨优秀教师表彰大会。会议总结了2009—2010年教育工作,表彰了一批年度先进单位和优秀教师。县人大主任黄本二,县委副书记、县长彭家典,县委副书记、政法委书记黎宏标,县委常委、常务副县长李开文,副县长何君裕,政协副主席黄进辉等出席会议。县直机关企事业各单位负责人以及全县各中小学校长、教师代表等1000多人参加会议。黎宏标宣读了县委、县政府致全体教师和教育工作者的《慰问信》和表彰决定;黄本二、彭家典、黎宏标、李开文、何君裕、黄进辉等县领导分别为先进单位和优秀教师颁发奖金及荣誉证书。何君裕在会上作了2009—2010年全县教育工作报告。

**同日** 省"五五"普法检查验收组来县就"五五"普法工作情况进行检查验收。省检查组一行首先观看了县"五五"普法工作专题片,并听取了县开展"五五"普法工作情况汇报。县人大副主任陈木荣,县长助理、公安局长赵师以及县有关成员单位负责人等出席汇报会。省检查组对县"五五"普法工作取得的成绩给予了充分肯定,并希望形成长效机制,坚持不懈地做好普法工作,确保"五五"普法工作各项目标按期实现。省检查组还就县"五五"普法工作中存在的问题提出了意见和建议。

**同日** 县2010年农村劳动力转移培训"阳光工程"工作会议在县农业局会议室召开。副县长符国新出席会议并讲话。县阳光办工作人员总结了近几年来县"阳光工程"的培训工作情况。县阳光办负责人宣读了《保亭县2010年农村劳动力培训阳光工程实施方案》。会上,符国新还与各乡镇和各有关单位负责人签订了责任书。近几年县开展"阳光工程"取得了一些成绩,将县就业局和县热作中心等单位定为培训基地。2010年省农业厅下达县农村劳动力转移培训示范性任务2100人,继续组织实施2009年未完成的培训任务150人。培训内容有:电子维修、服装裁缝等工种。通过培训有效提高农村劳动力的就业技能和转移就业能力,为增加农民经济收入奠定一定的基础。

**14日** 国家教育督导团一行来县,通过听取汇报、实地查看部分中小学校、与校方负责人座谈等形式,深入了解县中小学校体育卫生工作情况,并对县开展中小学校体育卫生工作进行检查指导。督导团一行首先在县政府五楼小会议室,听取了副县长何君裕及县有关部门负责人关于县中小学校体育卫生的工作汇报,详细询问和了解了县关于开展中小学校体育卫生工作情况。县近年来十分重视中小学校体育卫生工作,先后投入600多万元改造寄宿制学校食堂设施和饮水工程,改扩建乡镇中小学校操场和添置体育卫生设备,同时将学生每年的健康体检和体质健康检测费用纳入财政预算安排。2009年,全县共有2.29万名中小学生参加了健康体检和体质健康检测,合格率为86%。

**15日** 晚上,县委书记郑作生在新疆喀纳斯主持召开县2010年党政领导班子专题学习会,专题学习了《中国共产党党员领导干部廉洁从政若干准则》、《干部选拔任用工作并接受民主评议办法》以及学习了广东增城市先进的管理理念等课题。县委理论中心组两套班子成员郑作生、彭家典、黎宏标、王秀美、刘文明、邝旭彪、赵永望、张隆挺、符国新、王文平、吴卫红等出席专题学习会。县委常委、组织部长邝旭彪在学习会上,解读了《干部选拔任用工作并接受民主评议办法》以及主持了专题学习广东增城市先进的管理理念。随后,县委常委、纪委书记张隆挺解读了《中国共产党党员领导干部廉洁从政若干准则》等。专题学习会直到凌晨1点钟才结束。

**15—16日** 省政协主席钟文率省政协森林

旅游专题调研组来县，就如何加快发展全省森林旅游、有效保护森林生态环境、如何高水平规划建设热带雨林旅游主题公园等专题，进行为期两天的调研。县政协主席郑金莲，县委常委、常务副县长李开文，县长助理、县公安局局长赵师等陪同调研。省政协调研组一行实地考察了呀诺达景区建设状况，并对呀诺达景区森林旅游开发建设等情况进行了专题调研。在考察过程中，钟文向景区相关负责人详细了解景区旅游发展现状，并就旅游开发、规划和建设等方面提出了指导性意见。

16日　全省残疾人扶贫和社会保障工作培训班暨现场会在保亭县隆重举行。省残联理事长符国昌，省残联副理事长黎世章、梁巍，副县长罗春挺及省残联教就部主任林梅等出席了会议。会上，罗春挺代表县委、县政府对与会人员表示欢迎，并就近几年县对残疾人事业的关心与重视做了简要发言。符国昌一行还实地参观了县残疾人扶贫发展基地及残疾人职业技能培训基地，并对县发展残疾人事业寄予厚望。

17日　由原海南行政区委书记雷宇率领的广西横县考察团一行来县考察，深入了解县旅游经济发展及城市规划建设等情况。在县委常委、常务副县长李开文的陪同下，雷宇及广西横县县委书记欧波、人大常委会主任陈堡金，县长黄国健，县政协主席梁达溪等一行，实地考察了七仙文化广场，并深入了解县旅游产业发展状况和城市规划建设等情况。

20日　县召开什玲鸡项目现场推进会。县委书记郑作生、县人大主任黄本二，县委副书记、县长彭家典，县委常委赵咏望，副县长符国新，县长助理、公安局长赵师出席会议。在什玲鸡项目现场推进会上，郑作生首先肯定了永基公司实施“公司＋合作社＋农民”的产业模式，为农民增收提供了平台。会上，永基公司负责人介绍了什玲鸡产业的推进情况，各什玲鸡养殖专业合作社理事长分别做了交流发言，大家对发展这项产业，带动农民增收致富信心十足。

21日　县委书记郑作生主持召开县社会治安综合治理工作会议。会议传达贯彻了全省广州亚运会、残亚运会和中秋、国庆两个节假日的安保工作会议精神，并对县安保工作进行了动员部署。县委副书记、政法委书记黎宏标，县人大副主任陈木荣，县人民法院院长符敬强，县人民检察院检察长李彪，县长助理、公安局长赵师等出席会议。赵师就当前全县安保工作开展情况做了汇报。县政法委有关负责人在会上传达了省委常委、政法委书记肖若海在全省广州亚运会、残亚运会和中秋、国庆两节安保工作会议上的讲话精神。

25日　省高级人民法院来县进行为期两个月的司法巡查工作。省高级人民法院党组成员、一中院党组书记、院长陈启明，县委副书记、政法委书记黎宏标，县人大副主任陈木荣，省高级人民法院党组纪检副组长、监察室主任陈国平，省高级人民法院司法巡查办主任李庆，一中院党组成员、纪检组组长袁正东，县人民法院院长符敬强出席动员会。陈国平就开展此次司法巡查工作做了说明，并对具体工作实施提出要求。开展此次司法巡查工作是省高级人民法院在国际旅游岛建设下实施的一项法院工作新举措，是全面推进全省法院思想政治、业务和队伍建设，加大对各级人民法院特别是法院领导班子及其成员的监督力度，促进公正廉洁司法的一项工作制度。此项工作已先后在琼山、东方和保亭等市县进行，并逐步向全省铺开。

27日　县计划生育协会第三次会员代表大会在县政府五楼会议室召开，会议回顾了县计划生育协会第二届理事会工作，选举产生了新一届理事会领导班子，副县长黄秀香出席会议。会议听取了县计生协会常务副会长邢世荣代表县计划生育协会第二届理事会所作的工作报告；审议通过了《保亭县计划生育协会第三届会员代表大会工作报告（草案）》和《保亭县计划生育协会章程(草案)》;选举产生了保亭县计划生育协会第三届理事会领导班子。黄秀香当选为保亭县计划生育协会第三届理事会会长。

**同日** 省老促会常务副会长、原省人大常委会副主任陈苏厚带领由省老促会、省扶贫办组成的省革命老区调研组一行来保亭,就县革命老区专项资金扶持项目、老促会机构建立和健全、红色旅游经典项目建设等情况进行调研。在副县长王理进及县扶贫办、民政局等有关部门负责人的陪同下,调研组一行先后走访了什玲镇什螺文明生态村、八村南头村、新政镇石让村委会,详细了解了老区人民群众的生产生活和建设情况。

**28日** 县召开集体林权制度改革检查验收工作会议,全面部署县林改检查验收工作,迎接省林改办对县林改工作的检查验收。县人大副主任张业伟,副县长符国新,县政协副主席周文才出席会议。符国新传达了县委书记郑作生就做好县林改工作提出的指示精神,并全面部署了下一阶段县林改工作任务。周文才简要介绍了县林改工作情况和取得的成效,并就林改工作中存在的问题提出了改进意见和建议。县林业局主要负责人就全县林改检查验收工作做了详细说明。

**29日** 中共保亭黎族苗族自治县第十一届委员会第六次全体(扩大)会议在县会议礼堂隆重召开。县委书记郑作生代表县委常委会在会上作了重要讲话。中共保亭县委委员、常委郑作生、彭家典、李开文、王秀美、刘文明、邝旭彪、赵咏望、张隆挺出席会议并在主席台上就坐。受县委常委会委托,郑作生在会上作了题为《作风大转变,用心真干事,确保实现保亭全年工作目标》的工作报告。县委副书记、县长彭家典主持会议,并在会上传达了中共海南省委2010年理论研讨会暨省委五届八次全会精神和代表县委常委会作《中共保亭黎族苗族自治县委关于进一步加强新形势下干部队伍作风建设的决定》的起草说明。县委常委、组织部长邝旭彪代表县委常委会作《中共保亭黎族苗族自治县委员会全体会议任用干部投票表决办法(试行)》起草说明。

**同日** 中共保亭黎族苗族自治县第十一届委员会第六次全体(扩大)会议闭幕大会在县会议礼堂举行。中共保亭县委委员、常委郑作生、彭家典、李开文、王秀美、刘文明、邝旭彪、赵咏望、张隆挺出席会议并在主席台上就坐。县委书记郑作生主持闭幕大会。大会首先审议通过了《中共保亭黎族苗族自治县第十一届委员会第六次全体(扩大)会议决议(草案)》;《中共保亭黎族苗族自治县委员会全体会议任用干部投票表决办法(试行)》和《中共保亭黎族苗族自治县委关于进一步加强新形势下干部队伍作风建设的决定(草案)》。

## 10月

**5日** 上午,县委副书记、县长彭家典冒着倾盆大雨前往加茂镇,检查指导共村村委会共村水库排除隐患工作。由于连降强暴雨,加茂镇共村村委会共村水库于10月4日下午出现了有史以来重大险情,水库容量严重超过了汛限水位。险情的出现将直接造成4个村庄,共98户村民的生命财产安全存在隐患。在共村水库现场,县委常委、人武部政委刘文明已带领共村村民和县预备役士兵们奋力挖出了一条溢洪道。县长助理、公安局长赵师率公安干警和武警中队官兵也赶到现场,冒雨一同挖起溢洪道。大家齐心努力,不到半个小时,一条长90米,宽1米,深约1米的溢洪道终于成功挖通,顺利泄洪。

**同日** 中午,县人大主任黄本二接到灾情报告后第一时间赶赴受灾严重的新政镇报导村委会、毛文村委会和南改村委会等地视察,并指导部署抗灾工作。在现场,当黄本二了解到连日的强降雨,导致新政镇通往各个村委会的道路交通路面坍塌滑坡,严重影响车辆通行;在南改二村通往毛拉洞水库的一处路段,路面坍塌形成一个几十平方米的大坑,交通彻底断绝的情况时,他要求,镇政府要协调交通部门尽快将阻塞道路进行抢修,对严重受毁的路段要第一时间进行交通管制，向村民告示，组织有关部门设法抢修。黄本二还来到路面坍塌现场指挥抢险工作。

**6日** 据县三防办初步统计，从9月30日20时起，全县开始普降大暴雨。截至10月6日16时，全县9个乡镇累计降雨量在500毫米以上，给全县农林交通水利设施等方面都造成不同程度损失。此次强降雨导致全县受灾人口5.3万人，房屋倒塌182间，转移人口666人。直接经济损失0.3569亿元，其中农作物受灾面积1.774千公顷，水产养殖面积0.022千公顷，农林牧渔业直接经济损失0.1673亿元；供电中断20条次，公路中断72条次，通讯中断11条次，工业交通运输业直接经济损失0.038亿元；水利设施损坏278处，直接经济损失0.1516亿元。

**同日** 县委书记郑作生深入三道、新政、毛感、加茂等乡镇查看强降雨造成的灾情，并指导部署灾后开展自救工作。副县长符国新，县长助理、公安局长赵师陪同查看。郑作生一行首先来到位于三道镇与新政镇交界处的什谷岭，实地查看了被泥石冲断的南水北调水利渠道。郑作生一行前往受灾严重的毛感乡和加茂镇共村水库了解灾情。郑作生一行还来到桃园小区，指导排除堰塞湖工作。

**8日** 县政府召开灾后恢复重建工作会议，研究部署特大自然灾害灾后恢复重建工作。县委副书记、县长彭家典，县委常委、常务副县长李开文，副县长符国新、黄秀香、何君裕、王文平、王理进、吴卫红，县长助理、公安局长赵师出席会议。彭家典首先传达了省委书记卫留成的三点指示：(一)各市县党政一把手分管领导必须轮流在市县三防办值班，一定要有领导在现场带班；(二)在任何情况下都要把人的生命放在第一位，对所有病险水库要逐个排查，发现问题要及时解决；(三)各市县三防办指挥系统一定要保持畅通，指挥得力，确保政令畅通，出现问题及时解决不留隐患。要切实负起责任，在这场特大自然灾害面前确保人民生命财产安全。符国新、黄秀香、何君裕、王文平、王理进、吴卫红、赵师分别就各自分管的部门工作提出了具体的要求。各主管部门及各乡镇负责人分别汇报了受灾情况和下一步采取的应对措施。

**同日** 县委、县政府决定紧急下拨300万元救灾专项资金，用于全县抗灾自救，恢复百姓生产生活，重点用于解决受灾群众的吃、住、穿等困难。

**9日** 县委书记郑作生分别到什玲镇什道村、大田村、什荣村等地调研，深入了解当前村容村貌和村民的生产生活状况。他强调，要凝聚社会力量共同参与，实施百村整治促进农村发展，为民造福。在调研中，郑作生指出，实施百村整治行动是一项实实在在的惠民工程，是落实县委全会精神的一件大事。百村整治行动要一体化，既要照顾到农民居住条件的改善，同时又考虑到农民的增收，要统筹兼顾将产业打包整合。实施百村整治行动要整合社会、政府和私人资金投入，凝聚一批有爱心的企业家共同参与。在副县长吴卫红，县教育局、建设局、扶贫办等有关负责人的陪同下，郑作生还来到保亭中学调研新教学大楼建设项目，并听取了县教育局和校方负责人的汇报。

**同日** 省农业厅两名农业专家来县指导农民做好灾后生产自救工作，确保冬种生产正常开展。省农业厅专家在县农业局主要负责人和技术人员的陪同下，首先来到什玲镇大田田洋瓜菜种植基地，实地查看了瓜菜受灾情况。

**同日** 海航集团援助海南暴雨灾区的救灾物资抵县，与此同时，海航地产公司有关负责人还深入到农村，看望慰问了受灾群众。当天下午，海航集团海航地产公司与县民政局举行了简单的捐赠仪式。海航集团援助的救灾物资包括大米、食用油、快食面、矿泉水等900件，价值2.62万元。这是县接收到的第一批企业捐赠救灾物资。

**11日** 海南电网保亭供电局带着保亭人民对重灾区人民的关心和支持，赴万宁支援当地的复电抢修工作。在海南电网保亭供电局大门口，供电局相关负责人向即将赶赴万宁重灾区支援的35名成员做了简短的动员讲话。简短而有号召力的动员会结束后,县供电局支援万宁复电抢修工作队的35名成员立即赶赴了万宁。

**12日** 省委组织部副部长梁粟深入省委组织部挂钩单位三道镇进行调研,检查指导什进村大区小镇项目建设工作,并就深入开展创先争优工作,做好三道灾后自救工作提出要求。在县委书记郑作生,县委副书记、县长彭家典的陪同下,梁粟来到三道镇什进大区小镇新村指挥部,参观了什进大区小镇新村沙盘规划实物模型。在县委常委、组织部长邝旭彪的陪同下,梁粟还来到三道镇,与三道镇委、镇政府班子成员、村委会支部书记和省委组织部在三道镇开展联村帮扶的工作人员及县委组织部相关工作人员进行了座谈。

**14－15日** 由县部分省、县人大代表和相关单位负责人组成的县人大调研组,对全县生态环境保护工作进行了调研。调研组由县人大副主任张业伟带队。两天内,调研组先后深入南林乡、三道镇、新政镇、六弓乡等地,通过听取汇报和现场察看等方式,对县生态环境保护工作进行了调研。调研组对各乡镇近年来的生态环境保护工作给予肯定,对宣传、教育和提高群众环境保护意识的做法给予赞赏。希望各部门单位再接再厉,加强牵头作用,努力把各项生态环境保护措施落到实处。针对存在的问题,调研组要求,各部门单位要引起高度重视,建立综合协调机构或工作机制,严厉打击各类破坏生态环境的违法行为。同时加强乡镇、农村的生态环境保护工作力度,努力将生态环境保护与经济建设融为一体,在保护环境中促进经济和谐发展。

**14－16日** 县邀请海口市琼剧团每晚八点在县七仙文化广场演出一场大型古装琼剧,为戏迷和群众献上精彩的琼剧盛宴。当晚,一场精彩的古装琼剧《春草闯堂》在七仙文化广场上演。县委副书记、县长彭家典,副县长何君裕到场与观众一起观看了演出。

**15日** 县召开2011年部门预算编制工作布置会议,总结2010年财政预算执行情况,部署了下年财政预算编制工作。县委常委、常务副县长李开文出席会议并讲话。县财政局负责人解读了2011年部门预算编制的政策要求和填写部门报表的说明。

**同日** 县2010年度冬季征兵工作会议,在县委礼堂召开。会议传达贯彻广州军区和全省征兵工作的会议精神,动员部署了县冬季征兵工作。县委常委、人武部政委、县征兵工作领导小组副组长刘文明,副县长、县征兵工作领导小组副组长吴卫红,县长助理、公安局长、县征兵工作领导小组成员赵师出席会议。

**同日** 省统计局局长符国瑄率省市县经济和社会发展考核检查组来县考核检查工作。县委副书记、县长彭家典,副县长何君裕出席汇报会。彭家典向省检查组汇报了县2009年度经济和社会发展主要指标完成情况。何君裕汇报了县就第六次全国人口普查工作情况及下阶段工作安排。各职能部门主要领导分别就相关的经济和社会发展指标情况作了汇报。随后省检查组现场检查了主要职能部门相关资料和文件。2009年,县域经济发展不断加快,县地区生产总值11.22亿元,比2008年增加1.42亿元,人均生产总值9647元,人均生产总值增加量975元,人均生产总值增长率12.5%;城镇新增就业人数1749人,增长率5.23%,登记失业率1.66%,比上年下降0.88个百分点;同时,在教育事业、医疗事业和文化建设等方面也加大资金投入,使社会各项事业得到全面发展。

**同日** 在北京参加长江商学院学习的县委书记郑作生,应国画大师范曾先生的邀请,在大师的寓所拜会范曾先生。宾主双方就黎苗少数民族文化传承和保亭经济社会发展,进行了广泛交流。郑作生首先表达了全县各族同胞对范曾先生的由衷谢意。感谢他对保亭经济社会发展的大力支持,尤其是为保亭文化建设所做的无私奉献。郑作生告诉范曾,由大师亲笔题写的“七仙来仪"匾额,已经展示在七仙阁楼之上,深受社会各界人士的好评和广大游客的青睐,已经成为保亭文化建设的全新亮点之一,更是一道亮丽的旅游文化风景线。范曾先生对此深表谢意,并表示将继续为保亭的发展奉献自己的力量。郑作生将随身携带的黎族织锦赠与范曾时,他对此表达了浓厚的兴趣,当即悬挂起来,仔细品味欣赏,并认真地听取郑作生的详细介绍。随后,宾主双方从国学的继承与发展,黎苗少数民族地域文化的传承和弘扬,及民族地区生态文化、旅游文化的建设和推广等社会热点问题进行了广泛的交流和探讨。应主人的邀请,郑作生一行参观了难得一见的大师画室和书房,并与大师共进晚餐。临别前,范曾先生亲笔题字,书赠郑作生一行。

**16 日**　是重阳节,为活跃节日气氛,丰富群众文化体育生活,宣传保亭的旅游产业,弘扬绿色旅游文化,提高保亭的知名度,县在七仙岭温泉国家森林公园隆重举行"2010 年重阳节七仙岭登山比赛暨首届越野健步走比赛"。本届登山比赛的选手中,除了这位来自美国的留学生外,还有来自甘肃、重庆、贵州、云南、广东等地的岛外宾客,及省内部分市县的选手。他们当中年龄最大的有 45 岁,最小的才 16 岁。经过紧张而激烈的角逐,最终,贵州大学的潘子辉以 29 分 04 秒的成绩摘取了男子组桂冠,来自西北民族大学的王颜发及海南大学的朱景军分别获得男子组第二、第三名。来自重庆二十四所的游梅赢得了女子组的冠军,而来自县内的钟慧清获得了亚军,来自海南大学的张明倩名列第三。

**同日**　县在三道镇政府会议室召开什进村改造项目工作小结会,县委常委、组织部长邝旭彪出席会议并讲话。会上,大区小镇新村公司负责人、县联村进企挂钩联系单位工作队、各村支书及什进村村民代表分别对项目推进阶段工作进行了小结。

**17 日**　县人大机关党支部 12 名党员利用周末时间为挂钩帮扶点——新政镇毛文村委会开展"千百十"送鸡苗帮扶活动。据了解,从 2010 年起至 2013 年,人大机关党支部每年将投入 4000 多元资金为该挂钩帮扶点的 12 户帮扶户送 1200 只鸡苗,120 斤饲料及部分兽药。

**20 日**　县委组织部党支部在县农业局会议室召开创先争优公开承诺会议。县委常委、组织部长邝旭彪出席会议并做了讲话。会上,邝旭彪代表县委组织部党支部向社会公开承诺,他说,下一步县委组织部将加大组织干部人才的工作力度,加强组工干部建设,着力帮助农村党员群众解决生产生活等问题。随后,组织部机关党员干部结合自身的工作职责,就如何提高自身业务素质、联村帮扶等内容先后做了公开承诺。

**同日**　县在县迎宾馆隆重召开 2010 年中国海南七仙温泉嬉水节总结大会。大会总结举办 2010 年嬉水节活动各项工作取得的突出成就,表彰了一批先进单位、先进个人、特别和突出贡献企业。县委书记郑作生出席大会并作讲话。县领导郑作生、彭家典、黎宏标、李开文、王秀美、刘文明、张隆挺、陈木荣、董新富、盆星光、符国新、王文平、罗春挺、李彪、陈文治、赵师出席大会。黎宏标主持大会,并宣读了 2010 年中国海南七仙温泉嬉水节先进个人、先进单位,特别和突出贡献企业表彰决定。县文体局长韦岳峰代表组委会做 2010 年中国海南七仙温泉嬉水节工作总结汇报。大会授予县委宣传部、文体局、公安局等 13 个单位为先进单位;陈运新、李岸良、董昌标等 22 人被授予先进个人;新华都实业集团股份有限公司、呀诺达雨林文化旅游区、中国银地城市投资有限公司等 10 家企业被授予突出贡献企业称号。大会另外授予保亭海航旅游开发有限公司特别贡献奖。

**21 日**　县中国教育学会"十一五"科研规划重点课题《小学教学方法创新实验与研究》课题立项颁证暨培训会议在县思源学校小学部召开。会议首先宣读了保亭被中国教育学会审查通过的子课题立项的学校名单,并为通过审查的学校颁发了证书。据了解,全县共有 4 所小学通过审查,分别是思源学校小学部、保亭二小、什玲小学和新政小学。会议还对各学校开展的子课题实验与研究进行了培训,并提出要求。县教育局希望广大教师能进一步开展教育科研,深入教学研究,不断提升课题质量,为全县的教育事业做出更大的贡献。

**同日** 《海南日报》报业集团旗下的《南岛晚报》来县慰问加茂镇受灾群众,并为他们送去了慰问品。《南岛晚报》南部分社总编胡志勇一行,在县委常委、宣传部长王秀美的陪同下,首先来到加茂镇石建村委会送妹二村村民黄会忠等的家中慰问。

**25日** 省食品安全整顿工作督查组来县对食品安全整顿工作进行督查。在汇报会上,副县长王理进,卫生局有关负责人分别向省督查组汇报了县开展食品安全整顿工作的有关情况。听取汇报后,省督查组对县开展食品安全整顿工作给予了充分肯定,并对工作中存在的不足提出了整改意见和建议。

**同日** 举办了首批休闲农业转移农村劳动力培训班,培训班在海南商务旅游学校开班。县委常委赵咏望出席开班仪式并作了讲话。

**26－27日** 省民宗厅检查组来县查看民房改造任务的落实情况,检查组分为三个小组,分别深入到9个乡镇199户民房改造群众家中进行查看。每到一处,检查组工作人员都细心地向住户了解、核实房屋改造及修建的情况。县已于9月30日前全面完成全年民房改造工作,提前完成了省下达给县的目标任务,有效改善了村民们的居住环境。省检查组对此表示充分肯定。

**27日** 全国各中小城市统战部部长100多人来县统战工作、民族文化等进行实地调研。县政协副主席、统战部部长王青云及县委统战部相关负责人陪同调研。调研组一行深入槟榔谷景区,对景区非物质文化遗产、黎族传统纺染织绣作品以及黎苗族歌舞表演等旅游项目进行了实地调研。

**28日** 县社保征稽和农税人员划转暨县地方税务局挂牌仪式在县地税局举行。省地税局组织人事处处长王廷远,副县长何君裕等参加挂牌仪式。省地税局组织人事处处长王廷远与副县长何君裕共同为县地方税务局揭牌。

**31日** 出席海南低碳政策与技术合作对接论坛的新华总社信息中心主任曹文忠一行到呀诺达热带雨林文化旅游区参观考察。县委常委、宣传部长王秀美陪同考察,并就进一步推进绿色旅游产业,打造海南低碳经济实验区等话题与新华社考察团一行进行了广泛交流。

## 11月

**1日** 自零时起,县第六次人口普查工作正式启动。上午,县统计局有关负责人及普查员一行分别来到城北社区、县人民医院、新星农场等地,挨家挨户登门进行人口登记。1－10日,是全县人口普查入户登记工作时间,全县近940名普查指导员、普查员参对全县所有普查对象一个不漏地进行登记。确保做到人头点清、总量查清、情况摸清,不重不漏。

**2日** 县委副书记、县长彭家典在视察县保障性住房项目时强调,各部门及施工单位要抢抓时间,紧追施工,以高度的责任心和高效的工作切实推进保障性住房项目建设。在建设局、征地办、城管局等部门及施工单位有关负责人的陪同下,彭家典实地察看了凤凰小区、芙蓉小区、杏林小区和桃源小区项目,详细了解了项目的推进情况。

**同日** 县2010年法律进校园活动正式启动。当天下午,县关工委、司法局、公安局等单位联合在保亭中学举行了一场法律知识讲座,对在校的900多名初中师生进行了法制宣传教育。2010年法律进校园活动为期半个月,有关部门和单位将走遍全县十五所中学开展普法宣传,进一步增强广大师生的法律意识。

**3日** 县委副书记、县长彭家典陪同省计生委副主任隋枝叶一行考察县计生工作。省计生委调研组一行参观了正在施工建设中的县计划生育服务站。彭家典向调研组介绍了服务站的规划建设情况和县计生工作情况。初次来保亭考察工作的省计生委副主任隋枝叶,对县计生工作给予了肯定。她希望继续强化计生工作宣传教育,狠抓培训。深入开展计生免费服务创建优质服务先进县、创综合改革示范县,强化人口统计信息核查。加大依法行政对违法生育对象的处理和征收社会抚养费力度,不断完善流动人口的管理与服务。建立健全实有人口管理联动协调机制,切实落实计生惠民政策,提升计生技术免费服务质量,提高群众满意度,促进人口发展质量的提升和家庭发展能力的提高,构建和谐计生。

**4日** 县召开2011年度党报党刊发行工作会议,总结2010年党报党刊发行工作,部署下年党报党刊征订任务。县委副书记、政法委书记黎宏标,县委常委、宣传部长王秀美等出席会议。会议还对2010年在党报党刊发行工作中取得较好成绩的6个先进单位,和获得优秀奖的5个单位以及获得鼓励奖的4个单位予以表彰。

**5日** 县召开2010—2012年发展有机瓜菜种植工作动员会,副县长符国新出席会议并全面部署有机瓜菜种植工作。符国新在会上就如何落实县委县政府提出的冬种有机瓜菜任务指标,提出了要求。县农口单位主要负责人,以及各乡镇负责人等参加会议。

**10日** 省消防设施专项整治检查验收组来县就建筑消防设施专项整治工作进行检查验收。汇报会上,县长助理、公安局长赵师向检查组汇报了县开展建筑消防设施专项整治工作情况和取得的成绩,并就下一阶段如何巩固此次专项行动成果进行简要说明。安监局、综治办等成员单位负责人在会上分别就各自部门负责的消防、安保等工作情况进行了简要汇报。听取汇报后,省检查组对县消防设施专项整治工作给予肯定,并就存在的问题提出了整改建议和意见。

**同日** 省军区和省委组织部联合工作组对县党管武装工作情况进行调研,并与相关单位领导进行交流座谈。县委常委、人武部政委刘文明,副县长符国新、人武部部长王光鑫以及县委组织部、宣传部、人社局、双拥办、消防部门主要负责人等参加汇报会。刘文明主持会议并代表县人武部党委第一书记郑作生作了保亭2010党管武装工作情况汇报。县委组织部、宣传部、财政局、人社、双拥办、武警及消防的主要负责人等分别在会上提出了建设性的意见和建议。

**12日** 座落在和坊的省第一个旅游服务站——保亭县旅游咨询服务中心正式揭牌成立;同时,甘什岭槟榔谷海南原住民文化游览区和呀诺达雨林文化旅游区也双双晋升为国家4A级景区。上午10:30,保亭县旅游咨询服务中心揭牌成立仪式在和坊举行。省长助理、省旅游发展委员会主任陆志远,县委书记郑作生,县人大主任黄本二,县政协主席郑金莲以及县相关部门的主要负责人等出席揭牌仪式。陆志远在保亭县旅游咨询服务中心揭牌成立仪式上发表了热情洋溢的讲话。仪式上,陆志远、郑作生共同为保亭县旅游咨询服务中心揭牌。县委常委、常务副县长李开文代表县委、县政府在保亭县旅游咨询服务中心揭牌仪式上致辞。

随后,陆志远及省旅游发展委员会相关负责人、县四套班子领导等分别来到甘什岭槟榔谷海南原住民文化游览区和呀诺达雨林文化旅游区,出席了两景区荣膺国家4A级景区的揭牌仪式。陆志远、郑作生亲自为两个景区晋升为国家4A级景区揭牌。据了解,依照《旅游景区质量等级的划分与评定》国家标准与《旅游景区质量等级评定管理办法》,经海南省旅游景区质量等级评定委员会初评和推荐,由全国旅游景区质量等级评定委员会评定,槟榔谷景区和呀诺达景区分别被批准为国家4A级旅游景区。

**同日** 县政府与武汉盛源集团在风景秀丽的七仙岭君澜热带雨林温泉酒店签约合作协议,县领导郑作生、郑金莲、李开文、陈木荣及武汉盛源总裁刘烈武等到场祝贺。签约仪式上,李开文,盛源集团总裁刘烈武代表双方签订了合作协议书。根据协议,武汉盛源集团将通过对三道镇区道路、河道及基础配套设备等进行科学规划和改造,带动全镇经济转型、产业升级、实现农村劳动力转移就业,将三道打造为低碳经济科技示范区、国际贸易总部经济发展区、城乡统筹发展一体化和社会主义新农村示范区建设的典范,把三道镇建设成为海南品牌风情小镇。

**16日** 上午,举行国有土地使用权出让拍卖仪式。随着拍卖师一锤落下,县新兴东路2010-1号地块成功出让,保亭地价以541万元每亩的高价再次被刷新。此次使用权出让的地块总面积39.98亩,用地性质为住宅用地,出让年限70年,起拍价为149.6万元/亩。

**17日** 省委督察组来县就贯彻落实《中共海南省委关于贯彻落实〈中国共产党党校工作条例〉的实施意见》进行督察。在汇报会上,县委党校负责人向督察组通报了县贯彻落实《中共海南省委关于贯彻落实〈中国共产党党校工作条例〉的实施意见》的有关情况。县委新党校培训中心与七仙瑶池公司通过土地置换,由七仙瑶池公司代建,预计投资3000多万元建设。督察组对县委新党校培训中心提出"以商养学"的办学理念,全力打造海南中部一流新党校的交流平台给予充分肯定。

**17日** 出席中南六省(区)政协工作座谈会第十八次会议的政协领导及与会人员来县考察工作。六省(区)政协考察团于当天下午两点抵达呀诺达景区,县政协主席郑金莲、副主席周文才等领导在呀诺达景区迎接考察团一行并陪同参观考察。

**18日** 省导查组对县基本药物制度实施情况进行了督导检查,并就实施好这项惠民工程提出了意见和建议。在当天上午举行的汇报会上,副县长王理进就县实施基本药物制度情况、取得的成效以及工作中存在的问题等向省督查组做了汇报。县有关单位负责人也分别就开展基本药物制度实施工作中存在的问题和面临的困难进行了汇报。听取汇报后,督导组对县开展基本药物制度实施工作给予了充分肯定,检查组希望进一步探索完善医改体制;加强医务人员的培训和宣传教育,提高的他们的综合素质;加大基层医疗机构资金投入,完善医疗机构设施;加强人才建设,多方位引进人才,提高医疗水平;加强信息化建设,提高工作效率。同时要树立保基本、强基层、建机制意识,把基本药物制度这项惠民工程办实办好。

**同日** 县十三届人大常委会第十八次会议在人大会议室举行。县人大主任黄本二,副主任陈木荣、董新富、张业伟、盆星光及县人大常委会其他组成人员出席会议。副县长罗春挺、县法院院长符敬强、检察院检察长李彪列席会议。会议认真听取和审议了县政府关于调整2010年财政一般预算支出指标议案和县人大财经工委关于县生态环境保护工作情况调研报告,并以举手表决方式通过了以上议案和报告。会议还审议通过了李高岛、陈广彬、郑辉状等人的人事任免事项。同意任命黄一桓为县人力资源和社会保障局局长,同意任命李高岛为县发展和改革局局长,同意任命陈广彬为县住房和城乡建设局局长,同意任命郑辉状为县交通运输局局长。

**19日** 2010年全县"三冬"工作动员会在县政府五楼会议室举行,会议全面部署县今冬明春的冬种瓜菜、冬修公路和冬修水利建设等任务指标,动员全县广大干部群众,掀起"三冬"工作的热潮。县领导郑作生、黎宏标、张业伟、符国新、罗春挺、吴卫红、黄进辉、赵师和省农垦驻保亭办事处有关负责人等出席会议。会上,县农业局、水务局、交通局主要负责人以及响水镇和新政镇有关负责人作了表态发言。

**24日** 由县委宣传部和县电视台联合制作的新农村魅力乡镇推介片《诗魂三道》在申报全国"第二届新农村电视艺术节"活动中荣获"十佳

魅力乡镇电视风采奖”。

**同日** 省社会治安综合治理检查组来县就社会治安综合治理工作进行为期三天的检查。县委副书记、政法委书记黎宏标就县执行《海南省2010年综治责任书》和平安建设工作情况向省检查组做了汇报。出席汇报会的还有县法院院长符敬强，县检察院检察长李彪，县长助理、公安局长赵师，县社会治安综合治理各成员单位负责人等。

**25日** 省交通运输厅2010年工作会在七仙岭君澜热带雨林温泉酒店召开。县委书记郑作生，省交通运输厅厅长董宪曾，副县长吴卫红，省交通厅机关各处室负责人，厅直属各单位党政一把手等参加会议。

**26日** 县公安局召开百日会战表彰暨退还追缴赃款赃物大会，对公安机关在百日会战中表现突出的先进集体和个人进行表彰，并将追缴回的近50万元的赃款、赃物集中返还给失主。表彰会上，县长助理、公安局长赵师代表公安局党委向日夜奋战在工作第一线上、勤勤恳恳、无私奉献的广大公安民警表示亲切的问候和衷心的感谢。他指出，今天受表彰的先进集体和个人在百日会战行动中，发扬了不怕苦、不怕累的精神，使此次行动取得了较好成绩。通过这次行动，既展示了县公安机关的良好形象和工作作风，也证明了县公安队伍的坚强实力。

**30日** 全国总工会副主席倪健民一行来到槟榔谷景区考察工作。在省总工会副主席揭晓强，县人大副主任、县总工会主席盆星光等的陪同下，倪健民一行参观了槟榔谷景区黎族传统器具陈列馆、黎族织锦展品馆和酿酒坊等，并认真听取了景区负责人介绍景区的相关情况。

## 12月

**1日** 省人口和计划生育委员会主任周公卒来县调研，深入了解计划生育中心服务站项目建设情况。县委书记郑作生，县委副书记、县长彭家典，县委常委赵咏望陪同调研。

**同日** 省保障性住房建设巡视二组来县就保障性住房的建设和完成情况进行检查，督促指导县保障性住房建设工作。县委书记郑作生，县委副书记、县长彭家典，县委常委、常务副县长李开文出席汇报会。县委副书记、县长彭家典汇报了县保障性住房建设和完成情况。

**3日** 县在县委组织部会议室举行“创先争优”授牌活动，当天共为县财政局、教育局、国税局等20个单位授予“创先争优党员示范窗口”牌子。通过授牌活动，在全县形成争当示范标兵、争学模范党员、争创一流业绩的“雁阵效应”。

**同日** 中宣部组织全国“四个一批”文艺界人才一行16人到槟榔谷和呀诺达景区采风。采风团一行首先来到槟榔谷，亲身感受黎寨居民纯朴的民风和独特的民族风情、文化，并参观了景区非物质文化遗产展览馆、织锦园和八音演奏区等景点。

**4日** 县召开2010年农民增收工作现场推进会。县领导郑作生、黄本二、彭家典、黎宏标、李开文、符国新、王文平、罗春挺，以及涉农单位、各乡镇、部分涉农企业负责人等聚集一起，围绕中部市县农民三年增收工作目标要求，检查和总结县前10个月的农民增收工作，分析当前农民增收形势，查找问题和差距，探讨农民增收的新路子。

**6日** 保亭黎族苗族自治县污水处理厂于正式竣工投产，县举行了隆重的揭牌仪式。县委书记郑作生，县人大主任黄本二，县委副书记、县长彭家典，县政协主席郑金莲，县委常委、常务副县长李开文，县委常委、纪委书记张隆挺，县委常委赵咏望，副县长符国新，以及有关部门负责人，项目施工、监理和运营单位代表等出席了揭牌仪式。

**8日** 省人口和计划生育考核评估组来县检

查工作,对县完成2010年人口和计划生育工作目标责任完成情况进行评估和年终考核。县委书记郑作生,县委副书记、县长彭家典,县委常委、纪委书记张隆挺,县委常委赵咏望,县人大副主任陈木荣,副县长罗春挺,县政协副主席王青云,省农垦驻保亭办事处副主任陈桂香出席汇报会。彭家典就县开展2010年人口和计划生育工作情况向考核组做了汇报。汇报会前考核组还观看了县2010年人口和计划生育工作短片。

**10日** 保亭与中国银地“助教扶农”项目启动,中国银地倾力参与保亭打造全省低碳发展生态示范县,为教育改革和农村危房改造捐资2亿元人民币。省委常委、秘书长许俊,县四套班子领导郑作生、黄本二、彭家典、郑金莲等出席启动仪式。许俊在启动仪式上致辞。他代表省委、省政府向项目的正式签约启动表示祝贺。县委书记郑作生、中国银地城市投资有限公司董事长杨中国分别在仪式上致辞。县委副书记、县长彭家典与保亭银地公司总裁高雅签定了项目备忘录,并接受捐赠2亿元助教扶农资金。许俊、郑作生、杨中国等出席仪式的领导还共同为项目启动培土奠基。

**11日** 人力资源和社会保障部副部长王晓初来呀诺达热带雨林文化旅游区调研,重点考察了景区人员就业、高校旅游专业等岗位实习等情况。在省委组织部副部长、人力资源和社会保障厅厅长王焕明和县委副书记、县长彭家典等的陪同下,王晓初先后考察了景区雨林谷,湿地景观区等景点。考察中,景区负责人向王晓初汇报了景区建设规划历程、管理模式、运营状况以及景区员工的福利保障制度等情况。

**11－12日** 省打击涉盐违法专项行动检查组来县就开展防治碘缺乏病活动,打击涉盐违法专项行动进行检查,并充分肯定了这项工作取得的成绩。县长助理、公安局长赵师在汇报会上向检查组汇报了县有关防治碘缺乏病活动,打击涉盐违法专项行动工作的情况。在此次的检查工作中,检查组对县开展打击涉盐违法专项行动取得的成绩给了充分肯定,并对工作中存在的不足提出明确的整改措施。

**13日** 以省审计厅副调研员王惠花为组长的省公共机构节能工作检查组来县就公共机构节能管理体系建立,公共机构节能规划等工作进行检查指导。副县长罗春挺陪同检查,并向检查组汇报了县公共机构节能工作的有关情况。

**14日** 在2010年中国(海南)国际热带农产品冬季交易会的头一天,海南永基公司与香港宏业贸易公司签订了300万只什玲鸡的购销合同,成为2010年冬交会上首个签约订单。

**15日** 在第二届新农村电视艺术节颁奖典礼暨农业发展论坛上,县委宣传部选送的剧目《七仙岭的传说》荣获“新农村新农民才艺风采奖”。

**16日** 全国人大常委会副委员长、全国妇联主席陈至立来县考察。省人大常委会副主任康耀红,县委书记郑作生,县人大常委会主任黄本二等陪同考察。陈至立亲切地看望了三道镇首弓村委村里的妇女代表,与她们热切交谈,询问她们的生产生活状况,高兴地倾听农村妇女们用自己编写的黎族歌曲来描绘美好的新生活。陈至立对保亭妇女工作的务实和创新给予充分肯定。她表示,作为黎苗族自治县,保亭具有独特的生态、文化和资源优势,保亭的妇女工作经验很有特色,对全国开展妇女工作很有启发。

**17日** 原省人大常委会副主任张德春,原省人大常委会副主任秦醒民率省人大老干部考察组一行来县考察工作。考察组对县创新发展模式,走农业与旅游业相结合,以优势特色产业,充分挖掘农村各项产业的增收潜力的做法极为赞赏。在县人大常委会副主任张业伟的陪同下,老干部考察组考察了三道镇什进村乡村旅游项目和呀诺达景区,对县走特色差异化高端发展路子，抓旅游业带动生态农村、旅游农业、文化农民“新三农”建设等有关情况做了深入了解。

**18日** 由人民网主办、人民网旅游频道承办的“2010中国民俗文化旅游论坛暨最具民俗文化特色旅游目的地颁奖典礼”在人民大会堂重庆厅举行，保亭荣获“最具民俗文化特色旅游目的地”称号。县委常委、宣传部长王秀美，与来自全国18个地区的获奖单位代表及企业界嘉宾出席了本次活动。

**同日** 国家飞碟体育训练基地项目落户保亭。签约仪式在海口喜来登大酒店的华府宴会厅举行。县委副书记、县长彭家典出席签约仪式，并与国家体育总局签下了国家飞碟体育训练基地落户保亭的项目合约。据了解，国家体育总局飞碟训练基地的项目用地位于七仙岭温泉国家森林公园东侧，西面与高尔夫球温泉酒店相邻，基地选址环境优美、宁静，占地面积200亩，其中含有观众席、器械库等功能区。飞碟训练中心建成后，将为保亭增添新的旅游资源。

**19日** 县召开生态保护工作促进会。县委书记郑作生，县人大主任黄本二，县委副书记、县长彭家典，县政协主席郑金莲，县委常委、常务副县长李开文，副县长符国新，罗春挺，县长助理、公安局长赵师出席会议。郑作生强调，统筹推进生态建设与富民产业发展，加快建立有效的生态产业体系，以集体林权制度改革为契机，统筹推进主体改革和配套改革。生态保护和建设要围绕“一个目标”，推进“一项改革”，抓好“两个关键”。黄本二、彭家典、郑金莲分别就县生态保护和生态建设，存在的问题和解决的办法提出了具体措施。

**20日** 县召开“十二五”规划工作汇报会。郑作生、黄本二、彭家典、郑金莲等四套班子领导出席会议。会上，规划编制单位首先就县“十二五”总体规划编制情况和县“十二五”总体规划基本框架的主要内容进行了汇报说明。

**22日** 县顺利通过了全国爱卫办对2006年命名的国家卫生城市(区)、镇(县城)的复审，保亭再次荣膺“国家卫生县城”称号。

**同日** 县委政法委在三亚市亚太国际会议中心召开全县政法系统工作座谈会。县委副书记、政法委书记黎宏标、县法院院长符敬强、县检察院检察长李彪、县长助理、公安局长赵师出席座谈会。县公、检、法、司以及农垦政法系统等副科级以上干部参加了座谈会。黎宏标在座谈会上做了题为《抓机遇迎挑战 努力开创政法工作新局面》的发言。座谈会上，符敬强、李彪、赵师和县委政法委、公安局、刑警大队、森林公安局、新星公安分局、检察院起诉科、侦监科、法院刑庭等单位主要负责人分别在座谈会上作了交流发言，大家围绕公、检、法、司机关就案件的取证、上诉、鉴定和辩护等细节，和维护好县社会治安环境等话题展开了交流和探讨，共同为增进政法部门之间的分工协作，促进县政法系统案件的办理质量，全面推动保亭政法工作上新的台阶提出意见和建议。

**24日** 县召开2010年度工会总结暨表彰大会，会议总结2009年工会工作，部署来年工会工作任务，并表彰了2010年度工会工作先进集体和先进个人。县人大副主任、总工会主席盆星光出席会议。会上，县财政局、地税局等20个“2010年度工会工作先进集体”，高政信、魏晖等30名“2010年度工会工作先进个人”受到表彰。

**27日** 海南省委办公厅、省政府办公厅联合发文，对2009年市县经济和社会发展考核结果进行通报，并对经济社会发展成绩突出的市县进行表彰，授予保亭“2009年海南省市县经济和社会发展考核二等奖”。

**28—30日** 中央创先争优活动领导小组成员、中央国家机关工委副书记俞贵麟一行来县就深入开展创先争优活动进行调研，并对县开展创先争优活动半年多来取得的成绩给予了充分肯定。县委书记郑作生向调研组一行汇报了县深入开展创先争优活动半年多来的进展情况。调研期间,俞贵麟一行深入保城、什玲、响水、新政、三道以及城管等单位,检查指导创先争优活动的开展,并了解县促农增收项目。

**28日** 广东省委副书记、省长黄华华带领广东省党政代表团到呀诺达热带雨林文化旅游区考察。海南省委副书记于迅,副省长姜斯宪,县委书记郑作生,县委副书记、县长彭家典等陪同考察。郑作生、彭家典热情地向考察团成员介绍了县经济社会发展情况,以及县围绕"雨林、民俗、生态"等文章,做好旅游开发工作等情况。

**同日** 县委书记郑作生,县委副书记、县长彭家典,副县长符国新深入到六弓乡石艾、奋发和田岸田洋,检查县农田综合整治项目建设进展情况,并对项目顺利推进表示满意。

**29日** 县农业综合执法大队在县政务中心挂牌成立。副县长符国新出席揭牌仪式,并为县农业综合执法大队揭牌。县农业综合执法大队受县农业局委托,主要负责宣传、贯彻执行农业法律、法规和规章;负责全县农业行政执法区域内的农业执法检查、农业违法案件的查处以及全县农产品质量安全的监督管理;负责对农业生产资料及产品的市场监督管理,打击假冒伪劣农资商品,查处坑农害农等涉农违法、违纪案件等工作。它的成立,标志着县农业综合执法主体已趋完善,保护群众利益、切实服务"三农"的职责得到进一步明确。

**同日** 县十三届人大常委会第十九次会议在县人大会议室举行。会议听取和审议县相关工作报告,并进行人事任免等事项。县人大主任黄本二,副主任陈木荣、董新富、张业伟、盆星光及县人大常委会其他组成人员出席会议。与会人员认真听取和审议了县政府关于县十三届人大五次会议代表建议办理情况的报告;听取和审议了县审计局关于2009年度县本级预算执行和其他财政收支的审计工作报告;听取和审议了县人大常委会代表资格审查委员会关于县第十三届人民代表出缺及补选代表的代表资格审查情况的报告。会议还审议了关于检查《中华人民共和国道路交通安全法》贯彻实施情况的报告;县人大常委会工作报告(审议稿)和县十三届人大六次会议有关事项,并以举手表决的方式通过了以上报告。会议以无记名投票的方式,通过了刘家诚、符祥毛、黄大璘等人的人事任命,任命刘家诚为县法院民事审判庭庭长。任命符祥毛为县法院刑事审判庭庭长。任命黄大璘为县法院立案庭庭长。

**同日** 省安全生产工作督查组来县就元旦、春节期间的安全生产工作进行检查指导。副县长吴卫红陪同检查。

**31日** 县委书记、人武部党委第一书记郑作生主持召开县委常委议军会议,县委副书记、县长彭家典,县委副书记、政法委书记黎宏标,县委常委、常务副县长李开文,县委常委、宣传部长王秀美,县委常委、人武部政委刘文明,县委常委、组织部长邝旭彪,县委常委、纪委书记张隆挺,县委常委赵永望等出席会议。县人大主任黄本二、县政协主席郑金莲以及县人武部部长王光鑫列席会议。会议听取了县委常委、县人武部政委刘文明作的关于县民兵预备役和国防动员建设,以及开展全民国防教育等情况汇报。会议对武装工作中存在的问题进行了分析和研究,并提出了整改措施。会议还专门研究了县人武部办公区整体搬迁新址和加强辖区内军事设施的保护意见,决定每年将预算出专门的经费用于军事设施的维护和看管。

(胡明祥)

12

# 附　　录

# 保亭县组织机构和领导人名单
# (2010 年)

## 县　　委

**书　记:**郑作生
**副书记:**彭家典、黎宏标
**常　委:**李开文、邝旭彪、王秀美、刘文明
陈　仲(2010 年 7 月调离)
张文军(2010 年 6 月调离)
张隆挺(2010 年 7 月调任)
赵咏望(2010 年 6 月调任、挂职)

## 县人大常委会

**主　任:**黄本二
**副主任:**陈木荣、董新富、张业伟、盆星光

## 县　政　府

**县　长:**彭家典
**常务副县长:**李开文
**副县长:**符国新、黄秀香、何君裕、盘仁进
王文平、张文军、罗春挺、王理进
王和民、吴卫红
**县长助理:**赵　师

## 县政协委员会

**主　席:**郑金莲
**副主席:**周文才、王青云、陈文治、黄进辉

## 县　委　办

**办公室**
主　任:王翰鎏
副主任:陈道义、李华宁、林德国
常委秘书:薛　伟
**机要局**
局　长:陈尚林
**保密局**
局　长:陈尚林

## 人　大　办

**办公室**
主　任:张勇贤
**教科文卫民工委**
主　任:黄朝彤
**财经工委**
主　任:林大成
**法工委**
主　任:吴淑标

## 政　府　办

**办公室**
主　任:朱连昌
副主任:杨许明、朱　武、林　凯
**法制办**
主　任:郭国育

**信访局**

局　长:胡亚宏

副主任:林庆华

## 政　协　办

**办公室**

主　任:陈志坚

**提案与法制委员会**

主　任:覃海琳

**教科文卫体与文史委员会**

主　任:高其昌

**民族宗教与外事侨务委员会**

主　任:黄开清

**环境资源与经济委员会**

主　任:黄进良

## 县人武部

**部　长**:李松佳

**政　委**:刘文明

**副部长**:何纯鑫

## 党　群　口

**县委政策研究室**

主　任:胡陆余

**纪检会(监察局)**

书　记:张隆挺

副书记:胡应武、庞道钰

副局长:周建华、卓丽萍

**组织部**

部　长:邝旭彪

副部长:覃　飞、卓贤山、邢福智、孙贻垂

**县机关工委**

书　记:林枫尧

副书记:邓丽芳

**老干局**

局　长:卓贤山

副局长:谢　娟

**统战部**

部　长:王青云

常务副部长:董昌林

副部长:陈　师

**党　校**

校　长:黎宏标

副校长:王　律、高育明、黄　旭

**史志办**

主　任:符开勇

副主任:杨清江

**接待办**

主　任:李华宁

**总工会**

主　席:盆星光

常务副主席:王辉武

副主席:蒋文芳

**团县委**

副书记:李丙希、薛　伟

**科　协**

主　席:高政东

副主席:林尤军、张海青

**妇联会**

主　席:吴晓茵

副主席:黎元瑜、林露虹

**残　联**

理事长:王世关

副理事长:林雄斌

**编委办**

主任:欧阳立东

## 政　权　口

**人力资源和社会保障局**

局　长:黄一横

副局长:王　魁、陈　英

**社会保险事业局**

局　长:许书礼

副局长:黎水花、梁　瑜

**就业局**

局　长:李晓锋

副局长:崔立强

**安全生产监督管理局**

局　长:周　燕

副局长:王李山

**民政局**

局　长:周信伟

副局长:郑琼花

**民族宗教事务局**

局　长:吉光兴

副局长:詹达明、盘大强

**审计局**

局　长:陈达洲

副局长:周勇志

**档案局**

局　长:邢　散

副局长:黄运平

**政务中心**

主　任:黄诚生

## 政　法　口

**政法委**

书　记:黎宏标

副书记:黄宏强、林浩巍、王英平

**检察院**

检 察 长:李　彪

副检察长:蒙殷深、陈　峰、黄明裕

**法　院**

院　长:符敬强

副院长:梁宇庭、王叶洪

**公安局**

局　长:赵　师

政　委:梁　鸿

副局长:钟　鸣、陈荣祥、陈德乔

**交通管理大队**

大队长:钟　鸣

教导员:黎　明

**消防大队**

教导员:陈克钧

大队长:黄元海

**武警中队**

中队长:沈　欢

指导员:瞿新征

**司法局**

局　长:王　雄

副局长:刘进新、辛碧华

## 宣　教　口

**宣传部**

部　长:王秀美

副部长:石德昌、陈立强

**教育局**

局　长:李　冠

副局长:符开国、黄海波、李岸良

**保亭中学**

副校长:黎　明

**职业学校**

校　长:李钦芳

副校长:祝胜华、姜海辉

**进修学校**

校　长:黄进辉

**思源学校**

校　长:叶　琳

**文化广播电视出版体育局**

局　长:韦岳峰

副局长:陈运新、杨　锋、王　民

**广播电视台**

台　长:武　迪

**卫生局**

局　长:王　涛

副局长:邢福林、何子伟

**疾控中心**

主　任:周　晓

副主任:陈文治、黄秋菊、许昌耀

**县红十字会**

会　长:彭家典

常务副会长:王　涛

专职副会长:张金诚

**妇幼保健院**

院　长:赵志佳

**卫生监督所**

所　长:何子伟

**县医院**

院　长:符喜南

副院长:符怀德、宁永海

**人口和计划生育局**

局　长:邢世荣

副局长:陈少霞、王辉菊、符文彦

**海南广电有线网络保亭分公司**

经　理:钟前山

## 农　口

**农业与科学技术局**

局　长:朱德飞

副局长:黄永芳、高照雄

**农村合作经济管理服务中心**

主　任:高照雄

副主任:朱厚勇

**农业技术服务中心**

主　任:陈启邦

副主任:黄海峰、胡沉思

**乡镇企业服务中心**

主　任:陈光前

副主任:陈仕雄、黄月英

**畜牧兽医与渔业局**

局　长:林凯文

副局长:李善飞、卓开平、陈开壮

**热作发展服务中心**

主　任:黄　健

副主任:胡亚宏、陈家玉

**水务局**

局　长:李　学

副局长:赵秀海、龙仕桥、吴晟

**三防办**

主　任:李　学

副主任:冯保华

**保亭七仙岭温泉基础设施建设有限公司**

经　理:李家学

**农电公司**

经　理:陈　骁

副经理:黄忠清

**自来水公司**

经　理:李　彬

副经理:钟海龙

**林业局**

局　长:孙敏凯

副局长:黄明新

**森林公安局**

局　长:黄海峰

教导员:黎志斌

**农机服务中心**

主　任:林育奇

副主任:黄学友、王照方

**扶贫办**

主　任:肖正新

副主任:陈泽南、王李书

**气象局**

局　长:林觉雄

副局长:李健生、蔡杏尧

**供销社**

主　任:林　宏

副主任:陈少清、吴　燕

**热作发展总公司**

总经理:杨　平

## 计　工　口

**发展与改革局**

局　长:李高岛

副局长:关若英、杨德全

**物价局**

局　长:石永光

副局长:王国标

**招商办**

主　任:黄诚生

**统计局**

局　长:陈进华

副局长:杨　雄、黄启春

**交通局**

局　长:郑辉壮

副局长:杨斌锐、龙　云

**建设局**

局　长:陈广彬

副局长:郑纪杰、王小明

**住房保障与房产管理局**

局　长:云朝阳

副局长:陈海佳

**城市管理局**

局　长:林孟地

副局长:张凤民、王国文

**城建监察大队**

大队长:黄兹文

**爱国卫生运动委员会办公室**

主　任:林孟地

副主任:黄大雄

**粮食局**

局　长:王新平

副局长:张伟霖、王定坚

**国土环境资源局**

局　长:王朝川

副局长:李汉强

**质量技术监督局**

局　长:黄大雄

副局长:王晓颖、赵剑华

**食品药品监督管理局**

局　长:王英明

副局长:黎萍华

**科技和工业信息产业局**

局　长:黄开连

副局长:黄雪萍　冯清松

**县征地拆迁办**

主　任:高和锋

副主任:王寿交、陈振华、张金诚

**供电局**

局　长:何瑞辉

副局长:刘建雄、翁建强、王先良

**电信公司**

总经理:冯　辉

副经理:黄　智

**邮政局**

书　记:龙田爱

局　长:鲍　宇

副局长:符家川、唐 强

**公路分局**

局　长:苏　敏

副局长:陈太武、谢顺清

**交通征稽所**

所　长:王　兆

副所长:梁其清

**海汽保亭公司**

经　理:陈泽清

**中国移动海南公司保亭分公司**

总经理:王国洲

副经理:沈洪发

**中国联通保亭分公司**

总经理:何廷坚

副经理:王平文

## 财　经　口

**财政局**

局　长:苏忠仕

副局长:李会能、林玉环、黄开运

**会计中心**

主　任:李会能

副主任:曹博轩

**农综办**

主　任:林树坚

副主任:吉清德

**商务局**

局　长:罗凯熙

副局长:吴永芳

**旅游局**

局　长:谢振桐

副局长:董昌标、马振斌

**国税局**

局　长:王　辉

副局长:符策安、李昌海、王永坚

**地税局**

局　长:冉晓东

副局长:李国锋

**社保费征稽局**

负责人:林明珊

助理负责人:王寿交

**工商行政管理局**

局　长:陈　威

副局长:王书权、洪　波

**医药总公司**

总经理:林光亚

**市场中心**

主　任:卓祥珍

**烟草专卖局**

局　长:杨泽武

副局长:刘建明

**外贸总公司**

经　理:曾维清

**物资总公司**

总经理:古录兴

**对外(集团)总公司商业贸易总公司**

总经理:林日山

副经理:陈　雄

## 金　融　口

**人民银行**

行　长:卓文章

副行长:叶志宏

**中国银行业监督管理委员会海南监督局保亭办事处**

主　任:罗　伦

**农业银行**

行　长:陈志军

副行长:文传新

**建设银行保亭分理处**

行　长:陈学军

**工商银行保亭支行**

行　长:李　云

**信用联社**

书记(理事长):卢传东

主　任:黎永浩

**邮政银行**

行　长:龙册青

副行长:曾　志

**人民财产保险公司**

经　理:王　兰

**人寿保险公司**

经　理:李观东

**太平洋保险公司**

经　理:邱　凤

## 县民主党派

**县民进**

主　委:黄进辉

**县民革**

主　委:蔡华文

**县民盟**

主　委:董新富

**县农工**

主　委:陈文治

**县侨联**

副主席:李向东

## 乡　镇

**保城镇**

书　记:邓汉明

镇　长:周　程

**什玲镇**

书　记:王志忠

镇　长:邓大芳

**新政镇**

书　记:周贤亮

镇　长:陈成思

**三道镇**

书　记:黄启璋

镇　长:朱永辉

**加茂镇**

书　记:谢智强

镇　长:黄美莲

**响水镇**

书　记:石永成

镇　长:高淑兰

**六弓乡**

书　记:陈雪花

乡　长:陈琼津

**南林乡**

书　记:杨进峰

乡　长:许　健

**毛感乡**

书　记:王　敏

乡　长:李德雄

## 农　场

**七仙岭农场**

书　记:肖飞龙

场　长:林　宇

**省农垦驻保亭办事处**

主　任:符继更

副主任:陈桂香

**新星农场**

书　记:冯巧壮

场　长:蔡伟平

**金江农场**

书　记:龙德荣

场　长:王绥文

**海垦橡胶集团金江分公司**

书　记:李　雄

总经理:高　峰

**三道农场**

书　记:黄明哲

场　长:陈泽忠

**保亭试验站**

站　长:黄升南

党总支书记:纪镇华

副站长:吕小舟、陈　兵

# 单位选介

## 保亭银地投资有限公司

**【简况】** 保亭银地投资有限公司隶属中国银地投资集团,业务涉及一级土地运营,城市基础设施、公共服务设施、城市商业、旅游、高端休闲产业的投资、建设、运营和管理,金融机构投资及其他相关产业的战略投资。2010年初,公司进入保亭,成立保亭银地投资有限公司并开始前期工作。7月,与保亭县政府签订了海南省保亭县低碳农艺经济发展示范区项目合作协议,对保亭县六弓乡进行包括新农村建设、产业提升、旅游开发等内容的整体改造。保亭银地投资有限公司成立后,2010年上半年即向保亭县社会公共及文化事业、农村危改项目捐款758万元,下半年又与县人民政府签订公益项目捐建协议,计划在三至五年内捐建总额2亿元的教育和农村危改工程。

**【项目内容】** 保亭低碳农艺经济示范区项目,是由保亭黎族苗族自治县人民政府与中国银地城市投资有限公司合作,遵循"农民致富、生态保护、企业获利、政府满意"的原则,以六弓乡全乡行政区域为单位进行全面投资建设和运营管理的综合性区域开发项目,也是保亭第一个由企业对低碳发展模式的新农业、新农村建设进行持续、长期投入,彻底改变乡村落后面貌,对接国际旅游岛建设战略的创新项目。项目以建成海南省低碳发展和新农村建设的示范基地、全球"企业绿都"和国际高端养生度假区为最终发展目标。

**【开发理念】** 六弓乡是传统农业乡,刀耕火种的原始生产方式仍然普遍存在,农业生产附加值低、农民贫困。通过发展低碳模式的有机农业、热带高效农业不仅是农民脱贫致富之道,也是农业乡的可持续发展途径。全球有机乐活、健康养生的消费趋势,是支撑低碳农业产品最有力的市场。"中国银地"通过在六弓乡发展以低碳农业为基础的"农艺经济"催生身心灵健康,带动全新的"生活度假旅游"(Lifestyle Travel)。六弓乡毗邻三亚、陵水,其田园静谧的农村自明性,蕴含发展乡林景致风貌的旅游潜质,洁净养生的山水田林资源,能创造高端度假旅游的环境差异体验,与三亚热带海洋资源形成高度鲜明的对比,可对接丰富的国际旅游资源,提升海南旅游层次,丰富海南岛多元度假体验风貌。六弓乡改造后的健康自然风貌,将回馈企业投资的度假旅游项目,带来效益与商机,使企业有能力长期持续投入六弓乡低碳农业事业,是农民、政府、企业三赢的发展模式。项目通过政企合作的方式共同推动产业发展,共同促进农业振兴与市场化运作,达到互利共赢。"中国银地"发挥企业在专业领域和金融产业方面的优势,在全球范围推进现代低碳农业的技术学习与合作关系,有利于低碳农业建设稳定推进。同时,"中国银地"把投入大、回报周期长的低碳农业产业作为战略投资方向,也彰显了中国企业公民(CSR)精神。

**【项目规划与实施】** 根据六弓乡总体规划,以现有六弓乡中心为项目中心区,规划建设低碳模式的有机农业、热带高效农业等为核心的农艺经济产业示范基地,建立农业技术研发、培训、推广、技术交流和农产品交易的平台;黎族传统艺术、旅游风情及文化主题产业项目;新农村建设示范区。以墓山水库等自然水体为基础,规划建设高端养生度假区和企业绿都商务度假区。依托与陵水、三亚毗邻的山地,规划建设热带雨林森林公园、户外体育运动基地和热带生物多样化研究中心和热带雨林复育研究项目。利用热作产业资源，发展小桐子、油棕等生物质能源农业产业和南药产业基地。根据项目建设计划，全乡分期实施改造。项目前期(3－5年)以改善农村基础条件和建立低碳农业与农艺经济示范体系为主，带动乡村产业结构升级，提升农村生产经营方式，增加农民收入。中期(5－10年)以完善全乡产业体系为目标，将低碳农业价值向旅游经济、知识经济、创意经济方向转化，实现项目整体经济平衡。项目总体规划已经通过海南省专家评审，并经保亭县政府批准实施，一期新农村安置工程将于2011年12月正式开工建设。

(保亭银地投资有限公司 供稿)

## 保亭黎族苗族自治县城乡投资有限责任公司

**【简况】** 保亭黎族苗族自治县城乡投资有限责任公司是县政府管辖下的融资建设平台。2005年10月28日，由保亭县七仙岭温泉基础设施建设有限公司和保亭县土地储备整理中心共同出资设立。公司性质为国有全资公司，注册资产4000万元，经营范围：城市改造、城市基础设施建设、房地产开发、土地开发、工业园开发建设与管理、国有资产运营、融资等。

**【融资贷款与资金管理】** 2010年，公司继续加大融资力度，加强资金管理，积极与各金融机构开展金融合作，全年融资贷款总额为26160万元，安全放贷金额达亿元，为推进县三道镇供水工程、保城河防洪堤修建、保兴西路 、保亭县西南环路、文明南路、沿河北路、宝亭大道续建工程、县南环路、县西环路、县滨河西路、县医院搬迁、保城镇供水管网改造与建设、县经济适用房和廉租住房建设、县东环路、县宝亭大道、县城文化中心、县土地整理等新建和续建项目工程提供了资金保障。

**【市政工程建设】** 2010年，由公司作为业主建设的市政工程项目有保亭民族风情一条街，它是以建设海南国际旅游岛为契机，为进一步加强县城乡基础设施建设，保护和继承民族文化，打造黎苗风情小城，经县政府同意建设具有传统古建筑特色和黎苗风情的旅游、休闲、购物商业一条街。该项目位于县城东河滨河西路西侧，占地面积72亩，长1200米，分二期建设。其中一期工程占地面积为37亩，长520米，共建黎苗风情古建筑6幢1.97万平方米，工程概算总投资7581.96万元，目前，该项目已基本完成，并将通过整体招标方式出让给社会运营投资商经营管理，实现资金增值回收和服务旅游双重效益。

**【民生工程建设】** 由公司作为业主建设的民生工程项目有两个：(一)保城河保障性住房建设项目，该项目计划总投资2.22亿元，占地面积180亩。建筑总面积7.53万平方米，共建住宅460套，其中经济适用住房128套，限价商品房332套，商铺44套。目前，该项目一期工程已组织施工方进场开工建设，项目后期工程也将陆续开工建设。(二)杏林小区廉租房工程项目(D3、D4栋)，该项目计划总投资3781.79万元，建设总面积2.37万平方米，共建224套，此项目由公司委托县卫生局代管建设，目前工程进度进展顺利。以上项目的建成，将有效解决县部分人员住房问题，提高县居民生活质量，促进保亭和谐稳定发展。

**【土地合作开发】** 全年大力推进土地合作开发建设，在县政府的支持下，与企业合作的项目有保亭县西环路商业街(建材商业街)和保亭县西环路A段商业街，目前已与合作企业达成框架协议，即将组织施工建设。

(县城投公司 供稿)

## 保亭黎族苗族自治县商业贸易总公司

**【农村挂钩点帮扶工作】** 县商贸总公司的帮扶

挂钩点在保城镇番文村委会。总公司指定专人加强与挂钩点的联系,帮助村小组制订中短期增收计划,发动农户按季节种植瓜菜,以增加农民收入。2010年,仅番文什丙1村就种植经济类农作物440亩,预计农民人均收入同比增长12%—15%。此外,出资2000元帮助两户村民购买猪苗6头,供他们循环养殖发展经济。

**【创先争优活动】** 成立以总公司主要负责人为组长的创先争优活动领导小组,结合商业实际,开展调查研究、公开承诺等活动,各支部和党员努力创建先进支部、争当优秀共产党员,发挥党组织的战斗堡垒作用,把本企业创建成创先型、开拓型的经济实体。如食品公司每日屠宰生猪需要大量煤火柴,为节省费用,公司领导和党员带动职工到更新改植胶林区捡回大量被人遗弃的橡胶树枝头当烧火柴用,仅此一项一年就节省烧火柴费用3万多元。

**【学习型党组织建设】** 召开党总支班子及下属各支部书记会议,部署在商业系统各党组织中全面开展学习型党组织建设活动。制定有效措施,完善学习制度,形成学习型党组织长效机制。经过一年的学习,班子成员和党员骨干的政治素质和知识水平明显提高。

(县商贸总公司 供稿)

## 保亭黎族苗族自治县自来水公司

**【简况】** 保亭县自来水公司成立于1987年7月,注册资金为245万元,属国有企业,原主管单位为保亭黎族苗族自治县建设委员会,现隶属保亭黎族苗族自治县水务局管辖。公司主要经营供水、安装等项目,主要产品自来水。现有从业人员73人,2010年公司全年销售收入342.67万元,供水客户5965户,用水人口近2.78万人。资产合计1797.05万元,利润总额-55.58万元,上缴税金22.34万元,负债总额435.70万元,累计亏损50.64万元。现有在用新政净水厂共1座、供水营业厅1个(已实施电子征收管理系统,代征污水、垃圾处理费)。目前供水面积16.73平方公里,市内DN100以上管网总长53.18公里,输配水管网为36.27公里。新政水厂设计综合生产能力1.2万立方米/日,远期为2.4万立方米/日。新政水厂城乡供水工程投资总概算7508万元,是保亭县历年来投入最大民生工程。水厂日供水量可达1.2万吨,供水管道全长33.3公里,全部采用球墨铸铁管,已于2009年10月投产。供水工程的源水取水和清水输水,都是利用地形高差的有利条件(取水口高程144米,水厂高程128米,沿途乡镇、农场和县城平均高程低于80米),采用重力自流输水。该工程按照城乡一体化规划,配合城乡供水管网建设,可解决保城镇、新政镇、加茂镇、响水镇、金江农场、南茂农场、新星农场、七仙岭旅游区等四个乡镇三个农场一个旅游区约6—8万居民的安全用水。2009年6月总投资4088万元的县城供水管网改造工程启动,采用先进供水监控调度系统。工程使用球墨铸铁管,其中改造管线约9公里,扩建主干线30.4公里,替换保亭县上个世纪70—90年代铺设已老化破损严重灰口铸铁供水管道,使得管网供水清洁卫生得以保证,该工程市内中心地段已铺设完毕。

**【服务理念】** 企业以生产管理为中心转向以服务管理为中心,提高供水水质;提高供水安全可靠性;满足供水服务压力;提高供水的覆盖范围;提高管理水平和对外服务质量。

**【经营管理】** (一)提高水质。已完成新政水厂为1.2万吨/日、远期2.4万吨/日的新政水厂,通过提高水质检测水平、强化水厂管理、加强水源地保护管理、改善管网水质等手段,达到国家二类水司水质标准水平。管网水质综合合格率高于98%;出厂水内控浊度≤0.6NTU。(二)保证供水。对用水规模发展做出科学的预测,通过供水调度管理、新建加压站、新建水厂、新敷设管网等措施,将5—10年对相应区域实现供水创造条件,努力提高供水的覆盖范围;合理统筹管网改造,提高供水安全可靠性,满足供水服务压力,供水服务压力综合合格率高于96%。

**【科技发展规划】** 综合运用现代网络技术、通信技术和多媒体技术，用10年左右的时间，分三期工程，在整个生产管理流程大力推进企业信息化建设，建成各业务应用系统集成的、统一的信息系统，提高企业管理水平和对外服务质量。

**【优化成本目标】** 在保证供水水质及供水安全可靠性的基础上，合理优化水厂工艺及生产运行，优化调配管网运行及调度，使供水生产成本最经济合理。通过户表改造，采用先进的防滴水表、环状管路建设等节能减排措施，使供水管理水平再上一个台阶。

（县自来水公司 供稿）

## 海南农垦总局驻保亭办事处

**【专题调研】** （一）开展农垦社保移交地方管理遗留问题专题调研。农垦社保移交地方管理，事关农垦体制改革大局，事关农垦职工切身利益。社保移交后运转情况？遗留问题如何解决？带着这些问题，办事处采取发放调研提纲，召开社保人员座谈会，走访职工群众，咨询地方社保机构等方式进行调研。通过调研，在充分肯定社保移交工作顺利，运转平稳，多方总体评价满意的同时，就社保移交、运转、管理手段、业务对接、业务水平适应情况，参保人员待遇兑现，办理有关手续，开展服务情况等查出20个存在问题和不足。针对存在问题和不足，逐一提出解决的意见和建议。及时向上级和地方社保机构汇报调研情况，为上级决策提供第一手资料，同时主动与社保机构沟通联系，取得理解和支持，及时解决职工社保个案问题。（二）开展场乡关系专题调研。办事处组织10人调研小组对区内“三场一公司”场乡关系进行专题调研。通过调研，各单位就地方政府对农垦支持获得共识：政府全力支持农垦社会职能移交，切实加强宣传培训和指导，确保社保和教育移交顺利，运转平稳；积极协调依法处理好各单位在建房、修路、饮水等民生工程建设相关问题，确保各项民生工程顺利实施；慎重尽力为农垦化解土地“纠纷”，支持农垦开发旅游和经济建设项目。在获得共识的同时，就农垦纳入地方发展统一规划，在处理好社会事务管理上农垦与地方的关系，化解土地矛盾纠纷，发展经济等方面存在的问题和不足，进一步加强与地方政府沟通联系，同时建议各单位多形式多层次与地方政府和部门领导沟通联系、及时汇报、主动融入、联络情感，以争取被多些理解和支持，促进关系健康和谐，实现农垦与地方互利共赢、共同发展。（三）开展医疗卫生改革专题调研。配合省卫生厅、农垦总局、卫生局开展医疗卫生改革调研活动，就各场医院现状，结合实际，提出改革意见和建议，为农垦医疗卫生改革提供参考。

**【安全生产督查】** 全年开展了3次安全生产督查。（一）春节“两会”期间安全生产督查。办事处与县安监局联系，组成联合督查组，按照“全面自查、重点抽查、边查边改、确保安全”的工作部署开展督查，重点抓住冬春防火、交通运输、民生工程、建筑工地、易燃易爆物品和采石场进行现场督查督办，发现安全隐患，现场布置整改，收到较好效果。（二）5月份按照总局安委办文件要求，与县安监局组成安全生产检查组，从五个方面内容开展全面安全生产检查：查安全生产责任制全面落实情况；查安全生产法律、法规、规章执行情况；查隐患排查整改情况；查紧急救援预案实施情况；查安全教育培训情况。同时布置开展“安全生产月”和“安全生产年”活动。促进安全生产责任制全面落实。（三）11月份开展贯彻落实琼垦局字[2010]959号文情况的安全生产督查。重点督查各单位开展交通安全大宣传，增强职工群众交通安全意识；深化安全生产隐患排查治理情况；开展交通安全“打非治违”专项行动情况。各单位领导高度重视，利用9·23较大道路交通事故通报开展教育，配合政府相关部门深入开展“三项行动”、“三项建设”的执法严打行动，打击非法违法行为114宗，查处违章车辆650辆，抓获酒驾9人，查扣无牌无证车辆575辆，为无牌摩托车办牌402辆。违章违法行为逐步减少。

**【矛盾纠纷排查】** 查拖欠民生工程款和农民工劳务报酬问题;查中小学教育移交遗留问题;查开除、除名、解除劳动合同关系人员集体诉讼和集体上访问题;查退伍兵要求就业和安置问题;查场乡和垦区内部土地矛盾纠纷问题。做到重点摸排底数清、情况明,深挖细线不漏查、不瞒报,经排查疏理,共查出5个方面重点,共18个问题。同时也排查出其他7个问题。针对查出的问题,分别落实解决问题的责任单位和责任人。经过各单位努力,解决了一批遗留难题和化解了一批矛盾纠纷,确保春节"两会"期间无发生集体上访事件,垦区队伍总体稳定、社会和谐。

**【政社职能移交工作】** (一)学校党组织移交地方党委管理。3月份与县委组织部和教育局联系,组织协调"三场一站"与相关乡镇党委拟出中小学校党组织移交工作方案,指导做好交接工作,"三场一站"中小学共14个党支部整建制移交当地乡镇党委管理,应交党员253人,实交249人,移交工作顺利,手续完备,多方满意。(二)民政职能移交地方政府管理。办事处与县民政局一同深入农场,开展调查摸底、造册查档、集中核实、签订协议书,经过努力,提前完成移交工作,10月22日在海口参加第一批民政移交仪式,移交"三属"9人,伤残6人,在乡复员军人60人,参战士兵67人,退役士兵士官333人。

**【专项审核工作】** (一)做好2009年度文明生态队创建情况初审工作。4月份办事处根据本区3个农场共4个创建文明生态队的创建情况报告,对其考核指标评分的真实性和准确性、扶贫资金使用、工程完成情况、考核验收申请报告以及有否存在重大社会治安和群体性上访事件问题等方面进行逐项初审。按照"掌握标准、认真负责、实事求是、全面细致、公平公正、严格把关"进行全面衡量,初审结果,拟同意考核验收三道农场什报队(示范型)和金江农场茶场片区果林队(标准型)共2个队,延慢考核验收新星农场七区三队;不作考核验收三道农场十九队。(二)做好2010年度党组织和党员、党务工作者的推先和推优审核工作。5月份,办事处根据新星、金江、三道3个农场党委推荐的2010年度共7个先进党支部、7名优秀共产党员和4名优秀党务工作者的报告,从推荐的程序是否符合规定、推荐对象是否符合条件、工作目标完成情况是否真实、推荐对象是否符合一般和原则要求进行逐项审核,自始至终"坚持标准,坚持民主,优中选优,严格把好质量关"按时按量按质完成审核和上报工作。

**【完成上级布置的各项工作】** (一)完成对总局党员领导干部2010年度民主生活会征求意见和建议工作。根据琼垦字[2010]84号文要求,办事处指导各党委开展征求意见和建议活动,并于9月9日召开"三场一公司"党委书记会议、会议通报了总局党员领导干部,2009年度民主生活会整改事项落实情况,和总局党员领导干部2010年度民主生活会主题,再次征求意见和建议,归纳疏理出5条意见和1条建议并按时上报,为总局党委民主生活会准备工作提供参考。(二)指导召开3个农场党委2010年度民主生活会。为了按时保质完成各农场党委民主生活会,办事处会前召开党委书记会议学习琼垦字[2010]82号文件,提出要求并检查督促;会期与总局第六纪审派驻组领导进行现场指导;会后及时整理开会综合材料上报。民主生活会准备充分,严格规定,程序规范、指导到位,开得严肃认真,民主活泼,团结务实,基本达到了预期效果。(三)认真履行"创先争优"活动督促检查职责。根据琼垦字[2010]38号文的工作部署和要求,办事处充分发挥督促检查职能,认真负责抓好各党委创先争优活动。按照活动设定的内容、目标、方法、步骤和要求,每月抓好检查,综合汇报,开展以"一带三"、"一帮一"活动为载体的创先争优活动,加大督促检查力度,把创先争优活动推向深入,目前形成党群组织全面发动、领导带头,党员带动,群众参与、齐抓共创的良好局面,活动开展的科学有序,有声有色,扎扎实实,初显成效。

(农垦办 供稿)

## 海胶集团金江分公司

**【简况】** 海胶集团金江分公司是2009年2月、2010年10月由原金江、南茂、新星、保亭热作所、畅好等5家橡胶单位经过2次重组建成的，管辖区域跨保亭、五指山，总部设在保亭县城温泉北路。下设金江、南茂、新星3个工作站及畅好1个片区，共19个作业区，142个生产队，橡胶面积19.47万亩，年产干胶8.4万吨；林下经济面积约3600多亩，职工自营经济面积约2万余亩，主副业年总产值近2亿元。

**【橡胶生产】** （一）白粉病防治落实责任，防效率达到了92%，确保了2010年分公司橡胶树第一蓬叶正常老化并按时开割。（二）制定了《金江分公司2010年生产目标激励办法》，抓“六个”落实：落实产量；落实督查制度；落实责任追究制度；落实联系点制度；落实收胶员管理制度；落实干胶产量分析制度。（三）抓割胶技术。强化新老胶工的培训和复训，保证合格才能上岗。胶工一、二级率达90%以上，合格率达100%。（四）抓胶园管理。每月下达胶园施肥抚管计划，明确岗位施肥抚管任务。（五）抓橡胶中小苗管理。坚持每月做到月初下达中小苗抚管任务，中小苗长势良好，保苗率平均达到95%，苗木平均增粗达6CM，苗木均匀度达到85%。（六）抓橡胶收购即时结算工作。在13个作业区、108个割胶生产队全面推行橡胶收购即时结算管理模式。工作中坚持公开、公平、公正的原则，现场过磅、测含、结算等收购程序都要在阳光下进行作业，让广大胶工亲身体验到产品收购工作的透明度，干胶生产形势得到了进一步的发展。

**【护林保胶】** （一）通过宣传护林保胶管理规定及有关法律法规，提高胶工的护林保胶意识及法律意识。（二）加大护林保胶防范力度。干部管理人员与胶工一起起早床、深入胶园巡逻护胶，特别是对重点地段、重点树位重点防范，为胶工营造良好的割胶环境。（三）加强与保安分公司的工作联系，建设联防机制，共同打击偷胶非法行为。（四）加强与乡镇村委会的联防，增进了解，共同搞好联防。（五）抓收胶员管理，防止弄虚作假现象的发生。有力的维护了干胶生产秩序。

**【胶园冬春管理】** 抓好冬季安全割胶，严格实行“三看”和“一浅四不割”的割胶制度。抓好“三保一护”工程建设。突出抓好老肥穴的压青、施肥管理。落实标准，做到“三统一”，即统一标准、统一规格、统一要求。承包岗位建立“保证金”制度，确保按时、按量、按质完成冬春管理任务指标。严把冬春管理质量关，抓好质量监督和检查验收两个环节有效促进了冬春管理工作的扎实开展。

**【维稳工作】** 领导定期接访，畅通职工上访渠道，对职工的合理要求，都给予认真的解决，着力解决胶工行路难、饮水难问题，配合农场搞好民生工程建设等，化民忧、解民困，凝聚民心，得到了职工的理解与尊重，赢得了员工对分公司的信赖，有效缓解社会矛盾，促进了社会的稳定。

**【党建工作】** 学习十七届五中全会精神，始终与上级党组织保持高度一致。利用远程教育站点，抓好党员干部的思想教育，提升党员干部的思想政治素质和业务水平。以“贯彻落实《党员领导干部廉洁从政若干准则》切实加强领导干部作风建设”为主题的民主生活会。注重发挥党委的监督作用，企业的重大问题、重大事项、大宗物质采购及干部的任免，都是经过党委经理层联席会集体讨论决定的，然后进行公示。认真开展创先争优活动，尤其是做好“一带三、一帮一”活动，提高基层党组织的战斗力和凝聚力。

**【防灾救灾】** （一）做好防风工作。2010年7月16日分公司被第2号“康森”台风的吹袭，橡胶遭受严重损失。开割橡胶受害26.3万株，干胶损失496吨，中小苗受害率达6.1%；部分房屋、道路、桥涵被毁。分公司领导第一时间察看灾情部署抗风救灾工作。成立6个应急救灾小组，迅速开展扶苗恢复生产工作，每天参加人数达3200人次，扶苗3.67万株，锯杆1.33万株，同时修复房屋、道路等建设，夺取了抗风救灾的胜利。(二)做好防汛工作。国庆期间的连续一周的强降雨，使分公司的部分单位引发了泥石流和洪水致使一些房屋被毁，桥涵被冲垮，道路被淹。分公司积极做好雨灾的善后工作，对水毁的胶路、桥涵，房屋等已投入资金修复，解决职工的实际问题，受到了职工的好评。

**【人力资源管理】** 推进机构改革。年内，分公司共精简3个作业区，34个生产队。通过公开演讲，公开评分、公开笔试，公开民主测评的情况下公开、公平、公正进行选拔任用干部。抓好员工薪酬管理改革工作。规范和强化劳动力用工管理，降低用工成本，提高企业管理效率。

**【财务管理】** 做好橡胶即时结算工作。每天公布结算单价、上交产量及应扣各项费用月底统一结算，制定出了统一的结算模式、标准、格式、方法，使结算更加明白、易懂，得到职工的认同。搞好资产的核实与清理，保证分公司资产的优良化。做好财务预算，监督、控制预算执行工作，保证资金预算的顺利执行，使资金运转良好。

(谢达坤 供稿)

## 保亭黎族苗族自治县农电公司

**【简况】** 保亭县农电公司管辖2宗水库，即毛拉洞水库(中型)，多年调节库容3750万立方米，坐落于新政镇南改村委会；毛真水库(小乙型)，库容为425万立方米，坐落于响水镇毛真村委会。管辖9宗水电站，共16台机，总装机容量1.15万KW，年均发电量6000千瓦时，年均销售电费收入1600万元。公司现有职工221人，在岗职工155人，病内退休人员24人，离退休人员42人。女工73人，其中在职女工43人。

**【职工福利】** 划转后职工工资总额翻了一番；公司按法律法规每年为职工缴交各项社会保险金100多万元；职工住房公积金从无到有。公司各电站职工宿舍及厂房建于上世纪70、80年代，由于当时受条件限制，房屋建造质量差，加上长期没有进行维修改造，破旧不堪，职工工作生活条件很差。2010年，公司投入210万元进行改造，共计改造危房185间，建筑面积3314平方米，新建住房31间、建筑面积310平方米。

**【生产管理】** 改变以前杀鸡取卵的生产管理方式。2010年，公司投入300多万元进行设备大修和更新改造，确保主设备完好率100%，确保电力生产安全、满发。依照水电集团的制度和现代企业管理的要求，有针对性地制定了涵盖安全生产、行政、财务等各种管理制度共31项，推行现代企业三项制度改革，各项工作得到顺利开展、公司凝聚力得到增强，公司形象得到改变，企业竞争力得到提升，充分发挥了国有资产的效益，实现国有资产保值增值。

**【扩大生产】** 为充分利用水资源，改变水资源长期浪费的现象，公司对南改二级水电站和南春水电站进行扩容改造。3月份，南改二级水电站扩容成功，机组容量由800KW增加至1250KW，增加发电量200万千瓦时/年，增加售电收入50多万元/年；11月份，南春水电站扩建工程扩容成功，装机容量由640KW增加到1120KW，增加发电量200万千瓦时/年，增加售电收入50万元/年。电站的扩容扩建既保证了机组安全稳定运行，又创造了明显的经济效益。

**【积极承担社会责任】** 毛拉洞、毛真水库不但担负着发电任务，同时担负着保亭县防洪度汛、城乡供水的任务。以前因资金不足，引水渠道长年失修，发电和供电因此受到严重影响。2010年共投入150余万元进行引水渠道的检修维护，大大提高了引水可靠性，年内未出现因为管理原因造成供水中断。绝对服从水库调度和电网调度，确保了全县城乡供水和电力供应。另外，为保护毛真水库的生态环境，保证水库下游农业灌溉，农电公司绝对服从水库调度，并承担相应的安全生产管理责任。此外，公司配合县委、县政府做好农村帮扶工作，省水电集团和农电公司累计投入20万余元帮扶毛感乡南春村委会、响水镇合口村委会建起一座篮球场、村委会办公室、一栋文化室，扶助困难大学生上学。对困难职工及社会困难群体捐款金额3.6万元。公司对县委、县政府组织的各种活动都积极参与，组织职工参加嬉水节，机关、企业运动等各类大小型活动。

（黄东媛 供稿）

## 保亭黎族苗族自治县市场物业管理开发中心

**【简况】** 保亭县市场物业管理开发中心是2002年6月在工商行政体制改革时从保亭工商局分离出来，划归地方政府管理的一个自收自支、自负盈亏、独立核算的事业单位。现有干部职工47人，年均收入100多万元，管理全县4个农贸市场，固定资产384.96万元，总占地面积1.44万平方米，建筑面积为1.13万平方米。目前县城唯一的农贸市场由中心管理，总占地面积为7140.35平方米，建筑面积为4775.33平方米，市场一层建筑面积2388平方米，按省商务厅市场升级改造建设标准设计，设有农药残留检测室、公平秤室、服务台、绿色产品无公害销售区、市场管理办公室、电子监控室、电子屏幕、广播室等。中心坚持“诚信、优质、开拓、高效”的作风，赢得经营者、消费者及社会各界的广泛好评。

**【主要职责】** 负责县内市场的物业管理，市场建设规划、市场开发和维修；负责市场内的治安、消防、卫生、供水供电照明等管理服务工作；提供交易场所和服务设施，确保市场安全稳定，秩序井然；依法收取市场设施租赁费、卫生费和其他符合国家有关规定的有偿服务费。

（县市场中心 供稿）

# 领导讲话

## 在中国共产党保亭黎族苗族自治县第十一届委员会第六次全体(扩大)会上的总结讲话

(2010年9月29日)

**郑作生**

同志们:

为期一天的县委十一届六次全委(扩大)会议,经过全体与会人员的共同努力,圆满完成了各项议程,马上就要结束了。会议听取并讨论了县委常委会《作风大转变 用心真干事 确保实现保亭全年工作目标》的报告,审议通过了《县委关于进一步加强新形势下干部队伍作风建设的决定》和《中共保亭黎族苗族自治县委员会全体会议任用干部投票表决办法(试行)》等重要文件。会议紧张有序、务实高效,达到了预期的效果。与会同志认为,工作报告紧扣当前现状,忧患感、责任感和使命感很强,主题鲜明、目标明确、重点突出、措施可行,具有较强的思想性、针对性、指导性和可操作性。《决定》和《办法》符合中央和省委精神要求,切实可行。会议开得很成功,是一次深入开展创先争优活动、贯彻落实省委2010年度理论研讨会暨五届八次全会会议精神的动员会,是一次解放思想、真心干事、确保实现全年工作目标的誓师会,与会同志深受鼓舞、倍感振奋。

下面就贯彻落实好本次会议精神,我谈三点意见。

**一、进一步解放思想,统一行动,抢抓发展时机,狠抓责任落实**

两广之行更加坚定了我们思想再解放的信念,看看别人,再问问自己,差距不是一点点,甚至有些羞愧,愧于保亭这片好山好水,愧于我们的百姓,愧于手中的薪水。我们现阶段一切工作的出发点和落脚点就是加快发展惠及百姓,特别是着力增长财税和百姓增收两个方面。起步晚没什么可怕,只要我们能够瞄准定位、反应迅速、奋起直追,提升经济实力和改善民生的目标就能实现。

(一)要有破旧立新的胆识和魄力。破旧立新就是要冲破旧观念、旧思维的束缚,要有不安于现状的心态,敢于改革,勇于创新。当前有些干部处理事情单凭过去老经验、老惯例,把局部经验误认为是普遍真理,到处生搬硬套,或是一做什么事就问别人别地有没有做过,别人别地没做过的不敢做,别人别地做过的不会做不愿做。征地过程中,面对新形势、新政策,面对老百姓的种种质疑,不学习、不研究、不走群众路线,沿用老办法解决新问题,驴唇不对马嘴,最终是土地没征得一分,反而伤了百姓的心,征地工作经费花光光,架也是和老百姓吵了不少,政府形象被一扫而光,这也是没有大局观念,工作时不把自己当公职人员,还是心中自我大于责任,角色没有转换好。一些同志面对保亭的经济发展高唱市场经济的调,但是一讲到土地的问题就又回到干计划经济的活,连连质问政府说“现在的政府就是懂得拆拆拆，就是懂得卖卖卖”，市场经济条件下，土地等资源不上市场整合，肯定是零发展甚至负发展，为了卖地抓发展，县政府过去十万元一座七仙岭都敢抛出，竟也没卖出去，一万元一亩地没有人问更没有人要，县长为投资商打伞开车门追着人家送也没卖出去，照此说，相比过去的县领导发展意识一点都不逊色现在的领导。这样的质问，殊不知政府整理出让土地恰恰是为了百姓的根本利益，为了百姓的福祉，土地整理出来了，企业带着项目进来了，产业得到开发了，经济随之发展了，就业岗位就多了，财政就增收了，百姓就得到更多实惠了，今后发展财力足了，我们就可以将征地出让所得绝大部分或全部留给当地百姓。广东发展迅猛30年已反哺农民，许多市县已这样做，政府只引项目，卖地的钱给百姓，而政府要的就是税收和就业。当下这样做是在市场经济下在特定的历史阶段政府发展经济的普遍模式，也是发展规律，不是我们保亭一家独创。没有可用土地和项目，经济是虚的，发展是空的，这几年我们抓项目，财政增长，干部和百姓增收，已足以说明这一点，07年补610万，08年增712万，今年增资1800万，算下来3000万的刚性支出，不抓项目发展，增收能行吗？少数同志在复杂的社会利益矛盾面前，思想患得患失，理念落后，紧迫感差，安于现状，看到我们现在每个月一个亿的投资就沾沾自喜，甚至是孤芳自赏，自己不识落后追赶相，反而讥笑他人比自己傻，不是沾沾自喜就是怨天尤人，埋怨这不对那也不对，只有自己最行，这非常可笑，非常荒唐。

广州增城旧城改造政府只做规划，将5万平方米的旧城区划出2万平方米建商场，但前提是商家必须首先将另外3万平方米建成市民广场。这样，商家、市民、政府都有利可图，实现了利益捆绑，结果增城市政府空手套白狼，一分钱没花，只用1年多时间就完成旧城改造。有人会说这种好事要是发生在保亭那该多好？其实我们的广场改造连4:6分成都没有，政府比增城的划算很多，但是我们不见得都能接受。什进村的开发建设我们遵循“引入市场机制，盘活存量土地，市场化运作风情小镇”的开发模式，本是一件群众得实惠的大善事，但就是这样一个农民不失地、不失居、不失业、多增收的民生经营项目，就是这样一个从中央到省到县(我本人亲自下什进村协调解决问题就有15次之多)都高度重视并被普遍认可的规划，相当一部分人却接受不了，主观臆断，歪曲抹黑此好事，认为企业就是来抢百姓的土地，来砸百姓的饭碗的，要不好事不知好，要不得寸又进尺，所以项目迟迟推动不前，当然也有我们工作方法和经验不足的问题。最后还是紧紧依靠村民，团结该村外出工作人员，企业、村民、外出工作人员和政府抱成一团，尤其是原人大主任黄大齐同志坚决支持，终于促成了这件大好事，昨天动工。什进村外出人员表现出了爱村爱民、晓于大义、支持政府的令人钦佩的情怀，值得表扬。通过什进村的事，以县城西、南、东环路等的征地搬迁所经历的种种事来看，不能不引起我们的深思。但可怕的是陈旧观念和落后义利意识作祟，心中哪装有发展和百姓，更可悲的是把自己标榜成维持发展和百姓利益的代言人和高尚者，而丑化党委和政府是发展和百姓利益的不支持者，这是可恶要命的，就是要让你干不成事，这是何等黑暗的心态？这样的麻烦制造者也该收敛了。凤凰小区的建设，我们都实地看了几次了，面临资金缺口我们能否想到靠山吃山，就地生财？看到整个小区一万一千多平米的商铺，我们是否能做点文章，盘活这一万一的固定资产，撬动社会资金，变闲物为建设资金，做到以资产换资本，以资源换产业，以物生钱，以策生财。看看干部住房条件差，甚至无房住，这就是疾苦，如果到现在仍有干部怀疑保障性住房惠民一号工程，我想他就不配做干部，因为这连起码的资格都没有，甚至是麻木和冷漠。看看小区住房建起，一套套分给困难干部职工，实惠的好处是显而易见的，这样大的福利，我们应全身心支持。

经济发展，民生为大，解放思想要先行。思想问题不解决，利益、经验、教条的条条框框就突破不了，经济发展中有再多的机遇都没用，给机会我们照样看不见，抓不住，因为我们总以为这些机会是毒药，是害人的，要不得的。

(二)要有包罗万象的豁达与宽容。大胸怀，大格局,大责任,大推进,才有大投资,大发展。开放合作是当今潮流,也是营造发展内生力的机遇。只有与人为善开放合作,才能加快产业结构调整,才能提高自身竞争力,才能拉动农民增收,才能开辟脱贫致富的道路,才有更广阔的发展空间。

保亭地处我省内陆腹地,在空间、文化上相对隔离,受外来事物冲击较少,一些区域一些人中间,存在着精明而小气的小市民意识、小农意识,开放合作意识比较淡薄,自我封闭守旧感到很舒服,看不到水煮青蛙的危险。如有的宁肯守着自己的一亩三分田过穷日子,也不愿失去些旧的坛坛罐罐与外界合作,怕开放合作吃亏上当,怀疑就是一切;有的私心杂念太重,宁肯百般阻挠黄了项目,也不愿意看到别人共同富裕,只取不予,自己多吃多占别人可以,别人拿自己的死活不行,况且别人也没拿,自己已庸人自扰,守着枯草当黄金宝,生怕别人来抢了;有的别人一来就问些伤人心的问题,是不是来割血?破坏生态,夺我利益?讲些刺人的话,弄得企业不敢进不愿进来;有的开门迎客,关门宰客。凡此种种,如不尽快改变,只会自我封闭,失去发展机遇。

在新的历史条件下,保亭高端对接三亚、陵水,蓝绿互融的优势正日益凸显,扩大开放合作的条件日益改善。我们要坚决破除狭隘封闭的思想和体制障碍,豁达包容,勇于"攀龙附凤"、借力发展,充分利用各种市场和资源,在旅业、农业等方面,多层次、宽领域地扩大开放,以大胸怀促进大发展。尤其是要营造开放宽容的做事发展环境,让创业者、干事置业的人在保亭不受气,不受委屈,即便受屈也有地方伸张,特别是要有容人之短、看人之长、允许出错、与人为善的包容理念,这样保亭就会发展的更快更好,百姓就能得到更多发展带来的实惠。

(三)要有坚决执行的意识和概念。抓项目、抓产业本是保亭实现跨越发展的一条捷径,但是重点项目迟迟得不到落实,产业结构迟迟得不到调整和升级,捷径变天堑,"起个早朝却赶了个晚集",问题出在哪里?

一些机关和干部从来不把自己摆在公仆的位置上,执行力弱,落实力差,县委定下的事情不是用心思考如何抓落实,而是在议论决定的对与否,在议论争论扯皮中耗去心思与精力,错过大好时机;决策不符合自己的意愿时,表面应付,内心抵触;批示文件责任不明确,转办事效率低,玩口是心非,压文不办让做事者委屈不敢言,六弓乡因引进什玲鸡项目需要砍伐橡胶林的报告经县领导批示后被压在林业局两年多竟无人追问督办、无人落实执行;人劳局延压省厅关于招考公务员的文件致使我们错过一次招录良机;万平嘉园、南美花园小区等企业的超容积率处罚费用的征收工作迟迟得不到落实;更有甚者,置县委、县政府三令五申于不顾,不给好处就百般刁难,处处阻挠,放权松口不松手。

这种高喊抓发展,一到具体就轻轻放下的执行力是没有生命力和战斗力的,是服务意识淡薄、工作效率低下的具体表现,是要不得的,我们要有不争论,时间作决论,在干事中统一思想的意识。新民主主义革命时期,毛泽东一度提出"农村包围城市,武装夺取政权"的正确理论并未被党中央所接受,但是却最终取得了中国革命的胜利;邓小平当年设计改革的时候,人民群众"端起碗来吃肉,放下筷子骂娘",邓小平为此提出了"不争论"的主张,认为在改革中不要去争论是非对错,姓社姓资,而是用政绩告诉社会;李克强河南任职期间曾做出的"200 万吨化工城"战略和广西桂林市委书记李金早 1998 年作出的"两江四湖"改造工程举动,思路提出之初,都曾遭遇到许多人的不理解和怀疑,甚至刁难;省的东环铁路三年前提出时,反对议论不绝于耳,说是财政不过 50 亿,要干近 200 亿的工程,是劳民伤财,超出现实财力,现在看正逢恰好国际旅游岛建设的时机,都说好;三亚前五年大建环市路,开辟沿海路,也骂声一片,都说修多路太宽,现在看少了窄了,又塞车了;我们的七仙广场改造提升也是如此,一度甚至我们的县班子成员中都曾动摇过,现在从初步效果看较好,可又耽误了四个月的工期,现在海航评估不划算,投资进度陷入被动。

回头想想,我们很多要做的事往往都在争论和怀疑中耽误,贻误了保亭发展的大好时机,机遇抓不住或抓住了,决定干的事因争论和怀疑而做不下去,又得等到下一轮的机遇到来,就算等下一轮机遇到时,恐怕我们和别人相比已生活在两个时代了。总结珠、长三角地区的发展与落后地区的发展相比,越是落后地区发展缓慢的地方,就越是好争论,越好争论就越落后。有的就想干不成事,等着看笑话,专讲消极打击人心思变的话,这种心态很黑暗,贻误了多少干成事的机会,应反省猛醒了。

从我们市县这一级的干部来看,我们为什么好议论评论争议,因为我们贫穷已成习惯,觉得这样生活也很好,安于现状不知不觉中进入安逸状态,明知贫困落后要改变现状,但就是不想什么人、事来搅了自己的安逸生活,死水微澜也容不了。我们贫穷安逸得没有什么事做而有很多时间,看不到危机,丧失了紧迫感,懒得动手,而动嘴就方便轻松。足起而行之身体力行,追赶做事创业,还是坐而论道,消磨时光望富兴叹怨天尤人,勤奋与懒惰的两种思维方式两种方向的选择,选择前者是光明的,选择后者是没有前途的。议论评论争论的背后,是安于现状、不思进取,没有危机感、没有紧迫感,思想觉悟落后、等靠要严重,作风漂浮、离心离德、不善学习,没有大局整体意识、小情戚戚无大爱胸怀,伤害发展伤害保亭人民根本利益的具体体现。不清除这种坏风气,我们的事业就难以前进,发展就受阻碍,保亭就没有希望。做领导当干部珍惜官位岗位,就是用心干好本职工作,我们即使夜以继日地拼命干都难追赶发达地区,哪还有时间坐而论道,争论使我们丧失多少难得的发展机遇,在面对贫穷而生活水平很低的人民群众这不争的事实面前,放着许多该做而不做的事,去坐而论道是不道德的。我们"七事"不能不问在心上:没有独具眼光怎们来断事,没有公正德行怎么能管事,没有用心落实怎么去做事,没有担当勇气怎么做成事,没有包容胸怀怎么能共事,没有廉洁自律怎么不出事,无谓争论不休怎么不误事。争论是发达地区过去曾有的教训,现在人家已不争论,让时间去做决论,对争论的危害看得清楚,我们争论是在做人家广东的几年前做的傻事,是捡人家的旧船票,误了买适用的新船票。我们已经吃了不少这样的亏了,教训深刻,再也吃不起这样的亏,经不起这样的温柔折腾了。水煮青蛙舒服等死不能视而不见,在保亭有这样不良风气习惯的干部再不能掩耳盗铃自以为聪明地这样傻傻下去,做一次痛改前非的痛苦跳跃吧,我们将换得思想与行动的新生。发展东风在即,保亭的干部现需要做的就是这一跃,这是百姓的企盼,个人价值的兑现,也是形势所迫。吃着国家饭的莫嫌少,争论不干事取得再少也是多占,要有对得起国家和人民的良知,从内心唤起为人民服务的激情,保亭的干部就能无往不前。所以,我们要切实巩固能力效能建设活动的成果,一旦决定的事就要坚定不移地干,继续强化没有借口言行一致即刻办理的高效落实作风、用心做事团队精神的责任作风、合作沟通求实较真的务实作风、流程操作细节求成的精细作风、事不办成跟进不止的执着作风。只要有利于发展和提高人民群众生活水平,有利于县城功能完善提升,有利于促进产业增强地区综合竞争力和发展后劲的事情,我们就不去争论,就放下官帽去干,事不成决不罢休,也决不为非议所困,不为艰难所惧,不为误解所扰,不为诬告甚至打击所阻,勇于攻坚克难,直到做成,这就是用心做事,就是聚精会神谋发展,一心一意搞建设。当前开展的"创先争优"活动就是要在抛弃无谓争论不休用心实干图发展上去创先争优,以只争朝夕,不争论多干事来衡量创先争优的成效。

**二、认清形势,正视差距,增强抓发展的危机感、责任感特别是紧迫感**

今年1—8月份,我县经济社会各项事业发展虽取得了一定成绩,但仍面临许多困难和问题:一是经济总量、发展速度和持续后劲等方面与全省各市县差距明显,各项经济指标中我县没有一项指标总量排名进入全省前九名,GDP全省排名倒数第三,在中部六市县中也仅排名第四,可用财力的85%以上靠国家拨付,财政供养人员的收入提高幅度较小,地方财政一般预算收入依然位居全省后四位,经济总量小,发展滞后,发展不足的局面依然没有改变,我们还没到沾沾自喜自豪的时候;二是项目推进缓慢,后继项目上马数量少,项目因用地和服务管理等基础性不到位,引进陷入被动境地,经济发展后劲不足。全县34个重点项目开工建设的仅25个,且大部分为续建项目,据报今年发改局立项的项目达45个,年内新增开工项目仅7个,比上年同期减少了10个,今后两三年怎么发展?盘仁进同志说到浙江挂职,那里的干部班子抓得紧,都是晚上开会研究问题,人家一个区重点项目1500多个,发展那么好那么快还有危机紧迫感,生怕误时误事。思想认识不一样,发展意识强弱不一样,发展快慢就不一样,人家已不是像我们这样跟着中央叫又好又快了,人家已喊“更好更快”了。现在财政专项资金仍有1.5亿元趴在账上,年底前要达到2.5个亿的支出任务,形势极为严峻;三是农业产业化程度极低,农民增收支撑面不宽、任务艰巨、渠道单一,增收的主要来源还是依靠传统产业的产量来实现,如不转换增收方式,三年增收目标无望,肯定地说光靠老三篇破解不了农民增收的难题,只有企业化、产业化、市场化、专业化才行,养什玲鸡500只就能赚五六千元;四是相当干部的思想不够解放,责任意识差,无进取精神,个人利益至上,解放思想的任务很重,用心做事务实作风不够,干部的执行力与发展要求仍有较大差距。现在外出,外省甚至贵州、云南、广西都在说海南的干部执行力差。我们依然落后,尽管我们优势和发展潜力让人刮目相看,但我们没有理由自满骄傲,我们当下最需要的是谦虚好学,敢于担当,真抓实干,最看不下的是被别的市县人讥笑,最反对的是争论当事后诸葛亮,当下我县最不缺的是评论员,而最缺的是战斗员。同志们,行动高于一切。这本身也是个勤和懒的问题,懒就好动嘴不好动手,这懒也很有玩味,路边青蛙的故事说明安于现状和懒惰是多么危险。

机遇和历史不会给我们太多追赶的时间,现在正是解决问题,推动发展的最好时机。我说过“苦干三五年,幸福三五代”,现在才干两年,说千道万就是干。针对上述问题和不足,在剩下的三个月中我们要以时不我待的战斗姿态切实抓好几个方面的工作:

第一,用心发力,把重点建设项目抓上去。关于重点项目推进过程中存在的问题分析及下一步努力方向,我们月初召开的重点项目推进会上已经讲了很多,目标非常明确。希望大家把会议的汇编材料琢磨透、领会透,充分认识项目建设对扭转发展滞后提升我县追赶能力,增强县域经济实力,提高干群生活水平的极端重要性和决定意义,把思想共识转化为行动上的执行力。在剩下的几个月时间里,我们抓项目和落实唯一需要的就是果敢行动。回去后要把负责的项目倒查一遍,查遗补漏,一件一件解决基础性的难推事项,一个一个地化解推进中的难题,真正抓住十月以后至明年五月这段项目建设的黄金时段,用心狠抓,顺天诚意地推进项目。我要重申:项目操作责任主体是部委办局、乡镇、责任领导,带兵打仗的是主管各项目的县领导,县领导要在今后的项目推进中带队亲到项目实施一线现场解决推进难题。从十月开始,县领导带队几次,解决几个问题等情况要制表上报县委,作为工作业绩与责任主体单位同等分层考核。以项目按时推进按时完成来扭转我县“快慢飘忽不定”的发展现状,同时着意引进总部经济、玉园、爱地体育项目,确实实现中部突围。

第二,转换增收方式,突出农业增效和农民增收。我们一直提倡走旅加农的路子,找农业和旅游业及三产服务业的结合点,实施乡村旅游富民工程,着力打造生态村庄、旅游农业和文化农民的新“三农”,但是目前,农业产业的传统生产格局仍没有根本性的松动,农民主要还是依靠传统产业的有限增量来获得收入,新兴高效农业对农业发展的贡献基本上仍处于起步阶段。怎么解释,我们是不是有点高喊抓增收,一到具体就轻轻放下的嫌疑?农民增收无小事,所有农村工作,乡镇班子的执政能力的好差强弱要看农民收入的增长。前面我讲,增收方式不转换,农民增收的三年目标就要泡汤拉黄,要转换这大家在实践中已有许多认同,现在是转换到哪些方面去,怎么转换?这些又都涉及到领导班子和干群思想和思维方式的转变问题,当下转换最大的阻力来自相当一部分干部群众的小农意识强到足以抵消市场的作用,转换的指导方向就是要转到农民增收比较效益最大化的行业产业和种养项目上来,显而易见的是转到农民增收倍数较大的农旅相融的产业项目上来,最终是转到从当下的价格农业形态向价值农业形态上来,这是保亭农民增收的主攻战场,但这不是三两年内能完成的,这里有农民的增收习惯、传统劳作习惯和思维方式小农意识的重重阻力,不可能毕其功于一役,这个阶段只能抓典型示范和建机制、普宣传。所以三道什进村这个点要抓出成效,当然这是前无古人的事业,当然也就难,难就是我们共产党员的岗位,为难而生,为难而战。下一步我们还要召开农民增收工作会议,专题研究增收问题,我们现在不缺农民增收的方法,农乐乐和养殖业的大力扶持、乡村旅游、花卉种殖、特色水果瓜菜和经济作物的规模种植、政府农业补贴、农村小额信贷以及农村劳动力的培训就业等等,都是紧扣保亭低碳、生态和旅游主题的有效的增收模式和方法,我们现在缺少的是如何保证上述这些增收措施落到实处,特别是我们的乡镇书记、乡镇长,如何保证县委县政府的增收决策落到实处,如何保证以大区小镇、六弓乡低碳项目整体开发为代表的一批旅加农项目尽快建成让老百姓早日得实惠,如何保证在任上干成一两件惠民生、得民心的事情,说到底是"指哪打哪"的问题,是真干事还是假干事的问题,还是责任心的问题,也是态度的问题。

第三,执行《决定》,加强新形势下干部队伍作风建设。本次全委会我们通过了《关于进一步加强新形势下干部队伍作风建设的决定》,是一份极有份量的求实决定,目的就是通过加强作风建设来进一步提高县四套班子、机关事业单位和乡镇村委会班子的执政能力和战斗堡垒作用,进一步强化党员领导干部抓经济、抓落实的务实能力。保持干部队伍的谋事创业活力,以保证用心干事,真正为保亭发展和百姓得实惠而工作,确保发展目标的顺利实现。希望大家要十分重视,带头学习领会,组织贯彻落实,领会为先,落实为要。

作风建设涉及发展环境,当前是发展的任务和紧迫性迫使干部作风必须跟上新的要求。保亭县委县政府主要是通过新一轮的作风建设来打造越来越好的发展环境,什么是好的发展环境,我们的发展环境有经济的、民生的、社会的、生态的、人文的环境。而经济发展环境包括产业环境、政策环境、金融环境、管理环境、服务环境、生态环境、社会安稳环境,我们的作风建设打造的重点就在于好的经济发展环境。保亭是典型的投资拉动型经济,一个时期有一个时期的使命和任务,我们的经济发展还很落后,要解决的问题是很多,而设岗位和机构是历史的为着解决相应的问题奋斗,只有在特定的历史条件下有选择的解决这个时期的主要矛盾和问题。政府的痛苦就在于自身的存在只能有选择的去解决面临诸多矛盾问题中的主要矛盾问题,而另一方面是同一时期民众对政府希望值越来越高的诉求,如何把握全县根本利益和解决主要问题矛盾,是县府要判断和面对社会公众的。对当前保亭来讲,只能分轻重缓急的解决主要矛盾问题下统筹兼顾去解决其他的矛盾问题。这是符合实际的,否则脱离实际的理想,不过是幻想,只能有害无益。我们要在广泛听取社会各方面意见下权衡得失利弊做出正确选择,并心无旁骛地坚定地做选定发展的事,一旦决定就不要再争论对错,就不因非议困难半途而废,困难只会使保亭的发展变得更加坚实,我也更加相信保亭未来是属于那些心态良好和讲职业道德、用心做事的人们。当然民主是好的,我们要发扬民主,集思广益,使我们的决策更加科学,更加符合实际可行,更加深得百姓人心,但有时当政者会为了自身的利益去权重争取得票而讨好大多数人,行短期行为,取短期效益,反而不理性作出不符合实际的不利于长远的选择,领导工作因怕得罪人丢选票,也不敢抓敢管,这是十分有害的倾向(这个时期又要来了)。就此,我县干部队伍急需有针对性的着重培育秉公、务实、智慧、勇气、敢于担当公义上进的精神,否则随波逐流将一事难成,误了发展大局,误了民主大计。一句话:构建投资创业环境是当前加强作风建设打造发展环境的重点。

县里需要发展,快发展,就需要投资,快投资就快发展,这是应该毫不动摇的坚定理念。陵水总产值和财政收入呈十几倍增长,走跨越发展的路子,三年脱掉贫困帽子就是最有力的例证。我们做旺蛙祈望之一就是:经济跳跃式发展和民众生活水平的改善提高。投资就拉动经济总量增长,拉动财政税收增长,拉动就业增长,拉动市场消费增长,拉动财政供养人员收入增长,拉动城镇居民收入增长,拉动农民收入增长,拉动基础设施改善,拉动城乡服务功能的健全,九个拉动好处显而易见。比如,投资增多了,商机多了,外来人员就多了,租房的人员就多了,你买的经济适用房就升值了,农民种养的东西就能销出去了。没有投资就没有就业,消费就会减少,消费不足市场就没有活力,经济就发展缓慢,工商税收就减少,民生困难矛盾就凸显,也影响社会稳定。从国家这几年保持近30%的固定资产投入高出国内生产总值的52%的增长和省投资增长更是高达70%以上来看,要改变保亭的贫困落后就要发展,要发展就要建设,要建设就要有项目,项目要上马动工,就需要投资,投资越大越快,发展就越好越快,谁促投资增长到地头,谁就是保亭发展的功臣,这一点要十分明白。

要促投资就必须营造良好的投资服务环境,说到底就两个善待:一是善待投资企业;二是善待投资商。最有效的就是为投资企业解决项目推进问题。怎么去打造投资服务环境?根本就两条:一是融资加快基础设施建设,为投资增长打造硬环境;二是政府部门的服务效率和行政效能的适应到位,打造软环境。服务好就是最根本的环境。加强作风建设重点就放在以服务的好差、投资者和服务对象的满意度来衡量检验作风建设取得实效的标准。

怎么做到?班子和一把手的责任作风用心做事尤为重要,目标责任主体明确尤为重要,考核奖罚分明尤为重要,强调严格问责追究责任尤为重要。在这些方面下功夫出实招,考核重点放在是否按时完成目标任务上,工作奖罚具体到人,问责要以考核结果为依据,这三点要明确下来。保亭如今发展的形势、阶段、任务不同了,思想观念和管理要求也要跟着变,行动也要调整到适应新任务新要求上来,这是必然的,我们有许多不懂的东西,全体党员干部都要非常谦虚,都要十分重视重新学习。我们就是要通过进一步加强作风建设造就一大批有本事、能干事、想干事、干成事的干部。我着重强调一下作风建设与狠抓落实的辩证统一关系,作风建设是狠抓落实的前提和保证,狠抓落实是作风建设的延伸和检验。作风是前提,是基础,落实是目的,是结果,也是手段与目标的关系。最近新华社采发了山西处理不当“休闲”干部的稿件,引起全国反响,作风不抓,事业不兴。只有认识了二者的辩证关系,才能进一步认识作风建设的重要性,才能真正明白县委抓作风纪律的决心,增强狠抓落实的自觉性。作风建设还要解决原则性与灵活性相结合的问题,当官只讲原则性谁都能当,一事当前只说是和不,很简单,谁都会,灵活变通做成事那才是真本事,这叫会干事。做不了的事要替人着想,告诉办事人怎么去做,这样作风就转变。以社会各阶层的满意度的大幅提高和发展目标的实现来检验作风建设的成效。

**三、统一思想,坚定信心,积极配合做好海南农垦体制改革工作**

进一步深化海南农垦管理体制改革,是省委省政府按照国务院关于推进海南农垦管理体制改革的大方向,是省委省政府“一盘棋”统筹农垦和地方协调发展,实现全省发展一体化推动国际旅游岛建设的综合考虑。从农垦自身的实际利益出发,困扰农垦多年的政策边缘化问题也将得到解决,垦区的职工群众将共享地方更多的公共服务,阳光政策将照耀农场干部职工。农垦通过体制改革移交社会职能,轻装上阵,建立起现代企业制度,有利于旗下企业融入市场发展,有利于把天然橡胶产业做得更强更大,使海南农垦的企业之树长青并结出硕果。这是一次标志性的改革,意义重大。对我县也是一次发展的大机遇,垦地将实现新的双赢。

在进一步深化体制改革的紧要关头,我们要全面理解文件精神,认真贯彻省委的决定,领导干部要身先士卒,端正态度,积极配合推进这项重大改革,早做部署,按省委要求尽快研究出台接受县内国营农场试点工作实施方案以及资源整合等有关解决方案，为农场融入地方管理早做准备。把对农垦的革命感情投入到深化体制改革的历史进程中，对农垦体制改革的未来充满信心，为农垦顺利融入地方营造和谐的政治环境和舆论氛围。要以高度的政治责任感，饱满的工作热情，多做一些春风化雨的工作，妥善理顺农场与地方，特别是农场与乡镇的关系，做好群众的思想宣传教育工作，为群众释疑解惑，在稳定的环境中支持农垦的深化改革。要认真地分析社情民意，研判形势，做出评估，妥善处理好干部群众间的关系以及各不同群体间的利益关系，把矛盾和问题及时解决在基层，把维护稳定作为保障深化改革的第一责任和首要任务，切实维护好职工群众正常的生产、生活秩序。

同志们，当前的经济形势检验着我们班子和队伍科学发展的能力和水平，也检验着我们团结协作、解决困难的能力和水平。越是在面临困难的时刻，越是发展机遇最大的时刻，越需要我们和衷共济，上下一心，同心同德，沉着应对，策马前行。后三个月的任务艰巨繁重，对保亭是个坎，务必攻坚克难，通过全年任务的坎，中部争先第一步目标就能达到，十二五的突破近在咫尺。我们一定要在县委、县政府的坚强领导下，抢抓机遇，埋头苦干，开拓创新，狠抓落实，坚决完成今年的工作任务目标。各单位学习贯彻本会精神情况于10月底书面报告县委。

（县委办 供稿）

# 在国家卫生县城复检工作动员大会上的讲话

(2010 年 3 月 5 日)

彭家典

同志们:

国家卫生县城复核迎检工作到了攻坚冲刺的关键阶段,5 月下旬省爱卫办要到我县检查,接下来全国爱卫会也要来,所以保住"国家卫生县城"这块金字招牌,时间很紧,任务很重。今天会议的目的就是动员各部门各单位迅速行动起来,切实解决我县城区管理中存在的问题和不足,确保国家卫生县城各项指标达标,顺利通过复检。刚才,开文常务副县长对复核迎检工作进行了全面的安排部署,任务十分具体,责任也非常明确,请大家务必抓好落实。会上,城管局、卫生局、保城镇的主要负责同志也作了很好的表态发言,应该说,对于巩卫都很有信心。说实在的,没有国家卫生县城称号也一样,大家都争着争创,争创了以后,又想方设法,千方百计来保住这个称号,难那,但难我们也要干啊,因为这是我们的工作,这也是社会进步的动力!由于县委郑书记临时赶赴省里开会,下面,我代表县委县政府再强调几点:

**一、立足大局,提高认识,增强做好国卫复检工作的紧迫感**

2007 年,全国爱卫会授予我县县城"国家卫生县城"称号。这是全县人民的荣誉,也是海南人民的荣誉,我们要倍加珍惜,倍加呵护。按照"国家卫生县城"不搞终身制,满三年复审的规定,今年 5、6 份,省、全国爱卫办要对我县进行"国家卫生县城"复审考核。当前,我县已成功创建了"国家卫生县城"、" 国家园林县城"、"国家文明县城"等三块金牌,其中国家卫生县城创建和保牌,是全民参与最广,老百姓得到实惠最多的一项活动,大家必须对国卫金牌的含金量和重要性要有深刻的认识。特别是在当前海南国际旅游岛建设环境综合治理的关键时期,我县要打造全省低碳发展实验区,争当全省生态旅游低碳发展的排头兵,把保亭建成国际雨林温泉旅游县,因此保卫国卫金牌就显得尤为重要。所以,大家必须从树立保亭良好形象出发,从经济发展全局出发,将复检工作当作一项严肃的政治任务,进一步增强责任感,切实履行好职责,全力做好复检的各项准备工作。

去年 7 月份我县开展城乡环境卫生综合治理工作以来,全县整治工作取得了初步成效,值得充分肯定。但与新的《国家级卫生城镇标准》相比较还存在较大差距,主要问题有三点:一是氛围营造不够。也就是说,复检工作宣传引导还不够深入、还不够扎实,导致一些部门和单位对创卫工作重视不够,普通群众参与意识不强。大家要知道,复检工作绝不仅仅是为迎检而清一清、扫一扫,洗一洗、擦一擦,刷一刷、抹一抹。刚才,开文副县长也说了,要不厌战、不松劲,我认为电视台近期就要曝光一批"脏、乱、差"现象,我们自己曝光总比别人来曝光好。所以我们的工作绝不能停留在面上,必须立足全民健康文明卫生意识的培养。这就需要我们长期不懈地做深入细致的宣传教育和引导工作,使复检活动成为广大人民群众的自觉行动。二是力量整合不够。复检工作是一项复杂的系统工程,涉及到诸多部门、诸多行业,不是哪个部门哪个行业的事情,也不是单凭哪个部门哪个行业努力就能做好的。因此,各部门、各单位都要相互支持、相互配合、相互协调，要步调一致、协同作战，服从和服务于全县创卫工作大局。三是成果巩固不够。说实在的，为了复检，我们在城区、部分村基础设施、市容环境卫生、食品卫生、公共场所卫生和除“四害”、健康教育等方面投入了大量的人力、物力和财力，开展了县城单位庭院卫生、食品卫生和公共场所卫生等各类专项整治，取得了一些成绩。但是，目前“脏乱差”反弹回潮现象还是比较普遍，巩固成果的长效机制还有待健全。因此，我们一定要在集中整治的基础上进一步注重长效机制的建设，抓紧制定和完善城市规划、建设和管理等方面的规章制度，抓好食品卫生和公共场所卫生，坚决落实好“门前三包”责任制和《食品安全法》，用制度管人，按制度办事，以巩固扩大创卫工作成果。

**二、明确目标，狠抓重点，做实做细全国卫生县城迎检考核各项工作**

我们保卫国家卫生县城的目标是：全县动员，全民参战，在巩固去年环境综合大整治成果的基础上，用2个月左右时间，集中力量解决县城环境卫生薄弱环节和群众普遍关心关注的环境问题，进一步提升县城净化、硬化、绿化、亮化、美化标准，全面提高县城管理和公共设施建设水平，顺利通过国家卫生县城复核。为此，就必须在接下来的时间里突出五个重点全面抓好落实。

（一）集中力量，深入开展环境卫生整治活动。一要抓好“治脏”工作，消灭卫生死角。重点抓好县城主要街道和广场、居民小区、集贸市场等关键部位的环境整治工作，做到全日保洁，垃圾日产日清。要组织居民和各单位搞好室内外环境卫生，清理楼道内杂物和张贴物，确保不留死角。落实居民小区的卫生责任制。清理楼梯道、院落、过道、雨棚上的杂物、卫生死角死面。要清除道路两侧堆放的各类杂物，保持沿线的环境卫生。各乡镇也要扎实开展农村环境卫生整治工作，全面提升农村环境卫生水平。二要抓好“治乱”工作，“美化”县容县貌。重点治理乱搭乱建、乱堆乱放、乱贴乱画、牌匾和灯箱设置不规范、占道经营等影响县容县貌的违章行为，全面整治户外牌匾广告，对残破、老旧、不符合要求的，要限期改造更新；对在县城设施和沿街墙体上、居民小区内乱贴乱画、乱拉乱挂的，要动员个体业主、责任单位和群众进行全面清理，对屡禁不止的要按照有关规定严肃处理。三要抓好“治差”工作，规范交通秩序。重点整治机动车乱停放、不按交通标志线和信号灯行驶等问题。对各类车辆要严格管理，加大巡查力度，做到规范有序，避免各类交通事故发生，营造良好的交通环境。

（二）加快进度，全面提升县城基础设施水平。一要加快垃圾填埋场和污水处理厂建设步伐，确保在全国爱卫会复检前投入运行。县电视台要公布项目流程表，让大家监督、社会监督。对一拖再拖，不按时完成任务的工程对，要列入黑名单，不允许再进入保亭建设领域。二是要抓好县城公厕的新建和改扩建。今年要重点抓好3—5家星级公厕建设，每个投资在50万元左右，全部由企业捐资建设，这个事情县城管局要全面对接好，抓紧落实。此外，要加快推进城中景边村改造步伐，继续抓好城区部分街道改造，绿化树的补栽，果皮箱、垃圾箱的翻新与修复。三是要全面实施背街小巷“三化”工程。经过近两年来的努力，县城主街干道“三化”工程已经取得明显成效，但在一些背街小巷，“三化”工程的推进却差强人意，还存在标准不统一和质量不高的问题。我们要集中力量加强县城背街小巷“三化”工作，特别是硬化、净化工作，要100%完成。

（三）严格标准，突出抓好行业卫生监督管理。一是要监督指导食品生产经营企业、宾馆、酒店和供水公司，加强卫生基础设施建设。对不具备经营服务条件、卫生状况不佳的饮食、娱乐等服务场所，要责令限期整改。整改不到位的，要坚决依法取缔。二是要做好疾病预防控制工作。切实加快公共卫生体系建设，建立健全传染病防治网络，完善公共卫生突发事件应急预案，防止和控制传染病的发生和流行。三是要下大力气整顿规范小餐饮店、小美容美发店、小旅馆和小型文化娱乐场所等“四小”门店，加强督促检查，促使其达到行业标准。四是要建立健全领导机构和工作机制，加大投入，广泛动员群众开展除“四害”活动。

(四)注重细节,继续做好问题整改工作。要对照《国家卫生镇(县城)标准》,逐项认真开展自查,对存在的问题逐个分解,逐条落实,扎实整改,把所有指标全面落实到位。健全创卫工作的长效机制,巩固创卫成果。进一步健全和完善领导包抓、长效管理、检查评比、考核奖惩等工作机制,使创卫成果得到巩固,惠及群众。积极开展卫生镇村创建活动,切实做好农村改厕工作,使农村环境卫生面貌发生显著改善,把创卫工作不断引向深入。

(五)完善迎检资料。对巩固卫生县城工作过程中形成和积累的资料,要完整地收集、整理、分类、归档,实事求是地反映各项指标的完成情况,做到有据可查,经得起上级的考查和评审。

**三、强化措施,落实责任,全面打赢巩卫战**

高标准、高质量完成“巩卫”任务,时间短、任务重、难度大。这就需要我们以超常规的工作力度,超一流的精神状态,迎难而上,只争朝夕,创造性地开展工作,全方位强化措施,强力度落实责任,坚决打胜打赢巩卫这场攻坚战役。

(一)明确分工,落实责任。会后,各单位、各部门都要根据迎检方案要求,落实责任,明确分工,切实承担起相应的工作职责,完成好各自的工作任务。特别是卫生、城管、工商、保城镇等责任单位和部门,要迅速制定具体方案,细化、量化工作目标任务,明确工作标准和责任人,定出时间表,列出进度表,确保工作件件有人抓,事事有落实。各单位和部门“一把手”要切实履行好“第一责任人”的职责,对本单位、本部门的工作任务亲自安排部署,亲自督促落实,确保迎检工作的圆满完成。

(二)同心协力,密切配合。迎检各项工作环环相扣,需要大家同心协力,密切配合,各牵头部门要切实负起责任,加强上下左右的衔接和协调,各相关配合单位,要积极主动,不等不靠,扎实工作,齐心协力完成各自承担的任务,要切实抓好落实。

(三)加强督查,及时整改。这次迎检工作由县委、县政府督查室负责督查,按照各部门各乡镇承担的任务和时间要求,扎实细致的做好检查和督查督办工作,对工作达不到标准、不能按时完成任务的单位,要进行通报批评,并在电视台予以曝光。同时,要责令其限期整改到位。

(四)严明纪律,追究责任。这次迎检关系保亭发展大局,关系保亭声誉和对外形象,必须确保迎检顺利通过。如因哪个部门、哪个单位在复检中出了问题,影响了复检工作,县委、县政府将严格实施责任追究。

同志们,国家卫生县城复核迎检工作已经进入了最后的攻坚阶段,能不能继续保住国家卫生县城这块金牌,对我们各部门各单位的工作作风和工作水平都将是一次考验,开弓没有回头箭,保持国家卫生县城只准成功,不能失败!希望大家迅速行动起来,拿出信心、耐心和决心,再鼓一把劲,再努一把力,再添一把火,上下同心,确保复检工作顺利通过。

(县政府办 供稿)

# 插页索引

## 第一部分



## 第二部分



## 第三部分

# 海南地恒实业投资有限公司保亭分公司

海南地恒实业投资有限公司成立于2002年，注册资金人民币3000万元。是海南一家集房地产开发、高级酒店管理和多功能商场经营为一体的大型综合性企业。2007年被评为“海南省十强房地产企业”。

公司前身为广西南宁市三源房地产开发公司，先后建设和开发了南宁市新阳花园、三源大厦及市区内最大的商业城新和平商场，开发总面积达20 余万平方米，取得了良好经济和社会效益。

2002年1月9日公司正式涉足海南房地产市场，先后投资开发了位于海口地区的万国大都会、富丽花园、金盘广场、康馨花园、福海新城、海岛春天、爵士春天、五洲商厦、海甸商业中心等项目；位于三亚地区的逸海苑、衍宏·现代城、南国骏园、山水云天、山水晴湾、山水翠景、三亚美丽春天温泉园林度假酒店等项目。万宁地区：兴隆·美丽春天2期、衍宏·美丽春天3期。保亭地区：地恒花园、七仙河郡。昌江地区：福源小区等项目。

公司自成立以来，始终坚持“取精用宏，衍于四海”的经营理念，立足于海南市场，以诚信为本，在自我发展中稳步前进。公司一贯保持“人尽其才”的用人理念，良好的企业氛围，使公司拥有一个具有高级专业知识，心怀致远的管理团队，其中具备高级职称12人，中级职称26人。

福源小区
Changjian gxiaogu
昌江顶级社区

01 兴隆美丽春天鸟瞰图

02 昌江福源小区鸟瞰

03 保亭地恒花园鸟瞰图

电话：0898-88346899　传真：0898-88340135

地址：海南省三亚市凤凰大道三亚美丽春天酒店

公司网址：www.hndiheng.com

# 海南天然橡胶产业集团

金江分公司领导班子成员集中学习（左三为总经理高峰，左二为副总经理吴永平，左一为副总经理宁海绪，右四为党委书记陶炳军，右三为工会主席李雄，右二为副总经理郭列辉，右一为副总经理翁益财）。

金江分公司于2009年2月、2010年10月经过2次重组，由原金江、南茂、新星、保亭热作所、畅好等5家橡胶单位进行组合，是海胶集团管理面积最大分公司之一，管辖区域跨保亭、五指山，总部设在保亭县城温泉北路。下设金江、南茂、新星3个工作站、畅好1个片区，共19个作业区，142个生产队，橡胶面积19.466亩，年产干胶84044吨；林下经济面积约3600多亩，职工自营经济面积约2万余亩，主副业年总产值近2亿元。

高峰总经理（左四）和吴永平副总经理（左三）在畅好片区生产队调研。

2010年国际橡胶年会之际各国嘉宾到金江分公司胶园参观

王震将军1959年在金江农场（金江分公司）建立的试验田

分公司总经理高峰在区队整合干部的选拔任用上作动员讲话

# 股份有限公司金江分公司

金江分公司重视林下经济的发展，图为林下经济种植香蕉。

金江分公司2011年10月全面推行橡胶即时结算工作。分公司员工在开展即时收胶的场景。

分公司员工进行冬春管理，加强胶园的基础建设，增强产胶后劲。

分公司员工开展割胶技术大练兵活动，努力提高割胶技术，向技术要效益。

分公司员工利用房前屋后发展庭院经济

分公司员工在举行文艺活动的情景

# 农村信用

案件防控培训

全覆盖——六弓便民服务点

深入农村贷款调查

保亭黎族苗族自治县农村信用社经过50余年的发展，目前已成为保亭县营业网点最多、服务范围最广的银行业机构，为支持“三农”和县域经济发展做出了突出贡献。保亭黎族苗族自治县农村信用合作联社（以下简称“保亭联社”）于2010年8月登记设立，由原县联合社与辖内所有二级信用合作社合并组建成立，经过改制保亭联社实行县一级统一法人治理，建立社员代表大会、理事会、监事会和经营管理层“三会一层”组织管理机构，进一步明晰产权、完善法人治理结构，自身业务也得到了长足发展。截至2011年9月底，保亭联社辖内共有机构网点9个，在岗职工80人。总资产为8.9亿元，较省联社成立时增加6.5亿元，翻了一番；各项贷款余额3.6亿元，占全县金融机构各项贷款64%，较省联社成立时增加2.9亿元，贷款规模不断扩大；不良贷款占比4.1%，较省联社成立时大幅下降，资产质量进一步提高；各项存款余额7.5亿元，较省联社成立时增加5.9亿元，翻了一番。各项业务增长较快，金融风险控制较好，实现存贷款双增和不良贷款比例、余额双降，资产质量明显好转，盈利能力得到增强，经营效益逐步改善，整体呈现良性发展态势。目前，保亭联社已真正成为支农的主力军，农村最信赖的银行，政府最满意的银行，正朝着组建现代农村商业银行的目标阔步前进。

近年来，保亭联社各项业务不断发展创新，推出一系列惠农贷款品牌，并配备11名小额信贷技术专员，走村串户为农户解决资金短缺困难，做到给农民贷款、教农民技术、帮农民经营、促农民增收、保农民还款，尤其小额贴息贷款业务深受农民喜欢，累计投放小额支农贷款4059万元，惠及农民3196户，促农民增收1000万元，切切实实把国家惠农政策温暖送达农户家中。为方便农民办理金融业务，保亭联社增设ATM自助取款机3台、开通了网上银行等业务，7×24小时提供取现、转账、查询等金融服务，在乡镇金融空白网点和全县各村委会布放了110台E-pos机，农民在家门口就可以办理小额存取款、转账、查询等业务，做到了“贷款不出镇，存款不出村”，大大提高了农村金融普惠率，实现金融服务乡镇全覆盖，大大提升农村金融服务水平。农村信用社-农民致富的“贴心人”、农业增产的“及时雨”。

新开网点——南林信用社开业

# 合作联社

美丽的保亭

“三八”妇女节趣味比赛获奖

海南文明大行动动员会

民主测评会

**业务范围**

存款业务　贷款业务　中间业务
结算业务　票据业务　银行卡业务

**特色品牌**

一抵通　一本通　一小通　一网通
财政惠农一卡通

**小额信贷特色：**

“一小通”小额信贷　林权抵押小额贷款
工资担保小额贷款　大海卡授信贷款
小额就业担保贷款　商户联保小额信贷
党员“双带致富”小额贷款
农村诚信青年创业小额贷款网址：http://hainanbank.com.cn

农电公司

南改三级水电站

毛拉洞水库溢洪

毛拉洞坝后电站

碧波荡漾，青山环绕，保亭农电公司管辖的毛拉洞水库及毛真水库宛如明珠镶嵌在保亭县境内，蕴含着丰富的水资源，为保亭县电力能源和城乡供水提供了可靠的保障。

今年是农电公司划转海南省水利电力集团有限公司的第2年。这一年来，农电公司依托省水电集团的优势，在保亭县委县政府的关心和支持下，各方面都发生了很大的变化。

一、发电量和营业收入较大增长

划转前年发电量不足5000万度，划转后2009、2010年都超过了6000万度，2011年将创造发电量历史记录。

二、职工收入大幅增长，生产生活条件大大改善

划转后职工工资总额翻了一番；公司按法律法规每年为职工缴交各项社会保险金100多万元；职工住房公积金从无到有。

公司各电站职工宿舍及厂房建于上世纪70、80年代。当时房屋建造质量差，加上长期没有进行维修改造，破旧不堪，职工工作生活条件很差。今年，在水电集团的支持下，投入了210万元进行改造，共计改造危房185间、建筑面积3314平方米，新建住房31间、建筑面积310平方米。

三、安全生产管理方式转变创生机

公司9座电站长期以来没有进行大修维护和更新改造，发供电设备普遍严重老化、故障频繁、发电出力不足。公司领导班子进行了大量的调查分析，投入300多万元进行设备大修和更新改造，确保主设备完好率100%，确保电力生

# 农电公司

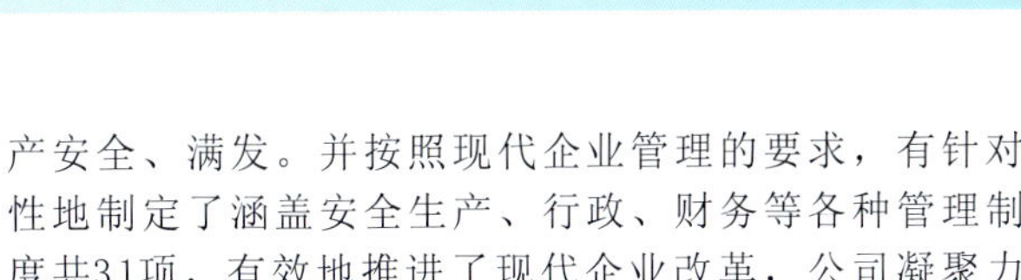

产安全、满发。并按照现代企业管理的要求，有针对性地制定了涵盖安全生产、行政、财务等各种管理制度共31项，有效地推进了现代企业改革，公司凝聚力得到增强，企业竞争力得到提升

四、扩大生产寻求发展

为充分利用水资源，公司对南改二级水电站和南春水电站进行扩容改造：3月份，南改二级水电站扩容成功，机组容量由800KW增加至1250KW，增加发电量200万千瓦时/年，增加售电收入50多万元/年；11月份，南春水电站扩建工程扩容成功，装机容量由640KW增加到1120KW，增加发电量200万千瓦时/年，增加售电收入50万元/年。

毛拉洞水库电站二期项目为90年代规划。规划至今已20年，因各种原因无法动工兴建，今年勘察设计等前期工作已开工，计划2012年开工，2013年内全部竣工。将为我县建设低碳经济社会做出更大的贡献。

六、积极承担社会责任

毛拉洞、毛真水库不但担负着发电任务，同时担负着保亭县防洪度汛、城乡供水的任务。以前因资金不足，引水渠道长年失修，发电和供电因此受到严重影响。今年共投入150余万元进行引水渠道的检修维护，大大提高了引水可靠性，确保了城乡供水和电力供应

此外，公司配合县委县政府做好农村帮扶工作，省水电集团和农电公司累计投入20万余元帮扶毛感乡南春村委会、响水镇合口村委会建起一座篮球场、村委会办公室、一栋文化室，扶助困难大学生上学。对困难职工及社会困难群体捐款金额3.6万元。

南改二级水电站宿舍区

春节慰问毛感乡南春村委会

南改二级新机组扩容

资助合口村委会贫困大学生

NUPERIAL
LITCHI GARDEN HOT SPRING RESORT

七仙岭

# 御新荔苑温泉酒店

LITCHI GARDEN HOT SPRING RESORT

休闲度假全新体验

## 心，在热带雨林中穿梭……

## 酒店简介

忘却世间庸扰，隐逸雨林仙境。追逐雨后云彩的痕迹，仰望百年荔树的沧桑。北纬1度，最绚丽的地球黄金线，神秘梦幻的热带雨林，一切人间的幻想，都在这里精彩呈现。

御新荔苑温泉度假酒店坐落在风景秀丽的七仙岭国家森林公园内，是一家以“回归自然，康体养生”为主题，按五星级标准建造的休闲度假型酒店，由明道酒店投资管理有限公司管理。酒店距离三亚90分钟车程，南湾猴岛50分钟车程，海口3小时车程。“温泉康体是酒店经营的核心理念，拥有最高达95℃，年平均温度达93℃的硅酸重炭纳型天然温泉。这里拥有中国最好的天然氧吧，每立方厘米负离子浓度高达8000—10000个，暮雨云霭中呼吸雨林精养，褪去一身的风尘，独享私家泡池带来的惬意与温馨，感悟天人合一的境界酒店匹配SPA水疗中心、露天篝火、温泉浴泡池、室外游泳池等多项健身娱乐设施，使你在与神秘雨林的交会中，放飞身心，康体养生。

会议室　　健身房　　蜜月房

**楼顶泡池：**

楼阁上的温泉胜似天湖，山峦倾泻而下的云雾萦绕其间，于是沉醉在海市蜃楼的梦幻里。

**客房:**

酒店拥有豪华客房120余间，建筑风格融合了江南水乡的秀美与宁静，万籁寂静的夜晚，细品一杯香茗，聆听山涧野溪的交响，然后，与七仙神游……

**荔苑食府:**

容纳200人同时就餐的中餐厅在明镜与水榭的衬托下交相辉映，美奂绝伦，那满墙镶嵌的鹅卵石，隔着一道水帘，如一副立体的溪流，潺潺不息……

在主厨的巧思与创意下，推出海南菜及当地野菜系列，革命菜，雷公根，卷毛菜，百花菜，南瓜花等野味仅海南七仙岭独有；精致的台湾地道美食、东北大杂烩，令顾客唇齿留香，回味无穷。透过食材的巧妙组合，呈现出异彩纷呈亦富有养生内涵的饮食盛宴。

**欢迎光临御新荔苑温泉酒店**

地址：海南省保亭县七仙岭温泉国家森林公园　　传真：0898-83607752
联系电话：0898-83666666/83607299　　邮编：572300

# 海南万平房地产

## 旅游度假休闲 情定万平嘉园

董事长 刘彦国

海南万平房地产有限公司成立于2006年，位于保亭县七仙广场西侧，隶属于山东万平科贸集团，在保亭、昌江两地现有开发项目4个，分别为保亭万平嘉园、霸王岭万平嘉园、霸王岭万平度假村、昌江和顺花园，总占地面积约500亩，总建筑面积约70万m2。公司自成立以来始终坚持“超前决策，追求卓越”的企业理念，秉承“创造最好产品，提供优质服务”的企业宗旨，发扬“激流勇进、携手共建千秋基业”的企业精神，着眼于现代企业制度建设，优化资源要素配置，与社会各界朋友一起，共创美好的未来。

保亭万平嘉园一角

保亭万平嘉园二期

# 开发有限公司

霸王岭万平嘉园

保亭万平嘉园

霸王岭度假酒店

万平嘉园泳池景观

万平嘉园泳池景观

万平嘉园泳池景观

**法定代表人：刘彦国　　地址：保亭县七仙广场西侧**

**电话：0898-83667227　传真：0898-83662711**

# 海南闽庄园房地产开发有限公司

## 公司简介

海南闽庄园房地产开发有限公司成立于2005年，是集房地产开发、经营管理、物业服务等为一体的综合性企业。

公司主要在美丽的保亭县开发建设高端商住地产，企业经营注重品牌、口碑的塑造，创造了良好的社会、经济效益，在海南省的同行中有着较高的声誉，已经实现了企业高速高效的发展，业绩令人瞩目。

保亭"庄园豪都"是海南闽庄园房地产开发有限公司开发的保亭县第一个温泉入户花园式住宅小区，占地面积146亩，总建筑面积20万平方米，2009年已基本售罄，现部分楼房已交付使用。楼盘的品质高雅、环境优美，小区配套齐全，荣膺建设部"中国绿色生态典范楼盘"、"中国健康宜居典范楼盘"等荣誉称号，成为当地的一道亮丽的风景线和城市名片，带动了地方房地产业快步发展，提升了保亭的知名度。

在保亭这块全国少有的热带雨林养生度假圣地，公司在近期将陆续推出总量超60万平方米的高级温泉住宅小区"保亭左岸温泉花园"、"保亭庄园丽都"等新项目，新盘将紧密结合地方经济发展特点和行业发展方向，走科技集约型发展之路、构建生态文明体系、营造低碳和谐的人文社区，为企业积极塑造区域化、全国化品牌形象，使"闽庄园"品牌走出海南岛，走向全国，为地方的经济建设发展贡献力量。

温泉入户标志着一种崭新的温泉旅游地产形态的出现，温泉文化、温泉经济与地产开发实现了紧密的结合，给目前正在兴起国际旅游岛建设中的休闲度假和旅游地产注入新的魅力元素。

对于岛外购房者来说，海南最吸引人的除了沙滩、海水、阳光，就是这里新鲜的空气和健康长寿的生活方式，而温泉旅游作为一种休闲养生、解压和治疗身心疾苦的古老方式，正受到越来越多人的青睐，人体需要多种矿物质和微量元素，才能保持人的健康水平，通过洗温泉浴，可以达到医疗保健的作用。海南闽庄园房地产开发有限公司正是看到这一点，投入巨资开发保亭县干哈村地热田热矿水（俗称温泉）并引入所开发的地产项目使用，在所开发的地产项目中充分利用温泉资源，提高了房产的档次和温泉的利用价值。

干哈温泉学名为重碳酸钙型氟硅温热矿水，富含有益人体健康的微量元素Br、I、Sr、Ba、F，其中F、$H_2SiO_3$两项含量达到医疗价值浓度，具有较高的医疗价值，对神经衰弱、失眠和人体血液循环系统具有促进新陈代谢、兴奋神经等作用；对神经痛、风湿痛、肌肤僵直等具有一定疗效，能够促进伤口愈合，抑制渗血和多种急、慢性疾病有明显疗效。

## 保亭 庄园豪都

—— 绿色 山水 田园 温泉 ——

### 保亭·庄园豪都，一种约定的慢调生活……

庄园豪都位于保亭人气最佳的地理位置，拥有一流的水质、一流的空气、一流的森林，在项目开发过程中充分利用温矿泉水资源，提高了房产的档次和利用价值，是难得一见的花园式社区，项目总户数3000余套现已基本售罄，大部楼房已经交付使用。

庄园豪都位于海南省保亭县保兴东路邮政大厦西侧，南面背靠青山，西邻保兴东路，北沿七仙河，面向七仙广场，保亭文化中心，临近聚集了车站、学校、市场、医院、电影院、青少年宫等公共设施，项目总用地面积146亩，总建筑面积20万平方米。

### **户型多样，**尽享完美生活

小区内配有多功能齐全的休闲、娱乐、健身场所，让您在闲暇之时感受到大自然的生态气息、享受佳境的美好生活。

"不为大器不诞生，不够完美不现身"，庄园豪都已经以她最完美、最大器的姿态展现在人们眼前。规划设计注重小区外部独特的人文城市空间的设计，似公园般的共享和扩展是不可复制的特色之一；注重小区内部诗意般的环境设计，即开窗见广场、睁眼见绿海，空中闻鸟鸣，并把宝贵温泉资源引入小区是特色之二；注重树立科技、资源、能源、商品的概念，充分考虑工程现实各种因素，合理利用土地，形成科学合理的开发强度，使之成为环境优美配套齐全的花园式、智能型的住宅群体是特色之二。建筑风格上，以流畅简洁的水平线条，结合欧美建筑细部，既现代，又豪华庄重，且建筑高低错落，虚实相生，给人以规律有序而又随意轻松的感觉；建筑格调清新质朴，色彩柔和，同时又具有强烈的时代气息。

小区游泳池

小区一角

露天酒吧

温泉泡吧

温泉水疗中心

小区网球场

**热线：0898-8366 8166　83600988**

**网址：www.btzyhd.com**

**现场接待：海南省保亭县保兴东路庄园豪都**

**海南闽庄园房地产开发有限公司**

保亭

# 庄园丽都

## 340亩经典社区 构筑34万㎡温泉精致生活

庄园丽都项目位于海南省保亭县西环路东侧，迎宾路北侧，交通区位优势明显。毗邻甘工山顶公园、海航迎宾馆酒店、凤凰公务员小区、农垦花园小区，10分钟生活圈内聚集了农贸市场、银行、超市、酒店、车站等生活配套设施，是保亭县城内不可多遇的开发热地。

### 宽景 阳光·享受
### Sunshine · Enjoy

项目占地面积340亩，其中商业用地63亩，规划住宅区域总建筑面积27.7万平方米，容积率为1.5，绿化率在50%以上；商业用地规划建设具有浓郁的本土黎苗文化特色的旅游步行购物街，总建筑面积4.4万平方米，容积为1.0。

### 空中别院 院落·品味
### Courtyard · appreciation

社区配套齐全，以人为本的设计理念，呈现人与自然和谐共生、互动的生活情景。10000平米人工湖秀丽景观、温泉游泳池、门球场、羽毛球场、高档宽敞的会所内温泉泡吧、保健足疗、阅览室、棋牌室……尊贵生活与自然完美结合，天、地、人之间的激情邂逅，休闲、娱乐、观光旅游为一体。为大家构筑舒心居家的后花园生活，一生一世的品鉴，值得拥有。

## 左岸温泉花园，温泉入户私享 高端生活尽在……

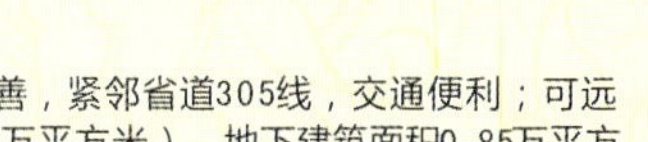

左岸温泉花园项目位于保亭汽车站对面的七仙河畔，南环路北侧，西北侧紧临七仙岭国际会议中心，区域内市政配套完善，紧邻省道305线，交通便利；可远眺七仙岭，周边是原生态热带雨林，自然环境优美。项目总用地面积211亩，规划建筑面积21.2万平方米（别墅面积1.2万平方米），地下建筑面积0.85万平方米，建筑密度18.4%，绿化率40%，容积率1.5。

项目规划定位是高级旅游、养生、休闲、度假、居住的综合型温泉社区，建筑群以别墅及高层住宅楼为主，社区内的配套设施有：温泉入户、温泉理疗中心，室内、室外双游泳池，超大型中庭花园、功能齐全的社区会所、室内外运动场所、景观休闲广场，业主食堂、超市等。建筑外观风貌以东南亚风格为主，充分展现海南热带雨林和国际旅游城市风貌。区域内建设利用自然地形依山就势、因地制宜，使得建筑物布局错落有致，减少对原环境的破坏，营造立体化、多层次的人文景观空间。项目规划设计全过程贯彻生态保护，节能减排的低碳理念，采用大量的高新科技技术，力求把小区建设成可持续发展的又极具人文气质的生态智能化社区，项目建成后将是保亭旅游地产的标杆。